卢佩生同志(1934.9.1～2011.2.20)

摄于2006年1月

(1934.9.1～2011.2.20)

# 大气运动的波包动力学
# 卢佩生文选

(四) 展开(28):

将(32)′及(33)代入(28), 按 ε 的幂次排列:

(1) 展开$(28)_1$.

$$(甲)+\varepsilon\left[\frac{\partial u'}{\partial t}+\bar{u}\frac{\partial u'}{\partial x}+\bar{v}\frac{\partial u'}{\partial y}\right]=\varepsilon\Big\{e^{i\varepsilon^{-1}\theta}\cdot\Big[-\varepsilon^{-1}i\sigma u_0+\sum_{j=0}^{\infty}\varepsilon^{j}\Big(-i\sigma u_{j+1}+\frac{\partial u_j}{\partial t}\Big)\Big]$$

$$+\bar{u}e^{i\varepsilon^{-1}\theta}\cdot\Big[\varepsilon^{-1}imu_0+\sum_{j=0}^{\infty}\varepsilon^{j}\Big(imu_{j+1}+\frac{\partial u_j}{\partial x}\Big)\Big]$$

$$+\bar{v}e^{i\varepsilon^{-1}\theta}\cdot\Big[\varepsilon^{-1}inu_0+\sum_{j=0}^{\infty}\varepsilon^{j}\Big(inu_{j+1}+\frac{\partial u_j}{\partial y}\Big)\Big]\Big\}$$

$$=+e^{i\varepsilon^{-1}\theta}\cdot\Big\{iu_0(-\sigma+\bar{u}m+\bar{v}n)\varepsilon^{0}$$

$$+\sum_{j=0}^{\infty}\varepsilon^{j+1}\Big[iu_{j+1}(-\sigma+\bar{u}m+\bar{v}n)+\Big(\frac{\partial u_j}{\partial t}+\bar{u}\frac{\partial u_j}{\partial x}+\bar{v}\frac{\partial u_j}{\partial y}\Big)\Big]\Big\}$$

$$(2)\ -fv'=\Big(-\sum_{j=0}^{\infty}\varepsilon^{j}f_j\Big)\cdot\Big(e^{i\varepsilon^{-1}\theta}\sum_{j=0}^{\infty}\varepsilon^{j}v_j\Big)=-e^{i\varepsilon^{-1}\theta}\cdot\Big(\sum_{k=0}^{\infty}\varepsilon^{k}f_k\Big)\cdot\Big(\sum_{j=0}^{\infty}\varepsilon^{j}v_j\Big)$$

# 大气运动的波包动力学
## ——卢佩生文选

# Dynamics of Wave Packet in the Atmospheric Motion
## ——Selected Works of Professor Lu Peisheng

科学出版社
北京

## 内 容 简 介

大气运动的波包动力学是天气和气候动力学的重要研究领域，很有理论和实用意义，可广泛应用于相应的理论研究、诊断分析和业务工作之中，并可推广应用于地球流体力学、天气和气候数值预测研究之中。本书是我国在这方面研究卓有建树的代表者之一卢佩生研究员及其合作者的代表性论文选编，并影印卢佩生手稿的有关部分的详尽数学公式推导。

本书可供大气科学和地球流体力学研究人员、高等院校师生，以及有关领域的研究和业务工作人员阅读和参考。

**图书在版编目(CIP)数据**

大气运动的波包动力学：卢佩生文选＝Dynamics of Wave Packet in the Atmospheric Motion：Selected Works of Professor Lu Peisheng/曾庆存，曾晓东主编. —北京：科学出版社，2015

ISBN 978-7-03-042570-6

Ⅰ.①大…　Ⅱ.①曾…②曾…　Ⅲ.①大气动力学　Ⅳ.①P433

中国版本图书馆 CIP 数据核字(2014)第 272578 号

责任编辑：吴凡洁 / 责任校对：桂伟利

责任印制：徐晓晨 / 封面设计：黄华斌

科 学 出 版 社 出版

北京东黄城根北街 16 号

邮政编码：100717

http://www.sciencep.com

北京凌奇印刷有限责任公司 印刷

科学出版社发行　各地新华书店经销

*

2015 年 1 月第　一　版　　开本：787×1092 1/16

2015 年 1 月第二次印刷　　印张：27 1/4　插页：1

字数：630 000

POD定价：　168.00元

(如有印装质量问题，我社负责调换)

# 前　言

大气运动的波包动力学是近三十多年来才兴起的研究领域，非常有理论意义，又十分实用，其研究方法已广泛应用于天气和气候动力学理论研究、实际资料的诊断分析，以及天气和气候数值预测模式研制和模式结果的分析和解释；还已推广到像海洋运动等一般规律即地球流体力学的研究中。波包表示法简洁而形象鲜明，波包动力学所推得的公式简明而优美，研究结果所揭示的规律性既深刻又浅显且便于实际应用。20 世纪 70 年代后期，国外强调研究波包在空间中传播路径的有关问题，是几何光学方法的直接外延；而国内则注意到波包即扰动随时间演变的动力学有关问题，当然也包括传播路径随时间的变化问题，比前者更复杂、更全面、也更有用。

卢佩生是国内从事波包动力学研究的代表之一，她与其合作者的研究结果已在天气和气候动力学研究中得到很好的应用。因此，我们将其有代表性的论文选编成书出版，以供有志于研究波包动力学的学者和业务工作者参考。相信本书对大学生和研究生的学习，对从事地球流体力学研究及天气和气候预测等研究的人员有启发和应用价值。

本书分四部分。第一部分是已发表的中文论文和英文论文的中译版，以便于国人阅读；第二部分是第一部分的英文版，即已发表的英文论文和中文论文的英译版，以饷英文读者，也期望国人能将它们传播到海外；第三部分是卢佩生在有关研究过程中的手稿影印，主要是公式的详细推导，相信它尤其对于大学生和研究生会很有参考价值，因为波包动力学表示法和结果虽然优美简洁，所用到的数学方法也并不很难，但公式推演过程却是很烦的，不可能在文章中一一列出；第四部分是附录，载有卢佩生生平简历和编者之一写的纪念性文章，也可作为卢佩生生平简历的补充。卢佩生研究员是编者的亲人，生前从事过多方面的科学研究工作，尤其在波包动力学方面卓有建树，惜其只有近二十年的工作结果留世，未臻其高峰，编者企盼有志的青年能接力登顶，以至其极，是所厚望。

在编辑出版本书过程中，刘淑秋、靳江波、吴琳、张莉、王昭等同仁在收集、选编、打字、翻译、校对等方面作了十分艰巨的工作，王东海研究员奔波联系出版工作。在此，编者谨致以衷心的崇敬和谢忱。

编者　曾庆存　曾晓东

2014 年 10 月 15 日

# 目　　录

# Contents

**前言**

**Preface**

## 一、中文文章和中译英文文章

## Chinese Articles and Chinese Translations of English Articles

1. 非均匀基流上扰动的演变 …… (3)
2. 正压大气中扰动的演变 …… (13)
3. 正压大气中长波的演变 …… (21)
4. 中纬度天气系统的演变过程 …… (30)
5. 论大气扰动的产生和维持 …… (41)
6. 正压准地转模式的谱和扰动的演变 …… (47)
7. 波包及其与基流相互作用的分析和计算 …… (57)
8. 正压大气中常定行星波波包的结构和传播 …… (66)
9. 由热带低频振荡激发出的扰动的传播 …… (76)
10. 亚洲夏季风的演变过程及相关的缓变扰动 …… (85)
11. 旋转正压大气中大尺度扰动的演变过程及其与基流的相互作用(一) …… (92)
12. 旋转正压大气中大尺度扰动的演变过程及其与基流的相互作用(二) …… (110)
13. 西风急流的维持及其与扰动的相互作用问题(摘要) …… (126)
14. 波包动力学的某些结果及其在天气和气候分析中的应用(摘要) …… (128)
15. 切变基流上重力波和涡旋的演变过程(摘要) …… (130)

## 二、英文文章和英译中文文章

## English Articles and English Translations of Chinese Articles

1. Evolutionary Processes of Disturbances in Nonuniform Basic Current …… (133)
2. On the Evolution Process of Disturbances in the Barotropic Atmosphere …… (147)

3. On the Evolution Process of Long Waves in the Barotropic Atmosphere …… (157)
4. Evolutionary Process of Mid-latitude Synoptic System …… (167)
5. On the Generation and Maintenance of Atmospheric Disturbances …… (181)
6. The Spectra of Barotropic Quasigeostrophic Model and the Evolution of Disturbances …… (189)
7. An Analysis and Calculation of Evolutionary Process of Wave Packet and Its Influence on the Basic Flow …… (202)
8. The Structure and Propagation of Stationary Planetary Wave Packet in the Barotropic Atmosphere …… (213)
9. The Propagation of Disturbances Excited by Low-frequency Oscillations in the Tropics …… (224)
10. Evolution of Asian Summer Monsoon and the Slowly Varying Disturbances …… (234)
11. Evolution of Large Scale Disturbances and Their Interaction with Mean Flow in a Rotating Barotropic Atmosphere—Part Ⅰ …… (243)
12. Evolution of Large Scale Disturbances and Their Interaction with Mean Flow in a Rotating Barotropic Atmosphere—Part Ⅱ …… (264)
13. On the Maintenance of Westerly Jet Stream and Its Interaction with Disturbances(Abstract) …… (283)
14. Some Results of Wave-Packet Dynamic and Its Application in Synoptic and Climate Analysis(Abstract) …… (285)
15. Evolution of Gravity Wave and Vortex in a Shear Basic Flow(Abstract) …… (288)

## 三、手稿(原件影印)

## Handwriting Drafts for Derivation of Mathematical Formulas

1. WKBJ 方法、慢波波包的演变 …… (291)
2. 斜压大气中扰动的演变 …… (311)
3. 正压大气中长波扰动的演变 …… (347)
4. “WKBJ”方法和能量分析以及角动量传递过程的比较 …… (370)
5. 波包动力学的某些结果及其在天气和气候分析中的应用 …… (407)

# 四、附　　录

# Appendix

1. 卢佩生同志生平 ………………………………………………………… (415)
2. 为了轻装的写记 ………………………………………………………… (416)

# 一、中文文章和中译英文文章

## Chinese Articles and Chinese Translations of English Articles

1

# 非均匀基流上扰动的演变

曾庆存　卢佩生

(中国科学院大气物理研究所)

摘要　本文用 WKBJ 方法统一处理了叠加在非均匀气流上的小扰动随时间的演变问题,得到了二维正压大气中重力-惯性波(快波)和涡旋波(慢波)具有不同的演变规律。前者发展时伴随着波长变短,衰减时波长变长;涡旋波与此正相反。由此可推知:在实际大气中只有短波长的快波比较显著,波长较长的快波不明显,从而不易观测到。还可解释:一个移动性的高空槽脊发展时它加宽,而衰减时总以收缩(波长变短)北退(强度减小)的形式出现。上述两种波的不同演变特性,主要由气流的不均匀性和波动的类别所决定。对于科氏参数为零的情况也对,科氏力的影响只是给波包以附加的弥散,给能量变化过程以次要的影响,并使慢波满足地转风关系。

在自然界的流体中(例如大气和海洋),存在着性质上差别很大的各种类型的运动,它们随时间的演变过程也是非常不同的。今以最简单的二维平面上可压缩流体模型为例,这时有

$$
\begin{cases}
\dfrac{\mathrm{d}u}{\mathrm{d}t}-fv=-\dfrac{\partial\phi}{\partial x} & (1)\\[2ex]
\dfrac{\mathrm{d}v}{\mathrm{d}t}+fu=-\dfrac{\partial\phi}{\partial y} & (2)\\[2ex]
\dfrac{\mathrm{d}\phi}{\mathrm{d}t}+\phi\left(\dfrac{\partial u}{\partial x}+\dfrac{\partial v}{\partial y}\right)=0 & (3)
\end{cases}
$$

$$
\frac{\mathrm{d}}{\mathrm{d}t}=\frac{\partial}{\partial t}+u\frac{\partial}{\partial x}+v\frac{\partial}{\partial y} \tag{4}
$$

其中,$\phi$ 可解释为在重力场中流体自由表面的位势;$f$ 为科里奥利参数,为简单起见,本文取为常数。将式(1)～式(4)线性化,取 $\partial/\partial t$ 代替 $\mathrm{d}/\mathrm{d}t$,并用 $\tilde{\phi}(\partial u/\partial x+\partial v/\partial y)$ 代 $\phi(\partial u/\partial x+\partial v/\partial y)$,其中 $\tilde{\phi}$ 为 $\phi$ 的平均值(常数)。这时有简谐波型特解

$$
(u,v,\phi')=(\hat{u},\hat{v},\hat{\phi})\mathrm{e}^{\mathrm{i}(mx+ny-\sigma t)} \tag{5}
$$

频率 $\sigma$ 有三个

$$
\sigma_{2,3}=\pm\sqrt{f^2+c_0^2(m^2+n^2)},\quad c_0^2=\tilde{\phi} \tag{6}
$$

$$
\sigma_1=0 \tag{7}
$$

原载:《中国科学》A 辑,1980,第 12 期:1193-1202。

对于每一种频率，振幅 $\hat{u},\hat{v},\hat{\phi}$ 为常数。当考虑到基流$(\bar{u},\bar{v})$ 的影响时，例如取 $\bar{u}=$ 常数，$\bar{v}=0$，则线性化时应用 $\partial/\partial t+\bar{u}\partial/\partial x$ 代 $\mathrm{d}/\mathrm{d}t$（更仔细的考虑见以下各节）。于是应用 $x-\bar{u}t$ 代替式(5) 中的 $x$，结果是式(6) 和式(7) 为相对于基流 $\bar{u}$ 的频率。$\sigma_{2,3}$ 分别代表顺风(气流)和逆风传播的重力-惯性波；而 $\sigma_1=0$ 表明相应的扰动以相速 $\bar{u}$ 传播，即所谓慢波或涡旋波。

为了讨论一般情况（即 $\bar{u},\bar{v}$ 不为常数），似乎较好的方法是应用 WKBJ 方法。在文献[1]中即已用来讨论一般情况下快波随时间演变的特点。本文将统一用来讨论快波和慢波（或移动性高空槽脊）的演变特性。

## 一、小扰动方程及其求解方法

引入 $t,(x,y),(u,v),\phi-\tilde{\phi},f$ 的特征量 $t^*,L^*,U^*,\Phi^*=f^*U^*L^*$ 和 $f^*$，并取 $t^*=L^*/U^*$。于是由式(1)～式(4)得小扰动量方程为

$$\begin{cases}\varepsilon\left(\dfrac{\partial u'}{\partial t}+\bar{u}\dfrac{\partial u'}{\partial x}+\bar{v}\dfrac{\partial u'}{\partial y}\right)-fv'+\dfrac{\partial\phi'}{\partial x}+\varepsilon\left(u'\dfrac{\partial\bar{u}}{\partial x}+v'\dfrac{\partial\bar{u}}{\partial y}\right)=0\\ \varepsilon\left(\dfrac{\partial v'}{\partial t}+\bar{u}\dfrac{\partial v'}{\partial x}+\bar{v}\dfrac{\partial v'}{\partial y}\right)+fu'+\dfrac{\partial\phi'}{\partial y}+\varepsilon\left(u'\dfrac{\partial\bar{v}}{\partial x}+v'\dfrac{\partial\bar{v}}{\partial y}\right)=0\\ \varepsilon\left(\dfrac{\partial\phi'}{\partial t}+\bar{u}\dfrac{\partial\phi'}{\partial x}+\bar{v}\dfrac{\partial\phi'}{\partial y}\right)+(\mu^2+\varepsilon\bar{\phi})\left(\dfrac{\partial u'}{\partial x}+\dfrac{\partial v'}{\partial y}\right)+\varepsilon\phi'\left(\dfrac{\partial\bar{u}}{\partial x}+\dfrac{\partial\bar{v}}{\partial y}\right)+\varepsilon\left(u'\dfrac{\partial\bar{\phi}}{\partial x}+v'\dfrac{\partial\bar{\phi}}{\partial y}\right)=0\end{cases}\tag{8}$$

其中，$t,(x,y),(u',v'),(\bar{u},\bar{v}),\bar{\phi},\phi'$ 和 $f$ 等均为无量纲量；$\varepsilon=U^*/(f^*L^*)$，以及 $\mu^2=(L_0/L^*)^2$ 为无量纲参数，$L_0=c_0f^{*-1}$。

在一般情况下，我们设 $O(\bar{u},\bar{v},\bar{\phi})=O(1)$。不过，在有急流时，也可不取急流流速作为特征速度 $U^*$，于是在某些地区（甚至可以认为在全区域）有 $O(\bar{u},\bar{v})>O(1)$。在下面的分析中，我们将兼顾这两种情况，只是在必要时分别加以说明。

设基流是“大尺度的”和“缓变的”，即 $O(\mu^2)\leqslant O(1)$，且无量纲量 $\bar{u},\bar{v},\bar{\phi}$ 等对无量纲时间和空间的微商（例如 $\partial\bar{u}/\partial t,\partial\bar{u}/\partial x$ 等）的量级均为 $O(1)$ 或 $O(\bar{u},\bar{v},\bar{\phi})$。设 $u',v',\phi'$ 组成快波或慢波波包，并设它是“中、小尺度的”和“快变的”，即波包内每一个波的无量纲波长 $\ll 1$，无量纲频率则 $\gg 1$。在实际大气中一般有 $\varepsilon\ll 1$，而快波的相速（有量纲量接近于 $c_0$），比气流（有量纲量为 $\sqrt{\bar{u}^2+\bar{v}^2}$）大一个量级，故可设快波的无量纲频率为 $O(\varepsilon^{-2})$[1]。综合起来，可将快波波包写成

$$\begin{cases}u'=\hat{u}(x,y,\tau)\mathrm{e}^{\mathrm{i}\varepsilon^{-1}\theta(x,y,\tau)}\\ v'=\hat{v}(x,y,\tau)\mathrm{e}^{\mathrm{i}\varepsilon^{-1}\theta(x,y,\tau)}\\ \phi'=\hat{\phi}(x,y,\tau)\mathrm{e}^{\mathrm{i}\varepsilon^{-1}\theta(x,y,\tau)}\end{cases}\tag{9}$$

其中

$$\begin{cases}\tau \equiv t\varepsilon^{-1}, \quad \dfrac{\partial\theta}{\varepsilon\partial\tau} \equiv -\varepsilon^{-1}\sigma(x,y,\tau) \\ \dfrac{\partial\theta}{\varepsilon\partial x} \equiv \varepsilon^{-1}m(x,y,\tau), \quad \dfrac{\partial\theta}{\varepsilon\partial y} \equiv \varepsilon^{-1}n(x,y,\tau)\end{cases} \tag{10}$$

在均匀的介质中，对于单频波列来说，$-\varepsilon^{-2}\sigma$，$\varepsilon^{-1}m$和$\varepsilon^{-1}n$就是在$(x,y,t)$空间中的频率以及$x$和$y$方向的波数，它们都为常数。且按前面的约定，$\sigma,m,n$的量级都是$O(1)$。在非均匀介质中，$\sigma,m,n$将随时间和空间而变，但它们是$(x,y,\tau)$的缓变函数，即它们对$(x,y,\tau)$的微商的量级为$O(1)$。其次，设波幅$\hat{u},\hat{v},\hat{\phi}$也是$(x,y,\tau)$的缓变函数。由波包的定义本身即已假定了$\hat{u}$等为$(x,y)$的缓变函数，而它还是$\tau$的缓变函数，则可由$\hat{u}$基本上按群速度移动推知，下面的推导将自动证明这一点，而且还可推知快波的群速量级为$O(\varepsilon^{-1})$。

在式(8)中，我们尚未涉及$u',v',\phi'$本身的量级。但因式(8)是关于$u',v',\phi'$的线性齐次方程，故可认为$O(u',v',\phi')=O(1)$。从而$O(\hat{u},\hat{v},\hat{\phi})=O(1)$。

今将$\hat{u}$等按$\varepsilon$展开如下：

$$\begin{cases}\hat{u}(x,y,\tau) = u_0(x,y,\tau) + \varepsilon u_1(x,y,\tau) + \varepsilon^2 u_2(x,y,\tau) + \cdots \\ \hat{v}(x,y,\tau) = v_0(x,y,\tau) + \varepsilon v_1(x,y,\tau) + \varepsilon^2 v_2(x,y,\tau) + \cdots \\ \hat{\phi}(x,y,\tau) = \phi_0(x,y,\tau) + \varepsilon\phi_1(x,y,\tau) + \varepsilon^2\phi_2(x,y,\tau) + \cdots\end{cases} \tag{11}$$

再将式(8)改写成

$$\begin{cases}\dfrac{\partial u'}{\partial\tau} + \left(U\dfrac{\partial u'}{\partial x} + V\dfrac{\partial u'}{\partial y}\right) - \dfrac{F}{\varepsilon}v' + \dfrac{\partial\phi'}{\partial x} + \left(u'\dfrac{\partial U}{\partial x} + v'\dfrac{\partial U}{\partial y}\right) = 0 \\ \dfrac{\partial v'}{\partial\tau} + \left(U\dfrac{\partial v'}{\partial x} + V\dfrac{\partial v'}{\partial y}\right) + \dfrac{F}{\varepsilon}u' + \dfrac{\partial\phi'}{\partial y} + \left(u'\dfrac{\partial V}{\partial x} + v'\dfrac{\partial V}{\partial y}\right) = 0 \\ \dfrac{\partial\phi'}{\partial\tau} + \left(U\dfrac{\partial\phi'}{\partial x} + V\dfrac{\partial\phi'}{\partial y}\right) + (\mu^2 + \varepsilon\bar{\phi})\left(\dfrac{\partial u'}{\partial x} + \dfrac{\partial v'}{\partial y}\right) + \phi'\left(\dfrac{\partial U}{\partial x} + \dfrac{\partial V}{\partial y}\right) + f(u'V - v'U) = 0\end{cases} \tag{12}$$

其中

$$U(x,y,\tau) \equiv \varepsilon\bar{u}(x,y,t), \quad V(x,y,\tau) \equiv \varepsilon\bar{v}(x,y,t), \quad F \equiv \varepsilon f \tag{13}$$

以后我们将认为$U,V$等的量级为$O(1)$，目的是在$\partial u_0/\partial\tau$，$\partial v_0/\partial\tau$和$\partial\phi_0/\partial\tau$中即计入基流的影响；其次，这样做也可以研究基流速度$(\bar{u},\bar{v})$比波动速度$(u',v')$的量级为大的情况，同时还可更好地考虑到地球自转对快波的影响。此外，还可同时讨论慢波波包演变问题(这时虽然$O(\sigma)=O(\varepsilon^{-2})$不成立，但形式上按此法作展开，结果仍然有效，详见下面的推导)。将式(9)、式(10)和式(11)代入式(12)，按$\varepsilon$的幂次集项。含$\varepsilon^{-1}$的项组成下列方程组：

$$\begin{cases}\mathrm{i}\xi u_0 - Fv_0 + \mathrm{i}m\phi_0 = 0 \\ Fu_0 + \mathrm{i}\xi v_0 + \mathrm{i}n\phi_0 = 0 \\ \mu^2\mathrm{i}mu_0 + \mu^2\mathrm{i}nv_0 + \mathrm{i}\xi\phi_0 = 0\end{cases} \tag{14}$$

$$\xi \equiv -\sigma + mU + nV \tag{15}$$

故有

$$\xi\{\xi^2 - [F^2 + \mu^2(m^2+n^2)]\} = 0 \tag{16}$$

$$\xi_1 = 0 \tag{17}$$

$$\xi_{2,3} = \mp \sqrt{F^2 + \mu^2(m^2 + n^2)} \tag{18}$$

即

$$\sigma_1 = -\xi_1 + mU + nV = mU + nV \tag{17'}$$

$$\sigma_{2,3} = -\xi_{2,3} + mU + nV = mU + nV \pm \sqrt{F^2 + \mu^2(m^2 + n^2)} \tag{18'}$$

设$U > 0$，$V > 0$，且取$m \geqslant 0$，$n \geqslant 0$，则对应于$\xi = \xi_1$的一解为慢波（顺风传播）；$\xi_2 < 0$和$\xi_3 > 0$分别对应于顺风和逆风传播的重力-惯性波。

将式(7)代入式(14)得到慢波满足地转风关系①和无辐散关系

$$u_0 = -\mathrm{i}nF^{-1}\phi_0 \equiv a^{(1)}\phi_0, \quad v_0 = \mathrm{i}mF^{-1}\phi_0 \equiv b^{(1)}\phi_0 \tag{19}$$

$$\mathrm{i}(mu_0 + nv_0) = 0 \tag{20}$$

即波包的动力结构由$m$，$n$，$\phi_0$决定，将式(18)代入式(14)，则得到重力-惯性波满足下列风压关系：

$$\begin{cases} u_0(x,y,\tau) = a^{(2,3)}(x,y,\tau)\phi_0(x,y,\tau) \\ v_0(x,y,\tau) = b^{(2,3)}(x,y,\tau)\phi_0(x,y,\tau) \end{cases} \tag{21}$$

$$\begin{cases} a^{(2,3)}(x,y,\tau) = \dfrac{m\xi_{2,3} - \mathrm{i}nF}{F^2 - \xi_{2,3}^2} \equiv a_r^{(2,3)} + \mathrm{i}a_i^{(2,3)} \\ b^{(2,3)}(x,y,\tau) = \dfrac{n\xi_{2,3} + \mathrm{i}mF}{F^2 - \xi_{2,3}^2} \equiv b_r^{(2,3)} + \mathrm{i}b_i^{(2,3)} \end{cases} \tag{22}$$

故在零级近似下，快波波包的动力结构也由$m$，$n$，$\xi$和$\phi_0$决定（依赖于$\xi$说明顺风和逆风传播的波包结构不同）。为书写方便，将标明波动类别的符标改写在右上角。如$a^{(2,3)}$分别和$\xi_{2,3}$对应。

为了研究$\phi_0$随时间的演变，可用展开式中含$\varepsilon^0$的项。有

$$\begin{cases} \mathrm{i}\xi u_1 - Fv_1 + \mathrm{i}m\phi_1 = -\left[\dfrac{\mathrm{D}u_0}{\mathrm{D}\tau} + \dfrac{\partial\phi_0}{\partial x} + \left(u_0\dfrac{\partial U}{\partial x} + v_0\dfrac{\partial U}{\partial y}\right)\right] \equiv A \\ Fu_1 + \mathrm{i}\xi v_1 + \mathrm{i}n\phi_1 = -\left[\dfrac{\mathrm{D}v_0}{\mathrm{D}\tau} + \dfrac{\partial\phi_0}{\partial y} + \left(u_0\dfrac{\partial V}{\partial x} + v_0\dfrac{\partial V}{\partial y}\right)\right] \equiv B \\ \mathrm{i}\mu^2(mu_1 + nv_1) + \mathrm{i}\xi\phi_1 = -\left[\dfrac{\mathrm{D}\phi_0}{\mathrm{D}\tau} + \mu^2\left(\dfrac{\partial u_0}{\partial x} + \dfrac{\partial v_0}{\partial y}\right) + F(u_0V - v_0U)\right] \\ \qquad + \phi_0\left(\dfrac{\partial U}{\partial x} + \dfrac{\partial V}{\partial y}\right) + \mathrm{i}\bar{\phi}(mu_0 + nv_0) \equiv C \end{cases} \tag{23}$$

其中

$$\frac{\mathrm{D}}{\mathrm{D}\tau} \equiv \frac{\partial}{\partial\tau} + U\frac{\partial}{\partial x} + V\frac{\partial}{\partial y} \tag{24}$$

由第一和第二式解出$u_1$，$v_1$，代入第三式，得

$$\mathrm{i}[\mu^2(ma + nb) + \xi]\phi_1 + \mathrm{i}\mu^2\left(m\frac{\mathrm{i}\xi A + FB}{F^2 - \xi^2} + n\frac{\mathrm{i}\xi B - FA}{F^2 - \xi^2}\right) = C \tag{25}$$

其中$a$，$b$由式(19)（慢波）及式(21)（快波）给出。再将$A$，$B$，$C$的表达式代入式(25)，并注

---

① 将式(9)、式(10)和式(11)代入地转风关系$fu = -\partial\phi/\partial y$和$fv = \partial\phi/\partial x$，取$\varepsilon^0$的项，结果和式(19)相同。

意到

$$\mu^2(ma+nb)+\xi=0 \tag{26}$$

由式(25)就得到关于 $\phi_0$ 的演变过程的方程为

$$\begin{aligned}
&[-\mu^2(ma+nb)\xi+\mathrm{i}\mu^2F(mb-na)-(F^2-\xi^2)]\frac{\mathrm{D}\phi_0}{\mathrm{D}\tau}+[(-\mu^2m\xi-\mathrm{i}\mu^2nF)\\
&-\mu^2a(F^2-\xi^2)]\frac{\partial\phi_0}{\partial x}+[(-\mu^2n\xi+\mathrm{i}\mu^2mF)-\mu^2b(F^2-\xi^2)]\frac{\partial\phi_0}{\partial y}\\
&-\left\{\mu^2\left[(m\xi+\mathrm{i}nF)\frac{\mathrm{D}a}{\mathrm{D}\tau}+(n\xi-\mathrm{i}mF)\frac{\mathrm{D}b}{\mathrm{D}\tau}+(F^2-\xi^2)^2\left(\frac{\partial a}{\partial x}+\frac{\partial b}{\partial y}\right)\right]\right.\\
&+\mu^2\left[(m\xi+\mathrm{i}nF)\left(a\frac{\partial U}{\partial x}+b\frac{\partial U}{\partial y}\right)+(n\xi-\mathrm{i}mF)\left(a\frac{\partial V}{\partial x}+b\frac{\partial V}{\partial y}\right)\right]\\
&\left.+(F^2-\xi^2)\left[F(aV-bU)+\left(\frac{\partial U}{\partial x}+\frac{\partial V}{\partial y}\right)+\phi(\mathrm{i}ma+\mathrm{i}mb)\right]\right\}\phi_0=0
\end{aligned} \tag{27}$$

此式对于慢波和快波都是适用的。表面上十分复杂,但当分别代入慢波和快波的 $\xi$,$a$ 和 $b$ 时,都可以改写成便于分析讨论的公式。

## 二、波长和波射线的变化

波包在非均匀介质中传播时,波长和波射线的方向都会改变。

按 $m,n,\sigma$ 的定义,由式(10)可得下列运动学的关系式:

$$\frac{\partial m}{\partial \tau}=-\frac{\partial \sigma}{\partial x},\quad \frac{\partial n}{\partial \tau}=-\frac{\partial \sigma}{\partial y},\quad \frac{\partial m}{\partial y}=\frac{\partial n}{\partial x} \tag{28}$$

其次,可将 $\sigma$ 看作 $m,n,U,V$ 的函数:

$$\sigma=\sigma(m,n,U,V) \tag{29}$$

群速度 $\vec{C}_g=\vec{i}C_{gx}+\vec{j}C_{gy}$ 定义为

$$C_{gx}=\frac{\partial\sigma}{\partial m},\quad C_{gy}=\frac{\partial\sigma}{\partial n} \tag{30}$$

于是有

$$\frac{\partial\sigma(x,y,\tau)}{\partial x}=C_{gx}\frac{\partial m}{\partial x}+C_{gy}\frac{\partial m}{\partial y}+m\frac{\partial U}{\partial x}+n\frac{\partial V}{\partial x} \tag{31}$$

$$\frac{\partial\sigma(x,y,\tau)}{\partial \tau}=-C_{gx}\frac{\partial \sigma}{\partial x}-C_{gy}\frac{\partial \sigma}{\partial y}+m\frac{\partial U}{\partial \tau}+n\frac{\partial V}{\partial \tau} \tag{32}$$

引入记号

$$\frac{\mathrm{D}_g}{\mathrm{D}\tau}\equiv\frac{\partial}{\partial\tau}+C_{gx}\frac{\partial}{\partial x}+C_{gy}\frac{\partial}{\partial y} \tag{33}$$

于是由式(31)、式(32)就可推得 $\mathrm{D}_gm/\mathrm{D}\tau$,同法可推出 $\mathrm{D}_gn/\mathrm{D}\tau$ 等。最后就得到波包的一些要素 $m,n,\sigma$ 随时间变化的公式如下:

$$\frac{\mathrm{D}_gm}{\mathrm{D}\tau}=-\left(m\frac{\partial U}{\partial x}+n\frac{\partial V}{\partial x}\right) \tag{34}$$

$$\frac{\mathrm{D}_gn}{\mathrm{D}\tau}=-\left(m\frac{\partial U}{\partial y}+n\frac{\partial V}{\partial y}\right) \tag{35}$$

$$\frac{\mathrm{D}_g\sigma}{\mathrm{D}\tau}=m\frac{\partial U}{\partial\tau}+n\frac{\partial V}{\partial\tau} \tag{36}$$

沿波射线方向的波长为 $2\pi/\sqrt{m^2+n^2}$，波数为 $\sqrt{m^2+n^2}$。由式(34)和式(35)可得

$$\frac{\mathrm{D}_g}{\mathrm{D}\tau}\sqrt{m^2+n^2}=\frac{-1}{2\sqrt{m^2+n^2}}\left[m^2\frac{\partial U}{\partial x}+mn\left(\frac{\partial V}{\partial x}+\frac{\partial U}{\partial y}\right)+n^2\frac{\partial V}{\partial y}\right] \tag{37}$$

设波射线和 $x$ 轴的夹角为 $\beta$，则有 $\mathrm{tg}\beta=n/m$，于是由式(34)和式(35)得

$$\frac{\mathrm{D}_g}{\mathrm{D}\tau}\mathrm{tg}\beta=-\frac{1}{m^2}\left[m^2\frac{\partial U}{\partial y}+mn\left(\frac{\partial V}{\partial y}-\frac{\partial U}{\partial x}\right)-n^2\frac{\partial V}{\partial x}\right] \tag{38}$$

式(34)～式(38)对快波和慢波都适用。因此，波包要素 $m,n,\sigma$ 的变化只由气流不均匀性决定，快波和慢波的差别在于群速度不同，此外，波包能量变化的规律性也不同(见以下两节)。

## 三、快波波包随时间的演变

令

$$\phi_0=|\phi_0|\ \mathrm{e}^{\mathrm{i}\alpha} \tag{39}$$

代入式(27)，约去公因子 $\mathrm{e}^{\mathrm{i}\alpha}$，再分虚部和实部，并应用到式(22)和式(34)～式(36)，再经过小心运算，最后就得到

$$\frac{\mathrm{D}_g\alpha}{\mathrm{D}\tau}=\frac{1}{2\xi}\left[\frac{2F\mu^2\xi}{F^2-\xi^2}\left(n\frac{\mathrm{D}_g m}{\mathrm{D}\tau}-m\frac{\mathrm{D}_g n}{\mathrm{D}\tau}\right)-F\xi\left(\frac{\partial U}{\partial y}-\frac{\partial V}{\partial x}\right)+F^2(-nV-mU)+\bar{\phi}\xi(m^2+n^2)\right] \tag{40}$$

$$\frac{\mathrm{D}_g|\phi_0|^2}{\mathrm{D}\tau}+|\phi_0|^2\left(\frac{\partial C_{gx}}{\partial x}+\frac{\partial C_{gy}}{\partial y}\right)=|\phi_0|^2\left\{\left(1+\frac{F^2}{\xi^2}\right)\frac{\mathrm{D}_g\ln\sqrt{\mu^2(m^2+n^2)}}{\mathrm{D}\tau}+\frac{F}{\xi^2}\left[\xi(mV-nU)-2mn\bar{\phi}\right]\right\} \tag{41}$$

若在式(12)第三式中略去含 $\varepsilon\bar{\phi}$ 一项，则在式(40)和式(41)中含 $\bar{\phi}$ 的项亦消失；若在式(12)中设 $\mu^2+\varepsilon\bar{\phi}$ 在局部地区为常数，代以 $\mu'^2$，则在式(40)和式(41)中含 $\bar{\phi}$ 的项亦消失，但用 $\mu'^2$ 代 $\mu^2$。

$\alpha$ 就是波列包络线的位相函数。当 $F=0$(此时 $\bar{\phi}$ 为零，从而含 $\bar{\phi}$ 的项自动消去)，就有

$$\frac{\mathrm{D}_g\alpha}{\mathrm{D}\tau}=0 \tag{42}$$

$$\alpha(x,y,\tau)=\alpha(\vec{r}-\vec{C}_g\tau) \tag{43}$$

即在无科氏力时，重力波波包沿局地群速度 $\vec{C}_g$ 传播，和按运动学方法导出的结果一致。若 $f\neq0$，则由式(40)可知，一般有 $\mathrm{D}_g\alpha/\mathrm{D}\tau\neq0$，这说明科氏力作用使得波包还有缓慢的弥散。不过，$O(F)=O(\varepsilon)$，故 $O(\mathrm{D}_g\alpha/\mathrm{D}\tau)\leqslant O(\varepsilon)$，且当 $O(U,V)=O(\varepsilon)$ 时，甚至有 $O(\mathrm{D}_g\alpha/\mathrm{D}\tau)\leqslant O(\varepsilon^2)$。亦即弥散速率不大，运动学方法的结果仍近似正确。

为了讨论波包能量的变化，还要将式(41)化为

$$\frac{\mathrm{D}_g N}{\mathrm{D}\tau}+N\left(\frac{\partial C_{gx}}{\partial x}+\frac{\partial C_{gy}}{\partial y}\right)=NG \tag{44}$$

$$N\equiv\frac{|\phi_0|^2}{\sqrt{\mu^2(m^2+n^2)}} \tag{45}$$

$$\begin{cases}G=G_1+G_2+G_3\\ G_1=\left(\frac{F^2}{\xi^2}\right)\frac{\mathrm{D}_g}{\mathrm{D}\tau}[\ln\sqrt{\mu^2(m^2+n^2)}]\\ G_2=F\xi(mV-nU)\\ G_3=-2mnF\bar{\phi}\end{cases} \tag{46}$$

设在 $\tau$ 时刻波包占领区域 $S'$，即在 $S'$ 之外 $u_0=v_0=\phi_0=0$，不妨取 $S'$ 就是全区域 $S$，将式(44) 沿 $S$ 积分，就有

$$\frac{\partial}{\partial\tau}\iint_S N\mathrm{d}x\mathrm{d}y=\iint_S NG\mathrm{d}x\mathrm{d}y \tag{47}$$

因为波列压力场能量为 $\mu^{-2}|\phi_0|^2/2$，动能为 $(|u_0|^2+|v_0|^2)/2$，故快波波列有能量 $e_0$

$$\mu^2 e_0=\frac{1}{2}[\mu^2(|u_0|^2+|v_0|^2)+|\phi_0|^2]=\frac{\xi^2}{\mu^2(m^2+n^2)}|\phi_0|^2 \tag{48}$$

而快波波包总能量为

$$E_0=\iint_S e_0\mathrm{d}x\mathrm{d}y=\iint_S\frac{\xi^2}{\mu^4(m^2+n^2)}|\phi_0|^2\mathrm{d}x\mathrm{d}y \tag{49}$$

于是式(47)可改写为

$$\frac{\partial}{\partial\tau}\iint_S e_0\frac{\sqrt{\mu^2(m^2+n^2)}}{\xi^2}\mathrm{d}x\mathrm{d}y=\iint_S NG\mathrm{d}x\mathrm{d}y \tag{50}$$

式(50)可称为波包广义能量变化方程。

若 $F=0$，则 $G=0$，由式(50)得广义能量守恒。在非均匀气流中，由于 $m^2+n^2$ 等有变化，故由广义能量守恒却可导致波包能量改变。若 $F\neq0$，一般有 $G\neq0$，科氏力作用使得广义能量也不守恒。不过，由于 $G_3$ 常可消去，而$O(G_1,G_2)\leqslant O(\varepsilon^2)$。故由此而引起的广义能量的改变不大(若不消去 $G_3$，则有 $O(G_3)=O(\varepsilon)$)，但 $\sqrt{m^2+n^2}$ 的时间变率为$O(U,V)$。当 $O(\bar{u},\bar{v})=O(1)$ 时，$O(U,V)=O(\varepsilon)$，故波包能量变化主要由波长变化所决定，即由大尺度流场的结构所决定。而科氏力作用(通过 $G$) 则再给以补加的变化。

记 $\eta\equiv\sqrt{\mu^2(m^2+n^2)}$，则有

$$\frac{\sqrt{\mu^2(m^2+n^2)}}{\xi^2}=\frac{\eta}{F^2+\eta^2},\quad \frac{\mathrm{d}}{\mathrm{d}\eta}\left(\frac{\eta}{F^2+\eta^2}\right)=\frac{F^2-\eta^2}{F^2+\eta^2}$$

因 $O(F)=O(\varepsilon)$，故若波长不特别长，总有 $F^2-\eta^2<0$，$\mathrm{d}[\eta/(F^2+\eta^2)]/\mathrm{d}\eta<0$。故若略去 $G$ 的影响，平均而言，波长变短伴随有 $e_0$ 增大。即快波在传播过程中，波动发展(总能量增加)伴随着波长变短；波动衰减(能量被基流吸收)伴随着波长变长。

上述规律可以解释实际大气中的情况。由此可知，重力波只当波长较短时才比较显著，由局部区域扰动所形成的波长较长的快波波幅非常小。

重力波发展时，波长变得越来越短，振幅又变得比较大，此时必须进一步计入非线性

项以及湍流作用，于是波动易于破碎而成湍涡。因此，在大气中大振幅的重力波很难维持较长时段。

在文献[1]中对一些具体情况进行过仔细分析，其中还计入 $G$ 的作用，结果表明：当快波波包顺风入射到气旋内强风区时，能量大部分被气旋场吸收。在旋转大气的涡旋群中，快波的传播常常要碰到上述条件，所以在实际大气中重力波只在局部地区和较短时段内才比较显著。

## 四、慢波波包随时间的演变

按式(17)′，可得慢波的群速度$\vec{C}_g^{(1)}$为

$$C_{gx}^{(1)}=U,\quad C_{gy}^{(1)}=V \tag{51}$$

慢波波形基本上顺风以速度$(U,V)$传播。波形的畸变只由气流的不均匀所导致的局地几何形变所决定。

以后我们将 $\vec{C}_g^{(1)}$ 和 $\xi_1,\sigma_1$ 等简记作$\vec{C}_g,\xi,\sigma$。由式(51)可知，$\mathrm{D}_g/\mathrm{D}\tau=\mathrm{D}/\mathrm{D}\tau$。将慢波的 $a,b,\xi$ 等代入式(27)，再令 $\phi_0=|\phi_0|\mathrm{e}^{\mathrm{i}\alpha}$，就得到慢波波包包络线的位移公式和振幅变化公式：

$$\frac{\mathrm{D}_g\alpha}{\mathrm{D}\tau}=\frac{\mathrm{D}\alpha}{\mathrm{D}\tau}=\frac{F^2}{\mu^2}(mU+nV) \tag{52}$$

$$\left(m^2+n^2+\frac{F^2}{\mu^2}\right)\frac{\mathrm{D}_g|\phi_0|}{\mathrm{D}\tau}+|\phi_0|\frac{\mathrm{D}_g}{\mathrm{D}\tau}\left(m^2+n^2+\frac{F^2}{\mu^2}\right)=-|\phi_0|\left[\left(m^2+n^2+\frac{F^2}{\mu^2}\right)\left(\frac{\partial U}{\partial x}+\frac{\partial V}{\partial y}\right)\right] \tag{53}$$

由于 $O(F)=O(\varepsilon)$，故由式(52)可见，慢波波包在局部地区的弥散的量级 $\leqslant O(\varepsilon^2)$[甚至 $\leqslant O(\varepsilon^3)$，若 $O(U,V)=O(\varepsilon)$]，比快波还要小。

为了分析慢波波包能量的变化，还要将式(53)变换如下：

$$\frac{\mathrm{D}_gQ_0}{\mathrm{D}\tau}=-Q_0\left(\frac{\partial U}{\partial x}+\frac{\partial V}{\partial y}\right) \tag{54}$$

$$\frac{\mathrm{D}_gQ_0^2}{\mathrm{D}\tau}=-2Q_0^2\left(\frac{\partial U}{\partial x}+\frac{\partial V}{\partial y}\right) \tag{55}$$

其中

$$Q_0=-\left(m^2+n^2+\frac{F^2}{\mu^2}\right)|\phi_0| \tag{56}$$

当 $\phi_0$ 和 $m,n$ 为实常数时，准地转近似下的位涡度的绝对值就是

$$\left|\left(\Delta-\frac{F^2}{\mu^2}\right)\phi_0\mathrm{e}^{\mathrm{i}(mx+ny)}\right|=|Q_0\mathrm{e}^{\mathrm{i}(mx+ny)}| \tag{57}$$

这就是 $Q_0$ 的意义，不妨称 $Q_0$ 为位涡度。式(54)和式(55)说明 $Q_0$ 和平方位涡度 $Q_0^2$ 的随波个别微商与其自身和基流的辐合$[-(\partial U/\partial x+\partial V/\partial y)]$成正比。基流辐散使之减小，辐合使之增加，但量级为 $O(\varepsilon^2)$(因在科氏力作用下 $O(\partial\bar{u}/\partial x+\partial\bar{v}/\partial y)=O(\varepsilon)$)。

再将式(55)沿 S 积分，得

$$\frac{\partial}{\partial\tau}\iint_S Q_0^2 \mathrm{d}x\mathrm{d}y = -\iint_S Q_0^2\left(\frac{\partial U}{\partial x}+\frac{\partial V}{\partial y}\right)\mathrm{d}x\mathrm{d}y \tag{58}$$

其意义是波包的总平方位涡度几乎守恒，一般只有 $O(\varepsilon^2)$ 的变化；且当基流为地转平衡时，还有总平方位涡度守恒。

波包内的能量密度为

$$e_0 = \left(m^2+n^2+\frac{F^2}{\mu^2}\right)|\phi_0|^2/(2F^2) \tag{59}$$

其中动能为 $(|u_0|^2+|v_0|^2)/2=(m^2+n^2)|\phi_0|^2/(2F^2)$，有效位能为 $|\phi_0|^2/(2\mu^2)$。故式(58)即是

$$\frac{\partial}{\partial\tau}\iint_S\left(m^2+n^2+\frac{F^2}{\mu^2}\right)e_0\mathrm{d}x\mathrm{d}y = -\iint_S Q_0^2\left(\frac{\partial U}{\partial x}+\frac{\partial V}{\partial y}\right)\mathrm{d}x\mathrm{d}y \tag{60}$$

由此可知，当波长减小时，$m^2+n^2+F^2/\mu^2$ 增加，扰动总能量减小；当波长增长时，扰动总能量增加。这和快波正好相反。慢波发展时伴随着波长变长，衰减时(能量为基流吸收)则伴随着波长变短。上述规律和实际大气中的移动性高空槽脊的演变特征完全相符合：一个发展中的短波小槽总是槽线加深的同时槽变宽，逐渐演变成一个比较深的长波槽。

## 五、推导慢波演变过程的另外方法

在第一节中我们已说明过：对于慢波 $O(\sigma)=O(\varepsilon^{-2})$ 不成立，事实上只有 $O(\sigma)=O(\varepsilon)$。不过，由于形式上设 $U,V,F$ 有 $O(1)$ 的量级，结果是第一节的展开法仍可适用于慢波。今再提出一种专门对慢波有效的方法。

仍按基流引入特征量，设基流为平直气流或长波 $(O(\mu^2)=O(1))$ 和超长波$(O(\mu^2)=O(\varepsilon))$，$O(\varepsilon)\ll O(1)$；设有波长不大于基流波长的小扰动，于是小扰动的波长和特征时间尺度量级为 $O(\varepsilon)$，故可令

$$(u',v',\phi')=(\hat{u},\hat{v},\hat{\phi})\mathrm{e}^{\mathrm{i}\varepsilon^{-1}\theta(x,y,t)} \tag{61}$$

其中 $\theta,\hat{u},\hat{v}$ 和 $\hat{\phi}$ 均为$(x,y,t)$ 的缓变函数。且取

$$\begin{cases}\hat{u}(x,y,t)=u_0(x,y,t)+\varepsilon u_1(x,y,t)+\cdots\\ \hat{v}(x,y,t)=v_0(x,y,t)+\varepsilon v_1(x,y,t)+\cdots\\ \hat{\phi}(x,y,t)=\varepsilon\phi_0(x,y,t)+\varepsilon^2\phi_1(x,y,t)+\cdots\\ f(x,y)=f_0+\varepsilon f_1+\cdots\end{cases} \tag{62}$$

(这里 $f$ 和 $f_0=1$ 等为无量纲量，且可计入 $f$ 的变化)。令

$$\sigma=-\partial\theta/\partial t,\quad m=\partial\theta/\partial x\quad n=\partial\theta/\partial y \tag{63}$$

则 $O(\sigma,m,n)=O(1)$。第二节所有公式仍适用，只需相应地用 $t,\bar{u},\bar{v}$ 代替那里的 $\tau,U,V$。

若 $O(\mu^2)=O(1)$，先用 $\varepsilon$ 乘式(8)第三式。若 $O(\mu^2)=O(\varepsilon)$，则令 $\mu^2=\mu'^2\varepsilon$，$O(\mu'^2)=O(1)$。因为有实际意义的是 $\Phi^*\ll\tilde{\phi}$，于是还有 $O(\varepsilon\bar{\phi})<O(\mu^2)$，令 $\varepsilon\bar{\phi}=\varepsilon^2\overline{\phi'}$，$O(\overline{\phi'})=O(1)$。将式(61)和式(62)代入处理后的式(8)，按 $\varepsilon$ 展开。$\varepsilon^0$ 的项给出

$$\begin{cases} \mathrm{i}(-\sigma+m\bar{u}+n\bar{v})u_0-f_0v_0+\mathrm{i}m\phi_0=0 \\ f_0u+\mathrm{i}(-\sigma+m\bar{u}+n\bar{v})v_0+\mathrm{i}n\phi_0=0 \\ mu_0+nv_0=0 \end{cases} \tag{64}$$

由此求得唯一一个频率 $\sigma=m\bar{u}+n\bar{v}$，即慢波，且仍有地转风关系和无辐散关系。$\varepsilon^1$ 的项给出

$$\begin{cases} -f_0v_1+\mathrm{i}m\phi_1=-\left[\dfrac{\mathrm{D}u_0}{\mathrm{D}t}-f_1v_0+\dfrac{\partial\phi_0}{\partial x}+\left(u_0\dfrac{\partial\bar{u}}{\partial x}+v_0\dfrac{\partial\bar{u}}{\partial y}\right)\right] \\ f_0v_1+\mathrm{i}n\phi_1=-\left[\dfrac{\mathrm{D}v_0}{\mathrm{D}t}+f_1u_0+\dfrac{\partial\phi_0}{\partial y}+\left(u_0\dfrac{\partial\bar{v}}{\partial x}+v_0\dfrac{\partial\bar{v}}{\partial y}\right)\right] \\ \mathrm{i}\mu^2(mu_1+nv_1)=-\mu^2\left(\dfrac{\partial u_0}{\partial x}+\dfrac{\partial v_0}{\partial y}\right) \end{cases} \tag{65}$$

或

$$\mathrm{i}\mu'^2(mu_1+nv_1)=-\mu'^2\left(\frac{\partial u_0}{\partial x}+\frac{\partial v_0}{\partial y}\right)-\left(u_0\frac{\partial\bar{\phi}'}{\partial x}+v_0\frac{\partial\bar{\phi}'}{\partial y}\right)$$

由此可求得关于 $\phi_0=|\phi_0|\,\mathrm{e}^{\mathrm{i}\alpha}$ 的方程。当 $O(\mu^2)=O(1)$ 时，有

$$\frac{\mathrm{D}_g\alpha}{\mathrm{D}t}=-f_0\left(\frac{\partial m}{\partial y}-\frac{\partial n}{\partial x}\right)=0 \tag{66}$$

两边乘上 $\varepsilon$，式(66)即变为式(52)，但略去了其中含 $F^2$ 的一项。其实 $O(F^2)=O(\varepsilon^2)$，这一项本来是可以略去的。当 $O(\mu^2)=O(\varepsilon)$ 时，则有

$$\frac{\mathrm{D}_g\alpha}{\mathrm{D}t}=\frac{f_0^2}{\mu'^2}\left(n\frac{\partial\bar{\phi}'}{f_0\partial x}-m\frac{\partial\bar{\phi}'}{f_0\partial y}\right) \tag{66$'$}$$

若取 $\bar{u}$ 和 $\bar{v}$ 为地转风，则式(66′)正好就是式(52)。其次，关于$|\phi_0|$的公式正好就是式(54)和式(55)，但略去了其中含 $F^2/\mu^2$ 的小项。可见，两种方法导致相同结果。

在文献[2]中用准地转模式研究慢波波包的演变过程，也得到完全相同的结果。那里还详细地讨论了一些典型的慢波演变模式，其结果和实际很相一致。

还应指出，在快波的公式中，$f=0$ 时也适用。但在第一节推导关于慢波公式时用了地转风关系（公式(19)），在本节也如此，因而不适用于 $f=0$ 的情况。在一般情况下（包括 $f=0$ 和 $f\neq0$），由式(14)或式(64)，应取

$$u_0=-\mathrm{i}n\psi_0,\quad v=\mathrm{i}m\psi_0,\quad \phi_0=f_0\psi_0 \tag{67}$$

其中 $\psi_0$ 为流函数。将式(67)代入式(65)，即得关于慢波 $\psi_0$ 的演变方程，它和 $f_0\neq0$ 时关于 $\phi_0/f_0$ 的方程完全相同（其实 $\phi_0/f_0$ 即为地转近似下的流函数 $\psi_0$），故若改记 $\phi_0/f_0$ 为 $\psi_0$，则本文所得结果适用于一般情况。

## 参考文献

[1] 曾庆存. 数值天气预报的数学物理基础. 第一卷. 科学出版社，1979.

[2] 卢佩生，曾庆存. 正压大气中扰动的演变. 大气科学，1981，1 期，即将发表.

2

# 正压大气中扰动的演变

卢佩生　曾庆存

(中国科学院大气物理研究所)

**摘要**　本文应用 WKBJ 方法研究正压准地转模式中小扰动的演变过程,提出扰动发展的判据应是扰动总能量和平均振幅同时增长。理论推导给出:正压扰动发展时波长变长,衰减时波长变短。文中详细地讨论了基本气流为平直西风的情况,得出急流南导波、急流北曳波为发展型,发展过程中槽线渐趋南北指向;急流北导波、急流南曳波为衰减型,槽线日渐趋于东西向。文中还讨论了基本气流为非平直气流情况,指出所谓"超长波后退"过程在一些情况下是发展型槽东移和波长变长所致。

## 一、引言

二维正压大气是最简单的大气模式,但它可讨论高空槽脊等天气系统的许多动力学过程。Rossby[1]首先用线性化方程求得槽线移动速度公式,它反映了槽脊移动的基本特点。后来叶笃正[2]进一步讨论了能量频散和上游效应等动力学过程,得到了更深刻的结果。与[2]同时的是郭晓岚[3]的工作,讨论在正压基本气流上叠加的小扰动的稳定性问题,得到在一定条件下小扰动发展——"正压不稳定"。此后还有大量工作讨论同一类型的问题。

在上述这类工作中,都取基本气流是平直的(其中[3]取基本西风 $\bar{u}$ 随 $y$ 而变)。这都是过于理想化的情况。为了在实际工作中得到有效的应用,人们必须考虑基本气流的不均匀性,像数值天气预报中的正压模式就是这样。不过,解非线性方程是很困难的,到目前为止,人们还只能找到非常特殊和简单的特解,数学上的困难妨碍着人们对正压扰动过程的物理本质的分析。为此,叶笃正[4]后来提出研究非平直气流情况下的小扰动过程,这是非常值得研究的课题。在[4]中取基本气流是波状的,得到了像新波激发等一些非常有趣的不同于平直气流情况下的过程。

在非均匀的基本气流情况下,小扰动方程虽然仍是线性的,但具有非常数的系数,在一般情况下仍然难于求解。故自[4]以后,研究结果不多。为了克服上述困难,采取比较能适用于一般情况下的近似方法可能是合适的,这样既可取基本气流具有任意的形式,又能作较深入的物理分析,从而可能进一步认识扰动的演变过程。在[5]中使用 WKBJ 方法讨论大气中快波和慢波的相互作用过程,得到了一些有意义的结果。我们这里亦采用

---

原载:《大气科学》,1981,5(1):1-8。

WKBJ 方法处理[1]～[4]中的问题，由此得到了关于扰动演变过程的更普遍的性质和一些比较方便的判据。

## 二、正压扰动方程

为简单起见，我们采用直角坐标中的正压准地转涡度方程

$$\frac{\partial}{\partial t}(\Delta\psi-\kappa\psi)+J(\psi,\Delta\psi)+\beta\frac{\partial\psi}{\partial x}=0 \tag{1}$$

这里的符号都是常见的：$\psi$ 为流函数（$\psi=f_0^{-1}\phi$，$\phi$ 为等压面的位势）；$\beta=\mathrm{d}f/\mathrm{d}y$；$\kappa=f_0^2/\tilde{\phi}$，$\tilde{\phi}$ 为平均位势；$f_0$ 为标准纬度的科氏参数，等等。引入特征量：$T$ 为特征时间尺度，$L$ 为特征水平尺度，$\Psi=f_0^{-1}\Phi$，$\Phi$ 为特征扰动位势，$U=\Psi/L$ 为特征速度。将式(1)化为无量纲方程

$$\varepsilon'\frac{\partial\Delta\psi}{\partial t}+\varepsilon''J(\psi,\Delta\psi)-\varepsilon'\mu^{-2}\frac{\partial\psi}{\partial t}+\frac{\partial\psi}{\partial x}=0 \tag{2}$$

其中 $\psi$、$x$、$y$、$t$ 等已为无量纲量，$\Delta$ 和 $J(A,B)$ 亦为在无量纲变量 $(x,y)$ 空间中的算子，无量纲参数 $\varepsilon'$ 等的定义为

$$\varepsilon'=1/(\beta TL),\quad \varepsilon''=U/(\beta L^2),\quad \mu^{-2}=(L/L_0)^2 \tag{3}$$

而 $L_0=\sqrt{\tilde{\phi}}/f_0$ 就是由外部环境（$\tilde{\phi}$ 和 $f_0$）所决定的水平尺度，一般为 3000km。

我们所要讨论的对象是叠加于长波和超长波上的扰动，因此又可取 $T=LU^{-1}$，于是 $\varepsilon'=\varepsilon''$，并且还可合适地选取 $U$ 和 $L$，这样可使 $\varepsilon'=1$。此外，对于相当于长波一类的系统来说，还有 $O(\mu^{-2})\leqslant O(1)$，于是式(2)简化成

$$\frac{\partial\Delta\psi}{\partial t}+J(\psi,\Delta\psi)-\mu^{-2}\frac{\partial\psi}{\partial t}+\frac{\partial\psi}{\partial x}=0 \tag{4}$$

设

$$\psi=\bar{\psi}(x,y,t)+\psi'(x,y,t) \tag{5}$$

其中 $\bar{\psi}$ 和 $\psi'$ 分别是基本流场和扰动流场的流函数。自然 $\bar{\psi}$ 应满足式(4)，即

$$\frac{\partial\Delta\bar{\psi}}{\partial t}+J(\bar{\psi},\Delta\bar{\psi})-\mu^{-2}\frac{\partial\bar{\psi}}{\partial t}+\frac{\partial\bar{\psi}}{\partial x}=0 \tag{6}$$

但不必取 $\bar{\psi}$ 为常定。

对于 $\psi'$ 的演变过程，取线性化方程

$$\frac{\partial\Delta\psi'}{\partial t}+J(\bar{\psi},\Delta\psi')+J(\psi',\Delta\bar{\psi})-\mu^{-2}\frac{\partial\psi'}{\partial t}+\frac{\partial\psi'}{\partial x}=0 \tag{7}$$

$\psi'$ 还应满足初条件

$$\psi'(x,y,0)=\psi'^{(0)}(x,y) \tag{8}$$

其中 $\psi'^{(0)}(x,y)$ 为给定的已知函数。

## 三、演变过程

当我们研究某些特定的天气系统的短期变化过程时，常可把注意力集中于这些天气

系统自身的结构以及其附近流场的特点，不必考虑距离过于遥远的地区的流场结构。于是我们可选取合适的参数，用波包来描写这些天气系统，即取

$$\psi'^{(0)}(x,y)=\mathrm{Re}(A^{(0)}(x,y)\mathrm{e}^{i\theta(x,y,0)\varepsilon^{-1}}) \tag{9}$$

$$\psi'(x,y,t)=\mathrm{Re}(A(x,y,t)\mathrm{e}^{i\theta(x,y,t)\varepsilon^{-1}}) \tag{10}$$

其中 $0<\varepsilon\ll 1$ 为小参数（其意义见后）；$A$ 为扰动的振幅函数；$\theta\varepsilon^{-1}$ 为扰动的位相函数，而扰动沿 $x$ 和 $y$ 方向的局地波数 $m'$ 和 $n'$ 以及局地瞬时频率 $\sigma'$ 则为

$$\begin{cases}\dfrac{\partial\theta(x,y,t)}{\varepsilon\partial x}=m'=\varepsilon^{-1}m\\ \dfrac{\partial\theta(x,y,t)}{\varepsilon\partial y}=n'=\varepsilon^{-1}n\\ \dfrac{\partial\theta(x,y,t)}{\varepsilon\partial t}=\sigma'=\varepsilon^{-1}\sigma\end{cases} \tag{11}$$ [①]

扰动槽脊的方向由曲线 $\theta(x,y,t)=$ 常数的位置决定。例如，当 $m'$ 和 $n'$ 为常数时，槽脊和 $x$ 轴的夹角 $\alpha$ 就是

$$\begin{cases}\alpha=\dfrac{\pi}{2}+\alpha'\\ \mathrm{tg}\alpha'=\dfrac{n'}{m'}=\dfrac{n}{m}\end{cases} \tag{12}$$

波长就是 $2\pi/\sqrt{m'^2+n'^2}$，而波动沿波射线（垂直于槽脊线）传播的移速 $C=\sigma'\sqrt{m'^2+n'^2}$。

设 $\psi'$ 的水平尺度比基本流场水平尺度要小得多（也只有讨论这种扰动，将 $\psi$ 区分为 $\bar{\psi}$ 和 $\psi'$ 两部分才有实际的意义），因此，我们取 $\varepsilon\ll 1$。当 $L\approx L_0$ 时，相当于小扰动的波长为 3000km 左右或更短。这样一来，我们取 $m$、$n$、$\sigma$ 的量级为 $O(1)$，即位相 $\theta\varepsilon^{-1}$ 为在时间和空间上的“快变过程”。但设波长和振幅等为“缓变过程”，即 $A$ 对 $(x,y,t)$ 的各级微商以及 $m$、$n$、$\sigma$ 等亦为其自变量的缓变函数，其量级亦为 $O(1)$。此外，自然要求基本流场为缓变函数，即 $\bar{\psi}$ 的各级微商的量级为 $O(1)$，否则不能保证 $m$、$n$、$\sigma$ 为缓变过程（见式(14)）。

今应用 WKBJ 方法来求解本问题，就是：将 $A$ 按小参数展开

$$A(x,y,t)=\psi_0(x,y,t)+\varepsilon\psi_1(x,y,t)+\varepsilon^2\psi_2(x,y,t)+\cdots \tag{13}$$

将式(13)代入式(10)，再代入式(7)，并应用式(12)，就得到含有 $\varepsilon$ 的各幂次项的方程。令各幂次项的系数为零，就得到描写相速 $C$ 以及 $\psi_0,\psi_1,\psi_2,\cdots$ 的演变过程的方程。

含 $\varepsilon^{-3}$ 的项给出频率关系式

$$\sigma=-(m\bar{u}+n\bar{v}) \tag{14}$$

其中 $\bar{u}=-\partial\bar{\psi}/\partial y$，$\bar{v}=\partial\bar{\psi}/\partial x$。式(14)说明扰动以基本气流的风速传播。其实，当波长较短时，可略去 $\mu^{-2}\dfrac{\partial\psi}{\partial t}+\dfrac{\partial\psi}{\partial x}$ 项的作用，于是 Rossby 公式退化为式(14)。

含 $\varepsilon^{-2}$ 的项给出

---

① 在本文中和在《非均匀基流上扰动的演变》文中，关于 $\sigma$ 的定义（前者的式(11)和后者的式(63)）相差一个负号；从而关于群速度($C_{gx}$,$C_{gy}$)和 $\sigma$ 的关系（前者的公式(∗)和后者的公式(30)）也相差一个负号，结果是本文（前者）求得的($C_{gx}$,$C_{gy}$)与后者的公式(51)相同。——编者

$$\frac{\partial(m^2+n^2)\psi_0}{\partial t}+\left(\bar{u}\frac{\partial}{\partial x}+\bar{v}\frac{\partial}{\partial y}\right)(m^2+n^2)\psi_0=0 \tag{15}$$

下节我们将进一步分析此式。

## 四、扰动演变的一般规律性

利用式(11)、式(14)和式(15)就可推得关于扰动演变过程的一些重要规律性。

按式(14),我们可以把$\sigma$看成$m$、$n$、$\bar{u}$、$\bar{v}$这四个变量的函数,记作$\sigma=\sigma(m,n,\bar{u},\bar{v})$。于是有$\frac{\partial\sigma}{\partial\bar{u}}=-m$,$\frac{\partial\sigma}{\partial\bar{v}}=-n$。而群速度$\vec{C}_g=C_{gx}\vec{i}+C_{xy}\vec{j}$则定义为

$$C_{gx}=-\frac{\partial\sigma}{\partial m},\quad C_{gy}=-\frac{\partial\sigma}{\partial n} \tag{*}$$

在我们这里,正好有$C_{gx}=\bar{u}$,$C_{gy}=\bar{v}$。

利用式(11)可得运动学上的关系式

$$\begin{cases}\dfrac{\mathrm{D}_g m}{\mathrm{D}t}=-m\dfrac{\partial\bar{u}}{\partial x}-n\dfrac{\partial\bar{v}}{\partial x}\\ \dfrac{\mathrm{D}_g n}{\mathrm{D}t}=-m\dfrac{\partial\bar{u}}{\partial y}-n\dfrac{\partial\bar{v}}{\partial y}\\ \dfrac{\mathrm{D}_g}{\mathrm{D}t}\left(\dfrac{m^2+n^2}{2}\right)=-m\left(m\dfrac{\partial\bar{u}}{\partial x}+n\dfrac{\partial\bar{u}}{\partial y}\right)-n\left(m\dfrac{\partial\bar{v}}{\partial x}+n\dfrac{\partial\bar{v}}{\partial y}\right)\end{cases} \tag{16}$$

其中

$$\frac{\mathrm{D}_g}{\mathrm{D}t}=\frac{\partial}{\partial t}+C_{gx}\frac{\partial}{\partial x}+C_{gy}\frac{\partial}{\partial y} \tag{17}$$

为随波(即随着波包)个别微商。不难通过直接验算推出式(16),其中要注意到$\partial m/\partial t=\partial\sigma/\partial x$等。式(16)第三式给出波长的变化,而第一、二式则给出扰动轴线倾角随时间的变化。由此可见,在非均匀气流情况下,扰动波长和轴线的方向一般将随时间而变。

关于扰动是否发展和衰减,可以从振幅$\psi_0$和动能$(m^2+n^2)\psi_0\psi_0^*$这两方面来考察,其中$\psi_0^*$记$\psi_0$的共轭复数。

扰动发展,指的是扰动总能量增加,故有

$$\frac{\partial}{\partial t}\iint_{-\infty}^{+\infty}(m^2+n^2)\psi_0\psi_0^*\,\mathrm{d}x\mathrm{d}y\ \begin{cases}>0, & \text{扰动发展}\\ <0, & \text{扰动衰减}\end{cases} \tag{18}$$

但往往有这样的情况:总能量虽然增加了,但扰动的区域增大(例如波长变长),结果是能量分配到较广大的地区,振幅反而变小,于是从外表来看,扰动反而变得不明显,甚至好像还有所衰减。因此,只按式(18)来判断有些不足之处。为此,应再补加上另外的条件——振幅增长与否,即

$$\frac{\partial}{\partial t}\iint_{-\infty}^{+\infty}\psi_0\psi_0^*\,\mathrm{d}x\mathrm{d}y\ \begin{cases}>0, & \text{扰动发展}\\ <0, & \text{扰动衰减}\end{cases} \tag{19}$$

应该指出,只按式(19)作判断也是片面的。因为往往有局地振幅增大而能量反而变小的情况,这时事实上是扰动能量被基本气流吸收的过程,只不过扰动占有的区域变小(例如

波长变短)，使得扰动集中到很小的地区之内，粗看起来好像扰动明显地增长了起来①，但这是不能持久的，随着扰动能量进一步被吸收，最终是扰动衰减下去。从上面分析可见，判断扰动是否增强，应同时利用式(18)和式(19)。

现在我们来判断正压扰动的发展问题，注意到 $C_{gx}=\bar{u}$，$C_{gy}=\bar{v}$，而且 $\frac{\partial \bar{u}}{\partial x}+\frac{\partial \bar{v}}{\partial y}=0$，式(15)又可写成

$$\frac{\mathrm{D}_g}{\mathrm{D}t}[(m^2+n^2)\psi_0]=0 \tag{20}$$

还可推得

$$\frac{\mathrm{D}_g}{\mathrm{D}t}[(m^2+n^2)e_0]=0 \tag{21}$$

其中 $e_0\equiv(m^2+n^2)\psi_0\psi_0^*$ 是单位面积上的动能，$(m^2+n^2)e_0$ 是涡度平方。最终就有

$$\frac{\partial}{\partial t}\iint_{-\infty}^{+\infty}(m^2+n^2)e_0\,\mathrm{d}x\mathrm{d}y=0 \tag{22}$$

其意义是扰动的总涡度平方守恒。也可以写成总能量改变公式

$$\frac{\partial}{\partial t}\iint_{-\infty}^{+\infty}e_0\,\mathrm{d}x\mathrm{d}y=-\iint_{-\infty}^{+\infty}e_0\,\frac{\mathrm{D}_g}{\mathrm{D}t}[\ln(m^2+n^2)]\mathrm{d}x\mathrm{d}y \tag{23}$$

$$\frac{\partial}{\partial t}\iint_{-\infty}^{+\infty}\psi_0\psi_0^*\,\mathrm{d}x\mathrm{d}y=-\iint_{-\infty}^{+\infty}2\psi_0\psi_0^*\,\frac{\mathrm{D}_g}{\mathrm{D}t}[\ln(m^2+n^2)]\mathrm{d}x\mathrm{d}y \tag{24}$$

由式(23)和式(24)可见：若演变过程中波长变长 $\left(\frac{\mathrm{D}_g}{\mathrm{D}t}[\ln(m^2+n^2)]<0\right)$，则按式(18)和式(19)判断，均有扰动发展，反之，扰动衰减。由此推得正压扰动演变过程的一般规律性：

扰动发展时伴随着波长变长，扰动衰减时伴随着波长变短。

重力-惯性波的演变过程正好与此相反[5]，由此也可以看到快波(重力-惯性波)和慢波在物理性质上是很不相同的。

## 五、平直基本气流上的扰动

若基本气流是平直的，还可简单地按扰动轴线的指向作出判断。

先讨论一下槽脊的方向。不妨取 $m\geqslant0$，则有：$n>0$——槽脊线由西北方向伸向东南方；$n<0$——槽脊线由东北向伸向西南方。为简单起见，我们将套用螺旋波的术语[6]，称前者为导波(或导槽和导脊)，而后者为曳波(或曳槽和曳脊)。其实，当进一步考虑到地球曲率的影响时，例如考虑地图投影放大率随空间的变化，则平面$(x,y)$上的直线在球面上就是曲线了，因而由西北向东南倾斜的直线就具有导式螺旋的特性了。

若基本气流为西风，即 $\bar{v}=0$，则由式(16)得到

① 就局部地区短期天气预报而言，扰动能量向某局部地区集中，也常造成局地强烈天气现象，因而也是有意义的。不过我们这里讨论的是扰动发展的全局问题，因而不能只注意局地现象。

$$\frac{\mathrm{D}_g}{\mathrm{D}t}\left(\frac{m^2+n^2}{2}\right)=-mn\frac{\partial \bar{u}}{\partial y} \tag{25}$$

$$\frac{\mathrm{D}_g}{\mathrm{D}t}\mathrm{tg}\alpha'=-\frac{\partial \bar{u}}{\partial y} \tag{26}$$

于是推得

a. 在急流南区 $\left(\frac{\partial \bar{u}}{\partial y}>0\right)$，导波发展，波长变长，轴线渐趋南北方向；曳波衰减，波长变短，轴线渐趋东西指向(扰动被吸收，变成平直气流)。

b. 在急流北区 $\left(\frac{\partial \bar{u}}{\partial y}<0\right)$，导波衰减，波长变短，轴线更加倾斜(扰动被吸收，变成平直气流)；曳波发展，波长变长，轴线渐趋南北方向。

作为例子，我们取 $\varepsilon=0.3$，而初始扰动取为

$$\psi'^{(0)}=-\frac{1}{2}\mathrm{e}^{-(x^2+y^2)}\cos\frac{x\pm y}{0.3} \tag{27}$$

(在余弦中取 $x+y$ 则为导槽，取 $x-y$ 则为曳槽)。基本气流取为

$$\begin{cases}\bar{\psi}=-y-\mathrm{e}^{-2(y+0.4)}+2\mathrm{e}^{-0.8}, & \text{急流北区}\\ \bar{\psi}=-y+\mathrm{e}^{2(y-0.4)}, & \text{急流南区}\end{cases} \tag{28}$$

或

$$\begin{cases}\bar{\psi}=\mathrm{e}^{-2(y+0.25)}, & \text{急流北区}\\ \bar{\psi}=-\mathrm{e}^{+2(y-0.25)}+2\mathrm{e}^{-0.5}, & \text{急流南区}\end{cases} \tag{29}$$

由式(27)和式(28)或式(29)叠加而成的流场 $\psi=\bar{\psi}+\psi'^{(0)}$ 如图 1～图 5，式(28)代表基本气流较强(扰动相对较弱)，而式(29)则相当于扰动较强的情况。图 1 和图 2 取式(28)，其余取式(29)。图中实线为等高线，虚线为大风区内等风速线。考虑到实际大气中扰动已比较强时才具有曳波的形式，故对曳波我们只给出相应于式(29)的图形。

图 1　急流南导槽(发展)

图 2　急流北导槽(衰减)

图 1～图 5 可以看做是一些天气范式(图 5 和 J. Bjerknes 的疏散槽很相一致)。实际天气图在细节上和这些范式会有许多不同；取不同的基本气流形式或者不同的扰动形式(例如不同的 $\frac{n}{m}$)，也会有不同的细节，但基本点是一致的。就是：

a. 急流南导槽(脊)为发展型，槽线等高线愈往南愈稀疏；大风区在槽后，和槽线大体

平行，风速愈往北愈强。

b. 急流北导槽(脊)为衰减型，槽线等高线愈往北愈稀疏；大风区位于槽线西南端附近。

c. 急流南曳槽(脊)为衰减型，槽线等高线愈往南愈稀疏；大风区在槽前，大体上和槽线平行，风速愈往北愈强。

d. 急流北曳槽(脊)为发展型，槽线等高线愈往北愈稀疏；大风区位于槽线东南端附近。

由于式(27)～式(29)在几何学上的对称性质，由图1～图5可以立即获得关于脊的天气范式，只需将纸上下倒置即可(即将$(x,y)$转置为$(-x,-y)$)。这样，图1和图2分别对应于衰减型和发展型脊(注意：大风区在脊前方)，而图3和图4分别对应于发展型和衰减型脊(注意：大风区在脊后)。此外，如将纸翻过来看，则导波变成了曳波，反之亦然，例如图3变成了图5。

图3 急流南导槽(衰减)

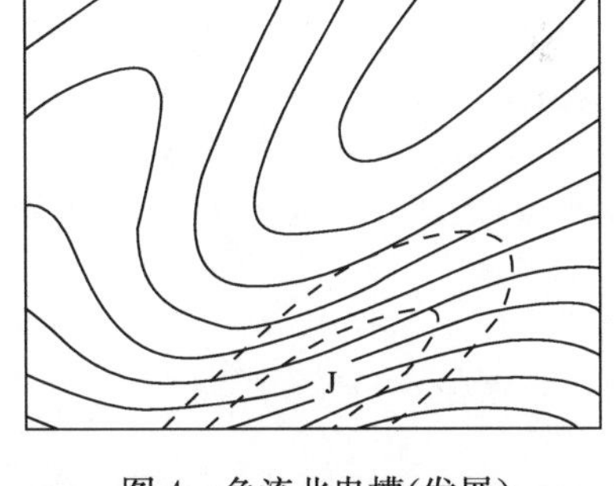


图4 急流北曳槽(发展)

图5 急流南导槽(扰动较强)

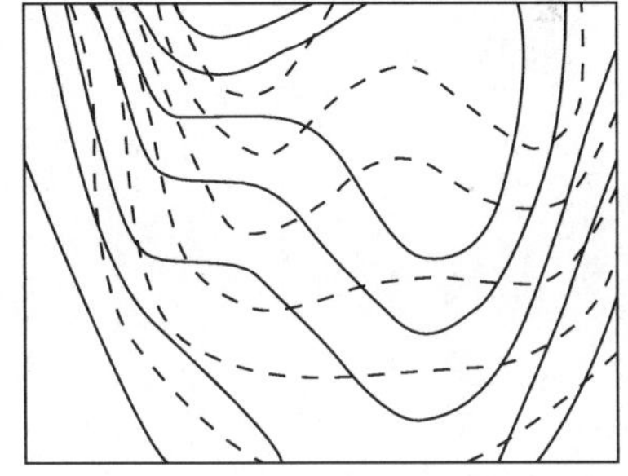

图6 叠加于大槽后的发展型导槽

除图2外，上列天气范式在天气图中常可找到，由理论分析所得的演变特性和实际经验亦相符合。但图2在实际天气图中不常见到，而且实际上导槽大都是发展的，其原因在于此时斜压过程起作用，温度平流效果使槽得到发展。

## 六、非均匀基本气流上的扰动

只要能用数学式子描述非均匀基本气流，则按第四节的公式亦可方便地讨论扰动演变的特点。不过,由于小扰动的尺度较小,也可以按[5]所建议的那样,把空间分区,在每一区内基本气流可看作是平直的。注意到 $\beta\partial\psi/\partial x$ 项在讨论扰动 $\psi_0$ 的发展时不起作用,因此可以把 $x$ 轴指向基本气流的方向,从而甚至可以简单地应用上节的结果来进行讨论。

作为例子,我们讨论在大槽后叠加上一个小槽的演变过程,这是最常见的情况。如果小槽具有急流南导槽的样子,它将发展、东移,槽线加深加宽,最后发展成一大槽,取代原来的大槽。不论直接应用第四节的理论还是应用第五节的结果进行计算,结果都如此。如果对这种形势的天气图进行波谱分析,我们将看到超长波在向西"后退",即所谓"超长波后退",但是造成这种表面上后退的原因正好是扰动的发展、槽线加宽和东移。图 6 就是这种过程的一个概要图。图中虚线为发展后的形势。

叶笃正同志和作者就本工作进行过多次有益的讨论,谨此致谢。

## 参考文献

[1] Rossby C G. J. Mar. Res. ,1939,2:38-55.
[2] Yeh T C(叶笃正). J. Meteor. ,1949:1-16.
[3] Kuo H L(郭晓岚). J. Meteor. ,1949.
[4] 叶笃正. 气象学报,1964,34(1).
[5] 曾庆存. 数值天气预报的数学物理基础. 第一卷. 科学出版社,1979.
[6] 巢纪平,叶笃正. 大气科学,1979,1(2).

3

# 正压大气中长波的演变

卢佩生

(中国科学院大气物理研究所)

摘要　本文研究正压大气中非均匀气流(特别是非平直基流)上扰动的演变过程,对[1]进行了推广,对叠加于超长波基流之上的长波扰动和叠加于超长波或长波基流之上的中、短波的扰动的演变特性进行了统一的处理。结果表明:和小槽、小脊的波长变长同时,其振幅(能量)增大,扰动发展;和波长变短同时,振幅变小,扰动衰减。当小扰动已经发展成长波的时候,或者当我们一般地研究长波的演变过程的时候,则上述规律更为明显,即长波发展时,波长变长更为明显;长波衰减时,波长变短也更为明显。利用这些结果,可以解释大气中槽、脊发展时总是伴随着扰动加宽,而槽、脊收缩时,波长很快减小。其次,扰动发展与否完全由扰动的结构所决定,其中主要是由扰动轴线的方向及其与基流的相对位置所决定。北半球发展型扰动的轴线是:在急流以北呈东北一西南向,急流南呈西北—东南向;而衰减型的轴线是:急流北呈西北—东南向,急流南呈东北—西南向。这些结论和角动量传送理论结果以及天气实际都是符合的。

## 一、引言

高空图中的槽、脊或即大气长波随时间的演变过程是天气预报的主要对象之一。长波的演变过程随基本气流(背景场)和自身的结构等因子的不同而异,分析其中的规律性是很重要的。由于在一般的情况下,基本气流不是平直的,例如,研究一个小槽或者一个和气旋相联系的长波槽、脊是否发展,我们必须考虑它们是叠加在大槽大脊这样的弯曲气流之上的。所以,研究非平直气流情况下扰动的演变过程更有一般性,也更有实际意义。在[1]和[2]中,曾建议用 WKBJ 方法进行研究,并取得了一些很有意义的结果。不过,那里主要是讨论小槽、小脊的演变过程。当小槽已发展成长波的时候,所得结论是否适用呢?或者,当我们直接考察一个长波扰动(槽、脊)的时候,它的演变过程又将是怎样的呢?为此,本文将推广[1]的方法和结果,将长波和小槽小脊作统一的处理,特别是讨论长波的演变过程的规律性。结果表明,[1]和[2]中的结论仍然正确,而且更为明显。本文仍只使用正压大气模式,而在另一篇文章中,我们再给出斜压性的影响。

---

原载:《气象学报》,1981,39(2):141-149。

## 二、基本方程

取直角坐标下的正压准地转模式

$$
\begin{aligned}
&\frac{\mathrm{d}}{\mathrm{d}t}(\Delta\psi-\kappa\psi)+\beta\frac{\partial\psi}{\partial x}=\mathscr{E}\\
&\frac{\mathrm{d}}{\mathrm{d}t}\equiv\frac{\partial}{\partial t}+u\frac{\partial}{\partial x}+v\frac{\partial}{\partial y}\\
&u=-\frac{\partial\psi}{\partial y},\quad v=\frac{\partial\psi}{\partial x}
\end{aligned}
\tag{1}
$$

其中 $\psi$ 为流函数；$\Delta\equiv\dfrac{\partial^2}{\partial x^2}+\dfrac{\partial^2}{\partial y^2}$ 为平面拉氏算子；$\Delta\psi-\kappa\psi$ 为准地转位涡度；$\beta=\dfrac{\mathrm{d}f}{\mathrm{d}y}$ 为 Rossby 参数(取为常数)；$\kappa=f_0^2/\widetilde{\phi}$ 为常数；$f_0$ 为标准纬度的科氏参数；$\widetilde{\phi}/g$ 为等效均质大气的平均高度；而 $\mathscr{E}$ 就是源影响项。

设有基流 $\bar{\psi}(x,y,t)$，$\psi(x,y,t)=\bar{\psi}+\psi'(x,y,t)$，$\psi'$ 就是我们所要讨论的长波或小槽、小脊等小扰动。并设 $\bar{\psi}(x,y,t)$ 为已知。今按基流结构和特性引入特征量：时间尺度 $T$，速度尺度 $U$，长度尺度 $L$，并取 $T=L/U$(这对于涡旋波或即由方程(1)所决定的扰动来说是合适的)，以及 $\psi'$ 的特征量 $\Psi=UL$，而 $\Phi=gZ=\bar{\psi}f_0$ 则是基流 $\bar{\psi}$ 所代表的扰动重力位势的特征量。令无量纲量为 $t_1,x_1,y_1,\psi_1$ 等，即

$$
t=Tt_1,\quad \psi=\Psi\psi_1,\quad (x,y)=L\cdot(x_1,y_1)
$$

代入式(1)，即得无量纲方程

$$
\frac{\partial\Delta\psi_1}{\partial t_1}+J(\psi_1,\Delta\psi_1)-\frac{f_0^2L^2}{\widetilde{\phi}}\frac{\partial\psi_1}{\partial t_1}+\frac{f_0L^2}{aU}\beta_1^*\frac{\partial\psi_1}{\partial x_1}=\frac{L^2}{U^2}\mathscr{E}
\tag{2}
$$

其中 $\Delta$ 和 $J(A,B)$ 为在坐标$(x_1,y_1)$中的拉氏算子和雅可比算子；$a$ 为地球半径；而 $\beta_1^*\equiv\sin\varphi$，$\varphi$ 为纬度。再记

$$
\begin{cases}
\mu^{-2}=\left(\dfrac{L}{L_0}\right)^2\\
\varepsilon^{-2}=\left(\dfrac{L_0}{L_0^*}\right)^2
\end{cases}
\tag{3}
$$

其中

$$
\begin{cases}
L_0^2=\dfrac{\widetilde{\phi}}{f_0^2}\\
L_0^{*2}=\left(\dfrac{\Phi}{f_0^2}\right)\dfrac{a}{L}=\left(\dfrac{\Phi}{\widetilde{\phi}}\right)\left(\dfrac{a}{L}\right)L_0^2\equiv\left(\dfrac{a}{L}\right)L_0^{**2}
\end{cases}
\tag{4}
$$

$L_0$ 和 $L_0^*$ 定义出另外两个特征长度，其中 $L_0$ 只与环境条件$(\widetilde{\phi},f_0)$有关，而 $L_0^*$ 则还和基流自身的特性$(\Phi,L)$有关，将式(3)、式(4)代入式(2)，即可将式(2)改写成更便于分析的形式

$$
\frac{\partial\Delta\psi}{\partial t}+J(\psi,\Delta\psi)+\mu^{-2}\frac{\partial\psi}{\partial t}+\varepsilon^{-2}\beta^*\frac{\partial\psi}{\partial x}=T^2\mathscr{E}
\tag{5}
$$

这里我们已将无量纲量的付标略去，下同。

## 三、超长波和长波

按照 $\mu^{-2}$ 的大小，可以将流场分为超长波、长波和中、短波，即定义 $L/L_0 \gg 1$ 为超长波，$L/L_0 \approx 1$ 为长波，$L/L_0 \ll 1$ 为中、短波。一般常取等效均质大气高度 $\widetilde{Z} = \widetilde{\phi} g^{-1}$ 约为 10km，若取中纬度作为标准纬度，就有 $f_0 \approx 10^{-4}\mathrm{s}^{-1}$，由此算得 $L_0 \approx 3000\mathrm{km}$。于是上述关于超长波、长波和中、短波的划分和气象上通常的划分是一致的。

现在估计 $L_0^*$，高空等压面位势偏差的特征量 $\Phi$ 一般为 1km，故 $\Phi/\widetilde{\phi} \approx 0.1$。故 $L_0^{**2} \approx 0.1L_0^2$。对于超长波，$L_0 \ll L \approx a$，于是有 $L_0^* \approx \sqrt{0.1}L_0 \approx 0.3L_0$，即 $L_0^*$ 约为 1000km；对于长波，$L \sim 3000 \sim 1000\mathrm{km}$，$L_0^*$ 接近于 $L_0$。由此可以估计出 $\varepsilon^{-2}$ 的数值如下：对于超长波，$\varepsilon^{-2} \geqslant 6^2$；对于长波，$\varepsilon^{-2} \approx 1$。

对于超长波来说，除非

$$\varepsilon^{-2}\beta^* \frac{\partial \psi}{\partial x} \approx T^2 \mathscr{E} \tag{6}$$

否则由式(5)算得的 $\partial\psi/\partial t$ 的量级亦将是 $O(\varepsilon^{-2})$，即超长波以比 $U$ 大一个数量级的速度传播着①，这与原假设 $T = L/U$ 不符，而且在天气图中也并没有观测到这样快的传速，故与实际亦不符。由此可见，式(6)应该成立。这或者是 $\partial\psi/\partial x \approx 0$，即环流基本上是纯带状圈环流，南北风分量很小；或是南北风的作用正好和源作用项 $\mathscr{E}$ 相平衡。由此可见，振幅较大的超长波是受外源控制的。当取超长波作为基流时，在基流方程中含有源影响的项，即

$$\frac{\partial \Delta\bar{\psi}}{\partial t} + J(\bar{\psi}, \Delta\bar{\psi}) - \mu^{-2}\frac{\partial \bar{\psi}}{\partial t} + \varepsilon^{-2}\beta^* \frac{\partial \bar{\psi}}{\partial x} = T^2 \bar{\mathscr{E}} \tag{7}$$

对于长波或平直气流来说，式(5)左端各项有相同量级，若取长波为基流，则式(7)仍对，不过这时源作用项 $T^2\mathscr{E}$ 也是可以不起重要作用，甚至可以略去。一般来说，当只讨论长波结构引起的演变过程时，常略去含 $\mathscr{E}$ 项。

## 四、扰动方程及其求解

用式(5)减去式(7)，并略去非线性项，即得线性化小扰动方程为

$$\frac{\partial \Delta\psi'}{\partial t} + J(\psi', \Delta\bar{\psi}) + J(\bar{\psi}, \Delta\psi') - \mu^{-2}\frac{\partial \psi'}{\partial t} + \varepsilon^{-2}\beta^* \frac{\partial \psi'}{\partial x} = 0 \tag{8}$$

在式(7)中我们已略去了源作用项 $\mathscr{E}$ 的扰动 $\mathscr{E}'$，因为我们所要讨论的对象是长波和中、短波的小扰动的演变，如前所述，这是允许的。

式(8)对于叠加于超长波或长波基流上的扰动都是对的。对于长波基流，$\varepsilon \approx 1$，$\mu^{-2} \approx 1$，在式(8)中没有小参数，当应用 WKBJ 方法时，就得直接由“扰动为中小尺度的”而引进

① 换句话说，若式(6)不成立，则我们不能取 $T=L/U$，而应取 $O(T)<O(L/U)$。

小参数(见[1])。但若基流为超长波,$\psi'$为长波以下波长的扰动,则因式(8)中的 ε 就是小参数,可以统一地利用它作为小参数。今讨论这种情况。令

$$\psi' = \hat{\psi}(x,y,t)\mathrm{e}^{\mathrm{i}\varepsilon^{-1}\theta(x,y,t)} \tag{9}$$

$$\hat{\psi} = \psi_0(x,y,t) + \varepsilon\psi_1(x,y,t) + \varepsilon^2\psi_2(x,y,t) + \cdots \tag{10}$$

并记

$$\begin{cases}\dfrac{\partial\theta}{\varepsilon\partial t} \equiv -\varepsilon^{-1}\sigma(x,y,t)\\[2mm] \dfrac{\partial\theta}{\varepsilon\partial x} \equiv \varepsilon^{-1}m(x,y,t)\\[2mm] \dfrac{\partial\theta}{\varepsilon\partial y} \equiv \varepsilon^{-1}n(x,y,t)\end{cases} \tag{11}$$

设 $\hat{\psi}$ 和$\theta$以及$\sigma$,$m$和$n$都是自变量$(x,y,t)$的缓变函数,即其量级为$O(1)$。按式(11)可知:$\varepsilon^{-1}\sigma$ 和$(\varepsilon^{-1}m,\varepsilon^{-1}n)$分别是扰动(波包)的无量纲局地瞬时频率和无量纲局地瞬时波数。因 $\varepsilon \approx 10^{-1}$,而$O(m,n)=O(1)$,故$O(\varepsilon^{-1}m,\varepsilon^{-1}n)=O(\varepsilon^{-1})=O(10)$,即相对于基流的特征尺度$L^*$ 而言,其波数量级为$O(\varepsilon^{-1})$,故扰动的波长为$L_1 \approx \varepsilon L^*$。今$L^*$ 为超长波,故扰动 $\psi'$ 为长波。

再将式(8)改写成

$$\varepsilon^2\frac{\partial\Delta\psi'}{\partial t} + \varepsilon^2 J(\psi',\Delta\bar{\psi}) + \varepsilon^2 J(\bar{\psi},\Delta\psi') - (\mu^*)^{-2}\frac{\partial\psi'}{\partial t} + \beta^*\frac{\partial\psi'}{\partial x} = 0 \tag{12}$$

其中$\mu^* = \varepsilon^{-1}\mu$。对于叠加于超长波基流上的长波扰动而言,有$\mu^* \approx 3$。故含有$(\mu^*)^{-2}\dfrac{\partial\psi'}{\partial t}$的一项比$\beta^*\dfrac{\partial\psi'}{\partial x}$的量级要小,本也可以略去,不过保留此项亦不妨碍。

将式(10)、式(11)代入式(12),按 ε 的幂次集项。$\varepsilon^{-1}$项给出频率方程

$$[\sigma - (m\bar{u} + n\bar{v})](m^2 + n^2 + \mu^{*-2}) + \mu^{*-2}(m\bar{u} + n\bar{v}) + \beta^* m = 0 \tag{13}$$

$\varepsilon^0$ 项给出

$$\begin{aligned}&\frac{\mathrm{D}}{\mathrm{D}t}[(m^2+n^2+\mu^{*-2})\psi_0] - \beta^*\frac{\partial\psi_0}{\partial x} - [\sigma - (m\bar{u}+n\bar{v})]\\&\quad\times\left[2\left(m\frac{\partial\psi_0}{\partial x} + n\frac{\partial\psi_0}{\partial y}\right) + \psi_0\left(\frac{\partial m}{\partial x} + \frac{\partial n}{\partial y}\right)\right] = 0\end{aligned} \tag{14}$$

其中

$$\frac{\mathrm{D}}{\mathrm{D}t} \equiv \frac{\partial}{\partial t} + \bar{u}\frac{\partial}{\partial x} + \bar{v}\frac{\partial}{\partial y} \tag{15}$$

式(13)和式(14)就是讨论扰动演变过程的基本关系式。

如基流为长波,则因在(8)中的$\mu^{-2}$ 和$\varepsilon^{-2}\beta^*$ 量级都为$O(1)$。并记$\varepsilon^{-2}\beta^* = \beta^{**}$,我们取另一参数$\varepsilon' \ll 1$,并用$\varepsilon'^2$ 通乘式(8)两边,然后将$\varepsilon'$ 改写成ε,就又得到了式(12),只不过这时$\beta^* \equiv \varepsilon^2\beta^{**}$ 和$(\mu^*)^{-2} \equiv \varepsilon^2\mu^{-2}$ 的量级都是$O(\varepsilon^2)$,是两个小量罢了。仍取式(9)~式(11),结果就又得到式(13)和式(14),可见式(13)和式(14)对于长波以及中短波都是适用的。只不过对于叠加于长波上的中、短波小扰动来说,既然$\mu^{*-2}$ 和$\beta^*$ 为小量,就可在

式(13)中略去它,于是式(13)和式(14)简化为

$$\sigma-(m\bar{u}+n\bar{v})=0 \tag{13'}$$

$$\frac{\mathrm{D}}{\mathrm{D}t}[(m^2+n^2)\psi_0]=0 \tag{14'}$$

这就是[1]的结果。(在[1]中 $\sigma$ 定义为 $\partial\theta/\partial t$,和本文差一个符号)。若 $\bar{v}=0$,$\bar{u}=$ 常数。则式(13)就是一般的 Rossby 波传速公式。可见式(13)和式(14)比式(13)′和式(14)′更准确些,而且可以同时适用于长波和中、短波扰动。

## 五、波长和波射线的变化

波包在非均匀基流上传播时,按式(11)定义的频率 $\varepsilon^{-1}\sigma$ 和波数 $\varepsilon^{-1}m$、$\varepsilon^{-1}n$ 等只有瞬时和局地的意义,在演变过程中,它们将会起变化。

先引入群速度 $\vec{C}_g=\vec{i}C_{gx}+\vec{j}C_{gy}$,记 $\sigma=\sigma(m,n,\bar{u},\bar{v})$,则有

$$C_{gx}=\frac{\partial\sigma}{\partial m},\quad C_{gy}=\frac{\partial\sigma}{\partial n} \tag{16}$$

下节我们将具体说明波包以群速度 $\vec{C}_g$ 传播。由式(13)不难给出群速度随 $m,n$ 的变化具体公式。其次,按式(11)的定义,显然又有

$$\frac{\partial m}{\partial t}=-\frac{\partial\sigma}{\partial x},\quad \frac{\partial n}{\partial t}=-\frac{\partial\sigma}{\partial y},\quad \frac{\partial m}{\partial y}=\frac{\partial n}{\partial x} \tag{17}$$

再引入记号

$$\frac{\mathrm{D}_g}{\mathrm{D}t}\equiv\frac{\partial}{\partial t}+C_{gx}\frac{\partial}{\partial x}+C_{gy}\frac{\partial}{\partial y} \tag{18}$$

利用式(17)即可得到

$$\begin{aligned}\frac{\partial m}{\partial t}&=-\frac{\partial\sigma}{\partial x}=-\left(\frac{\partial\sigma}{\partial m}\cdot\frac{\partial m}{\partial x}+\frac{\partial\sigma}{\partial n}\cdot\frac{\partial n}{\partial x}+\frac{\partial\sigma}{\partial\bar{u}}\cdot\frac{\partial\bar{u}}{\partial x}+\frac{\partial\sigma}{\partial\bar{v}}\cdot\frac{\partial\bar{v}}{\partial x}\right)\\&=-C_{gx}\frac{\partial m}{\partial x}-C_{gy}\frac{\partial m}{\partial y}-\left(\frac{\partial\sigma}{\partial\bar{u}}\cdot\frac{\partial\bar{u}}{\partial x}+\frac{\partial\sigma}{\partial\bar{v}}\cdot\frac{\partial\bar{v}}{\partial x}\right)\end{aligned}$$

故有

$$\frac{\mathrm{D}_g m}{\mathrm{D}t}=-\left(\frac{\partial\sigma}{\partial\bar{u}}\cdot\frac{\partial\bar{u}}{\partial x}+\frac{\partial\sigma}{\partial\bar{v}}\cdot\frac{\partial\bar{v}}{\partial x}\right) \tag{19}$$

同理得

$$\frac{\mathrm{D}_g n}{\mathrm{D}t}\equiv-\left(\frac{\partial\sigma}{\partial\bar{u}}\cdot\frac{\partial\bar{u}}{\partial y}+\frac{\partial\sigma}{\partial\bar{v}}\cdot\frac{\partial\bar{v}}{\partial y}\right) \tag{20}$$

$$\frac{\mathrm{D}_g\sigma}{\mathrm{D}t}\equiv-\left(\frac{\partial\sigma}{\partial\bar{u}}\cdot\frac{\partial\bar{u}}{\partial t}+\frac{\partial\sigma}{\partial\bar{v}}\cdot\frac{\partial\bar{v}}{\partial t}\right) \tag{21}$$

由此又可得到沿波射线的波数 $\sqrt{m^2+n^2}$ 以及波射线的方向(由 $n/m$ 表示)的改变方程为

$$\frac{\mathrm{D}_g}{\mathrm{D}t}(m^2+n^2)=-2\left[\frac{\partial\sigma}{\partial\bar{u}}\left(m\frac{\partial\bar{u}}{\partial x}+n\frac{\partial\bar{u}}{\partial y}\right)+\frac{\partial\sigma}{\partial\bar{v}}\left(m\frac{\partial\bar{v}}{\partial x}+n\frac{\partial\bar{v}}{\partial y}\right)\right] \tag{22}$$

$$\frac{\mathrm{D}_g}{\mathrm{D}t}\left(\frac{n}{m}\right)=\frac{1}{m^2}\left(m\frac{\mathrm{D}_g n}{\mathrm{D}t}-n\frac{\mathrm{D}_g m}{\mathrm{D}t}\right)$$

$$=-\frac{1}{m^2}\left[\frac{\partial\sigma}{\partial\bar{u}}\left(m\frac{\partial\bar{u}}{\partial y}-n\frac{\partial\bar{u}}{\partial x}\right)+\frac{\partial\sigma}{\partial\bar{v}}\left(m\frac{\partial\bar{v}}{\partial y}-n\frac{\partial\bar{v}}{\partial x}\right)\right] \tag{23}$$

式(19)～式(23)完全是运动学关系式，与 $\sigma$ 的具体形式无关。当 $\sigma$ 由式(13)给出时，我们有

$$\frac{\partial\sigma}{\partial\bar{u}}=-m\left(\frac{m^2+n^2}{\eta}\right)$$

$$\frac{\partial\sigma}{\partial\bar{v}}=-n\left(\frac{m^2+n^2}{\eta}\right) \tag{24}$$

$$\eta\equiv m^2+n^2+\mu^{*-2} \tag{25}$$

当忽略 $\mu^{*-2}$ 时，$\eta^{-1}(m^2+n^2)=1$，式(24)就退化为 $\partial\sigma/\partial\bar{u}=-m$，$\partial\sigma/\partial\bar{v}=-n$，这就是[1]和[2]的结果。注意到 $\eta^{-1}(m^2+n^2)>0$，故当取式(13)时，[1]中关于波长和波射线变化的分析仍然有效。例如：急流以北的导槽(槽线西北—东南走向)和急流南的曳槽(槽线为东北—西南走向)的波长将随时间变短，槽线日趋向东西方向；而急流南的导槽和急流北的曳槽的波长将随时间变长，槽线日趋南北方向。这些规律对于中短波和长波都是对的。

## 六、波包振幅和能量的变化

利用式(14)和式(22)就可以讨论波包振幅和能量的变化

由式(13)可得

$$\begin{cases}\eta C_{gx}=\eta\dfrac{\partial\sigma}{\partial m}=(m^2+n^2)\bar{u}-2m[\sigma-(m\bar{u}+n\bar{v})]-\beta^*\\ \eta C_{gy}=\eta\dfrac{\partial\sigma}{\partial n}=(m^2+n^2)\bar{v}-2n[\sigma-(m\bar{u}+n\bar{v})]\end{cases} \tag{26}$$

将式(26)代入式(14)，可得

$$\eta\frac{\mathrm{D}_g\psi_0}{\mathrm{D}t}+\psi_0\left\{\frac{\mathrm{D}\eta}{\mathrm{D}t}-[\sigma-(m\bar{u}+n\bar{v})]\left(\frac{\partial m}{\partial x}+\frac{\partial n}{\partial y}\right)\right\}=0 \tag{27}$$

我们还需要作进一步的变换。首先，利用式(26)和式(22)可得下列关系式：

$$\frac{\partial\eta C_{gx}}{\partial x}+\frac{\partial\eta C_{gy}}{\partial y}=2\frac{\mathrm{D}\eta}{\mathrm{D}t}-2[\sigma-(m\bar{u}+n\bar{v})]\left(\frac{\partial m}{\partial x}+\frac{\partial n}{\partial y}\right)-\frac{\partial\eta}{\partial t}-\frac{\eta}{m^2+n^2}\cdot\frac{\mathrm{D}_g\eta}{\mathrm{D}t}$$

由此推得

$$\frac{\mathrm{D}\eta}{\mathrm{D}t}-[\sigma-(m\bar{u}+n\bar{v})]\left(\frac{\partial m}{\partial x}+\frac{\partial n}{\partial y}\right)=\frac{1}{2}\left(\frac{\partial\eta C_{gx}}{\partial x}+\frac{\partial\eta C_{gy}}{\partial y}\right)+\frac{1}{2}\frac{\partial\eta}{\partial t}$$

$$+\frac{\eta}{2(m^2+n^2)}\cdot\frac{\mathrm{D}_g\eta}{\mathrm{D}t}=\left[1+\frac{\mu^{*-2}}{2(m^2+n^2)}\right]\frac{\mathrm{D}_g\eta}{\mathrm{D}t}+\frac{\eta}{2}\left(\frac{\partial C_{gx}}{\partial x}+\frac{\partial C_{gy}}{\partial y}\right)=0$$

将这式代入式(27)，即得

$$\left(\eta\frac{\mathrm{D}_g\psi_0}{\mathrm{D}t}+\psi_0\frac{\mathrm{D}_g\eta}{\mathrm{D}t}\right)+\psi_0\left[\frac{\mu^{*-2}}{2(m^2+n^2)}\cdot\frac{\mathrm{D}_g\eta}{\mathrm{D}t}+\frac{\eta}{2}\left(\frac{\partial C_{gx}}{\partial x}+\frac{\partial C_{gy}}{\partial y}\right)\right]=0 \tag{28}$$

即

$$\frac{\mathrm{D}_g\eta\psi_0}{\mathrm{D}t}+\frac{\eta\psi_0}{2}\mathrm{div}(\vec{C}_g)+\frac{\mu^{*-2}\psi_0}{2(m^2+n^2)}\cdot\frac{\mathrm{D}_g\eta}{\mathrm{D}t}=0 \tag{29}$$

令

$$\psi_0 = |\psi_0| e^{i\alpha} \tag{30}$$

其中 $\alpha$ 就是波包包络线的位相；$|\psi_0|$ 则是波包的真正振幅(实数)。将式(30)代入式(29)，约去公因子 $e^{i\alpha}$，分虚实两部，分别给出

$$\frac{D_g \alpha}{Dt} = 0 \tag{31}$$

$$\frac{D_g \eta |\psi_0|}{Dt} + \frac{\eta |\psi_0|}{2} \mathrm{div}(\vec{C}_g) + \frac{\mu^{*-2} |\psi_0|}{2(m^2 + n^2)} \cdot \frac{D_g \eta}{Dt} = 0 \tag{32}$$

由式(31)可知

$$\begin{aligned} \alpha(x, y, t) &= \alpha(\vec{r} - \vec{C}_g t) \\ \vec{r} &\equiv \vec{i} x + \vec{j} y \end{aligned} \tag{33}$$

即波包包络线确实以群速度 $\vec{C}_g$ 传播。

用 $2\eta |\psi_0|$ 乘式(32)，得到

$$\frac{D_g}{Dt}(\eta^2 |\psi_0|^2) + \eta^2 |\psi_0|^2 \mathrm{div}(\vec{C}_g) + \frac{\mu^{*-2} \eta^2 |\psi_0|^2}{m^2 + n^2} \cdot \frac{D_g \eta}{Dt} = 0 \tag{34}$$

这就是波包振幅的演变方程。将式(34)沿全波包积分，即可讨论波包总能量的改变。不妨取积分限为$\pm\infty$，注意到在波包边缘有$|\psi_0| = 0$，就得到

$$\frac{\partial}{\partial t} \int_-^+ \int_\infty^\infty \eta^2 |\psi_0|^2 \mathrm{d}x \mathrm{d}y = - \int_-^+ \int_\infty^\infty \frac{\mu^{*-2} \eta^2 |\psi_0|^2}{m^2 + n^2} \cdot \frac{D_g \eta}{Dt} \mathrm{d}x \mathrm{d}y \tag{35}$$

这方程可称为总平方位涡度演变方程或广义能量守恒方程。事实上，能量与振幅平方 $|\psi_0|^2$ 成正比，而当 $m, n$ 为常数且 $\psi_0$ 为实数时，位涡度$(\Delta - \mu^{*-2})\psi_0$ 就等于 $\eta \psi_0 e^{i(mx+ny)}$。故 $\eta |\psi_0|$ 为波包中一个单波的位涡度的振幅，也可以简称为位涡度。式(35)说明：对于长波扰动没有总平方位涡度守恒。若对于中短波，则因 $\mu^{*-2} \leqslant 1$，可忽略式(35)右端，且 $\eta \approx (m^2 + n^2)$，于是式(35)退化为总平方涡度守恒，这就是[1]的结果，式(35)为其推广。

若略去式(35)右端项，我们已由[1]推知：当波长变长时($\eta$ 减小)，$|\psi_0|^2$ 增大，扰动总能量增加；当波长变短时($\eta$ 增大)，$|\psi_0|^2$ 减小，扰动总能量减小，这是中、短波的演变特性。在长波扰动情况下，式(35)右端不能忽略。但若 $\eta$ 减小时，则有

$$\frac{\partial}{\partial t} \int_-^+ \int_\infty^\infty \eta^2 |\psi_0|^2 \mathrm{d}x \mathrm{d}y > 0 \tag{36}$$

总平方位涡度增加。由于在积分号下 $\eta^2$ 减小，故$|\psi_0|^2$ 比中、短波情况还有更大的增加。反之，若 $\eta$ 增加则有

$$\frac{\partial}{\partial t} \int_-^+ \int_\infty^\infty \eta^2 |\psi_0|^2 \mathrm{d}x \mathrm{d}y < 0 \tag{37}$$

总平方位涡度减小，使得$|\psi_0|^2$ 有更多的减小。可见对于长波扰动来说，[1]中所述的波长增减与扰动发展和衰减的规律性仍然有效，而且波长增减所带来的能量改变的效应还更大些。因此我们得到：在小槽、小脊阶段，发展(衰减)将伴随着波长增加(减小)，当小槽发展成长波槽脊时，它将加速发展；而当长波槽脊具有衰减的结构时，它可能较快地收缩成为一个衰减的小槽、小脊。

## 七、具体例子分析

在[1]中我们给出过一些发展和衰减的槽、脊模型。今按上节的结果可知，当波长为长波时，这些模型仍然有效。本文不再叙述这些模式，但给出一些更全面的模型。设纬围 $\varphi_0$ 为西风急流位置，如图 1，即 $\varphi_0$ 以南和以北的西风风速比 $\bar{u}(\varphi_0)$ 小。设有扰动叠加于西风急流南北各部分，则按上两节得到的结果，可知衰减扰动必须在急流南、北各取导波和曳波的形式，轴线应如图 1 所示。因此，当槽脊轴线如图 1，它们将衰减，而且波长变短，逐渐变成以西风环流为主，即向高指数环流演变。反之，发展型扰动轴线必须如图 2 所示。因此，当扰动轴线取这种形式时，扰动将发展，行星波振幅增大，波长变长，于是扰动日益变得明显起来，即向“低指数环流”演变。上面两节的结论以及本节的模型和角动量输送理论的结果是一致的，也都和实际有较好的吻合。下面引用仇永炎[3]从实际天气图中总结出来的模型。他将 500mb 逐日天气图作福氏展开，截取有限个波。图 3 和图 4 分

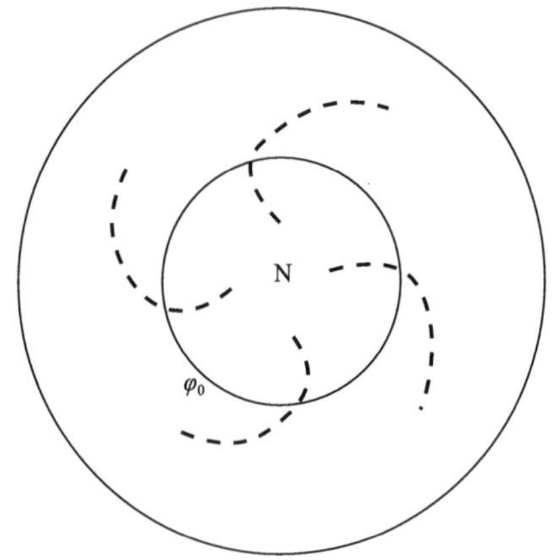


图 1　衰减型扰动轴线的走向

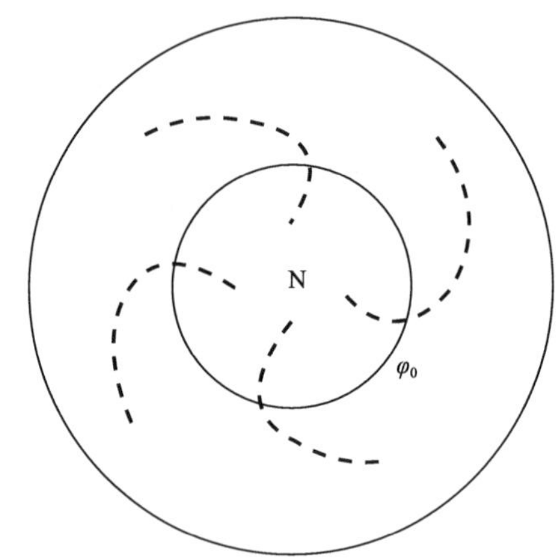


图 2　发展型扰动轴线的走向

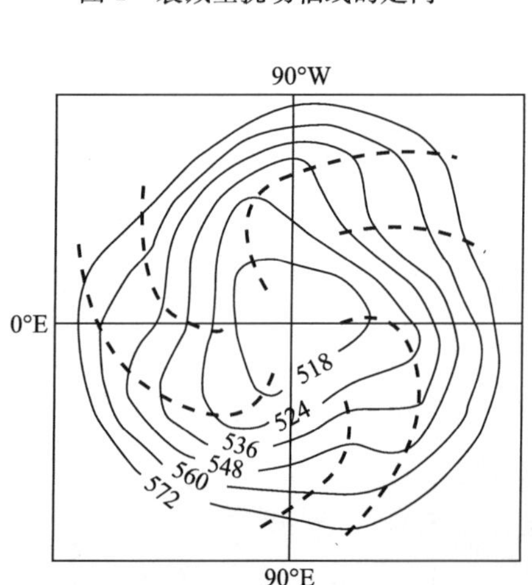


图 3　1977 年 1 月 5 日 500 mb 主要槽脊形势图(单位:什米)

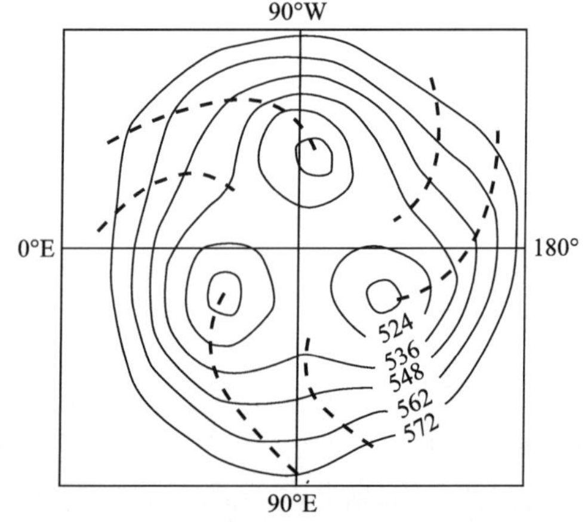


图 4　1977 年 1 月 26 日 500 mb 主要槽脊形势图(单位:什米)

别是截取 3 个波时向高指数环流和低指数环流转变时 500mb 槽脊的结构。将它们和图 1 和图 2 比较,不难看出是完全相符合的。

## 参 考 文 献

[1] 卢佩生,曾庆存. 正压大气中扰动的演变. 大气科学,1981,5(1).
[2] 曾庆存,卢佩生. 非均匀基流上扰动的演变. 中国科学,1980(12).
[3] 仇永炎. 500mb 角动量输送波谱的周期变化. 气象学报,1979,37(1).

4

# 中纬度天气系统的演变过程

曾庆存　卢佩生
(中国科学院大气物理研究所)

## 一、天气系统的表示法——波包

试看北半球 500mb 高度场，如图 10.1 所示。其上有环绕北极的西风气流(基本气流)，还叠加有槽、脊、高压中心和低压中心等高空天气系统。图 10.1(a)中位于北欧的小槽发展并东移，两天后移至乌拉尔山附近(图 10.1(b))，并引起下游弱脊增强，脊东侧形成强的偏北气流；第 5 天在东亚地区形成一次寒潮，而原在欧洲的槽东移减弱成小槽(图 10.1(c))。就图而论，上述演变过程一目了然。为了用动力气象学剖示流场和天气系统演变的机理，我们必须用合适的数学表示方法。这里将介绍“波包”概念和相应的数学方法，也许它是一个比较简便且能将动力学理论和天气图经验结合起来的较好方法。

试将图 10.1(a)分解为基本气流(带状环流或带状环流加超长波)和扰动两部分(如图 10.2)。对应于北欧上空的小槽在图 10.2 中表现为较强的负扰动中心，在其上游和下游各有一连串正负交替的扰动，但其强度逐渐减弱(在图中上游部分未给出)。如以基本气流方向为横坐标 $x$，作扰动 $\phi'$ 随 $x$ 的变化曲线(图 10.3)。可见扰动表示为大体上具有一定波长的波列，但其波幅是相对缓慢地变化着的，这样的波列就称为一个波包。图中 $\pi/m$ 是波列的半波长，$m$ 叫做波数；波幅随 $x$ 变化的曲线 $A(x)$ 叫做包络线。如取垂直于基本气流方向作坐标 $y$，并画出相应的扰动的变化曲线，也会得出与图 10.3 相似的结果。这样，一个天气系统及其邻近地区的扰动就可以用等压面上的一个波包来描写，即

$$\phi'(x,y) = A(x,y)\cos(mx + ny) \tag{10.1}$$

如图 10.4(a)，其中波幅 $A(x,y)$ 是随空间 $(x,y)$ 的缓变函数。如取 $A<0$，则因 $\cos 0=1$，$\cos\pi=-1$，直线(有时亦可能是曲线) $\theta\equiv mx+ny=0$，$\pm\pi$ 分别对应槽线和脊线。$m$ 总可取为正数，于是 $n>0$ 对应于西北—东南走向的槽脊线；$n<0$ 为东北—西南向的槽脊线。垂直于 $\theta=0$ 指向 $\theta=\pi$ 的射线 $\vec{l}$ 为波射线。槽脊线和 $y$ 轴的夹角 $\delta=\mathrm{tg}^{-1}(-n/m)$。

---

原载：动力气象讲座，第十讲.《气象》，1983(11)(总第 107 期)：33-39。

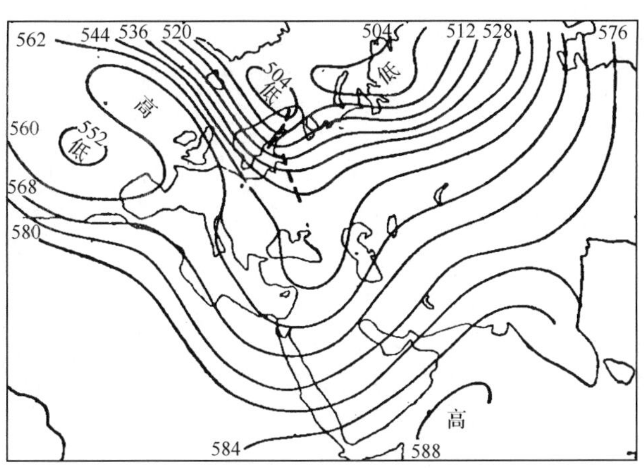


(a) 1972年3月22日12时(世界时，下同)

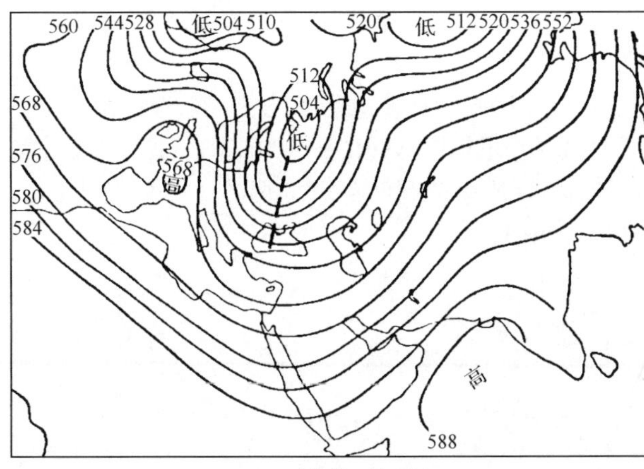


(b) 1972年3月24日12时

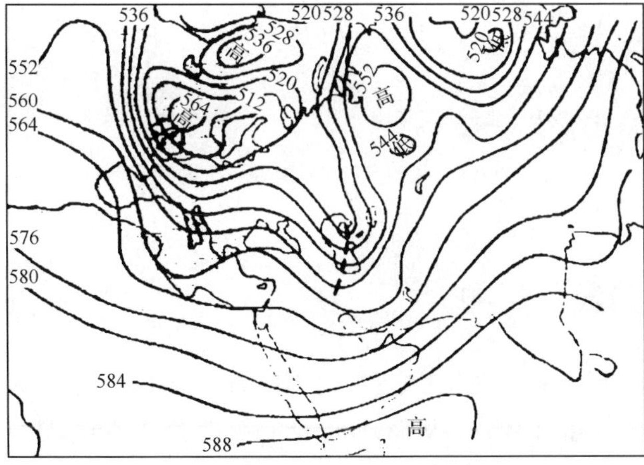


(c) 1972年3月27日12时

图 10.1 500mb 形势图

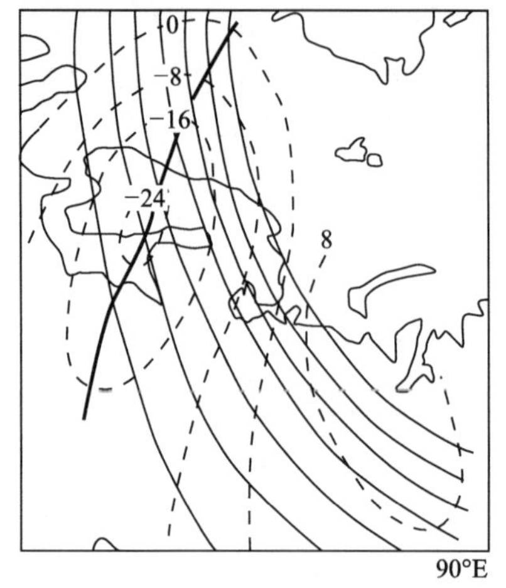


图 10.2　1972 年 3 月 22 日 12 时 500mb 形势图

实线为基本气流，虚线为扰动

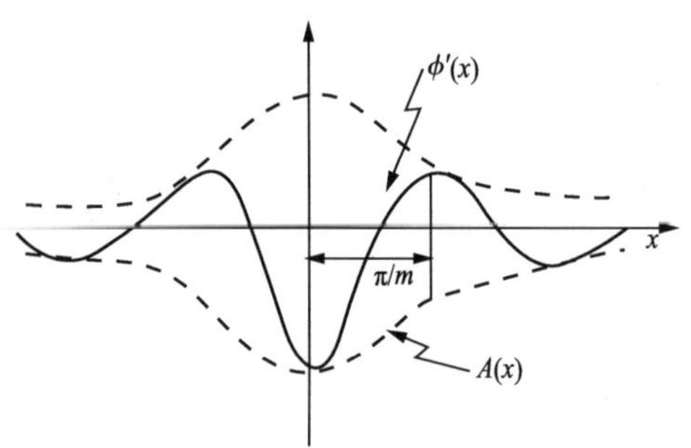


图 10.3　波包示意图

若将图 10.4(a)、图 10.4(b)叠加在西风急流南侧，就分别得到图 10.5(a)、图 10.5(b)；若叠加在急流北侧，则分别得到图 10.5(c)、图 10.5(d)。图 10.5(a)、图 10.5(d)分别和图 10.1(a)中北欧上空小槽急流南和北两部分的形势十分相似；图 10.5(b)和图 10.1(c)中里海上空的衰减槽形势相似。

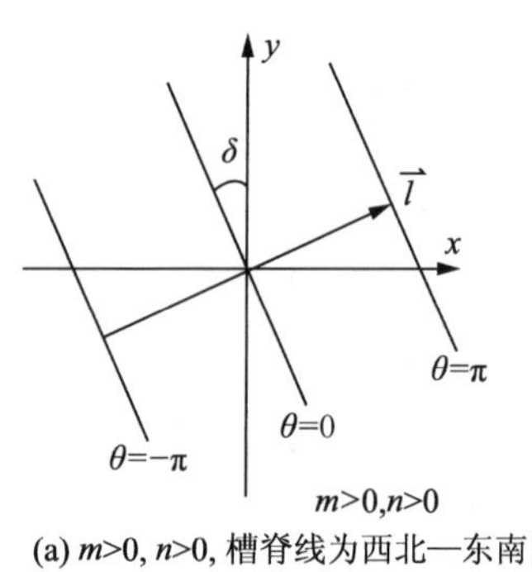


(a) $m>0$, $n>0$, 槽脊线为西北—东南向

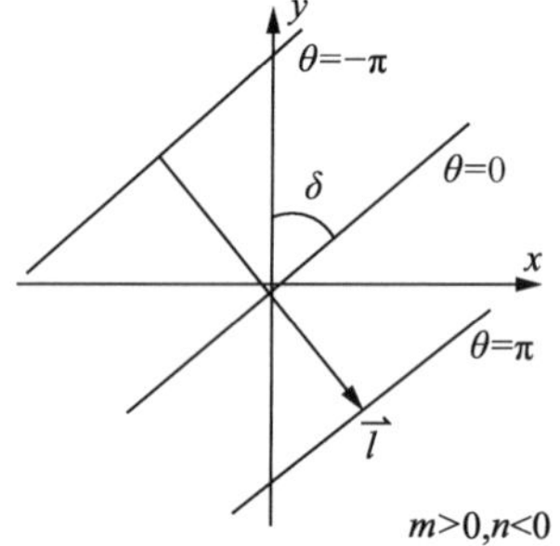


(b) $m>0$, $n<0$, 槽脊线为东北—西南向

图 10.4　平面上波包和槽脊线走向示意图

## 二、天气系统的发展问题

从看天气图的经验熟知，天气系统发展时等压面上的高度场扰动加强，风速加大。换言之，即动能和有效位能同时增加，从而扰动总能量 $E'$(扰动动能加扰动有效位能)增加。反之，天气系统衰减时高度场填塞，风速亦减弱，即有效位能、动能以及扰动总能量 $E'$减小。所以有

$$\begin{cases}\partial E'/\partial t>0, & \text{天气系统发展}\\ \partial E'/\partial t<0, & \text{天气系统衰减}\end{cases} \tag{10.2}$$

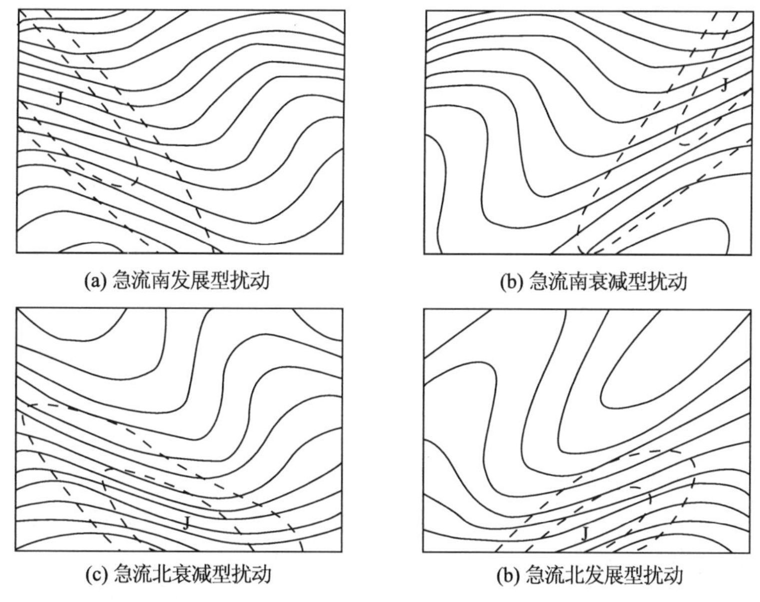


(a) 急流南发展型扰动　　(b) 急流南衰减型扰动

(c) 急流北衰减型扰动　　(b) 急流北发展型扰动

图 10.5　正压大气天气范式

虚线为等风速线；J 表示急流

对于中高纬度地带的天气系统来说，准地转模式是比较好的近似。在我们用波包来表示天气系统时，由于基本气流是随时间和空间缓慢变化着的，故当扰动不过分强烈时，还可再对准地转模式进行线性化，用来讨论天气系统的演变过程。取最简单的大气模式——正压模式有

$$\left(\frac{\partial}{\partial t}+\bar{u}\frac{\partial}{\partial x}\right)q' = -v'\frac{\partial \bar{q}}{\partial y} \tag{10.3}$$

这里 $\bar{u}(x,y,t)$ 为基本气流；$\bar{q}=f_0+\beta y+(\partial^2\bar{\psi}/\partial y^2-f_0{}^2\bar{\psi}/\phi_0)$ 简称为基本气流的位涡度；$q'\equiv(\partial^2\psi'/\partial x^2+\partial^2\psi'/\partial y^2-f_0{}^2\psi'/\phi_0)$ 为扰动位涡度；$\psi'$ 为扰动流函数；$\phi'=f_0\psi'$ 为等压面扰动位势；$f_0$ 和 $\phi_0$ 分别为标准地转参数和等压面基本位势。(为简单起见，上式我们已取了基本气流为带状环流(即 $\bar{v}\equiv 0$)；对地转参数也作了近似)。

用 $\psi'$ 乘式(10.3)，沿天气系统(波包)所占领的区域($W$)积分，则因远离天气系统中心处的扰动很弱，即在区域($W$)的边界上 $\psi'\approx 0$，经过一系列的分部积分，有

$$\begin{aligned}\frac{\partial E'}{\partial t} &\equiv \frac{\partial}{\partial t}\iint\limits_{(W)}\frac{1}{2}\left(u'^2+v'^2+\frac{f_0{}^2}{\phi_0}\phi'^2\right)\mathrm{d}x\mathrm{d}y \\ &= -\iint\limits_{(W)}u'v'\frac{\partial \bar{u}}{\partial y}\mathrm{d}x\mathrm{d}y\end{aligned} \tag{10.4}$$

其中 $(u'^2+v'^2)/2\equiv[(\partial\psi'/\partial y)^2+(\partial\psi'/\partial x)^2]/2$ 和 $f_0{}^2\phi'^2/(2\phi_0)$ 分别为扰动的动能和有效位能。

由式(10.4)可见，扰动发展与否依赖于扰动的结构 $(u'v')$ 及其在基本气流上的位置(决定 $u'v'$ 与 $\partial\bar{u}/\partial y$ 的乘积)。$u'v'$ 就是扰动西风动量沿子午线方向的传送。再若扰动为波包式(10.1)，且 $A$ 随 $x$，$y$ 变化较缓，经过运算，就有 $u'\approx -Af_0{}^{-1}n\sin(mx+ny)$，$v'\approx$

$-Af_0^{-1}m\sin(mx+ny)$，$u'v'(\partial\bar{u}/\partial y)\approx -A^2f_0^{-2}mn\sin^2(mx+ny)$。又因急流以北风速向北递减（$\partial\bar{u}/\partial y<0$），急流以南风速向南递减（$\partial\bar{u}/\partial y>0$），由此得出结论：

急流北边东北—西南走向的槽线（图 10.5(d)）和急流南边西北—东南走向的槽线（图 10.5(a)）是正压发展的；急流北边西北—东南走向的槽线（图 10.5(c)）和急流南边东北—西南走向的槽线（图 10.5(b)）是正压衰减的。据此可知，图 10.1(a)中如果斜压因子不削弱它的话，北欧小槽是要发展的。实况果然如此。

进一步考虑到斜压因子，则扰动演变过程方程在形式上和式(10.3)一样，只不过基本气流 $\bar{u}$ 为 $(y,\zeta,t)$ 的函数，而基本气流和扰动位涡度分别为

$$\bar{q}=f_0+\beta y+\left[\frac{\partial^2\bar{\psi}}{\partial y^2}+\frac{\partial}{\partial\zeta}\left(\frac{f_0^2\zeta^2}{c_0^2}\frac{\partial\bar{\psi}}{\partial\zeta}\right)\right] \tag{10.5}$$

$$q'=\frac{\partial^2\psi'}{\partial x^2}+\frac{\partial^2\psi'}{\partial y^2}+\frac{\partial}{\partial\zeta}\left(\frac{f_0^2\zeta^2}{c_0^2}\frac{\partial\psi'}{\partial\zeta}\right) \tag{10.6}$$

其中 $\zeta\equiv p/p_s$；$p$ 和 $p_s$ 分别为气压和地面气压；$c_0$ 为斜压大气中重力惯性波的特征传播速度，它由层结状态决定。此外，还要加入边界条件（略）。

在方程中略去了热源、地形和摩擦的作用，即只考虑天气系统内部的纯动力过程，这样经过一系列的推导就有能量方程

$$\frac{\partial E'}{\partial t}\equiv\frac{\partial}{\partial t}\left\{\iiint\limits_{(W)}\frac{1}{2}\left[u'^2+v'^2+\left(\frac{RT'}{c_0}\right)^2\right]\mathrm{d}x\mathrm{d}y\mathrm{d}\zeta+\iint\limits_{(W_s)}\frac{1}{2}\alpha_s\frac{f_0^2\psi_s'^2}{c_{0s}^2}\mathrm{d}x\mathrm{d}y\right\}$$

$$=-\iiint\limits_{(W)}\left(u'v'\frac{\partial\bar{u}}{\partial y}+v'T'\frac{\partial\bar{T}}{c_0\partial y}\right)\mathrm{d}x\mathrm{d}y\mathrm{d}\zeta \tag{10.7}$$

这里 $(W)$ 为波包在三维空间 $(x,y,\zeta)$ 所占据的区域；$(W_s)$ 为该区域在地面上的投影；$\bar{T}$ 和 $T'$ 分别是基本气流的温度及其偏差（温度扰动）；带足标 s 的量是该变量在地面上（$\zeta=1$）的值，$\alpha_s$ 为一无量纲参数。无论波包在高空或在低层，式(10.7)都成立。

由式(10.7)可见，扰动是否发展依赖于三维空间结构（$u'v'$ 和 $v'T'$）及其在基本气流上的位置（决定 $u'v'\partial\bar{u}/\partial y$ 及 $v'T'\partial\bar{T}/(c_0\partial y)$ 的符号）。由此得到下列结论：

当基本气流为正压的（即等压面上无温度梯度，此时有 $\partial\bar{T}/\partial y=0$，$\partial\bar{u}/\partial\zeta=0$），则 $\partial E'/\partial t$ 只由正压因子 $u'v'\partial\bar{u}/\partial y$ 决定，结论与正压大气完全相同。当基本气流为纯斜压的（即 $\partial\bar{u}/\partial y=0$），则 $\partial E'/\partial t$ 只由斜压因子 $v'T'\partial\bar{T}/(c_0\partial y)$ 决定。当对流层温度由南向北递减（即 $\partial\bar{T}/\partial y<0$），且若暖空气北上（$T'>0$，$v'>0$，$v'T'>0$）和冷空气南下（$T'<0$，$v'<0$，$v'T'>0$），就会使得 $-v'T'\partial\bar{T}/\partial y>0$，斜压因子使 $\partial E'/\partial t>0$，即扰动发展；反之，冷空气北上和暖空气南下将使扰动衰减。在平流层内温度由北向南递减（即 $\partial\bar{T}/\partial y>0$），可得到相反的结果。当正压因子和斜压因子共同作用时，扰动的发展与否由这两个因子的代数和来决定。

为简单计，设 $c_0^2$ 为常数，并用 $\xi\equiv-(L_0/H)H\ln\zeta$ 作垂直坐标，这里 $H$ 为垂直特征尺度，$L_0\equiv c_0/f_0$ 为斜压大气的一个特征水平尺度（约为 $10^3$km），引入因子 $(L_0/H)$ 是为了

调整水平和垂直尺度的比例。$\xi$ 正比于常用的压力对数坐标。今设在三维空间$(x,y,\xi)$中有一波包

$$\psi' = A(x,y,\xi)\cos(mx+ny+k\xi) \tag{10.8}$$

经过运算，则有 $u'v' \approx -A^2 mn\sin^2(mx+ny+k\xi)$，$RT'/c_0 = \frac{-1}{c_0}\zeta\partial f_0\psi'/\partial\zeta = \partial\psi'/\partial\xi$，$v'RT'/c_0 \approx A^2 mk\sin^2(mx+ny+k\xi)$。故有：在对流层内槽脊线随高度向西倾斜为斜压发展型扰动，东倾为衰减型；在平流层则反之。如图 10.6，在对流层，槽线西倾就是温度槽落后于高度槽，温度平流使系统发展。

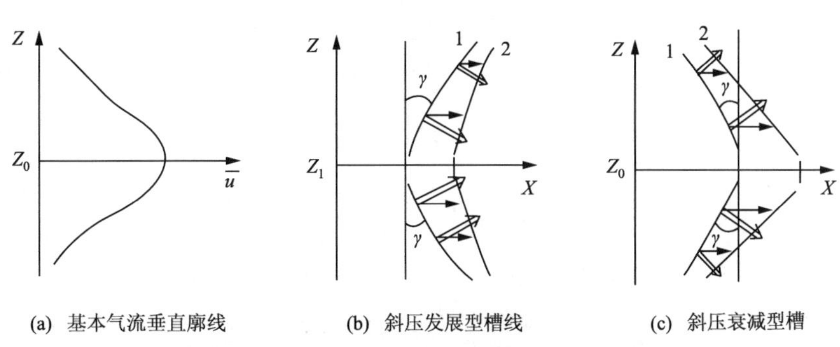

(a) 基本气流垂直廓线 (b) 斜压发展型槽线 (c) 斜压衰减型槽

图 10.6 东西方向剖面图上的槽脊形势

1. 初始时槽线；2. 以后时刻槽线，$\gamma$ 为槽线与垂直轴交角，单箭头为槽线东西向的移动，双箭头为群速

在三维空间情况下，若取 $A<0$，则 $\theta \equiv mx+ny+k\xi=0$ 就是“槽面”，它与任一等压面（等 $\xi$ 面）的交线就是等压面上的槽线，而与任一东西方向的剖面（$x,\xi$ 平面）的交线就是剖面图上的槽线或即天气系统的轴线。这样，若正压和斜压因子都使扰动发展，显然扰动发展，槽面形势如图 10.7(a)；若正压和斜压因子都使扰动衰减，显然扰动衰减，槽线形势如图 10.7(b)。图中 $(X,Y,Z)$ 为$(x,y,\xi)$ 的倍数，急流中心在点$(Y_0,Z_0)$处，$Y>Y_0$ 为急流北边，$Z>Z_0$ 为急流上面（平流层），$Z<Z_0$ 为急流下面（对流层）。图 10.7(c)为斜压

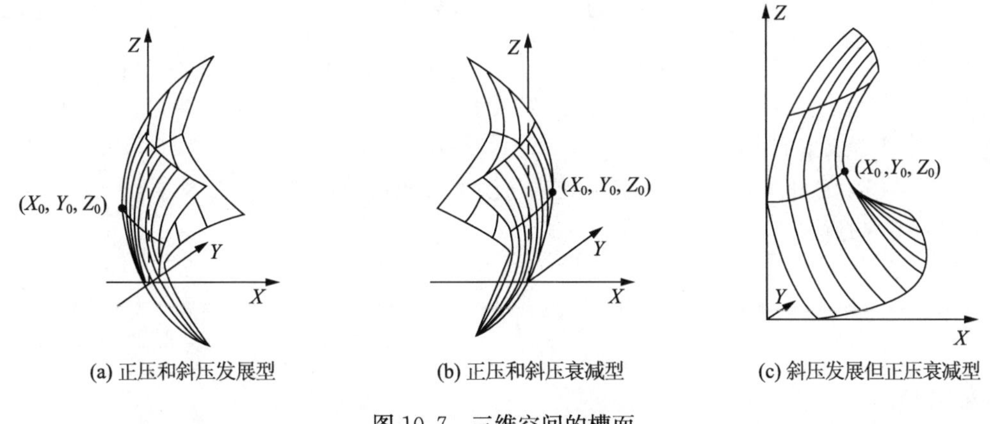

(a) 正压和斜压发展型 (b) 正压和斜压衰减型 (c) 斜压发展但正压衰减型

图 10.7 三维空间的槽面

发展但正压衰减的形势。若槽线的垂直坡度较大而水平斜率较小，则斜压因子强于正压因子，扰动发展；反之，则衰减。图 10.1(a)中北欧小槽属于图 10.7(a)的类型。但比较多的发展槽属于图 10.7(c)的类型。值得注意的是在图 10.7 中是设在急流各边都有扰动。若扰动只在急流的一边，例如只在对流层和急流南边，则槽线是图中的一部分。

## 三、槽脊线的移动和变形

天气系统在演变过程中其位置、强度和形状都在变化。为了全面地掌握所有这些演变特性，下面我们将简略地介绍用 WKB 方法所得到的结果。

先以正压大气为例，并将基本气流推广到包括超长波在内的情况(此时 $\bar{v}\neq 0$)，即用

$$\left(\frac{\partial}{\partial t}+\bar{u}\frac{\partial}{\partial x}+\bar{v}\frac{\partial}{\partial y}\right)q'=-v'\frac{\partial\bar{q}}{\partial y}-u'\frac{\partial\bar{q}}{\partial x} \tag{10.9}$$

代替式(10.3)，在 $\bar{q}$ 中还要加上 $\partial^2\bar{\psi}/\partial x^2$ 一项。因为基本气流$(\bar{u},\bar{v})$ 是$(x,y,t)$ 的缓变函数，波包的波幅 $A$ 也如此，它们的时间尺度和空间尺度都比天气系统的要大，故为了将缓变过程和由天气系统的移动等所表征的过程分开，我们将引入小参数 $\varepsilon$

$$\varepsilon=\frac{\text{天气系统的空间尺度和时间尺度}}{\text{基本气流及波包的波幅的空间尺度和时间尺度}}$$

于是 $\varepsilon\ll 1$。再引入一套"拉伸"坐标

$$X\equiv\varepsilon x,\quad Y\equiv\varepsilon y,\quad T=\varepsilon t \tag{10.10}$$

于是 $\bar{u},\bar{v}$ 和 $A$ 等在$(X,Y,T)$ 中变化的快慢就和波包位相 $\theta$ 在$(x,y,t)$ 中变化的快慢为同一量级了。再引入三角函数的复数表示法，这样，我们将波包改写成以下的形式：

$$\psi'=A(X,Y,T)\mathrm{e}^{\mathrm{i}\theta(X,Y,T)/\varepsilon} \tag{10.11}$$

它是式(10.1)的推广，记

$$\partial\theta/\partial T\equiv-\sigma,\quad \partial\theta/\partial X\equiv m,\quad \partial\theta/\partial Y\equiv n \tag{10.12}$$

$\sigma,m$ 和 $n$ 分别称为在$(X,Y,T)$ 坐标中的局地瞬时频率和沿 $X,Y$ 方向的波数，若 $\sigma,m$ 和 $n$ 为常数，就有

$$\theta-\theta_0=mX+nY-\sigma T \tag{10.13}$$

此时波列在 $(X,Y)$ 平面沿波射线 $l$(图 10.4) 以一个常定的相速 $c=\sigma/\sqrt{m^2+n^2}$ 传播，$\theta_0$ 为初始位相。若 $m,n$ 随空间缓慢变化，槽线就不是直线，可以是类似于螺旋形的曲线，实际天气图中槽线大都如此。将 $A$ 展成 $\varepsilon$ 的幂级数，并将式(10.10) ~ 式(10.12) 代入式(10.9)，按 $\varepsilon$ 的幂次集项，我们就得到描写演变过程各特性的有用方程了。

(1) 频率方程

$$(\sigma-m\bar{u}-n\bar{v})\nu^2+m\bar{\beta}_1-n\bar{\beta}_2=0 \tag{10.14}$$

其中 $\bar{\beta}_1\equiv\partial\bar{q}/\partial y,\bar{\beta}_2\equiv\partial\bar{q}/\partial x,\nu^2\equiv m^2+n^2+\dfrac{\phi_0}{f_0^2}$。若 $\bar{v}\equiv 0$ 和 $n=0$，就得到一般常用的槽线移速公式

$$c=\frac{\sigma}{m}=\bar{u}-\frac{\bar{\beta}_1}{\nu^2} \tag{10.15}$$

它说明槽线或天气系统基本上沿着基本气流方向且以和基本气流速度 $\bar{u}$ 差不多的速度 $c$ 来传播，这就是"引导气流" 原理。由于地转参数随纬度的变化以及基本气流的不均匀，修正项 $c-\bar{u}=-\bar{\beta}_1/\nu^2$ 一般总是负的，即天气系统的移速小于风速；而且当扰动波长很长(如加在带状基本气流上的超长波动扰动) 时，甚至可有 $\bar{\beta}_1/\nu^2>\bar{u}$，这样，扰动就逆风传播，此即表现为"超长波后退"现象。式(10.14)只是式(10.15)的推广，毋庸多述。但要注意，这里 $\sigma$ 决定的是瞬时局地相速，在槽线的不同部位和不同时刻槽线移速不同，故槽线移动可以是时快时慢的，槽线的方向和形状也要变化。

(2) 波幅演变方程

由波幅的演变方程正好推出与第二节相同的结论。因此就不列出此方程了。

(3) 局地瞬时波数$(m,n)$的演变方程

经过较复杂的运算，我们得到

$$\frac{\mathrm{D}_g m}{\mathrm{D}T}=-\left(m\frac{\partial\bar{u}}{\partial X}+n\frac{\partial\bar{v}}{\partial X}+\frac{n}{\nu^2}\frac{\partial\bar{\beta}_2}{\partial X}-\frac{m}{\nu^2}\frac{\partial\bar{\beta}_1}{\partial X}\right) \tag{10.16}$$

$$\frac{\mathrm{D}_g n}{\mathrm{D}T}=-\left(m\frac{\partial\bar{u}}{\partial Y}+n\frac{\partial\bar{v}}{\partial Y}+\frac{n}{\nu^2}\frac{\partial\bar{\beta}_2}{\partial Y}-\frac{m}{\nu^2}\frac{\partial\bar{\beta}_1}{\partial Y}\right) \tag{10.17}$$

其中

$$\frac{\mathrm{D}_g}{\mathrm{D}T}\equiv\frac{\partial}{\partial t}+C_{gx}\frac{\partial}{\partial X}+C_{gy}\frac{\partial}{\partial Y} \tag{10.18}$$

其中 $\vec{C}_g=\vec{i}C_{gx}+\vec{j}C_{gy}$ 就是群速度(是局地瞬时的)，波幅大体上是沿着 $\vec{C}_g$ 传播的(如果不计波幅的增强和减弱的话)，所以 $\mathrm{D}_g/DT$ 就是观察者随着波包(或天气系统的中心)移动时所观察到的变率。

式(10.16)说明，若基本气流为带状的，即 $\bar{v}=0,\partial\bar{u}/\partial X=\partial\bar{\beta}_1/\partial X=\partial\bar{\beta}_2/\partial X=0$，则扰动沿基本气流方向($X$) 轴的尺度不会改变，所以，图 10.1 中原在北欧上空的小槽后来沿东西方向的加宽和变狭，是由于它叠加于超长波基本气流之上，基本气流和扰动有相互作用的结果。不过由式(10.17)可知，只要基本气流沿 $Y$ 方向有切变，例如有急流存在，则扰动沿南北方向的尺度总要改变，发展槽沿南北方向要拉伸，衰减槽则要收缩。

(4) 天气系统尺度变化方程

由式(10.16)和式(10.17)可推出全波数 $\sqrt{m^2+n^2}$ 和天气系统在平面上的全波长 $L\equiv2\pi/\sqrt{m^2+n^2}$ 随时间的变化方程。结果是：若急流的廓线不过分尖锐，则发展型天气系统总是伴随着扰动范围展宽，即尺度增大，(一般是沿东西方向加宽，同时沿南北方向伸展)，而衰减型系统则是伴随着扰动范围收缩，即尺度减小。图 10.1 中原来在北欧上空的小槽就是一个典型例子，它正好经历了上述由发展到衰减同时由展宽到收缩的全过程。

(5) 槽线斜率演变方程

因槽线与 $Y$ 轴的夹角 $\delta=\mathrm{tg}^{-1}(-n/m)$，故由式(10.16)和式(10.17)不难推出槽线斜率演变方程。为简单计，设 $\bar{v}=0$，就有

$$\frac{\mathrm{D}_g(n/m)}{\mathrm{D}T}=-\left(\frac{\partial\bar{u}}{\partial Y}-\frac{1}{\nu^2}\frac{\partial\bar{\beta}_1}{\partial Y}\right) \tag{10.19}$$

若急流廓线不太尖锐，上式右端第二项只是小量，由此推知：只要基本气流有切变（$\partial\bar{u}/\partial Y \neq 0$），槽线方向总要随时间变化，这是不难理解的。因为槽线局地移速大体上由所在处的基本气流 $\bar{u}$ 所决定（只是再加上一个不大的修正项，见式(10.15)或式(10.14)）。近急流中心处风大，移得快；而远离急流处风小，移得慢，于是槽线斜率就改变了。

再和能量变化方程联系在一起，就又可推知：发展型槽脊线的斜率日趋减小，日益变为南北走向，同时使发展率慢下来；而衰减型槽脊线则斜率日趋增加，日益变为愈来愈斜，同时使扰动衰减得更快(图 10.8)。图 10.1 原在北欧上空的小槽正好又是一个典型，槽线经历了由倾斜到沿子午圈方向再向另一方倾斜的全过程。

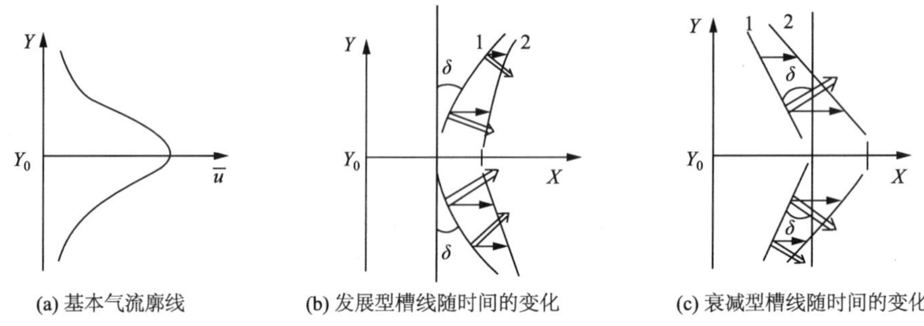


图 10.8　槽线斜率随时间的变化

1. 初始时刻槽线；2. 以后时刻的槽线，单箭头为槽线沿基本气流方向的移动，双箭头为群速度

## 四、天气系统垂直尺度和剖面图上槽线坡度随时间的演变

当考虑了大气过程的斜压性时，方程和结论基本上和正压大气者相同。和上节一样引入小参数及拉伸坐标 $(X,Y,Z,T)$，其中 $Z = \varepsilon\xi$。并将三维空间的波包式(10.15)推广为

$$\psi' = W(Z)A(X,Y,Z,T)\mathrm{e}^{i\theta(X,Y,Z,T)/\varepsilon} \tag{10.20}$$

其中 $W(Z) \equiv \sqrt{p_s/p}$ 是沿高度分布的一个权重函数，反映由于大气密度随高度递减而使扰动强度一般为随高度增加这一事实，(这里为简单计，已取层结参数 $c_0$ 为常数，否则 $W(Z)$ 要复杂些)。除引入局地瞬时频率和波数 $\sigma, m, n$ 等之外，现在还有沿垂直方向的局地瞬时波数 $k \equiv \partial\theta/\partial Z$，若 $k$ 不为零，就反映出剖面图上天气系统的轴线(即槽脊线)与垂直轴有一交角，槽脊线在垂直方向是倾斜的，$k$ 不为常数则反映槽脊线的垂直坡度沿高度是变化的，槽脊线在剖面图上不一定是直线；$k$ 的大小随时间的变化则反映了天气系统沿垂直方向的伸展和收缩。

我们仍得到和式(10.14)形式上完全一样的频率方程，只需将 $\nu^2$ 改写成 $m^2+n^2+k^2+L_0/4$ 即可。关于波幅的演变方程则推出和第二节完全相同的结论。我们也得到和式(10.16)、式(10.17)、式(10.19)完全相同的方程以及由这些方程推出的所有结论，只是 $\vec{C}_g$ 为三维空间的群速度，$\vec{C}_g \equiv \vec{i}C_{gx} + \vec{j}C_{gy} + \vec{k}C_{gz}$。此外，还有

$$\frac{D_g k}{DT}=-\left(m\frac{\partial\bar{u}}{\partial Z}+n\frac{\partial\bar{v}}{\partial Z}+\frac{n}{\nu^2}\frac{\partial\bar{\beta}_2}{\partial Z}-\frac{m}{\nu^2}\frac{\partial\bar{\beta}_1}{\partial Z}\right) \tag{10.21}$$

可见，只要基本气流沿垂直方向有切变，垂直波数 $k$ 或者天气系统在垂直方向的波长就要随时间变化。再和能量方程结合在一起，就得到：斜压发展因子使天气系统沿垂直方向扩展，斜压衰减因子则使之收缩。

在 $X$-$Z$ 剖面图中，天气系统的轴线（即槽、脊线）的坡度也要随时间变化，而有

$$D_g\left(\frac{k}{m}\right)\Big/DT=-\left(\frac{\partial\bar{u}}{\partial Z}-\frac{1}{\nu^2}\frac{\partial\bar{\beta}_1}{\partial Z}\right) \tag{10.22}$$

为简单计，取基本气流为带状的，$\bar{v}\equiv0$。当急流的垂直廓线不过分尖锐时，上式右端第二项可略去。因槽线基本上以基本气流速度传播（再加上一点修正），故距急流近处风大，槽移得快；距急流较远的高、低层风小，槽移得慢。于是剖面图上槽线坡度随时间而变。再和能量方程结合在一起，就得到结论：斜压发展型槽、脊线将愈来愈变成垂直方向，使温度平流减小，斜压性减弱，使发展速率逐渐变慢；例如气旋由发展到锢囚就是如此；而衰减型槽、脊线就变得更倾斜（图 10.6）。

## 五、扰动和基本气流的相互作用

设基本气流为带状环流，则由准地转模式可得基本气流演变过程方程为

$$\frac{\partial\bar{q}}{\partial t}=-\frac{\partial\overline{v'q'}}{\partial y} \tag{10.23}$$

其中 $\overline{v'q'}$ 为扰动位涡度的南北传送通量，取其沿纬圈的平均值，$\overline{v'T'}$ 为热量的南北传送沿纬圈的平均。$\overline{v'q'}$ 等于$\overline{v'T'}$ 沿高度的微商减去$\overline{u'v'}$（动量的南北传送）沿南北方向的微商。只要扰动发展和衰减，总引起热量、动量和位涡度的传送，而且在空间分布也是不均匀的，结果使基本气流随时间改变。

正压发展型扰动从基本气流得到能量和西风动量，使基本气流及其水平切变同时减弱；正压衰减型扰动则将能量和西风动量反馈给基本气流，使基本气流及其水平切变同时增强。从而反过来又使正压发展型扰动移动日益变慢（因 $\bar{u}$ 小了），槽线沿南北方向的伸展逐渐慢下来（因 $|\partial\bar{u}/\partial Y|$ 小了），发展率也变缓（因 $|mn|$ 及 $|\partial\bar{u}/\partial Y|$ 都变小了）；正压衰减型扰动移动日渐加快（因 $\bar{u}$ 大了），且槽线加速倾斜和在南北方向加速收缩（因 $|\partial\bar{u}/\partial Y|$ 大了），同时衰减得更快（因 $|mn|$ 及 $|\partial\bar{u}/\partial Y|$ 都变大了）。这与天气图经验是相符的。

斜压发展型扰动使急流风速、南北温差和基本气流垂直切变同时减弱；斜压衰减型扰动则使之同时增强。基本气流的变化反过来又影响扰动的演变，与上述关于正压过程的分析相似，只是此时 $Z$ 轴取代了那里 $Y$ 轴的地位而已。

在实际天气图中，像图 10.7(c)型的扰动较常见。这说明：平均来说，一旦气候因子（太阳辐射随纬圈的变化造成南北温差）产生了基本气流，叠加在其上的天气系统比较多的是斜压发展型，通过冷空气南移和暖空气北上造成热量传送；扰动得到有效位能，再变

成扰动动能,同时削弱基本气流。而扰动是正压衰减型,则通过动量南北传送把一部分扰动动能反馈给基本气流,使基本气流得到补偿,于是基本气流和扰动都得以维持。

最后我们指出,上面的分析都只是实际过程的一种简化。我们用了准地转近似,没有计入热源、地形和摩擦,略去了扰动方程中的非线性项,也没考虑波包与波包的叠加和相互作用。当考虑了这些因子之后,天气过程会变得多样化和复杂得多,只能用数值预报模式进行计算或按经验来做预报了。

## 参 考 文 献


[1] 曾庆存. 数值天气预报的数学物理基础. 第一卷,第八章,§.4—§.8. 北京:科学出版社,1979.

[2] 卢佩生,曾庆存. 正压大气中扰动的演变. 大气科学,1981,5(1).

[3] 卢佩生. 正压大气中长波的演变. 气象学报,1981,39(2).

[4] Zeng Q C. On the evolution and interaction of disturbances and zonal flow in rotating barotropic atmosphere. Journ. Meteor Soc. Japan,1982,60(1).

[5] Zeng Q C. The evolution of a Rossby-wave packet in a three-dimensional baroclinic atmosphere. J. A. S.,1983,40(1).

[6] Zeng Q C. The development characteristics of quasigeostrophic baroclinic disturbances. Tellus,1983,35A(5).

5

# 论大气扰动的产生和维持①

曾庆存　袁重光　卢佩生　李荣凤
（中国科学院大气物理研究所）

摘要　阻塞高压是较强大的大气扰动，能维持很久。本文研究有利于强的大气扰动产生和维持的一般条件。先用波包表示法和WKB方法讨论叠加于急流型带状基流上的扰动的演变过程。然后基于非线性方程和一般的物理定律研究扰动的产生和维持机理。最后，给出一些数值试验结果以资说明，其中一个是扰动被急流型带状基流所快速吸收，另一个是扰动维持很长时间。

## 一、引言

阻塞形势是很重要的大气环流异常现象。近来，关于这个问题有很多强力的观测和理论研究，由于这些是全球性的强力研究，我们有了关于阻塞形势产生和维持机理的更好地了解。阻塞形势是具有强大反气旋涡度的大尺度流场且维持很长时间。其他的强扰动包括切断低压，异常强大的超长波，强的不对称环流形势，强的越赤道气流，平流层爆发式增温等。它们也和大气环流的某类异常状态有关，在中长期天气预报和气候预测中是很有实际意义的。看来，将研究工作扩展到包括强扰动的产生和维持机理是有益的，这样也有助于阻塞过程的认识。

必须指出，地球大气中总是有急流型的带状环流，因而总是有带状环流和扰动的相互作用。从大量观测资料的气候统计资料研究中早已知道(例如见 Loreng[1]，叶笃正和朱抱真[*])，准常定行星波为由源汇所形成和维持，但瞬变波则是斜压过程将带状的有效位能向扰动转移的结果，而此二者则都向带状环流反馈动能。故大气扰动的产生与维持很紧密地与源汇有关。本文首先概述有关相互作用的某些方面的研究成果，尤其是关于扰动的演变过程，然后指出扰动产生和维持的有利的一般条件，最后辅之以数值试验的结果。

## 二、叠加于急流型带状环流上的扰动的演变

将大气扰动表示为波包，Grose 和 Hoskins[2] 及 Hoskins 和 Karoly[3] 等研究了强迫

① 在IAMAP/IUGG阻塞形势和大气预报学术讨论会上的报告，Hamburg，1983年8月。

原载：*Advances in Atmospheric Sciences*，1984，(1)：1-6。译自英文。——编者

形成的准常定波(扰动)的传播及相关的遥相关机理。而同样是用波包表示法,Young 和 Rhines[4]、Lu 和 Zeng[5,6]、Lu[7] 和 Zeng[8,9] 等则研究了瞬变扰动演变过程中的能量问题。

为简单计,先取正压准地转模式线性化方程,并设无源汇、无耗散(Zeng[8]),有

$$\left(\frac{\partial}{\partial t}+\bar{U}\frac{\partial}{\partial x}\right)\left[\frac{\partial^2\psi'}{\partial x^2}+\frac{\partial^2\psi'}{\partial y^2}-\left(\frac{l_0}{l_r}\right)^2\sin^2\theta\cdot\psi'\right]=-\frac{\partial\bar{q}}{\partial y}\frac{\partial\psi'}{\partial x} \tag{1}$$

其中 $\bar{U}=\bar{V}_\lambda/\sin\theta$,$\bar{V}_\lambda$ 是带状环流的速度;$\bar{q}$ 为带状环流的准地转位涡度;$\psi'$ 为扰动流函数;$\theta$ 为馀纬;$l_r$ 为 Rossby 变形半径;$l_0$ 为扰动的特征尺度;所有变量和坐标都是无量纲的。

设 $\bar{U}$ 和 $\partial\bar{q}/\partial y$ 为 $y$ 和 $t$ 的缓变函数,$\varepsilon$ 为一小参数,引入拉伸坐标

$$X=\varepsilon x,\quad Y=\varepsilon y,\quad T=\varepsilon t \tag{2}$$

并用波包表示扰动

$$\psi'=[\Psi_0(X,Y,T)+\varepsilon\Psi_1(X,Y,T)+\cdots]\mathrm{e}^{\Theta(X,Y,T)/\varepsilon} \tag{3}$$

其中 $\Theta$ 和 $\Psi_j(j=0,1,2,\cdots)$ 都是$(x,y,t)$ 的缓变函数。应用 WKB 方法,就得到

$$(\sigma-m\bar{U})\gamma^2+m\bar{\beta}=0 \tag{4}$$

$$\gamma^2\frac{\mathrm{D}_g|\Psi_0|}{\mathrm{D}T}+\frac{|\Psi_0|}{2}\frac{\mathrm{D}_g\gamma^2}{\mathrm{D}T}+\frac{\gamma^2|\Psi_0|}{2}\nabla\cdot C_g-mn\frac{\partial\bar{U}}{\partial Y}|\Psi_0|=0 \tag{5}$$

其中 $\sigma\equiv-\partial\Theta/\partial T$,$m\equiv\partial\Theta/\partial X$,$n\equiv\partial\Theta/\partial Y$,$\gamma^2\equiv m^2+n^2+\rho^2$,$\rho^2\equiv(l_0/l_r)^2\cdot\sin^2\theta$,$\bar{\beta}\equiv\partial\bar{q}/\partial y$,和

$$\frac{\mathrm{D}_g}{\mathrm{D}T}=\frac{\partial}{\partial T}+C_{gX}\frac{\partial}{\partial X}+C_{gY}\frac{\partial}{\partial Y} \tag{6}$$

群速度就是

$$\begin{cases}C_{gX}=\dfrac{\partial\sigma}{\partial m}=\bar{U}+\dfrac{2m^2}{\gamma^4}\bar{\beta}\\ C_{gY}=\dfrac{\partial\sigma}{\partial n}=\dfrac{2mn}{\gamma^4}\bar{\beta}\end{cases} \tag{7}$$

由式(5)可得下列三个积分:

$$\frac{\partial}{\partial T}\iint_W\frac{\gamma^2}{2}|\Psi_0|^2\mathrm{d}X\mathrm{d}Y=\iint_W|\Psi_0|^2mn\frac{\partial\bar{U}}{\partial Y}\mathrm{d}X\mathrm{d}Y \tag{8}$$

$$\iint_W\bar{\beta}^{-1}\frac{\partial}{\partial T}(\gamma^4|\Psi_0|^2)\mathrm{d}X\mathrm{d}Y=0 \tag{9}$$

$$\iint_W\left[\frac{\partial}{\partial T}(\gamma^2|\Psi_0|^2)+\frac{\bar{U}_0-\bar{U}}{\bar{\beta}}\frac{\partial}{\partial T}(r^4|\Psi_0|^2)\right]\mathrm{d}X\mathrm{d}Y=0 \tag{10}$$

上面的积分覆盖整个波包所在的区域 $W$。$\gamma^2|\Psi_0|^2$ 和 $\gamma^4|\Psi_0|^2$ 分别对应能量和位涡能的密度,而 $\bar{U}_0$ 是一常量。

由式(4)和式(7)和一些运动学上的关系式,可得一个关于槽脊线倾斜度变化的方程

$$\mathrm{D}_g\left(\frac{n}{m}\right)\Big/\mathrm{D}T=-\left(\frac{\partial\bar{U}}{\partial Y}+\frac{\bar{\beta}}{\gamma^4}\frac{\partial\rho^2}{\partial Y}-\gamma^{-2}\frac{\partial\bar{\beta}}{\partial Y}\right) \tag{11}$$

由式(8)可知:当平均的 $mn\partial\bar{U}/\partial Y>0$,则扰动能量增加即发展;而当平均的 $mn\partial\bar{U}/\partial Y<0$,则扰动能量减少即衰减。另外,若 $\bar{U}$ 是一急流型带状环流,则因

$(-\partial\bar{U}/\partial Y)$ 项在式(11) 中常是主导项，故发展型扰动(平均 $mn\partial\bar{U}/\partial Y>0$) 其槽脊线逐渐趋于南北向；而再后变为与原来倾斜相反，于是变为衰减型扰动(平均 $mn\partial\bar{U}/\partial Y<0$)，且越来越倾斜，扰动能量越来越被带状环流所吸收。式(10) 和式(11) 表明，只要基流为不稳定情况(即在某些区域有 $\bar{\beta}<0$ 和存在某常数 $\bar{U}_0$，使 $(\bar{U}_0-\bar{U})/\bar{\beta}<0$)，这区域正好又存在扰动，大振幅的扰动不会被带状环流所吸收掉而可能长期维持。

## 三、有利于正压大气中扰动维持的条件

若线性化方程(1)是由正压大气位涡演变方程的很好近似且扰动动能由单个波包式(3)很好表示，则强大振幅的扰动能够维持的条件为带状环流是不稳定的，或者为扰动是稳定基流上的中性波。但一旦非线性项不能忽略时，或扰动不能由单个波包表示时，问题就变得复杂化。例如，若扰动为几个波包的线性组合，我们就得研究其相互干涉，只对单个波包成立的方程(11)就不能预测各槽脊线的倾斜度的演变从而不便于分析此类扰动的生命史。

最好是应用非线性方程和一般的物理学规律。在无地形影响和无源汇和耗散情况下，我们有位涡守恒，大气总角动量向量守恒，包括大气运动的惯性轴守恒。由此，我们得出下列结论(见 Zeng[9])：

当下列二条件之一满足时，则非带状扰动将维持，其能量不会被急流型带状环流完全吸收，这二条件是：①全球有三个位涡中心，②大气运动的惯性轴不与地球自转轴重合。

带状环流在全球有二位涡中心，与地球南北极重合。若有一个足够强的涡旋(气旋或反气旋)，一般它与位涡中心相对应，于是就至少存在第三个位涡中心，非带状扰动在一定程度上能够维持。另外，若有强的不对称流场时，例如纬圈波数为 1 的强的超长波，则大气运动的惯性轴不与地轴重合，非带状扰动也可维持。还有，若带状环流是不稳定的，且扰动位于 $\bar{\beta}<0$ 的区域，则常有多个位涡中心，若有强的越赤道气流时在赤道地区也会如此。所有这些，都是非带状扰动能够维持的有利条件。

自然，地形扰动和能源汇及耗散也是扰动得以产生和维持的条件。

## 四、斜压大气情况

在斜压大气中，若波包远离大气下界面，结果与第二节的结论相类似，(见 Zeng[10])，但若扰动靠近下界面，情况就比较复杂。其次，和第三节结果类似，在斜压大气中，若无地形影响和无能源汇及耗散，有位涡守恒、位温守恒、大气总角动量向量守恒、惯性轴守恒，但下边界起着特殊的作用，其实，若在下边界面上的大气中有三个或更多的位温中心或位涡中心(而事实上也是如此)，则非带状扰动总会维持。此外，若在下边界，大气只有两个位温中心和两个位涡中心，但不重合，即二组等值线总有相交部分，于是这两个变量的平流总存在，从而总有不常定的非带状环流存在。

我们有下述结论：

在无地形影响和无非绝热加热及无耗散的斜压大气中,倘若以下三条件之任一满足,则非带状扰动会维持而其能量不会被急流型带状环流所完全吸收。这三条件是:①在全球中,若某个等熵面上有三个或更多的位涡中心,②大气运动的惯性轴与地轴不重合,③在下边界面上位温场或位涡度场有三个或更多中心,或两组等值线并不完全重合。

必须指出,实际的大气和上述的理想大气不同,下界面上总有地形影响,总有由于下垫面(陆表面和海表面)的热流,还有水汽的相变导致的特殊作用,它们对扰动的产生和维持有很重要的作用,许多研究者都强调这一点。我们这里只指出,纯动力作用,地形影响以及非绝热过程也常是强烈地相互作用着的。例如,高层的强涡旋中心常是与大气中的凝结加热及地形作用联系着,或者是由上游或下面的热流所产生和维持;而有强的表面平流之区域总是与地面热源汇的扰动相重合。故地形影响和非绝热过程常放大动力作用。

## 五、一些数值试验

为了检验上面的理论结果,我们做了一些数值试验,用半球原始方程网格点模式,它保证正压大气总能量守恒(Zeng 等[11])。初始带状环流取自北半球 500 hPa 气候平均,只在极点和赤道附近略加改动;初始扰动将就每个数值试验给出,风场初始场为由高度场算得的地转风。

试验 1,初始非带状流沿纬圈为 4 个波状流场(波数为 4),其位势高度场为

$$\begin{cases} \psi' = A\sin\left(\pi\dfrac{\theta}{\theta_0}\right)\cdot\sin m\lambda, & 0 < \theta < \pi/2 \\ \psi' = 0, & \theta \geqslant \theta_0 \end{cases} \tag{12}$$

其中 $A$ 为一常数。图 1 中虚线为初始位势高度,它只有位于极点的唯一位涡中心(位涡

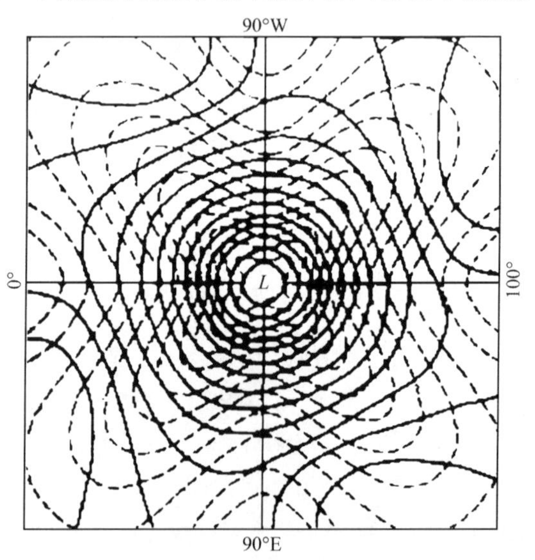


图 1　位势高度场

虚线为初始场(叠加在带状环流上的四个行星波),实线为算得的第 7 天的场,显示出扰动被带状环部大量吸收

场图中没画出)；实线为计算得的第七天的场，显示出扰动能量被带状环流所大量吸收，扰动很快衰减。

试验 2，初始场同图 1，但在四个槽中心各加上一个强的涡旋中心，如图 2 虚线所示，实线为计算得的第十天的场，显示出强中心都维持着。

试验 3，初始场同图 1，但只在一个槽中心加上强涡旋中心，如图 3(a)所示。计算得的演变如图 3(b)、(c)和(d)，分别是第 4 天、第 8 天和第 13 天的场。可见典型的"下游效应"和非带状扰动的维持。在初始场中带有强涡旋中心的槽的下游依次记作Ⅰ，Ⅱ，Ⅲ的各槽，在演变过程中它们逐次经历了一次加深。

图 2 位势高度场

虚线为初始场(为图 1 的槽中心各加上强的涡旋中心)实线为计算得的第 10 天的场；显示出扰动维持

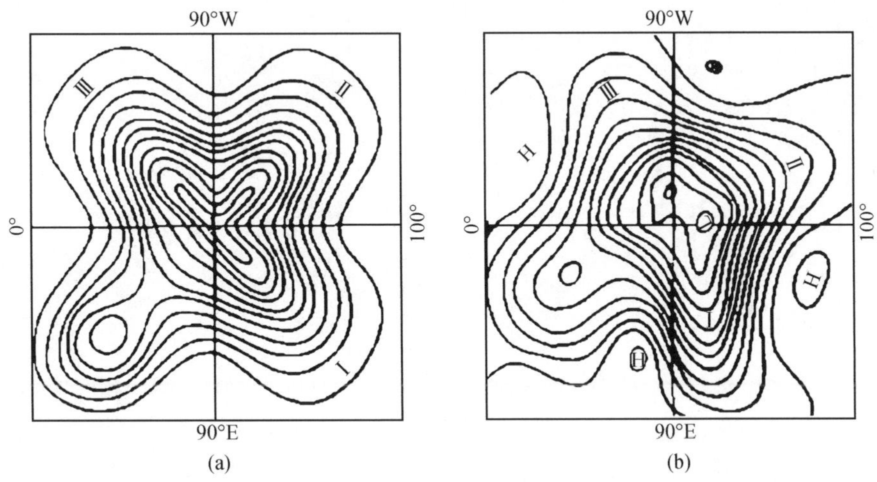

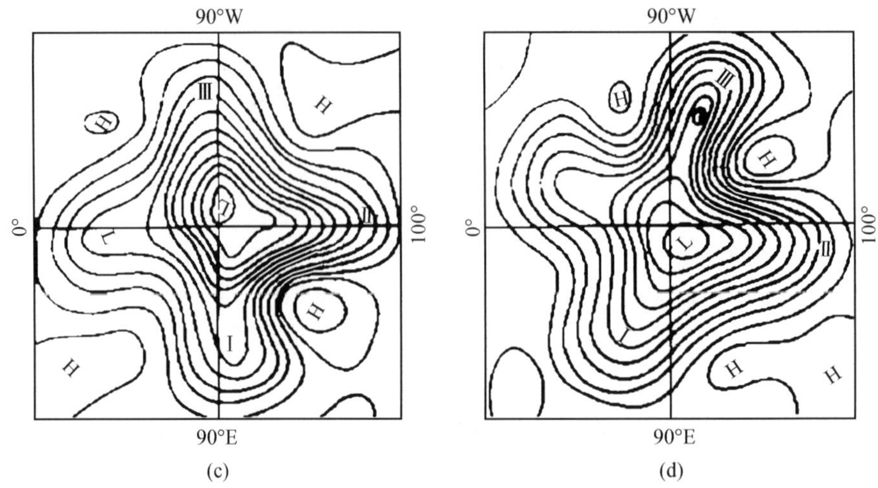


图 3　位势高度场

(a)初始场为在图 1 中之一个槽加上一个强涡旋中心；(b)第 4 天的场；(c)第 8 天的场；(d)第 13 天的场。显示出深槽下游的槽逐次经历一个加深过程

## 参考文献


[1] Lorenz E N. The nature and theory of the general circulation of the atmosphere. WMO-No. 218. TP. 115, 1967,161.

[*] 叶笃正,朱抱真. 大气环流若干基本问题. 北京:科学出版社,1958.

[2] Grose W L, Hosking B J. J. Atoms. Sci., 1979,36:223-234.

[3] Hoskins B J, Karoly D J. J. Atoms. Sci., 1981,38:1179-1196.

[4] Young W R, Rhines P B. Geophys Astrophys. Fluid Dynamics, 1980,15:39-52.

[5] 卢佩生,曾庆存. 大气科学, 1981,5:1-8.

[6] Zeng Q C, Lu P S. Sciencia Sinica, 1981, 24:508-520.

[7] 卢佩生. 气象学报,1981,39:141-149.

[8] Zeng Q C. J. Met. Soc. Japan, 1982,60:24-31.

[9] Zeng Q C. Scientia Sinica, 1979,22:945-957.

[10] Zeng Q C. J. Atoms. Sci., 1983,40:73-84.

[11] Zeng Q C, Yuan C G, Li R F. Scientia Sinica, 1980,23:1405-1416.


* 原文对该文献漏编。——编者

6

# 正压准地转模式的谱和扰动的演变

卢佩生　卢　理　曾庆存

(中国科学院大气物理研究所)

摘要　本文详细研究了正压准地转模式的谱这一经典而未完全解决的问题。取基流为平直的 $\bar{u}(y)$，得到离散谱即为通常的标准模；而实数域 $\bar{u}_{\min} \leqslant c \leqslant \bar{u}_{\max}$ 为连续谱，相应谱函数有界，但其微商无界而可积。文中指出，任意扰动可分解为两部分之和：与离散谱对应的部分 $\psi'_{\mathrm{d}}(x,y,t)$ 和与连续谱对应的部分 $\psi'_{\mathrm{c}}(x,y,t)$。利用离散谱的广义"加权正交性"可以方便地求出 $\psi'_{\mathrm{d}}$。还证明当 $t \to \infty$ 时，$\psi'_{\mathrm{c}}$ 连同其能量 $E'_{\mathrm{c}}$ 和 $y$ 方向的尺度 $l_{\mathrm{c}}$ 趋向于零。

文中还提出用有限差分法计算谱和谱函数。这方法保持原问题的整体性质以及不稳定判据。当格点数为有限时，虽然连续谱被歪曲为计算离散谱，但在相当长时段内 $\psi'_{\mathrm{c}}$ 的演变特性仍可得到正确反映。且当格距趋于零时，在 $\bar{u}_{\min} \leqslant c \leqslant \bar{u}_{\max}$ 内计算谱点越来越密，而趋于连续分布。

## 一、引言

叠加在基流上的小扰动的演变过程是一个经典的理论研究课题。过去，人们特别注意其中的运动失稳问题，并创造了标准模求解法。这方面的成果林家翘已有系统的总结[1]。Charney[2]，Eady[3]和郭晓岚[4-6]成功地将这方法应用到大气大尺度动力学研究中去。但后来 Case[7]和 Burger[8]指出，相应问题的特征函数是不完备的，因而不能用来研究普遍的初值问题。为此，必须或者补加上连续谱部分，或者使用另外方法。Case 和 Burger 用 Laplace 变换法，得到一些重要的结果，例如，在二维不可压缩流体中，和连续谱对应的扰动随时间衰减等。但普遍的初值问题尚未得到深入分析，尤其是连续谱部分，从而扰动演变过程的普遍规律性尚不清楚。曾庆存[9-11]、卢佩生[12,13]和陈久康[14]等为了克服这些困难，改用波包表示法，并用 WKB 近似，从而揭示出扰动发展与否的普遍性判据，以及所有特性(例如波幅、波长、移速等)随时间变化的规律性。从定性上说，这些规律和天气学经验完全一致。不过，波包表示法以及 WKB 方法毕竟是一种近似方法，当扰动尺度比基流要小得多时才正确。因此，为了研究普遍的扰动演变过程，仍有必要采用通用的方法，即研究普遍的初值问题，并对标准模和连续谱作深入分析。本文将取正压准地转模式，研究相应的线性化方程的谱及谱函数，进而讨论普遍的扰动演变过程中的一些规律性。

原载：《中国科学》B辑，1986，(11)：1225-1233。

## 二、特征值问题

设有基流 $\bar{u}(y)$，$\bar{v}=0$，基本方程和边界条件为

$$\left[\frac{\partial}{\partial t}+\bar{u}(y)\frac{\partial}{\partial x}\right]q'+v'\bar{\beta}=0 \tag{2.1}$$

$$\psi'(x,y_1,t)=\psi'(x,y_2,t)=0 \tag{2.2}$$

其中 $\bar{\beta}\equiv \mathrm{d}\bar{q}/\mathrm{d}y$，$q'$ 和 $\bar{q}$ 分别是扰动和基流的位涡度：

$$q'=\Delta\psi'-\frac{f_0^2}{\phi_0}\psi' \tag{2.3}$$

$$\bar{q}=f_0+\bar{\beta}y-\frac{\mathrm{d}\bar{u}}{\mathrm{d}y}-\frac{f_0^2}{\phi_0}\bar{\psi} \tag{2.4}$$

$\psi'$ 和 $\bar{\psi}$ 分别为扰动和基流的流函数，$v'=\partial\psi'/\partial x$；$f_0$ 为标准纬度的科氏参数，$\phi_0=gh_0$，$h_0$ 为等效的均值大气高度，$\beta$ 取为常数，并且 $y_1<y_2$。

所谓标准模方法就是求式(2.1)+式(2.2)具有下列形式的解：

$$\psi'(x,y,t)=\mathrm{e}^{im(x-ct)}\Psi(y) \tag{2.5}$$

故 $\Psi(y)$ 满足下列方程及边界条件：

$$[\bar{u}(y)-c]\left(\frac{\partial^2\Psi}{\partial y^2}-\mu^{-2}\Psi\right)+\bar{\beta}\Psi=0 \tag{2.6}$$

$$\Psi(y_1)=\Psi(y_2)=0 \tag{2.7}$$

其中 $\mu^{-2}\equiv m^2+f_0^2/\phi_0$，即求解广义特征值问题。使之有非零解的 $c$ 就是特征值，对应的特征函数 $\Psi(y)$ 依赖于 $c$，常称之为标准模或特征波动。有时亦用这些术语称呼特解(式(2.5))。显然，特征波动沿 $x$ 方向传播的相速为 $c$。

本文将设 $\bar{u}$ 和 $\bar{\beta}$ 为解析函数。

## 三、离散谱

任取 $c$，不管为实数或复数，若在区间$[y_1,y_2]$上有 $\bar{u}(y)-c\neq 0$，则方程(2.6) 无奇点，二线性无关解 $\Psi_1(y;c)$ 和 $\Psi_2(y;c)$ 为 $y$ 及 $c$ 的解析函数。取任意常数 $A$ 和 $B$，可将式(2.6)的通解表为

$$\Psi(y;c)=A\Psi_1(y;c)+B\Psi_2(y;c) \tag{3.1}$$

为使 $\Psi(y;c)$满足边界条件式(2.7)，必须

$$D(c)\equiv\Psi_1(y_1;c)\Psi_2(y_2;c)-\Psi_1(y_2;c)\Psi_2(y_1;c)=0 \tag{3.2}$$

可见特征值 $c$ 即是方程(3.2) 的根。注意 $\Psi_1$ 和 $\Psi_2$ 的解析性，可知式(3.2) 的根是离散的。设它们为 $c_k$，$k=1,2,\cdots$，相应的特征函数改记作 $\Psi_k(y)$。显然，它有各阶微商，因而是式(2.6)+式(2.7) 的通常解。这样的 $c_k$ 就是所谓点谱，或称离散谱。通常求解运动稳定性问题时求得的就是这部分。

若某个根 $c$ 为复数，显然在$[y_1,y_2]$上 $\bar{u}(y)-c\neq 0$，故不稳定的(即发展的)或衰减的

标准模必对应于离散谱。

离散谱具有广义“加权正交性”，即

$$(c_k - c_{k'})\int_{y_1}^{y_2} \frac{1}{\bar{\beta}(y)} Q_k(y) Q_{k'}(y) \mathrm{d}y = 0 \tag{3.3}$$

其中 $c_k$ 和 $c_{k'}$ 为两个特征值；$Q_k$ 和 $Q_{k'}$ 为“位涡度”

$$Q_k(y) \equiv (\partial^2/\partial y^2 - \mu^{-2})\Psi_k(y) \tag{3.4}$$

其实，由式(2.6)得

$$-c_k Q_k/\bar{\beta} + (\bar{u}\, Q_k/\bar{\beta} + \Psi_k) = 0$$

$$-c_{k'} Q_{k'}/\bar{\beta} + (\bar{u}\, Q_{k'}/\bar{\beta} + \Psi_{k'}) = 0$$

将以上两式分别乘上 $Q_{k'}$ 和 $Q_k$，相减，并对 $y$ 积分，利用边界条件式(2.7)，即得式(3.3)。

广义加权正交性有很重要的应用，但需仔细弄清其意义。例如，若 $c_k$ 为复数，记其共轭复数为 $c_k^*$，取 $c_{k'} = c_k^*$，则 $\Psi'_k = \Psi_k^*$，于是有 $\Psi_k \Psi_{k'} > 0$，$Q_k Q_{k'} > 0$，及

$$(-2\mathrm{i}\mathrm{Im}c_k)\int_{y_1}^{y_2} \frac{1}{\bar{\beta}(y)} Q_k(y) Q_k^*(y) \mathrm{d}y = 0 \tag{3.5}$$

其意义是：运动失稳的必要条件(即 $\mathrm{Im}c_k \neq 0$) 是 $\bar{\beta}(y)$ 变号(郭氏判据[4,6])。

此外，如用 $Q_k^*/\bar{\beta}$ 乘式(2.6)，沿 $y$ 积分，并注意到式(3.5)，又有

$$\int_{y_1}^{y_2} \frac{-\mathrm{Re}c_k + \bar{u}}{\bar{\beta}} Q_k Q_k^* \mathrm{d}y = \int_{y_1}^{y_2} \left( \left| \frac{\partial \Phi_k}{\partial y} \right|^2 + \mu^{-2} \, |\Psi_k|^2 \right) \mathrm{d}y \tag{3.6}$$

再注意到运动失稳时 $\mathrm{Im}c_k \neq 0$，故此时含常数 $\mathrm{Re}c_k$ 一项的积分为零，从而推出运动失稳的另一必要条件为：必须有 $\bar{u}/\bar{\beta} > 0$ 的区间[6] (Fjϕrtoft 判据)。

## 四、连续谱

若取 $c = \bar{u}(y_c)$，$y_1 \leqslant y_c \leqslant y_2$，则方程(2.6)有奇点 $y = y_c$，作坐标变换和 Taylor 展开：

$$\eta = y - y_c \tag{4.1}$$

$$\begin{cases} \bar{u}(y) - c = \bar{u}'(y_c)\eta + \bar{u}''(y_c)\eta^2/2 + \cdots \\ \bar{\beta}(y) = \bar{\beta}(y_c) + \bar{\beta}'(y_c)\eta + \bar{\beta}''(y_c)\eta^2/2 + \cdots \end{cases} \tag{4.2}$$

$$\Psi(y) = \eta^\rho \sum_{n=0}^{\infty} a_n \eta^n \tag{4.3}$$

代入式(2.6)，得

$$\begin{cases} \bar{u}'(y_c)\rho(\rho-1)a_0 = 0 \\ \bar{u}'(y_c)(\rho+1)\rho a_1 + [\bar{u}''(y_c)\rho(\rho-1)/2 + \bar{\beta}(y_c)]a_0 = 0 \\ \bar{u}'(y_c)(\rho+2)(\rho+1)a_2 + [\bar{u}''(y_c)(\rho+1)\rho/2 + \bar{\beta}(y_c)]a_1 \\ \qquad - [\bar{u}'(y_c)\mu^{-2} - \bar{\beta}'(y_c)]a_0 = 0 \\ \qquad \cdots \end{cases} \tag{4.4}$$

先设 $\bar{u}'(y_c)\neq 0$，于是有 $\rho(\rho-1)=0$，取 $\rho=1$，并 $a_0=1$，得

$$\begin{cases}a_1=-\bar{\beta}(y_c)/2\,\bar{u}'(y_c)\\ \cdots\end{cases}\tag{4.5}$$

记由此求得的解式(4.3)为

$$\Psi_1(y;c)=\eta\sum_{n=0}^{\infty}a_n\eta^n\tag{4.6}$$

由常微分方程理论可知，另一线性无关解 $\Psi_2(y;c)$ 可由下式求得

$$\mathrm{d}(\Psi_2(y;c)/\Psi_1(y;c))/\mathrm{d}y=W(\Psi_1,\Psi_2)/\Psi_1^2\tag{4.7}$$

其中 $W(\Psi_1,\Psi_2)\equiv\Psi_1\mathrm{d}\Psi_2/\mathrm{d}y-\Psi_2\mathrm{d}\Psi_1/\mathrm{d}y$ 为朗斯基(Wronski)行列式，在本问题中它不随 $y$ 而变，可取为1。又式(4.7)中 $\mathrm{d}/\mathrm{d}y$ 可改为 $\mathrm{d}/\mathrm{d}\eta$。于是有

$$\frac{\Psi_2(y;c)}{\Psi_1(y;c)}-\frac{\Psi_2(y^*;c)}{\Psi_1(y^*;c)}=\int_{\eta^*}^{\eta}\Psi_1^{-2}(y;c)\mathrm{d}\eta\tag{4.8}$$

当 $\eta>0$ 时，取 $\eta^*>0$，得

$$\begin{aligned}\Psi_2(y;c)&\equiv\Psi_2^+(y;c)\\&=-2a_1\Psi_1(y;c)\ln\eta+\left(-1+\sum_{n=1}^{\infty}b_n^+\eta^n\right)\end{aligned}\tag{4.9a}$$

而当 $\eta<0$ 时，取 $\eta^*<0$，有

$$\begin{aligned}\Psi_2(y;c)&\equiv\Psi_2^-(y;c)\\&=-2a_1\Psi_1(y;c)\ln|\eta|+\left(-1+\sum_{n=1}^{\infty}b_n^-\eta^n\right)\end{aligned}\tag{4.9b}$$

其中 $b_n^+$ 和 $b_n^-$ 为两组系数，只当 $a_1=0$ 时才有 $b_n^+=b_n^-$。因 $\Psi_2^+(y_c;c)=\Psi_2^-(y_c;c)=-1$，故 $\Psi_2(y;c)$ 为 $y$ 的连续函数；但 $y\to y_c$ 时，$\mathrm{d}\Psi_2(y;c)/\mathrm{d}y\approx-2a_1\ln|\eta|$ 为无界。

式(4.6)和式(4.9)有一定的收敛半径。在收剑半径之内，他们就是所求的解。在收敛半径以外，则可以用解析延拓法求得相应的函数。特别是，若 $\bar{u}(y)=c$ 只有一个实根 $y=y_c$，则可延拓到全区间 $y_1\leqslant y\leqslant y_2$。今作函数

$$\Psi(y;c)=\begin{cases}A^+\Psi_1(y;c)+B^+\Psi_2^+(y;c), & y\geqslant y_c\\ A^-\Psi_1(y;c)+B^-\Psi_2^-(y;c), & y\leqslant y_c\end{cases}\tag{4.10}$$

要求 $\Psi(y;c)$ 连续，且满足边界条件，得

$$\begin{cases}B^+=B^-=B\\ A^+\Psi_1(y_2;c)=-B\Psi_2^+(y_2;c)\\ A^-\Psi_1(y_1;c)=-B\Psi_2^-(y_1;c)\end{cases}\tag{4.11}$$

由此可定出三系数 $A^+$，$A^-$ 和 $B$ 的相互关系。其实，若 $\Psi_1(y_1;c)=\Psi_1(y_2;c)=0$，则 $B=0$，$A^+$ 和 $A^-$ 为任意；若 $\Psi_2(y_1;c)=\Psi_2(y_2;c)=0$，则 $A^+=A^-=0$，$B$ 为任意；若 $\Psi_1(y_1;c)=0$，而 $\Psi_1(y_2;c)\neq0$，则 $B=A^+=0$，$A^-$ 为任意；若 $\Psi_1(y_1;c)\neq0$，而 $\Psi_1(y_2;c)=0$，则 $B=A^-=0$，$A^+$ 为任意；若 $\Psi_1(y_1;c)$ 和 $\Psi_1(y_2;c)$ 均不为零，则 $B$ 为任意，而 $A^+$ 和 $A^-$ 由(4.11)式后两式求出。还需指出，$A^+$，$A^-$ 和 $B$ 是依赖于 $c$，即依赖于 $y_c$ 的。

由此确定的 $\Psi(y;c)$ 在区间 $[y_1,y_2]$ 任何点上(包括 $y=y_c$) 都连续，且满足方

程(2.6)。其实，当 $y \to y_c$ 时,$\partial^2\Psi(y;c)/\partial y^2 \approx -2a_1/\eta$，而 $-2a_1 = \bar{\beta}(y_c)/\bar{u}'(y_c)$，$\bar{\beta}(y_c)\Psi(y_c;c) = -\bar{\beta}(y_c)$,$[\bar{u}(y_c)-c]\cdot[\partial^2\Psi(y;c)/\partial y^2-\mu^{-2}\Psi(y;c)] \to \bar{\beta}(y_c)$,故当 $y \to y_c$ 时,亦满足式(2.6)。但 $y \to y_c$,$\partial\Psi(y;c)/\partial y$ 一般无界。

总之,由式(4.10)和式(4.11)确定的 $\Psi(y;c)$,是式(2.6)+式(2.7)的广义解(只当 $\bar{\beta}(y_c)=0$,或 $B=0$,$A^+=A^-$ 而外;那时此广义解也是通常解)。因 $c$ 在区间$[\bar{u}_{\min},\bar{u}_{\max}]$上连续变化,$\bar{u}_{\min}\leqslant c\leqslant \bar{u}_{\max}$ 称为连续谱。有时把离散谱 $c_k$ 亦简称为谱,且把 $\Psi_k(y)$ 和 $\Psi(y;c)(\bar{u}_{\min}\leqslant c\leqslant\bar{u}_{\max})$ 统称为谱函数。若 $B(y_c)=0$,$A^+(y_c)=A^-(y_c)$,则 $c=\bar{u}(y_c)$,也是一个离散谱,尽管它也在连续谱区内。

## 五、对应于 $\bar{u}'(y_c)=0$ 的谱函数

若 $\bar{u}'(y_c)=0$,但 $\bar{u}''(y_c)\neq 0$,则由式(4.4)第二式得

$$\rho_{1,2}=\frac{1}{2}\left[1\pm\sqrt{1-4\bar{\beta}(y_c)/\bar{u}''(y_c)}\right] \tag{5.1}$$

$$a_0^{-1}(a_1)^{(1,2)}=-\bar{\beta}'(y_c)/[\bar{u}''(y_c)\rho_{1,2}(\rho_{1,2}+1)/2+\bar{\beta}(y_c)] \tag{5.2}$$

(1) 若 $\bar{\beta}(y_c)=0$,仍有 $\rho=0$ 和 $\rho=1$。取 $\rho=1$,则由式(4.4)第三式以后各式,依次求出 $a_2$,$a_3$ 等等,例如,取 $a_0=1$,有

$$a_1=-\bar{\beta}'(y_c)/[\beta+(f_0^2/\phi_0)\bar{u}(y_c)] \tag{5.3}$$

由此仍可按上节方法求得 $\Psi_1(y;c)$ 和 $\Psi_2(y;c)$,只是确定系数 $a_n$,$b_n^{\pm}$ 的公式不同。

(2) 若 $4\bar{\beta}(y_c)/\bar{u}''(y_c)<1$,则 $\rho_1=\left[1+\sqrt{1-4\bar{\beta}(y_c)/\bar{u}''(y_c)}\right]/2$ 和 $\rho_2=\left[1-\sqrt{1-4\bar{\beta}(y_c)/\bar{u}''(y_c)}\right]/2$ 均为实数。若 $\rho_1-\rho_2$ 不为整数,则分别用 $\rho_1$ 和 $\rho_2$ 代入式(4.4)和式(4.3),求出系数 $a_n$ 和 $\Psi(y;c)$,分别记为 $a_n^{(1)}$,$a_n^{(2)}$ 和 $\Psi_1(y;c)$,$\Psi_2(y;c)$,即为所求。当 $y\to y_c$ 时,$\Psi_{1,2}(y;c)\sim\eta^{\rho_{1,2}}$,$\partial\Psi_{1,2}(y;c)/\partial y\sim\eta^{\rho_{1,2}-1}$。若$\sqrt{1-4\bar{\beta}(y_c)/\bar{u}''(y_c)}<1$,则 $0<\rho_{1,2}<1$,$-1<\rho_{1,2}-1<0$,$\Psi_{1,2}(y;c)$ 有界,而 $\partial\Psi_{1,2}(y;c)/\partial y$ 当 $y\to y_c$ 时无界;若$\sqrt{1-4\bar{\beta}(y_c)/\bar{u}''(y_c)}>1$,则 $\Psi_1(y;c)$ 及 $\partial\Psi_1(y;c)/\partial y$ 有界,而 $\Psi_2(y;c)$ 及 $\partial\Psi_2(y;c)/\partial y$ 当 $y\to y_c$ 时为无界。

若 $\rho_1-\rho_2$ 为正整数,则 $\Psi_1(y;c)$ 由上法求出,而 $\Psi_2(y;c)$ 要按式(4.7)求出,结果有

$$\Psi_2(y;c)=b\Psi_1(y;c)\ln\eta+\eta^{\rho_2}\sum_{n=0}^{\infty}b_n\eta^n,\qquad \eta>0 \tag{5.4}$$

若 $\rho_2<0$,则 $\Psi_2(y;c)$ 及 $\partial\Psi_2(y;c)/\partial y$ 当 $y\to y_c$ 时均无界。

(3) 若 $1-4\bar{\beta}(y_c)/\bar{u}''(y_c)=-4s^2$,其中 $s$ 为实数,则有 $\rho_{1,2}=1/2\pm\mathrm{i}s$,代入式(4.4)和式(4.3),求得的解分别记作 $\Psi^{(1,2)}(y;c)$。因

$$\eta^{\rho_{1,2}}=\eta^{\frac{1}{2}}[\cos(s\ln\eta)\pm\mathrm{i}\sin(s\ln\eta)]$$

故有

$$\Psi^{(1,2)}(y;c)=\eta^{\frac{1}{2}}[\cos(s\ln\eta)\pm \mathrm{i}\sin(s\ln\eta)]\sum_{n=0}^{\infty}\eta^{n}(d_n\pm \mathrm{i}e_n) \tag{5.5}$$

$\mathrm{Re}\Psi^{(1)}(y;c)=\mathrm{Re}\Psi^{(2)}(y;c)$，$-\mathrm{lm}\Psi^{(1)}(y;c)=\mathrm{lm}\Psi^{(2)}(y;c)$，故二线性无关解为

$$\left.\begin{aligned}\Psi_1(y;c)&=\eta^{\frac{1}{2}}\left[\cos(s\ln\eta)\sum_{n=0}^{\infty}d_n\eta^n-\sin(s\ln\eta)\sum_{n=0}^{\infty}e_n\eta^n\right]\\ \Psi_2(y;c)&=\eta^{\frac{1}{2}}\left[\cos(s\ln\eta)\sum_{n=0}^{\infty}e_n\eta^n+\sin(s\ln\eta)\sum_{n=0}^{\infty}d_n\eta^n\right]\end{aligned}\right\} \tag{5.6}$$

$\Psi_{(1,2)}(y;c)$ 有界，但 $\partial\Psi_{(1,2)}(y;c)/\partial y\sim\eta^{-1/2}$，当 $y\to y_c$ 时无界且剧烈振动。

上面已分析了所有可能情况，但只是分析了 $\eta>0$ 一侧。在 $\eta<0$ 一侧，式(5.4)和式(5.6)为复数，$\eta^{\rho_{1,2}}$ 也可能是复数，我们需应用类似于由式(5.5)求式(5.6)的过程，才能求得 $\eta<0$ 一侧的 $\Psi_1$ 和 $\Psi_2$。

利用上节的方法，即可由此二线性无关解推出谱函数 $\Psi(y;c)$，因一般仍有 $\partial\Psi(y;c)/\partial y$ 当 $y\to y_c$ 时无界，故为广义解。此外，因为 $\Psi(y;c)$ 必须连续，故当 $\rho_2(y_c)<0$ 时必须取系数 $B=0$，于是除了 $\Psi_1^-(y_1;c)=\Psi_1^+(y_2;c)=0$ 外，又必有 $A^+=A^-=0$，即谱函数退化为零。

$\bar{u}'(y_c)$ 和 $\bar{u}''(y_c)$ 同时为零的情况，亦可同法处理，今从略。

必须指出，在上节和本节的分析中，我们都设 $\bar{u}(y)=c$ 只有一个根 $y_c$。若有多根，例如设 $\bar{u}(y_c)=\bar{u}(y_c')=c$，$y_1\leqslant y_c<y_c'\leqslant y_2$，则方程(2.6)有奇点 $y_c$ 和 $y_c'$。设按上述方法已求得对应于 $y_c$ 和 $y_c'$ 近旁的两个线性无关解及其解析延拓，分别记作 $\Psi_{1,2}(y;y_c,c)$ 和 $\Psi_{1,2}(y;y_c',c)$。谱函数 $\Psi(y;c)$ 应按下法求出：

$$\Psi(y;c)=\begin{cases}A^-\ \Psi_1(y;y_c,c)+B\Psi_2(y;y_c,c), & y_1\leqslant y\leqslant y_c\\ A^+\ \Psi_1(y;y_c,c)+B\Psi_2(y;y_c,c), & y_c\leqslant y\leqslant y_c'\\ A'\Psi_1(y;y_c',c)+B'\Psi_2(y;y_c',c), & y_c'\leqslant y\leqslant y_2\end{cases} \tag{5.7}$$

其中系数 $A^-$、$A^+$、$A'$、$B$ 和 $B'$ 由边界条件及 $y=y_c$ 和 $y=y_c'$ 的连续性定出。

## 六、扰动按谱函数的分解和演变过程

设已求得了所有的谱及其对应的谱函数。定义

$$\psi'_{\mathrm{d}}(x,y,t)=\sum_{k=1,2,\cdots}A_k\Psi_k(y)\mathrm{e}^{\mathrm{i}m(x-c_kt)} \tag{6.1}$$

$$\psi'_{\mathrm{c}}(x,y,t)=\int_{\bar{u}_{\min}}^{\bar{u}_{\max}}A(c)\Psi(y;c)\mathrm{e}^{\mathrm{i}m(x-ct)}\mathrm{d}c \tag{6.2}$$

$$\psi'(x,y,t)=\psi'_{\mathrm{d}}(x,y,t)+\psi'_{\mathrm{c}}(x,y,t) \tag{6.3}$$

其中 $A(c)$ 为 $c$ 的有界函数，则这三者都是式(2.1)＋式(2.2)的解。这里我们将 $c=\bar{u}(y_c)$ 的离散谱亦包括在式(6.1)中。我们将在另一文[①]中证明谱函数的完备性及按谱函数展开的普遍方法。下面只讨论按离散谱的展开以及连续谱部分 $\psi_c(x,y,t)$ 随时间的演

① 曾庆存，正压准地转模式的初值问题，即将在《中国科学》发表。后未发表。——编者

变问题。

(1) 设有初始扰动 $\psi'^{(0)} = \mathrm{e}^{imx}\Psi^{(0)}(y)$，位涡度为

$$q'^{(0)}(x,y) = \mathrm{e}^{imx}\left(\frac{\mathrm{d}^2\Psi^{(0)}}{\mathrm{d}y^2} - \mu^{-2}\Psi^{(0)}\right) \equiv \mathrm{e}^{imx}Q^{(0)}(y) \tag{6.4}$$

将 $Q^{(0)}(y)$ 分为离散谱部分 $Q_{\mathrm{d}}^{(0)}$ 和连续谱部分 $Q_{\mathrm{c}}^{(0)}$，其中 $Q_{\mathrm{d}}^{(0)}$ 可展开如下：

$$Q_{\mathrm{d}}^{(0)}(y) = \sum_{k=1,2,\cdots} A_k Q_k(y) \tag{6.5}$$

而 $Q_{\mathrm{c}}^{(0)}(y) \equiv Q^{(0)}(y) - Q_{\mathrm{d}}^{(0)}(y)$。利用加权正交性式(3.3)，可得

$$A_k = \int_{y_1}^{y_2} \frac{1}{\bar{\beta}(y)} Q^{(0)}(y)\, Q_k(y)\,\mathrm{d}y \Bigg/ \int_{y_1}^{y_2} \frac{1}{\bar{\beta}(y)} Q_k^2(y)\,\mathrm{d}y \tag{6.6}$$

注意：$Q_{\mathrm{c}}^{(0)}(y)Q_{\mathrm{k}}(y)/\bar{\beta}(y)$ 沿 $y$ 积分为零，否则与离散谱和连续谱部分的区分相矛盾。还有，当 $\mathrm{Im}c_k \neq 0$ 时，式(6.6)右端分母为复数且不为零，尽管由式(3.5)有 $|Q_k|^2/\bar{\beta}$ 的积分为零。

按上法求出 $A_k$ 之后，代入式(6.1)，即得相应于离散谱部分的演变过程。

(2) 可证：当 $t\to\infty$ 时，$\psi_{\mathrm{c}}'(x,y,t)\to 0$，而且与之对应的扰动能量 $E_{\mathrm{c}}'\to 0$。其实，利用 Riemann-Lebesgue 引理，当 $m\neq 0$ 时，由式(6.2)即可直接推知，当 $t\to\infty$ 时，$\psi_{\mathrm{c}}'\to 0$，且有 $\psi_{\mathrm{c}}'\approx O(t^{-1})$。又从上述两节对 $\Psi(y;c)$ 的奇性分析可知，对式(6.2)可作积分号下求微商

$$\frac{\partial\psi_{\mathrm{c}}'(x,y,t)}{\partial y} = \int_{\bar{u}_{\min}}^{\bar{u}_{\max}} A(c)\frac{\partial\Psi(y;c)}{\partial y}\mathrm{e}^{im(x-ct)}\,\mathrm{d}c \tag{6.7}$$

其实，给定一个 $(x,y)$，有 $c$ 存在，使 $c\to\bar{u}(y)$ 时 $\partial\Psi/\partial y$ 可能无界，但 $|\partial\Psi(y;c)/\partial y|$ 为可积函数，故式(6.7)成立，由此推知当 $t\to\infty$ 时，$\partial\psi_{\mathrm{c}}'/\partial y\to 0$。同法得 $\partial\psi'/\partial y\to 0$。故有 $E_{\mathrm{c}}'\to 0$。由此推出，若扰动中不含有离散谱部分，则扰动能量最终全部为基流所吸收。

但我们又有加权位涡能 $Q'$ 守恒[10]

$$Q' \equiv \int_0^{2\pi}\int_{y_1}^{y_2} \frac{1}{2\bar{\beta}(y)}\,|q'(x,y,t)|^2\,\mathrm{d}x\mathrm{d}y = \int_0^{2\pi}\int_{y_1}^{y_2} \frac{1}{2\bar{\beta}(y)}\,|q'(x,y,0)|^2\,\mathrm{d}x\mathrm{d}y \tag{6.8}$$

故当 $t\to\infty$ 时，位涡能不为零。这反映出 $Q(y;c)$ 在 $c=\bar{u}(y)$ 处有不可积奇点，因而在求 $q_{\mathrm{c}}'$ 时不可能像在式(6.7)那样做积分号下求微商。

$\psi_{\mathrm{c}}'\to 0, E_{\mathrm{c}}'\to 0$，而位涡能有限，可见 $\psi_{\mathrm{c}}'$ 在 $y$ 方向的平均尺度 $l_{\mathrm{c}}$ 随着 $t$ 的增大而越来越小，以至于 $l_{\mathrm{c}}\to 0$，这也是扰动中和连续谱对应的部分的最重要性质。

## 七、计算谱、谱函数和扰动演变的有限差分方法

用有限差分方法可求得近似的谱和谱函数。将 $[y_1,y_2]$ 作 $K+1$ 等分，格距 $\delta y=(y_2-y_1)/(K+1)$，格点 $(y-y_1)_j = j\delta y, j=1,2,\cdots,K+1$；$y=y_1$ 时，$j=0$，$y=y_2$ 时，$j=K+1$。记格点函数为 $\Psi_j$，于是与式(2.6)+式(2.7)相对应的差分方程可统一写成：

$$(B-cD)\Psi = 0 \tag{7.1}$$

其中 $\Psi$ 为 $(\Psi_1,\Psi_2,\cdots,\Psi_K)$ 组成的单列矩阵，记 $r=\mu^{-2}+2(\delta y)^{-2}$

$$B=\begin{bmatrix}\bar{\beta}_1-\bar{u}_1 r & \bar{u}_1(\delta y)^{-2} & & & O \\ \bar{u}_1(\delta y)^{-2} & \bar{\beta}_2-\bar{u}_2 r & \bar{u}_2(\delta y)^{-2} & & \\ & & \cdots & & \\ & O & \bar{u}_{K-2}(\delta y)^{-2} & \bar{\beta}_{K-1}-\bar{u}_{K-1} r & \bar{u}_{K-1}(\delta y)^{-2} \\ & & & \bar{u}_{K-1}(\delta y)^{-2} & \bar{\beta}_K-\bar{u}_K r\end{bmatrix},$$

$$D=\begin{bmatrix}-r & (\delta y)^{-2} & & & O \\ (\delta y)^{-2} & -r & (\delta y)^{-2} & & \\ & & \cdots & & \\ & O & (\delta y)^{-2} & -r & (\delta y)^{-2} \\ & & & (\delta y)^{-2} & -r\end{bmatrix}$$

由式(7.1)可求出 $K$ 个特征值 $c_k$ 和相应的特征向量 ${}_k\Psi=({}_k\Psi_1,{}_k\Psi_2,\cdots,{}_k\Psi_K)$，$k=1,2,\cdots,K$。由于 $c_k$ 是可数的，可见原问题的连续谱被歪曲为计算离散谱了。但当 $\delta y\to 0$ 时，$K\to\infty$，可以预料，有些计算谱点将趋向于确定的极限，这些就是原问题的离散谱；而另一些(位于 $\bar{u}_{\min}\leqslant c\leqslant\bar{u}_{\max}$)则随着 $\delta y$ 的减小而越来越密，当 $K\to\infty$ 时，最后连成连续谱；也可预料，对应于连续谱的谱函数 $\Psi$ 随 $c$ 而连续变化。

图 1 是计算结果的例子。为方便计，我们引入了无量纲量，于是式(2.6)理解为无量纲的，并取 $y_1=0$，$y_2=1$；$\bar{u}(y)=1+y$，$f=1+\beta y$，$\mu^{-2}=m^2+1$。图中 $\beta$ 取 20°N 处无量纲值，$m=1$。可见，有两个离散谱(记作 $k=1,2$)；其余落在 $\bar{u}_{\min}=1\leqslant c\leqslant 2=\bar{u}_{\max}$ 区内的为被歪曲了的连续谱，它们随 $K$ 增大而越来越密。图 2 为相应的部分谱函数(取 $K=29$)。

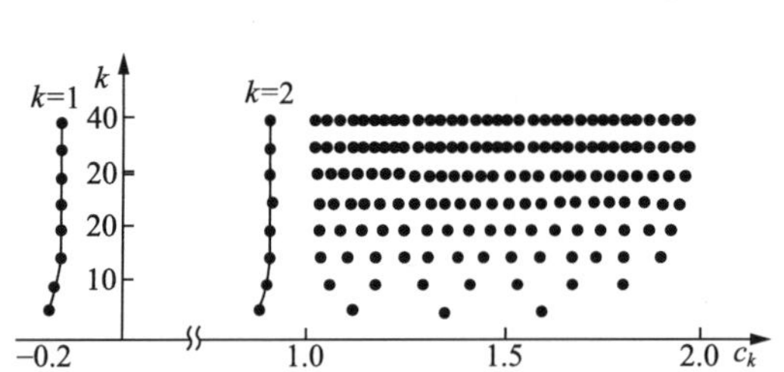


图 1　计算得到的离散谱($k=1,2$)和连续谱
(被歪曲为在 $1\leqslant c_k\leqslant 2$ 的离散谱点)
($\bar{u}_{\min}=1$，$\bar{u}_{\max}=2$，$\bar{u}=1+y$，$0\leqslant y\leqslant 1$；$m=1$)

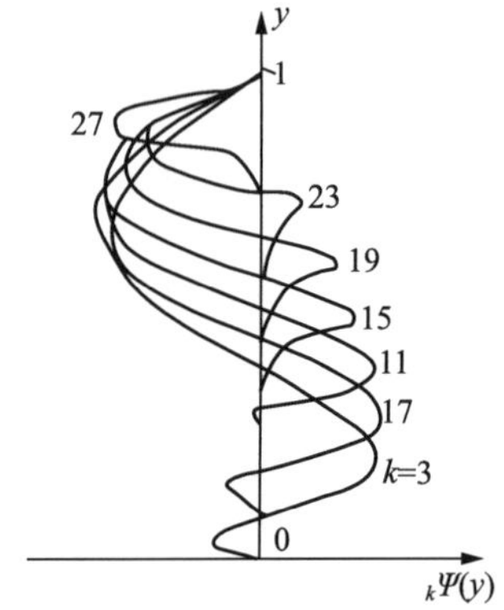


图 2　和图 1 对应的谱函数($K=29$)
(${}_k\Psi(y_j;c_k)$ 简写作 ${}_k\Psi(y)$)

由式(7.1)可推得

$$(c_k-c_k')\sum_{j=1}^{K}\overline{\beta_j}^{-1}({}_kQ_j)({}_{k'}Q_j)\delta y=0 \tag{7.2}$$

$$\sum_{j=1}^{K}\frac{\bar{u}_j-\mathrm{Re}c_k}{\bar{\beta}_j}({}_kQ_j)({}_kQ_j^*)\delta y=\sum_{j=1}^{K+1}[\,|\,{}_k\Psi_j-{}_k\Psi_{j-1}\,|^2(\delta y)^{-2}+\mu^{-2}\,|\,{}_k\Psi_j\,|^2\,]\delta y \tag{7.3}$$

其中

$$_kQ_j=({}_k\Psi_{j+1}-2\,{}_k\Psi_j+{}_k\Psi_{j-1})(\delta y)^{-2}-\mu_k^{-2}\Psi_j \tag{7.4}$$

式(7.2)和式(7.3)正好就是式(3.3)和式(3.6)的有限差近似。这表明式(7.1)保持了原问题的整体性质,且不会增入伪不稳定现象。

在有限差近似下,可以十分方便地利用式(7.2)将任意扰动按谱函数展开。设有

$$\psi'^{(0)}(x,y_j)=\mathrm{e}^{imx}\Psi_j^{(0)} \tag{7.5}$$

和式(7.4)相似,位涡度的有限差近似为

$$q'^{(0)}(x,y_j)=\mathrm{e}^{imx}Q_j^{(0)} \tag{7.6}$$

于是有

$$\begin{cases}\psi'(x,y_j;t)=\sum\limits_{k=1}^{K}A_k({}_k\Psi_j)\mathrm{e}^{im(x-c_kt)}\\ A_k=\sum\limits_{i=1}^{K}\beta_j^{-1}Q_j^{(0)}({}_kQ_j)\delta y\Big/\sum\limits_{i=1}^{K}\beta_j^{-1}({}_kQ_j)^2\delta y\end{cases} \tag{7.7}$$

作为扰动演变过程计算的例子,我们取图 1 中“连续谱”部分构成初始场

$$\psi'^{(0)}(x,y_i)=\left[\sum_{k=3}^{29}A_k({}_k\Psi_i)\right]\cos x \tag{7.8}$$

其中系数取为

$$A_k=\frac{2}{\sqrt{\pi}}\exp[-0.2^2(k-17)] \tag{7.9}$$

于是有

$$\psi'(x,y_i,t)=\sum_{k=3}^{29}A_k({}_k\Psi_i)\cos(x-c_kt) \tag{7.10}$$

算得的 $\psi'(0,y_j,t)$ 如图3,因连续谱被歪曲成离散谱,从而当 $t\to\infty$ 时,式(7.10)不可能趋于零。但由图 3 可见,在相对长的时段内,扰动随时间的衰减和波长的变短都得到了正确的反映。

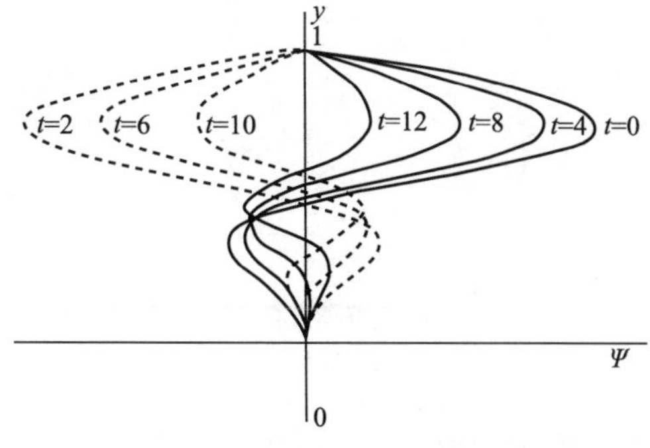


图 3 对应于连续谱部分的扰动式(7.10)随时间 $t$ 的变化($x=0$)

作者之一曾庆存和 Held 博士作过有益的讨论；而在计算过程中，作者利用了本所李荣凤同志的程序，并得到了李荣凤、袁重光和张学洪同志的许多帮助，谨此致谢。

## 参考文献

[1] Lin C C. The Theory of Hydrodynamic Stability. Cambridge:Cambridge University Press,1955.
[2] Charney J G. J. Met. ,1947,4:125-162.
[3] Eady E T. Tellus. ,1949,1:32-52.
[4] Kuo H L. J. Met. ,1949,6:105-122.
[5] Kuo H L. ibid. ,1952,9:260-272.
[6] Kuo H L. Advances in Applied Mechanics,1973,13,247-330.
[7] Case K M. The Physics of Fluids,1960,3:143-148.
[8] Burger A P. J. Atmos,Sci. ,1966,23:272-277.
[9] 曾庆存. 数值天气预报的数学物理基础. 第一卷. 北京:科学出版社,1979.
[10] Zeng Q C. J. Met. Soc. of Japan,1982,60(1):24-31.
[11] Zeng Q C. J. Atmos. Sci. ,1983,40:73-84.
[12] 卢佩生,曾庆存. 大气科学,1981,5(1):1-8.
[13] 卢佩生. 气象学报,1981,39(2):141-149.
[14] 陈久康. 气象科学,1980,1(1):27-41.

7

# 波包及其与基流相互作用的分析和计算

卢佩生

(中国科学院大气物理研究所)

摘要　本文将扰动按线性化位涡方程的谱函数展开，并和用 WKB 方法所得的结果相比较，指出：局地扰动或波包主要由连续谱组成，因而在过了一个相对短暂时段之后，波包中的槽脊线要变成倾斜的，波包要衰减，而且尺度要变短，由按谱展开法与由 WKB 方法所得结果是相互吻合的；但当在经过很长时段之后，由于和离散谱部分相对应的扰动占主要地位，WKB 方法所得结论可能不再成立。其次，在弱非线性理论可应用的范围内，扰动所引起的动量传输、平均经圈环流以及基流的改变都可以较方便地用按谱函数展开的方法求得。文中还计算了一个波包演变及其对基流影响的例子，计算结果十分鲜明地显示出理论分析的结论。

## 一、引言

大气中局部地区的扰动可以近似地用波包来表示，从而可以用 WKB 方法来研究其演变过程[1-7]，由此得到了关于扰动传播和演变过程的许多规律性。例如：在正压大气中，位于西风急流南边的导式扰动(槽脊线由西北指向东南)，或位于西风急流北边的曳式扰动(槽脊线由东北指向西南)，都是随时间增强的；而位于西风急流南边的曳式扰动，或位于西风急流北边的导式扰动，则是随时间衰减的。这些天气范式图在文献[4]和[8]中已给出。又得到：在演变过程中，扰动在东西方向和南北方向的宽度也在变化(尤其是南北方向上的宽度)，增强的槽脊线宽度增加，衰减的扰动宽度缩小。还有，扰动的轴线(槽脊线方向)亦随时间而变化，在急流南边的扰动逐渐变成曳式的，而急流北边的扰动则逐渐变成导式的，而且变得越来越倾斜。可见，虽然那些具有增强结构的波包在最初阶段会有所发展，但若基流的基本结构受扰动影响不大的话，则波包最后总是衰减，至于在斜压大气中，由于基本气流具有水平和垂直切变，情况要复杂得多，然而规律性也是很清楚的，详见文献[7]和[8]。

无疑，用波包表示和用 WKB 方法所得的结果使我们对天气形势的演变过程有了进一步的认识。但波包表示法和 WKB 方法是一些近似方法，只当扰动是局限于局部地区而且其空间和时间尺度都比基本气流的相应尺度要小得多时才有效。当扰动不是局部性的，则我们至少要用多个波包迭加在一起才能较好地表示出来，从而还得研究波包与波包之间的干涉现象；当扰动宽度(尤其是南北方向上的宽度)过大时，由 WKB 方法得到的某

原载：《大气科学》，1987，11(1)：1-11。

些结论就可能不对。为了弥补这些缺陷，一个普用的方法是将初值问题的解按谱函数展开，尽管用这种方法不能直接推出上面列举的各项规律性。应当指出，既然任一扰动场都可按谱函数展开，波包亦应如此。因此，利用按谱函数展开的表示法来计算波包的演变过程，并且和用 WKB 方法得到的结果相比较，将是很有意义的。本文将尝试作这样的比较。

其次，扰动对基本气流的反馈作用则是扰动和基流相互作用的另一个方面，是大气环流研究中的基本课题，基于弱非线性理论，相互作用过程可以分为两个单方向作用过程而分阶段来完成，即在研究扰动演变过程时，假定基本气流是已知的和不受扰动的影响，只考虑基流对扰动演变的单方面的作用；而在研究基本气流随时间演变过程时，则取扰动是已知的，只考虑扰动对基流演变的反作用。显然，这里隐含了一个基本假定，即扰动演变过程的时间尺度比基流演变过程的时间尺度要小得多。可见在这种情况下，WKB 方法是适用的，其实，由波包表示法和 WKB 近似法得到的动量传送和热量传送公式都很简明(例见文献[6]～[8])，从而可以方便地推出扰动对基流影响的一些定性规律。不过，由于扰动在演变过程中，所有特性(波幅、波长、轴线)都随时间改变，要计算动量传输的时间积分就相当困难。反之，假若我们一旦有了谱函数，并将扰动按谱函数展开，则作定量的计算是不复杂的，并且，比较其结果，也是很有益的。本文也将作这样的尝试。

## 二、扰动按谱函数展开和波包的演变

本工作中，我们取正压准地转模式

$$\left(\frac{\partial}{\partial t}+u\frac{\partial}{\partial x}+v\frac{\partial}{\partial y}\right)q=0 \tag{2.1}$$

$$q=f_0+\beta_0 y+\Delta\psi-(f_0^2/\phi_0)\psi \tag{2.2}$$

其中 $u=-\partial\psi/\partial y$，$v=\partial\psi/\partial x$，$f_0$、$\phi_0$ 和 $\beta_0$ 取为常数，$\phi_0\equiv gh_0$，$f_0$ 和 $\beta_0$ 分别为标准纬圈的科氏参数及其对 $y$ 的微商，$h_0$ 为等效均质大气高度。

设有平直基本气流 $\bar{u}(y)$ 和 $\bar{v}=0$，而 $\bar{\psi}$ 和 $\psi'$ 分别为基流和扰动流函数。引入特征空间尺度 $L^*$，特征时间尺度 $T^*$ 和特征速度 $U^*=L^*/T^*$，则与式(2.1)相对应的线性化无量纲方程为

$$\left[\frac{\partial}{\partial t}+\bar{u}(y)\frac{\partial}{\partial x}\right]q'+\bar{\beta}\frac{\partial\psi'}{\partial x}=0 \tag{2.3}$$

其中

$$q'=\Delta\psi'-\mu_0^{-2}\psi' \tag{2.4}$$

$$\bar{q}=1+Ro(\bar{\beta}y-\partial\bar{u}/\partial y-\mu_0^{-2}\bar{\psi}) \tag{2.5}$$

$\bar{\beta}\equiv\frac{1}{Ro}\partial\bar{q}/\partial y$，$\mu_0^{-2}=(L^*/L_0)^2$，$L_0^{-2}\equiv f_0^2/\phi_0$，$Ro\equiv U^*/(f_0L^*)$ 即 Kibel'-Rossby 数。式(2.3)～式(2.5)中所有各量均应理解为无量纲量。

在文献[9]①中详细讨论了式(2.3)的谱和谱函数,其中取了下列边界条件:

$$\psi'(x,0,t)=\psi'(x,1,t)=0 \tag{2.6}$$

令

$$\psi'=\mathrm{e}^{\mathrm{i}m(x-ct)}\Psi(y) \tag{2.7}$$

代入式(2.3)和式(2.6),得下列特征值问题:

$$[\bar{u}(y)-c]\left(\frac{\partial^2\Psi}{\partial y^2}-\mu^{-2}\Psi\right)+\bar{\beta}\Psi=0 \tag{2.8}$$

$$\Psi(0)=\Psi(1)=0 \tag{2.9}$$

其中 $\mu^{-2}\equiv m^2+\mu_0^{-2}$,文献[9]的结果是:存在着可数个离散谱 $c_k(k=1,2,3,\cdots)$ 和连续谱区 $\bar{u}_{\min}\leqslant c\leqslant\bar{u}_{\max}$,记相应的谱函数为 $\Psi_k(y)$ 和 $\Psi(y;c)$,则满足方程(2.3)和边界条件(2.6)的任一解可表为

$$\psi'(x,y,t)=\sum_{k=1,2,\cdots}A_k\Psi_k(y)\mathrm{e}^{\mathrm{i}m(x-c_kt)}+\int_{\bar{u}_{\min}}^{\bar{u}_{\max}}A(c)\Psi(y;c)\mathrm{e}^{\mathrm{i}m(x-ct)}\mathrm{d}c=\psi'_{\mathrm{d}}+\psi'_{\mathrm{c}} \tag{2.10}$$

注意,解式(2.10)是假定扰动沿 $x$ 方向为单一的简谐波,波数为 $m$;否则,我们应该考虑所有的简谐波的叠加,即还需对 $m$ 求和(福氏级数)或积分(福氏积分),此时特征波动式(2.7)中的相速 $c_k$ 和谱函数 $\Psi$ 自然还应该依赖于 $m$,即有 $c_{mk}$,$\Psi_{mk}(y)$ 和 $\Psi_m(y;c)$,相应地在展开式(2.10)中系数 $A_k$ 和 $A(c)$ 亦应记作 $A_{mk}$ 和 $A_m(c)$,即依赖于 $m$。由于对 $m$ 的求和或积分对问题的分析没有本质性的影响,我们以后就只分析解式(2.10)。

按照文献[9]的分析和卢理②的数值计算可知:离散谱对应的谱函数 $\Psi_k(y)$ 在全区间 $0\leqslant y\leqslant 1$ 均表现为具有波动的结构;但和连续谱对应的谱函数 $\Psi(y;c)$ 却往往具有局地性质,即在一定区域之外其绝对值非常小(可参阅文献[9]中 $\Psi(y;c)$ 的图形)。由此可见,如果将波包(或即在 $y$ 方向上局限于一定区域内的扰动)按谱函数展开(即写成式(2.10)形式),则其主要部分将是和连续谱对应的部分,即 $\psi'\approx\psi'_{\mathrm{c}}$。特别是,如果展式中还有一个主分量,即 $|A(c)|$ 在 $c=c_0$ 时有最大值,而随着 $|c-c_0|$ 的增加而迅速减小,在 $|c-c_0|\geqslant\varepsilon$ 时可忽略不计。记 $c-c_0=\delta$,和 $\Psi(y;c)=|\Psi(y;c)|\mathrm{e}^{\mathrm{i}\alpha(y;c)}$,就有

$$\begin{aligned}\psi'_{\mathrm{c}}&=\int_{\bar{u}_{\min}}^{\bar{u}_{\mathrm{man}}}A(c)\,|\,\Psi(y;c)\,|\,\mathrm{e}^{\mathrm{i}[\alpha(y;c)+m(x-ct)]}\mathrm{d}c\\&\approx\mathrm{e}^{\mathrm{i}[\alpha(y;c_0)+m(x-c_0t)]}\int_{-\varepsilon}^{+\varepsilon}A(c)\,|\,\Psi(y;c)\,|\,\mathrm{e}^{\mathrm{i}[\partial\alpha/\partial c-mt]\delta}\mathrm{d}\delta\\&\approx B(y;\varepsilon t)\mathrm{e}^{\mathrm{i}[\alpha(y;c_0)+m(x-c_0t)]}\end{aligned} \tag{2.11}$$

这和由 WKB 方法导出的波包演变公式在形式上几乎完全一致。

在文献[9]中已证明:当 $t\to\infty$ 时,式(2.10)中和连续谱对应的部分 $\psi'_{\mathrm{c}}\to 0$,最后只剩下和离散谱对应的部分 $\psi'_{\mathrm{d}}$。由此可知,不管初始结构如何,波包最后总要进入衰减阶段。这和由 WKB 方法得到的结论一致。只是在过了很长时段之后,如果基流具有不稳定结

---

① 这工作最早在 1984 年 5 月第二次全国计算流体力学会议上报告过,见该会议论文集:卢佩生,卢理,曾庆存,二维切变基流上的特征波动和扰动演变过程计算(油印本)。

② 卢理. 正压位涡度方程的谱和扰动的传播问题. 中国科学技术大学硕士学位论文,1983 年 6 月。

构,而和波包对应的扰动在不稳定特征波动($c_k$ 的虚数部分为正)的投影不为零,则这部分会发展起来。所以,当超过一定时限之后,WKB 方法可能失效。

## 三、扰动对基流演变过程的影响

将式(2.1)沿 $x$ 方向平均,即得描述基流流函数 $\bar{\psi}(x,t)$ 的演变过程的方程,其无量纲形式为

$$\left(\frac{\partial^2}{\partial y^2}-\mu_0^{-2}\right)\frac{\partial\bar{\psi}}{\partial t}=-\frac{\partial\overline{v'q'}}{\partial y}=+\frac{\partial^2}{\partial y^2}\overline{u'v'} \tag{3.1}$$

边界条件可由对初始方程的分析推出,我们这里拟不给出。式(3.1)明显地表明,扰动对基流的影响是通过扰动引起的动量南北方向的输送过程来实现的。

为了更清楚地说明扰动对基流影响的物理本质,本文中我们将不求解式(3.1),而宁愿直接利用对运动方程的分析。将无量纲量按 $R_0$ 展开

$$\begin{cases}\bar{u}=\bar{u}_0+R_0\bar{u}_1+\cdots\\ \bar{v}=R_0\bar{v}_1+\cdots\\ \bar{\phi}=\bar{\phi}_0+R_0\bar{\phi}_1+\cdots\end{cases} \tag{3.2}$$

代入原始方程,到一级近似,就得到下列运动方程和连续方程:

$$\frac{\partial\bar{u}_0}{\partial t}=\bar{v}_1-\frac{\partial\overline{u_0'v_0'}}{\partial y} \tag{3.3}$$

$$\bar{u}_0=-\frac{\partial\bar{\phi}_0}{\partial y} \tag{3.4}$$

$$\frac{\partial\bar{\phi}_0}{\partial t}+\mu_0^2\frac{\partial\bar{v}_1}{\partial y}=0 \tag{3.5}$$

以后我们将 $\bar{u}_0$,$\bar{v}_1$ 和 $\bar{\phi}_0$ 分别改记为 $\bar{u}$,$\bar{v}$ 和 $\bar{\phi}$。

式(3.4)即是地转风关系。式(3.3)清楚地表明,基流 $\bar{u}$ 随时间的变率是两部分之和:一是由扰动导致的动量通量的辐合直接引起的$\left(\text{即}-\dfrac{\partial\overline{u'v'}}{\partial y}\right)$,另一项则是在科氏力作用下通过平均经圈环流 $\bar{v}$ 来实现的。但 $\bar{v}$ 也是由扰动所诱生的,所以也是扰动的影响。如果由式(3.3) ~ 式(3.5) 消去 $\bar{v}$ 和 $\bar{\phi}$,并令 $\bar{\phi}=\bar{\psi}$,就可立得式(3.1),于是得到扰动对基流的总合影响。倘若我们想分别分析上面所说的直接影响和间接影响,就还应由式(3.3) ~ 式(3.5) 消去 $\bar{u}$、$\bar{\phi}$,推出关于 $\bar{v}_1$ 的方程,并将 $v_1$ 改记为 $v$, 就有

$$\left(\frac{\partial^2}{\partial y^2}-\mu_0^{-2}\right)\bar{v}=-\mu_0^{-2}\frac{\partial\overline{u'v'}}{\partial y} \tag{3.6}$$

边界条件就是

$$\bar{v}(0,t)=\bar{v}(1,t)=0 \tag{3.7}$$

解之得

$$\bar{v}(y,t)=\int_0^1 G(y,y')\frac{\partial M(y',t)}{\partial y'}\mathrm{d}y' \tag{3.8}$$

其中

$$G(y,y') = \begin{cases} \mathrm{sh}(1-y)\mathrm{sh}y'/\mathrm{sh}1, & y' \leqslant y \\ \mathrm{sh}(1-y')\mathrm{sh}y/\mathrm{sh}1, & y' > y \end{cases} \tag{3.9}$$

$$M(y',t) \equiv \overline{u'v'} \tag{3.10}$$

若有一离散谱 $c_k$ 为实数，即为中性波，则因其槽脊线不倾斜，从而不引起动量输送，$M=0$，对基流无影响，也不诱导出平均经圈环流；若有一离散谱$c_k'$ 为复数，即为发展波或衰减波，因其槽脊线是倾斜的，引起动量输送，且有$\partial M/\partial y' \neq 0$，故会影响基流，同时诱导出平均经圈环流。关于离散谱的情况，已有文献作过详细讨论，我们这里不再分析。下面只分析一下连续谱部分。除个别时刻外，它总引起动量输送，诱导出平均经圈环流，影响基流。在文献[9]中已证明，在式(2.10)中可以应用积分号下求微商的法则。注意，因在连续谱 $\bar{u}_{\min} \leqslant c \leqslant \bar{u}_{\max}$ 区，$\Psi(y;c)$ 总是实函数，今记

$$A(c) = A_r(c) + \mathrm{i}A_i(c)$$

由式(2.10)可知，连续谱部分对应的 $u'$和 $v'$各为

$$u' = \int_{\bar{u}_{\min}}^{\bar{u}_{\max}} \frac{\partial \Psi(y;c)}{\partial y}[A_r(c)\cos m(x-ct) - A_i(c)\sin m(x-ct)]\mathrm{d}c \tag{3.11}$$

$$v' = \int_{\bar{u}_{\min}}^{\bar{u}_{\max}} m\Psi(y;c')[-A_i(c')\cos m(x-c't) - A_r(c')\sin m(x-c't)]\mathrm{d}c' \tag{3.12}$$

故得

$$\begin{aligned} M_c(y;t) &\equiv \frac{m}{2\pi}\int_0^{\frac{2\pi}{m}} u'v'\,\mathrm{d}x \\ &= -\frac{1}{2}\iint_{(\bar{u}_{\min})}^{(\bar{u}_{\max})} m\Psi(y;c)\frac{\partial \Psi(y;c)}{\partial y}[R_1(c,c')\cos m(c-c')t \\ &\quad + R_2(c,c')\sin m(c-c')t]\mathrm{d}c\mathrm{d}c' \end{aligned} \tag{3.13}$$

$$\begin{aligned} N_c(y;t) = &-\frac{1}{2}\iint_{(\bar{u}_{\min})}^{(\bar{u}_{\max})} m\Psi(y;c)\frac{\partial \Psi(y;c)}{\partial y}\Big\{R_1(c,c')\frac{\sin m(c-c')t}{m(c-c')} \\ &+ R_2(c,c')\frac{[1-\cos m(c-c')t]}{m(c-c')}\Big\}\mathrm{d}c\mathrm{d}c' \end{aligned} \tag{3.14}$$

其中 $N_c(y;t)$ 为 $M_c(y;t)$ 对 $t$ 的积分，积分限为由 0 到 $t$，而

$$\begin{cases} R_1(c,c') \equiv A_r(c)A_i(c') - A_i(c)A_r(c') \\ R_2(c,c') \equiv A_r(c)A_i(c') + A_i(c)A_r(c') \end{cases} \tag{3.15}$$

注意到：若有某个 $c-c'=0$，则因式(3.14)右端方括号内的函数为零，奇点也只由$\partial\Psi(y;c)/\partial y$ 决定，故式(3.14)右端是可以积分的。而且，当 $t\to\infty$ 时，$M_c\to 0$，和 $N_c$ 有界，故得 $\bar{v}$ 有极限，且由扰动影响导致的基流的总改变为有限，即

$$\bar{u}(y,\infty) - \bar{u}(y,0) = \lim_{t\to\infty}\left\{\int_0^t\left[\bar{v}(y,t) - \frac{\partial N_c(y,t)}{\partial y}\right]\mathrm{d}t\right\} \tag{3.16}$$

其中

$$\int_0^t \bar{v}(y,t)\mathrm{d}t = \int_0^1 G(y,y')\frac{\partial N_c(y',t)}{\partial y'}\mathrm{d}y' \tag{3.17}$$

这是可以理解的。因为由连续谱部分表示的扰动有有限的能量，当 $t\to\infty$ 时它全部为基流所吸收，故基流所增加的能量只是这有限的分量。

## 四、波包演变过程的计算

卢理曾利用有限差分方法，计算了许多情况下的谱和谱函数。本文将应用其中的一些结果。取 $L^*=L_0$，$f_0$ 和 $\beta_0$ 取为北纬 20° 处的值，$\bar{u}=1+y$ 和 $m=1$，对应于连续谱区的一些计算谱（被歪曲为离散谱）和谱函数如表 1。其中将 $\Psi_r(y_j)$ 简记作 $\Psi_{rj}$，$y_j=1-j\Delta y$；$\Delta y=1/24$，$j=0,1,2,\cdots,24$（在卢理的计算中有很高的精度，作差分计算时，在区间 $0\leqslant y\leqslant 1$ 的格点数比 25 大得多，和连续谱区对应的计算谱也比表 1 中列出的多得多）。由表 1 也可以看到，当 $r$ 越大时，$\Psi_{rj}$ 只在很小的区间才不为零，具有明显的局部扰动的特征。

对应于连续谱部分的扰动可以近似地表示为

$$\psi'_c=\int_{\bar{u}_{\min}}^{\bar{u}_{\max}}A(c)\Psi(y;c)\mathrm{e}^{\mathrm{i}m(x-ct)}\,\mathrm{d}c\approx\sum_r A_r\Psi_r(y)\mathrm{e}^{\mathrm{i}m(x-c_rt)}\Delta c \tag{4.1}$$

式中 $A_r\equiv A(c_r)$，$\Psi_r(y)\equiv\Psi(y;c_r)$。令 $A_r\Delta c=a_r$，并取 $a_r$ 为实数，则式(4.1)两边的实数部分为

$$\psi'(x,y_j,t)=\sum_{r=7}^{27}a_r\Psi_{rj}\cos m(x-c_rt) \tag{4.2}$$

其中我们已取了 $r$ 由 7 变至 27，即取表 1 中列出者。在计算中我们还取了

$$a_r=b\frac{2}{\sqrt{\pi}}\exp[-(0.2)^2(r-17)^2] \tag{4.3}$$

即主波为 $r=17$，$2b=10^{-3}$，$a_r/b$ 亦列于表 1 中。

图 1 为按式(4.2)和式(4.3)计算得到的结果。当 $t=0$ 时，扰动呈“中性”，扰动轴线为南北指向。当 $t>0$ 时，随着时间的推移，轴线成为曳式（由东北指向西南），扰动强度越来越弱。图 2 是 $x=0$ 处的剖面图。扰动强度以及 $y$ 方向的尺度随时间的减小都十分明显。所有这些都和 WKB 方法所得结果完全一致。要注意的是，当 $t$ 很大时，用近似式(4.1)破坏了原来积分式的一些性质，由此不可能得到 $t\to\infty$ 时 $\psi'\to 0$。

取 $L^*=3\times10^6\,\mathrm{m}$，$U^*=10\,\mathrm{m/s}$，得 $T^*=3\times10^5\,\mathrm{s}$。无量纲周期 $t=4$ 相当于有量纲周期为 $t=12\times10^5\,\mathrm{s}\approx12$ 天。且由图 1 和图 2 可见，扰动的衰减是相当缓慢的。当 $t=8$(24 天)，波幅才减半。

## 五、动量通量、平均经圈环流及基流改变的计算

取式(4.2)，并注意到 $u'=-\partial\psi'/\partial y$，$v'=\partial\psi'/\partial x$，就有

$$M(y_{j-\frac{1}{2}},t)=\frac{1}{4\Delta y}\sum_{r=7}^{27}\sum_{s=7}^{27}a_ra_s(\Psi_{r,j-1}+\Psi_{r,j})(\Psi_{s,j-1}-\Psi_{s,j})\sin(c_r-c_s)t$$

$$N(y_{j-\frac{1}{2}},t)=\frac{1}{4\Delta y}\sum_{r=7}^{27}\sum_{s=7}^{27}a_ra_s(\Psi_{r,j-1}+\Psi_{r,j})(\Psi_{s,j-1}-\Psi_{s,j})\frac{1-\cos(c_r-c_s)t}{c_r-c_s}$$

**表 1　对应于连续谱区的一些计算谱和谱函数**

| $r$ | 7 | 8 | 9 | 10 | 11 | 12 | 13 | 14 | 15 | 16 | 17 | 18 | 19 | 20 | 21 | 22 | 23 | 24 | 25 | 26 | 27 |
|---|---|---|---|---|---|---|---|---|---|---|---|---|---|---|---|---|---|---|---|---|---|
| $c_r$ | 1.16 | 1.19 | 1.23 | 1.26 | 1.30 | 1.33 | 1.37 | 1.40 | 1.44 | 1.47 | 1.51 | 1.55 | 1.58 | 1.62 | 1.65 | 1.69 | 1.73 | 1.76 | 1.80 | 1.84 | 1.87 |
| $a_r/b$ | 0.02 | 0.04 | 0.09 | 0.16 | 0.27 | 0.42 | 0.60 | 0.79 | 0.96 | 1.08 | 1.13 | 1.08 | 0.96 | 0.79 | 0.60 | 0.42 | 0.27 | 0.16 | 0.09 | 0.04 | 0.02 |
| $\Psi_{r,j}$ \ $j$ | | | | | | | | | | | | | | | | | | | | | |
| 0 | 0 | 0 | 0 | 0 | 0 | 0 | 0 | 0 | 0 | 0 | 0 | 0 | 0 | 0 | 0 | 0 | 0 | 0 | 0 | 0 | 0 |
| 1 | 5.3 | 5.3 | 5.0 | 5.0 | 5.0 | 4.7 | 5.7 | 5.7 | 5.7 | 5.5 | 6.0 | 6.2 | 6.0 | 6.0 | 6.3 | 6.0 | 7.0 | 6.7 | 7.7 | 12.5 | 14.0 |
| 2 | 10.0 | 9.3 | 10.0 | 10.2 | 10.7 | 10.0 | 10.0 | 10.0 | 11.0 | 11.0 | 10.7 | 11.5 | 11.3 | 11.7 | 11.3 | 11.7 | 12.5 | 12.3 | 12.5 | 21.7 | 20.0 |
| 3 | 13.7 | 14.0 | 13.7 | 14.2 | 14.0 | 14.2 | 14.7 | 14.7 | 15.3 | 15.2 | 15.3 | 15.5 | 15.3 | 15.7 | 16.0 | 15.3 | 15.8 | 15.8 | 14.7 | 21.0 | 10.8 |
| 4 | 17.3 | 17.3 | 17.5 | 17.7 | 18.0 | 18.0 | 17.7 | 18.0 | 18.0 | 18.3 | 18.3 | 18.0 | 18.0 | 17.7 | 17.7 | 17.0 | 15.7 | 13.7 | 10.7 | 2.0 | 2.3 |
| 5 | 20.7 | 20.0 | 20.5 | 20.0 | 20.0 | 20.0 | 20.3 | 20.3 | 20.0 | 19.3 | 19.3 | 18.7 | 18.2 | 17.3 | 15.7 | 14.0 | 12.6 | 7.5 | −0.7 | 1.0 | 2.0 |
| 6 | 22.0 | 22.0 | 21.9 | 21.8 | 21.7 | 21.2 | 21.0 | 20.7 | 19.7 | 19.3 | 18.0 | 16.7 | 15.3 | 13.3 | 11.3 | 7.5 | −4.0 | −2.0 | −0.2 | 0.3 | 1.3 |
| 7 | 22.6 | 22.2 | 22.0 | 22.0 | 21.7 | 20.7 | 19.2 | 18.7 | 18.3 | 16.8 | 14.5 | 12.8 | 10.7 | 6.7 | 2.0 | −6.5 | −2.8 | −0.9 | 0.0 | 0.0 | 0.7 |
| 8 | 22.0 | 21.3 | 21.0 | 19.8 | 19.0 | 18.0 | 17.0 | 15.0 | 14.0 | 11.0 | 8.0 | 5.0 | 1.8 | −3.0 | −7.7 | −2.7 | −1.3 | −0.6 | 0.0 | 0.0 | 0.1 |
| 9 | 19.7 | 19.2 | 17.8 | 17.7 | 15.7 | 14.0 | 12.7 | 10.3 | 7.7 | 4.3 | 0.3 | −3.0 | −6.9 | −7.8 | −2.7 | −1.5 | −0.9 | −0.1 | | | |
| 10 | 17.0 | 15.5 | 13.7 | 13.0 | 11.0 | 7.7 | 5.3 | 3.0 | 0.0 | −5.0 | −7.0 | −10.5 | −5.7 | −2.9 | −1.7 | −1.0 | −0.5 | | | | |
| 11 | 13.0 | 10.7 | 9.0 | 7.2 | 4.5 | 0.1 | −1.7 | −4.3 | −7.5 | −10.7 | −11.3 | −5.3 | −2.2 | −1.3 | −1.3 | −0.9 | −0.1 | | | | |
| 12 | 6.3 | 4.3 | 2.0 | 0.0 | −2.0 | −5.0 | 8.3 | −11.0 | −12.8 | −12.0 | −3.8 | −2.0 | −1.2 | −1.0 | −0.8 | −0.7 | | | | | |
| 13 | 0.0 | −1.7 | −5.0 | −7.3 | −10.3 | −11.0 | −13.7 | −13.3 | −9.7 | −2.5 | −1.7 | −1.2 | −1.0 | −0.5 | −0.5 | −0.3 | | | | | |
| 14 | −6.3 | −9.0 | −10.7 | −12.0 | −13.5 | −14.2 | −12.7 | −5.0 | −1.5 | −1.8 | −1.2 | −0.8 | −0.9 | −0.3 | −0.2 | −0.2 | | | | | |
| 15 | −12.0 | −14.0 | −14.3 | −15.3 | −14.5 | −11.3 | −1.0 | −1.2 | −1.0 | −1.0 | −1.0 | −0.2 | −0.2 | −0.1 | −0.1 | | | | | | |
| 16 | −15.7 | −16.0 | −15.7 | −13.3 | −8.5 | 0.3 | −0.2 | −0.7 | −0.7 | −0.6 | −0.7 | | | | | | | | | | |
| 17 | −16.3 | −14.3 | −10.7 | −4.0 | 1.3 | 0.2 | 0.0 | 0.0 | −0.1 | −0.2 | −0.3 | | | | | | | | | | |
| 18 | −12.7 | −8.3 | 0.0 | 1.7 | 0.5 | 0.0 | 0.0 | 0.0 | 0.0 | 0.0 | −0.1 | | | | | | | | | | |
| 19 | −6.0 | 3.3 | 1.8 | 0.8 | 0.3 | | | | | | | | | | | | | | | | |
| 20 | 5.5 | 2.0 | 1.0 | | | | | | | | | | | | | | | | | | |
| 21 | 2.3 | 1.0 | 0.3 | | | | | | | | | | | | | | | | | | |
| 22 | 1.0 | 0.6 | | | | | | | | | | | | | | | | | | | |
| 23 | 0.2 | 0.1 | | | | | | | | | | | | | | | | | | | |
| 24 | 0.0 | | | | | | | | | | | | | | | | | | | | |

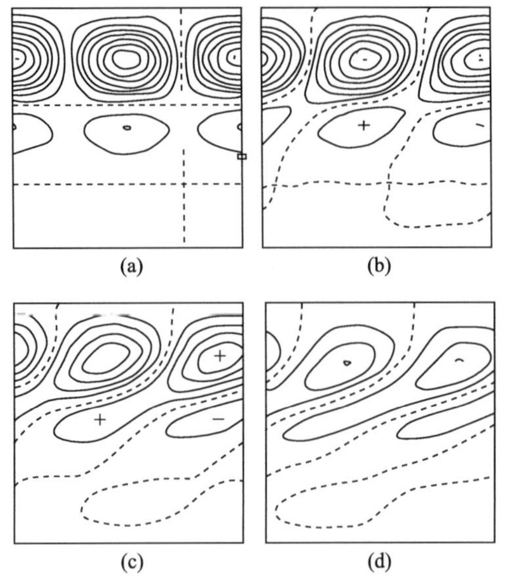


图 1 扰动随时间的变化

横坐标为 $x$,纵坐标为 $y$,图(a)、(b)、(c)、(d)分别为 $t=0$、4、8、12

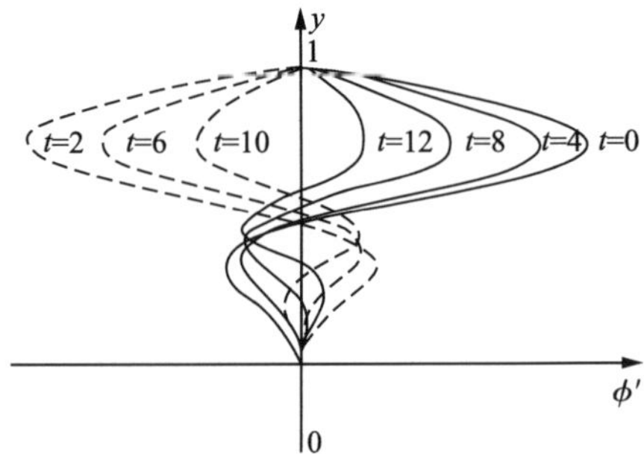


图 2 $x=0$ 处的扰动剖面

$$\bar{v}(y_j,t)=\sum_{l=1}^{23}G_{jl}\left[M(y_{l-\frac{1}{2}},t)-M(y_{l+\frac{1}{2}},t)\right]$$

其中

$$G_{jl}=\begin{cases}[\mathrm{sh}(1-y_j)\cdot\mathrm{sh}y_l]/\mathrm{sh}1, & \text{当 } l\geqslant j\\ [\mathrm{sh}(1-y_l)\cdot\mathrm{sh}y_j]/\mathrm{sh}1, & \text{当 } l<j\end{cases}$$

$$\bar{u}(y_j,t)-\bar{u}(y_j,0)\equiv\Delta\bar{u}(y_j,t)=\Delta_1(y_j,t)+\Delta_2(y_j,t)$$

其中

$$\Delta_1(y_j,t)=\frac{1}{\Delta y}\left[N(y_{j+\frac{1}{2}},t)-N(y_{j-\frac{1}{2}},t)\right]$$

$$\Delta_2(y_j,t)=\sum_{l=1}^{23}G_{j,l}\left[N(y_{j-\frac{1}{2}},t)-N(y_{j+\frac{1}{2}},t)\right]$$

$$j=1,2,3,\cdots,23$$

由此计算得不同时刻 ($t=0,4,8,12,16,\cdots$) 的 $M$、$\bar{v}$ 和 $\Delta\bar{u}$ 分布如图 3～图 5。

由图可见,由于 $t=0$ 时扰动轴线不倾斜,不传输动量,故有 $M=\bar{v}=0$。后来槽脊线变成曳式的,由于斜槽向北传输动量,故有 $M>0$,它先随时间增大,然后由于扰动的减弱而又减小。在扰动中心以北,有动量通量的辐合,所以有 $\Delta_1>0$,$\bar{v}<0$;而在扰动中心以南,有动量通量的辐散,所以有 $\Delta_1<0$,$\bar{v}>0$。由于 $\bar{v}$ 很小,在本例子中 $\Delta\bar{u}$ 主要由 $\Delta_1$ 决定,即由动量通量的辐散辐合直接作用所决定,所以我们有 $\Delta\bar{u}\approx\Delta_1$;在扰动中心以北有西风急流增强,以南有西风急流减弱。这些与由 WKB 方法所得的结论也是一致的。

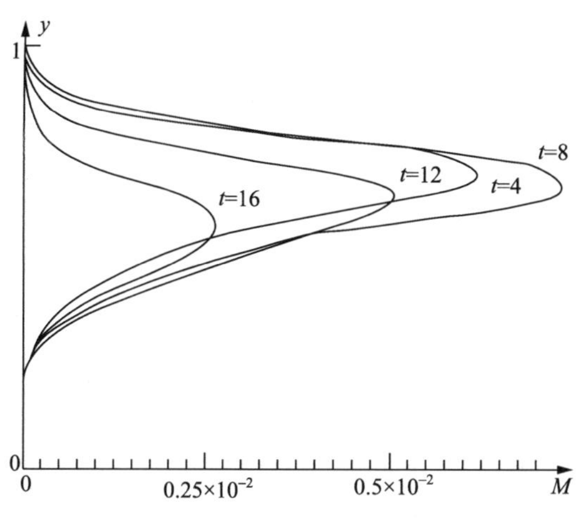


图 3　动量传输 $M$ 的变化

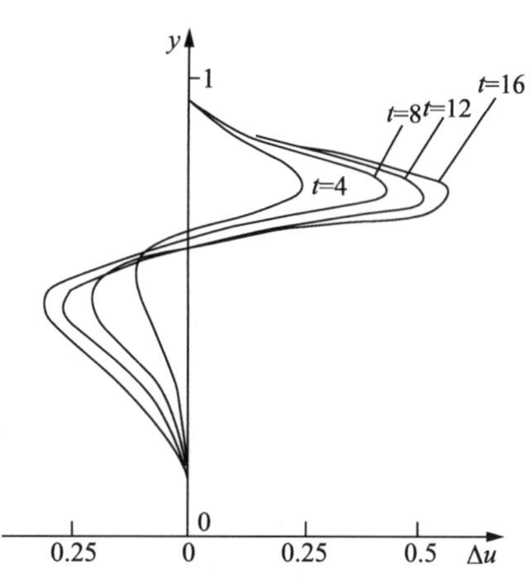


图 4　基流随时间的改变 $\Delta\bar{u}$

回到有量纲量中，在本例子中初始时刻的 $|v'|_{max}\approx 0.8$m/s，$|u'|_{max}\approx 6$m/s(初始基流的最大和最小值分别是 20m/s 和 10m/s)，所诱导出来的 $\bar{v}$ 只有 0.0005m/s；而在 $t=12$($\approx 35$ 天)内基流增强约 5m/s。由于基流改变较慢，可见在本例子中弱非线性理论是适用的。

**致谢**：作者对袁重光同志在本工作中的帮助及与曾庆存同志的讨论表示衷心感谢。

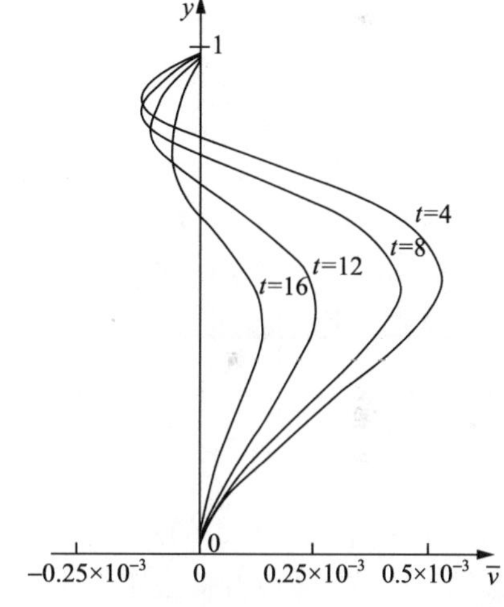


图 5　平均经圈环流 $\bar{v}$ 的变化

## 参 考 文 献

[1] 刘式适，杨大升. 气象学报，1979，37：14-27.
[2] 曾庆存，卢佩生. 中国科学，1980(12).
[3] 陈久康. 气象科学，1980，1(1-2).
[4] 卢佩生，曾庆存. 大气科学，1981，5(1).
[5] 卢佩生. 气象学报，1981，39(2).
[6] Zeng Q C. J. Met. Soc. Japan，1982，60(1).
[7] Zeng Q C. J. A. S.，1983，40(1).
[8] 曾庆存，卢佩生. 气象，1983(11).
[9] 卢佩生，卢理，曾庆存. 中国科学 B 辑，1986(10).

8

# 正压大气中常定行星波波包的结构和传播

卢佩生

(中国科学院大气物理研究所)

**摘要** 月或季度平均的大气大尺度环流距平可较好地用波包或其组合所表达。对用 WKB 方法近似所得到的波包动力学方程作定性和定量分析，此二者对认识大气运动中常定和非常定的行星波波包的形成、结构和传播是很有帮助的。这些波包动力学方程可以直接用特征量法求解，所得结果可以用物理学定律简明地进行解释。本文为简单计取正压准地转模式，取基流为几种具有理想的沿经向廓线的带状环流，扰动则为某些理想的扰源所驱动，以便比较计算解和解析解的精度。发现：①常定行星波波包的波射线并不是沿着“大圆(great circle)”，当基流经向切变不太小时它已与“大圆”有明显差别；②若常定波包为由低纬的扰源所激发且叠加于具有正切变($\partial U_\lambda/\partial y>0$)的西风急流之上，则它在北半球向北传播时先是增强，然后波幅在某纬度达到最大，此后减弱；③波幅极大值与极小值间的连线与波射线并不重合，而有一定交角，扰动源尺度越大此交角也越大；④局限型常定波包则由于入射波与反射波的相互干涉而复杂化。

## 一、引言

在对流层中高层的月平均环流中，叠加于带状环流上的准定常扰动，槽、脊和闭合涡旋等，都可看做由各种行星波组成，且它们也常具波包的形式，而它们的波幅和取向则随经度和纬度而变。因而研究这些常定或准常定波包的结构、形成和传播特性，无疑对认识月平均大气环流是很有帮助的(Zeng et al. ,1986；Huang，1986，1990)。

本文将直接应用波包动力学方程进行研究，因为用波包表示扰动在几何学上是合适的和简明方便的，而波包动力学方程的物理意义也是很明晰的。

## 二、模式和波包动力学方程

采用麦开托投影的正压大气准地转模式，相关于(无量纲)带状基流 $\bar{u}$ 的线性化无量纲位涡方程(Zeng et al. ,1986)如下：

$$\left(\frac{\partial}{\partial t}+\bar{u}\frac{\partial}{\partial x}\right)\left(\frac{\partial^2\psi'}{\partial x^2}+\frac{\partial^2\psi'}{\partial y^2}-\rho^2\psi'\right)+\bar{\beta}\frac{\partial\psi'}{\partial x}=Q' \tag{1}$$

原载：*Advances in Atmospheric Sciences*，1992，9(2)：157-166。译自英文。——编者

其中 $\psi'$ 和 $Q'$ 分别是扰动的流函数和扰源强度（如地形扰动、加热场和耗散等），$\bar{u}=\bar{U}_\lambda/(U^*\sin\theta)$ 是无量纲带状基流速度 $\bar{U}_\lambda$ 所对应的无量纲角速度，$\bar{\beta}=R_0^{-1}\partial\bar{q}/\partial y$，$\bar{q}=1+R_0(\beta y-\partial\bar{u}/\partial y-\rho^2\bar{\psi})$ 是基流的无量纲位涡度，$\bar{\psi}$ 为基流流函数，$\rho^2$ 本是 $y$ 的函数但在本文中取为常数（$\rho^2=1$）；$x=a\lambda/L^*$ 和 $y=(a/L^*)\ln[(1+\cos\theta)/\sin\theta]$ 分别是沿 λ（经度）和 π/2－θ（纬度）的坐标；$U^*$，$L^*$ 和 $T^*=L^*/U^*$ 分别是有量纲速度、长度和时间的特征量；$a$ 为地球半径，$R_0=U^*/f_0L^*$ 是 Kibel'-Rossby 参数（Zeng et al.，1986），$f_0=2\omega\cos\theta_0$，而 $\theta_0$ 为中纬度带某个纬度。

波包表示为

$$\psi'(x,y,t)=\sum_j\varepsilon^j\Psi_j(X,Y,T)\exp[\mathrm{i}\varepsilon^{-1}\alpha(x,y,t)] \tag{2}$$

其中 ε 为小参数，$(X,Y,T)=\varepsilon(x,y,t)$ 为拉伸坐标。

将(2)代入(1)，并用 WKB 方法，记

$$\sigma=-\partial\alpha/\partial t,\quad m=\partial\alpha/\partial x,\quad n=\partial\alpha/\partial y \tag{3}$$

就有频散关系

$$(\sigma-m\bar{u})(m^2+n^2+1)+\bar{\beta}m=0 \tag{4}$$

以及流函数零阶近似的波幅 $\Psi_0$ 的结构和演变方程：

$$\left(\frac{\partial}{\partial T}+\vec{C}_g\cdot\nabla\right)A=-A\nabla\cdot\vec{C}_g+HA(\delta-2\gamma\bar{\beta}A) \tag{5}$$

其中群速度 $\vec{C}_g=\vec{i}C_{gX}+\vec{j}C_{gY}$ 的两分量为

$$\begin{cases}C_{gX}=\dfrac{\partial\sigma}{\partial m}=\bar{u}-\bar{\beta}[(m^2+n^2+1)-2m^2]/(m^2+n^2+1)^2\\ C_{gY}=\dfrac{\partial\sigma}{\partial n}=2mn\bar{\beta}/(m^2+n^2+1)^2\end{cases} \tag{6}$$

$A$ 是波作用量（wave action）

$$A=|\Psi_0|^2(m^2+n^2+1)^2/(2\bar{\beta}) \tag{7}$$

而式(5)右端最后一项则是源强，假定为由耗散及由上升气流的凝结潜热释放导致的热源，且设为与波包的位涡度强度成正比和带有平方项，$H$，$\delta$ 和 $\gamma$ 为三个参数；地形影响未计入。$H=0$ 就是自由波包，即在除去扰源以外的区域没有源汇。

在常定情况下，$\sigma=0$，我们有

$$(m^2+n^2+1)=\bar{\beta}/\bar{u} \tag{8}$$

$$C_{gX}=2m^2\bar{u}/(m^2+n^2+1) \tag{9}$$

$$C_{gY}=2mn\bar{u}/(m^2+n^2+1) \tag{10}$$

取 $m$ 不依赖于 $(x,y)$ 为常定，则沿 $y$ 的局地波数 $n$ 由式(8) 给出，只依赖于 $y$；波射线由式(9)和式(10)按下述方程决定：

$$\frac{\mathrm{d}x}{\mathrm{d}y}=\frac{C_{gX}}{C_{gY}}=\frac{m}{n} \tag{11}$$

而 $A$ 沿波射线的变化可用特征线方法求解式(5)而得到。当 $A$ 已知，则 $\Psi_0$ 可由式(7)给出，于是可求出波包式(2)的近似解 $\Psi_0\exp(\mathrm{i}\varepsilon^{-1}\alpha)$，其中 $\alpha=mx+ny$。

取 Rossby 变形半径 $L_0=3\times10^3$km,$L^*=L_0$,和 $U^*=10$m/s。表 1～表 3 给出 $y(\theta)$ 和 $x(\lambda)$ 以及真实的带状波数 $M(m)$,其中 $m=L^*M/a$。

**表 1**

| $y$ | 0 | 1 | 2 | 3 | $\infty$ |
|---|---|---|---|---|---|
| $\theta$ | 90° | 64° | 42.6° | 27.4° | 0° |
| $\varphi$(N) | 0° | 26° | 47.4° | 62.6° | 90° |

**表 2**

| $x$ | 0 | 6.7 | 13.4 |
|---|---|---|---|
| $\lambda$(E) | 0° | 180° | 360° |

**表 3**

| $M$(实际带状波数) | 2 | 3 |
|---|---|---|
| $m$(无量纲波数) | 0.94 | 1.41 |

注意:若带状基流为急流型,则无量纲的 $\bar{u}$ 的最大值(相当于 $\bar{\lambda}$)位置并不与带状流的速度 $\bar{U}_\lambda$ 最大值重合。

例如取

$$\bar{u}=U_0+U_1y+U_2y^2/2 \tag{12}$$

且 $U_0$,$U_1$,$U_2$ 分别为 0.2,1,$-0.5$,则 $\bar{u}_{\max}$ 位于 $y=2(\varphi=47.4°\text{N})$,而 $\bar{U}_{\lambda\max}$ 位于 $y=1.4(\varphi=35.3°\text{N})$。

## 三、贯穿型定常波波包

设有位于赤道带的局地性驱动场 $Q'$,由此扰源发出的波包由式(5)确定。

我们常可取 $m>0$。若 $\bar{u}>0$ 和 $\bar{\beta}>0$,则由式(8)可知,由赤道向北传至北半球的波包是贯穿型的,可贯穿所有纬度,只要满足条件:

$$S\equiv\left(\frac{\bar{\beta}}{\bar{u}}\right)-(m^2+1),\qquad 0\leqslant y<\infty \tag{13}$$

因为在这种情况下,$n^2>0$,$n$ 总为实数。

取基流为式(12),且 $U_0$,$U_1$ 和 $U_2$ 分别等于 0.2,1 和$-0.5$,有

$$(\bar{\beta}/\bar{u})=[(1-U_2)/\bar{u}]+1 \tag{14}$$

由式(13)可知,只要波数 $m$ 满足 $m^2\leqslant1.25$,有 $n^2>0$,此波列就是贯穿型的。取 $m=1$(实际有量纲波数 $M$ 稍大于 2),相应的 $n$,$C_{gX}$,$C_{gY}$ 和 $\bar{u}$ 如图 1,波射线(由 11 求出)及等位相线

$$mx+ny=\alpha_k(\text{常数}) \tag{15}$$

如图 2;作为 $y$ 的函数的 $A$ 和 $\Psi_0$ 沿一根特征线分布曲线如图 3,其中 $A(0)=1$,$\delta=2$,$\gamma=1$ 和 $H=0$,0.05,0.1 和 0.3(以表明内热源的作用)。

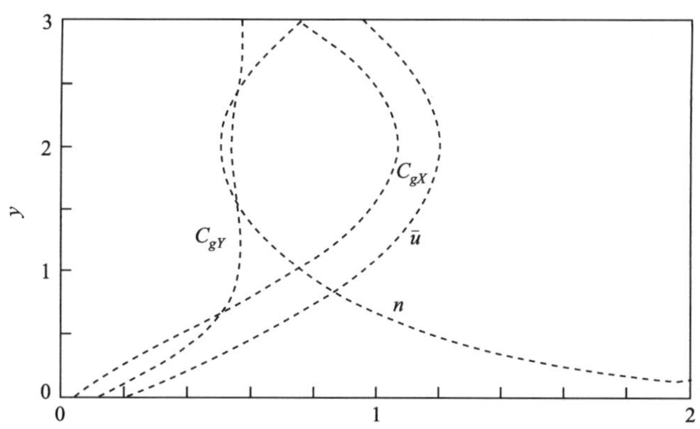


图 1　基流 $\bar{u}(y) = 0.2 + y - 0.25y^2$ 和贯穿型常定波包的一些特性的廓线，
包括 $n(y)$，$C_{gX}(y)$ 和 $C_{gY}(y)$
沿 $x$ 方向的波数 $m = 1$

给定如下三种初值(相当于边界上的外源)

$$A(x,0) = \mathrm{e}^{-0.64x^2} \tag{16}$$

$$A(x,0) = 0.5\{\mathrm{e}^{-0.64x^2} + \mathrm{e}^{-(x+2)^2} + \mathrm{e}^{-(x-2)^2} + 1/[(x/2)^2 + 1]\} \tag{17}$$

$$A(x,0) = 1 \tag{18}$$

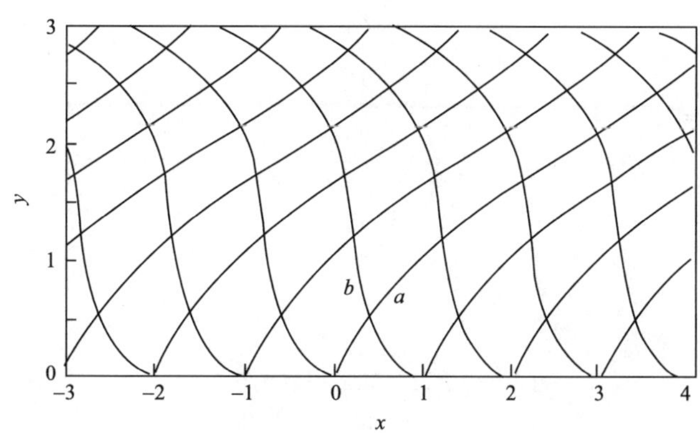


图 2　贯穿型常定波包的波射线($a$)和等位相线($b$)
$m=1$，$\bar{u}$ 如图 1

在赤道($y=0$)产生而向北传播的波包分别如图 4～图 6 所示。式(16)是孤立的局地波包，尺度为$|x| = (0.8)^{-1}$，式(17)则具有较宽的尺度$|x| = 3$，式(18)是沿赤道有同一波幅。

由图可见：①每一等位相线与纬圈相交，且它们(槽线或脊线)并不与波射线相垂直；②$\bar{u}$ 虽增加，但 $C_{gY}$ 在 $0 \leqslant y \leqslant y_c$ 区间减小(其中 $y_c$ 是 $\bar{u}_{\max}$ 所在处)。可见：

(1) 当内热源作用大于耗散时($\delta$ 够大时)，波包的强度(即波幅)先随 $y$ 增大，随后变得更为显著。

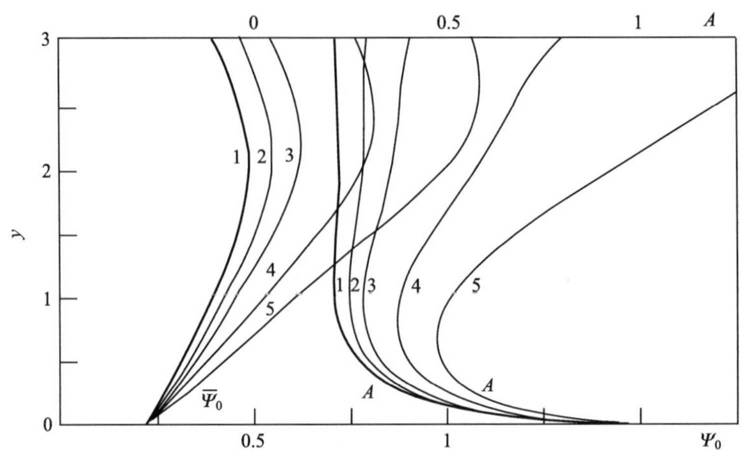


图 3 $A$ 和 $\Psi_0$ 随 $y$ 的变化

基流和波包的特性如图 1。

$A(0)=1, \delta=2, \gamma=0.1$,曲线 1,2,3,4,5 分别对应于 $H=0, 0.5, 1, 2, 3$

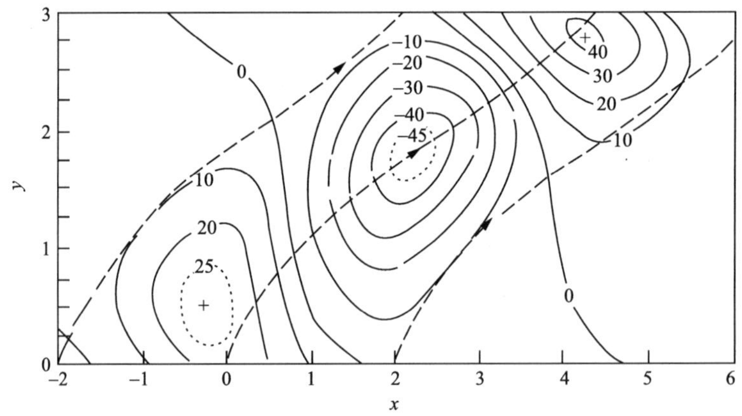


图 4 一个贯穿型常定波包 $\psi'(x, y)$

其中带箭头的线为波射线,基流如图 1。

$A(x,0)=\exp(-0.64x^{-2}), m=1, H=0$(自由波包)

(2) $\psi'$ 的极值(波包中心)连线并不与波射线重合,而是以一个角度与之相交,此角度随着外源尺度的增大而增大,这说明:不要将这二者混为一谈。

(3) 若外源尺度很大,可能在一个大的复合波包内有多于一个中心出现,且此情景在有内源时还被增强,例如图 5(b)中,由于外源有次中心,导致扰动也有可见的两个中心,尽管次中心非常弱。但若外源强度(即振幅)在 $y=0$ 处是均匀的,即式(18),就没有图 5(b)的多中心现象,如图 6 所示。

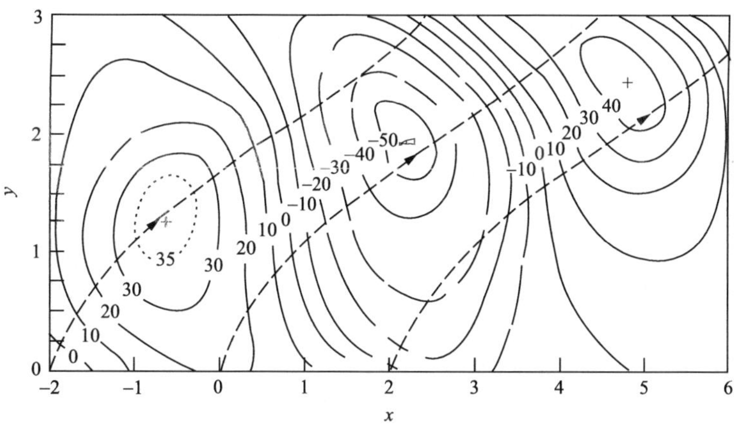


图 5(a) 如图 4,但 $A(x,0)=0.5\{\exp(-0.64x^2)+\exp[-(x+2)^2]+\exp[-(x-2)^2]+1/(0.25x^2+1)\}$

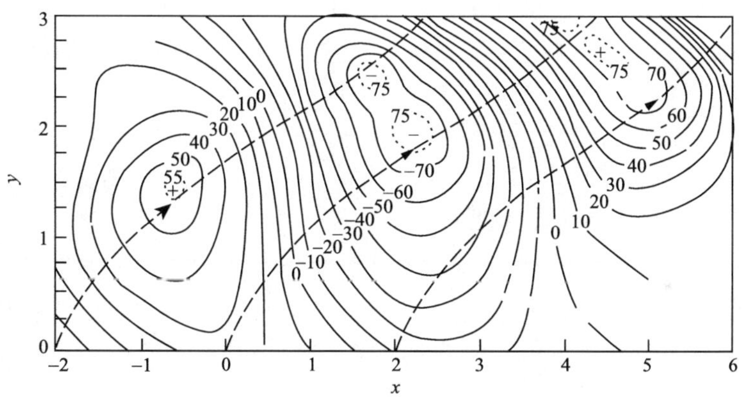


图 5(b) 如图 5(a),但 $H=2$(有内源波包)

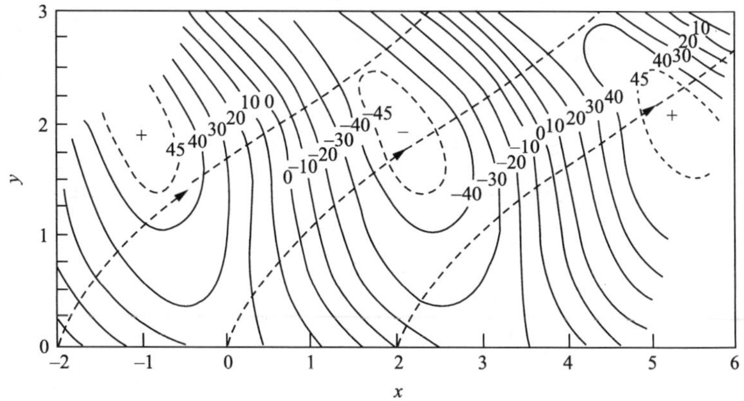


图 6 如图 4,但 $A(x,0)=1$

## 四、遏制型常定波包

设外源位于赤道,给定一个 $m$,且有

$$\begin{cases} S(y_c)=(\bar{\beta}/\bar{u})(m^2+1)\mid_{y=y_c}=0 \\ S(y)>0, \qquad 当\ y<y_c \\ S(y)<0, \qquad 当\ y>y_c \end{cases} \tag{19}$$

则波包只局限于区间 $0\leqslant y\leqslant y_c$ 之内,这样的波称为遏制波(trapped wave,气象学词典译为捕获波)。在此情况下,波射线由 $y$ 出发只到达 $y=y_c$。临近 $y_c$ 时,波数 $n$ 趋向于 0,$y$ 方向的群速度分量 $C_{gY}$ 也趋向于 0,到达 $y_c$ 所需时间 $t_c\to\infty$。无疑,在这种情况下,近似方程(5)要加以适当的修正。

其实,在几何光学中,光在不均匀介质中传播,有折射,有吸收,当入射角达到临界值时,则有反射,且入射角等于反射角,在我们情况下,也应如此。其实,在临界线 $y_c$ 附近,波将破碎,大量能量被基流吸收和被湍流消耗,也许只有很微小部分能继续传向 $y>y_c$,且其波幅成指数衰减。而有相当部分的能量则被反射(如不计被吸收消耗过程则几乎全部被反射,即全反射)。当波长很短(频率很高)时更是这样。还有,由于某些干扰的影响,也不需要在无限大时段才形成反射,究竟要多少时间才形成反射,得由另外方法计算。

设基流仍由式(12)给出,且取 $U_0=0.2$,$U_1=1$,$U_2=-0.5$,则 $m^2>1.25$ 者都是遏制波,$y_c$ 依赖于 $m$,今为简单计,改取

$$\bar{u}=0.2+0.5y \tag{20}$$

则所有波都是遏制型的。

取 $\bar{u}$ 为式(20) 和 $m=0.9$(相应的 $M$ 稍稍大于 2),我们有 $y_c=2.09$。图 7 给出相应

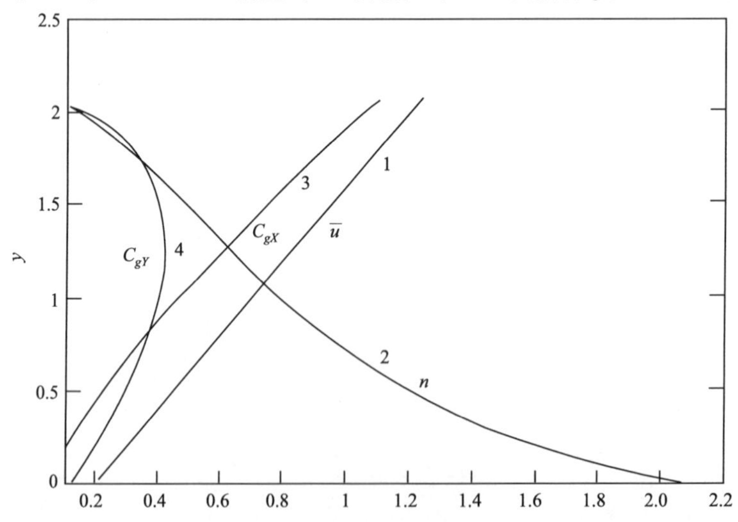


图 7 线性基流 $\bar{u}(y)=0.2+0.5y$ 和遏制型常定波包的一些特性,包括 $n(y)$,$C_{gX}(y)$ 和 $C_{gY}(y)$ $m=0.9$,临界线(反射点)为 $y=y_c=2.09$,该处 $n=0$

的 $\bar{u}$，$|n|$，$C_{gX}$ 和 $C_{gY}$。图 8 和图 9 给出理想的全反射的图像，其中 $y_c$ 设全反射发生于在非常靠近于 $y_c$ 的 $y'_c$ 处，$y_c - y'_c$ 很微小。图 8 是入射和反射的波射线，入射波的 $n>0$，而反射波的 $n<0$。图 9 是波幅，并设 $A(x,0)$ 为式(16)。将图 9 与图 4、图 5 比较可知：除遏制波不能传至 $y>y_c$ 外，在 $y<y_c$ 一侧，还有入射波与反射波相干涉而成的复杂图像。

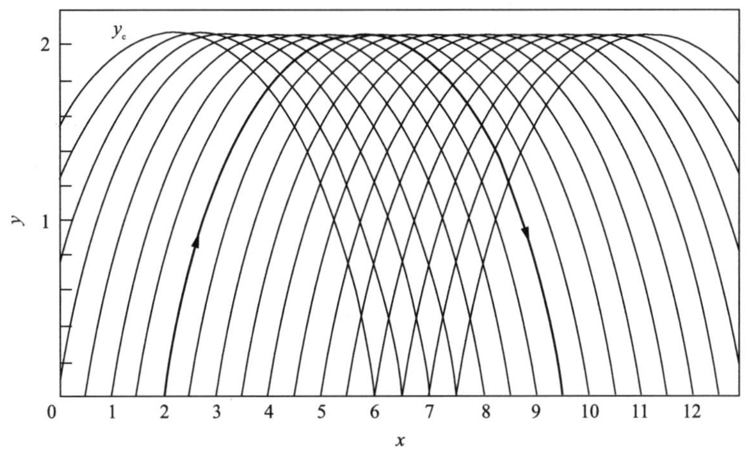


图 8　和图 7 相对应的波射线，其中包括了反射波的波射线

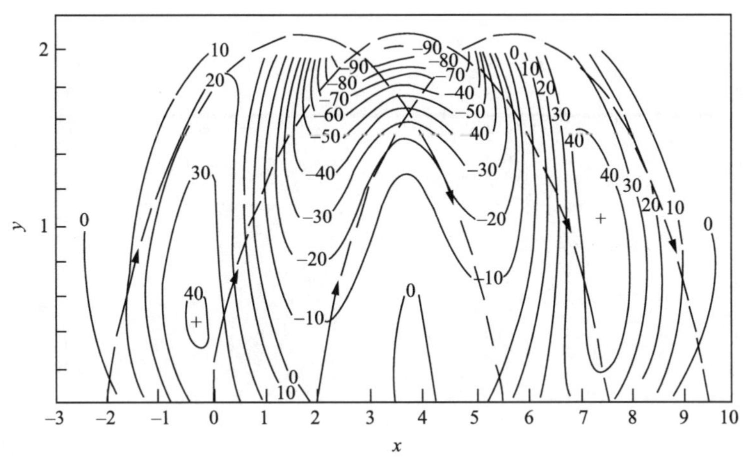


图 9　和图 7 及图 8 相对应的一个具有全反射的遏制型自由波包 $\psi'$ 的理想图像($H=0$)

必须指出，由于在 $y_c$ 附近扰动能量大量被基流吸收，反射波要比入射波弱得多，不可能像图 9 那样成对称的样子，图 8 和图 9 只是启发性地反映遏制波及其反射路径的大概规律。当然，这还有待直接求解式(1)来证实。

## 五、叠加在不对称急流上的常定波包

上面几节中的急流型基流都太理想化了。在真实的大气中，基流往往具有不对称的急流，其北边的角速度大于南边的，为了研究急流非对称性对常定波包的朝向及传播路径的影响，今取近似于真实情况的如下基流。

$$\bar{u}=0.8\mathrm{e}^{-5(y-2)^2}+\frac{0.4}{\pi}\left[\frac{\pi}{2}+\operatorname{arctg}(y-2)\right] \tag{21}$$

如图 10，图中还给出了 $m=0.9$ 时的 $n, C_{gX}$ 和 $C_{gY}$。相应的波射线和等位相线如图 11 所示，这是贯穿型波包的例子。特别是，在穿过急流轴时，随 $y$ 的增大 $n$ 有一个很大的变化，从而等位相线倾角也有很大的变化。

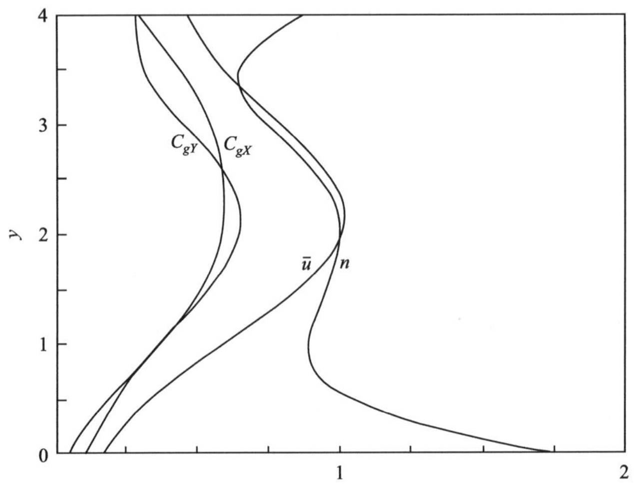


图 10　一个具有非对称急流的基流 $\bar{u}(y)=0.8\exp[-0.5(y-2)^2]+\frac{0.4}{\pi}\left[\frac{\pi}{2}+\operatorname{arctg}(y-2)\right]$ 和一个贯穿型常定波包的特性 $n(y), C_{gX}(y), C_{gY}(y)$。其中 $m=0.9$

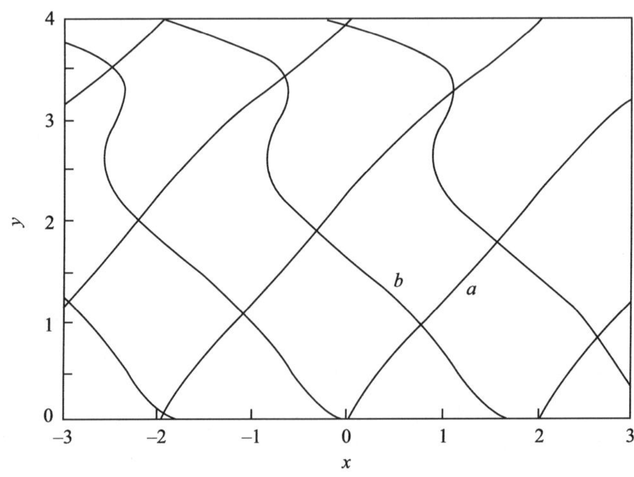


图 11　和图 10 对应的波射线($a$)和等位相线($b$)

当然，直接取月平均带状环流作为基流，则算得的结果将更有意义，但计算量将增加，这是我们以后的研究题目。

## 参考文献

Huang R H. 1986. The physical mechanism of the influence of heat source anomaly over low latitudes on the general circulation over the Northern Hemisphere in Winter. Scientia Sinica, Series B,29(1):91-103.

Huang R H. 1990. The East Asia / Pacific Pattern teleconnection of summer circulation and climate anomaly in East Asia//Zeng Q C. Climate Change,Dynamics and Modelling. Beijing:China Meteorological Press.

Zeng Q C, Lu P S,Li R F,et al. 1986. Evolution of large scale disturbances and their interaction with mean flow in a rotating barotropic atmosphere, Ⅰ. Ⅱ. Advances in Atmospheric Sciences, 3:39-58,172-188.

9

# 由热带低频振荡激发出的扰动的传播

卢佩生

(中国科学院大气物理研究所)

**摘要** 本文用波包动力学理论研究由热带低频振荡激发出的扰动传播问题，为简单计，采取正压大气线性化方程和取基流为带状环流。设扰动为叠加于急流型带状西风环流之上，我们得到：①只有东向传的低频扰动($m>0$，$n>0$和$\sigma>0$)或准常定波($\sigma=0$)可传入北半球中高纬度带；其他的，例如西向传的低频波($m>0$，$n<0$，$\sigma<0$)和高频波则局限于源区附近。②准常定波($\sigma=0$)由于其群速度较大，它达到某个指定的纬度带甚至比某些低频波还要快。③若热带中扰动源的幅度不随时间而变，则由热带扰源可激发出一整列波并传入中高纬度带，特别是低频波列是沿着波射线传播的。④若扰源只存在于一段时间，即其振幅也类于低频振荡，则激发出的波列不是完整的，最初局限于源区附近，随后由源区传至中高纬度带而达于饱和阶段，再逐渐变得越来越弱，只在某些高纬地区才能观测到或甚至最终消失。无疑，情况④比较接近实际，尽管③给出印象更深的图像。

**关键词** 波包；低频振荡；准常定振源；不常定振源

## 一、引言

大气环流中的低频振荡和低频扰动是短期气候变动(short term climate variabilities)中的重要成员，特别是热带低频振荡激发出的波及其传入中高纬度带的问题，吸引了越来越多学者的注意。与低频振荡连在一起的低频扰动是热带中中长期天气演变和短期气候距平的一些主要系统，也是产生在中高纬的异常行星波和区域气候距平的一些重要之源。例如，东亚季风区内季节更迭的开始日期以及梅雨的异常都与低频振荡有关。在这些方面，已有许多观测资料分析研究和数值模拟研究的成果系统地发表(例如，叶笃正，曾庆存和郭裕福等的书，1991；陶诗言等的长文，1987，1988；黄荣辉的长文，1986，1990；曾庆存等的文章，1990；李崇银的专著，1992；吴国雄等的长文，1992)。

气象学者常应用关于常定波列的理论结果来解释由热带低频振荡激发出的扰动及其传播到中高纬度带的问题，在这些工作中，基流是带状和常定的环流，在热带的扰源是常定的(stationary)，从而激发出来的波列也是常定的，其波射线和波幅由群速度和波作用量(wave action)求得。我国学者和国外一些著名学者(例如，Hoskins，1981)就是这样做的。不过，到目前为止，尚未见到有关于二维和三维结构图像的结果。另一方面，少数研

原载：*Advances in Atmospheric Sciences*，1993，10(3)：287-295。译自英文。——编者

究者(Simmons 等,1983;张佐君,1990)则讨论了非常定问题,其中取基流为(常定)气候平均但为非带状环流,而计算相关问题的标准模及其不稳定特性。他们的结果给出与观测到的遥相关型相似的波列。不难想象,这样的计算是不简单的,而每一个模态则表现为一个驻波(standing wave),从而群速度概念不能简单和直接地加以应用,要想用这种方法获得波传播的简明图像是不容易的,理论需要进一步发展。

曾庆存等(1982,1983,1986)发展了波包动力学的系统理论并用来作相应方程的定性分析。其中基流可以是带状的也可以是非带状的;可以是常定的,也可以是非常定的;扰动可以是常定的,也可以是非常定的。尽管曾庆存只限于作定性分析,但基于他的方法可以发展出一种简明的方法,用以计算和展现低频扰动的传播和结构,将曾庆存的方法应用于正压准地转模式,作者(卢佩生,1992)得到了叠加于不同带状和常定基流上的常定波包的全二维结构,找到这些波结构和传播的一些新的和很简明的规律,例如,扰动最大量(正的中心)和最小值(负的中心)的连线并不与波射线重合,而由于波射线与扰动等值线并不正交而使上述连线与波射线以一定角度相交。本文应用同样方法而拓广应用到非常定波包的空间结构和时间演变问题。这样一来,就可以揭示出由热带扰源激发出的低频扰动及其向中高纬度带传播的动力学全过程。

## 二、扰动传播的数学问题

本文用的是前文(卢佩生,1992)同样的模式,即对带状常定基流线性化的正压准地转模式。

我们想研究的是扰动由热带传向中高纬度带的问题,因此,不讨论由初始条件决定的方程的那部分的解。

设在热带 $y=y_0$ 处有如下波包(以运动的振动为特征的扰动):

$$\Psi'(x,y_0,t) = \Psi_0(X,T)\cos\alpha(x,y_0,t) \tag{1}$$

而在全区间(包括热带和中高纬度带)的解为

$$\Psi'(x,y,t) = \Psi_0(X,Y,T)\cos\alpha(x,y,t) \tag{2}$$

要求

$$\lim_{y\to y_0}\Psi(X,Y,T) = \Psi_0(X,T) \tag{3}$$

其中 $(X,Y,T)=\varepsilon(x,y,t)$,$0<\varepsilon\ll 1$ 为小参数;$\Psi$ 是波幅;$\alpha$ 是位相角,由它决定频率 $\sigma$ 以及沿 $(x,y)$ 方向的波数 $(m,n)$,如下:

$$\sigma=-\frac{\partial\alpha}{\partial t},\quad m=\frac{\partial\alpha}{\partial x},\quad n=\frac{\partial\alpha}{\partial y} \tag{4}$$

在我们的条件下,$\sigma$ 和 $m$ 均为不依赖于 $(x,y,t)$ 的常数,而 $n$ 只是 $y$ 的函数。

给定 $\sigma$,$m$ 和式(1),若满足条件式(3)的解式(2)能够求出,则由热带扰动[由式(1)给出]激发出的扰动的空间结构和时间演变就可以分析了。

## 三、波动传播的一些特性

应用波包动力学理论的结果,我们有

$$(\sigma - m\bar{u})(m^2 + n^2 + 1) + \bar{\beta} m = 0 \tag{5}$$

(例如,可见卢佩生,1992),其中 $\bar{u}(y)$ 为无量纲基流,$\bar{\beta}$ 是相应的无量纲位涡度沿 $y$ 方向的无量纲梯度,即

$$\bar{\beta} = 1 - \partial^2 \bar{u}/\partial y^2 + \bar{u} \tag{6}$$

记

$$S \equiv \bar{\beta}/(\bar{u} - \sigma/m) \tag{7a}$$

得

$$n(y) = \pm\sqrt{S - (m^2 + 1)} \tag{7b}$$

由式(7b)可知:若 $S(y) \geqslant m^2 + 1$,则 $n$ 为实数,扰动确有波动型的结构,若 $S(y_c) = m^2 + 1$,则 $n(y_c) = 0, C_{gY}(y_c) = 0$, $y_c$ 称为反射点,过此点后,如扰动能传至 $y > y_c$ 区,则 $S(y) < m^2 + 1$,应有 $n^2 < 0$,可知扰动强度当 $y - y_c$ 增大时作指数函数 $\exp[-|n|(y - y_c)]$ 迅速衰减。

设有基流

$$\bar{u}(y) = U_0 + U_1 y + \frac{1}{2} U_2 y^2 \tag{8}$$

其中 $U_0 = 0.35, U_1 = 1.2, U_2 = -0.6$; $y_0 = 0.2$(靠近赤道 $y = 0$)。$\bar{u}(y)$ 如图 1 所示。取 $m = 1$,$\sigma$ 分别为 0,0.03142 和 0.5(相当于有量纲周期名为 $\infty$,69.4 天和 44 天),算得的 $n(y)$ 和群速度 $\vec{C}_g$ 的两个分量

$$\begin{aligned} C_{gX} &= \frac{\partial \sigma}{\partial m} = \bar{u} - \frac{\bar{\beta}(n^2 + 1 - m^2)}{m^2 + n^2 + 1} \\ C_{gY} &= \frac{\partial \sigma}{\partial n} = \frac{2\bar{\beta} m n}{m^2 + n^2 + 1} \end{aligned} \tag{9}$$

以及 $\sigma$ 亦在图 1 中画出。

波射线按下面的常微分方程由 $(C_{gX}, C_{gY})$ 确定出来

$$\begin{cases} \dfrac{\mathrm{d}x_r}{\mathrm{d}y_r} = \dfrac{C_{gX}}{C_{gY}} \\ x_r(y_0) = x_{r0} \end{cases} \tag{10}$$

其中 $r$ 是一标记(参数),表明此根波射线经过点$(x_{r0}, y_{r0})$,由几何点$(x_{rk}, y_{rk})$ 构成,其中 $x_{rk} = x_r(y_{rk}), k = 0,1,2,3,\cdots$。扰动(信号)由 $y_0$ 传至 $y$ 所需的时段 $t$ 只依赖于 $y$ 和 $y_0$,而与 $r$ 无关,有

$$t_k(y) = \int_{y_0}^{y} \frac{\mathrm{d}y'}{C_{gY}(y')} \tag{11}$$

而波幅 $\Psi$ 则由波作用量确定,在无源汇和耗散情况下有

$$\left(\frac{\partial}{\partial T} + \vec{C}_g \cdot \nabla\right) A = -A \nabla \cdot \vec{C}_g \tag{12}$$

其中波作用量 $A$ 为

$$A \equiv |\Psi|^2 (m^2 + n^2 + 1)/(2\bar{\beta}) \tag{13}$$

将式(12)沿波射线积分,可得①

$$(A\cdot C_{gY})\Big|_{\substack{x=x_{r,k}\\ y=y_{r,k}\\ t=t_k}} = (A\cdot C_{gY})\Big|_{\substack{x=x_{r0}\\ y=y_{r0}\\ t=0}}$$

即有

$$A_{r,k}=A_{r,0}[C_{gY}(y_{r,0})/C_{gY}(y_{r,k})] \tag{14}$$

其中 $A_{r,k}\equiv A(x_{r,k},y_{r,k},t_k)$,$A_{r,0}\equiv A(x_{r,0},y_{r,0},t_0)$,$t_k\equiv t(y_k)$。

当 $A$ 由式(14)算得,代入式(13)即得 $\Psi$,如下:

$$|\Psi|^2\Big|_{\substack{x_{r,k}\\ y_{r,k}\\ t_k}}=A(x_{r,k},y_{r,k},t_k)\left(\frac{2\bar{\beta}}{m^2+n^2+1}\right)_{y=y_{r,k}} \tag{15}$$

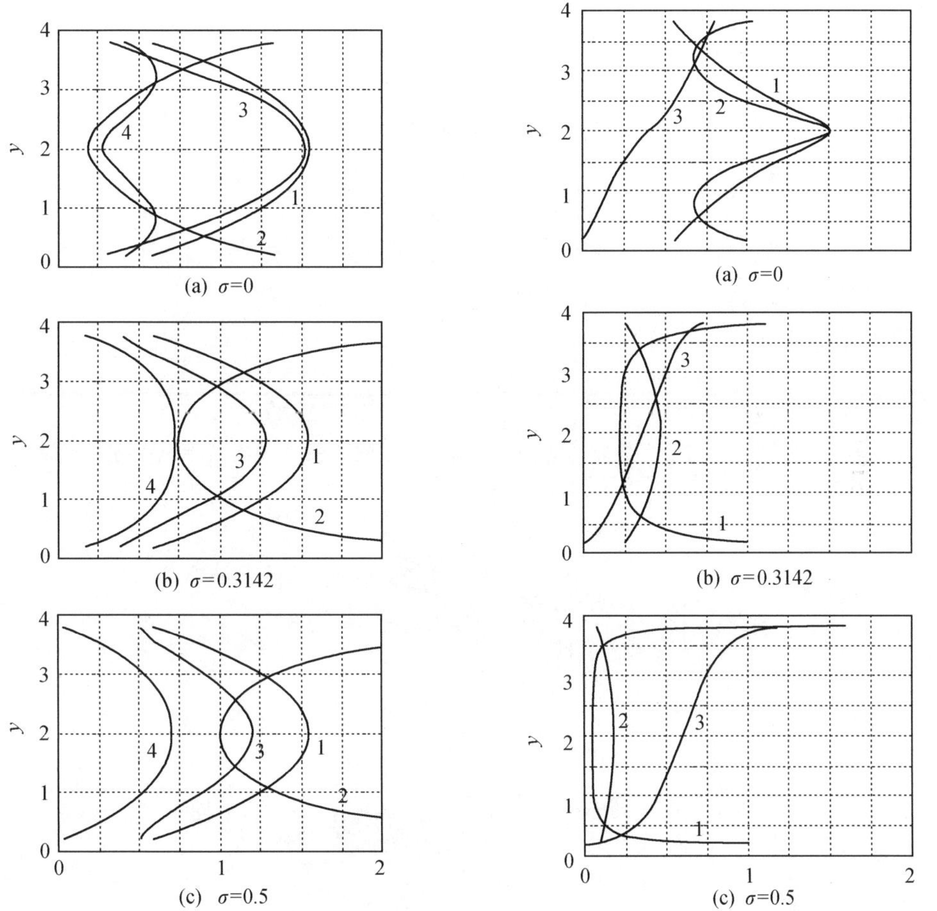


图 1　基流 $\bar{u}(y)$,波数 $n(y)$ 和群速度($C_{gX}$,$C_{gY}$)

1. $\bar{u}(y)$,2. $n(y)$,3. $C_{gX}$,4. $C_{gY}$

图 2　叠加于图 1 之基流上的波的传播特征

1. $A(y)$,2. $\Psi(y)$,3. $t(y)$

① 注意到沿波射线积分时,有 $\delta t=\delta y/C_{gY}$,故由式(12)得 $\delta\ln A=-\delta\ln C_{gY}$,即 $\delta\ln AC_{gY}=0$,从而有 $\delta AC_{gY}=0$,即式(14)前面一式。——编者

取 $m=1$ 和 $A(x_{r,0},y_{r,0},t_0)\equiv 1$，相应于 $\sigma=0, 0.3142$ 和 $0.5$ 的所有曲线 $t(y)$，$A(y)$ 和 $\Psi(y)$ 绘于图 2。值得指出的是：某些低频波（$\sigma>0$）到达一个指定的纬圈 $y$，其所需时间甚至比由 $\sigma=0$ 激发出来的波还要长。

我们计算所得的结果鲜明地表示出：在我们所取的急流型常定西风基流情况下，东传的低频波（$m>0, n>0, \sigma>0$）且周期大于 40 天者都是贯穿型的，它们能从热带（$y=y_0$）传至北半球中高纬度带（因为其 $C_{gY}>0$），而其最大波幅位于急流核所在纬度。

另一组计算针对西传波（$m>0, n<0, \sigma<0$）或高频波（$|\sigma|>0.6$），结果显示对于高频波 $y_c-y_0$ 非常小；而对西传波则在 $y$ 靠近 $y_0$ 的某个纬度有 $\Psi\to 0$（由于 $S\to\infty$ 和 $|n|\to\infty$）。这些说明，高频波和西传低频波都不能传至北半球中高纬度带，只是局限于热带扰源附近地区。

## 四、准常定扰源激发出的波列

若扰源自身的振幅不随时间而变，只是在空间上（即 $x$ 方向）受到调制，我们就称之为准常定的，即有

$$\Psi_0(X,T)=\Psi_0(x)\Phi_0(t) \tag{16}$$

其中 $\Phi_0(t)\equiv 1$。故对任一给定的 $y$，当 $t>t_k$ 时 $A$ 和 $\Psi$ 都已建立起来了，且不依赖于 $t$。这种贯穿型的波动结构表现为完整的波列。

仍取基流为式(8)，而取

$$\Psi_0(x)=0.5\left[\mathrm{e}^{-0.64x^2}+\mathrm{e}^{-(x+2)^2}+\mathrm{e}^{-(x-2)^2}+\frac{1}{1+(x/2)^2}\right],\qquad -\infty<x<\infty \tag{17}$$

取 $\sigma=0, 0.3142$ 和 $0.5$，建立起来了的波列给于图 3 和图 4。一般来说，其主要特征与我

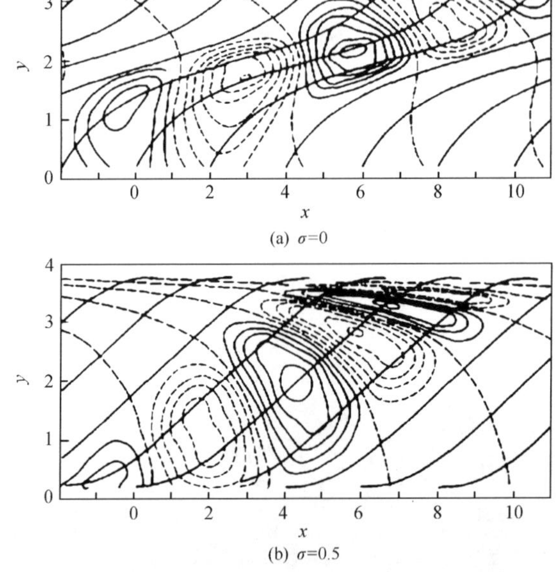


图 3　由热带准常定扰源激发的波列，图中也绘出波射线

们以前取得的结果相同(卢佩生,1992),即:①扰动沿波射线传播,但其最大值(正)中心与最小值(负)中心的连线与波射线有交角;②由热带传向中高纬度带时,波幅先是增强,到达急流核时达最大值,然后衰减。但低频波($\sigma \neq 0$)与常定波($\sigma = 0$)不同,它是行波(travelling wave),从而在每一点$(x, y)$上$\Psi'$是以(无量纲)频率$\sigma$振荡的。

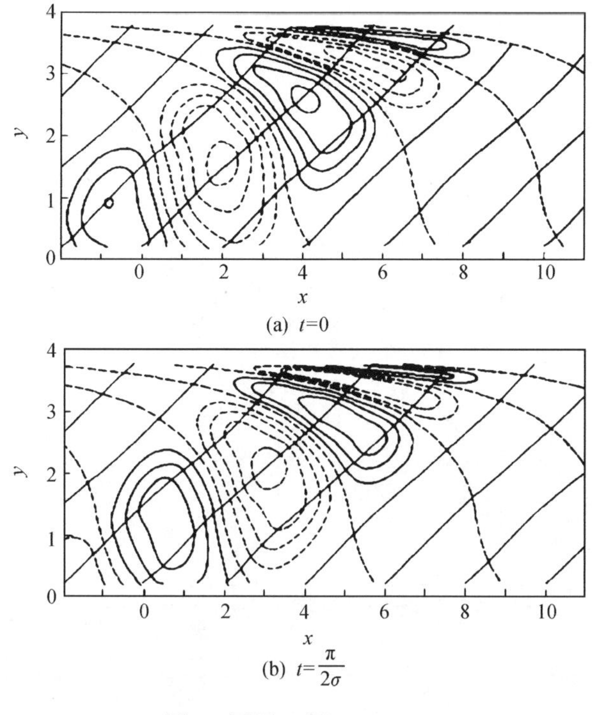


(a) $t=0$

(b) $t=\dfrac{\pi}{2\sigma}$

图 4 同图 3,但$\sigma=0.3142$

## 五、热带非常定扰源激发的扰动的传播

若$\Psi_0(X, T)$依赖于时间就称扰源为非常定的。仍取式(16),$\Phi_0(t)$就不再是常数,而是随时间而变。

取$m = 1$和与第四节相同的基流,今$\Psi_0(X, T)$随时间而变,例如取$\Psi_0(x)$仍为式(17),但$\Phi_0(t)$如下:

$$\Phi_0(t) = \mathrm{e}^{-\mu(t-\tilde{t})^2}, \qquad -\infty < t < \infty \tag{18}$$

于是

$$\psi'(x, y_0, t) = \Psi_0(x)\Phi_0(t)\cos(mx + n_0 y_0 - \sigma t) \tag{19}$$

其中$\mu$和$\tilde{t}$为两个参数,扰源只工作一段时间,在此时段外,扰源基本上被切断。于是由此算得的$\psi'(x, y, t)$如图 5 所示,其中$\sigma = 0.5$,$\mu = 2(\pi/\sigma)^{-2}$和$\tilde{t} = n_0 y_0/\sigma$,过一段时间后,在扰源未太减弱之前,从热带直至中高纬度有波列存在;当扰源切断后,在扰源附近波幅衰减,扰动只在高纬某地域才能观测到。

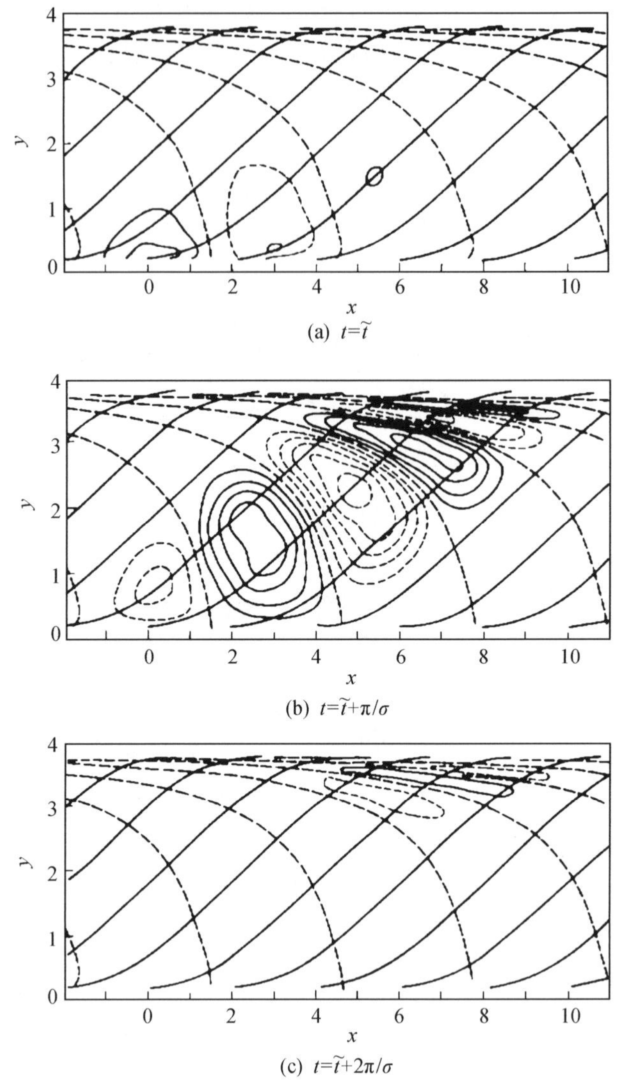


(a) $t=\widetilde{t}$

(b) $t=\widetilde{t}+\pi/\sigma$

(c) $t=\widetilde{t}+2\pi/\sigma$

图 5　由热带振幅非常定扰源(且 $\sigma=0.5$)激发的扰动的传播

$$\widetilde{t}=n_0y_0/\sigma$$

取同样的 $\mu$ 和 $\widetilde{t}$，但取 $\sigma=0$，按式(7)和式(15)计算 $n$ 和 $\Psi$，得到由此非常定扰源激发出的准常定波列的传播图像如图 6 所示。可以清楚看到，由于能量频散，低频扰动可以传至中高纬度带，其特性也是相似的。

在实际的大气中，位于热带的扰源只是准常定而非常定的，故第五节中讨论的更接近于实际。我们的分析表明，即使在非常定扰源作用下，应用波包动力学理论仍可进行分析，并给出清晰的物理图像。

**致谢**：作者感谢王暄女士对本稿的打字。

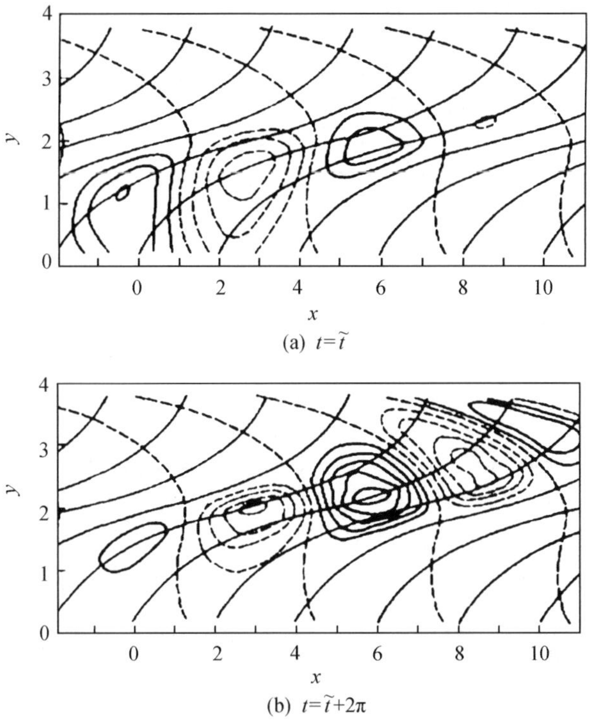


(a) $t=\tilde{t}$

(b) $t=\tilde{t}+2\pi$

图 6 由热带振幅非常定扰源(且 $\sigma=0$)激发的扰动的传播

$\tilde{t}$ 值同图 5

## 参考文献


[1] Hoskins B J, Karoly D J. 1981. The steady linear response of a spherical atmosphere to thermal and orographic forcing. J. Atmos. Sci., 38: 1179-1196.

[2] Huang R H. 1986. The physical mechanism of the influence of heat source anomaly over low-latitudes on the general circulation over the Northern Hemisphere in winter. Scientia Sinica, Series B, 29(1):91-103.

[3] Huang R H. 1990. The East Asia/Pacific pattern teleconnection of summer circulation and climate anomaly in East Asia//Zeng Q C, et al. Climate Change, Dynamics and Modelling. Beijing: China Meteorological Press: 127-140.

[4] Li C Y. 1992. Low-frequency Oscillation in the Atmospheric Motion. Beijing:China Meteorological Press: 2007(in Chinese).

[5] Lu P S. 1992. The structure and propagation of stationary planetary wave packet in the barotropic atmosphere. Advances in Atmospheric Sciences, 9(2):157-166.

[6] Simmons A J, Wallace J M, Branstalor G W. 1993. Barotropic wave propagation and instability and atmospheric teleconnection patterns. J. Atmos. Sci., 40:1361-1391.

[7] Tao S Y, Chen L X. 1987. A review of recent research on the East Asian summer monsoon in China//Chang C P, Krishnamurti T N. Monsoon Meteorology. Oxford:Oxford University Press:60-92.

[8] Tao S Y, Zhu W M, Zhao W. 1988. Interannual variability of Meiyu rainfalls. Scientia Atmospherica Sinica, Special Issue: 13-21 (in Chinese).

[9] Wallace J M, Blackmon M L. 1983. Observations of low-frequency atmospheric variability//Hoskins B J, Pearce R P. Large-scale Dynamical Processes in the Atmosphere. New York: Academic Press: 55-59.

[10] Wu G X, Liu H Z. 1992. Atmospheric precipitation in response to equatorial and tropical sea surface temperature anomalies. J. Atmos. Sci. (U. S. A).

[11] Ye D Z, Zeng Q C, Guo Y F. 1991. Current Research on Climate. Beijing: China Meteorological Press: 351.

[12] Zeng Q C. 1982. On the evolution and interaction of disturbances and zonal flow in rotating barotropic atmosphere. J. M. S, Japan, 60: 24-31.

[13] Zeng Q C. 1983. The evolution of Rossby-wave packet in a three-dimensional baroclinic atmosphere. J. A. S., 40: 73-84.

[14] Zeng Q C, Lu P S, Li R F, Yuan C G. 1986. Evolution of large scale disturbances and their interaction with mean flow in a rotating barotropic atmosphere, I. Advances in Atmospheric Sciences, 3: 39-58.

[15] Zeng Q C, Lu P S, Li R F, Yuan C G. 1986. Evolution of large scale disturbances and their interaction with mean flow in a rotating barotropic atmosphere, II. Advances in Atmospheric Sciences, 3: 172-188.

[16] Zeng Q C, Yuan C G, Wang W Q, Zhang R H. 1990. Experiments in numerical extra-seasonal prediction of climatic anomalies. Chinese J. A. S., 14(1): 1-24.

[17] Zhang Z J. 1990. Linear instability of observed climatological flow//Climate Change Dynamics and Modelling. Beijing: China Meteorological Press: 197-217.

10

# 亚洲夏季风的演变过程及相关的缓变扰动

卢佩生

(中国科学院大气物理研究所)

摘要　将大气环流分解为基本气流和缓变的季风扰动，用以分析亚洲季风的演变过程。可见，主要的缓变扰动是两对涡偶，一对位于印度洋和印度半岛，另一对位于北半球西太平洋和东亚，这表明亚洲季风由两支组成，一支是印度季风，另一支是东亚季风。分析结果也表明，这两对涡偶的演变过程是彼此独立的。它们可以用波包动力学理论加以解释。季风的不同阶段可由涡偶的位置和强度很好地定性刻画出来。此外，在个别年份，还有准定常波列存在，其特征值得进一步分析。

**关键词**　亚洲季风；缓变扰动；涡偶

## 一、引言

季风是大气环流季节变化中最显著的组成部分。

850 hPa 面上一月份平均环流可看作对流层低层的典型冬季风，其主要特征是北半球从印度洋到广袤的西太平洋的低纬度带有稳定和强劲的东风带，尽管还有一些细节；而 850 hPa 面上七月份平均环流则可看作典型夏季风，其主要特征是从赤道印度洋到东亚地区(中南半岛，东亚和日本)并延伸到西太平洋广大区域有盛行的强劲西南风，但热带西太平洋则有强劲的东风带。850 hPa 面上七月和一月平均环流之差很像七月份的环流，但较之更强，这说明季风区夏季环流与冬季环流反向且强度更大。七月与一月环流之差可看作是大气环流中季风分量的极值。本文将研究亚洲季风环流的演变过程。

## 二、将环流分解为基流和缓变季风扰动

将 850 hPa 面上的风场分解为基流和缓变扰动能更清晰地表现季风及其演变过程。

一个场 $\psi(x,y,p;t)$，不管是标量场或矢量场，都可分解为常定部分，$\psi^{*}(x,y,p)$ 和随时间而变动的部分，$\psi^{**}(x,y,p;t)$，即

$$\psi(x,y,p;t)=\psi^{*}(x,y,p)+\psi^{**}(x,y,p;t) \tag{1}$$

其次，又可将时变部分进一步分出带状部分，$\psi_{z}^{**}$（以便增强显示扰动的局域结构）和非带状扰动 $\psi'$，即

原载：*Advances in Atmospheric Sciences*，1995，12(3)：311-318。译自英文。——编者

$$\psi^{**}(x,y,p;t)=\psi_z^{**}(y,p;t)+\psi'(x,y,p;t) \tag{2}$$

我们将称 $\bar{\psi}(x,y,p;t)\equiv\bar{\psi}^*(x,y,p)+\psi_z^{**}(y,p;t)$ 为基流，而称 $\psi'$ 为扰动，于是有

$$\psi(x,y,p;t)\equiv\bar{\psi}(x,y,p;t)+\psi'(x,y,p;t) \tag{3}$$

我们意在弄清亚洲夏季风的一般结构，故略去天气尺度和快变部分等细结构，本文将对时间上滤波过的实测场进行分析，取

$$\psi(f)=\int_{t_1=t-\Delta t}^{t_2=t+\Delta t}f(x,y,p;t')W(|t-t'|)\mathrm{d}t' \tag{4}$$

其中 $W(t')$ 为权重函数

$$\int_{-\Delta t}^{\Delta t}W(t')\mathrm{d}t'=1 \tag{5}$$

且取 $2\Delta t=15$ 天。此外，取

$$\psi^*(x,y,p)\equiv\frac{1}{\Delta t^*}\int_{4月1日}^{9月30日}\psi(x,y,p;t)\mathrm{d}t \tag{6}$$

其中 $\Delta t^*$ 为半年。

## 三、以缓变扰动为特征的亚洲夏季风的演变过程

850 hPa 矢量风场扰动，$\vec{v}'$，从四月末到七月末的变化可很清楚地表明亚洲夏季风的演变过程的主要特征。特别是，在夏季风期，在 850 hPa 面上 $\vec{v}'$ 场中有两对主要的反气旋和气旋，一对在印度季风区，另一对位于东亚季风区，图 1～图 3 给出 1992 年的情况。

图 1 是东亚夏季风期将临时(5 月 1～15 日)的形势。风场扰动 $\vec{v}'$ 两对涡偶已经生成。一对(涡偶Ⅰ)位于赤道印度洋上，其中有一个强的气旋，中心位于赤道稍北，沿赤道有强的西风；而中心位于 10°S 的顺时针环流涡旋则较弱。另一对(涡旋Ⅱ)则由中心位于东亚的气旋和中心位于西太平洋上(25°N，130°E)的反气旋组成，反气旋延伸至中国南海

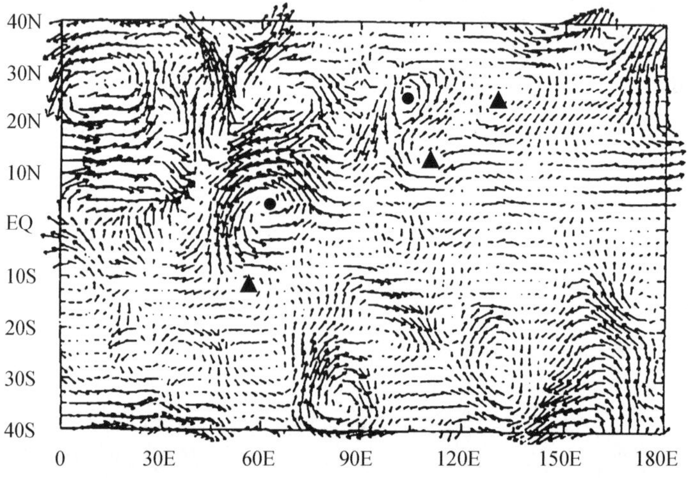


图 1　缓变扰动(15 天加权平均)，1992 年 5 月 1～15 日

气旋和反气旋中心各以●和▲标出，它们在热带印度洋与东亚组成两对涡偶，分别记为涡偶Ⅰ与涡偶Ⅱ

及其周边，且有一次生中心，涡偶Ⅱ并不很强。不过由于涡偶Ⅱ的存在，使得沿海地区有较强的西南风带并伴有季风前的降雨。

图 2 是夏季风来临期(6 月 6～20 日)的形势。涡偶Ⅰ中的主气旋北移到印度半岛，而顺时针旋转的涡旋则稍为北移且大为增强，相应地在 10°S 以北热带印度洋上直到印度南部有强劲的西风急流。同时，在涡偶Ⅱ中，代替原来的反气旋生成了新的强大的反气旋，完整占据着西太平洋广大的副热带地域，相伴而来在西太平洋热带地区有强劲的东风急流，以及一支由中国南海直至日本的强劲西南风急流。涡偶Ⅱ中的气旋环流则拉长了，由中南半岛直至日本。于是夏季风雨季几乎同时来临到印度和东亚。

图 3 是典型的夏季风期(盛夏期，7 月 16～30 日)。涡偶Ⅰ和图 2 相像，但北移，很稳

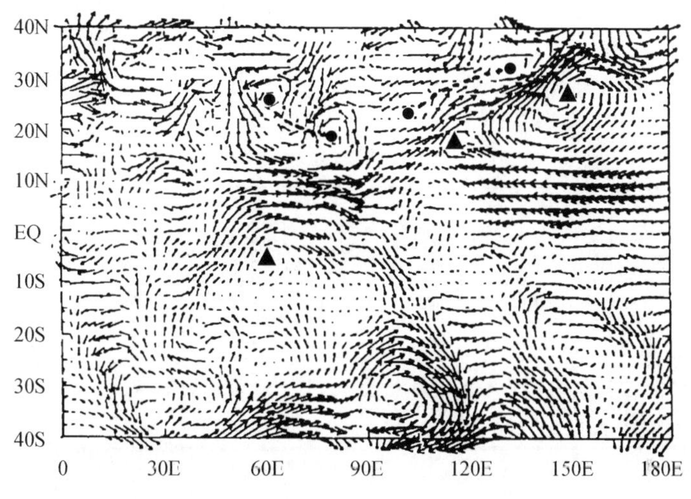


图 2　同图 1，但为 1992 年 6 月 6～20 日

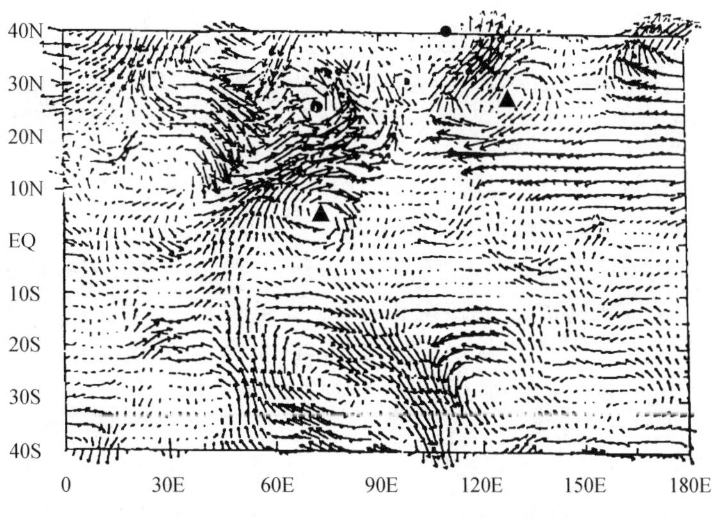


图 3　同图 1，但为 1992 年 7 月 16～30 日

定。涡偶Ⅱ则大为北进，反气旋的脊沿 30°N 伸入中国东部。于是梅雨期结束，雨区移至华北和东北。

和 Zeng 等(1994)对 1992 年情况的分析相比较，可见该文分的不同阶段及其主要结构特征和由涡偶表达出来的很相一致。

## 四、缓变季风扰动的移动

两对涡偶的演变过程清楚地表征出印度夏季风和东亚夏季风的结构和演变。

首先，两对涡偶的存在，表明亚洲夏季风是由印度季风和东亚季风两支所组成。

其次，每支季风或每对涡偶各有自己的演变过程，它们是彼此相对较独立的，尽管有某些关联。

图 4 给出这两对涡偶的移动和演变过程，其中标出每隔 5 天的反气旋和气旋或气旋性环流中心位置。

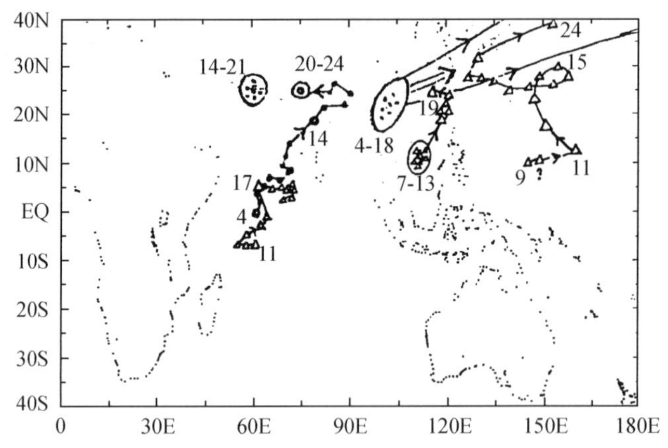


图 4　1992 年夏季缓变扰动(15 天加权平均)的移动

反气旋(对于涡偶Ⅱ)或横越赤道的顺时针环流中心(对于涡偶Ⅰ)中心分别标以△和●，旁边的数字依次对应 5 天的间隔，例如：1，6 和 24 分别对应于 4 月 15 日，4 月 20 日和 8 月 10 日

由图可见：①涡偶Ⅰ的移动较简单，气旋和反气旋涡中心位置移动轨迹主要部分是向北稍偏东，尽管当气旋中心达到印度半岛北端后几乎没有东西向游动。涡偶Ⅱ的轨迹则较复杂：气旋逐个由源区发出后向东北方向快速移动；而主反气旋中心首先向西移动，继则东移，复西移作螺旋轨迹状，然后快速东北移。②涡偶Ⅰ于 5 月上中旬建立后就比较稳定；但涡偶Ⅱ变化较大，每一个气旋涡旋有其自己的生命史全程，即经历了生成、增强、移动、衰减和移去。这与东亚夏季风受西风带环流影响而具有更多变化密切相关。

缓变扰动的移动在大多情况下可以用波包动力学理论定性地解释。要注意的是，这些扰动不是自由型波包，由于它们与大量降水相伴而必须考虑热源影响，且它们还处于地形影响之区，尤其是处于高大复杂的喜马拉雅山脉之侧(对于涡偶Ⅰ中的气旋)，其实，缓变扰动的演变过程可用准平衡模式描述，而主要热源为水汽凝结潜热的释放，从而可近似地认为与上升速度成正比，也使 Rossby 变形半径变小。故当扰动处于离山脉较远之处，

波包理论给出：一个带有瞬时局地波幅 $\Psi$ 和位相角 $\theta$ 的波包(扰动)

$$\psi'(x,y,\zeta,t)=\Psi(\varepsilon x,\varepsilon y,\varepsilon\zeta,\varepsilon t)\mathrm{e}^{\mathrm{i}\theta(x,y,\zeta,t)}$$

以下述的相速 $C$ 和群速 $C_g$ 传播(详见附录)：

$$\begin{cases}C_x=\dfrac{m}{\sqrt{m^2+n^2}}(\bar{\mu}-\bar{\beta}_y/\nu^2)\\ C_y=\dfrac{n}{\sqrt{m^2+n^2}}(\bar{v}-\bar{\beta}_x/\nu^2)\end{cases}$$

$$\begin{cases}C_{gx}=\bar{u}-\nu^{-4}[2m(n\bar{\beta}_x-m\bar{\beta}_y)+\nu^2\bar{\beta}_y]\\ C_{gy}=\bar{v}-\nu^{-4}[2n(n\bar{\beta}_x-m\bar{\beta}_y)+\nu^2\bar{\beta}_x]\\ C_{g\zeta}=-2\nu^{-4}k[n\bar{\beta}_x-m\bar{\beta}_y]\end{cases}$$

而扰动中心(最大、最小值)的移动速度处于相速和群速之间(Lu，1992；1993)。这些公式中所有变量都是无量纲的，$(\bar{u},\bar{v})$ 为基流风速；$m,n,k$ 分别为沿 $x,y,\zeta$ 的瞬时局地波数，$\zeta=\ln\left(\dfrac{p_s}{p}\right)$，$p_s$ 是地面气压，$\varepsilon$ 为小参数。

基流 $(\bar{u},\bar{v})$ 起重要作用。在印度季风和东亚季风区基流是不同的(见图 5 和图 6)。这是导致两对涡偶移动特性不同的主要原因。其次，涡偶Ⅰ的波射线差不多是经向的，故涡偶在多数时间是向北移动的，且其 $C_x$ 和 $C_{gx}$ 都小。但涡偶Ⅱ的波射线与纬圈相交成倾斜状，反气旋先是叠加于东风基流之上，其后叠加于西风基流之上，故先向西或西北方向移动，后向东移动。此外，轨迹的螺旋部分大约和基本气流中零风速线(东西风分界线)的时间变化相关，而不可作简单解释。另外，涡偶Ⅱ中的快速移动气旋可以很好地用理论预报，不过那里的基流与西太平洋区域则不同。

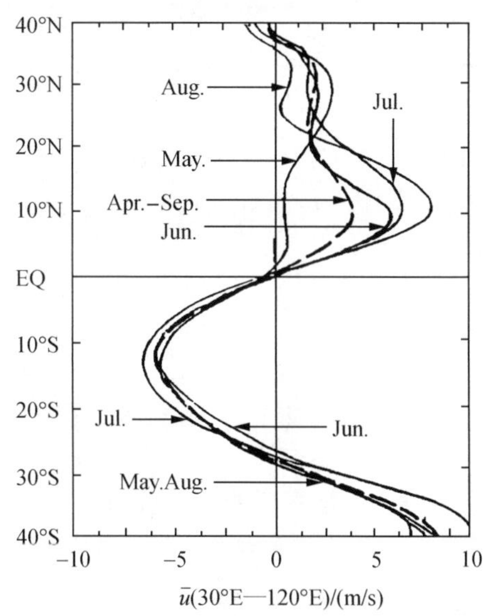

图 5　30°E—120°E 区域平均的带状基流，1992 年

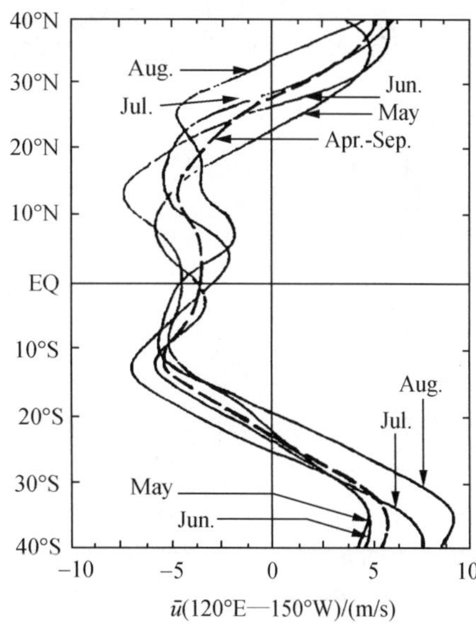


图 6　如图 5，但为在 120°E—150°W 区域

必须指出，涡偶Ⅰ中气旋的游移，以及涡偶Ⅱ中位于西南半岛至中国西南的气旋母体

的准定常性则只能在计入地形影响后才能解释。

## 五、季风区另一种缓变扰动

我们分析了 1980～1989 年的所有资料表明:每年的一般图像与图 1～图 4 是相似的,尽管两对涡偶的位置、强度和指向等有某些年际变化,这些也刻画出亚洲夏季风的年际变化。

但我们也发现,除涡偶外,在个别年份还有另类缓变扰动,图 7 就是 1987 年的情况,由图可见,两对涡偶所造成的西南气流连接起来,成为强劲的低空西南风急流,其上还叠加有很明显的准常定波列。它们的动力学特征和天气-气候上的重要性须要研究,也许可应用强迫基流上的波包理论或强迫波包理论(Zeng,1985)来研究。

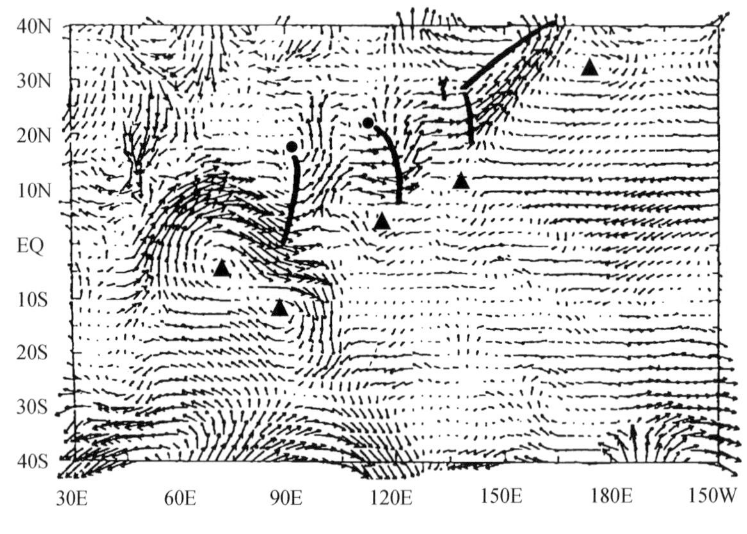


图 7　同图 1,但为 1987 年 6 月 21～7 月 5 日

## 附录

斜压模式的线性化方程为

$$\left(\frac{\partial}{\partial t}+\bar{u}\frac{\partial}{\partial x}+\bar{v}\frac{\partial}{\partial y}\right)\left[\left(\frac{\partial^2}{\partial x^2}+\frac{\partial^2}{\partial y^2}+\frac{\partial^2}{\partial \zeta^2}-H\right)\psi'\right]+\bar{\beta}_y\frac{\partial\psi'}{\partial x}-\bar{\beta}_x\frac{\partial\psi'}{\partial y}=F$$

其中 $\zeta=\ln(p_s/p)$,$H\approx 1/4$,$\bar{\beta}_y\equiv\partial\bar{q}/\partial y$,$\bar{\beta}_x\equiv\partial\bar{q}/\partial x$,$\bar{q}$ 是基流的位涡度,$F$ 为源汇项(Zeng,1985)。

方程解的波包近似为

$$\psi'=\Psi(\varepsilon x,\varepsilon y,\varepsilon\zeta,\varepsilon t)\mathrm{e}^{\mathrm{i}\theta(x,y,\zeta;t)}$$

其中

$$\theta\approx k\zeta+\sqrt{m^2+n^2}(\xi-ct)$$

$\xi \equiv (m^2+n^2)^{-1/2}(mx+ny)$

$c=(m^2+n^2)^{-1/2}[m(\bar{u}-\bar{\beta}_y\nu^{-2})+n(\bar{U}+\bar{\beta}_x\nu^{-2})]$

$\nu^2=m^2+n^2+k^2+H$

$m\equiv\partial\theta/\partial x$， $n\equiv\partial\theta/\partial y$， $k\equiv\partial\theta/\partial\zeta$， $\sigma\equiv-\partial\theta/\partial t$

$c\equiv(m^2+n^2)^{-1/2}\sigma$

$\varepsilon$ 为正的小参数。

**致谢：**作者十分感谢张邦林博士提供的资料和在计算分析上的大力协作，感谢王暄女士对稿件的打字。

## 参考文献

[1] Lu P S. 1992. The Structure and propagation of stationary planetary wave packet in the barotropic atmosphere. Advances in Atmospheric Sciences，9(2)：157-166.

[2] Lu P S. 1993. The propagation of disturbances excited by low-frequency oscillations in the tropics. Advances in Atmospheric Sciences，10(3)：287-295.

[3] Zeng Q C. 1985. Evolution and structure of Rossby wave packet in forced mean flow. Scientia Sinica(Series B)，28(8)：872-881.

[4] Zeng Q C，Zhang B L，Liang Y L，Zhao S X. 1994. East Asian summer monsoon—a case study. Proc. Indian Natn. Sci. Acad.，60，A，No. 1：81-96.

11

# 旋转正压大气中大尺度扰动的演变过程及其与基流的相互作用(一)

曾庆存　卢佩生　李荣凤　袁重光

(中国科学院大气物理研究所,北京 1985 年 6 月 25 日收到)

**摘要**　大尺度扰动的演变过程及其与基流的相互作用问题,由于它们在天气和气候预告中的实用重要性而为当今气象学者们高度关注。本文就此问题新近取得的一些理论成果进行综述,首先研究正压大气情况,至于斜压大气情况,则拟放在另一文中。

本文第一部分(一)着重概述下面两个方面:①二维正压大气运动的整体特性,所用模式既包括线性化和非线性方程,也包括准地转模式和非地转(原始方程)模式;②叠加于带状和非带状基流之上的罗斯贝波包(Rossby Wave packet)的结构及相应的演变过程的规律。

第二部分(二)将概述其余问题,即准地转模式和非地转模式的标准模和连续谱,以及弱非线性理论和完整非线性理论结果。

## 一、引言

在旋转的行星大气中总有急流型的带状环流环绕着行星。在像地球这样的行星大气中又常有明显的非带状扰动叠加于这带状环流之上。而在像木星等行星的大气中还有孤立的很强的大尺度涡旋,尽管那里波状扰动很弱。在所有情况下,带状环流的形成和维持,扰动(波状流和涡旋状流)的演变过程(其传播、其强度及结构和形状的变化等),以及扰动和带状环流的相互作用等,都是大气动力学中的一些基本理论问题。

无疑,大气中带状环流的常存是由太阳辐射能流的输入所产生,且受地球自转和其他因素所调控。带状环流被像地形和海陆热力差异等因素(地表的不均匀性)所扰动,就形成了准常定的非带状扰动。带状环流,或者再加上这些准常定的非带状扰动,就可称为基本气流,叠加于其上的又永有一些随时间而变化(即非常定)的扰动。大气动力学统计表明,一般来说,这些大尺度非常定扰动是由基流能量向涡旋运动有效位能转换的斜压过程而得以增强和维持,而后通过涡流向基流动能转换的正压过程而衰减。后者正好满足了角动量的传输来维持带状环流的要求(例如,见 Starr[1],1948;叶笃正和朱抱真[2],1958;和 Lorenz[3],1976)。不过,就以天为单位的时间而言,单个扰动形势的性质可以和统计平均情况很不相同。一个扰动可以长时间维持,也可能快速发展或衰减,这取决于扰动的

原载:*Advances in Atmospheric Sciences*,1985,3(1):39-58。译自英文。——编者

结构和其处的基流特性;能量的尺度级串迁移可以各式各样,有扰动能量可以连续反馈传输给带状环流的过程,也有反馈过程和反向传输(即带状环流能量转变为扰动能量)相间发生的过程。大气环流的统计特性是下面两个因素的结果:一方面是扰动能量反馈给带状环流的条件较常存在,另一方面是叠加于急流型带状环流上的扰动最终要变成拥有衰减型的结构。由此可知,关于扰动增长、衰减及维持的条件和机理以及其能量传输的特性就是一些基本研究问题。这对认识大气环流的统计特性本质乃至于天气和气候预报都有重要意义。

当今,中长期天气预报和短期气候预测成为气象学者关心的对象。大气环流中的阻塞形势及其他异常形势其实就是一些维持时间相当长甚至可视为准常定状态的强扰动。他们既和正常的或异常的带状环流有相互作用,又和高频的(即快速的)时变的非带状扰动相互作用着。因此,一方面可以把这些较强的大扰动当做叠加于沿时间平均的带状环流上的扰动;另一方面,它们和带状环流一起又可看做是那些叠加于其上的较快时变扰动的基本气流。这样一来,我们必须推广研究题目的范围,而且无论在观测资料分析或是理论上的研究上,当今在这些方面都有相当进展。

另外,赤道平流层中准两年震荡(QBO)的发现,及其与重力波水平动量在垂直方向的传输的关系,又说明重力波和基本气流的相互作用也可能导致大气环流的变化。20 年间,动力气象学者已经花了不少精力研究它并已取得相当大进展。近来,重力波在中尺度天气系统动力学中的重要性亦已有所认识。也许,潮汐波和基流的相互作用也将会是一个有兴趣的研究问题。

我们在本文中将试图对上述这类演变和相互作用问题的研究成果进行概述,其中着重谈我国最有兴趣的问题及我们取得的成果。在本文中我们将只讲正压大气情况,而将斜压情况留待另一文进行讨论。①

## 二、二维正压大气运动的一般性质

### 1. 球面上正压准地转运动的整体性质

首先将球面上正压大气模式写成如下形式:

$$\frac{\mathrm{d}}{\mathrm{d}t}q \equiv \left(\frac{\partial}{\partial t} + v_\lambda \frac{\partial}{a\sin\theta\partial\theta} + v_\theta \frac{\partial}{a\partial\theta}\right)q = 0 \tag{1}$$

其中 $q$ 为绝对位涡,$(v_\lambda, v_\theta)$ 为气流速度,即

$$q = \left[\frac{1}{a^2\sin\theta}\left(\frac{\partial}{\partial\theta}\sin\theta\frac{\partial}{\partial\theta} + \frac{\partial^2}{\sin\theta\partial\lambda^2}\right) - K\frac{f_0^2}{\tilde{\phi}}\right]\psi + 2\omega\cos\theta \tag{2}$$

$$v_\lambda = \frac{\partial\psi}{a\partial\theta}, \quad v_\theta = -\frac{\partial\psi}{a\sin\theta\partial\lambda} \tag{3}$$

$f_0 \equiv 2\omega\cos\theta_0$ 是一个平均科氏参数(Coriolis parameter),$\tilde{\phi}$ 是一常量(自由表面的平均位

① 这“另一文”后来没有发表。只写了一篇通俗的简介(见本书“中纬度天气系统的演变过程”)和一些材料,以及另外一些非综述性的文章。——编者

势)，且 $K$ 取 0 或 1。若 $K$ 取为 0，则式(1)退化为无辐散模式。其他为常见通用符号。

这个模式具有总角动量 $M$ 守恒，总能量 $E$ 守恒，和总的绝对位涡平方 $F$ 守恒

$$M(t)=\iint_S\left(av_\lambda\sin\theta-K\frac{f_0^2a^2}{\tilde{\phi}}\psi\cos\theta\right)\mathrm{d}S=M(0) \tag{4}$$

$$E(t)=\iint_S\frac{1}{2}\left[\left(\frac{\partial\psi}{a\partial\theta}\right)^2+\left(\frac{\partial\psi}{a\sin\theta\partial\lambda}\right)^2+K\frac{f_0^2a^2}{\tilde{\phi}}\left(\frac{\psi}{a}\right)^2\right]\mathrm{d}S=E(0) \tag{5}$$

$$F(t)=\iint_S\frac{1}{2}q^2\mathrm{d}S=F(0) \tag{6}$$

其中 $\mathrm{d}S=a^2\sin\theta\mathrm{d}\theta\mathrm{d}\lambda$，$S$ 表全球面。将式(4)和式(6)联立，得位涡能(enstrophy，相对位涡平方之半)$Q$ 守恒

$$Q(t)=\iint_S\frac{1}{2}\left[\frac{1}{a^2\sin\theta}\left(\frac{\partial}{\partial\theta}\sin\theta\frac{\partial\psi}{\partial\theta}\right)+\frac{\partial^2\psi}{a^2\sin^2\theta\partial\lambda^2}-K\frac{f_0^2}{\tilde{\phi}}\psi\right]^2\mathrm{d}S=Q(0) \tag{7}$$

将 $\psi$ 用球函数展开

$$\psi(\theta,\lambda,t)=\sum_{n=1}^{\infty}\sum_{m=0}^{n}\psi_{mn}(t)\mathrm{e}^{im\lambda}p_n^m(\cos\theta) \tag{8}$$

于是由式(5)和式(7)就可推出运动的平均尺度 $l^{**}$，或者即是某种平均波数 $n^{**}$ 守恒

$$n^{**}(n^{**}+1)+K\frac{f_0^2a^2}{\tilde{\phi}}=\frac{a^2Q}{E}=\text{const.} \tag{9}$$

在不自转($\omega=0$)的球面上，二维可压流的平均 $l^{**}$ 的守恒性首由 Fjϕrtoft[4] (1953)指出。但在自转球面上，大气运动具有一定的非各向同性，这使得 Fjϕrtoft 型的能量转移规律(即 $L\to M\leftarrow S$ 或 $L\leftarrow M\to S$) 只当 $L$，$M$ 和 $S$ 各为二维空间上的合成长波，中波和短波时才正确；而当沿纬圈或经圈分解时就不一定如此。例如，当由低指数环流转为高指数环流期间，沿纬圈的平均波数 $m^*$ 减小，而沿经圈的平均波数 $n^*=n^{**}-m^*$ 增加；反之，则是 $m^*$ 增加而 $n^*$ 减小。尤其重要的是，在自转球面上，$m^*$ 在许多场合中可一直减少至零，但 $n^*=n^{**}-m^*$ 永不为零，即总有带状环流存在，除非初始时刻 $n^*=0$ 即角动量 $M=0$，下节我们将更清晰地显示这一点。上述这种非各向同性和 $m^*$ 可一直减小由 Rhines[5] (1975)和曾(Zeng[6,7]，1979)强调指出。Rhines 用的是简化的 $\beta$ 平面近似。

为研究扰动和带状环流的相互作用，将流函数 $\psi$ 及相应的特性分解为两部分是方便的。记 $\psi$ 的带状部分为 $\bar{\psi}(\theta,t)$，而记 $\psi$ 与 $\bar{\psi}$ 之差(非带状部分) 为 $\psi'(\theta,\lambda,t)$，即

$$\psi(\theta,\lambda,t)=\bar{\psi}(\theta,t)+\psi'(\theta,\lambda,t) \tag{10}$$

由式(1)或式(4)～式(7)，可得

$$\begin{cases}\bar{M}=M\\ M'=0\\ \bar{E}+E'=E\\ \bar{Q}+Q'=Q\end{cases} \tag{11}$$

其中上标带横线者为带状环流量，带撇的是非带状扰动量。

$\bar{E}$ 和 $E'$ 随时间的变化由下式给出：

$$\frac{\partial \bar{E}}{\partial t}=-\frac{\partial E'}{\partial t}=\iint_S v'_\lambda v'_\theta a\sin\theta\frac{\partial\bar{\dot{\lambda}}}{a\partial\theta}\mathrm{d}S \tag{12}$$

其中 $\dot{\lambda}=v_\lambda/(a\sin\theta)$，$\bar{\dot{\lambda}}=\bar{v}_\lambda/(a\sin\theta)$。与此相似，又有

$$\frac{\partial \bar{Q}}{\partial t}=-\frac{\partial Q'}{\partial t}=\iint_S q'v'_\theta\frac{\partial\bar{q}}{a\partial\theta}\mathrm{d}S \tag{13}$$

当 $\partial E'/\partial t>0$ 时，相应的扰动就称为发展的；反之，若 $\partial E'/\partial t<0$，则称为衰减的。易知：扰动发展 /(衰减) 的最有利条件是槽线和脊线随着 $|\theta-\theta_j|$ 的增大而向东(向西) 倾斜，其中 $\theta_j$ 是西风急流轴，即在 $\theta=\theta_j$ 处 $\partial\bar{\dot{\lambda}}/\partial\theta=0$。

若带状环流相当于刚体旋转，即 $\partial\bar{\dot{\lambda}}/\partial\theta$ 处处为零，就有 $\partial\bar{E}/\partial t=\partial E'/\partial t=0$，而且对于任一给定的 $M$ 来说，有最小的 $\bar{Q}$ 和最小的带状能量 $\bar{E}=\bar{E}_0=4\pi aA^2/3$，其中

$$A=-\frac{3M}{4\pi a^2}\left(2+K\frac{f_0^2a^2}{\tilde{\phi}}\right)^{-1}$$

这是不难直接由方程导出的。由此可知，若初始时刻有 $\partial\bar{\dot{\lambda}}/\partial\theta\equiv 0$，则 $E'(0)$ 是 $E'(t)$ 的上确界，$E'(t)\leqslant E'(0)$。

对于具有给定的 $M$ 的流动，我们有一个给定的$\bar{E}_0$，由于 $M$ 的守恒性和$\bar{E}_0$ 是带状环流的最小能量，故带状环流能量可转变为扰动能量的最大值是$\bar{E}_a$

$$\bar{E}_a\equiv\bar{E}(0)-\bar{E}_0 \tag{14}$$

$\bar{E}_a$ 就称为(可转换的)有效带状能量。

当 $\bar{\psi}$ 有急流型的沿纬圈分布，它与$\partial\bar{\dot{\lambda}}/\partial\theta\equiv 0$ 有很大的差别，而此时$\bar{E}_a$ 可能是相当大的。可是，实际上只有 $E_a$ 的一部分能够得到释放，这是由于自旋球面的趋稳效应。将式(1) 乘以 $v_0\sin\theta$，再沿全球面积分，得到

$$\iint_S\hat{q}\ddot{\eta}\mathrm{d}S=\iint_S\frac{2\omega}{a}v_\theta^2\sin^2\theta\mathrm{d}S \tag{15}$$

其中 $\eta=a\sin\theta$，$\ddot{\eta}=\mathrm{d}^2\eta/\mathrm{d}t^2$，和 $\hat{q}=q-2\omega\cos\theta$(相对位涡)。故若 $\omega>0$，则在气旋式位涡($\hat{q}>0$) 区域平均内的空气质点“加速”(acceleration) $\ddot{\eta}$ 必定大于反气旋式位涡($\hat{q}<0$)区域内平均的“加速”。这使气旋式涡度区与反气旋式涡度区分离，从而使扰动(涡度，eddies)发展减慢的有利因素，抑制了有效带状能量的释放过程。式(15)是郭晓岚(Kuo[8]，1950)公式的推广(曾庆存[9]，1982)。

曾庆存(Zeng[6,7]，1979)指出，扰动的能量 $E'$ 却在许多场合下可以完全或几近于完全被带状环流所吸收，并称之为旋转适应过程(rotational adaptation)。存在旋转适应过程的条件及其机理将在下面讲述。

2. 线性化模式中扰动的整体性质

当环流的非带状部分不很强时，可应用线性化方程

$$\left(\frac{\partial}{\partial t}+\bar{v}_{\lambda}\frac{\partial}{a\sin\theta\partial\lambda}\right)q'=-v'_{\theta}\frac{\partial\bar{q}}{a\partial\theta} \tag{16}$$

其中 $(\bar{v}_{\lambda},\bar{q})$ 为基流（带状环流）量，$(v'_{\theta},q')$ 为扰动量。由式(16)仍可得到式(12)～式(13)。而扰动和基流的相互作用则可由式(16)和下式描述：

$$\frac{\partial\bar{q}}{\partial t}=-\frac{\partial(\overline{v'_{\theta}q'}\sin\theta)}{a\sin\theta\partial\theta} \tag{17}$$

其中 $\overline{v'_{\theta}q'}$ 为扰动输送沿纬圈的平均。

发展型和衰减型扰动的结构和上节所述的完全一致。此外，由式(16)还可得到下述两个不变量：

$$\iint_{S}\left(\frac{\sin\theta}{\partial\bar{q}/a\partial\theta}\right)\frac{\partial q'^{2}}{\partial t}\mathrm{d}S=0 \tag{18}$$

$$\iint_{S}\left\{\frac{\partial}{\partial t}\left[\left(\frac{\partial\psi'}{a\partial\theta}\right)^{2}+\left(\frac{\partial\psi'}{a\sin\theta\partial\lambda}\right)^{2}+K\frac{f_{0}^{2}a^{2}}{\tilde{\phi}}\left(\frac{\psi'}{a}\right)^{2}\right]+\frac{(\bar{\dot{\lambda}}-\bar{\dot{\lambda}}_{0})a\sin\theta}{\partial\bar{q}/(a\partial\theta)}\frac{\partial q'^{2}}{\partial t}\right\}\mathrm{d}S=0 \tag{19}$$

其中 $\bar{\dot{\lambda}}=\bar{v}_{\lambda}/(a\sin\theta)$，而 $\bar{\dot{\lambda}}_{0}$ 为一任意常量（一个参考角速度）。不难证明，即使在某些纬度上 $\partial\bar{q}/\partial\theta=0$，式(18)和式(19)仍成立。

由式(19)可知扰动为稳定的充分条件是存在一个常量 $\bar{\dot{\lambda}}_{0}$，使得处处有

$$\frac{\bar{\dot{\lambda}}-\bar{\dot{\lambda}}_{0}}{\partial\bar{q}/\partial\theta}\geqslant 0 \tag{20}$$

而扰动为不稳定的必要条件是对于任一 $\bar{\dot{\lambda}}_{0}$，都存在一相应的纬度带$(\theta_{1},\theta_{2})$，使得

$$\frac{\bar{\dot{\lambda}}-\bar{\dot{\lambda}}_{0}}{\partial\bar{q}/\partial\theta}<0,\qquad(\theta_{1}<\theta<\theta_{2}) \tag{21}$$

若 $\dfrac{\partial\bar{q}}{\partial\theta}$ 在全区间 $0\leqslant\theta\leqslant\pi$ 不变号，则扰动必定是稳定的。且当 $\bar{v}_{\lambda}$ 为常定时还有 $E'+Q'_{w}$ 是不随时间改变的常量，其中

$$Q'_{w}\equiv\iint_{S}\left(\frac{\bar{\dot{\lambda}}-\bar{\dot{\lambda}}_{0}}{\partial\bar{q}/\partial\theta}\sin\theta\right)\frac{q'^{2}}{2}\mathrm{d}S \tag{22}$$

和 $(\bar{\dot{\lambda}}-\bar{\dot{\lambda}}_{0})/(\partial\bar{q}/\partial\theta)\geqslant 0$。于是我们可以引入一个加权平均尺度 $l_{w}$，即

$$\left(\frac{l_{w}}{l_{\beta}}\right)^{2}\equiv\frac{E'}{Q'_{w}} \tag{23}$$

其中 $l_{\beta}$ 是推广的常定罗斯贝波波长

$$l_{\beta}\equiv\left(\frac{1}{4\pi a^{2}}\iint_{S}a^{2}\frac{\bar{\dot{\lambda}}-\bar{\dot{\lambda}}_{0}}{\partial\bar{q}/\partial\theta}\sin\theta\mathrm{d}S\right)^{\frac{1}{2}} \tag{24}$$

若扰动发展，即 $E'$ 增加，于是 $Q'_{w}$同时减小，这就导致 $l_{w}$ 增加；反之，则有 $l_{w}$ 减小。$l_{w}$ 增加有两种形式，即扰动的实际平均尺度 $l$ 增加，或者扰动由$(\dot{\lambda}-\bar{\dot{\lambda}}_{0})/(\partial\bar{q}/\partial\theta)$ 的高值区移向

低值区。下面当我们用 WKB 方法作研究时还可得知,上述两种形式是同时进行的。

当用到式(17)作相互作用研究时,$\bar{v}_\lambda$ 不再是常定的。但若基流的急流区不太窄(即急流的切变并不太大)以及扰动并不太强,则$\bar{v}_\lambda$ 只是时间 $t$ 的缓变函数,故上述关于扰动尺度变化的结论仍近似正确。但若$\bar{v}_\lambda$ 是处于不稳定状态,则$(\partial\bar{q}/\partial\theta)=0$ 和在某些纬带内 $(\bar{\dot{\lambda}}-\bar{\dot{\lambda}}_0)/(\partial\bar{q}/\partial\theta)<0$,则不能单由扰动的积分整体特性推断出其平均尺度的变化。

当扰动能量全部被基流吸收,即当 $t\to\infty$ 时有 $E'\to 0$,则在初始时刻位涡能量 $q'^2$ 不为零的情况下,式(18) 和式(19) 给出:$q'^2$ 永不可能处处趋向于零,亦即当 $t\to\infty$ 时 $\psi'$ 是一个广义函数,[①]而其平均波长趋向于零。

### 3. 非地转近似情况下正压大气运动的一般性质

解除掉准地转近似,正压模式就是自转球面上的浅水方程:

$$\left[\frac{\mathrm{d}\vec{v}}{\mathrm{d}t}\right]_h=-\nabla\phi-[2\vec{\omega}\times\vec{v}]_h \tag{25}$$

$$\frac{\partial\phi}{\partial t}=-\nabla\cdot(\phi\vec{v}) \tag{26}$$

其中 $\vec{v}=\vec{\theta}^0 v_\theta+\vec{\lambda}^0 v_\lambda$ 为流体的相对速度,$\phi$ 是自由表面的位势,$\vec{\omega}$ 是球体的自转角速度,$[\,]_h$ 表矢量在球面上的投影,$\nabla$ 为球面上的梯度算子。由式(25) 和式(26),仍有以下形式的位涡度守恒,$\mathrm{d}q/\mathrm{d}t=0$,其中

$$q=\frac{\tilde{\phi}}{\phi}\left[2\omega\cos\theta+\frac{1}{a\sin\theta}\left(\frac{\partial v_\lambda\sin\theta}{\partial\theta}-\frac{\partial v_\theta}{\partial\lambda}\right)\right] \tag{27}$$

并有总质量、总角动量、总能量以及总绝对位涡守恒

$$M_{as}(t)\equiv\iint_S\phi\mathrm{d}S=4\pi a^2\tilde{\phi}=M_{as}(0) \tag{28}$$

$$M(t)\equiv\iint_S\phi a\sin\theta(v_\lambda+a\omega\sin\theta)\mathrm{d}S=M(0) \tag{29}$$

$$E(t)\equiv\iint_S\frac{1}{2}(\phi\mid\vec{v}\mid^2+\phi^2)\mathrm{d}S=E(0) \tag{30}$$

$$F(t)\equiv\iint_S\frac{\phi}{2}q^2\mathrm{d}S=F(0) \tag{31}$$

与式(9)相类似,可以导出一个守恒的尺度 $l^{**}$,他是

$$l^{**}=(E/F)^{1/2}=\text{const.} \tag{32}$$

故也有和准地转模式类似的能量转移规律。不过,这规律连到 $l^{**}$ 守恒在内,都只是对速度的有涡度部分才成立,因为只有涡度包含于 $F$ 中。当速度的无旋部分占优势或小于有旋部分时(例如重力—惯性波),$l^{**}$ 守恒并不意味着运动的真实尺度守恒,因为无旋部分的尺度也是重要的,而它并不包含在 $F$ 中而未受限制。在这种情况下就不能就式(32)的物理意义作简单的解释。

---

① $E'\to 0$,说明 $\psi'$ 及其一阶微商在希尔伯特空间强收敛到零,但其二阶微商 $q'$ 却不为零,故 $\psi'$ 是广义函数。——编者

相对于带状基流 $(\bar{v}_\lambda, \bar{v}_\theta=0, \bar{\phi})$ 对式(25)和式(26)作线性化，就得到下面三个积分式

$$\frac{\partial}{\partial t}\iint_S \frac{\bar{\phi}}{2}\left[(v'_\theta)^2+(v'_\lambda)^2+\frac{1}{\tilde{\phi}}(\phi')^2\right]\mathrm{d}S=-\iint_S \bar{\phi}v'_\theta v'_\lambda a\sin\theta\frac{\partial\bar{\dot{\lambda}}}{a\partial\theta}\mathrm{d}S \tag{33}$$

$$\iint_S\left[\frac{\bar{\phi}^2 a\sin\theta}{\tilde{\phi}[\partial\bar{q}/(a\partial\theta)]}\frac{\partial}{\partial t}\left(\frac{q'^2}{2}\right)+a\sin\theta\frac{\partial\phi' v'_\lambda}{\partial t}\right]\mathrm{d}S=0 \tag{34}$$

$$\frac{\partial}{\partial t}\iint_S\frac{\bar{\phi}}{2}\left\{\left[1-\frac{(\bar{v}_{\lambda0}-\bar{v}_\lambda)^2}{\bar{\phi}}\right]v_\lambda'^2+v_\theta'^2+\frac{1}{\bar{\phi}}\left[\phi'-(\bar{v}_{\lambda0}-\bar{v}_\lambda)v'_\lambda\right]^2\right\}\mathrm{d}S+$$

$$\iint_S\frac{(\bar{\dot{\lambda}}_0-\bar{\dot{\lambda}})\bar{\phi}^2 a\sin\theta}{\tilde{\phi}(-\partial\bar{q}/a\partial\theta)}\frac{\partial}{\partial t}\left(\frac{q'^2}{2}\right)\mathrm{d}S=0 \tag{35}$$

其中 $\bar{v}_{\lambda0}\equiv\bar{\dot{\lambda}}_0 a\sin\theta, \bar{q}=\frac{\tilde{\phi}}{\bar{\phi}}\left(2\omega\cos\theta+\frac{1}{a\sin\theta}\frac{\partial\bar{v}_\lambda\sin\theta}{\partial\theta}\right)$ 是基流的位涡度。式(34)和式(35)是曾庆存[6](1979)首先得到的(但取 $\beta$ 平面近似)，还有，式(35)只当基流为常定时才成立。

上述三个积分分别是式(12)、式(18)和式(19)的推广。同样，由式(33)可确定扰动发展特性对其结构和相当于基流的位置的依赖关系，而式(35)则给出稳定或不稳定的判据。对于大尺度运动来说，我们常有 $\bar{\phi}\gg\bar{v}_\lambda^2$ 故由式(35) 可推出和式(20)、式(21) 及式(25) 相同的关于稳定性的判据，只是 $E'$ 和 $Q'_w$ 由式(35) 中第一和第二个积分项取代，且不带 $\partial/\partial t$ 符号。故上节得到的结论定性上仍成立，只不过速度场中的有旋部分必须为主，不管扰动是否为准地转的都如此。但 $l_w$ 不表明重力—惯性波的尺度。此外，在一般情况下，除正压不稳定外，还存在惯性不稳定等，正是它们导致重力—惯性波的迅速发展。

一当计入扰动对基流的反馈影响时，基流不再是常定的，式(35)不成立。特别是，相互作用将诱导出非零的经圈环流，$\bar{v}_\theta\neq0$。从而我们要进一步写出对于带有非零经圈环流的基流的线性化扰动方程，和基流随时间的演变，这样就构成弱非线性相互作用理论。这些将在第五节(第二部分)讨论到。

最后指出，最好是采用准确的基本方程

$$\left[\frac{\mathrm{d}\vec{v}}{\mathrm{d}t}\right]_h=-\nabla\phi-[2\vec{\omega}\times\vec{v}]_h-[\vec{\omega}\times(\vec{\omega}\times\vec{r})]_h \tag{36}$$

用来代替式(25)，其中 $\vec{r}$ 是向径(矢量)，并引入离心力和旋转椭球面而不是视地平面(球面)。此时 $\mathrm{d}q/\mathrm{d}t=0$ 以及式(27)、式(28)、式(29)和式(30)都仍成立，但式(31)变为

$$E(t)=\iint_S\frac{1}{2}(\phi\mid\vec{v}+\vec{\omega}\times\vec{r}\mid^2+\phi^2)\mathrm{d}S=E(0) \tag{37}$$

此外，我们有角动量(矢量)守恒

$$\vec{M}_v(t)\equiv\iint_S[\phi\vec{r}\times(\vec{v}+\vec{\omega}\times\vec{r})]\mathrm{d}S=\vec{M}_v(0) \tag{38}$$

从而还有流体运动的惯性轴(即 $\vec{M}_v$ 的方向) 守恒，而式(29) 中的 $M$ 乃是 $\vec{M}_v$ 在旋转轴上

的投影。我们将在第四节诠释式(38)及其应用。

## 三、正压大气波包的演变和结构

### 1. Rossby 波包演变的一般公式

波包和群速度概念早已由 Rossby[10] 和叶笃正[11] 用来研究叠加在均匀基流上的大气扰动。后来,Dickinson[12],曾庆存[6](其书于 1977 年已交付出版社),巢纪平[13],卢佩生[21] 和 Hoskins[22] 等许多研究者相继用波包表示法研究天气系统尺度的扰动的各方面动力学问题[12-27]。特别是,Dickinson[12]、Grose 和 Hoskins[14],Hoskins 和 Karoly[22,24] 和 Hayashi[23] 注重 Rossby 波的传播即波射线;巢纪平和叶笃正[13] 及其他学者[15-17] 注重 Rossby 波的螺旋结构;而曾庆存[19,24-26]、陈久康[17]、卢佩生和曾庆存[18-20]、卢佩生[21]、Young 和 Rhines[19] 则注重叠加在非均匀基流上的波包的演变问题。必须指出,当应用 WKB 方法时基流不必是均匀和带状的。

按曾庆存[9](1982)的方法,应用球面的 Mercator 投影,取非带状基流 $(\bar{v}_\lambda, \bar{v}_\theta)$,对扰动引入特征速度 $U^*$、水平特征尺度 $L^*$ 和特征时间尺度 $t^* = L^*/U^*$,记无量纲时间为 $t$,无量纲空间坐标为 $x, y$

$$x = \frac{a\lambda}{L^*}, \quad y = \frac{a}{L^*}\ln\frac{1+\cos\theta}{\sin\theta} \tag{39}$$

将线性化的无量纲准地转位涡方程复换如下:

$$\left[\frac{\partial}{\partial t} + \bar{u}\frac{\partial}{\partial x} + \bar{v}\frac{\partial}{\partial y} - 2\left(\frac{L^*}{a}\right)\bar{v}\cos\theta\right]\left[\frac{\partial^2\psi'}{\partial x^2} + \frac{\partial^2\psi'}{\partial y^2} - \left(\frac{L^*}{L_0}\right)^2 \sin^2\theta \cdot \psi'\right] + \bar{\beta}_y\frac{\partial\psi'}{\partial x} - \bar{\beta}_x\frac{\partial\psi'}{\partial y} = 0 \tag{40}$$

其中 $\psi'$ 是扰动的无量纲流函数;$rU^*\bar{u} \equiv \bar{v}_\lambda/\sin\theta$;$rU^*\bar{v} \equiv -\bar{v}_\theta/\sin\theta$;$r$ 为基流和扰动的特征速度之比;$L_0 \equiv \tilde{\phi}/(2\omega\cos\theta_0)$ 为 Rossby 变形半径;$\bar{\beta}_x \equiv R_0^{-1}\partial\bar{q}/\partial x$;$\bar{\beta}_y \equiv R_0^{-1}\partial\bar{q}/\partial y$;$R_0 \equiv rU^*/(L^* 2\omega\cos\theta_0)$ 为 Kibel'-Rossby 参数①;$\bar{q}$ 为基流的无量纲准地转位涡,而无量纲的基流流函数为 $\psi'$,即有

$$\bar{q} = \frac{\cos\theta}{\cos\theta_0} + \frac{R_0}{\sin\theta}\left[\frac{\partial^2\bar{\psi}}{\partial x^2} + \frac{\partial^2\bar{\psi}}{\partial y^2} - \left(\frac{L^*}{L_0}\right)^2 \sin^2\theta \cdot \bar{\psi}\right] \tag{41}$$

注:为简单起见,在式(40)和式(41)中我们已取了 $K = 1$($K$ 的定义见式(2)),设 $\bar{u}, \bar{v}, \bar{\beta}_x$ 和 $\bar{\beta}_y$ 是 $(x, y, t)$ 的缓变函数,以及设扰动的空间尺度比之基流者为小量,即此二者之比为小参数,我们引入慢时间 $T$ 和拉伸坐标 $(X, Y)$ 如下:

$$X = \varepsilon x, \quad Y = \varepsilon y, \quad T = \varepsilon t \tag{42}$$

并将扰动表示为波包

$$\psi'(x, y, t) = Re\left[\Psi(X, Y, T)e^{i\Theta(X,Y,T)/\varepsilon}\right] \tag{43}$$

---

① $R_0$ 实为 Kibel'所引进的参数,但 Charney 称之为 Rossby 参数,记之为 $R_0$ 而被引用。——编者

$$\Psi(X,Y,T)=\Psi_0(X,Y,T)+\varepsilon\Psi_1(X,Y,T)+\cdots \tag{44}$$

于是 $\bar{u}$，$\bar{v}$，$\bar{\beta}_x$，$\bar{\beta}_y$，$\alpha$ 和 $\Psi_j(j=0,1,2,\cdots)$ 对 $(X,Y,T)$ 的偏微商量级都是 $O(1)$。将式(42)～式(44)代入式(40)，并展开成 $\varepsilon$ 的幂级数，就得到频散关系式和振幅演变方程如下：

$$(\sigma-m\bar{u}-n\bar{v})\nu^2+\bar{\beta}_y m-\bar{\beta}_x n=0 \tag{45}$$

$$\left(\frac{\partial}{\partial T}+\bar{u}\frac{\partial}{\partial X}+\bar{v}\frac{\partial}{\partial Y}\right)\nu^2\Psi_0-(\sigma-m\bar{u}-n\bar{v})\left[2\left(m\frac{\partial}{\partial X}+n\frac{\partial}{\partial Y}\right)\Psi_0+\Psi_0\left(\frac{\partial m}{\partial X}+\frac{\partial n}{\partial Y}\right)\right]-\bar{\beta}_y\frac{\partial\Psi_0}{\partial X}+\bar{\beta}_x\frac{\partial\Psi_0}{\partial Y}=0 \tag{46}$$

其中 $\sigma$，$m$，$n$ 分别是瞬时局地的频率以及沿 $X$ 和 $Y$ 的波数，即

$$\sigma\equiv-\partial\Theta/\partial T,\quad m\equiv\partial\Theta/\partial X,\quad n\equiv\partial\Theta/\partial Y \tag{47}$$

$$\nu^2\equiv m^2+n^2+\rho^2,\quad \rho^2\equiv(L^*/L_0)^2\sin^2\theta$$

而 $\Theta$ 即是位相函数。

此外，我们还有下列运动学关系式：

$$\frac{\mathrm{D}_g\sigma}{\mathrm{D}T}=-\left(m\frac{\partial\bar{u}}{\partial T}+n\frac{\partial\bar{v}}{\partial T}\right)-\nu^{-2}\left(n\frac{\partial\bar{\beta}_x}{\partial T}-m\frac{\partial\bar{\beta}_y}{\partial T}\right) \tag{48}$$

$$\frac{\mathrm{D}_g m}{\mathrm{D}T}=-\left(m\frac{\partial\bar{u}}{\partial X}+n\frac{\partial\bar{v}}{\partial X}\right)-\nu^{-2}\left(n\frac{\partial\bar{\beta}_x}{\partial X}-m\frac{\partial\bar{\beta}_y}{\partial X}\right) \tag{49}$$

$$\frac{\mathrm{D}_g n}{\mathrm{D}T}=-\left(m\frac{\partial\bar{u}}{\partial Y}+n\frac{\partial\bar{v}}{\partial Y}\right)-\nu^{-2}\left(n\frac{\partial\bar{\beta}_x}{\partial Y}-m\frac{\partial\bar{\beta}_y}{\partial Y}\right)-\frac{\partial\sigma}{\partial\rho^2}\frac{\partial\rho^2}{\partial Y} \tag{50}$$

其中

$$\frac{\mathrm{D}_g}{\mathrm{D}T}\equiv\frac{\partial}{\partial T}+C_{gx}\frac{\partial}{\partial X}+C_{gy}\frac{\partial}{\partial Y} \tag{51}$$

$C_{gx}\equiv\partial\sigma/\partial m$，$C_{gy}\equiv\partial\sigma/\partial n$ 为群速度二分量，$\partial\sigma/\partial\rho^2=(m\bar{\beta}_y-n\bar{\beta}_x)\nu^4$。方程(48)～方程(50)决定了 $\sigma$，$m$ 和 $n$ 随时间的变化。这样，我们就得到了确定波包演变过程的所有特性的方程。

将式(46)沿波包所盘踞的全区域 $W$ 积分，得到能量 $E'$ 的变化方程

$$\frac{\partial E'}{\partial T}=\iint_W|\Psi_0|^2\left[m^2\frac{\partial\bar{u}}{\partial X}+mn\left(\frac{\partial\bar{u}}{\partial Y}+\frac{\partial\bar{v}}{\partial X}\right)+n^2\frac{\partial\bar{v}}{\partial Y}\right]\mathrm{d}X\mathrm{d}Y \tag{52}$$

$$E'\equiv\iint_W\frac{1}{2}\nu^2|\Psi_0|^2\mathrm{d}X\mathrm{d}Y \tag{53}$$

$E'$ 就是以波包形式表示的扰动总能量，而式(52)就是下述能量方程：

$$\frac{\partial}{\partial t}\iint_S\frac{1}{2}\left[v_\lambda'^2+v_\theta'^2+\frac{f_0^2a^2}{\tilde{\phi}}\left(\frac{\phi'}{a}\right)^2\right]\mathrm{d}S=\iint_S\left[v_\lambda'v_\theta'\left(\sin\theta\frac{\partial\bar{\dot{\lambda}}}{\partial\theta}+\frac{\partial\bar{\dot{\theta}}}{\sin\theta\partial\lambda}\right)-v_\lambda'v_\lambda'\sin\theta\frac{\partial\bar{\dot{\lambda}}}{\sin\theta\partial\lambda}+v_\theta'v_\theta'\frac{\partial\bar{\dot{\theta}}}{\partial\theta}-v_\lambda'^2\mathrm{ctg}\theta\cdot\bar{v}_\theta\right]\mathrm{d}S \tag{54}$$

的波包表示形式，只不过由于 $\bar{v}_\theta$ 很小而略去了式(54)中最末一项。

式(52)是很有用的方程，它表明发展特性依赖于波包的结构和位置。特别是，今要研

究的扰动是长波(Rossby 波),故基流必须是带状环流,或者在其上加上超长波,故式(52)可简化为

$$\frac{\partial E'}{\partial t} \approx \iint_W |\Psi_0|^2 \left[(m^2 - n^2)\frac{\partial \bar{u}}{\partial X} + mn\frac{\partial \bar{u}}{\partial Y}\right]\mathrm{d}X\mathrm{d}Y \tag{55}$$

这乃是因为这样的基流总有 $\partial\bar{v}/\partial X$ 比 $\partial\bar{u}/\partial Y$ 小得多。后面我们将对式(55)作深入分析。

其次,由式(49)和式(50)可得二维波数 $(m^2+n^2)^{1/2}$ 随时间变化的公式。在基流的急流廓线不太陡时,此方程可简化为

$$\frac{\mathrm{D}_g}{\mathrm{D}T}(m^2+n^2) \approx -2\left[m\left(m\frac{\partial \bar{u}}{\partial X} + n\frac{\partial \bar{u}}{\partial Y}\right) + n\left(m\frac{\partial \bar{v}}{\partial X} + n\frac{\partial \bar{v}}{\partial Y}\right)\right] \tag{56}$$

故得

$$\frac{\partial E'}{\partial t} \approx -\iint_W \frac{|\Psi_0|^2}{2}\frac{\mathrm{D}_g}{\mathrm{D}t}(m^2+n^2)\mathrm{d}X\mathrm{d}Y \tag{57}$$

这表明,扰动发展(能量增加)时伴有尺度(波长)变大,扰动衰减(能量减小)时则尺度(波长)变小。这是卢佩生和曾庆存的工作(1981)[20,21]以及曾庆存的工作[9](1982)最先发现的。

2. 叠加在带状急流基流上的 Rossby 波包

叠加于带状急流基流上的 Rossby 波包已经由曾庆存和卢佩生(1981)和曾庆存(1982)详细研究过。

在带状基流情况下,扰动沿各个纬圈不必逞波包形式,即 $m$ 可以是常数,而 $n,\sigma,\Psi$ 可只是 $Y$ 和 $T$ 的函数。令 $\bar{v}=0$,则由式(45)~式(50)可得

$$\frac{\partial}{\partial T}\iint_W \frac{1}{2}\nu^2 |\Psi_0|^2\mathrm{d}X\mathrm{d}Y = \iint_W |\Psi_0|^2 mn\frac{\partial \bar{u}}{\partial Y}\mathrm{d}X\mathrm{d}Y \tag{58}$$

$$\iint_W \bar{\beta}_y^{-1}\frac{\partial}{\partial T}(\nu^2 |\Psi_0|^2)\mathrm{d}X\mathrm{d}Y = 0 \tag{59}$$

$$\iint_W \left[\frac{\partial}{\partial T}(\nu^2 |\Psi_0|)^2 + \frac{\bar{u}_0 - \bar{u}}{\bar{\beta}_y}\frac{\partial}{\partial T}(\nu^2 |\Psi_0|)^2\right]\mathrm{d}X\mathrm{d}Y = 0 \tag{60}$$

其中 $\bar{u}_0$ 为一个常数。这三个积分分别对应于式(33)、式(34)和式(35)。故稳定和不稳定性的判据和第二节第 2 点的相同,只不过是只对应于波包所盘踞的区域。

若基流是带状的和常定的($\bar{u}$ 只是 $Y$ 的函数,$\bar{v}=0$),则式(46)可改写成更紧凑的形式

$$\frac{\partial}{\partial T}\left[\frac{(\nu^2 |\Psi_0|)^2}{2\bar{\beta}_y}\right] + \frac{\partial}{\partial X}\left[C_{gx}\frac{(\nu^2 |\Psi_0|)^2}{2\bar{\beta}_y}\right] + \frac{\partial}{\partial Y}\left[C_{gy}\frac{(\nu^2 |\Psi_0|)^2}{2\bar{\beta}_y}\right] = 0 \tag{61}$$

引入扰动的能量密度 $e' \equiv \nu^2 |\Psi_0|^2/2$,并利用式(45),就有

$$-\frac{(\nu^2 |\Psi_0|)^2}{2\bar{\beta}_y} = \frac{e'}{\dfrac{\sigma}{m} - \bar{u}} \tag{62}$$

$e'/[(\sigma/m) - \bar{u}]$ 被 Brethertin[28](1969)称为波作用量(wave action)。式(61)表明波作用量守恒。按式(48)和式(49),在带状基流情况下,$\sigma$ 和 $m$ 沿群速 $\vec{C}_g$ 传播,但不变。于是,

式(61) 和式(62) 一起可用来方便地计算 $e'$ 沿 $\vec{C}_g$ 的演变。但应提出，若波包区域包含有 $\bar{\beta}_y=0$ 的线，则在其上有 $\sigma-m\bar{u}=0$，波作用量可能不存在，但式(46)、式(58)和式(59)仍然成立。此外，在非带状基流情况下波作用量守恒会破坏(Yamagata[29]，1976)。但总位熵(total enstrophy)近似守恒，如果 $O(\bar{\beta}_x)=O(\bar{\beta}_y)=O(\varepsilon)$ 和($\partial\bar{u}/\partial X+\partial\bar{v}/\partial Y=0$) 的话(曾庆存和卢佩生[18]，1981；Young and Rhines[19]，1980)。若 $\partial\bar{u}/\partial X+\partial\bar{v}/\partial Y\neq 0$，甚至连总位熵近似守恒也会破坏(曾庆存和卢佩生[18]，1981)。

在波状但不必是常定的基流情况下，我们有两个方程，一个阐明二维波数的变化，另一个阐明槽脊线倾斜的变化：

$$\frac{\mathrm{D}_g}{\mathrm{D}T}(m^2+n^2)=\frac{\mathrm{D}_g n^2}{\mathrm{D}T}=-2mn\left(\frac{\partial\bar{u}}{\partial Y}+\nu^{-4}\bar{\beta}_y\frac{\partial\rho^2}{\partial Y}-\nu^{-2}\frac{\partial\bar{\beta}_y}{\partial Y}\right) \tag{63}$$

$$\frac{\mathrm{D}_g}{\mathrm{D}T}\left(\frac{n}{m}\right)=-\left(\frac{\partial\bar{u}}{\partial Y}+\nu^{-4}\bar{\beta}_y\frac{\partial\rho^2}{\partial Y}-\nu^{-2}\frac{\partial\bar{\beta}_y}{\partial Y}\right) \tag{64}$$

若 $\bar{\beta}_y\neq 0$，式(63)还可改写成

$$\bar{\beta}_y\frac{\mathrm{D}_g}{\mathrm{D}T}\left(\frac{\nu^2}{\bar{\beta}_y}\right)=-mn\frac{\partial\bar{u}}{\partial Y},\qquad 若\ \bar{\beta}_y\neq 0 \tag{65}$$

设在北半球西风带里有西风急流 $\bar{u}(Y)$，其轴($\bar{u}$ 为最大值) 位于 $Y=Y_0$，(如图 1(a))，典型的发展型和衰减型扰动的槽脊线分别如图 1(b)和(c)，而流场型(并叠加于基流上)则如图 2 所示。

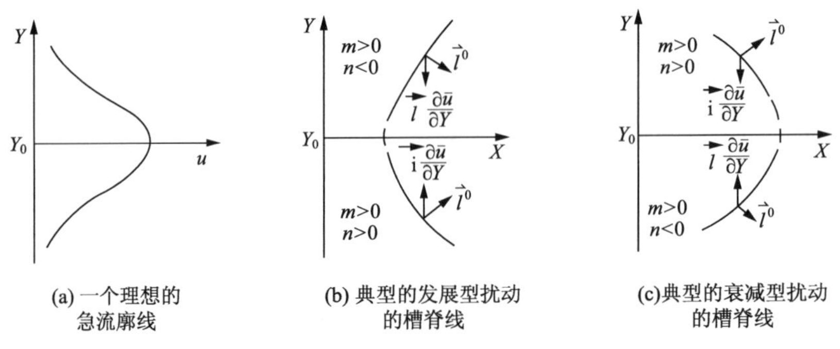


图 1　一个理想的急流和槽脊线形势

$\vec{l}^0$ 是波射线方向

在实际大气中有 $L_0\cong 3\times 10^3$ km，长波之 $L^*\approx 10^3$ km，短波 $L^*<10^3$ km，故对长波有 $O(L_0/L^*)=O(1)$，$O(R_0)<O(1)$，和 $O(\bar{\beta}_y)=O(1)$，以及对短波有 $O(L_0/L^*)>O(1)$ 和 $O(\bar{\beta}_y)<O(1)$。在所有情况下，都有 $\rho^2$ 为小量，在式(63) 和式(64) 中 $\partial\rho^2/\partial Y$ 可忽略。若急流为中等强度或是弱的，$\bar{\beta}_y$ 是正的，且 $\bar{\beta}_y$ 的主项是 $R_0^{-1}\partial(\cos\theta/\cos\theta_0)/\partial Y$，从而 $\partial\bar{\beta}_y/\partial Y$ 为负。在急流以南(有 $\partial\bar{u}/\partial Y>0$)，于是式(63) 右端剩的两项同号，在发展型扰动($mn>0$) 中它们为负，而在衰减型扰动($mn<0$) 则为正。式(63) 和式(64) 表明，在急流以南，扰动发展(或衰减) 时波长变长(或缩短)，而槽脊线倾斜度变小(或变大)。但在急流

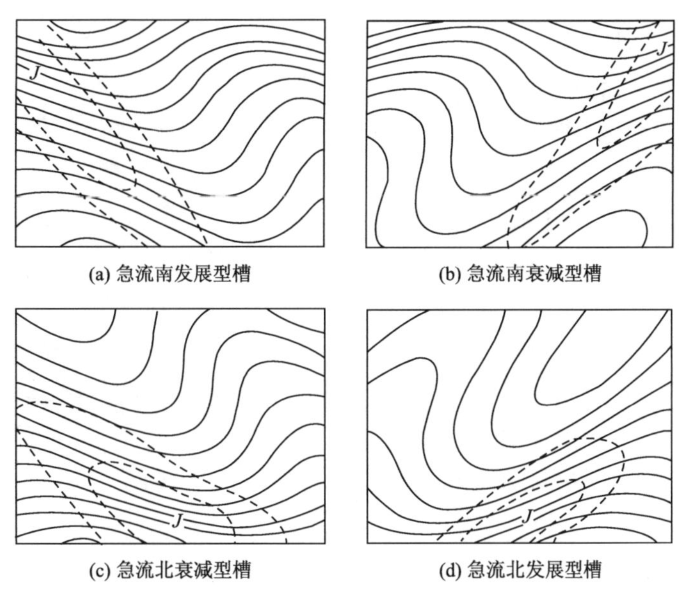


(a) 急流南发展型槽 (b) 急流南衰减型槽

(c) 急流北衰减型槽 (d) 急流北发展型槽

图 2 典型的正压发展和衰减的流场型

虚线是强风区的等风速线,J 表急流核心区

以北(有 $\partial\bar{u}/\partial Y < 0$),若急流不是太弱($|\partial\bar{u}/\partial Y|$ 不太小),则式(63) 和式(64) 中的主项为 $\partial\bar{u}/\partial Y$,关于扰动的尺度和轴线倾斜度的变化的结论仍然正确。只是扰动轴线指向正好与急流南者相反(见图 1 和图 2)。

因 $\bar{\beta}_y > 0, C_{gy} = 2mn\bar{\beta}_y\nu^{-4}$ 就与 $mn$ 同号,故发展型扰动的振幅极大值移向急流轴,而衰减型者则由急流轴移出。取 $\bar{u}_0 = \bar{u}(Y_0)$,设式(60) 中$(\bar{u}_0 - \bar{u})/\bar{\beta}_y \geqslant 0$ 且在 $Y = Y_0$ (急流轴)上有极小值,则在第二节的第 2 点中所述的使 $l_w$ 增大(或减小)的两种途径同时满足。

设初始时刻有一发展型波包,它在第一阶段将发展,从带状基流抽取能量,其槽脊线逐渐变得不那么倾斜;然后槽脊线变成南北向,波幅(能量)达到最大;再其后,槽脊线向相反方向变得越来越倾斜,波包衰减,其能量不断为基流所吸收。这就是 Rossby 波包的生命史,可概略表示如图 3 所示。其中展示的是东传波,即 $\bar{u}>0,\sigma>0,m>0$。

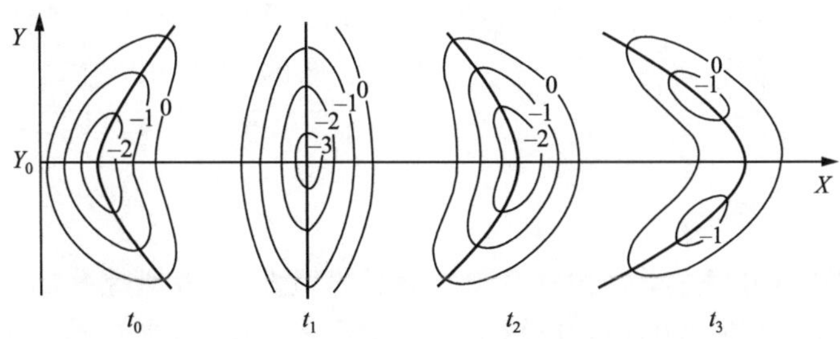


图 3 Rossby 波包的生命史,粗线为槽线,细线为扰动场等直线

($t_0<t_1<t_2<t_3$)

设一波包中心初始时刻位于 $Y = Y^{(0)}$,有初始波数$(m^{(0)}, n^{(0)})$ 和频率 $\sigma^{(0)} = m^{(0)}\bar{u}^{(0)}$

$-m^{(0)}\bar{\beta}_y^{(0)}/(\nu^{(0)})^2$，其中 $\bar{u}^{(0)}\equiv\bar{u}(Y^{(0)})$，$\bar{\beta}_y^{(0)}\equiv\bar{\beta}_y(Y^{(0)})$，$(\nu^{(0)})^2\equiv(m^{(0)})^2+(n^{(0)})^2+\rho^2(Y^0)$。若有 $Y_c$ 存在，使得在 $Y_c$ 处有 $\sigma^{(0)}-m^{(0)}\bar{u}(Y_c)=0$，则称此 $Y_c$ 为该波包的临界线(critical line)。当波包趋向其临界线时，因 $\sigma$ 和 $m$ 保持不变，故按波作用量守恒[式(61)和式(62)]，应有能量 $e'\to 0$，振幅 $|\Psi_0|\to 0$。这表明，该波包的能量将最终为带状基流所完全吸收。当波包为由长波(从而 $\bar{\beta}_y/\nu^2$ 不大)组成，而西风带只有单一的且足够强的急流($\bar{u}$ 在急流两边各为 $Y$ 的单调函数，且切变够大足以使在某个 $Y=Y_c$ 达到 $\bar{u}(Y_c)=\sigma^{(0)}/m^{(0)}>\bar{u}^0-\bar{\beta}_y(\nu^{(0)})^2$，情况就应是那样子的)。

至若波包为由超长波组成，其 $|m^{(0)}|$ 和 $|n^{(0)}|$ 很小，于是 $\sigma^{(0)}$ 为负，就需要有足够强的基流东风才能全部吸收波包的能量。此外，若有双重急流，且在两个急流之间没有临界线，则衰减中的波包当传过 $\bar{u}$ 的最小值时会重新增强，然后在某纬度反射，如此反复增强和衰减。这样，波包总有一部分能量保持着，形成在该区域的波导(wave guide)，如图 4 所示。

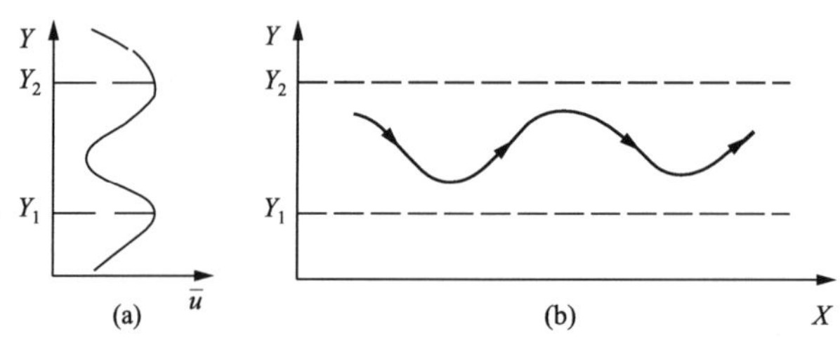


图 4　一个理想的具有双重急流的基流(a) 及其间的波导(b)
带箭头的粗线表波射线

最后，若急流太弱($|\partial\bar{u}/\partial Y|$ 太小)，则关于急流北的扰动特性的演变的规律性须要加入一些条件和更细心的分析才能推出。例如，对短波来说，由于 $O(\bar{\beta}_y)$ 太小或者 $m^2$(或 $n^2$)及 $\nu^2$ 太大，$\nu^{-2}\partial\bar{\beta}_y/\partial Y$ 可以忽略。而当急流太强或太窄，特别是 $\bar{\beta}_y$ 甚至可变号，就没有关于扰动波长变化的简单规律，必须进一步研究。

必须指出，扰动的波包表示法在几何图像上很简明，WKB 方法可给出很简美的数学公式。尽管如此，一则因真实的扰动很难由单一的波包表示而有足够精度，从而必须有几个波包的组合，而研究其相互干涉则是必须的；二则，WKB 方法引入了对原方程的近似，故得到的结论只是近似因而更准确的方法是值得探求的，这些问题在第四节(见第(二)部分)将有所讨论。

3. 非带状基流情况

在实际的大气中常有由动力和热力作用形成的超长波，故研究叠加于非带状基流之上的扰动之演变及其与后者的相互作用更有实际意义。这需要进一步研究。我们这里只能给出一些事例。

设有一急流轴位于 $Y_0$ 的带状环流 $\bar{\psi}_z$ 和一超长波

$$\bar{\psi}_u=-A\cos MX\cdot\cos N(Y-Y_u) \tag{66}$$

其中超长波的波数 $(M,N)$ 及振幅 $A$ 和位置满足 $N>M>0$,$A>0$,$Y_u<Y_0$(超长波在急流之南)且 $A$ 及 $M$ 足够小。由此组成的基流 $\bar{\psi}=\bar{\psi}_z+\bar{\psi}_u$ 如图 5 所示。按象限将 $XY$ 平面分为四区,Ⅰ,Ⅱ,Ⅲ 和 Ⅳ(见图 5),分别对应于主脊线之东北($0>X>-\pi/(2M)$,$Y_u<Y<Y_0$)、主脊线之东南($0>X>-\pi/(2M)$,$Y_u>Y>Y_u-\pi/(2N)$)、主槽之东北($0<X<\pi/(2M)$,$Y_u<Y<Y_0$)和主槽之东南($0<X<\pi/(2M)$,$Y_u>Y>Y_u-\pi/(2N)$)。如此,在所有四区都有 $\partial\bar{u}/\partial Y>0$,而在 Ⅰ 和 Ⅳ 区有 $\partial\bar{u}/\partial X<0$,但在 Ⅱ 和 Ⅲ 区有 $\partial\bar{u}/\partial X>0$。

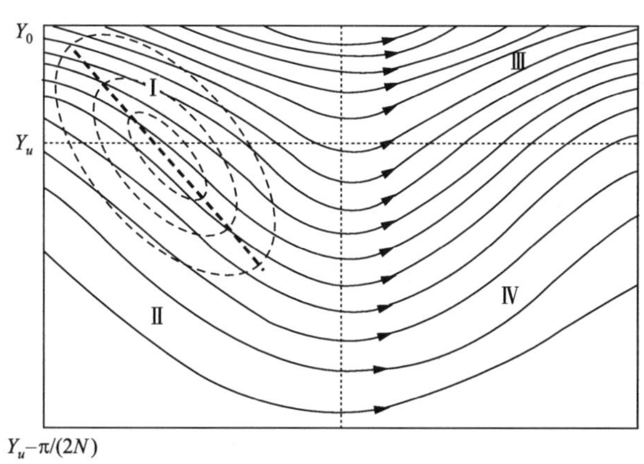


图 5　一个非带状基流(实线)和一个发展型扰动(细虚线)
扰动的轴线(槽线)由粗虚线表示

设有一导式波包($mn>0$)位于 Ⅰ 和 Ⅱ 区之间 $n^2>m^2$(扰动在南北向较平浅,槽脊线与 $Y$ 轴交角 $\delta$ 大于 $\pi/4$,见图 5)。

按照式(55),由于在这二区内主要项 $mn\partial\bar{u}/\partial Y>0$,可知这扰动是发展型的,但其北部(在 Ⅰ 区)比其南部(在 Ⅱ 区)发展得更快,这是因为在 Ⅰ 区 $(m^2-n^2)\partial\bar{u}/\partial X$ 和 $mn\partial\bar{u}/\partial Y$ 都为正;而 $(m^2-n^2)\partial\bar{u}/\partial X$ 在 Ⅱ 区为负,部分抵消了 $mn\partial\bar{u}/\partial Y$。这也许可解释大槽后小槽加速发展南下现象。

设在Ⅲ,Ⅳ区有曳式波包($mn<0$),且 $n^2>m^2$,则其北部比南部衰减得快些。这也许可解释大槽前小槽加速衰减北缩现象。

若 $m^2-n^2=0$ 或很小,则其他贡献也须考虑。

此外,式(49)和式(50)可简化如下:

$$\frac{\mathrm{D}_g m}{\mathrm{D}T}\approx -m\frac{\partial\bar{u}}{\partial X} \tag{67}$$

$$\frac{\mathrm{D}_g n}{\mathrm{D}T}\approx -m\frac{\partial\bar{u}}{\partial Y}-n\frac{\partial\bar{u}}{\partial X}+\frac{m}{\nu^2}\frac{\partial\bar{\beta}_y}{\partial Y} \tag{68}$$

据此可知,导式波包在Ⅰ和Ⅱ区之 $|m|$ 和 $|n|$ 随时间俱减(即扰动尺度俱变宽),但Ⅱ区比Ⅰ区更显著;而曳式波包在Ⅳ区 $|m|$ 和 $|n|$ 随时间俱增(扰动尺度俱变小)。

若 $Y_0$ 接近于 $Y_u$,且若 $m^2-n^2$ 为小量,则在主脊东面的导式槽($mn>0$)发展,且同时增大其经向和纬向的尺度,然后变为深槽和加宽,取代了原来的主槽。这就是所谓超长波后退现象的一种典型过程。反之，在主槽东的曳式槽($mn<0$)既衰减，且其经向和纬向尺度同时减小。

4. 非地转运动的波包

原始方程(25)和(26)经线性化后，有三类波动解，即 Rossby-Houwitz 波(涡旋)，前向传播和后向传播的重力-惯性波。由于线性关系，三种波包无相互作用。

求解线性化原始方程得到的 Rossby 波包只与由准地转模式者略有差别(见曾庆存和卢佩生[18]，1981)，这是因为：若将 $v'_\lambda$，$v'_\theta$和$\phi'$ 的直接展成ε 的幂函数的话，则 $\bar{\beta}_x$ 和 $\bar{\beta}_y$ 不出现在频散关系中，而式(59)中的 $\bar{\beta}_y$ 为一常数。(从而当 $\partial\bar{u}/\partial X+\partial\bar{v}/Y=0$ 时有总位熵守恒)。

使用局地标准坐标系并略去表征曲率影响的小项(metric terms)，则从线性化的原始方程式组可得关于重力-惯性波波包结构和演变的方程，从而得到和我们原先工作(曾庆存[6]，1979；曾庆存和卢佩生[18]，1981)相同的结论。其实，对扰动引入特征尺度 $t^*=f_0^{-1}$，$L^*=L_0=\sqrt{\tilde{\phi}}/f_0$，$U^*$ 和 $\phi^*=f_0L^*U^*$，和对基流引入特征尺度 $\varepsilon^{-1}t^*$，$\varepsilon^{-1}L_0$，$rU^*$ 和 $\varepsilon^{-1}rf_0L_0U^*$，可得关于扰动演变的方程如下：

$$\begin{cases}\dfrac{\partial\hat{u}'}{\partial t}+U\dfrac{\partial\hat{u}'}{\partial x}+V\dfrac{\partial\hat{u}'}{\partial y}-f\hat{v}'+\mu^2\dfrac{\partial\phi'}{\partial x}+\varepsilon\left[\left(u'\dfrac{\partial U}{\partial X}+v'\dfrac{\partial U}{\partial Y}\right)-\hat{u}'\left(\dfrac{\partial U}{\partial X}+\dfrac{\partial V}{\partial Y}\right)\right]=0\\ \dfrac{\partial\hat{v}'}{\partial t}+U\dfrac{\partial\hat{v}'}{\partial x}+V\dfrac{\partial\hat{v}'}{\partial y}+f\hat{u}'+\mu^2\dfrac{\partial\phi'}{\partial y}+\varepsilon\left[\left(u'\dfrac{\partial V}{\partial X}+\hat{v}'\dfrac{\partial V}{\partial Y}\right)-\hat{v}'\left(\dfrac{\partial U}{\partial X}+\dfrac{\partial V}{\partial Y}\right)\right]=0\\ \dfrac{\partial\phi'}{\partial t}+U\dfrac{\partial\phi'}{\partial x}+V\dfrac{\partial\phi'}{\partial y}+\dfrac{\partial\hat{u}'}{\partial x}+\dfrac{\partial\hat{v}'}{\partial y}+\varepsilon\phi'\left(\dfrac{\partial U}{\partial X}+\dfrac{\partial V}{\partial Y}\right)=0\end{cases}\tag{69}$$

其中 ε 为小参数，所有变量都是无量纲的，包括 $f$ 和$(X,Y)=\varepsilon(x,y)$；而

$$\begin{cases}\mu^2=1+\dfrac{rf_0L_0U^*}{\varepsilon\tilde{\phi}}\bar{\phi}\\ (\hat{u}',\hat{v}')\equiv\mu^2(u',v')\\ (U,V)\equiv\dfrac{rU^*}{f_0L^*}(\bar{u},\bar{v})\end{cases}\tag{70}$$

$\bar{\phi}$ 则是与基流对应的位势与平均值的偏差。取 $t^*=f_0^{-1}$，并取 $\phi^*=f_0L^*U^*$，就是说我们拟研究的是重力 — 惯性波，而非纯粹的重力波。取 $L^*=L_0$，就是说扰动是中尺度的，而基流则是大尺度的，假如 $L_0\approx10^5\,\text{m}$ 的话；或者扰动是大尺度的而基流是行星尺度的，假如 $L_0\approx10^6\,\text{m}$。当 $r=10$，$U^*=1\text{m/s}$，$L^*=10^5\,\text{m}$ 和 $f_0=10^{-4}\,\text{s}^{-1}$ 时有 $rU^*/(f_0L^*)=1$；当$r=40$，$U^*=1\text{m/s}$，$L^*=10^6\,\text{m}$ 和 $f_0=10^{-4}\,\text{s}^{-1}$ 时，有 $rU^*/(f_0L^*)=0.4$。在这两种情况下，$(U,V)$ 和 $\mu^2$ 都是缓变函数。令 $T=\varepsilon t$，就有 $\left(\dfrac{\partial}{\partial T}+U\dfrac{\partial}{\partial X}+V\dfrac{\partial}{\partial Y}\right)\mu^2+\mu^2\left(\dfrac{\partial U}{\partial X}+\dfrac{\partial V}{\partial Y}\right)=0$，(关于基流演变的整套方程将在(二)中第五节给出)。

令

$$\begin{cases}\hat{u}'=[\hat{u}_0(X,Y,T)+\varepsilon\hat{u}_1(X,Y,T)+\cdots]\exp[i\theta(x,y,t)]\\\hat{v}'=[\hat{v}_0(X,Y,T)+\varepsilon\hat{v}_1(X,Y,T)+\cdots]\exp[i\theta(x,y,t)]\\\phi'_0=[\hat{\phi}_0(X,Y,T)+\varepsilon\hat{\phi}_1(X,Y,T)+\cdots]\exp[i\theta(x,y,t)]\end{cases}\tag{71}$$

对于重力-惯性波波包,就有如下的频散关系、群速度公式,以及关于它们和波数的演变方程:

$$\xi^2=f^2+\mu^2(m^2+n^2),\quad \xi=-\sigma+mU+nV$$

$$C_{gx}=\partial\sigma/\partial m=U-\mu^2m/\xi,\quad C_{gy}=\frac{\partial\sigma}{\partial n}=V-\mu^2n/\xi$$

$$\begin{cases}\dfrac{D_g\sigma}{DT}=m\dfrac{\partial U}{\partial T}+n\dfrac{\partial V}{\partial T}-\dfrac{m^2+n^2}{2\xi}\dfrac{\partial\mu^2}{\partial T}\\\dfrac{D_gm}{DT}=-\left(m\dfrac{\partial U}{\partial X}+n\dfrac{\partial V}{\partial X}-\dfrac{m^2+n^2}{2\xi}\dfrac{\partial\mu^2}{\partial X}-\dfrac{1}{2\xi}\dfrac{\partial f^2}{\partial X}\right)\\\dfrac{D_gn}{DT}=-\left(m\dfrac{\partial U}{\partial Y}+n\dfrac{\partial V}{\partial Y}-\dfrac{m^2+n^2}{2\xi}\dfrac{\partial\mu^2}{\partial Y}-\dfrac{1}{2\xi}\dfrac{\partial f^2}{\partial Y}\right)\end{cases}\tag{72}$$

$$\frac{D_g}{DT}\ln\mu^2(m^2+n^2)=-\left(\frac{\partial U}{\partial X}+\frac{\partial V}{\partial Y}\right)-\frac{1}{m^2+n^2}\left[m^2\frac{\partial U}{\partial X}+n^2\frac{\partial V}{\partial Y}+mn\left(\frac{\partial U}{\partial Y}+\frac{\partial V}{\partial X}\right)\right]+\frac{1}{\mu^2(m^2+n^2)}\left(\frac{\mu^2m}{\xi}\frac{\partial f^2}{\partial X}+\frac{\mu^2n}{\xi}\frac{\partial f^2}{\partial Y}\right)\tag{73}$$

速度 $(\hat{u}_0,\hat{v}_0)$ 和位势 $\hat{\phi}_0$ 有以下关系:

$$\hat{u}_0=\frac{-m\xi+inf}{m^2+n^2}\hat{\phi}_0,\quad \hat{v}_0=\frac{-n\xi-inf}{m^2+n^2}\hat{\phi}_0\tag{74}$$

由关于位势场 $\hat{\phi}_0$ 的演变方程可得能量密度 $e'_0$ 和波作用量 $A$ 的积分如下:

$$\frac{\partial}{\partial T}\iint_w e'_0\mathrm{d}X\mathrm{d}Y=-\iint_w\frac{e'_0}{2\xi^2}\left\{(\xi^2+f^2)\left(\frac{\partial U}{\partial X}+\frac{\partial V}{\partial Y}\right)+2\mu^2\left[m^2\frac{\partial U}{\partial X}+n^2\frac{\partial V}{\partial Y}+mn\left(\frac{\partial U}{\partial Y}+\frac{\partial V}{\partial X}\right)\right]\right\}\mathrm{d}X\mathrm{d}Y\tag{75}$$

$$\frac{\partial A}{\partial T}+\nabla\cdot(A\vec{C}_g)=-A\left[\frac{f^2}{\xi^2}\left(\frac{\partial U}{\partial X}+\frac{\partial V}{\partial Y}\right)+\frac{1}{2\xi^2}\frac{Df^2}{DT}\right]\tag{76}$$

其中

$$e'_0\equiv\frac{1}{2}[\mu^{-2}(|\hat{u}_0|^2+|\hat{v}_0|^2)+|\hat{\phi}_0|^2]=\frac{\xi^2}{\mu^2(m^2+n^2)}|\hat{\phi}_0|^2\tag{77}$$

$$A\equiv e'_0/\sqrt{\xi^2}\tag{78}$$

$$D_g/DT\equiv\partial/\partial T+C_{gx}\partial/\partial X+C_{gy}/\partial Y$$

方程(75)类似于式(33),其实,如基流有辐散(见第(二)部分第五节)则式(33)右端还应有更多的项。

假设在北半球西风带里有 $V\approx0$,从而 $\partial U/\partial Y-\partial V/\partial X\neq0$ 及 $\partial V/\partial Y\approx0$,则由式(73)和式(75)可得:①若波包在急流轴附近生成,则在急流两边,凡顺风传播者($\xi>0$)都是发展的,而逆风传播者($\xi<0$)则是衰减的。②若产生波包的源远离急流轴,则顺风传

播的波包先向急流方向传播并能量逐渐减弱，而后或者反射，或者由急流轴一边传出至另一边，但都将增强；但逆风传播者先向急流方向传播并能量逐渐增加，然后穿透急流轴而不断减弱。③南传且衰减的波包其加权波数 $\mu^2(m^2+n^2)^{1/2}$ 减小，但北传且发展的波包其加权波数则增加；而北传衰减型和南传增强型的波包其加权波数的演变不好确定，这是由于还有 $\partial f^2/\partial Y$ 的影响。上述各种波包的结构和特性概略如图 6 所示。注：上述的波都是只指大尺度重力-惯性波。

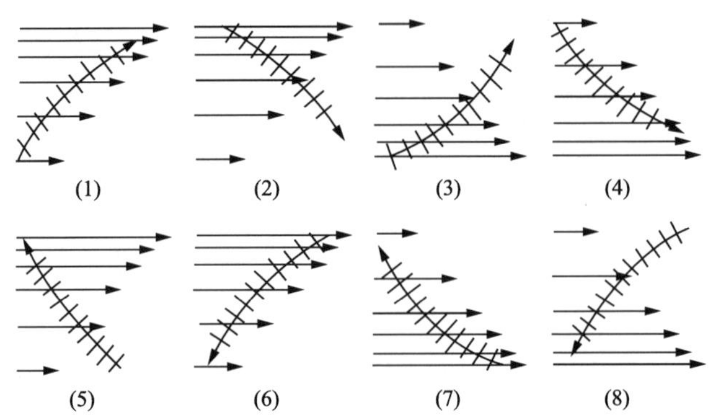


图 6　迭加于切变基流上的各种重力-惯性波波包的结构示意图

基流风速度由带箭头的线表示，越长表风速越大。波包的波射线和等位相线由一带箭头的曲线和小断线分别表示，箭头表传播方向。图中 1,4,6 和 7 为衰减型，其余为发展型

式(77)表明：正压带状基流不可能全部吸收大尺度重力-惯性波波包的能量。其实，若 $V=0$ 和 $\partial U/\partial X+\partial V/\partial Y=0$，有波作用量守恒。但 $\xi^2$ 永不为零，从而 $e'_0$ 不可能为零。故在正压大气中，超长波基流和大尺度重力-惯性波相互作用或大尺度有辐散的基流和中尺度重力-惯性波的相互作用才可能更有效地吸收重力-惯性波的能量。

## 参考文献

[1] Starr V P. J. Met. ,1958,5:39-43.
[2] Lorenz E N. WMO-No. 218,1967,115:161.
[3] 叶笃正，朱抱真. 大气环流的若干基本问题. 北京：科学出版社，1958.
[4] Fjϕrtoft R. Tellus,1953,5:225-230.
[5] Rhines P B. J. Fluid Mech. ,1975,69:417-443.
[6] 曾庆存. 数值天气预告的数学物理基础. 第一卷. 北京：科学出版社，1979.
[7] Zeng Q C,Scientia Sinica,1979,22:945-957.
[8] Kuo H L. J. Met. ,1951,8:307-315.
[9] Zeng Q C. J. Met. Soc. Japan,1982,60(1):24-31.
[10] Rossby C G. J. Marine Res. , 1938,1:239-263.
[11] Yeh T C. J. Met,1949,6:1-16.
[12] Dickinson R E. J. Atmos. Sci. ,1968,25:984-1002.
[13] 巢纪平，叶笃正. 大气科学，1977,1(2):81-88

[14] Grose W L, et al. J. Atmas. Sci., 1979, 36: 223-234.
[15] 刘式适,杨大升. 气象学报,1979,37:14-27.
[16] 季劲均. 气象学报,1979,37:90-96.
[17] 陈久康. 气象科学,1980,1:27-41.
[18] Zeng Q C, et al. Scientia Sinica, 1981, 24: 508-520.
[19] Young W R, et al. Geophys. Astrophys. Fluid Dynamics, 1980, 15: 39-52.
[20] 卢佩生,曾庆存. 大气科学,1981,5:1-8.
[21] 卢佩生. 气象学报,1981,39:2.
[22] Hoskins B J, et al, J. Atmos. Sci., 1981, 38: 1179-1196.
[23] Hayashi Y. J. Atmos. Sci., 1981, 38: 1179-1205.
[24] Zeng Q C. J. Atmos. Sci., 1983, 40: 73-84.
[25] Zeng Q C. Tellus, 1983, 35A: 337-349.
[26] Zeng Q C. Presented at the IAMAP-WMO Symposium on Maintenance of the Quasi-stationary Components of the Flow in the Atmosphere and in Atmospheric Models, Paris, August 29-September 2, 1983.
[27] Karoly D J, et al. J. Met. Soc. Japan, 1982, 60: 109-123.
[28] Bretherton F P, et al. Proc. Roy. Soc. London, 1969, A(302): 529-554.
[29] Yamagata T. J. Oceanogr. Soc. Japan, 1976, 32: 162-168.

12

# 旋转正压大气中大尺度扰动的演变过程及其与基流的相互作用(二)

曾庆存　卢佩生　李荣凤　袁重光

(中国科学院大气物理研究所)

摘要　本文第一部分(一)已讨论了两方面问题：二维正压大气运动的一般特性，以及两种波包(Rossby 波包和重力—惯性波波包)的结构和其演变过程。本部分(二)将讨论另三方面的问题。第三方面问题为准地转模式和非地转(即原始方程)模式的标准模和连续谱，它们的不同特质，以及将标准模方法和波包方法进行比较。第四方面问题为基于对涡动传输(eddy transports)分析的弱非线性相互作用理论，其中包括有非带状基流和非地转模式。第五方面问题是完全非线性问题的理论分析，重点在非带状扰动能够维持的条件，以及它们被基流不断和完全吸收的条件。还讨论了二维湍流的能量级串与 Rossby 波吸收的比例。

## 四、标准模方法

1. 准地转模式的标准模和连续谱

本文(一)中将扰动表示为波包并用 WKB 方法进行研究，其优点是几何图像简明和优美的数学公式；但其缺点则是：只能应用于那些在时间和空间尺度上都比基流者为小的扰动。故仍然有必要应用标准模方法(normal mode method)或即特征谱展开法研究一般的初值问题。

标准模方法被成功地发展起来并应用于流体运动的不稳定问题(例如，林家翘[Lin][1],1955)。郭晓岚(Kuo[2],1949)最早用来研究旋转大气中的正压不稳定。但是，对于无粘性流体来说，其标准模(normal modes)并不构成完备的基，必须求出相伴的连续谱(contiuous spectrum)才能解决完整的问题。令

$$\psi'(\lambda,\theta,t)=\Psi(\theta)\mathrm{e}^{\mathrm{i}m(\lambda-ct)} \tag{79}$$

将式(79)代入式(16)，即设基流为带状和常定的，就有

$$(\bar{\dot{\lambda}}-c)\left\{\frac{\mathrm{d}}{\mathrm{d}y}(1-y^2)\frac{\mathrm{d}\Psi}{\mathrm{d}y}-\left[\frac{m^2}{a^2(1-y^2)}+K\frac{f_0^2}{\tilde{\varphi}}\right]\Psi\right\}-\left(\frac{m}{a}\right)\frac{\partial\bar{q}}{\partial y}\Psi=0 \tag{80}$$

其中 $y\equiv a\cos\theta$，$\partial\bar{q}/\partial y$ 为基流位涡梯度并设为连续的；$c$ 称为式(80)的特征值(eigenval-

原载：*Advances in Atmospheric Sciences*,1986,3(2):172-188。译自英文。——编者

ue)或离散谱(discrete spectrum),如果相应的解 $\Psi$ 为在 $-1\leqslant y\leqslant 1$ 有直到第二阶连续微商的函数的话;而这样的函数就称为一个特征函数(eigenfunction)或一个离散模(mode)。由这样的 $c$ 和 $\Psi$ 组成的 $\psi'$(即式(79))一般又称为一个标准模(normal mode)。很明显,标准模是式(80)和式(16)的特解。每一个特征值 $c$ 必定或为复数(不稳定情况),或为实数,但有 $c<\bar{\dot{\lambda}}_{\min}$ 或 $c>\bar{\dot{\lambda}}_{\max}$,其中 $\dot{\lambda}_{\min}\leqslant\dot{\lambda}\leqslant\bar{\dot{\lambda}}_{\max}$。离散谱点的较准确界限由所谓半圆定理(semicircle theorem,如 Howard[3],1961;Pedlosky[4],1964;Kuo[5],1973 和 Wang[6],1983)确定。

满足 $\bar{\dot{\lambda}}_{\min}\leqslant c\leqslant\bar{\dot{\lambda}}_{\max}$ 的实数 $c$ 使得式(80)在 $y_c$ 处有奇异点,其中 $c=\bar{\dot{\lambda}}(y_c)$,从而 $\Psi$ 在 $y_c$ 处有对数奇异性(logarithmic singularity),而非式(80)和式(16)的通常解。区间 $\bar{\dot{\lambda}}_{\min}\leqslant c\leqslant\bar{\dot{\lambda}}_{\max}$ 构成连续谱(continuous spectrum),而相应的 $\Psi(\theta;c)$ 称为谱函数(spectral function)。注:离散谱点对应的特征函数亦称谱函数。对于一个 $m$,记离散谱点及其相应的模为 $C_{mn}$ 和 $\psi_{mn}(y)$,$(m,n=1,2,\cdots)$;而记连续谱函数为 $\Psi_m(y;c)$,则每一个式(16)的通常解可表为

$$\Psi'(\lambda,y,t)=\mathrm{Re}\left\{\sum_m\left[\sum_n A_{mn}\Psi_{mn}(y)\mathrm{e}^{\mathrm{i}m(\lambda-C_{mn}t)}+\right.\right.$$

$$\left.\left.\int_{\bar{\dot{\lambda}}_{\min}}^{\bar{\dot{\lambda}}_{\max}}A_m(c)\Psi_m(y;c)\mathrm{e}^{\mathrm{i}m(\lambda-ct)}\mathrm{d}c\right]\right\}\equiv\mathrm{Re}\left[\sum_m\psi'_{md}(\lambda,y,t)+\psi'_{mc}(\lambda,y,t)\right]\tag{81}$$

其中 $A_{mn}$ 和 $A_m(c)$ 为展开系数(Zeng 等[7],1981;Lu 等[8],1983),它们由初始场及与式(80)相对应的伴随算子(adjoint operator)的谱函数决定。

2. 准地转模式中扰动的行为

令

$$\Psi_{mn}(y)\equiv\Psi_{mn}^{(r)}(y)+\mathrm{i}\Psi_{mn}^{(i)}(y)\equiv|\Psi_{mn}(y)|\mathrm{e}^{\mathrm{i}\sigma_{mn}(y)}\tag{82}$$

则有:若 $C_{mn}$ 为实数时,$\sigma_{mn}$ 不依赖于 $y$,无相角差;若 $c$ 为复数且虚部不为零则 $\mathrm{d}\sigma_{mn}(y)/\mathrm{d}y\neq 0$。其意义是单个中性波($C_{mn}$ 为实数)和基流无相互作用;但不稳定波(无论发展和衰减)必与基流有能量交换,故 $u'v'$ 和 $\mathrm{d}\sigma_{mn}(y)/\mathrm{d}y$ 不恒等于零。

当然,在不稳定情况下,每一个衰减模或它们的线性组合其能量会最终全部被基流所吸收。此外,与单个中性模不同,几个中性模的组合可能与基流有相互作用,因为它们不相互正交,即使基流满足稳定性判据。但这种相互作用是瞬变性的,扰动始终存在。

与稳定情况下的离散模不同,对应于连续谱的扰动 $\psi'_{mc}$ 总与基流有相互作用。曾[7](1981)和 Lu 等[8](1983)指出,当 $t\to\infty$ 时 $\psi'_{mc}$ 和 $|\partial\psi'_{mc}/\partial y|$ 趋向于零。这表明,单由连续谱组成的扰动,不管它在初始时段是发展还是衰减,它的能量最终会被基流全部吸收。但其位涡守恒(按式(18)),故当 $t\to\infty$ 时 $\psi'_{mc}$ 为广义函数。

由以上的分析可知,在经过一长段时间后,扰动将剩下中性模和发展型不稳定模(若有的话),而由连续谱扰动及衰减型不稳定模组成的扰动则变得很弱。在满足稳定性判据的基流情况下扰动被完全吸收的充分和必要条件是扰动为由连续谱所组成。而在满足不

稳定判据的基流情况下，则为扰动不含有发展型模和中性模(若有这种离散谱点的话)。

用 $\beta$-平面近似和用有限差分法，Lu 等[8](1983)的结果表明，在基流满足稳定性判据时，只有少数几个离散谱点对应的模有大的经向尺度，当网格距趋向零时，它们各自趋向于一定的极限函数。而在 $\dot{\bar{\lambda}}_{\min} \leqslant c \leqslant \dot{\bar{\lambda}}_{\max}$ 区间，也有“计算谱点”，即对应于差分算子的矩阵特征值随着网格距的减小而越来越多且越来越密，相应的谱函数 $\Psi_m(y,c)$ 有很小的尺度，形为局地的扰动(图 7)。这说明，若用式(81)和式(82)来表达一个局地的扰动或一个波包，则其主要成分为连续谱组成。

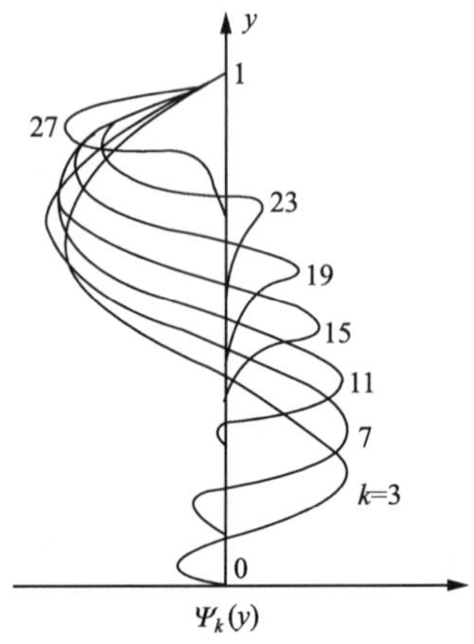


图 7　由有限差分法算得的连续谱函数 $\Psi_m(y,c)$ 的例子，此处改记为 $\Psi_k(y)$，$k=1,2,\cdots$，为其序号，$0 \leqslant y \leqslant 1$，基流为 $\bar{u}=\bar{u}_0+\bar{u}_1 y$；$\bar{u}_0$，$\bar{u}_1$ 和 $\bar{\beta}_y$ 为常数，且用 $\beta$—平面近似。$m=1$

很有趣的是，由差分法计算出的连续谱谱函数 $\Psi_m(y,c)$(图 7 中简记为 $\Psi_k(y)$) 的线性组合构成的扰动且其初始时刻槽脊线为南北向即无倾斜的，其后很长时段内扰动不断衰减，其经向波长也不断变小(图 8)。这很好地显示出连续谱组成的扰动(波包)的演变特性，和第(一)部分中用 WKB 方法得到的结论相一致。其实，将区间 $\dot{\bar{\lambda}}_{\min} \leqslant c \leqslant \dot{\bar{\lambda}}_{\max}$ 用足够小的 $\delta c_k$ 进行分区，则式(81) 中的 $\psi'_{mc}$ 可以表示成波包的线性组合

$$\psi'_{mc}(\lambda,y,t)=\sum_k \psi'_{mck}(\lambda,y,t)$$

$$\begin{aligned}\psi'_{mck}(\lambda,y,t) &\equiv \int_{c_k-\delta c_k/2}^{c_k+\delta c_k/2} A_m(c)\Psi_m(y,c)\mathrm{e}^{\mathrm{i}m(\lambda-ct)}\mathrm{d}c \\ &= \left[\int_{c_k-\delta c_k/2}^{c_k+\delta c_k/2} A_m(c)\;|\Psi_m(y,c)|\;\mathrm{e}^{\mathrm{i}[\sigma_m(y,c)-\sigma_m(y,c_k)-m(c-c_k)t]}\mathrm{d}c\right]\mathrm{e}^{\mathrm{i}[\sigma_m(y,c_k)+m(\lambda-c_k t)]} \\ &\equiv A_k(\lambda,y,t)\mathrm{e}^{\mathrm{i}[\sigma_m(y,c_k)+m(\lambda-c_k t)]}\end{aligned} \tag{83}$$

其中每一个波包的波幅都是 $y$ 和 $t$ 的缓变函数。

Yamagata[9](1976)对于无限 $\beta$-平面的常定但有常数切变的基流 $\bar{u}$ 或 $\bar{v}$ 求出线性化涡度方程的解析解，结果是扰动被完全吸收。Tung[10](1983)则做了更加精确的分析，给出吸收的细致的渐近过程。

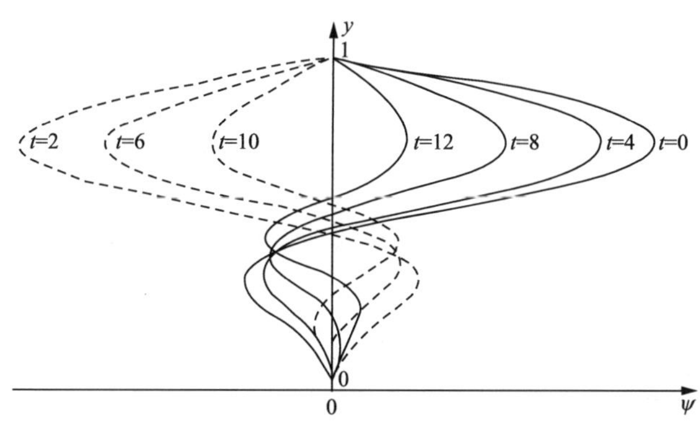


图 8　在 $x=0$ 处扰动的演变

扰动由连续谱组成(部分谱函数如图 7),初始扰动包含有南北向的槽脊,$t$ 为时刻

3. 非地转模式

取正压原始方程模式,$\beta$-平面近似,和常定带状基流,Li 和 Zeng[11] (1983)用有限差分法求出了所有模和连续谱并作数值分析,结果是存在三支谱系,分别对应于 Rossby 波或即涡旋波、顺风和逆风传播的重力-惯性波。Rossby 波即涡旋波的一支在本质上与准地转模式所得的无差异,即有离散谱和连续谱。在稳定型基流情况下离散谱只有有限个,但在不稳定型基流情况下离散谱可能有可数无穷多个,尽管除少数几个外其虚部都很小(图 9(a))。两支重力-惯性波也都有离散谱点(图 9(b))。这说明,在无粘性的二维正压大气中,重力-惯性波不可能完全为常定带状且稳定的基流所吸收,它们有可能传到无穷远。

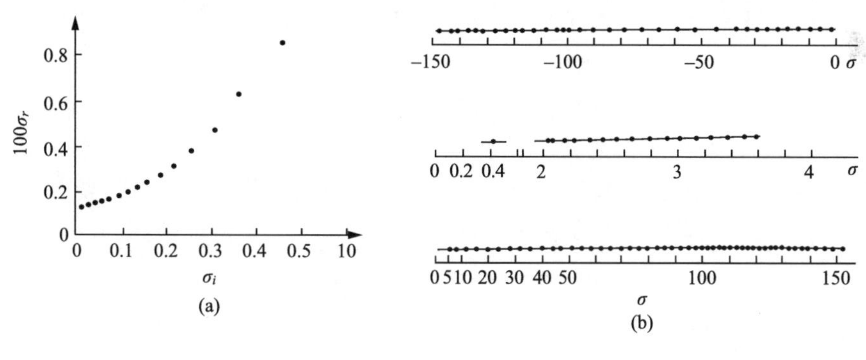


图 9

(a)原始方程模式给出的 Rossby 或涡旋波的带有虚部的离散谱点 $\sigma$。其中基流为不稳定型,$u = 8ye^{0.5-y^2/0.08}$,$f = 1, m = 2, 0 \leqslant y \leqslant 1, \sigma \equiv \sigma_r + i\sigma_i$。(b) 原始方程模式给出的三支谱系。基流属稳定型,$\bar{u} = 1 + 0.8y$,$f = 1, m = 2, 0 \leqslant y \leqslant 1$。一支谱系位于 $-1 < \sigma < 3.6$,对应于涡旋波,其中只有一个离散谱,在区间 $2 < \sigma < 3.6$ 对应于连续谱,因受有限差分近似的歪曲,它们以非常稠密的“离散”谱点形式出现。另二支谱系位于 $\sigma < -2$ 和 $\sigma > 4$,分别对应于逆风和顺风传播的重力-惯性波,都只有离散谱点。随着网格点的增加,谱点向 $|\sigma|$ 增大区域扩展

## 五、扰动对基流的影响——弱非线性理论

1. Rossby 波和带状基流的相互作用

在扰动演变过程中，不仅扰动与基流有能量的相互转变，且基流的动量也产生重新分布。

基流动量的重新分布可由方程(17)按扰动带来的位涡度经向通量 $\overline{v_\theta' q'}\sin\theta$ 算出。但为便于物理解释，以采取(无量纲的)角动量方程为好

$$\frac{\partial a\bar{v}_\lambda\sin\theta}{\partial t}=-\frac{\partial}{a\sin\theta\partial\theta}(\overline{v_\lambda' v_\theta'}a\ \sin^2\theta)-2\omega\cos\theta\bar{v}_\theta a\sin\theta \tag{84}$$

其右端第一项为角动量涡度传输通量 $\overline{v_\lambda' v_\theta'}a\sin^2\theta$ 的辐合，而第二项则是由扰动诱生的平均经圈环流 $\bar{v}_\theta$ 在科氏力作用下所带来的地球串联角动量 $2\omega\cos\theta$。当用准地转近似时，即式(84) 中的 $2\omega\cos\theta$ 用 $2\omega\cos\theta_0\equiv f_0$ 来代替，且连续方程作以下近似：

$$f_0K\frac{\partial\bar{\psi}}{\partial t}+\tilde{\phi}\ \frac{\partial\bar{v}_\theta\sin\theta}{a\sin\theta\partial\theta}=0 \tag{85}$$

于是波诱导的平均经圈环流 $\bar{v}_\theta$ 就由下面的方程决定：

$$\sin\theta\frac{\partial}{\partial\theta}\left(\frac{\partial\bar{v}_\theta\sin\theta}{\sin\theta\partial\theta}\right)-K\frac{f_0^2a^2}{\tilde{\phi}}\bar{v}_\theta\sin\theta=K\frac{f_0^2}{\tilde{\phi}}f_0^{-1}\ \frac{\partial}{\sin\theta\partial\theta}(\overline{v_\lambda' v_\theta'}a\ \sin^2\theta) \tag{86}$$

故若取 $K=0$，即取无辐散正压大气，则有 $\bar{v}_\theta\equiv 0$，带状基流的演变简单地只由角动量通量的辐合所决定；但若取 $K=1$，即在有二维流的辐散辐合时，总有波诱导的平均经圈环流 $\bar{v}_\theta$ 存在，它不恒为零，就要较仔细地分析，尽管唯一的因素仍然是角动量的涡动传输，因为按式(86)，它也决定了 $\bar{v}_\theta$。

许多大气环流的研究者利用实测的风场或地转风场作出过角动量的传输通量。另一方面，Kuo[12] (1951)对标准模的传输特性也作过仔细分析。就是，由于中性模的槽脊线不倾斜而没有非零的角动量传输(见式(82))，但不稳定模(不论发展型和衰减型)就有角动量通量。不难想象，单一一个不稳定型模有其一定的 $\overline{v_\lambda' v_\theta'}a\sin^2\theta$ 廓线，从而在一定的纬度带内带状基流被加速，而在另一带则被减速，尽管在发展型模的情况下带状流总能量减少，而在衰减型模情况则带状流总能量增加。其实，角动量通量和位涡通量间有如下的简单关系：

$$\overline{v_\theta' q'}a^2\sin^2\theta=-\frac{\partial}{\partial\theta}(\overline{v_\lambda' v_\theta'}a\sin^2\theta) \tag{87}$$

于是有

$$\frac{\partial}{a\partial\theta}(\overline{v_\lambda' v_\theta'}a\sin^2\theta)=\left(\frac{a^2\sin^2\theta}{\partial\bar{q}/\partial\theta}\right)\frac{\partial}{\partial t}\left(\frac{\overline{q'^2}}{2}\right) \tag{88}$$

和

$$\frac{\partial}{\partial t}(\bar{v}_\lambda a\sin\theta)+\frac{a^2\sin\theta}{\partial\bar{q}/\partial\theta}\frac{\partial}{\partial t}\left(\frac{\overline{q'^2}}{2}\right)=-2\omega\cos\theta\bar{v}_\theta a\sin\theta \tag{89}$$

取边界条件：当 $\theta=0,\pi$(南北极点)，$\overline{v'_\theta\sin\theta}=0$，积分式(88)就得到式(18)，故总的加权位涡能(位涡平方之半)的守恒要求在两极点上角动量通量为零。因 $K=0$ 时由式(86)可知 $\bar{v}_\theta$ 在各纬度都为零，于是由式(89)可知：在二维无辐散大气中，带状环流 $\bar{v}_\lambda$ 在 $(\partial\overline{q'^2}/\partial t)/(\partial\bar{q}/\partial\theta)<0$ 处加速，而在 $(\partial\overline{q'^2}/\partial t)/(\partial\bar{q}/\partial\theta)>0$ 处减速。故当有衰减型扰动时带状环流于 $\partial\bar{q}/\partial\theta>0$ 处加速，而于 $\partial\bar{q}/\partial\theta<0$ 处减速。而当有发展型扰动时则反之。当计入二维辐散效应时，带状环流的演变可由求解式(17)得到，即

$$\frac{\partial\bar{v}_\lambda}{\partial t}=\int_0^\pi\frac{\partial G(\theta,\theta')}{\partial\theta}\left[\frac{\partial}{a\sin\theta'\partial\theta'}\left(\frac{\partial\overline{v'_\lambda v'_\theta a\sin^2\theta'}}{a\sin\theta'\partial\theta'}\right)\right]\sin\theta'\mathrm{d}\theta' \tag{90}$$

其中

$$G(\theta,\theta')=\frac{1}{2}\sum_{n=0}^{\infty}\frac{2n+1}{n(n+1)+f_0^2a^2/\tilde{\phi}}P_n(\cos\theta)\cdot P_n(\cos\theta')=$$
$$\ln\left(\sin\frac{|\theta-\theta'|}{2}\right)+\text{正则项} \tag{91}$$

将式(88)代入式(90)，可以作一些定性分析，不过较复杂。若有单个中性波，则因其 $\partial\overline{q'^2}/\partial t\equiv0$，故按式(88)推出$\overline{v'_\lambda v'_\theta}$处处为零，从而有 $\bar{v}_\theta\equiv0$ 和 $\partial\bar{v}_\lambda/\partial t\equiv0$，不管 $K=0$ 或 1。关于平均带状环流的加速问题更准确地分析可见 Andrews 和 McIntyre[13] 文(1976)和 Pedlosky 书[14](1979)，尽管他们用的是斜压大气模式。

若是有多个标准模的线性组合或由连续谱组成的扰动，则因其不正交，情况与单个模者有很大差别，它们总引起角动量传输并与基流有相互作用。例如，按§Ⅲ-1 的结果，由单个波包表示的扰动就有

$$\overline{v'_\theta v'_\lambda}a\sin^2\theta=-U^{*2}L^{*-2}a\overline{\frac{\partial\psi'}{\partial x}\frac{\partial\psi'}{\partial y}} \tag{92}$$

$$-\overline{\frac{\partial\psi'}{\partial x}\frac{\partial\psi'}{\partial y}}=-\frac{1}{2\Delta X}\int_0^X mn\,|\Psi_0|^2\mathrm{d}X+O(\varepsilon)=-\overline{\frac{mn}{2}\,|\Psi_0|^2}+O(\varepsilon) \tag{93}$$

其中 $\Delta X=2\pi\varepsilon a$，$\psi'(x,y,t)$ 为无量纲量。式(92)和式(93)表明：由于 $|\Psi_0|$ 甚至 $mn$ 的空间变化，一个波包总引起角动量通量的辐散辐合。设在西风带里有一个单峰急流，其 $\bar{\dot{\lambda}}$ (即第(一)部分第三节第 1 点中定义的 $\bar{u}$) 最大值在 $\theta=\theta_0$，于是当 $\theta>\theta_0$ 有 $\partial\bar{\dot{\lambda}}/\partial\theta<0$(即 $\partial\bar{u}/\partial Y>0$，在 $Y<Y_0$)，当 $\theta<\theta_0$ 有 $\partial\bar{\dot{\lambda}}/\partial\theta>0$(即 $\partial\bar{u}/\partial Y<0$ 在 $Y>Y_0$)；又设中心在 $Y_2$ 和 $Y_1$ 各有一个典型的衰减型波包，其中 $Y_2>Y_0>Y_1$，则在 $Y>Y_0$ 有 $mn>0$，而在 $Y<Y_0$ 有 $mn<0$；于是$\overline{(-mn)\,|\Psi_0|^2}$ 在 $Y_1$ 和 $Y_2$ 处分别达极大和极小值，使得在 $Y_1<Y<Y_2$ 区间内角动量通量辐合；在急流轴两边都有西风加速。对式(90)微商，还可得到急流切变的绝对值也随时间增大。而在 $Y<Y_1$ 和 $Y>Y_2$，即远离急流轴和扰动中心区，则有西风及其切变减弱。

相似地，一个中心靠近西风急流轴的发展型波包导致急流轴两边的西风减弱以及西风切变的绝对值也变小，而在远离区则有西风增大(图 10)。

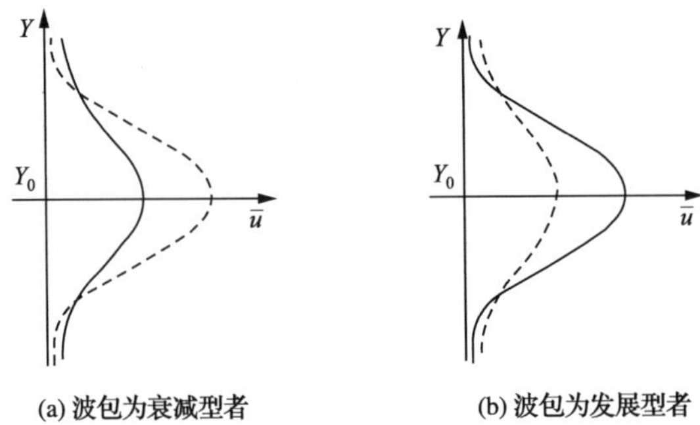


(a) 波包为衰减型者　　(b) 波包为发展型者

图 10　西风基流与位于急流轴处且关于急流轴为对称的 Rossby 波包相互作用所导致的西风廓线的演变

实线为初始廓线，虚线为重新分布

2. 非带状基流

取准地转模式式(16)，设有一个由超长波组成的基流，我们有

$$\left(\frac{\partial}{\partial t}+\bar{v}_\lambda\frac{\partial}{a\sin\theta\partial\lambda}+\bar{v}_\theta\frac{\partial}{a\partial\theta}\right)\bar{q}=-\nabla\cdot\mathscr{F}+\bar{S} \tag{94}$$

其中"—"表对一定空间和一定时段的平均算子，而非对纬圈的平均；$\bar{S}$ 表源汇项(实际大气中基流总与源汇有关)；$\mathscr{F}$ 表由扰动产生的位涡通量

$$\mathscr{F}\equiv\vec{\theta}^0\ \overline{v'_\theta q'\sin\theta}+\vec{\lambda}^0\ \overline{v'_\lambda q'} \tag{95}$$

若对扰动演变仍取线性化方程，即

$$\left(\frac{\partial}{\partial t}+\bar{v}_\lambda\frac{\partial}{a\sin\theta\partial\lambda}+\bar{v}_\theta\frac{\partial}{a\partial\theta}\right)q'+v'_\lambda\frac{\partial\bar{q}}{a\sin\theta\partial\lambda}+v'_\theta\frac{\partial\bar{q}}{a\partial\theta}=0 \tag{96}$$

于是式(96)和式(94)一起构成一个弱相互作用系统。

使用合适的时间尺度的滤波算子和一定空间尺度的积分算子，作用于实测大气资料，曾有人对 $\mathscr{F}$ 作过系统计算，结果表明 $|\nabla\cdot\mathscr{F}|$ 是相当大的。这表明：在沿一定时间段和空间区域作了平均的运动场不仅为由源汇所驱动，而且受扰动的影响。当今，由于中长期天气预报和气候预测的实际重要性，许多学者注力于研究这种很大尺度的基流的演变过程。也许，为了更好认识这过程，深入研究扰动和基流的相互作用机理是很重要的。

这样，就出现了一些问题。首先，方程(94)是在对式(1)采用了一定平均算子(滤波器)而且略去了像 $\overline{\bar{v}_\theta\partial q'/a\partial\theta}$ 和 $\overline{v'_\theta\partial\bar{q}/a\partial\theta}$ 这些项，即取

$$\overline{\bar{F}q'}\approx 0 \tag{97}$$

而得到的，式(97)中 $F$ 和 $q$ 指任意两个函数。但式(97)只当滤波器(即上标"—")尺度远大于扰动(即右角标"′")尺度时才成立。这就是滤波器的实际限制。其次，超长波的演变不能很好地由式(16)或式(94)所描述，应用更准确的方程取代之，尽管不难推出这样的方程。其三，平均了的源汇驱动项 $\bar{S}$ 尚未很好弄清，尽管我们有好的关于 $\bar{\psi}$ 的实测资料，不过 $\bar{S}$ 还依赖于许多不能由 $\bar{\psi}$ 单独表示出来的物理过程，故为了预报目的，最好将 $\bar{\psi}$ 再分为

两部分，变动部分 $\bar{\psi}_t$ 和准常定部分 $\bar{\psi}_s$，采用新的滤波器(用上标"～"表示)，其时间尺度足够长，有

$$\bar{\psi}_s \equiv \tilde{\bar{\psi}}, \quad \bar{\psi}_t \equiv \bar{\psi} - \bar{\psi}_s \tag{98}$$

$\bar{\psi}_s$ 从按实测资料很好地得到，尽管 $\bar{S}_s$ 尚不大清楚，但对式(94) 施以"～"算子，则因 $\partial \tilde{\bar{q}}/\partial t$ 可忽略(准常定性)，原则上我们有一个可推出 $\bar{S}_s$ 的平衡方程，不过我们并不一定需要用它，因为 $\tilde{\bar{\psi}}$ 已知。故有预报 $\bar{\psi}_t$ 的方程如下：

$$\begin{aligned}&\left(\frac{\partial}{\partial t} + \bar{v}_{\lambda s}\frac{\partial}{a\sin\theta\partial\lambda} + \bar{v}_{\theta s}\frac{\partial}{a\partial\theta}\right)\bar{q}_t + \left(\bar{v}_{\lambda t}\frac{\partial}{a\sin\theta\partial\lambda} + \bar{v}_{\theta t}\frac{\partial}{a\partial\theta}\right)\bar{q}_s \\ &= -\nabla\cdot(\mathscr{F} - \mathscr{F}_s) + \bar{S}_t - \bar{\mathscr{R}}_t\end{aligned} \tag{99}$$

其中

$$\bar{\mathscr{R}}_t \equiv -\frac{1}{a\sin\theta}\left\{\frac{\partial}{\partial\lambda}(\bar{v}_{\lambda t}\bar{q}_t - \widetilde{\bar{v}_{\lambda t}\bar{q}_t}) + \frac{\partial}{\partial\theta}[\sin\theta(\bar{v}_{\theta t}\bar{q}_t - \widetilde{\bar{v}_{\theta t}\bar{q}_t})]\right\} \tag{100}$$

也许 $\bar{\mathscr{R}}_t$ 可以忽略。$\mathscr{F}_s = \tilde{\mathscr{F}}$。这里，我们只是为简单起见取式(94)为基本方程以示例。在第Ⅴ节中我们将讨论有很强的扰动 $\psi'$ 时的情况，则必须用非线性方程代替式(96)，即其中要加上类于式(100)的那样的项。这样一来，计算就不简单，甚至比直接积分式(16)再求平均还要复杂，但我们得益于将尺度(特别是时间尺度)分离和消除了一些未知或不可知的因素，甚至通量项有可能作参数化处理。

3. 非地转模式

在弱非线性理论框架内，扰动方程取为式(69)，而基流演变过程的无量纲方程则如下(Zeng[29]，1979)：

$$\begin{cases}\left(\dfrac{\partial}{\partial t} + \bar{u}\dfrac{\partial}{\partial x} + \bar{v}\dfrac{\partial}{\partial y}\right)\bar{u} - f\bar{v} + \dfrac{\partial\bar{\phi}}{\partial x} = -\dfrac{1}{\bar{\phi}}\left[\dfrac{\partial}{\partial x}\left(\bar{\phi}\,\overline{u'u'} - \dfrac{\overline{\phi'^2}}{2}\right) + \dfrac{\partial}{\partial y}(\bar{\phi}\,\overline{u'v'})\right] + \bar{F}_x \\ \left(\dfrac{\partial}{\partial t} + \bar{u}\dfrac{\partial}{\partial x} + \bar{v}\dfrac{\partial}{\partial y}\right)\bar{v} + f\bar{u} + \dfrac{\partial\bar{\phi}}{\partial y} = -\dfrac{1}{\bar{\phi}}\left[\dfrac{\partial}{\partial x}(\bar{\phi}\,\overline{u'v'}) + \dfrac{\partial}{\partial y}\left(\bar{\phi}\,\overline{v'v'} + \dfrac{\overline{\phi'^2}}{2}\right)\right] + \bar{F}_y \\ \dfrac{\partial\bar{\phi}}{\partial t} + \dfrac{\partial\bar{\phi}\bar{u}}{\partial x} + \dfrac{\partial\bar{\phi}\bar{v}}{\partial y} = 0\end{cases} \tag{101}$$

其中为简便计已取了局地标准化坐标系，否则要在左边加入与地球曲率有关的项(对于扰动方程也如此)。

在式(101)中有一项 $(\bar{\phi})^{-1}(-\nabla\cdot\overline{\phi'^2}/2)$ 是因为存在有效位能的传输，而$\partial\overline{\phi'u'}/\partial x + \partial\overline{\phi'v'}/\partial y$ 被略去则是由于无论是涡旋还是重力-惯性波只引起很小的质量通量。

这样的弱非线性相互作用系统具有如下的总能量守恒(若 $\bar{F}_x = \bar{F}_y = 0$)：

$$\frac{\partial}{\partial t}(\bar{E} + E') = 0 \tag{102}$$

其中

$$\begin{cases} \bar{E} \equiv \dfrac{1}{2}\iint_s \bar{\phi}(\bar{u}^2 + \bar{v}^2 + \bar{\phi})\mathrm{d}s \\ E' \equiv \dfrac{1}{2}\iint_s [\bar{\phi}(u'^2 + v'^2) + \phi'^2]\mathrm{d}s \end{cases} \tag{103}$$

设有一急流型基流，并有一顺风且偏向急流传播的重力-惯性波，此波位于急流之一侧。按第(一)部分第三节第 4 点的结果，当波达到急流轴之前是衰减的，基流接受波能而增强；此后波传到急流另一方，抽取基流的能量而增强，使那里基流减弱。为此，急流轴逐步移向于波源一方(假定激发波动的源一直在作用的话)，这就是重力-惯性波影响天气尺度或行星尺度大气运动的一种可能机理，尽管要从基流与有 Rossby 波的较强的相互作用区分出来是困难的。

研究基流与大气潮汐以及天气系统尺度流场与中小尺度的重力-惯性波相互作用可能是重要的，在前者波是不断产生的，在后者波幅则是可能很大的。

这些问题需要更多研究。

## 六、非线性问题研究

### 1. 带有非带状扰动的特解

上述的结果是由线性化理论或弱非线性相互作用理论得到的。完全的非线性问题应进一步研究。

考虑了完全非线性，只有一部分线性化准地转模式的中性波才是非线性准地转模式的解，它们都是传播波而无变形。通常把这样的特解简称为 Rossby 波(在 $\beta$-平面上)或 Rossby-Haurwitz 波(在球面上)。已知它们的下列组合：

$$\psi(\theta,\lambda,t) = -\dot{\bar{\lambda}}_0 a^2 \sin\theta + A_0 P_n(\cos\theta) + \sum_{m=1}^{n} A_m P_n^m(\cos\theta)\cos(m\lambda - mct) \tag{104}$$

都是非线性方程的特解，其中 $P_n$ 和 $P_n^m$ 是勒让德多项式和勒让德函数，$\dot{\bar{\lambda}}_0, A_0, A_m (m = 1, 2, \cdots, n)$ 为任意常数，而波的相速 $c$ 为

$$c = \frac{\dot{\bar{\lambda}}_0[n(n+1) - 2] - 2\omega}{n(n+1) + Kf_0^2 a^2/\tilde{\phi}} \tag{105}$$

但 Hoskins[15](1973)指出，当 $m$ 够大或振幅 $A_{m'}$ 之任一够大时，这些波对小扰动是不稳定的。

取 Rossby 波或 Rossby-Haurwitz 波作为初级近似，而将解展成 $R_0$ 的幂指数，Zeng[29](1979)提出一种方法，来求出原始方程的缓慢移动的传播波解，其后 Zhang 和 Zeng[16,17](1983)和 Zhang[18](1983)进一步作了推广和数值计算。另一类特解但对于无限平面的原始方程则由 Liu[19](1983)给出。

上述这些无相互作用的波常用来检验数值天气预报模式的计算格式和初值形成方案。它们在动力学研究方面没多大兴趣。

正压准地转模式另一种特解由 Lorenz[20](1960)、Longuet-Higgins 和 Gill[21](1967)、Wu[22](1979)和 Li[23](1982)及许多其他学者给出。这类特解由三个共振波组成。三波

的共振展现出 Fjϕrtoft 能量串级类型。设这组解由三波 $\Psi_j(\theta,\lambda,t)=\Phi_j(\theta,\lambda,t)+\Phi_j^*(\theta,\lambda,t)(j=1,2,3)$ 组成,其中 $\Phi_j=A_j(t)P_{nj}^{mj}(\cos\theta)\exp[\mathrm{i}(m_j\lambda-\sigma_j t)]\cdot i$,$\Phi_j^*$ 是 $\Phi_j$ 的共轭复数,$\sigma_j=m_j c_j$,$c_j$ 由(105)给出,其中 $\dot{\bar{\lambda}}_0=0$。注意:共振三波必须满足下述条件

$$\begin{cases}\sum_{j=1}^{3}m_j(-1)^j=0\\ \sum_{j=1}^{3}\sigma_j(-1)^j=0\end{cases}\tag{106}$$

否则它们不共振或不组成特解,即每波还与其他的波有相互作用。如三波中之一波其实是带状环流(例如式(104)中右端的第二项)则它有振荡(即其波幅 $A_0$ 不再是常数)而出现指数循环现象。

2. 非带状环流维持的条件

特解太特殊了。在一般情况下,研究非带状扰动的维持机理是有用的。线性化理论已暗示,非带状扰动可以维持的条件是:或者基流为不稳定型(即在某些区域 $(\dot{\bar{\lambda}}_0-\dot{\bar{\lambda}})/\bar{\beta}_y$ 变号),或者非带状扰动不含有临界线或由离散谱组成。这些条件在考虑了非线性之后应该订正,其次,在有临界线和连续谱情况下,非线性的结果会与线性理论给出者也有不同。按线性理论,扰动被完全吸收的条件不依赖于扰动的强度,但在非线性情况下就不同了。其实,在非线性情况下,有位涡度守恒和惯性轴守恒(见第(一)部分第二节的第3点)。故有:

在正压大气中无源汇和耗散的运动中,非带状扰动将维持而不被急流型带状基流所完全吸收的充分条件是:①在全球上有三个或多于三个的位涡中心;②大气运动的惯性轴不与地球自转轴相重合。

带状环流在全球有两个位涡中心,地球南北极各为其一。如果有一个足够强的气旋或反气旋叠加于带状环流之上,且形成另一个位涡中心,则由于位涡守恒,其最大值总存在,它能维持。有多大部分的能量能维持在此扰动则依赖于其经向尺度和带状流的强弱。

再者,大气运动的惯性轴一般并不与地轴重合。例如当环流不是轴对称的,带有一个纬向波数 $m=1$ 的超长波而且足够强,就是这样子。

值得一提的还有,当带状流属不稳定型,而扰动又位于 $\bar{\beta}_y<0$ 的区域,常有多个位涡中心。另外,强的过赤道气流则可在近赤道地区形成多个位涡中心。这些都是非带状扰动得以维持的有利条件。

当然,除上述充分条件外,外源,例如地形影响和热力作用,以及大气的斜压性,都足以产生和维持非带状扰动。

Zeng 等[24](1980)和 Yuan 等[25](1982)曾用半球模式作了一些数值试验。取初始带状基流为北半球 500 hPa 气候场,计算结果是:当扰动含有附加的位涡中心时,非带状扰动确实维持。图 11 是一个例子,将四个涡旋中心叠加于急流型带状环流的四个行星波中心上,它们都维持。图 12 是另一例子,其中初始场有一特别强的涡旋中心,结果是其下游的槽逐个随时间加强,显示出典型的影响向下游传播现象(即所谓上游效应)。

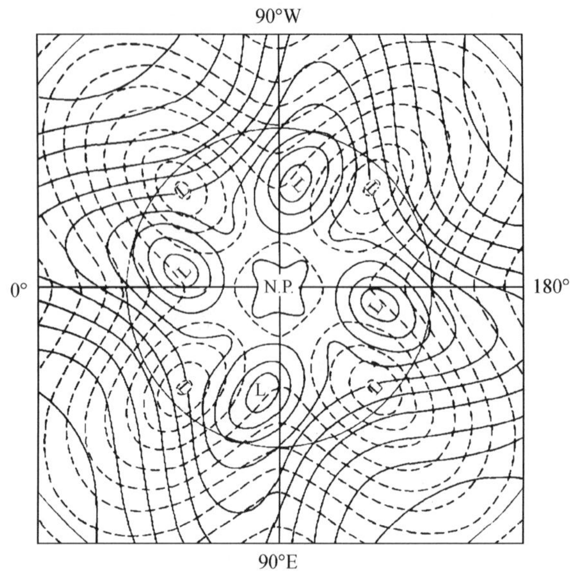


图 11　正压大气原始方程的数值试验

虚线为初始场，它有四个强的涡旋中心，叠加于四个行星波中心处和带状环流上。实线为第 10 天的形势

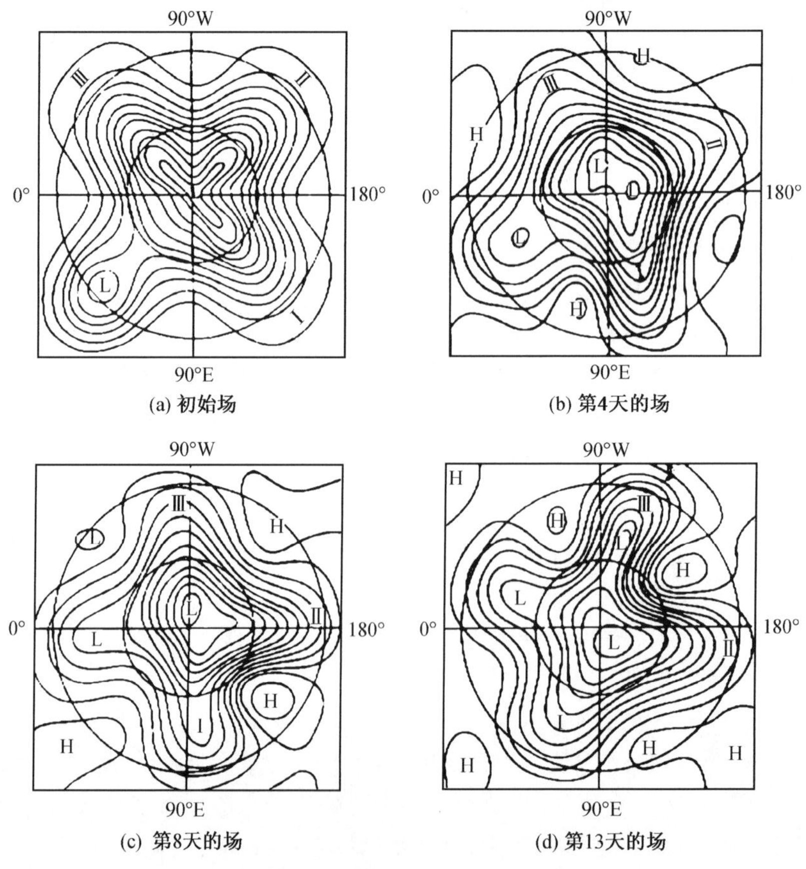


图 12　如图 11，但扰动只有一个强涡旋中心

3. 旋转适应过程

在一定条件下，在无源汇无耗散的正压大气运动中，也存在非带状扰动(几乎)完全被带状环流吸收的情形("旋转适应过程")。线性化理论暗示：存在"旋转适应过程"的充分和必要条件是：扰动只由连续谱组成。但在非线性情况下，这只是必要条件，还要加上另两个必要条件：即在全球面上有且只有二个位涡中心以及惯性轴与地轴重合(Zeng[29]，1979)。

非带状扰动能量的吸收依赖于带状基流的切变和扰动的尺度。其实，按式(58)，有

$$\frac{\partial E'}{E'\partial T}=\frac{2}{E'}\iint_w\left(\frac{mn}{\nu^2}\right)\frac{\partial\bar{u}}{\partial Y}\left(\frac{1}{2}\nu^2\ |\Psi_0|^2\right)\mathrm{d}X\mathrm{d}Y=2\left(\frac{mn}{m^2+n^2+\rho^2}\frac{\partial\bar{u}}{\partial Y}\right)^* \tag{107}$$

其中星号上标表以能量密度 $\nu^2\ |\Psi_0|^2/2$ 为权重的沿全波包的平均。可见当带状基流的切变即 $|\partial\bar{u}/\partial Y|$ 较大而扰动尺度较小($m$ 或 $n$ 较大)，则能量吸收越快。

Zeng 等[24](1980)作过数值试验，初始场与图 11 相似，但为四个弱槽(见图 13 虚线所示)，满足扰动可能被全部吸收的必要条件，结果是扰动被一步步吸收，如图 13。在另一个试验中保持扰动经向结构不变，但 $m$ 由 2 变到 8，则非带状扰动能量衰减到初始值的一半的时间为由 17 天变为 4 天。Zeng 和 Held(1981，未刊稿)作过另一数值试验，取初始带状基流为像 200 hPa 气候平均者，吸收非常迅速，当 $m=6$ 时，经过 2 天后非带状扰动能量即已为初始者之半。头四天的图如图 14。

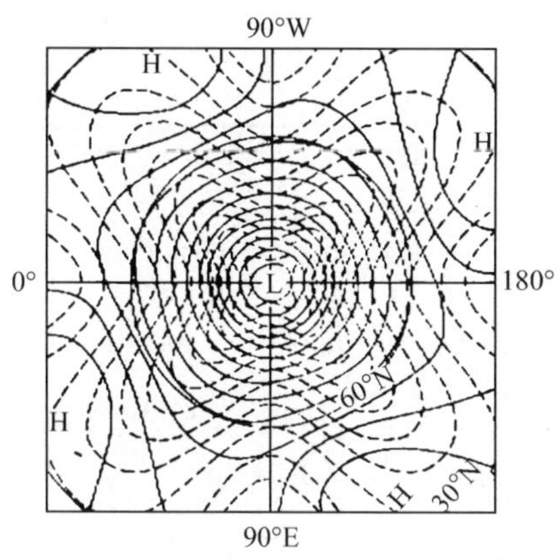


图 13　如图 11，但初始场无四个涡旋中心

实线为第 8 天的形势

在非线性情况下，非带状扰动能量是否被完全吸收尚是理论上未完全解决的问题。不过线性理论和非线性的数值试验确实显示在满足必要条件下，非带状扰动在实际意义上被急流型带状环流所(几乎)完全吸收。

应该指出，在初始带状环流有很大的切变而初始扰动可表为波包且足够强以至于破坏了被完全吸收的上述必要条件的情况下，仍有相当部分扰动能量被急流所吸收，但也应有相当部分保留在非带状扰动之中。这种情况比图 11～图 13 要复杂。(图 11、图 12 和图 13 中的基流切变不强)。

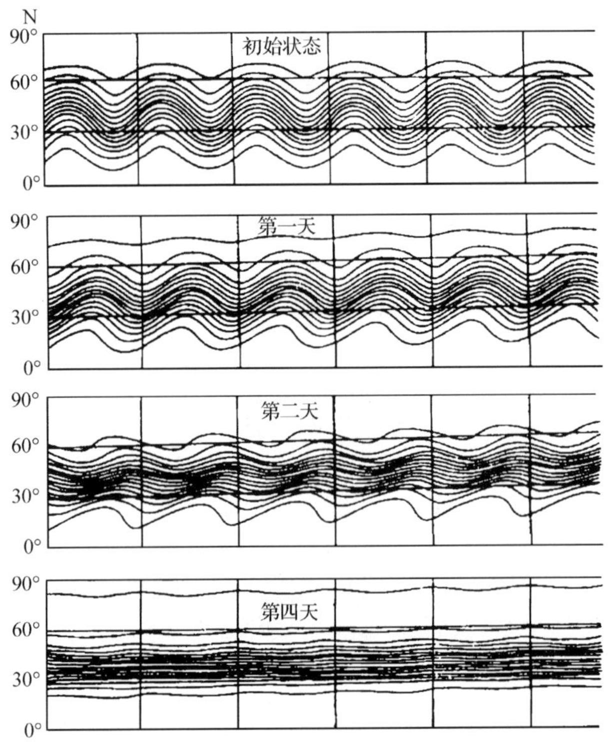


图 14 如图 13，除去初始带状环流切变较强且为 $\bar{v}_\lambda = a\alpha\omega(0.02\sin\theta + 0.1\sin^2\theta\sin^2 2\theta)$，
且扰动为 6 个 Rossby 波，$\psi' = A\sin(\pi\cos\theta)\sin 6\lambda$
图为用麦开托投影显示，且只有半球

4. Rossby 波的吸收与二维湍流能量级串的比较

基于对 $\beta$-平面的二维不可压缩流体的湍流分析，即对下述方程：

$$\frac{\partial}{\partial t}\nabla\psi + J(\psi,\Delta\psi) + \beta\frac{\partial\psi}{\partial x} = \nu\Delta^2\psi + F \tag{108}$$

的分析，可知：若 $F$ 为在给定的某个固定波数的源项，则按 Fjϕrtolf[30]（1953）和 Kraichman[26]（1967）非线性理论可知，能量将由此波数流向具有低波数的运动，而位熵（位涡能）则流向高波数运动；再按 Kuo[12]（1951）的理论，由于 $\beta$ 效应导致气旋与反气旋分离而使能量流向带状运动。

Rhines[31]（1975）指出，若湍流纯由随机均匀的带有特征尺度 $L^*$ 和特征速度 $V^*$ 的源所驱动，其中 $L^* \ll l^*$，$l^* = (V^*/\beta)^{1/2}$，则二维湍流能量级串占统治地位。当能量流到带状波数为 $l^*$ 的运动后；或若 $L^* \gg l^*$；或若 $F$ 具有 $L^* \ll l^*$ 而以大于 $l^*$ 的距离作周期分布，则 Rossby 波占统治地位，此乃由于非线性项 $J(\psi,\Delta\psi)$ 与 $\beta\partial\psi/\partial x$ 相比为小量，于是 $\beta\partial\psi/\partial x$ 的作用以及能流级串就缓慢下来了（也见 Williams[27]，1978）。Rhines 的理论思考进一步被 Williams 的数值试验所验证，在试验中初始湍流尺度小于 $l^*$，且 $L^* \ll l^*$，其后运动逐渐增大其带状分量，最后带状流以经向宽度 $l^*$ 而交替稳定下来。在这里，好像是能量最终直接馈向带状流，而 Rossby 波却很不明显（看不出来）。

必须指出，在 Rhines 和 Williams 的试验中初始场并无带状环流，而理论分析未注意带状流的影响。其带状流的建立非常缓慢，以至于在木星大气中也用了 70 天。其次引入了耗散项 $\nu\Delta^2\psi$ 以平衡 $F$，同时也为了光滑掉基流的小尺度结构，否则小尺度的涡旋中心会总是显著的。

这就产生了以下的问题：当带状环流建立后或者带状环流的影响变大后，情况将会怎么样？为研究此问题最好用下述方程组：

$$\left(\frac{\partial}{\partial t}+\bar{u}\frac{\partial}{\partial x}\right)\Delta\psi'+\bar{\beta}_y\frac{\partial\psi'}{\partial x}+J(\psi',\Delta\psi')-\overline{J(\psi',\Delta\psi')}=\nu\Delta^2\psi'+F' \tag{109}$$

$$\frac{\partial}{\partial t}\Delta\bar{\psi}+\overline{J(\psi',\Delta\psi')}=\nu\Delta^2\bar{\psi}+\bar{F} \tag{110}$$

其中 $\bar{\psi}$ 和 $\psi'$ 各为带状流及偏差。式(109) 实即式(40)，只不过加入了非线性项 $J(\psi',\Delta\psi')-\overline{J(\psi',\Delta\psi')}$，它常是被略去的。设有 Rossby 波，即其由带状流 $\bar{\psi}$ 引起的平流项 $\bar{u}\partial\Delta\psi'/\partial x$ 与 β- 效应项 $\bar{\beta}_y\partial\psi'/\partial x$ 一般大。于是 Rossby 的演变过程主要由 $(\partial/\partial t+\bar{u}\partial/\partial x)\psi'+\bar{\beta}_y\partial\psi'/\partial x$ 控制而非单纯的 $\beta$ 效应，于是有带状流与 Rossby 波的强烈相互作用。且当带状环流具有大的经向梯度，常使槽脊线倾斜翻转，且由于急流型基流的 $\bar{\beta}_y$ 增大了纯粹由 $\beta$ 造成的 $\beta$ 效应，又使气旋与反气旋的分离更强。按我们的结果，能量级串并不会慢下来。其实，我们在第(二)部分第四节第 3 点讲述的我们的数值试验表明，即使在地球大气中，对 Rossby 波能量吸收的时间尺度也比由小尺度湍流所造成的带状流建立的时间尺度为小。此外，按式(107)可知，短波被吸收甚至更迅速，若它不是太强的话。

按曾庆存等的建议[24](1980)，袁重光等[25](1982)作了进一步的数值试验，在这组试验里，参数是行星角速度和其大气的厚度。将参数取不同的数值，以作比较。使用无量纲参数 $\varepsilon\equiv(t^*f^*)^{-1}$，$\mu\equiv L_0/L^*$，$M_a^{-1}\equiv\sqrt{gH}/U^*$ 和 $\delta\equiv L^*/a$，而在$(\ln\varepsilon^{-1},\mu)$ 平面上显示试验的结果，见图 15。其中 $t^*$ 表时间尺度，即使$E'(t^*)=E'(0)/2$；$f^*$ 是中纬度的科拉奥来参数；$L^*$ 和$U^*$ 是扰动的特征尺度和特征速度；$L_0$ 是该大气的 Rossby变形半径；$a$ 和 $g$ 分别是该行星的半径和重力加速度。在所有这些试验中，初始的经向结构是相似的，$M_a^{-1}$(或 $R_0\equiv M_a\mu$) 和 $\delta$ 改变不大，故 $\varepsilon$ 近似于是 $\mu$ 的一个函数。将这样的图解(图 15)和 Williams 的数值试验相比较，就可清楚关于 Rossby 波吸收的效率和纯二维湍流的能量级串的效率的比较了。

木星的 $\omega$ 和 $g$ 远大于地球者，其大气也比地球大气深厚得多。对于同样的 $\delta$，即同样的沿纬圈的波数，其 $\mu^{-1}$ 要比地球的小得多，从而其特征时间尺度 $t^*$ 要比地球的小得多。例如，对于有 8 个行星波的扰动($m=8$)，其 $t^*$ 只有 12h。注意到木星大气有很多支急流，其切变 $|\partial\bar{u}/\partial Y|$ 和沿经向的波数比地球的都要大得多，这使得 $t^*$ 还比 12h 远小得多。所以，在木星，如果有行星波的话，它会被带状环流很快就吸收掉。这可能给为什么在木星大气中带状结构为主而未观测到大振幅的 Rossby 波这一事实提供一种解释，也解释了为什么那里湍流能量总是馈给带状环流而非行星波。不过，木星大气中也有强的扰动，大红斑 (great red spot) 就是，无疑它是很强的涡旋中心，按第(二)部分第四节的第 2 点的分析，它总应维持。

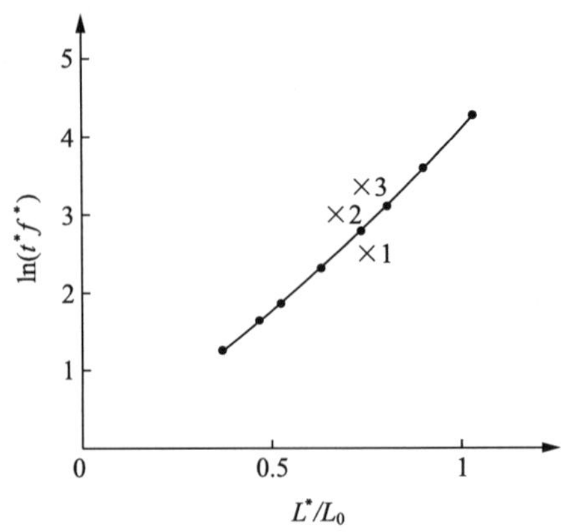


图 15 展示无量纲时间尺度（$t^* f^*$）对扰动的无量纲长度 $L^*/L_0$ 的关系

其中 $f^*$ 为中纬度的科拉奥利参数，$L_0$ 为 Rossby 变形半径，$t^*$ 即文中的 $T^*$。

大黑点（•）为在地球大气中，且 $R_0=0.13$；×1、×2、×3 各表示 $R_0=0.115$，0.114 和 0.23

似乎所有这些说明，在像海洋等比较均匀的介质中，以及扰源的空间尺度相对很小的木星大气等，带状环流或弱而尺度很大的流型是二维湍流能量级串所形成。但像在地球大气中，大气带状环流已经建立，又有大尺度源汇，带状环流的产生，特别是维持，则是靠与 Rossby 的相互作用。

## 参 考 文 献

[1] Lin C C. The Theory of Hydrodynamic Instability. Cambridge:Cambridge University Press,1955:155.

[2] Kuo H L. J. Met. ,1949,6:105-122.

[3] Howard L N. J. Fluid Mech. ,1961,10:509-512.

[4] Pedlosky J. J. Atmos Sci. ,1964,21:201-219.

[5] Kuo H L. In Advances in Applied Mechanics,1973,13:247-330.

[6] Wang S Z. Kexue Tongbao,1983,28:1081-1085.

[7] Zeng Q C, et al. Scientia Sinica,1982,24:508-520.

[8] Lu P S, et al. A Report on the Second Symposium on Computational Fluid Mechanics in China,1983.

[9] Yamagata T. J. Met. Soc. Japan,1976,54: 126-128.

[10] Tung K K. J. Fluid Mech. , 1983,133:443-469.

[11] Li R F, et al. A Report on the Second Symposium on Computational Fluid Mechanics in China,1983.

[12] Kuo H L. Tellus, 1951,3:268-284.

[13] Andrews D G, et al. J. Atmos. Sci. , 1976,33:2031-2048.

[14] Pedlosky J. Geophysical Fluid Dynamics. Berlin:Springer-Verlag, 1979.

[15] Hoskins B J. Quart. J. Roy,Met. Soc. , 1973,99:723-745.

[16] Zhang X H, et al. Scientia Sinica, Series B. 1983,26:1190-1200.

[17] Zhang X H, et al. Proceedings of the Second Asian Congress of Fluid Mechanics:931-937.

[18] 张学洪. 大气科学,1983,7:411-418.

[19] Liu S K, et al. Scientia Sinica, Series B,1983,26:1176-1189.

[20] Lorenz E N. Tellus, 1960,3:243-254.

[21] Longuet-Higgins M S, et al. , Proc. Roy. Soc. , 1967, A229:120-140.
[22] Wu R S. Scientia Sinica, 1979, 22: 650-660.
[23] 李贤琅. 大气科学, 1982, 6.
[24] Zeng Q C, et al. Scientia Sinica, 1980, 23:1405-1416.
[25] 袁重光, 张道民, 李荣凤. 空气动力学学报, 1982(4).
[26] Kraichnan R H. The Physics of Fluid, 1967, 10:1417-1423.
[27] Williams G P. J. Atmos. Sci. , 1978, 35:1399-1426.
[28] Zeng Q C. J. Met. Soc. , Japan, 1982, 60(1):24-31.
[29] 曾庆存. 数值天气预告的数学物理基础. 北京:科学出版社, 1979.
[30] Fjφrtoft R. Tellus, 1953, 5:225-230.
[31] Rhines P B. J. Fluid Mech. , 1975, 69:417-443.

13

# 西风急流的维持及其与扰动的相互作用问题

曾庆存　卢佩生　张明华　卢理

（中国科学院大气物理研究所）

## 摘　要

高空西风急流是大气环流的一个重要特征，它的维持和变动（位置和强度）同天气系统的演变以及气候状态都有密切关系，因而一直是个重要研究题目，具有基础和应用双重意义。

Jeffreys 首先指出纬圈环流的维持需要有角动量的南北传送，其后 Rossby 提出这可由大尺度涡旋的侧向混合来完成，不过其急流形成理论则有内在的矛盾。稍后，Starr 和叶笃正等发现斜槽传送角动量机制；Starr，Mintz，叶笃正和杨大升等用高空天气图计算了实际大气中的角动量传送，而郭晓岚则提出涡旋逆梯度输送理论，得到涡旋分离效应，和纬圈环流能量靠涡旋（eddies，包括高空涡旋和长波）能量的转换来维持。从此，“扰动滋养西风”便成为定论。由于这过程和经典湍流相反，Starr 甚至称之为“负粘性”。

显然，“扰动滋养西风”是带状环流（基流）和扰动相互作用的一个方面。还应有相反的方面，即西风急流减弱和天气系统发展的过程。作为相互作用问题，从郭晓岚，Charney 和 Eady 等开始，人们倾注全力于研究不稳定问题，把基流和扰动的显著的变化归结为动力不稳定性，即当基流满足不稳定判据时，有两种重要的模（mode），分别称发展模和衰减模，前者是扰动发展并使基流减弱，后者是扰动衰减并把能量转换到基流中去。这似乎也已成为定论，迄今几乎所有文献和教科书都这么说。

然而在实际大气中不稳定判据不常满足，尤其是正压不稳定，就理论来说，“涡旋分离效应”也并不要求基流满足不稳定判据。可见，斜槽的生成、“扰动滋养西风”以及扰动发展等并不一定就是基流处于不稳定状态的结果，也可能还有别的机制。曾庆存曾提出“旋转适应过程”理论，指出在满足一定条件时扰动能量可以有效地向纬圈环流转换，而这条件恰好是基流满足稳定性判据。再有，我们发展的波包理论也得到，扰动发展与否由其结构及相对于基流的位置而定，不论基流是否满足不稳定判据都如此。即使基流不满足不稳定判据，仍可有强烈的扰动发展或衰减，这已为许多数值试验和实际天气形势个例分析

原载：《谢义炳教授从事气象工作五十周年（1937～1987）科学报告会论文摘要》，北京大学地球物理系气象专业，1987年5月。

所证实,可见,不稳定理论至少是片面的。

矛盾何在呢?问题出在线性不稳定理论研究中只注意离散谱,但忽略了连续谱。补进连续谱即可得到我们上述的结果。其实,疏散槽(发展槽)和斜槽(衰减型)都主要由连续谱组成。最近,我们利用实际资料进行计算,得到:在长波范围内,在中高纬度带,移动性系统主要由连续谱组成,它们完成了维持西风急流所需的角动量传送的大部分。可见连续谱机制甚至比不稳定机制还要重要。

14

# 波包动力学的某些结果及其在天气和气候分析中的应用[①]

卢佩生
(中国科学院大气物理研究所)

## 摘 要

(1) 大气扰动(尤其是像天气系统这样的空间和时间尺度的扰动,例如组成高空槽和脊)可以较好、较形象和简便地用波包(或几个波包的叠加)来表示,用波包动力学方法得出的结论普遍和更与实际情况吻合。通常用的谱展开方法较复杂,也不直观,因为在天气图或月平均图上我们不能直接看到谱系数。经典标准模方法得到的结果也不尽符合实际,例如当基流满足稳定性数据时,经典标准模方法得到的只有中性波,扰动没有发展和衰减,这显然和天气实际不符合。事实上,不是每天的天气图上都满足不稳定性判据的,可是每天的天气图上的槽、脊是接二连三地发展着、衰减着,真正中性波是极其少见的。为什么? 就因为标准模是不完备的,漏掉了一些波包形式的扰动。

波包动力学的核心是应用 WKB 方法将方程式的解答展开,得到描写扰动传播和演变过程的近似方程式。我们处理了正压大气准地转模式,曾庆存等则还对斜压大气准地转模式进行了讨论。得到了一组描写演变过程的方程。

(2) 按照所导出的这组波包动力学方程组,可以推出:在一般情况下,在演变过程中,扰动(即天气系统)除移动外,其形态和各种动力学特征也在变化,即波幅、波长、槽脊线指向等都在变化,且有规律可循。例如我们得到:①随着远离西风急流轴向西倾斜的槽脊是衰减的;随着远离西风急流轴向东倾斜的槽脊是发展的。②发展型扰动的中心移向急流轴,其槽脊线的南北向倾斜度愈来愈小;而衰减型扰动的中心移离急流轴,其槽脊线的南北向倾斜度则愈来愈大。

(3) 利用波包表示法还可以很方便地表示出扰动带来的动量或角动量的输送,以及扰动和基流间能量的转换,从而可以方便地给出扰动对基流演变的影响。例如衰减型扰动总是使动量向急流区辐合,导致急流区基流的风速和切变都加强;发展型扰动则带来动量的辐散,导致基流风速及切变的减弱。

(4) 在中高层对流层环流的月平均图上,叠加在平均带状环流之上有各种准定常扰

---

① 本摘要从卢佩生手搞(见本书第三部分)录出,这是作者 1994 年在中国科学院大气物理研究所一次学术报告会上的报告之摘要,报告全篇未见到,其中的图亦未找到,不过似乎都引自本书第一部分诸文。——编者

动或低频扰动，像槽、脊甚至闭合的低涡和阻塞高压等，它们也常具有波包的形式，即其波形、波幅甚至波长都是随空间而变的，因而也用波包动力学方程组来研究它们的结构和传播特性。这方面的工作很多(如黄荣辉、李崇银等同志的工作)。我们的工作中则主要是用特征线法十分简便和直观地求出波包动力学方程组的解，结果发现：对于常定波包($\sigma=0$，而且扰源振幅不随时间而变)，有①若基流切变有一定强度，则常定波包传播路径与大圆相去甚远；②在西风急流以南传播时，由低纬发出的向北半球传播的波列的波幅随纬度先是增大，到其临界纬度达到最大，然后才减小；③波动正负中心的连线与波射线相交，波长愈长时交角愈大。因此，不要误认为这些连线就是波传播的方向；④禁锢型波包由于入射与反射两支相互干涉而使波形复杂化。

(5) 对于热带地区低频扰动向中高纬度地带的传播的研究表明：①当基流为西风且有急流存在时，在热带地区激发出来的低频波只有东传的($m>0$，$n>0$ 和 $\sigma>0$)和常定的($\sigma=0$)方能传播到北半球中高纬度地带；西传波($m>0$，$n<0$，$\sigma<0$)及高频波只局限于扰源邻近地区。②扰动的传播速度主要由群速度决定，故常定波($\sigma=0$)传播到指定的纬度带甚至比低频波($\sigma>0$)还要快。③若扰源的振幅不随时间而变，则激发出来的波列是完整的，即从热带到北半球中高纬度带都比较明显，且低频波($\sigma>0$)具有沿波射线传播的行波性质。④若扰源只持续一段时间，即其振幅也具有低频扰动的性质，则激发出来的波列并不总是完整的，在初始阶段局限于扰源邻近地区，全盛时期可能由热带延续至中高纬，然后逐渐衰减而只在高纬残存，最后全部消散。本人认为，这些工作可以应用来研究中低纬的相互作用，尤其是热带 30～60 天低频扰动的动力机制。

15

# 切变基流上重力波和涡旋的演变过程

卢佩生

(中国科学院大气物理研究所)

## 摘　要

若忽略水的弹性,则水里的运动,除去基流之外,只有重力波和涡旋这两种运动(扰动),重力波的传播速度等于(或近于) $\sqrt{gh}$,这里 $h$ 是水层的厚度,$g$ 是重力加速度;涡旋则大体上以基流的速度 $u$ 传播。重力波必定具有速度场的散度,而涡旋则必有涡度。不过,在一般情况下,这二者都同时具有散度和涡度,而且一串涡旋常使流场呈现出弯弯曲曲的波状形态。但是,重力波和涡旋随时间的演变特征很不相同。设初始时刻叠加在缓变基流上有重力波波包或涡串小扰动,则这些小扰动的演变可用 WKB 方法进行研究,结果表明:小扰动的所有特性,如波长或空间尺度,波射线或扰动轴的取向,以及波幅或强度等,都随时间而变。发展的重力波波包波长变短,而衰减的则变长;但发展的涡旋空间尺度变大,而衰减的则变小。于是发展的重力波波包的波幅越来越大,同时波长越来越小,终至破碎。但发展的涡或涡串却越来越显著,同时改变着整个流场。

原载:ICH 2000-*Fundamental Research in Hydrodynamics*。后因作者有事未能与会,报告全文今已找不到。译自英文。——编者

# 二、英文文章和英译中文文章

English Articles and English Translations of Chinese Articles

1

# Evolutionary Processes of Disturbances in Nonuniform Basic Current[①]

Zeng Qingcun Lu Peisheng
(Institute of Atmospheric Physics, Academia Sinica)
Received August 20, 1979

**Abstract** An overall analysis of evolutionary processes of the disturbances superimposed on a nonuniform basic current has been made by using the WKBJ method in a unified framework. The result reveals that the evolutions of the two types of wave, the inertia-gravitational wave and the vortex wave, or the fast wave and the slow wave, are governed by quite different laws: for the inertia-gravitational wave, the wavelength gets shorter and shorter as the wave develops, while it becomes longer and longer as the wave decays. However, for the vortex wave, the opposite is true.

These indicate that in the actual atmosphere, fast waves are marked only when the wavelength is short, while fast waves with relatively long wavelength are not so marked and thus hardly observed. Besides, a moving upper trough or ridge broadens as it develops, while in the damping state, it becomes narrow (the wavelength gets shorter) and retreats northward (the amplitude is weakened). These different evolutionary characteristies of fast and slow waves are mainly determined by the nonuniformity of the basic current, the relative location of the disturbance, and the various types of the waves. The same laws are true when Coriolis parameter is zero. The effect of Coriolis force manifests itself only in causing an additional energy dispersion and that the slow wave satisfies the geostrophic balance.

## 1 Introduction

Nature's fluids, such as the atmosphere and the oceans, possess different forms of motions. The difference are in characters and also in evolutionary process. Take the simplest model of compressible fluid on a two-dimensional plane, we have

$$\frac{du}{dt} - fv = -\frac{\partial \phi}{\partial x} \tag{1}$$

$$\frac{dv}{dt} + fu = -\frac{\partial \phi}{\partial y} \tag{2}$$

① Published in *Scientia Sinica*, 1981, XXIV(4): 508-520.

$$\frac{\mathrm{d}\phi}{\mathrm{d}t}+\phi\left(\frac{\partial u}{\partial x}+\frac{\partial v}{\partial y}\right)=0 \tag{3}$$

$$\frac{\mathrm{d}}{\mathrm{d}t}=\frac{\partial}{\partial t}+u\frac{\partial}{\partial x}+v\frac{\partial}{\partial y} \tag{4}$$

where $u$ and $v$ are the components of the velocity along $x$ and $y$ axes; $\phi$ may be regarded as the geopotential of the free surface of the fluid in the gravitational field; $f$ is the Coriolis parameter, which for the sake of simplicity is taken as a constant in this paper. By carrying out the simplest linearization of Eqs. (1)—(4), i. e. substituting $\partial/\partial t$ for $\mathrm{d}/\mathrm{d}t$ and $\tilde{\phi}(\partial u/\partial x+\partial v/\partial y)$ for $\phi(\partial u/\partial x+\partial v/\partial y)$, where $\tilde{\phi}$ (a constant) is the mean value of $\phi$, $\phi=\tilde{\phi}+\phi'$. A special solution represented by simple harmonic wave is obtained for the corresponding system of linear equations

$$(u,v,\phi')=(\hat{u},\hat{v},\hat{\phi})\mathrm{e}^{\mathrm{i}(mx+ny-\sigma t)} \tag{5}$$

There are three frequencies for $\sigma$

$$\sigma_{2,3}=\pm\sqrt{f^2+c_0^2(m^2+n^2)},\qquad c_0^2=\tilde{\phi} \tag{6}$$

$$\sigma_1=0 \tag{7}$$

and for each frequency amplitudes $\hat{u},\hat{v},\hat{\phi}$ are constants. When the effect of the basic current is taken into account, for example, when $\bar{u}=$ constant and $\bar{v}=0$, $\frac{\mathrm{d}}{\mathrm{d}t}$ should be replaced by $\partial/\partial t+\bar{u}\partial/\partial x$ in the course of linearization (see the following sections for more detailed study). Substitution of $x-\bar{u}t$ for $x$ in Eq. (5) will result in Eqs. (6) and (7) with $\sigma$ denoting the corresponding frequencies relative to the basic current $\bar{u}$. Here, $\sigma_{2,3}$ represent respectively the downstream-propagating and upstream-propagating inertia-gravitational waves, the two fast waves, while $\sigma_1=0$ indicates that the propagation of the corresponding disturbance is at a velocity, $\bar{u}$, so this disturbance is the so-called slow wave or vortex wave.

In general cases, i. e. cases where $\bar{u}$ and $\bar{v}$ are not constants, it seems that the WKBJ method is a good tool. In fact, this method has already been used in Ref. [1] to analyse the characteristics of the variation with time of the fast wave under general circumstances. In this paper, it will be used in an unified and universal form to reveal the evolutionary characteristics of both the fast wave (inertia-gravitational wave) and the slow wave (the vortex wave or the moving upper trough-ridge in the atmosphere).

## 2 Perturbation Equations and Their Solutions

By introducing $t^*$, $L^*$, $U^*$, $\Phi^*=f^*U^*L^*$, and $f^*$ as the characteristic values for $t$, $(x,y)$, $(u,v)$, $\phi'$ and $f$ respectively, and taking $t^*=L^*/U^*$, we obtain from Eqs. (1)—(3) the corresponding perturbation equations as follows:

$$\begin{cases}\varepsilon\left(\dfrac{\partial u'}{\partial t}+\bar{u}\dfrac{\partial u'}{\partial x}+\bar{v}\dfrac{\partial u'}{\partial y}\right)-fv'+\dfrac{\partial \phi'}{\partial x}+\varepsilon\left(u'\dfrac{\partial \bar{u}}{\partial x}+v'\dfrac{\partial \bar{u}}{\partial y}\right)=0\\ \varepsilon\left(\dfrac{\partial v'}{\partial t}+\bar{u}\dfrac{\partial v'}{\partial x}+\bar{v}\dfrac{\partial v'}{\partial y}\right)+fu'+\dfrac{\partial \phi'}{\partial y}+\varepsilon\left(u'\dfrac{\partial \bar{v}}{\partial x}+v'\dfrac{\partial \bar{v}}{\partial y}\right)=0\\ \varepsilon\left(\dfrac{\partial \phi'}{\partial t}+\bar{u}\dfrac{\partial \phi'}{\partial x}+\bar{v}\dfrac{\partial \phi'}{\partial y}\right)+(\mu^2+\varepsilon\bar{\phi})\left(\dfrac{\partial u'}{\partial x}+\dfrac{\partial v'}{\partial y}\right)+\varepsilon\phi'\left(\dfrac{\partial \bar{u}}{\partial x}+\dfrac{\partial \bar{v}}{\partial y}\right)+\varepsilon\left(u'\dfrac{\partial \bar{\phi}}{\partial x}+v'\dfrac{\partial \bar{\phi}}{\partial y}\right)=0\end{cases} \tag{8}$$

where $t$, $(x,y)$, $(u',v')$, $(\bar{u},\bar{v})$, $\bar{\phi}$, $\phi'$ and $f$ are dimensionless quantities, $\varepsilon=U^*/(f^*L^*)$ and $\mu^2=(L_0/L^*)^2$ are dimensionless parameters, and $L_0=c_0 f^{*-1}$.

In ordinary circumstances, we assume that $O(\bar{u},\bar{v},\bar{\phi})=O(1)$. However, it is also possible not to take the velocity of a jet, whenever it occurs, as characteristic velocity $U^*$. Consequently, for certain regions, or even large area, we have $O(\bar{u},\bar{v})>O(1)$ in this case. In the following analysis we shall take into account both of the cases, which will not be treated separately unless necessary.

Now let us assume the basic current is of "large scale" and "slowly varying", i. e., $O(\mu^2)\leqslant O(1)$, and the derivatives of dimensionless quantities $\bar{u}$, $\bar{v}$ and $\bar{\phi}$ with respect to dimensionless time and space, such as $\partial\bar{u}/\partial t$, $\partial\bar{u}/\partial x$, etc., are of the order of $O(1)$ or $O(\bar{u},\bar{v},\bar{\phi})$. We shall also suppose that $u'$, $v'$ and $\phi'$ form the fast or slow wave packet, which is assumed to be of "meso-small scale" and "fast varying", i. e. the dimensionless wavelength of each wave in the wave packet is $\ll O(1)$ and the dimensionless frequency is $\gg O(1)$. In the actual atmosphere, usually $\varepsilon\ll 1$, whereas the phase velocity of the fast wave (the corresponding dimensional quantity is equal to $c_0$ approximately) is one order higher than the speed of air flow (the corresponding dimensional quantity is $(\bar{u}^2+\bar{v}^2)^{1/2}$), so that we can suppose that the dimensionless frequency of the fast wave is of $O(\varepsilon^{-2})$[1]. To sum up, the fast wave packet can be expressed as follows:

$$\begin{cases}u'=\hat{u}(x,y,\tau)\mathrm{e}^{\mathrm{i}\varepsilon^{-1}\theta(x,y,\tau)}\\ v'=\hat{v}(x,y,\tau)\mathrm{e}^{\mathrm{i}\varepsilon^{-1}\theta(x,y,\tau)}\\ \phi'=\hat{\phi}(x,y,\tau)\mathrm{e}^{\mathrm{i}\varepsilon^{-t}\theta(x,y,\tau)}\end{cases} \tag{9}$$

where

$$\begin{cases}\tau\equiv t\varepsilon^{-1}\\ \dfrac{\partial\theta}{\varepsilon\partial\tau}\equiv-\varepsilon^{-1}\sigma(x,y,\tau)\\ \dfrac{\partial\theta}{\varepsilon\partial x}\equiv\varepsilon^{-1}m(x,y,\tau)\\ \dfrac{\partial\theta}{\varepsilon\partial y}\equiv\varepsilon^{-1}n(x,y,\tau)\end{cases} \tag{10}$$

In a homogeneous medium, as far as a monochromatic wave train is concerned, $-\varepsilon^{-2}\sigma$, $\varepsilon^{-1}m$ and $\varepsilon^{-1}n$ all are constants, which are the frequencies in $t$ and wave numbers in the

$x$ and $y$ directions respectively. According to the assumption mentioned above, $\sigma$, $m$ and $n$ are all of the order of $O(1)$. In a nonhomogeneous medium, however, $\sigma$, $m$ and $n$ vary with time and space. They are slowly varying functions of $(x, y, \tau)$, i. e. their derivatives with respect to $(x, y, \tau)$ are of the order of $O(1)$. Furthermore, we assume that amplitudes $\hat{u}$, $\hat{v}$, $\hat{\phi}$ are also slowly varying functions of $(x, y, \tau)$. It has been presupposed by the very definition of the wave packet that $\hat{u}$ etc. are the slowly varying functions of $(x, y)$. That $\hat{u}$ etc. are also the slowly varying functions of $\tau$ can be derived from the fact that they generally propagate at the group velocity. The following analysis will automatically confirm this point and at the same time reveal that the order of magnitude of the group velocity with respect to $\tau$ for the fast wave is $O(1)$.

In Eq. (8) the orders of magnitude of $u'$, $v'$ and $\phi'$ had not been dealt with yet. However, for linear homogeneous equations for $u'$, $v'$ and $\phi'$, we can suppose $O(u', v', \phi') = O(1)$. Hence, $O(\hat{u}, \hat{v}, \hat{\phi}) = O(1)$.

Expanding $\hat{u}$, $\hat{v}$ and $\hat{\phi}$ as power series of $\varepsilon$, we have

$$\begin{cases} \hat{u}(x,y,\tau) = u_0(x,y,\tau) + \varepsilon u_1(x,y,\tau) + \varepsilon^2 u_2(x,y,\tau) + \cdots \\ \hat{v}(x,y,\tau) = v_0(x,y,\tau) + \varepsilon v_1(x,y,\tau) + \varepsilon^2 v_2(x,y,\tau) + \cdots \\ \hat{\phi}(x,y,\tau) = \phi_0(x,y,\tau) + \varepsilon \phi_1(x,y,\tau) + \varepsilon^2 \phi_2(x,y,\tau) + \cdots \end{cases} \tag{11}$$

Eq. (8) may be rewritten as follows:

$$\begin{cases} \dfrac{\partial u'}{\partial \tau} + \left(U\dfrac{\partial u'}{\partial x} + V\dfrac{\partial u'}{\partial y}\right) - \dfrac{F}{\varepsilon}v' + \dfrac{\partial \phi'}{\partial x} + \left(u'\dfrac{\partial U}{\partial x} + v'\dfrac{\partial U}{\partial y}\right) = 0 \\ \dfrac{\partial v'}{\partial \tau} + \left(U\dfrac{\partial v'}{\partial x} + V\dfrac{\partial v'}{\partial y}\right) + \dfrac{F}{\varepsilon}u' + \dfrac{\partial \phi'}{\partial y} + \left(u'\dfrac{\partial V}{\partial x} + v'\dfrac{\partial V}{\partial y}\right) = 0 \\ \dfrac{\partial \phi'}{\partial \tau} + \left(U\dfrac{\partial \phi'}{\partial x} + V\dfrac{\partial \phi'}{\partial y}\right) + (\mu^2 + \varepsilon\bar{\phi})\left(\dfrac{\partial u'}{\partial x} + \dfrac{\partial v'}{\partial y}\right) + \phi'\left(\dfrac{\partial U}{\partial x} + \dfrac{\partial V}{\partial y}\right) + f(u'V - v'U) = 0 \end{cases} \tag{12}$$

where

$$U(x,y,\tau) \equiv \varepsilon\bar{u}, \quad V(x,y,\tau) \equiv \varepsilon\bar{v}, \quad F \equiv \varepsilon f \tag{13}$$

Hereafter, we shall consider that the orders of magnitude of $U$, $V$ and $F$ are $O(1)$ so that we can take into account the effect of the basic current in $\partial u_0/\partial\tau$, $\partial v_0/\partial\tau$ and $\partial\phi_0/\partial\tau$, to facilitate the research in the case that the velocity of basic current $(\bar{u}, \bar{v})$ is larger than that of $O(1)$, and to better consider the effect of earth's rotation on fast waves. Besides, by doing so, we shall be able to analyse the evolution of the slow wave packet at the same time. (Even though in this case $O(\sigma) = O(\varepsilon^{-2})$ is no longer valid, the actual results achieved by expanding $\hat{u}$, $\hat{v}$ and $\hat{\phi}$ in this manner are still valid. See the following for details.) Substitute Eqs. (9), (10) and (11) into (12), rearrange the terms of the equations in the power of $\varepsilon$, we have the following systems resulting from the term with $\varepsilon^{-1}$

$$\begin{cases} \mathrm{i}\xi u_0 - Fv_0 + \mathrm{i}m\phi_0 = 0 \\ Fu_0 + \mathrm{i}\xi v_0 + \mathrm{i}n\phi_0 = 0 \\ \mathrm{i}\mu^2 m u_0 + \mathrm{i}\mu^2 n v_0 + \mathrm{i}\xi\phi_0 = 0 \end{cases} \tag{14}$$

$$\xi \equiv -\sigma + mU + nV \tag{15}$$

hence

$$\xi\{\xi^2 - [F^2 + \mu^2(m^2 + n^2)]\} = 0 \tag{16}$$

$$\xi_1 = 0 \tag{17}$$

$$\xi_{2,3} = \mp\sqrt{F^2 + \mu^2(m^2 + n^2)} \tag{18}$$

i. e.

$$\sigma_1 = -\xi_1 + mU + nV = mU + nV \tag{17'}$$

$$\sigma_{2,3} = -\xi_{2,3} + mU + nV = mU + nV \pm \sqrt{F^2 + \mu^2(m^2 + n^2)} \tag{18'}$$

If we assume $U>0, V>0$ and let $m\geqslant 0, n\geqslant 0$, then the solution corresponding to $\xi=\xi_1$ is a slow wave (propagating downstream), while $\xi_2<0$ and $\xi_3>0$ correspond to inertia-gravitational waves propagating downstream and upstream respectively.

Substitution of Eq. (17) into (14) results in the slow waves satisfying the geostrophic wind relation and nondivergence relation①

$$u_0 = -\mathrm{i}nF^{-1}\phi_0 \equiv a^{(1)}\phi_0, \quad v_0 = \mathrm{i}mF^{-1}\phi_0 \equiv b^{(1)}\phi_0 \tag{19}$$

$$\mathrm{i}(mu_0 + nv_0) = 0 \tag{20}$$

These equations indicate that the dynamic structure of the wave packet is determined by $m, n$ and $\phi_0$.

Substituting Eq. (18) into (14), we find that the inertia-gravitational waves satisfy the following velocity-pressure relation:

$$\begin{cases} u_0(x,y,\tau) = a^{(2,3)}(x,y,\tau)\phi_0(x,y,\tau) \\ v_0(x,y,\tau) = b^{(2,3)}(x,y,\tau)\phi_0(x,y,\tau) \end{cases} \tag{21}$$

$$\begin{cases} a^{(2,3)}(x,y,\tau) = \dfrac{m\xi_{2,3} - \mathrm{i}nF}{F^2 - \xi_{2,3}^2} \\ b^{(2,3)}(x,y,\tau) = \dfrac{n\xi_{2,3} + \mathrm{i}mF}{F^2 - \xi_{2,3}^2} \end{cases} \tag{22}$$

Thus, in the zero order approximation, the dynamic structure of the fast wave packet is also determined by $m$, $n$, and $\phi_0$ (the dependence on $\xi$ indicates that the structure of a downstream propagating wave is different from that of an upstream propagating one). Here, for convenience, the symbols denoting the types of the wave motions are put on the upper right, e. g. $a^{(2,3)}$, correspond to $\xi_{2,3}$ respectively.

In order to determine the variation of $\phi_0$ with time we may take the terms containing $\varepsilon^0$ in the expansions. Thus

---

① Substitute Eqs. (9), (10) and (11) into the geostrophic wind relation, $fu=-\partial\phi/\partial y$ and $fv=\partial\phi/\partial x$. and take the $\varepsilon^0$ terms, we obtain equations like Eq. (19).

$$\begin{cases} i\xi u_1 - Fv_1 + im\phi_1 = -\left[\dfrac{Du_0}{D\tau} + \dfrac{\partial\phi_0}{\partial x} + \left(u_0\dfrac{\partial U}{\partial x} + v_0\dfrac{\partial U}{\partial y}\right)\right] \equiv A \\ Fu_1 + i\xi v_1 + in\phi_1 = -\left[\dfrac{Dv_0}{D\tau} + \dfrac{\partial\phi_0}{\partial y} + \left(u_0\dfrac{\partial V}{\partial x} + v_0\dfrac{\partial V}{\partial y}\right)\right] \equiv B \\ i\mu^2(mu_1 + nv_1) + i\xi\phi_1 = -\left[\dfrac{D\phi_0}{D\tau} + \mu^2\left(\dfrac{\partial u_0}{\partial x} + \dfrac{\partial v_0}{\partial y}\right) + F(u_0V - v_0U)\right] + \phi_0\left(\dfrac{\partial U}{\partial x} + \dfrac{\partial V}{\partial y}\right) \\ \qquad + i\bar{\phi}(mu_0 + nv_0) \equiv C \end{cases} \tag{23}$$

where

$$\frac{D}{D\tau} \equiv \frac{\partial}{\partial\tau} + U\frac{\partial}{\partial x} + V\frac{\partial}{\partial y} \tag{24}$$

Substituting $u_1$ and $v_1$ obtained from the first and second equations into the third equation, we have

$$i[\mu^2(ma + nb) + \xi]\phi_1 + i\mu^2\left(m\frac{i\xi A + FB}{F^2 - \xi^2} + n\frac{i\xi B - FA}{F^2 - \xi^2}\right) = C \tag{25}$$

where $a$ and $b$ are given by Eq. (19) (slow wave) or Eq. (21) (fast wave). Then, substituting the expressions for $A$, $B$ and $C$ into Eq. (25) and taking into account the following relationship:

$$\mu^2(ma + nb) + \xi = 0 \tag{26}$$

we obtain the evolution equation for $\phi_0$

$$\begin{aligned} &[-\mu^2(ma + nb)\xi + i\mu^2F(mb - na) - (F^2 - \xi^2)]\frac{D\phi_0}{D\tau} + [(-\mu^2m\xi - i\mu^2nF) \\ &-\mu^2a(F^2 - \xi^2)]\frac{\partial\phi_0}{\partial x} + [(-\mu^2n\xi + i\mu^2mF) - \mu^2b(F^2 - \xi^2)]\frac{\partial\phi_0}{\partial y} \\ &-\left\{\mu^2\left[(m\xi + inF)\frac{Da}{D\tau} + (n\xi - imF)\frac{Db}{D\tau} + (F^2 - \xi^2)^2\left(\frac{\partial a}{\partial x} + \frac{\partial b}{\partial y}\right)\right]\right. \\ &+\mu^2\left[(m\xi + inF)\left(a\frac{\partial U}{\partial x} + b\frac{\partial U}{\partial y}\right) + (n\xi - imF)\left(a\frac{\partial V}{\partial x} + b\frac{\partial V}{\partial y}\right)\right] \\ &\left.+(F^2 - \xi^2)\left[F(aV - bU) + \left(\frac{\partial U}{\partial x} + \frac{\partial V}{\partial y}\right) + \bar{\phi}(ima + inb)\right]\right\}\phi_0 = 0 \end{aligned} \tag{27}$$

which is equally valid for both fast and slow waves. This equation may seem very complicated in its original form, but it can be rewritten into an equation easy to handle and analyse by substituting the concrete formulas of $\xi$, $a$ and $b$ of both the slow and fast waves.

## 3 Variations of Wavelength and Wave Ray

As a wave packet propagates in a nonhomogeneous medium, both the wavelength and the direction of the wave ray are varying.

In accordance with the definition of $m$, $n$ and $\sigma$, the following kinematic relationships can be derived from Eq. (10)

$$\begin{cases} \dfrac{\partial m}{\partial \tau} = -\dfrac{\partial \sigma}{\partial x} \\ \dfrac{\partial n}{\partial \tau} = -\dfrac{\partial \sigma}{\partial y} \\ \dfrac{\partial m}{\partial y} = \dfrac{\partial n}{\partial x} \end{cases} \tag{28}$$

Then, taking $\sigma$ as a function of $m,n,U,V$, we have

$$\sigma = \sigma(m,n,U,V) \tag{29}$$

and the group velocity, $\vec{C}_g = \vec{i}\,C_{gx} + \vec{j}\,C_{gy}$, is defined as

$$C_{gx} = \frac{\partial \sigma}{\partial m}, \quad C_{gy} = \frac{\partial \sigma}{\partial n} \tag{30}$$

Thus we have

$$\frac{\partial \sigma(x,y,\tau)}{\partial x} = C_{gx}\frac{\partial m}{\partial x} + C_{gy}\frac{\partial m}{\partial y} + m\frac{\partial U}{\partial x} + n\frac{\partial V}{\partial x} \tag{31}$$

$$\frac{\partial \sigma(x,y,\tau)}{\partial \tau} = -C_{gx}\frac{\partial \sigma}{\partial x} - C_{gy}\frac{\partial \sigma}{\partial y} + m\frac{\partial U}{\partial \tau} + n\frac{\partial V}{\partial \tau} \tag{32}$$

By introducing the following notation:

$$\frac{\mathrm{D}_g}{\mathrm{D}\tau} \equiv \frac{\partial}{\partial \tau} + C_{gx}\frac{\partial}{\partial x} + C_{gy}\frac{\partial}{\partial y} \tag{33}$$

$\mathrm{D}_g m/\mathrm{D}\tau$ can be derived from Eqs. (31) and (32), so can $\mathrm{D}_g n/\mathrm{D}\tau$, etc. Thus, finally we are able to derive the equations for the variations with time of some characteristics of the wave packet, such as $m$, $n$ and $\sigma$

$$\frac{\mathrm{D}_g m}{\mathrm{D}\tau} = -\left(m\frac{\partial U}{\partial x} + n\frac{\partial V}{\partial x}\right) \tag{34}$$

$$\frac{\mathrm{D}_g n}{\mathrm{D}\tau} = -\left(m\frac{\partial U}{\partial y} + n\frac{\partial V}{\partial y}\right) \tag{35}$$

$$\frac{\mathrm{D}_g \sigma}{\mathrm{D}\tau} = m\frac{\partial U}{\partial \tau} + n\frac{\partial V}{\partial \tau} \tag{36}$$

The wavelength along the ray is $2\pi/\sqrt{m^2+n^2}$ and its wave number is $\sqrt{m^2+n^2}$. From Eqs. (34) and (35) we can obtain

$$\frac{\mathrm{D}_g}{\mathrm{D}\tau}\sqrt{m^2+n^2} = \frac{-1}{2\sqrt{m^2+n^2}}\left[m^2\frac{\partial U}{\partial x} + mn\left(\frac{\partial V}{\partial x} + \frac{\partial U}{\partial y}\right) + n^2\frac{\partial V}{\partial y}\right] \tag{37}$$

Let $\beta$ be the angle between the ray and the $x$ axis, we have $\mathrm{tg}\,\beta = n/m$. Hence from Eqs. (34) and (35), we obtain

$$\frac{\mathrm{D}_g}{\mathrm{D}\tau}\mathrm{tg}\beta = -\frac{1}{m^2}\left[m^2\frac{\partial U}{\partial y} + mn\left(\frac{\partial V}{\partial y} - \frac{\partial U}{\partial x}\right) - n^2\frac{\partial V}{\partial x}\right] \tag{38}$$

Eqs. (34)—(38) are valid for both the fast and slow waves. Consequently, the variations of the essential characteristics of the wave packet, $m$, $n$ and $\sigma$ are determined only by the nonuniformity of the basic current. The differences between the fast and slow waves consist of the different group velocities as well as the different energy variation processes of wave-packets (see the next two sections).

## 4 Evolution of Fast Wave Packet

Let

$$\phi_0 = |\phi_0| e^{i\alpha} \tag{39}$$

Substitute Eqs. (39) into (27), eliminate the common factor $e^{i\alpha}$, separate the real and the image parts, take Eqs. (22) and (34)—(36) into account, and after careful transformations and calculations, the following two equations will be obtained:

$$\frac{D_g \alpha}{D\tau} = \frac{1}{2\xi}\left[\frac{2\mu^2 \xi F}{F^2 - \xi^2}\left(n\frac{D_g m}{D\tau} - m\frac{D_g n}{D\tau}\right) - F\xi\left(\frac{\partial U}{\partial y} - \frac{\partial V}{\partial x}\right) - F^2(nV + mU) + \xi\bar{\phi}(m^2 + n^2)\right] \tag{40}$$

$$\frac{D_g |\phi_0|^2}{D\tau} + |\phi_0|^2\left(\frac{\partial C_{gx}}{\partial x} + \frac{\partial C_{gy}}{\partial y}\right) = |\phi_0|^2\left\{\left(1 + \frac{F^2}{\xi^2}\right)\frac{D_g}{D\tau}[\ln\sqrt{\mu^2(m^2+n^2)}] + \frac{F}{\xi^2}[\xi(mV - nU) - 2mn\bar{\phi}]\right\} \tag{41}$$

If the term containing $\varepsilon\bar{\phi}$ in the third equation of Eq. (12) is ignored, the terms containing $\bar{\phi}$ in Eqs. (40) and (41) would disappear. If the term $\mu^2 + \varepsilon\bar{\phi} = \mu'^2$ in Eq. (12) is assumed to be a constant in a local region, the terms containing $\bar{\phi}$ in Eqs. (40) and (41) would also disappear, and only $\mu^2$ is replaced by $\mu'^2$.

$\alpha$ is the phase function of the envelope of the wave train. If $F=0$ (in this case, $\bar{\phi}=$ constant, and the terms containing $\bar{\phi}$ disappear automatically), we have

$$\frac{D_g \alpha}{D\tau} = 0 \tag{42}$$

$$\alpha(x, y, \tau) = \alpha(\vec{r} - \vec{C}_g \tau) \tag{43}$$

These equations indicate that in the absence of Coriolis force, a wave packet of gravity wave propagates along the direction of the local group velocity $\vec{C}_g$. This conclusion is in agreement with the results obtained by kinematic method. If $f \neq 0$, from Eq. (40) we know that generally $D_g\alpha/D\tau \neq 0$, which indicates that the effect of Coriolis force causes an additional slow dispersion of the wave packet. However, because $O(F) = O(\varepsilon)$, $O(D_g\alpha/D\tau) \leqslant O(\varepsilon)$, and even $O(D_g\alpha/D\tau) \leqslant O(\varepsilon^2)$ if $O(U, V) = O(\varepsilon)$. This means that the rate of additional dispersion is low, and the result obtained by kinematic approach is good approximation.

In order to study the variation of the energy of the wave packet, it is necessary to rewrite Eq. (41) into the following form:

$$\frac{D_g N}{D\tau} + N\left(\frac{\partial C_{gx}}{\partial x} + \frac{\partial C_{gy}}{\partial y}\right) = NG \tag{44}$$

where

$$N \equiv |\phi_0|^2 / \sqrt{\mu^2(m^2+n^2)} \tag{45}$$

$$\begin{cases} G = G_1 + G_2 + G_3 \\ G_1 = \left(\frac{F^2}{\xi^2}\right)\frac{D_g}{D\tau}[\ln\sqrt{\mu^2(m^2+n^2)}] \\ G_2 = F\xi(mV - nU) \\ G_3 = -2mnF\bar{\phi} \end{cases} \tag{46}$$

Let us assume that the wave packet is located in region $S'$ at moment $\tau$, which means $u_0 = v_0 = \phi_0 = 0$ outside region $S'$. We may just as well take region $S'$ for the whole region, $S$. Then, integrating Eq. (44) over region $S$, we have

$$\frac{\partial}{\partial \tau}\iint_S N\,dxdy = \iint_S NG\,dxdy \tag{47}$$

Since the pressure field energy of the wave train is $\mu^{-2}|\phi_0|^2/2$, and the kinetic energy is $(|u_0|^2 + |v_0|^2)/2$, so that the energy of the wave train of the fast wave, $e_0$, is given by the following formula:

$$\mu^2 e_0 = \frac{1}{2}[\mu^2(|u_0|^2 + |v_0|^2) + |\phi_0|^2] = \frac{\xi^2}{\mu^2(m^2+n^2)}|\phi_0|^2 \tag{48}$$

and the total energy of the fast wave packet is

$$E_0 = \iint_S e_0\,dxdy = \iint_S \frac{\xi^2}{\mu^2(m^2+n^2)}|\phi_0|^2 dxdy \tag{49}$$

Eq. (47) can therefore be rewritten as follows:

$$\frac{\partial}{\partial \tau}\iint_S e_0 \frac{\sqrt{\mu^2(m^2+n^2)}}{\xi^2} dxdy = \iint_S NG\,dxdy \tag{50}$$

Eq. (50) may be called "the equation of the variation of the generalized energy of the wave packet."

If $F=0$, then $G=0$. From Eq. (50) the conservation of generalized energy is obtained. However, owing to the variations of $m^2+n^2$ etc. in the nonuniform basic current this may lead also to a change in the energy of the wave packet. If $F \neq 0$, as a rule $G \neq 0$, and the effect of Coriolis force makes the generalized energy inconservative. However, the variation of the generalized energy thus caused is small, because $G_3$ can usually be eliminated and $O(G_1, G_2) \leqslant O(\varepsilon^2)$ (if $G_3$ is not eliminated, then $O(G) = O(\varepsilon)$). But the time-variation rate of $\sqrt{m^2+n^2}$ is $O(U,V)$. When $O(\bar{u}, \bar{v}) = O(1)$, $O(U,V) = O(\varepsilon)$, thus the variations of the energy of the wave packet are mainly determined by the variations of the wavelength, i. e. by the structure of the large-scale basic current, while the Coriolis force produces (through $G$) only additional variations.

Denoting $\eta \equiv \sqrt{\mu^2(m^2+n^2)}$, we have

$$\frac{\sqrt{\mu^2(m^2+n^2)}}{\xi^2}=\frac{\eta}{F^2+\eta^2}$$

$$\frac{\mathrm{d}}{\mathrm{d}\eta}\left(\frac{\eta}{F^2+\eta^2}\right)=\frac{F^2-\eta^2}{F^2+\eta^2}$$

Since $O(F)=O(\varepsilon)$, as a rule, $F^2-\eta^2<0$ and $\mathrm{d}[\eta/(F^2+\eta^2)]/\mathrm{d}\eta<0$, if the wavelength is not very long. Thus, if the effect of $G$ is ignored, then, on an average, $e_0$ increases when the wavelength decreases, while with the decaying of the wave (the wave energy is absorbed by the basic current) the wavelength increases.

The above-mentioned rule can be used to explain the phenomena in the real atmosphere. Hence, it may be well said that the gravity waves are marked only when the wavelength is short, and that the amplitude of the fast wave with comparatively long wavelength caused by the local disturbances is rather small.

During the development of the gravity waves, the wavelength becomes shorter and shorter while the amplitude becomes rather large. In such case we have to take into account the nonlinear terms and the influence of the turbulence, and these result in that the waves would break down easily into turbulent eddies. That is why in the atmosphere, gravity waves with large amplitudes cannot hold for a long period of time.

Case analyses have been made in [1], where the effect of $G$ is also taken into account. Such analyses show that when a fast wave packet propagates downstream into the strong wind region of a cyclone, most of the wave energy is absorbed by the cyclone. In a rotating atmosphere with many vortexes, the fast waves frequently run into above mentioned situations in the course of propagation. This explains why in the actual atmosphere the gravity waves are marked only locally and for a short period of time.

## 5 Evolution of Slow Wave Packet

From Eq. (17)′, the group velocity of the slow wave $\vec{C}_g^{(1)}$ can be derived

$$C_{gx}^{(1)}=U,\quad C_{gy}^{(1)}=V \tag{51}$$

As a general rule, the envelope of the slow wave packet propagates downstream at velocity $(U,V)$. Any deformation of the shape of the slow wave packet is due to the local geometric distortion caused by the nonuniformity of the basic current. In the followings we will denote $\vec{C}_g^{(1)}$, $\xi_1$ and $\sigma_1$ as $\vec{C}_g$, $\xi$ and $\sigma$, respectively for simplicity. From Eq. (51) results $\mathrm{D}_g/\mathrm{D}\tau=\mathrm{D}/\mathrm{D}\tau$. Substitute $a$, $b$ and $\xi$ of the slow wave into Eq. (27), take $\phi_0=|\phi_0|\mathrm{e}^{\mathrm{i}\alpha}$, we have the following formulas for the propagation of the envelope of the slow wave train and its amplitude variations:

$$\frac{\mathrm{D}_g\alpha}{\mathrm{D}\tau}=\frac{\mathrm{D}\alpha}{\mathrm{D}\tau}=\frac{F^2}{\mu^2}(mU+nV) \tag{52}$$

$$\left(m^2+n^2+\frac{F^2}{\mu^2}\right)\frac{D_g|\phi_0|}{D\tau}+|\phi_0|\frac{D_g}{D\tau}\left(m^2+n^2+\frac{F^2}{\mu^2}\right)=$$
$$-|\phi_0|\left[\left(m^2+n^2+\frac{F^2}{\mu^2}\right)\left(\frac{\partial U}{\partial x}+\frac{\partial V}{\partial y}\right)\right] \tag{53}$$

Since $O(F)=O(\varepsilon)$, from Eq. (52) it follows that the order of magnitude of the local dispersion of the wave packet is $\leqslant O(\varepsilon^2)$, which is even smaller than that of the fast wave.

To analyse the energy variations of the wave packet, it is better to rewrite (53) as

$$\frac{D_g\Omega_0}{D\tau}=-\Omega_0\left(\frac{\partial U}{\partial x}+\frac{\partial V}{\partial y}\right) \tag{54}$$

$$\frac{D_g\Omega_0^2}{D\tau}=-2\Omega_0^2\left(\frac{\partial U}{\partial x}+\frac{\partial V}{\partial y}\right) \tag{55}$$

where

$$\Omega_0=-\left(m^2+n^2+\frac{F^2}{\mu^2}\right)|\phi_0| \tag{56}$$

If $\phi_0$, $m$ and $n$ are real constants, the absolute value of the quasi-geostrophic potential vorticity is given by

$$\left|\left(\Delta-\frac{F^2}{\mu^2}\right)\phi_0 e^{i(mx+ny)}\right|=|\Omega_0 e^{i(mx+ny)}| \tag{57}$$

which is the physical meaning of $\Omega_0$. Thus $\Omega_0$ might simply be called potential vorticity. Eqs. (54) and (55) show that $D_g\Omega_0/D\tau$ and $D_g\Omega_0^2/D\tau$, i. e. the individual derivatives of $\Omega_0$ and its square with respect to the wave packet, are directly proportional to themselves and the convergence $(-(\partial U/\partial x+\partial V/\partial y))$ of the basic current. A divergent basic current decreases $\Omega_0^2$, whereas a convergent one increases it; however, the increment is of the order of $O(\varepsilon^2)$ (because $O(\partial\bar{u}/\partial x+\partial\bar{v}/\partial y)=O(\varepsilon)$ under the effect of Coriolis force).

Integrating Eq. (55) over $S$, we have

$$\frac{\partial}{\partial\tau}\iint_S\Omega_0^2\,dx\,dy=-\iint_S\Omega_0^2\left(\frac{\partial U}{\partial x}+\frac{\partial V}{\partial y}\right)dx\,dy \tag{58}$$

This indicates that the total squared potential vorticity of the wave packet is approximately conservative, with variations restricted to the order of $O(\varepsilon^2)$. If the basic current is geostrophic, the total squared potential vorticity is exactly conservative.

The energy density in the wave packet is

$$e_0=\left(m^2+n^2+\frac{F^2}{\mu^2}\right)|\phi_0|^2/2F^2 \tag{59}$$

where $(|u_0|^2+|v_0|^2)/2=(m^2+n^2)|\phi_0|^2/(2F^2)$, and the effective potential energy is $|\phi_0|^2/(2\mu^2)$. By introduction of $e_0$, Eq. (58) can be rewritten as

$$\frac{\partial}{\partial\tau}\iint_S\left(m^2+n^2+\frac{F^2}{\mu^2}\right)e_0\,dx\,dy=-\iint_S Q_0^2\left(\frac{\partial U}{\partial x}+\frac{\partial V}{\partial y}\right)dx\,dy \tag{60}$$

It can be seen from the above formula that when the wavelength decreases ($m^2+n^2+F^2/\mu^2$ increases), the total energy of the disturbance decreases; when the wavelength increases, the total energy of the disturbance increases. This is just opposite to that of the fast wave packet. As the slow wave develops, its wavelength increases; while as it decays (the energy is absorbed by the basis current), its wavelength decreases. This is in agreement with the characteristics of the evolutionary process of the moving upper trough-ridge in the actual atmosphere: Superimposed in the old backward-tilting trough a shallow small trough with short wavelength but developing type, as a rule, is gradually deepening and widening, and leads to the eventual formation of a great and deep trough replacing the old one.

## 6 Alternative Method to Derive Evolution Equations for Slow Wave

It has been pointed out in Section 2 that $O(\sigma)=O(\varepsilon^2)$ is not valid for the slow wave, and in fact there exists only $O(\sigma)=O(\varepsilon)$. However, since $U$, $V$ and $F$ are formally assumed to be of the order of $O(1)$, the method of expansion as suggested in Section 2 can be applied also to the slow wave. In this section, we will give another good method of expansion for the slow wave.

Introducing characteristic scales in accordance with the basic current and supposing the basic current is a pure zonal flow or a long wave $(O(\mu^2)=O(1))$, or an ultralong wave $(O(\mu^2)=O(\varepsilon))$, we have $O(\varepsilon)\ll O(1)$. Allowing the wavelength of the perturbation to be smaller than that of the basic current, in other words, the wavelength and the characteristic time scale of the perturbation are of the order of $O(\varepsilon)$, we can rewrite the solutions as follows:

$$(u',v',\phi')=(\hat{u},\hat{v},\hat{\phi})e^{i\varepsilon^{-1}\theta(x,y,t)} \tag{61}$$

where $\theta$, $\hat{u}$, $\hat{v}$ and $\hat{\phi}$ are all slowly varying functions of $(x,y,t)$, and

$$\begin{cases}\hat{u}(x,y,t)=u_0(x,y,t)+\varepsilon u_1(x,y,t)+\cdots\\ \hat{v}(x,y,t)=v_0(x,y,t)+\varepsilon v_1(x,y,t)+\cdots\\ \hat{\phi}(x,y,t)=\varepsilon\phi_0(x,y,t)+\varepsilon^2\phi_1(x,y,t)+\cdots\\ \quad f(x,y)=f_0+\varepsilon f_1+\cdots\end{cases} \tag{62}$$

where $f$, $f_0=1$, etc. are dimensionless quantities, and the variation of $f$ can be taken into account. Let

$$\sigma=-\partial\theta/\partial t,\quad m=\partial\theta/\partial x,\quad n=\partial\theta/\partial y \tag{63}$$

then $O(\sigma,m,n)=O(1)$. All the equations in Section 3 are still valid, provided $\tau$, $U$, $V$ are replaced with $t$, $\bar{u}$, $\bar{v}$ respectively.

If $O(\mu^2)=O(1)$, the third equation of (8) should first be multiplied by $\varepsilon$; if $O(\mu^2)=O(\varepsilon)$, we should make $\mu^2=\varepsilon\mu'^2$, and thus we have $O(\mu'^2)=O(1)$. Since only the case of $\Phi^*\ll\tilde{\phi}$ is of practical significance, we have $O(\varepsilon\bar{\phi})<O(\mu^2)$. Let $\varepsilon\bar{\phi}=\varepsilon^2\overline{\phi'}$, and then $O(\overline{\phi'})=O(1)$. If we substitute Eqs. (61) and (62) into the transformed equations of Eq. (8) as

mentioned above and expand them into power series of $\varepsilon$, then the $\varepsilon^0$ terms give

$$\begin{cases} i(-\sigma + m\bar{u} + n\bar{v})u_0 - f_0 v_0 + im\phi_0 = 0 \\ f_0 u + i(-\sigma + m\bar{u} + n\bar{v})v_0 + in\phi_0 = 0 \\ mu_0 + nv_0 = 0 \end{cases} \tag{64}$$

These equations give the unique frequency, $\sigma = m\bar{u} + n\bar{v}$, which corresponds to slow wave. Thus the geostrophic wind relation and the nondivergent relation are still valid. The $\varepsilon^1$ terms give

$$\begin{cases} -f_0 v_1 + im\phi_1 = -\left[\dfrac{\mathrm{D}u_0}{\mathrm{D}t} - f_1 v_0 + \dfrac{\partial \phi_0}{\partial x} + \left(u_0 \dfrac{\partial \bar{u}}{\partial x} + v_0 \dfrac{\partial \bar{u}}{\partial y}\right)\right] \\ f_0 v_1 + in\phi_1 = -\left[\dfrac{\mathrm{D}v_0}{\mathrm{D}t} + f_1 u_0 + \dfrac{\partial \phi_0}{\partial y} + \left(u_0 \dfrac{\partial \bar{v}}{\partial x} + v_0 \dfrac{\partial \bar{v}}{\partial y}\right)\right] \\ i\mu^2 (mu_1 + nv_1) = -\mu^2 \left(\dfrac{\partial u_0}{\partial x} + \dfrac{\partial v_0}{\partial y}\right) \end{cases} \tag{65}$$

or

$$i\mu'^2 (mu_1 + nv_1) = -\mu'^2 \left(\frac{\partial u_0}{\partial x} + \frac{\partial v_0}{\partial y}\right) - \left(u_0 \frac{\partial \bar{\phi}'}{\partial x} + v_0 \frac{\partial \bar{\phi}'}{\partial y}\right)$$

From these equations the evolution equation for $\phi_0 = |\phi_0| e^{i\alpha}$ can be derived. If $O(\mu^2) = O(1)$, we have

$$\frac{\mathrm{D}_g \alpha}{\mathrm{D}t} = -f_0 \left(\frac{\partial m}{\partial y} - \frac{\partial n}{\partial x}\right) = 0 \tag{66}$$

Multiplied on both sides by $\varepsilon$, Eq. (66) becomes Eq. (52), yet without the term containing $F^2$. As a matter of fact, this term can be neglected in Eq. (52) because $O(F^2) - O(\varepsilon^2)$. If $O(\mu^2) = O(\varepsilon)$, we have

$$\frac{\mathrm{D}_g \alpha}{\mathrm{D}t} = \frac{f_0^2}{\mu'^2} \left(n \frac{\partial \bar{\phi}'}{f_0 \partial x} - m \frac{\partial \bar{\phi}'}{f_0 \partial y}\right) \tag{66'}$$

If we take $\bar{u}$ and $\bar{v}$ to be geostrophic wind, Eq. (66′) is exactly the same as Eq. (52). At the same time, the equation for $|\phi_0|$ is also exactly the same as Eq. (53) or Eq. (54), with the small terms containing $F^2/\mu^2$ neglected. It can be seen from this comparison that the two methods lead to the same result.

Similar results have been obtained in [2] by the use of quasi-geostrophic model for studying the evolutionary processes of the slow wave packet. Some typical evolution models of the slow wave have been discussed in detail in [2], and the results are in good agreement with actual synoptic patterns.

It should be pointed out that the equations for the fast wave are also valid, when $f = 0$. However, as the derivation of the equations for the slow wave in this section as well as in Section 2 involves the use of the geotropic wind relation, they are no longer valid under the condition of $f = 0$. In general case, including $f = 0$ and $f \neq 0$, one must take the following relationships in Eq. (14) or Eq. (64):

$$u_0 = -in\psi_0, \quad v = im\psi_0, \quad \phi_0 = f_0 \psi_0 \tag{67}$$

where $\psi_0$ is the stream function. Substituting Eq. (67) into Eq. (65) we obtain the evolution equation of $\psi_0$ for slow wave, which is entirely consistent with that of $\phi_0/f_0$ as derived under the condition $f_0 \neq 0$. In fact, $\phi_0/f_0$ is the geostrophic approximation of the stream function $\psi_0$. Therefore, the results of the present study are valid generally if $\phi_0/f_0$ is replaced by $\psi_0$.

## References

[1] 曾庆存. 数值天气预报的数学物理基础. 第一卷. 北京:科学出版社,1979.
[2] 卢佩生,曾庆存. 正压大气中扰动的演变. 大气科学,1981,5(1).

2

# On the Evolution Process of Disturbances in the Barotropic Atmosphere①

Lu Peisheng Zeng Qingcun

(Institute of Atmospheric Physics, Academia Sinica)

**Abstract** The evolution processes of disturbances in the barotropic atmosphere are investigated by WKBJ method. It is indicated that the criterion of developing perturbation should be the growth of both its total energy and its mean amplitude. It is shown by the theoretical analysis that the developing perturbations stretch their wavelengths with time, and the damping ones shorten their wavelengths.

If the basic current is purely zonal, the "leading waves" in the southern region of the jet stream and the "trailing waves" in the northern region are developing, and the axis(trough or ridge) tends to be N-S direction, while the leading waves in the northern region of the jet stream and the trailing waves in the southern region are damping ones, and the axis(trough or ridge) tends to be W-E direction. The cases of nonzonal basic current are also discussed. It is suggested that some processes of "retrogradation of ultra-long wave" are in fact due to the eastward propagation of developing and broadening trough. and confluence with the old major trough.

## 1 Introduction

Although two-dimensional barotropic atmosphere is the simplest atmospheric model, many dynamic processes of synoptic systems(e. g., upper-level trough or ridge) can be investigated using the model. Rossby[1] firstly derived the formula of the moving speed of the trough (or ridge) from linearized equation. The formula reflects the basic characteristics of the movement of trough(or ridge). Subsequently Yeh[2] obtained more profound results through further discussions of more dynamic processes, such as energy dispersion and downstream effect. In parallel with Yeh's work, Kuo[3] discussed the stabilities of disturbances superimposed on the barotropic basic current and then proposed that disturbances develop in certain condition which is the well known "barotropic instability". A large amount of work discussing the similar problems has been done since then.

Zonal basic currents are adopted in above work among which the basic westerly $\bar{u}$

① English translation of original paper published in《大气科学》(*Scientia Atmospherica Sinica*), 1981, 5(1), 1-7. - editor varies along the direction of $y$ in [3]. The assumption is too idealized to be applied in practical work usefully. Therefore, nonuniform basic current should be considered, like the barotropic model in numerical weather prediction. However, since solving the nonlinear equations is a very hard task, only some very simple special solutions have been obtained so far. The difficulties in mathematics prohibit the analysis of physical essences of barotropic disturbances. Consequently Yeh[4] proposed investigation of evolution process of the disturbances superimposed on nonzonal basic currents, but still used the linearized equation. Yeh[4] adopted a wave like basic current and acquired some interesting processes(e.g., new wave excitation) different from those in the condition of zonal basic currents.

However, such linearized equations has nonconstant coefficients, and the general solution is still not available. An approximation method applicable in general conditions seems promising to overcome the above difficulties. There are two main advantages using such method: One is that an arbitrary form of basic current can be adopted, and the other is that more in-depth physical analysis can be carried out and lead to further understanding of the evolution process of disturbances. Zeng[5] obtained some useful results via using WKBJ method to discuss the interactions between fast waves and slow waves in the atmosphere. In this paper the problems presented in [1]—[4] are also dealt with using WKBJ method, from which more general properties and more reasonable criterion about the evolution process of disturbances are obtained.

## 2 Barotropic Perturbation Equation

For simplicity the barotropic quasi-geostrophic vorticity equation in Cartesian coordinate system is adopted

$$\frac{\partial}{\partial t}(\Delta\psi-\kappa\psi)+J(\psi,\Delta\psi)+\beta\frac{\partial\psi}{\partial x}=0 \tag{1}$$

The symbols here are conventional. $\psi$ represents the stream function. $\beta=\mathrm{d}f/\mathrm{d}y$. $\kappa=f_0^2/\tilde{\varphi}$, where $\tilde{\varphi}$ is the mean geopotential and $f_0$ is Coriolis parameter at reference latitude. Introducing characteristic quantities: characteristic time scale $T$, characteristic length scale $L$ and characteristic velocity scale $U=\Psi/L$ where $\Psi$ is equal to $f_0^{-1}\Phi$($\Phi$ represents characteristic perturbation of geopotential). Transform Eq. (1) into its dimensionless form

$$\varepsilon'\frac{\partial\Delta\psi}{\partial t}+\varepsilon''J(\psi,\Delta\psi)-\varepsilon'\mu^{-2}\frac{\partial\psi}{\partial t}+\frac{\partial\psi}{\partial x}=0 \tag{2}$$

where $\psi, x, y$ and $t$ have already been transformed into dimensionless forms. $\Delta$ and $J(A, B)$ are also operators in dimensionless variable space $(x, y)$. Moreover, the definitions of dimensionless parameters in Eq. (2) are

$$\varepsilon'=1/(\beta TL),\quad \varepsilon''=U/(\beta L^2),\quad \mu^{-2}=(L/L_0)^2 \tag{3}$$

where $L_0 = \sqrt{\tilde{\varphi}}/f_0$, which has a typical value of 3000 km, represents the horizontal length scale determined by external environment( $\tilde{\varphi}$ and $f_0$ ). Since the disturbances are superimposed on long and ultra—long waves, $T = LU^{-1}$ can be adopted, which lead to $\varepsilon' = \varepsilon''$. With proper choice of $U$ and $L$, $\varepsilon' = 1$ can also be obtained. Moreover, considering systems like long waves, $O(\mu^{-2}) \leqslant O(1)$, so Eq. (2) can be simplified as

$$\frac{\partial \Delta\psi}{\partial t} + J(\psi, \Delta\psi) - \mu^{-2}\frac{\partial \psi}{\partial t} + \frac{\partial \psi}{\partial x} = 0 \tag{4}$$

Now assuming

$$\psi = \bar{\psi}(x,y,t) + \psi'(x,y,t) \tag{5}$$

where $\bar{\psi}$ represents basic flow field and $\psi'$ represents perturbation, obviously $\bar{\psi}$ should satisfy Eq. (4), that is

$$\frac{\partial \Delta\bar{\psi}}{\partial t} + J(\bar{\psi}, \Delta\bar{\psi}) - \mu^{-2}\frac{\partial \bar{\psi}}{\partial t} + \frac{\partial \bar{\psi}}{\partial x} = 0 \tag{6}$$

Note that $\bar{\psi}$ needn't be steady.

As for the evolution process of $\psi'$, the linearized equation is used

$$\frac{\partial \Delta\psi'}{\partial t} + J(\bar{\psi}, \Delta\psi') + J(\psi', \Delta\bar{\psi}) - \mu^{-2}\frac{\partial \psi'}{\partial t} + \frac{\partial \psi'}{\partial x} = 0 \tag{7}$$

$\psi'$ should also satisfy the initial condition

$$\psi'(x,y,0) = \psi'^{(0)}(x,y) \tag{8}$$

where $\psi'^{(0)}(x,y)$ is a given function.

## 3 Evolution Process

When the short-term evolutions of some specified synoptic systems are considered, attentions should be focused on the interior structures of these synoptic systems and on the characteristics of their nearby flow fields with neglection of the flow structures in remote regions. Therefore, with proper parameters, wave packet can be used to describe these synoptic systems, viz.

$$\psi'^{(0)}(x,y) = \mathrm{Re}(A^{(0)}(x,y)e^{i\theta(x,y,0)\varepsilon^{-1}}) \tag{9}$$

$$\psi'(x,y,t) = \mathrm{Re}(A(x,y,t)e^{i\theta(x,y,t)\varepsilon^{-1}}) \tag{10}$$

where $0 < \varepsilon \ll 1$ is a small parameter (its meaning will be clear later). $A$ is the amplitude function of perturbation and $\theta\varepsilon^{-1}$ is the phase function of wave. Moreover, the local wave number $m'$ in the direction of $x$, $n'$ in the direction of $y$ and the local instantaneous frequency $\sigma'$ can be expressed as

$$\begin{cases} \dfrac{\partial\theta(x,y,t)}{\varepsilon\partial x} = m' = \varepsilon^{-1}m \\ \dfrac{\partial\theta(x,y,t)}{\varepsilon\partial y} = n' = \varepsilon^{-1}n \\ \dfrac{\partial\theta(x,y,t)}{\varepsilon\partial t} = \sigma' = \varepsilon^{-1}\sigma \end{cases} \tag{11}$$

The direction of perturbation, i. e. trough(ridge), is determined by the curve $\theta(x,y,t)=$ const. For example, if $m'$ and $n'$ are constants, the angle $\alpha$ between the trough(ridge) and the $x$ axis is

$$\begin{cases} \alpha = \dfrac{\pi}{2} + \alpha' \\ \mathrm{tg}\alpha' = \dfrac{n'}{m'} = \dfrac{n}{m} \end{cases} \tag{12}$$

Obviously the wavelength is $2\pi/\sqrt{m'^2+n'^2}$ and the propagation speed along the direction of wave ray(perpendicular to the axis of trough or ridge) is $C=\sigma'/\sqrt{m'^2+n'^2}$.

Assuming the horizontal scale of $\psi'$ is much smaller than that of basic flow field, $\varepsilon \ll 1$ is adopted. Note that only through this assumption does the division of $\psi$ into $\bar{\psi}$ and $\psi'$ be theoretically strict and have practical meaning. As $L \approx L_0$, we have that the wavelength of the disturbance is about 3000 km or even shorter, therefore the assumption that $m$, $n$ and $\sigma$ are of $O(1)$ means that the phase $\theta\varepsilon^{-1}$ varies fast both in space and in time, and the wavelength and amplitude are slowly varying, i. e., $m$, $n$, $\sigma$ and the derivatives of $A$ with respect to $(x,y,t)$, all are of $O(1)$, i. e., slowly varying functions of their arguments. Besides the basic flow should also be slowly varying, that is, all the derivatives of $\bar{\psi}$ are of $O(1)$, as shown in Eq. (14).

To solve the problem, WKBJ method is applied. Expanding $A$ into an asymptotic series with small parameter $\varepsilon$

$$A(x,y,t) = \psi_0(x,y,t) + \varepsilon\psi_1(x,y,t) + \varepsilon^2\psi_2(x,y,t) + \cdots \tag{13}$$

substituting Eq. (13) into Eq. (10), then into Eq. (7), and using Eq. (12), the equation containing all the power terms of $\varepsilon$ can be acquired. Let the coefficient of each power term be zero. The equations describing the phase speed $C$ and the evolution processes of $\psi_0$, $\psi_1$, $\psi_2$, $\cdots$ can be obtained.

The formula of frequency can be derived from the term with $\varepsilon^{-3}$

$$\sigma = -(m\bar{u} + n\bar{v}) \tag{14}$$

where $\bar{u}=-\partial\bar{\psi}/\partial y$ and $\bar{v}=\partial\bar{\psi}/\partial x$. Eq. (14) means that the disturbance propagates at the speed of the basic current. In fact, if the wavelength is short enough, the influence of the term $\mu^{-2}\partial\psi/\partial t+\partial\psi/\partial x$ is negligible, and the Rossby formula degenerates into Eq. (14).

The equation derived from the term with $\varepsilon^{-2}$ can be written as

$$\frac{\partial(m^2+n^2)\psi_0}{\partial t} + \left(\bar{u}\frac{\partial}{\partial x} + \bar{v}\frac{\partial}{\partial y}\right)(m^2+n^2)\psi_0 = 0 \tag{15}$$

It will be analyzed in detail in next section.

## 4 The General Laws of Evolutionary Process

Some important laws about the evolutionary process of disturbances can be derived from Eqs. (11), (14) and (15). As shown in Eq. (14), $\sigma$ can be considered as a function of $m, n, \bar{u}$ and $\bar{v}$, i. e., $\sigma=\sigma(m,n,\bar{u},\bar{v})$, therefore $\partial\sigma/\partial\bar{u}=-m$ and $\partial\sigma/\partial\bar{v}=-n$. Moreover, according to the definition of group velocity $\vec{C}_g=C_{gx}\vec{i}+C_{gy}\vec{j}$

$$C_{gx}=-\frac{\partial\sigma}{\partial m},\quad C_{gy}=-\frac{\partial\sigma}{\partial n} \tag{$*$}$$

we have now $C_{gx}=\bar{u}$ and $C_{gy}=\bar{v}$.

The kinematic relationships can also be derived using Eq. (11)

$$\begin{cases}\dfrac{\mathrm{D}_g m}{\mathrm{D}t}=-m\dfrac{\partial\bar{u}}{\partial x}-n\dfrac{\partial\bar{v}}{\partial x}\\ \dfrac{\mathrm{D}_g n}{\mathrm{D}t}=-m\dfrac{\partial\bar{u}}{\partial y}-n\dfrac{\partial\bar{v}}{\partial y}\\ \dfrac{\mathrm{D}_g}{\mathrm{D}t}\left(\dfrac{m^2+n^2}{2}\right)=-m\left(m\dfrac{\partial\bar{u}}{\partial x}+n\dfrac{\partial\bar{u}}{\partial y}\right)-n\left(m\dfrac{\partial\bar{v}}{\partial x}+n\dfrac{\partial\bar{v}}{\partial y}\right)\end{cases} \tag{16}$$

where

$$\frac{\mathrm{D}_g}{\mathrm{D}t}\equiv\frac{\partial}{\partial t}+C_{gx}\frac{\partial}{\partial x}+C_{gy}\frac{\partial}{\partial y} \tag{17}$$

Note that $\partial m/\partial t=\partial\sigma/\partial x$ and similar relationships are used in derivation of Eq. (16). The third equation in Eq. (16) describes the variation of wavelength while the first and the second equations show the temporal variation of tilt angle of the disturbance axis. From Eq. (16) it can be seen that in general the wavelength and the direction of the disturbance axis vary with time in the condition of nonuniform basic currents.

Both the amplitude $\psi_0$ and the kinematic energy $(m^2+n^2)\psi_0\psi_0^*$ should be investigated to determine whether the disturbances develop or damp, where $\psi_0^*$ represents the conjugate of $\psi_0$.

Typically the development of disturbance means the growth of total energy, which can be written as

$$\frac{\partial}{\partial t}\iint_{-\infty}^{+\infty}(m^2+n^2)\psi_0\psi_0^*\,\mathrm{d}x\mathrm{d}y\begin{cases}>0, & \text{develop}\\ <0, & \text{decay}\end{cases} \tag{18}$$

However, the following situation often happens. Although the total energy grows, the amplitude becomes smaller because the perturbation region becomes larger(e. g., the longer wavelength). The energy is distributed in the enlarged region, so it seems that the disturbance is only developed slightly(even damped sometimes) in appearance. Consequently the criterion Eq. (18) alone is insufficient and an extra criterion should be added:

$$\frac{\partial}{\partial t}\int_{-\infty}^{+\infty}\int_{-\infty}^{+\infty}\psi_0\psi_0^*\,\mathrm{d}x\mathrm{d}y\begin{cases}>0, & \text{develop}\\ <0, & \text{decay}\end{cases} \tag{19}$$

Note that the criterion Eq. (19) alone also is not sufficient for the situation where the local amplitude grows while the total energy might decrease due to the absorption of the energy by the basic flow. Although the disturbance grows obviously at the first disturbance period since it is concentrated in the reduced region(e. g., the shorter wavelength), but the development can't last for a longer time. From above analysis, we suggest to take both Eqs. (18) and (19) to determine whether the disturbance is developing.

Now we make further discussions on the evolution of barotropic disturbances. Because $C_{gx}=\bar{u}, C_{gy}=\bar{v}$ and $\frac{\partial \bar{u}}{\partial x}+\frac{\partial \bar{v}}{\partial y}=0$, Eq. (15) can be rewritten as

$$\frac{D_g}{Dt}[(m^2+n^2)\psi_0]=0 \tag{20}$$

The following equation can also be derived:

$$\frac{D_g}{Dt}[(m^2+n^2)e_0]=0 \tag{21}$$

where $e_0\equiv(m^2+n^2)\psi_0\psi_0^*$ and $(m^2+n^2)e_0$ are the kinematic energy and the squared vorticity per unit area respectively. Thus the integral form representing conservation of the squared vorticity of the disturbance is obtained

$$\frac{\partial}{\partial t}\iint_{-\infty}^{+\infty}(m^2+n^2)e_0\,dx dy=0 \tag{22}$$

Finally the variation of total energy of disturbance can be expressed as

$$\frac{\partial}{\partial t}\iint_{-\infty}^{+\infty}e_0\,dx dy=-\iint_{-\infty}^{+\infty}e_0\frac{D_g}{Dt}[\ln(m^2+n^2)]dx dy \tag{23}$$

$$\frac{\partial}{\partial t}\iint_{-\infty}^{+\infty}\psi_0\psi_0^*\,dx dy=-\iint_{-\infty}^{+\infty}2\psi_0\psi_0^*\frac{D_g}{Dt}[\ln(m^2+n^2)]dx dy \tag{24}$$

As shown in Eqs. (23) and (24), if the wavelength becomes longer, i. e., $\frac{D_g}{Dt}[\ln(m^2+n^2)]<0$, the disturbance develops according to Eqs. (18) and (19). Contrarily, the disturbance decays if the wavelength becomes shorter. Now the general laws of evolution process of barotropic disturbances are concluded as:

The disturbance develops as the wavelength becomes longer.

The disturbance damps as the wavelength becomes shorter.

However, it should be noted, that the above mentioned laws are correct just for the quasi-geotropic disturbances (or the vortex wave). There other laws governing the development of gravity waves (see Zeng[5]).

## 5 Disturbances Superimposed on the Zonal Basic Current

If the basic current is zonal, the judgment can simply be based on the direction of disturbance axis.

Firstly let's discuss the direction of trough(ridge). Assuming $m\geqslant 0$, then $n>0$

represents that the trough (ridge) axis is northwest-southeast direction, while $n<0$ represents northeast-southwest direction. For simplicity, the former is named as leading wave (trough or ridge) while the latter trailing wave(trough or ridge) by the use of the terminology of spiral wave[6]. In fact if the effects of earth curvature(e. g., the spatial variation of metric coefficients in various map projections) are considered, straight lines in $(x, y)$ plane correspond to curves in a spherical surface, therefore the straight lines tilted in northwest-southeast direction have characteristics of leading spirals.

If the basic current is purely westerly, i.e., $\bar{v}=0$, from Eq. (16) the following equations are derived:

$$\frac{\mathrm{D}_g}{\mathrm{D}t}\left(\frac{m^2+n^2}{2}\right)=-mn\frac{\partial \bar{u}}{\partial y} \tag{25}$$

$$\frac{\mathrm{D}_g}{\mathrm{D}t}\mathrm{tg}\alpha'=-\frac{\partial \bar{u}}{\partial y} \tag{26}$$

We come to the following conclusions.

a. In the southern region of the jet stream($\partial \bar{u}/\partial y>0$), the leading wave develops with stretched wavelength and the axis(trough or ridge) tends to be N-S direction, while the trailing wave damps with shortened wavelength and the axis (trough or ridge) tends to be W-E direction(the perturbation is absorbed by the zonal current).

b. In the northern region of the jet stream($\partial \bar{u}/\partial y<0$), the trailing wave develops with stretched wavelength and the axis(trough or ridge) tends to be N-S direction, while the leading wave damps with shortened wavelength and the axis(trough or ridge) tends to be W-E direction.

As an example, assuming $\varepsilon=0.3$, take the initial disturbance:

$$\psi'^{(0)}=-\frac{1}{2}\mathrm{e}^{-(x^2+y^2)}\cos\frac{x\pm y}{0.3} \tag{27}$$

where $x+y$ represents the leading trough, while $x-y$ the trailing trough, and the basic current with jet core at $y=0$

$$\begin{cases} \bar{\psi}=-y-\mathrm{e}^{-2(y+0.4)}+2\mathrm{e}^{-0.8}, & \text{the northern region of the jet stream} \\ \bar{\psi}=-y+\mathrm{e}^{2(y-0.4)}, & \text{the southern region of the jet stream} \end{cases} \tag{28}$$

or

$$\begin{cases} \bar{\psi}=\mathrm{e}^{-2(y+0.25)}, & \text{the northern region of the jet stream} \\ \bar{\psi}=-\mathrm{e}^{+2(y-0.25)}+2\mathrm{e}^{-0.5}, & \text{the southern region of the jet stream} \end{cases} \tag{29}$$

Figs. 1—5 show the flow field generated by Eq. (27) and either of Eqs. (28) and (29). The formula Eq. (28) represents the condition where the basic current is strong while the disturbance is comparatively weak. In comparison with Eq. (28), Eq. (29) represents a contrary case. Fig. 1 and Fig. 2 adopt Eq. (28) while the others use Eq. (29). In Figs. 1—5, the solid lines are contour lines and the dashed lines are isotaches in high wind zone. Since in real atmosphere the trailing waves occur only when the disturbance is strong enough, only the figures corresponding to Eq. (29) are given for the trailing waves.

Figs. 1—5 are similar to some typical patterns in the real upper level charts, especially (Fig. 5 is very similar to the diverging trough proposed by J. Bjerknes). Although the details of these patterns may have many differences compared with real synoptic maps, the essential characteristics are same, i.e.

Fig. 1 The leading trough in the southern region of the jet stream (developing)

Fig. 2 The leading trough in the northern region of the jet stream (decaying)

Fig. 3 The trailing trough in the southern region of the jet stream (decaying)

Fig. 4 The trailing trough in the northern region of the jet stream (developing)

a. The leading trough(ridge) in the southern region of the jet stream are developing. Stream (geopotential) contour lines become sparser from north to south. The high wind zone which is approximately parallel with the trough axis lies in the rear of the trough. The wind speed becomes higher from south to north.

b. The leading trough(ridge) in the northern region of the jet stream are decaying. Geopotential contour lines become sparser from south to north. The high wind zone is near the southwestern region of the trough axis.

c. The trailing trough(ridge) in the southern region of the jet stream are decaying. Geopotential contour lines become sparser from north to south. The high wind zone which is approximately parallel with the trough axis lies in front area of the trough. The wind speed becomes higher from south to north.

d. The trailing trough(ridge) in the northern region of the jet stream are developing. Geopotential contour lines become sparser from south to north. The high wind zone is near the southeastern region of the trough axis.

Since Eqs. (27)—(29) are symmetrical geometrically, the patterns of ridges can be obtained immediately by turning the figures upside down, i. e., $(x, y)$ is transformed into $(-x, -y)$. Then Fig. 1 and Fig. 2 correspond to decaying and developing ridges respectively(note that the high wind zone lies in front of ridge) while Fig. 3 and Fig. 4 correspond to developing and decaying ridges respectively(note that the high wind zone lies in the rear of ridge). Moreover, by turning the figures over, the leading waves are transformed into the trailing waves, vice versa(e. g., Fig. 3 is transformed into Fig. 5).

The above synoptic patterns can often be found in real upper level synoptic maps except for Fig. 2. The evolution characteristics acquired from theoretical analysis are also consistent with practical experience. Fig. 2 is seldom in real synoptic maps and the leading troughs are always developing ones actually, because the baroclinic processes play an important role and the temperature advection contributes to the development of trough.

Fig. 5 The leading trough in the southern region of the jet stream (strong and developing disturbance)

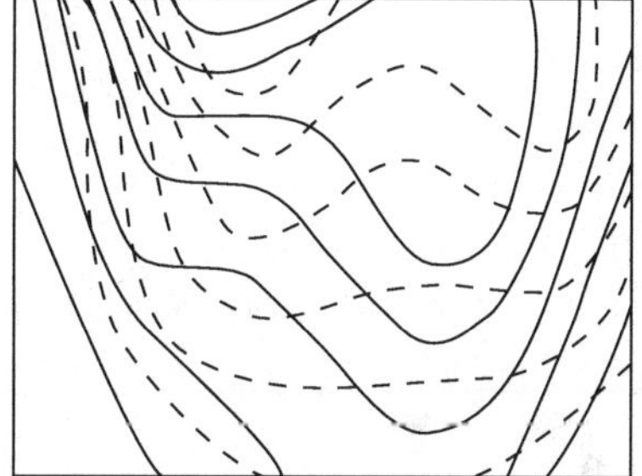

Fig. 6 The developing leading trough superimposed on the rear of a major great trough

## 6 Disturbances Superimposed on the Nonuniform Basic Current

If the nonuniform basic current can be described by mathematical formulates, the evolution characteristics can be discussed conveniently according to the results in Section 4. Furthermore, as suggested in [5], because the scale of disturbance is small in comparison to the one of basic flow, the space can be divided into several parts, and the basic flow is approximately zonal in each part. Thus the term $\beta\partial\psi/\partial x$ is absent when discussing the evolution of disturbance, assuming the $x$ axis is aligned with the basic current. So, the problem can be discussed via simply using the results in Section 5.

As an example, we now discuss the most frequent situation where a secondary trough is superimposed on the rear of a major trough. If the secondary trough is similar to the leading trough in the southern region of the jet stream, it will develop and propagate eastward. Finally, the deepening and broadening secondary trough will become a major trough and replace the original major trough, as shown either by direct application of the theory in Section 4 or by calculation from the results in Section 5. It is just because of the fact that the secondary trough is in developing and broadening, propagates eastward and is confluence with the original major trough, so an apparent great trough propagates westward. This is one mechanism leading to the so-called "retrogradation of ultra-long wave", Fig. 6 is a schematic of the process. Note that the dashed lines represent the developed pattern after development of the secondary trough.

## 7 Acknowledgment

We are very grateful to Prof. Ye Duzheng for the helpful discussions and valuable comments.

### References

[1] Rossby C G. J. Mar. Res., 1939, 2: 38-55.
[2] Yeh T C (Ye D Z). J. Meteor. 1949: 1-16.
[3] Kuo H L(Guo X L). J. Meteor., 1949.
[4] Ye D Z, Acta Meteorologica Sinica, 1964, 34(1) (in Chinese).
[5] Zeng Q C. The Physical-Mathematical Bases of Numerical Weather Prediction. Vol. 1. Beijing: Science Press, 1979: 543 (in Chinese).
[6] Cao J P, Ye D Z. Chinese Journal of Atmosphere Science, 1977, 1(2) (in Chinese).

3

# On the Evolution Process of Long Waves in the Barotropic Atmosphere①

Lu Peisheng

(Institute of Atmospheric Physics, Chinese Academy of Science)

Received 28 January 1980, revised 10 May 1980

**Abstract** In this paper the evolution process of disturbances superimposed on a barotropic non-uniform (curvilinear in particular) basic current are investigated. The previous work[1] is generalized by means of general treatment both for the long waves superimposed on basic current with ultra-long waves and the medium or short waves superimposed on basic current with long waves. The main results are as follows: when the wavelength of small trough or ridge is enlarged, its amplitude increases and the disturbance develop. In opposite case, i. e. when the wavelength shortens, its amplitude decreases and the disturbance is damped. As a small and short wave has changed into a long wave, the abovementioned laws become clearer, i. e. the wavelength of developing (damping) long wave increases (decreases) more rapidly. These results might be used to explain some observations of evolution processes of trough and ridge in the real atmosphere. Besides, the evolution of a disturbance is determined completely by its structure, especially by the direction of its axis and its relative position in the basic current. In Northern Hemisphere, the axis of the developing disturbance is directed NE-SW-ly in the northern region of the jet stream, and NW-SE-ly to the south of the jet stream; while the damped ones NW-SE-ly in the northern region of the jer stream, and NE-SW-ly in the sourherm region of the jet stream. These results are in good agreement with the theory of angular transport as well as synoptic experience.

## 1 Introduction

There are troughs and ridges namely the long waves, in the upper air chart, their evolutionary processes are the major targets for weather forecasts. The evolutions of long waves depend on both the structure of themselves and the basic current (the background field), so, to discover their governing laws are of vital importance. As the basic current is not straight under most circumstances, we must consider that small trough and long

① English translation of original paper published in《气象学报》(*Acta Meteorologica Sinica*), 1981, 39(2): 141-149. - editor wave trough associated with cyclone are superimposed on the curvilinear current, like big trough or ridge. It is much more realistic to study such kind evolutionary processes. In [1] and [2], Zeng et al. got some meaningful results using WKBJ method. But they paid major attention to small trough and ridge, whether those conclusions still work when small trough develops to long wave and how long wave disturbances evolve remain unsolved questions. In this paper, the author extends the method and results in [1], dealing with the problem of development of long wave and small trough/ridge together in a barotropic atmosphere, and paying special attention to the long wave's evolution.

## 2 Basic Equations

The barotropic quasi-geostrophic model in Cartesian coordinates is as below:

$$\begin{aligned} &\frac{\mathrm{d}}{\mathrm{d}t}(\Delta\psi-\kappa\psi)+\beta\frac{\partial\psi}{\partial x}=\mathscr{E} \\ &\frac{\mathrm{d}}{\mathrm{d}t}\equiv\frac{\partial}{\partial t}+u\frac{\partial}{\partial x}+v\frac{\partial}{\partial y} \\ &u=-\frac{\partial\psi}{\partial y},\quad v=\frac{\partial\psi}{\partial x} \end{aligned} \tag{1}$$

where $\psi$ is the stream function, $\Delta\equiv\frac{\partial^2}{\partial x^2}+\frac{\partial^2}{\partial y^2}$ the Laplacian operator, $\Delta\psi-\kappa\psi$ the quasi-geostrophic potential vorticity, $\beta=\frac{\mathrm{d}f}{\mathrm{d}y}$ the Rossby parameter (taking a constant), $\kappa=f_0^2/\tilde{\phi}$ a constant, $f_0$ Coriolis parameter at standard latitude, $\tilde{\phi}/g$ the mean equivalent atmospheric scale height, and $\mathscr{E}$ represents the source.

Assume that the basic current $\bar{\psi}(x,y,t)$ is already known, so we have $\psi(x,y,t)=\bar{\psi}+\psi'(x,y,t)$, where $\psi'$ is a disturbance, like long wave, small trough or ridge. Based on the structure of the basic current, the following characteristic values are introduced: time scale $T$, velocity scale $U$, length scale $L$, and $T=L/U$ (this is suitable for vortex wave or disturbance determined from equations(1)), The characteristic value $\Psi$ is taken as $\Psi=UL$ and $\Phi=gZ=\Psi f_0$ is the characteristic value of geopotential distribution correspondent to the basic current and its mean $\tilde{\phi}$ is subtracted. Denote the non-dimensional quantities as $t_1, x_1, y_1, \psi_1$, i.e.

$$t=Tt_1,\quad (x,y)=L(x_1,y_1),\quad \psi=\Psi\psi_1$$

From Eq. (1) we get the following dimensionless equation

$$\frac{\partial\Delta\psi_1}{\partial t_1}+J(\psi_1,\Delta\psi_1)-\frac{f_0^2L^2}{\tilde{\phi}}\frac{\partial\psi_1}{\partial t_1}+\frac{f_0L^2}{aU}\beta_1^*\frac{\partial\psi_1}{\partial x_1}=\frac{L^2}{U^2}\mathscr{E} \tag{2}$$

where $\Delta$ and $J(A,B)$ are Laplacian operator and Jacobian operator, $a$ is the earth radius, and $\beta_1^*\equiv\sin\varphi$, and $\varphi$ is latitude. Furthermore we define two dimensionless parameters:

$$\mu^{-2} = \left(\frac{L}{L_0}\right)^2$$
$$\varepsilon^{-2} = \left(\frac{L_0}{L_0^*}\right)^2 \tag{3}$$

where $L_0$ and $L_0^*$ are another two length scales

$$\begin{cases} L_0^2 = \dfrac{\tilde{\phi}}{f_0^2} \\ L_0^{*2} = \left(\dfrac{\Phi}{f_0^2}\right)\dfrac{a}{L} = \left(\dfrac{\Phi}{\tilde{\phi}}\right)\left(\dfrac{a}{L}\right)L_0^2 \equiv \left(\dfrac{a}{L}\right)L_0^{**2} \end{cases} \tag{4}$$

$L_0$ is only relevant to environmental condition $(\tilde{\phi}, f_0)$, and $L_0^*$ depends also to basic current's characteristics $(\Phi, L)$. Substituting Eqs. (3), (4) into (2), we get an equation which is more convenient to make analysis

$$\frac{\partial \Delta\psi}{\partial t} + J(\psi, \Delta\psi) + \mu^{-2}\frac{\partial\psi}{\partial t} + \varepsilon^{-2}\beta^*\frac{\partial\psi}{\partial x} = T^2\mathscr{E} \tag{5}$$

In Eq. (5) the original subscripts "′" standing for the nondimensional variables have been omitted.

## 3 Ultra-long Wave and Long Wave

Basic currents are classified into ultra-long, long, medium or short waves, according to $\mu^{-2}$, that is, $L/L_0 \gg 1$ for ultra-long waves, $L/L_0 \approx 1$ for long waves, $L/L_0 \ll 1$ for medium or short waves. Equivalent atmospheric scale height is usually taken as $\tilde{Z} = \tilde{\phi} g^{-1}$ and approximately is 10 km. If take mid-latitude as standard latitude, we get $f_0 \approx 10^{-4}\ \mathrm{s}^{-1}$, so $L_0 \approx 3000$km. The classification is in good agreement with that in meteorology.

Now we make an estimation of $L_0^*$, characteristic value $\Phi$ is usually 1km or so, so $\Phi/\tilde{\phi} \approx 0.1$, $L_0^{**2} \approx 0.1 L_0^2$. For ultra-long wave, $L_0 \ll L \approx a$, so $L_0^* \approx \sqrt{0.1} L_0 \approx 0.3 L_0$, that is, $L_0^*$ is about 1000km; Therefore, for long wave, $L_0^*$ approximately is equal to $L_0$. As for the estimation of $\varepsilon^{-2}$: We have $\varepsilon^{-2} \geqslant 6^2$ for ultra-long wave, and $\varepsilon^{-2} \approx 1$ for long wave.

For ultra-long wave, there should be

$$\varepsilon^{-2}\beta^*\frac{\partial\psi}{\partial x} \approx T^2\mathscr{E} \tag{6}$$

Otherwise, the order of magnitude of $\partial\psi/\partial t$ might be $O(\varepsilon^{-2})$, that is, ultra-long wave travels at a speed which is one order larger than $U$, this goes against the premier assumption $T = L/U$, and is never seen in weather map. So, either Eq. (6) should be fulfilled, or $\dfrac{\partial\psi}{\partial x} \approx 0$. The latter means that the basic flow is a zonal circulation, and the former means that the meridional velocity of the basic flow is in balance with the source forcing $\mathscr{E}$. We can infer that ultra-long wave with larger amplitude is under control of external source. When take ultra-long waves as basic current, the source influence term should be considered in the basic current equation

$$\frac{\partial \Delta\bar{\psi}}{\partial t}+J(\bar{\psi},\Delta\bar{\psi})-\mu^{-2}\frac{\partial\bar{\psi}}{\partial t}+\varepsilon^{-2}\beta^{*}\frac{\partial\bar{\psi}}{\partial x}=T^{2}\bar{\mathscr{E}} \tag{7}$$

For long wave or straight basic flow, each term in the left side of Eq. (5) has the same order, if long wave is taken as the basic current, Eq. (7) is still valid, though the source term $T^2\bar{\mathscr{E}}$ is included and negligibly small. In general, in the evolution process of disturbances the term $\mathscr{E}'$ is often omitted.

## 4 Disturbance Equation and its Solving Method

Subtract Eq. (7) from Eq. (5), and omit the nonlinear term, we get linearized equation for the disturbance as follows:

$$\frac{\partial \Delta\psi'}{\partial t}+J(\psi',\Delta\bar{\psi})+J(\bar{\psi},\Delta\psi')-\mu^{-2}\frac{\partial\psi'}{\partial t}+\varepsilon^{-2}\beta^{*}\frac{\partial\psi'}{\partial x}=0 \tag{8}$$

This equation is suitable to investigate the evolutionary processes of disturbances superimposed on either ultra-long waves or long waves. For long wave basic current, $\varepsilon\approx1$, $\mu^{-2}\approx1$, there is no small parameter in Eq. (8), therefore, to solve Eq. (8) by applying WKBJ method, a small parameter should be straightly introduced by the assumption that the disturbance is of mesoscale or small scale (see [1]). However, if the basic current is ultra-long wave, and $\psi'$ is the disturbance whose wavelength is shorter than long wave, there is already a small parameter $\varepsilon$ included in Eq. (8), hence this $\varepsilon$ can be used uniformly. Now, we study this case. Let

$$\psi'=\hat{\psi}(x,y,t)\mathrm{e}^{\mathrm{i}\varepsilon^{-1}\theta(x,y,t)} \tag{9}$$

$$\hat{\psi}=\psi_0(x,y,t)+\varepsilon\psi_1(x,y,t)+\varepsilon^2\psi_2(x,y,t)+\cdots \tag{10}$$

and denote

$$\begin{cases}\dfrac{\partial\theta}{\varepsilon\partial t}\equiv-\varepsilon^{-1}\sigma(x,y,t)\\[2mm]\dfrac{\partial\theta}{\varepsilon\partial x}\equiv\varepsilon^{-1}m(x,y,t)\\[2mm]\dfrac{\partial\theta}{\varepsilon\partial y}\equiv\varepsilon^{-1}n(x,y,t)\end{cases} \tag{11}$$

Assume $\hat{\psi},\theta,\sigma,m,n$ are all the slowly varying functions of $(x,y,t)$, i. e. their order of magnitude is $O(1)$. Eq. (11) implies that the dimensionless local and transient frequency and wave numbers of disturbances (wave packet) are $\varepsilon^{-1}\sigma$ and $(\varepsilon^{-1}m,\varepsilon^{-1}n)$ respectively. Since $\varepsilon\approx10^{-1}$, $O(m,n)=O(1)$, we have $O(\varepsilon^{-1}m,\varepsilon^{-1}n)=O(\varepsilon^{-1})=O(10)$, that is, the order of wave number is $O(\varepsilon^{-1})$ when compared to basic current's characteristic scale $L^*$, so the wavelength of the disturbance is $L_1\approx\varepsilon L^*$. As $L^*$ is ultra-long wave, the disturb-

*ance* $\psi'$ is long wave.

Eq. (8) can be further rewritten as

$$\varepsilon^2 \frac{\partial \Delta\psi'}{\partial t} + \varepsilon^2 J(\psi', \Delta\bar{\psi}) + \varepsilon^2 J(\bar{\psi}, \Delta\psi') - (\mu^*)^{-2} \frac{\partial \psi'}{\partial t} + \beta^* \frac{\partial \psi'}{\partial x} = 0 \tag{12}$$

where $\mu^* = \varepsilon^{-1}\mu$. For long wave disturbances superimposed on ultra-long wave basic current, $\mu^* \approx 3$. So the term with $(\mu^*)^{-2}\frac{\partial \psi'}{\partial t}$ is one order of magnitude less than the term $\beta^* \frac{\partial \psi'}{\partial x}$, however remaining this term does not cause any difficulty in the analysis.

Substitute Eqs. (10) and (11) into Eq. (12), and expand the variables into power series of $\varepsilon$ we get the frequency equation according to term with $\varepsilon^{-1}$

$$[\sigma - (m\bar{u} + n\bar{v})](m^2 + n^2 + \mu^{*-2}) + \mu^{*-2}(m\bar{u} + n\bar{v}) + \beta^* = 0 \tag{13}$$

And the term with $\varepsilon^0$ gives

$$\frac{\mathrm{D}}{\mathrm{D}t}[(m^2 + n^2 + \mu^{*-2})\psi_0] - \beta^* \frac{\partial \psi_0}{\partial x} - [\sigma - (m\bar{u} + n\bar{v})] \cdot \left[2\left(m\frac{\partial \psi_0}{\partial x} + n\frac{\partial \psi_0}{\partial y}\right) + \psi_0\left(\frac{\partial m}{\partial x} + \frac{\partial n}{\partial y}\right)\right] = 0 \tag{14}$$

where

$$\frac{\mathrm{D}}{\mathrm{D}t} \equiv \frac{\partial}{\partial t} + \bar{u}\frac{\partial}{\partial x} + \bar{v}\frac{\partial}{\partial y} \tag{15}$$

Eqs. (13) and (14) are the basic equation to investigate the characteristics of evolutionary processes of disturbances.

If the basic current is long wave, the last two terms (with $\mu^{-2}$ and $\varepsilon^{-2}\beta^*$) in Eq. (8) are of $O(1)$. Denoting $\varepsilon^{-2}\beta^* \equiv \beta^{**}$, introducing another small parameter $\varepsilon' \ll 1$, to multiply Eq. (8) by $\varepsilon'^2$, we obtain Eq. (12) again with only $\varepsilon$ replaced by $\varepsilon'$, and $\beta^* \equiv \varepsilon^2\beta^{**}$, $(\mu^*)^{-2} \equiv \varepsilon^2\mu^{-2}$ is of the order of magnitude $O(\varepsilon'^2)$. Denoting $\varepsilon'$ by $\varepsilon$, taking Eqs. (9)—(11), we also get Eqs. (13) and (14), but with $\varepsilon'$ standing for $\varepsilon$, so Eqs. (13) and (14) are valid for long wave, medium and short waves. For medium or short wave disturbances superimposed on long waves, as $\beta^*$ and $\mu^{*-2}$ are small, they can be omitted in Eq. (13), so that Eqs. (13) and (14) can be respectively simplified as

$$\sigma - (m\bar{u} + n\bar{v}) = 0 \tag{13'}$$

$$\frac{\mathrm{D}}{\mathrm{D}t}[(m^2 + n^2)\psi_0] = 0 \tag{14'}$$

These are the results in[1](in[1] $\sigma$ is defined as $\partial\theta/\partial t$, with an opposite sign compared to this paper). If $\bar{v} = 0$, and $\bar{u} = \text{const}$, then Eq. (13) is just the original Rossby wave propagation equation. It is suggested that Eqs. (13) and (14) are more accurate than Eqs. (13′) and (14′), and they are suitable for long wave, medium and short wave disturbances all.

## 5 The Evolution of Wavelength and Wave Ray

When wave packet propagates in non-uniform basic current, the frequency $\varepsilon^{-1}\sigma$ and wave numbers $(\varepsilon^{-1}m, \varepsilon^{-1}n)$ defined by Eq. (11) all undergo temporal and spatial variations during the evolution process.

First, we introduce group velocity $\vec{C}_g = \vec{i}C_{gx} + \vec{j}C_{gy}$, and denote $\sigma = \sigma(m, n, \bar{u}, \bar{v})$, then we have

$$C_{gx} = \frac{\partial\sigma}{\partial m}, \quad C_{gy} = \frac{\partial\sigma}{\partial n} \tag{16}$$

It can be seen that the wave packet propagates with group velocity (see the next section in detail). Based on Eq. (11), we have

$$\frac{\partial m}{\partial t} = -\frac{\partial\sigma}{\partial x}, \quad \frac{\partial n}{\partial t} = -\frac{\partial\sigma}{\partial y}, \quad \frac{\partial m}{\partial y} = \frac{\partial n}{\partial x} \tag{17}$$

Introducing

$$\frac{\mathrm{D}_g}{\mathrm{D}t} \equiv \frac{\partial}{\partial t} + C_{gx}\frac{\partial}{\partial x} + C_{gy}\frac{\partial}{\partial y} \tag{18}$$

by using Eq. (17) we obtain

$$\begin{aligned}\frac{\partial m}{\partial t} = -\frac{\partial\sigma}{\partial x} &= -\left(\frac{\partial\sigma}{\partial m}\cdot\frac{\partial m}{\partial x} + \frac{\partial\sigma}{\partial n}\cdot\frac{\partial n}{\partial x} + \frac{\partial\sigma}{\partial\bar{u}}\cdot\frac{\partial\bar{u}}{\partial x} + \frac{\partial\sigma}{\partial\bar{v}}\cdot\frac{\partial\bar{v}}{\partial x}\right) \\ &= -C_{gx}\frac{\partial m}{\partial x} - C_{gy}\frac{\partial m}{\partial y} - \left(\frac{\partial\sigma}{\partial\bar{u}}\cdot\frac{\partial\bar{u}}{\partial x} + \frac{\partial\sigma}{\partial\bar{v}}\cdot\frac{\partial\bar{v}}{\partial x}\right)\end{aligned}$$

Thus we have

$$\frac{\mathrm{D}_g m}{\mathrm{D}t} = -\left(\frac{\partial\sigma}{\partial\bar{u}}\cdot\frac{\partial\bar{u}}{\partial x} + \frac{\partial\sigma}{\partial\bar{v}}\cdot\frac{\partial\bar{v}}{\partial x}\right) \tag{19}$$

By the same way, we also get

$$\frac{\mathrm{D}_g n}{\mathrm{D}t} \equiv -\left(\frac{\partial\sigma}{\partial\bar{u}}\cdot\frac{\partial\bar{u}}{\partial y} + \frac{\partial\sigma}{\partial\bar{v}}\cdot\frac{\partial\bar{v}}{\partial y}\right) \tag{20}$$

$$\frac{\mathrm{D}_g \sigma}{\mathrm{D}t} \equiv -\left(\frac{\partial\sigma}{\partial\bar{u}}\cdot\frac{\partial\bar{u}}{\partial t} + \frac{\partial\sigma}{\partial\bar{v}}\cdot\frac{\partial\bar{v}}{\partial t}\right) \tag{21}$$

From Eqs. (19) and (20) we obtain two evolution equations, one for the wave number $\sqrt{m^2+n^2}$ along wave ray, another for the direction of wave ray (described as $n/m$)

$$\frac{\mathrm{D}_g}{\mathrm{D}t}(m^2+n^2) = -2\left[\frac{\partial\sigma}{\partial\bar{u}}\left(m\frac{\partial\bar{u}}{\partial x} + n\frac{\partial\bar{u}}{\partial y}\right) + \frac{\partial\sigma}{\partial\bar{v}}\left(m\frac{\partial\bar{v}}{\partial x} + n\frac{\partial\bar{v}}{\partial y}\right)\right] \tag{22}$$

$$\begin{aligned}\frac{\mathrm{D}_g}{\mathrm{D}t}\left(\frac{n}{m}\right) &= \frac{1}{m^2}\left(m\frac{\mathrm{D}_g n}{\mathrm{D}t} - n\frac{\mathrm{D}_g m}{\mathrm{D}t}\right) \\ &= -\frac{1}{m^2}\left[\frac{\partial\sigma}{\partial\bar{u}}\left(m\frac{\partial\bar{u}}{\partial y} - n\frac{\partial\bar{u}}{\partial x}\right) + \frac{\partial\sigma}{\partial\bar{v}}\left(m\frac{\partial\bar{v}}{\partial y} - n\frac{\partial\bar{v}}{\partial x}\right)\right]\end{aligned} \tag{23}$$

Eqs. (19)—(23) are kinematic equations, independent of the concrete form of $\sigma$. When $\sigma$ is given by Eq. (13), we have

$$\begin{cases} \dfrac{\partial \sigma}{\partial \bar{u}} = -m\left(\dfrac{m^2+n^2}{\eta}\right) \\ \dfrac{\partial \sigma}{\partial \bar{v}} = -n\left(\dfrac{m^2+n^2}{\eta}\right) \end{cases} \tag{24}$$

$$\eta \equiv m^2 + n^2 + \mu^{*-2} \tag{25}$$

We have $\eta^{-1}(m^2+n^2)=1$ if $\mu^{*-2}$ is omitted, and Eq. (24) degenerates to $\partial\sigma/\partial\bar{u}=-m$ and $\partial\sigma/\partial\bar{v}=-n$, which are the results in [1] and [2]. Note, that we always have $\eta^{-1}(m^2+n^2)>0$, so that the qualitative laws on the evolution of wavelength and wave ray in [1] are still valid. For example, the wavelength of leading troughs (with trough line NW-SE-ly) in the northern region of the jet stream and the trailing troughs (with trough line NE-SW-ly) in the southern region of the jet stream shortens with time, and the trough line trends to E-W direction, but the wavelength of leading trough in the southern region of the jet stream and the trailing trough in the southern region of the jet streams increase with time, the trough line trends to N-S direction. These laws are valid all for medium, short wave and long wave.

## 6 The Evolution of Wave Packet's Amplitude and Energy

The evolution of wave packet's amplitude and energy can be discussed by using Eqs. (14) and (22).

Based on Eq. (13) we can get the following equations:

$$\begin{cases} \eta C_{gx} = \eta \dfrac{\partial \sigma}{\partial m} = (m^2+n^2)\bar{u} - 2m[\sigma - (m\bar{u}+n\bar{v})] - \beta^* \\ \eta C_{gy} = \eta \dfrac{\partial \sigma}{\partial n} = (m^2+n^2)\bar{v} - 2n[\sigma - (m\bar{u}+n\bar{v})] \end{cases} \tag{26}$$

Substitute Eq. (26) into Eq. (14), we get

$$\eta \frac{\mathrm{D}_g \psi_0}{\mathrm{D}t} + \psi_0 \left\{ \frac{\mathrm{D}\eta}{\mathrm{D}t} - [\sigma - (m\bar{u}+n\bar{v})]\left(\frac{\partial m}{\partial x} + \frac{\partial n}{\partial y}\right) \right\} = 0 \tag{27}$$

We need some further transformation. First, by the use of Eqs. (26) and (22) we get

$$\frac{\partial \eta C_{gx}}{\partial x} + \frac{\partial \eta C_{gy}}{\partial y} = 2\frac{\mathrm{D}\eta}{\mathrm{D}t} - 2[\sigma - (m\bar{u}+n\bar{v})]\left(\frac{\partial m}{\partial x} + \frac{\partial n}{\partial y}\right) - \frac{\partial \eta}{\partial t} - \frac{\eta}{m^2+n^2} \cdot \frac{\mathrm{D}_g \eta}{\mathrm{D}t}$$

Then we obtain

$$\frac{\mathrm{D}\eta}{\mathrm{D}t} - [\sigma - (m\bar{u}+n\bar{v})]\left(\frac{\partial m}{\partial x} + \frac{\partial n}{\partial y}\right) = \frac{1}{2}\left(\frac{\partial \eta C_{gx}}{\partial x} + \frac{\partial \eta C_{gy}}{\partial y}\right) + \frac{1}{2}\frac{\partial \eta}{\partial t}$$

$$+ \frac{\eta}{2(m^2+n^2)} \cdot \frac{\mathrm{D}_g \eta}{\mathrm{D}t} = \left[1 + \frac{\mu^{*-2}}{2(m^2+n^2)}\right]\frac{\mathrm{D}_g \eta}{\mathrm{D}t} + \frac{\eta}{2}\left(\frac{\partial C_{gx}}{\partial x} + \frac{\partial C_{gy}}{\partial y}\right)$$

Substitute it into Eq. (27), we have

$$\left(\eta \frac{\mathrm{D}_g \psi_0}{\mathrm{D}t} + \psi_0 \frac{\mathrm{D}_g \eta}{\mathrm{D}t}\right) + \psi_0 \left[\frac{\mu^{*-2}}{2(m^2+n^2)} \cdot \frac{\mathrm{D}_g \eta}{\mathrm{D}t} + \frac{\eta}{2}\left(\frac{\partial C_{gx}}{\partial x} + \frac{\partial C_{gy}}{\partial y}\right)\right] = 0 \tag{28}$$

Namely,

$$\frac{D_g\eta\psi_0}{Dt}+\frac{\eta\psi_0}{2}\text{div}(\vec{C}_g)+\frac{\mu^{*-2}\psi_0}{2(m^2+n^2)}\cdot\frac{D_g\eta}{Dt}=0 \tag{29}$$

Let

$$\psi_0=|\psi_0|\ e^{i\alpha} \tag{30}$$

where $\alpha$ is the phase of wave packet's envelope curve, $|\psi_0|$ is the real amplitude (real number) of the wave packet. Substitute Eq. (30) into Eq. (29), and divide out $e^{i\alpha}$, we have two equations, one for imaginary part and another for real part, thus me obtain

$$\frac{D_g\alpha}{Dt}=0 \tag{31}$$

$$\frac{D_g\eta\ |\psi_0|}{Dt}+\frac{\eta\ |\psi_0|}{2}\text{div}(\vec{C}_g)+\frac{\mu^{*-2}\ |\psi_0|}{2(m^2+n^2)}\cdot\frac{D_g\eta}{Dt}=0 \tag{32}$$

It can be inferred from Eq. (31) that

$$\alpha(x,y,t)=\alpha(\vec{r}-\vec{C}_g t) \tag{33}$$

where $\vec{r}\equiv\vec{i}x+\vec{j}y$. In other words, the wave packet's envelope propagates with group velocity $\vec{C}_g$.

Multiply Eq. (32) by $2\eta|\psi_0|$, we get

$$\frac{D_g}{Dt}(\eta^2|\psi_0|^2)+\eta^2|\psi_0|^2\text{div}(\vec{C}_g)+\frac{\mu^{*-2}\eta^2|\psi_0|^2}{m^2+n^2}\cdot\frac{D_g\eta}{Dt}=0 \tag{34}$$

This just is the evolution equation for amplitude of wave packet. We obtain the evolution equation for the total energy of the wave packet by integrating Eq. (34) over the whole region occupied by the wave packet. We can consider that the integration is over the whole space because outside the wave packet, $|\psi_0|=0$, or $|\psi_0|\approx 0$, thus

$$\frac{\partial}{\partial t}\iint_{-\infty}^{+\infty}\eta^2|\psi_0|^2\,dx\,dy=-\iint_{-\infty}^{+\infty}\frac{\mu^{*-2}\eta^2|\psi_0|^2}{m^2+n^2}\cdot\frac{D_g\eta}{Dt}\,dx\,dy \tag{35}$$

Exactly specking, this equation should be called as the evolution equitation of total squared potential vorticity or the generalized energy conservation equation. Actually, energy is proportional to squared amplitude $|\psi_0|^2$, and when $m,n=$const. and $\psi_0$ is real, potential vorticity $(\Delta-\mu^{*-2})\psi_0$ equals $\eta\psi_0 e^{i(mx+ny)}$. so $\eta\psi_0$ is the amplitude of potential vorticity for a single wave in a wave packet. Eq. (35) also implies that, there is no conservation of total squared potential vorticity for long wave disturbances. However, for medium and short waves, since $\mu^{*-2}\ll 1$, the right hand side in the equation can be omitted, and $\eta\approx(m^2+n^2)$, so Eq. (35) degenerates to total squared vorticity conservation, which is the result from [1]. That is to say, Eq. (35) is a generalization form of that in [1].

We have inferred from [1] (i. e. without the right term in the right hand side of Eq. (35)), when the wavelength increases($\eta$ decreases), $|\psi_0|^2$ enlarges, and the total energy of the disturbances increases, and vice versa. These are the common features of medium and short waves. As to the long wave disturbances, the right hand side in Eq. (35) cannot be omitted. However, when $\eta$ decreases, the total squared potential vorticity increases, i. e.

$$\frac{\partial}{\partial t}\iint_{-\infty}^{+\infty} \eta^2 |\psi_0|^2 \mathrm{d}x\mathrm{d}y > 0 \tag{36}$$

Because $\eta^2$ decreases during evolution, $|\psi_0|^2$ has larger increasement than that for medium or short waves. On the contrary, if $\eta$ increases, the total squared potential vorticity decreases, i. e.

$$\frac{\partial}{\partial t}\iint_{-\infty}^{+\infty} \eta^2 |\psi_0|^2 \mathrm{d}x\mathrm{d}y < 0 \tag{37}$$

That leads to more decrease for $|\psi_0|^2$. The laws between wavelength's increase/decrease and the disturbance's developing/damping mentioned in [1] still valid for long wave disturbances, and the energy change effects brought by wavelength change is even larger. So we come to the conclusion that, for small trough and ridge, the developing (damping) is accompanied by the increase (decrease) of wavelength; when the small trough/ridge develops to a long wave trough/ridge, it will quickly develop; while a damping long wave trough/ridge might quickly shrink to a weak and small trough/ridge.

## 7 Application

Some developing and damping models for trough and ridge were given in [1], and they are still valid for long wave according to the discussions in the above section. We will present some more comprehensive models in this section.

Let $\varphi_0$ stand for the latitude of central position of the westerly jet stream, as shown in Fig 1, the westerly wind north/south to $\varphi_0$ is smaller than $\bar{u}(\varphi_0)$. If disturbances are superimposed on the westerly jet stream, then the damping disturbances in the northern region and southern region of the jet stream should be in the form of leading wave and trailing wave respectively, according to Section 5 and 6. Their axes should like those shown in Fig. 1. When the axes of troughs/ridges are similar those shown in Fig. 1, they damp with shortening wavelength and the general circulation gradually tends to zonal one. In other words the circulation evolves to high index. In contrast, the axes of developing disturbances are presented in Fig. 2, such disturbances develop with larger amplitudes and longer wavelength and become significant, therefore the general circulation evolves to low index. These conclusions are consistent with the results from theory of angular momentum transport, and also in good agreement with observations in the real atmosphere. Prof. Qiu made Fourier Expansion with daily upper level maps at 500hPa, and summarized two typical models[3] (see Fig. 3 and Fig. 4 below). Fig. 3 and Fig. 4 show the structures of troughs and ridges when the general circulation evolves to high index and low index respectively. It is quite the case in Fig. 1 and Fig. 2.

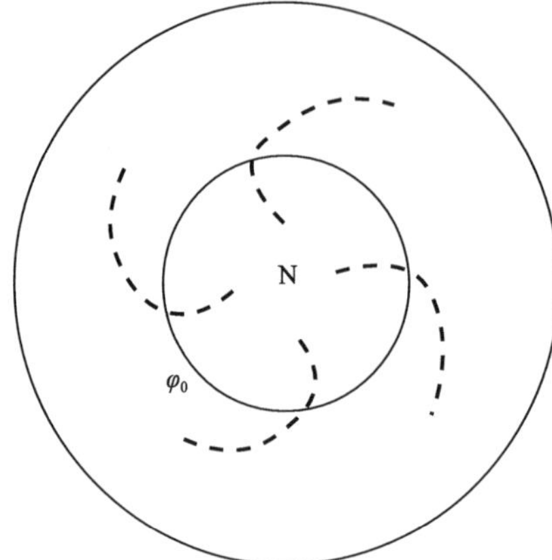


Fig. 1 Axis direction of damping disturbances

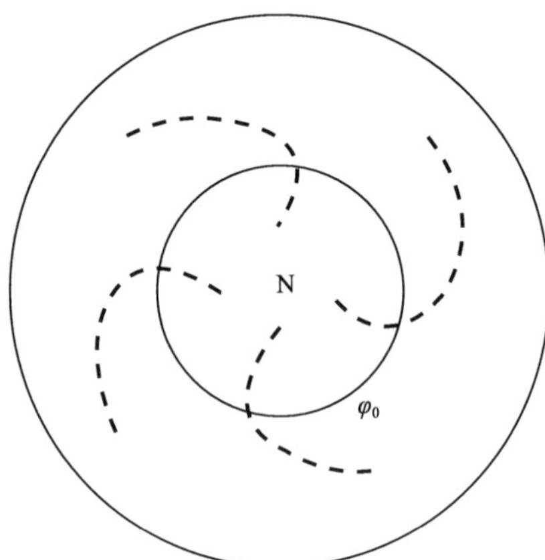


Fig. 2 Axis direction of developing disturbances

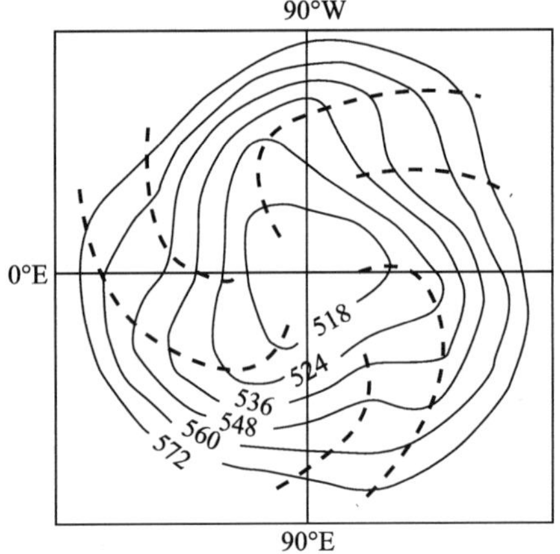


Fig. 3 Major planetary waves patten at 500 mb(gpm), Jan 5th, 1977 (after Qiu[3])

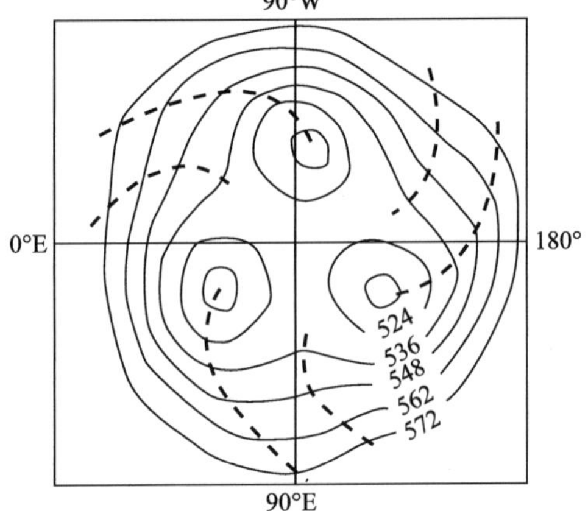


Fig. 4 Major planetary waves patten at 500 mb(gpm), Jan 26th, 1977 (after Qiu[3])

## References

[1] Lu P S, Zeng Q C. On the evolution process of disturbances in the barotropic atmosphere [J]. Chinese Journal of Atmospheric Sciences (in Chinese), 1981, 5(1).

[2] Zeng Q C, Lu P S. On the evolution process of disturbances superimposed on a non-uniform basic current [J]. Science in China (in Chinese), 1980, 12.

[3] Qiu Y Y. Periodic variation of the spectra of angular transport at 500 mb [J]. Acta Meteorologica Sinica (in Chinese), 1979, 37(1).

4

# Evolutionary Process of Mid-latitude Synoptic System①

Zeng Qingcun  Lu Peisheng

(Institute of Atmospheric Physics, Academia Sinica)

## 1 Wave Packet —A Mathematical Method to Express the Synoptic System

Let's start with charts of geopotential height field at 500hPa, as shown in Fig. 10.1. The basic flow is the westerly which circulates the North Pole, and is superimposed with high altitude weather systems such as troughs, ridges, and high and low pressure centers. The minor trough developed over Northern Europe (Fig. 10.1(a)) moves eastwards and arrives at the Ural Mountains two days later (Fig. 10.1(b)). Meanwhile, the downstream weak ridge strengthens and forms strong northerly flow on the east side. Consequently, a cold wave sweeps East Asia on thc 5th day (Fig. 10.1(c)). Although such evolution of the synoptic system can be clearly seen from the charts, proper mathematical method should be applied to investigate the mechanism of development of the flows and the synoptic systems from the view of dynamical meteorology. In this section we introduce the concepts of wave packet and related mathematical methods, which seems to be a convenient and promising way to combine dynamical theory and experience from analysis of synoptic charts.

The pattern in Fig. 10.1(a) can be decomposed into two parts, i.e., the basic flow (zonal circulation or zonal circulation with ultra-long wave superimposed) and the disturbances, as shown in Fig. 10.2. The minor trough over Northern Europe corresponds to strong negative center, and a series of rather week disturbances with alternating signs exists on the downstream and upstream of the perturbation center (the upstream part isn't shown in Fig. 10.2). Variation of the disturbance ($\phi'$) along the direction of basic flow($x$) is shown in Fig. 10.3. Obviously, the disturbances can be expressed as a wave train. This train has approximately constant wavelength but slowly varying amplitude.

---

① English translation of original Chinese paper published in "Lectures on Dynamic Meteorology", Chapter 10, 《气象》(*Meteorological Monthly*). Beijing: China Meteorological Press, 1983: 33-40.

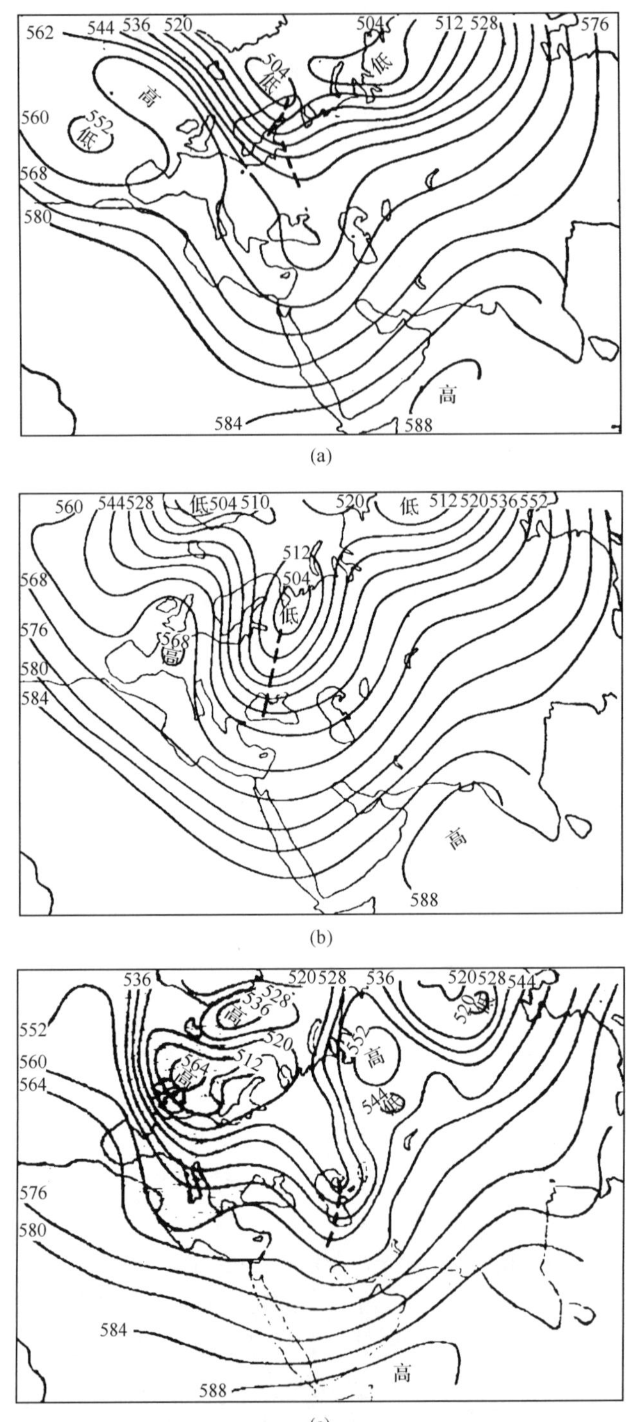


Fig. 10. 1 Isobaric charts on 500hPa

(a) 12:00Z, March 22, 1972; (b) 12:00Z, March 24, 1972; (c) 12:00Z, March 27, 1972

Such a wave train is called a wave packet. Here the marked length, $\pi/m$, is the half wave-length of the wave train; $m$ is the wave number; and the curve $A(x)$ is the envelope of the wave packet and shows the changing amplitude. Similar results can be obtained with the variation of perturbation ($\phi'$) along direction perpendicular to the basic flow ($y$). Thus the synoptic system and adjacent disturbance can be described by a wave packet, i. e.

$$\phi'(x,y) = A(x,y)\cos(mx + ny) \tag{10.1}$$

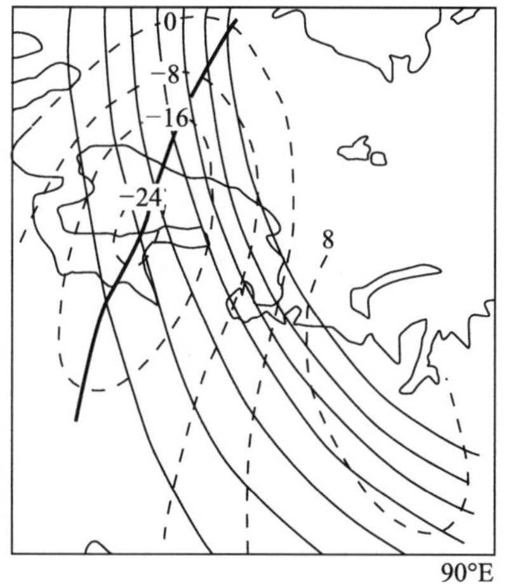


Fig. 10. 2 Decomposition of isobaric charts (Fig. 10. 1(a)) into basic flow (solid lines) and disturbances (dashed lines)

The heavy solid line is the major trough of the disturbance

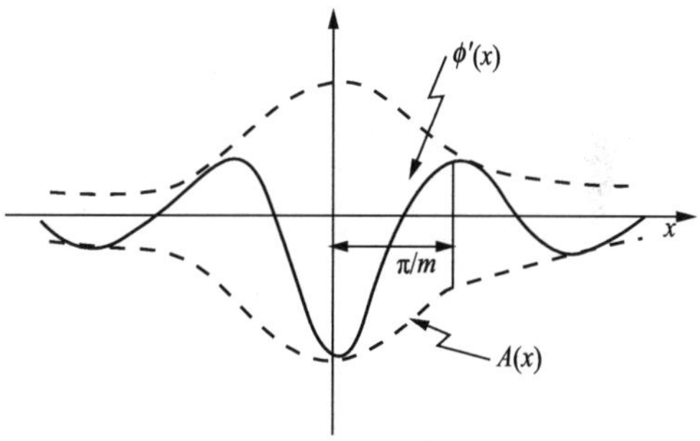

Fig. 10. 3 A model of wave packet

where the amplitude $A(x, y)$ is a slowly varying function in space. If $A<0$, then the lines or curves of $\theta \equiv mx+ny=0, \pm\pi$ correspond to trough and ridge lines respectively, since $\cos 0=1, \cos(\pm\pi)=-1$ (Fig. 10. 4). Assuming $m>0$, then $n>0$ suggests a north-

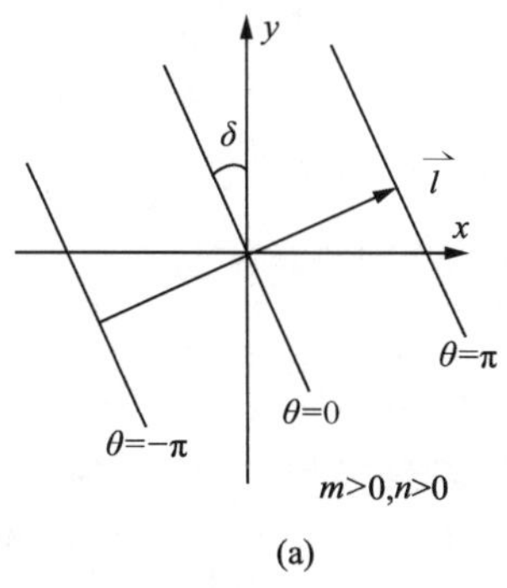


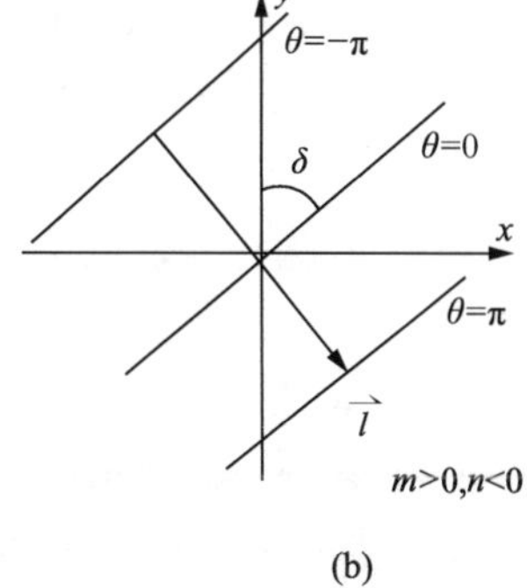


Fig. 10. 4 Schematic presentation of trough and ridge lines in a wave packet

(a) $m>0, n>0$, trough and ridge lines have northwest to southeast direction;

(b) $m>0, n<0$, trough and ridge lines have northeast to southwest direction

west to southeast configuration of the trough and ridge lines, while $n<0$ a northeast to southwest configuration. The ray $\vec{l}$ perpendicular to the trough and ridge lines and pointing from $\theta=0$ to $\theta=\pi$ is called the way ray, and the angle between the trough/ridge lines and $y$ axis is $\delta=\tan^{-1}(-n/m)$.

Fig. 10. 5(a)、(b) show idealized model of the superimposition of Fig. 10. 4(a)、(b) on the southern side of westerly jet stream respectively, and Fig. 10. 5(c)、(d) are cases on the northern side. The synoptic systems in Fig. 10. 5(a) and (d) resemble that of the southern and northern parts of the minor trough over Northern European in Fig10. 1 (a), while the synoptic model in Fig. 10. 5(b) and the tilted trough over Caspian Sea (Fig. 10. 1(c)) are similar.

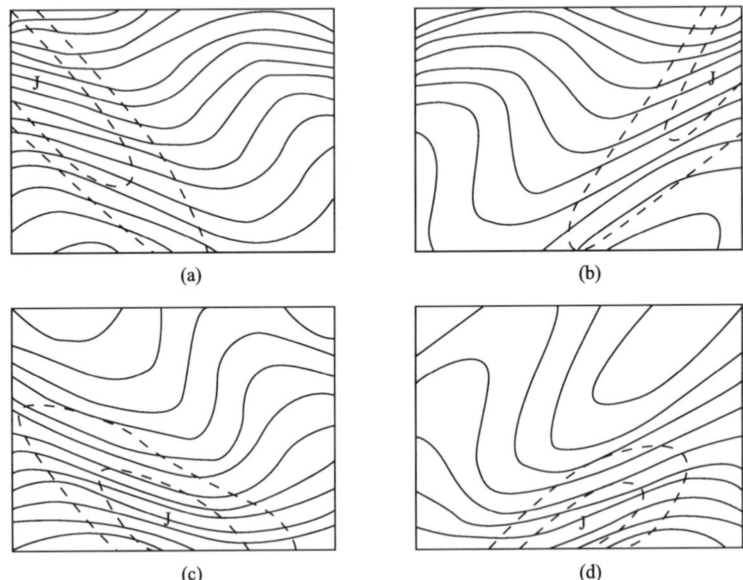


Fig. 10. 5 Idealized models of synoptic patterns in the barotropic atmosphere

(a) developing trough in southern side of westerly jet stream; (b) decaying trough in the southern side of westerly jet stream; (c) decaying trough in the northern side of westerly jet stream; (d) developing trough in northern side of westerly jet stream. Dashed lines: isotaches in the strong wind region

## 2 Evolutionary Processes of the Synoptic Systems

The experience with synoptic charts suggests a disturbance of geopotential height field on isobaric surfaces would strengthen up and wind speed would increase during the growing stage of a synoptic system. In other words, both kinetic energy and available potential energy would increase, so the total disturbance energy $E'$ (sum of the former two) would also increase. On the contrary, during decaying stage of a synoptic system, geopotential height field would be weakened, wind speed would decrease, so the available potential energy, the kinetic energy and the total energy decrease. So we have

$$\begin{cases} \partial E'/\partial t > 0, & \text{during growing stage} \\ \partial E'/\partial t < 0, & \text{during decaying stage} \end{cases} \tag{10.2}$$

For synoptic systems of mid-high latitudes, quasi-geostrophic model is quite good an approximation. Because basic flow is slowly varying with space and time, we can use a linearized equation of quasi-geostrophic model to discuss the evolution process of synoptic systems when they are not too strong. First of all we take the simplest model, i. e., the following linearized barotropic model:

$$\left(\frac{\partial}{\partial t}+\bar{u}\frac{\partial}{\partial x}\right)q' = -v'\frac{\partial \bar{q}}{\partial y} \tag{10.3}$$

where $\bar{u}(x,y,t)$ is the basic flow; $\bar{q}=f_0+\beta y+\left(\frac{\partial^2\bar{\psi}}{\partial y^2}-f_0^2\frac{\bar{\psi}}{\phi_0}\right)$ and $q'=\left(\frac{\partial^2\psi'}{\partial x^2}+\frac{\partial^2\psi'}{\partial y^2}-f_0^2\frac{\psi}{\phi_0}\right)$ are the quasi-geostrophic potential vorticity of the basic flow and disturbance respectively; $\psi'$ and $\phi'=f_0\psi'$ are the stream function and geopotential field of the disturbance, $f_0$ is standard Coriolis parameter, $\phi_0$ is average geopotential of the isobaric surface, and $f_0$ and $\phi_0$ are two constants. The simplicities case of Eq. (10. 3) is that the basic flow is zonal circulation, i. e., $\bar{v}=0$.

Because the perturbation on the outside of synoptic system is very weak, i. e., $\psi'\approx 0$. Multiplying Eq. (10. 3) by $\psi'$ and then integrating it over the area ($W$) occupied by the synoptic system (the wave packet), we have the equation of total energy as follows:

$$\frac{\partial E'}{\partial t}\equiv\frac{\partial}{\partial t}\iint_{(W)}\frac{1}{2}\left(u'^2+v'^2+\frac{f_0{}^2}{\phi_0}\phi'^2\right)\mathrm{d}x\mathrm{d}y=-\iint_{(W)}u'v'\frac{\partial\bar{u}}{\partial y}\mathrm{d}x\mathrm{d}y \tag{10.4}$$

where $(u'^2+v'^2)/2\equiv[(\partial\psi'/\partial y)^2+(\partial\psi'/\partial x)^2]/2$ and $f_0^2\phi'^2/(2\phi_0)$ are kinetic energy and available potential energy of the disturbance respectively. It can be seen from Eq. (10. 4) that, whether a disturbance will grow or not depends on $u'v'$ (the structure of the disturbance) and the location of disturbance relative to the basic flow. These two factors determine the product of $u'v'$ and $\partial\bar{u}/\partial y$, where $u'v'$ represents the meridional-transport of westerly momentum. Let the disturbance be a wave packet as in Eq. (10. 1), and $A$ is slowly varying with respect to $x$ and $y$, we have $u'\approx Af_0^{-1}n\sin(mx+ny)$, $v'\approx -Af_0^{-1}m\sin(mx+ny)$, and $u'v'(\partial\bar{u}/\partial y)\approx -A^2f_0^{-2}mn\sin^2(mx+ny)(\partial\bar{u}/\partial y)$. Furthermore, because wind speed decreases($\partial\bar{u}/\partial y<0$) in the northern side of the jet stream and increases($\partial\bar{u}/\partial y>0$) in the southern side, we have the following conclusion:

Trough with northeast to southwest orientation in the northern side of the jet stream (Fig. 10. 5(d)) and northwest to southeast orientation in the southern side of the jet stream (Fig. 10. 5(a)) will develop under barotropic conditions. Trough with northwest to southeast orientation in the northern side of the jet stream (Fig. 10. 5(c)) and northeast to southwest orientation in the southern side of the jet stream (Fig. 10. 5(b)) will decay under barotropic conditions. From this argument, we can deduce that the minor trough over Northern Europe in Fig. 10. 1(a) will grow if it is not weakened by the baroclinic factors. And it is just the case actually.

To take baroclinic factors into account, the evolution equation will remain the form same as Eq. (10. 3) except that the basic flow $\bar{u}$ is modified to be function of $(y,\zeta,t)$, and $\bar{q}$ and $q'$ are redefined as

$$\bar{q}=f_0+\beta y+\left[\frac{\partial^2\bar{\psi}}{\partial y^2}+\frac{\partial}{\partial\zeta}\left(\frac{f_0^2\zeta^2}{c_0^2}\frac{\partial\bar{\psi}}{\partial\zeta}\right)\right] \tag{10. 5}$$

$$q'=\frac{\partial^2\psi'}{\partial x^2}+\frac{\partial^2\psi'}{\partial y^2}+\frac{\partial}{\partial\zeta}\left(\frac{f_0^2\zeta^2}{c_0^2}\frac{\partial\psi'}{\partial\zeta}\right) \tag{10. 6}$$

respectively, where $\zeta=p/p_s$, $p$ is pressure, $p_s$ is surface pressure, $c_0$ is the characteristic wave velocity of inertia—gravity wave and is determined by atmospheric stratification. Besides, the boundary conditions are also to be introduced (not given here).

Leaving out influences of heat sources, topography factors and friction, the energy equation that accounts for the pure dynamical processes inside a synoptic system is as follows:

$$\frac{\partial E'}{\partial t}\equiv\frac{\partial}{\partial t}\left\{\iiint\limits_{(W)}\frac{1}{2}\left[u'^2+v'^2+\left(\frac{RT'}{c_0}\right)^2\right]\mathrm{d}x\mathrm{d}y\mathrm{d}\zeta+\iint\limits_{(W_s)}\frac{1}{2}\alpha_s\frac{f_0^2\psi_s'^2}{c_{0s}^2}\mathrm{d}x\mathrm{d}y\right\}=$$

$$-\iiint\limits_{(W)}\left(u'v'\frac{\partial\bar{u}}{\partial y}+v'T'\frac{\partial\bar{T}}{c_0\partial y}\right)\mathrm{d}x\mathrm{d}y\mathrm{d}\zeta \tag{10. 7}$$

where $W$ is the 3D region $(x,y,\zeta)$ occupied by the wave packet; $W_s$ is the projection of $W$ onto the ground surface; $\bar{T}$ and $T'$ are the temperature of basic flow and disturbance respectively; quantities with subscripts denote the variables on the ground surface, and $\alpha_s$ is a dimensionless parameter depending on the atmospheric stratification near ground surface. Eq. (10. 7) is applicable no matter the wave packet is in lower or upper level of the atmosphere.

As can be seen from Eq. (10. 7), whether a perturbation will grow or not depends on the 3D structure of the perturbation ($u'v'$ and $v'T'$) and its location relative to the basic flow (which both together determine the sign of $u'v'\frac{\partial\bar{u}}{\partial y}$ and $v'T'\frac{\partial\bar{T}}{c_0\partial y}$). Thus we come to the following conclusions:

When the basic flow is purely barotropic (i. e., temperature gradient is zero on isobaric surfaces and $\partial\bar{T}/\partial y=0$, $\partial\bar{u}/\partial\zeta=0$), $\partial E'/\partial t$ is determined only by barotropic factor $u'v'\frac{\partial\bar{u}}{\partial y}$, we get the same conclusions as from the barotropic model. When the basic flow is controlled entirely by baroclinic factors (i. e. $\partial\bar{u}/\partial y=0$), $\partial E'/\partial t$ is determined only by baroclinic factor $v'T'\frac{\partial\bar{T}}{c_0\partial y}$. In troposphere where temperature $\bar{T}$ decreases from south to north ($\partial \bar{T}/\partial y<0$), the northward movement of warm air ($T'>0, v'>0, T'v'>0$) and southward movement of cold air ($T'<0, v'<0, T'v'>0$) leads to $-v'T'\dfrac{\partial \bar{T}}{c_0\partial y}>0$ and consequently $\partial E'/\partial t>0$, i. e., disturbance will grow; on the contrary, if cold air moves northwards and warm air moves southwards, the disturbance will decay. Opposite conclusion will be drawn in stratosphere where temperature $\bar{T}$ decreases from north to south ($\partial \bar{T}/\partial y>0$). When both barotropic and baroclinic factors exist at the same time, the evolution of disturbance depends on the sum of these two factors.

To simplify the calculation, $c_0$ is assumed to be constant and $\xi\equiv-(L_0/H)H\ln\zeta$ is used as vertical coordinate, where $H$ is a characteristic vertical length scale and $L_0\equiv c_0/f_0$ (about 1000km) is a characteristic horizontal length scale of baroclinic atmosphere. The factor $L_0/H$ is introduced for coordinating the ratio of horizontal to vertical length scales. $\xi$ is proportional to the commonly used log-pressure coordinate. Suppose a wave packet in 3D space $(x, y, \xi)$ is as follows:

$$\psi' = A(x, y, \xi)\cos(mx + ny + k\xi) \tag{10.8}$$

then $u'v'\approx-A^2\, mn\, \sin^2(mx+ny+k\xi)$, $\dfrac{RT'}{c_0}=-\dfrac{\zeta}{c_0}\dfrac{\partial f_0\psi'}{\partial \zeta}=\dfrac{\partial \psi'}{\partial \xi}$, and $v'RT'/c_0\approx A^2 mk \sin^2(mx+ny+k\xi)$. Thus we come to the following conclusions (see Fig. 10. 6): in troposphere, if the trough-ridge lines tilt to west with increasing height, the baroclinic factor makes the disturbance to grow; if the trough-ridge lines tilt to east with increasing height, the disturbance decays. The conclusions are contrary in the stratosphere. In the troposphere, westward-tilting trough line corresponds to the situation that temperature trough is behind the geopotential trough, and the advection of temperature drives it to develop.

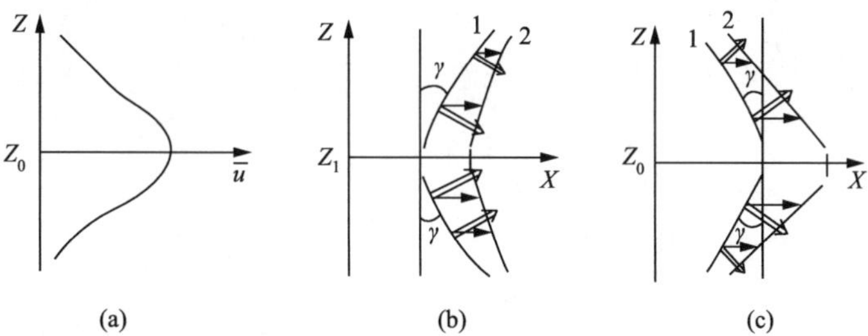


Fig. 10. 6 Vertical profiles of basic flow and trough lines

(a) basic flow; (b) baroclinic growing trough; (c) baroclinic decaying trough. 1. initial trough line, 2. trough line some time later. $\gamma$ is angle between trough line and vertical coordinate axis; thin arrow shows the moving direction of trough line, and double lines with arrow denotes group velocity

In 3D space, given $A<0, \theta\equiv mx+ny+k\xi=0$ defines the trough surface. The intersection of trough surface and any isobaric surface (the constant $\xi$ surface) is a trough line on isobaric surface, while the intersection of trough surface and any east-west plane in the 3D space ($(x,\xi)$ plane) is vertical profile of trough line or the axis of the synoptic system. Therefore, the disturbance with trough surface map like Fig. 10. 7(a) will grow because both barotropic and baroclinic factors favor its development. On the contrary, a disturbance with trough surface map like Fig. 10. 7(b) will decay because both barotropic and baroclinic factors tend to weaken it. In the above figures, $(X,Y,Z)$ are $(x,y,\xi)$ multiplied by constant factors. The jet core is located at $(Y_0,Z_0)$, $Y>Y_0$ corresponds to the northern side of the jet stream, and $Z>Z_0$ to the upper side (in stratosphere) and $Z<Z_0$ to the lower side (in troposphere). Fig. 10. 7(c) is the case when baroclinic factors favor development but barotropic factors tend to weaken the synoptic system. The disturbance will grow with a large vertical slope and small horizontal slope of trough line, i. e., baroclinic factors are stronger than barotropic factors, and will decay otherwise. The minor trough over Northern Europe in Fig. 10. 1(a) fits the pattern of Fig. 10. 7(a), so it grows very quickly. More growing troughs belong to the pattern of Fig. 10. 7(c). Note that in Fig. 10. 7 the disturbance is assumed to be existed on each side of the jet. Trough surface will only be a part of those in Fig. 10. 7 if the disturbance exists only at one side of the jet, for example, in the troposphere and south of the jet.

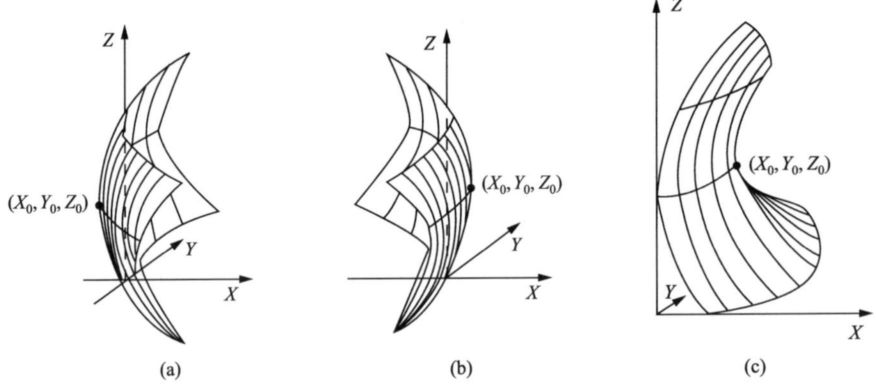


Fig. 10. 7 Trough surfaces in 3D space

(a) trough surface pattern with favorable developing barotropic and baroclinic factors both; (b) trough surface pattern with unfavorable barotropic and baroclinic factors both; (c) trough surface pattern with unfavorable barotropic factors and favorable baroclinic factors

## 3 Propagation and Deformation of Trough-ridge Lines

The location, intensity and configuration of a synoptic system usually change during its evolution. To have a comprehensive understanding of these aspects, in the following we'll briefly introduce the results obtained by WKB method.

Take the barotropic case as an example. The basic flow is generalized to include ultra-long wave component. Eq. (10. 3) will be replaced by

$$\left(\frac{\partial}{\partial t}+\bar{u}\frac{\partial}{\partial x}+\bar{v}\frac{\partial}{\partial y}\right)q'=-v'\frac{\partial\bar{q}}{\partial y}-u'\frac{\partial\bar{q}}{\partial x} \tag{10.9}$$

where a term $\frac{\partial^2\bar{\psi}}{\partial x^2}$ is added to $\bar{q}$. Because both basic flow $(\bar{u},\bar{v})$ and the amplitude of wave packet $(A)$ are slowly varying functions of $(x,y,t)$, their characteristic temporal and spatial scales are larger than those of the synoptic system. A small parameter $\varepsilon(\varepsilon\ll 1)$ is introduced to separate the slowly varying processes with processes representing the propagation of synoptic system,

$$\varepsilon=\frac{\text{temporal and spatial scales of synoptic system}}{\text{temporal and spatial scales of basic flow and wave packet amplitude}}$$

A new "stretched" coordinate system now can be defined as

$$X\equiv\varepsilon x,\quad Y\equiv\varepsilon y,\quad T\equiv\varepsilon t \tag{10.10}$$

The variation rate of $\bar{u}$, $\bar{v}$ and $A$ with respect to $(X,Y,T)$ is of the same order of magnitude as that of wave packet phase $\theta$ with respect to $(x,y,t)$. Presenting trigonometric functions by complex argument, a wave packet can be rewritten as

$$\psi'=A(X,Y,T)e^{i\theta(X,Y,T)/\varepsilon} \tag{10.11}$$

This is just a generalization of Eq. (10.1). Denote

$$\partial\theta/\partial T\equiv-\sigma,\quad \partial\theta/\partial X\equiv m,\quad \partial\theta/\partial Y\equiv n \tag{10.12}$$

where $\sigma$ is the local instantaneous frequency, and $m$ and $n$ the wave number along $X$, $Y$ directions in $(X,Y,T)$ system respectively. If $\sigma$, $m$ and $n$ are constants, then

$$\theta-\theta_0=mX+nY-\sigma T \tag{10.13}$$

where $\theta_0$ is the initial phase, and the wave train will propagate with a constant phase speed of $c=\sigma/\sqrt{m^2+n^2}$ along the wave ray $\vec{l}$ on the $(X,Y)$ plane (refer to Fig. 10.4). On the other hand, if $m$ and $n$ are slowly varying functions of space, trough lines are spiral curves rather than straight lines, as usually found in actual synoptic charts. By expanding $A$ into power series of $\varepsilon$ and substituting Eqs. (10.10)−(10.12) into Eq. (10.9), the following equations can be derived for describing usefully some characteristic of properties of the synoptic system during its evolution.

(1) Equation of frequency

$$(\sigma-m\bar{u}-n\bar{v})\nu^2+m\bar{\beta}_1-n\bar{\beta}_2=0 \tag{10.14}$$

where $\bar{\beta}_1\equiv\partial\bar{q}/\partial y$, $\bar{\beta}_2\equiv\partial\bar{q}/\partial x$, $\nu^2\equiv m^2+n^2+\varphi_0/f_0^2$. If $\bar{v}=0$ and $n=0$, we obtain a commonly used formula of trough propagation speed

$$c=\frac{\sigma}{m}=\bar{u}-\frac{\bar{\beta}_1}{\nu^2} \tag{10.15}$$

This formula implies that trough lines, or synoptic system, basically propagate along the direction of basic flow, and with propagation speed $c$, and $c\approx\bar{u}$. This is the so called principle of steering current. Because Coriolis parameter $f$ changes with latitude and basic flow is usually not uniform, correction term $c-\bar{u}=-\frac{\bar{\beta}_1}{\nu^2}$ is always negative, which means that the propagation speed of synoptic system is smaller than basic flow $\bar{u}$. A trough will propagate towards upstream if its wavelength is very large such that $\bar{\beta}_1/\nu^2 > \bar{u}$, for example some ultra-long waves superimposed to zonal circulation. This phenomenon is so called "retrogression of ultra-long wave". Eq. (10.14) is just an extension of Eq. (10.15) to the case of non-uniform basic flow. Note that $\sigma$ determines phase speed only locally and instantaneously, propagation speed of trough lines may differ at different locations and at different time. So trough line can move faster for a while or somewhere but slower later, or in other parts of the trough, so the trough orientation and shape may change from time to time as well.

(2) Evolution equation of wave amplitude

Evolution equation of wave amplitude will lead to the same conclusions as those in Section 2, therefore we will not give the formulas again.

(3) Evolution equation of local-instantaneous wave number $(m,n)$

After a series of complicated calculations, we get the following equations:

$$\frac{D_g m}{DT} = -\left(m\frac{\partial \bar{u}}{\partial X} + n\frac{\partial \bar{v}}{\partial X} + \frac{n}{\nu^2}\frac{\partial \bar{\beta}_2}{\partial X} - \frac{m}{\nu^2}\frac{\partial \bar{\beta}_1}{\partial X}\right) \tag{10.16}$$

$$\frac{D_g n}{DT} = -\left(m\frac{\partial \bar{u}}{\partial Y} + n\frac{\partial \bar{v}}{\partial Y} + \frac{n}{\nu^2}\frac{\partial \bar{\beta}_2}{\partial Y} - \frac{m}{\nu^2}\frac{\partial \bar{\beta}_1}{\partial Y}\right) \tag{10.17}$$

where

$$\frac{D_g}{DT} \equiv \frac{\partial}{\partial t} + C_{gx}\frac{\partial}{\partial X} + C_{gy}\frac{\partial}{\partial Y} \tag{10.18}$$

and $\vec{C}_g = \vec{i}\,C_{gx} + \vec{j}\,C_{gy}$ is local-instantaneous group velocity. The wave amplitude propagates along direction of $\vec{C}_g$ approximately (if leaving out its strengthening or weakening during propagation), so the term $D_g/DT$ is the variability observed by the observer moving together with a wave packet (the center of synoptic system).

Eq. (10.16) implies that a disturbance won't change its scale along the direction of basic flow (i. e., along $X$) if basic flow is zonal circulation, i. e., $\bar{v}=0$, $\partial\bar{u}/\partial X = \partial\bar{\beta}_1/\partial X = \partial\bar{\beta}_2/\partial X = 0$. Thus the first broadening and eventually narrowing down of the minor trough over Northern Europe in Fig. 10.1(a) is the result of interaction between basic flow and disturbance. In fact, this minor trough is superimposed upon ultra-long wave basic flow. Basic flow may have none-zero gradient along $Y$ direction, for example a jet. Under such conditions, as can be deduced from Eq. (10.17), the disturbance will change its scale in $Y$ direction, with growing trough stretching its scale but decaying one shortening.

(4) Evolution equation of synoptic system scale

Evolution equation of full wave number $\sqrt{m^2+n^2}$ along $\vec{l}$ on $(X,Y)$ plane or the full wavelength $L \equiv 2\pi\sqrt{m^2+n^2}$ of synoptic system can be derived from Eqs. (10.16) and (10.17). The resulting conclusions are: if the profile of jet isn't too steep ($\partial\bar{u}/\partial X$ and $\partial\bar{u}/\partial Z$ are not too large), the growing synoptic systems are always accompanied with expansion of its occupying area, i.e., increasing its spatial scale (usually broadened-up in east-west direction and stretched in south-north direction at the same time), while decaying systems are always accompanied with contraction of perturbed area, i.e., decreasing its spatial scale. The minor trough over Northern Europe in Fig. 10.1(a) is a typical example. Fig. 10.1(a)—(c) show its whole life from growing to decaying and from broaden-up to contraction.

(5) Evolution equation of trough slope

The angle from trough and ridge lines to $Y$ axis is $\delta=\tan^{-1}(-n/m)$ as shown in Fig. 10.4(a). It is easy to derive the evolution equation of trough slope from Eqs. (10.16) and (10.17). Taking $\bar{v}=0$ for simplicity, we have

$$\frac{\mathrm{D}_g(n/m)}{\mathrm{D}T}=-\left(\frac{\partial\bar{u}}{\partial Y}-\frac{1}{\nu^2}\frac{\partial\bar{\beta}_1}{\partial Y}\right) \tag{10.19}$$

Given a jet profile which isn't too steep, the second term on the right-hand side would be small. So if basic flow has none-zero gradient along $Y$ direction ($\partial\bar{u}/\partial Y\neq 0$), the orientation of trough line will change with time. It can be understood: because the local moving speed of trough is mostly determined by local basic flow $\bar{u}$ (plus a small correction term, see Eqs. (10.15) or (10.14)), the part of trough near jet center (with larger wind speed) moves faster while the part far from the jet core moves slower, so as the result the trough orientation is changing.

Combining the slope equation with the energy equation, more details can be deduced: growing troughs and ridges would have a decreasing slope, gradually tend to south-north orientation, and rate of growth will become smaller; while decaying troughs and ridges will have an increasing slope, gradually become more slanted, and rate of decaying becomes even faster (See Fig. 10.8). The minor trough over Northern Europe in Fig. 10.1 is again a typical example, with its orientation changing from NW-SE tilting to along the meridian, then to NE-SW tilting.

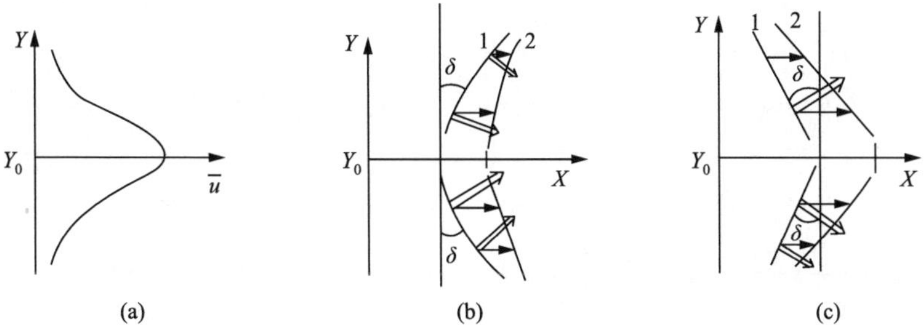


Fig. 10.8 Temporal variation of trough slope

(a) vertical profile of basic flow; (b) time variation of trough lines of growing disturbance; (c) time variation of trough lines of decaying disturbance. 1. initial trough line; 2. trough line some time later; thin arrow shows the moving direction of trough line along basic flow, and thick arrow denotes group velocity

## 4 Evolution of Vertical Scale of Synoptic System and Vertical Slope

As the baroclinic factors are taking into account, the equations and conclusions are basically the same with those for the barotropic but with another coordinate $Z$. Similar to the previous section, small parameter $\varepsilon$ and stretched coordinate system $(X, Y, Z, T)$ are introduced, and $Z=\varepsilon\xi$. Wave packet of Eq. (10.15) can be generalized to 3D case as

$$\psi' = W(Z)A(X,Y,Z,T)e^{i\theta(X,Y,Z,T)/\varepsilon} \tag{10.20}$$

where $W(Z)\equiv\sqrt{p_s/p}$ is a weighting function, accounting for the fact that disturbance intensity usually becomes stronger with increasing height because of decreasing air density with height (for simplicity, here stratification parameter $c_0$ is assumed to be constant. Otherwise $W(Z)$ is more complicated). Besides the instantaneous frequency and wave numbers of ($\sigma$, $m$, $n$ and $k$), where $k\equiv\partial\theta/\partial Z$, and a none-zero $k$ corresponds to none-zero angle between the axis of the synoptic system on the profile (trough and ridge lines) and the vertical axis, i.e., trough and ridge lines are slant in the vertical direction. If $k$ isn't constant, vertical slope of trough and ridge lines varies with height, and in the vertical cross section trough and ridge lines may not be straight lines. And the temporal variability of $k$ represents the stretching and contracting of synoptic system in the vertical direction.

The formation of frequency equation is the same as Eq. (10.14), except that $\nu^2$ is modified into $m^2+n^2+k^2+\frac{1}{4}L_0^2$. The conclusions from amplitude equation are the same as Section 2. We can also obtain the same equations as Eqs. (10.16), (10.17) and (10.19) and same similar conclusions, except that $\vec{C}_g=\vec{i}C_{gx}+\vec{j}C_{gy}+\vec{k}C_{gz}$ is 3D group velocity and an equation for $D_g k/DT$ is needed

$$\frac{D_g k}{DT}=-\left(m\frac{\partial\bar{u}}{\partial Z}+n\frac{\partial\bar{v}}{\partial Z}+\frac{n}{\nu^2}\frac{\partial\bar{\beta}_2}{\partial Z}-\frac{m}{\nu^2}\frac{\partial\bar{\beta}_1}{\partial Z}\right) \tag{10.21}$$

Obviously, vertical wave number $k$ or vertical wavelength of synoptic system will change with time if basic flow has none-zero vertical gradient. Combined with the energy equation, it can be concluded that synoptic system tends to expand vertically with favorable baroclinic factors and to contract vertically with unfavorable baroclinic factors.

In $X$-$Z$ profile, slopes of axes of synoptic system (trough and ridge lines) will also vary with time. The governing equation is

$$\frac{D_g(k/m)}{DT}=-\left(\frac{\partial\bar{u}}{\partial Z}-\frac{1}{\nu^2}\frac{\partial\bar{\beta}_1}{\partial Z}\right) \tag{10.22}$$

Here basic flow is assumed to be zonal circulation ($\bar{v}\equiv0$). If the jet profile isn't too steep, the second term on the right-hand side can be omitted. Because lines of trough and ridge propagate approximately at the speed of basic flow (but with a small correction term), the part of trough near the jet core moves faster while the part far from the core moves slower. This results in changing trough slope in *X-Z* cross section. Combined with the energy equation, more details can be deduced: growing baroclinic troughs and ridges will become more and more steep vertically, resulting in smaller temperature advection, weakened baroclinicity and a slower rate of growth. Such pictures are often observed during transition from growth to occlusion stage of a cyclone. Decaying trough and ridge lines will become skewer (see Fig. 10. 6).

## 5 Interaction between Disturbance and Basic Flow

Assuming that basic flow is zonal circulation, the evolution equation of basic flow can be deduced from quasi-geostrophic model as

$$\frac{\partial \bar{q}}{\partial t} = -\frac{\partial \overline{v'q'}}{\partial y} \tag{10.23}$$

where $\overline{v'q'}$ is zonal average of northward vorticity flux due to the disturbances. Similarly $\overline{v'T'}$ is zonal average of northward temperature flux. $\overline{v'q'}$ equals the difference between derivative of $\overline{v'T'}$ with respect to height and derivative of momentum flux $\overline{u'v'}$. As long as there exists disturbance and its evolution, there will be transfer of heat, momentum and potential vorticity, each of which is non-uniformly distributed. Consequently, basic flow will be time-varying.

Growing barotropic disturbance obtains energy and westward momentum from basic flow, and thus weakens basic flow and its horizontal gradient. On the contrary, barotropic decaying one transfers energy and westward momentum to basic flow, and thus strengthens basic flow and its horizontal gradient. In turn the growing barotropic disturbance will move at decreasing speed (because $\bar{u}$ becomes smaller), stretching of trough along meridian direction will slow down (because $\left|\frac{\partial \bar{u}}{\partial y}\right|$ becomes smaller) and so is the rate of growth (because $|mn|$ and $\left|\frac{\partial \bar{u}}{\partial y}\right|$ become smaller). Meanwhile the decaying barotropic disturbance will move at increasing speed (because $\bar{u}$ becomes larger), contraction of trough along meridian direction will speed up (because $\left|\frac{\partial \bar{u}}{\partial y}\right|$ becomes larger) and so is the rate of decaying (because $|mn|$ and $\left|\frac{\partial \bar{u}}{\partial y}\right|$ become larger). The above conclusion agrees well with experience with the analysis of synoptic charts.

Growing baroclinic disturbance leads to weakening of the jet, the temperature gradient in Y-direction, and vertical gradient of basic flow; while decaying baroclinic disturbance makes strengthening of these quantities. Changes in basic flow in turn will feed back on the evolution of disturbance, leading to the results similar to barotropic cases except that $Y$ axis is replaced by $Z$ axis.

The pattern in Fig. 10.7(c) is very common in actual synoptic charts. This indicates that, on average, growing baroclinic synoptic systems make up a large portion of all synoptic systems superimposed on the basic flow, which is produced by climate factors (meridional gradient of temperature caused by solar declination). By means of heat transfer caused by southward shift of cold air and northward shift of warm air, disturbance obtains available potential energy which then turns into kinetic energy, resulting in weakened basic flow. Meanwhile perturbation of decaying barotropic pattern transfers some parts of its kinetic energy to basic flow through momentum flux along meridian direction, so that the basic flow is compensated. Thus both the zonal circulation and disturbance maintain, and are ultimately strengthened and weakened from time to time.

We want to point out that, the analysis in this section is based on simplification of actual processes. We used quasi-geostrophic approximation, without the consideration of internal and external heat sources, topography factors and friction, and omitted nonlinear terms in disturbance equations, as well as the superposition and interaction between wave packets. If all these factors are considered, the modeled processes will become very diverse and complex, so that weather prediction would only be made with the application of numerical weather forecast model or according to experiences.

## References

[1] Zeng Q C. 1979. The Physical-mathematical Bases of Numerical Weather Prediction, Vol. 1, chap. 8, § 4— § 8. Beijing: Science Press. (in Chinese)

[2] Lu P S, Zeng Q C. 1981. On the evolution process of disturbances in the barotropic atmosphere. Chinese Journal of Atmospheric Sciences, 5(1): 1-8, doi: 10.3878/j.issn.1006—9895.1981.01.01. (in Chinese)

[3] Lu P S. 1981. On the evolution process of long waves in the barotropic atmosphere. Acta Meteorologica Sinica, 39(2). (in Chinese)

[4] Zeng Q C. 1982. On the evolution and interaction of disturbances and zonal flow in rotating barotropic atmosphere. J. Meteor. Soc. Japan, 60(1).

[5] Zeng Q C. 1983. The evolution of a Rossby-wave packet in a three-dimensional baroclinic atmosphere. J. Atmos. Sci., 40(1).

[6] Zeng Q C. 1983. The development of quasi-geostrophic baroclinic disturbances. Tellus, 35A(5).

5

# On the Generation and Maintenance of Atmospheric Disturbances①

Zeng Qingcun Yuan Chongguang
Lu Peisheng Li Rongfeng
(Institute of Atmospheric Physics, Academia Sinica, Beijing)
Received October 10, 1983

**Abstract** Blocking is one of the intensive atmospheric disturbances which can maintain for a long time. In this paper we investigate the general conditions favorable for the generation and maintenance of the intensive disturbances. First, the evolutional process of disturbances superimposed on a jet-like zonal flow is studied by using the wave-packet representation and the WKBJ method. Second, the mechanism for generation and maintenance of disturbances is investigated by using the nonlinear equations and the general physical laws. Finally, some numerical experiments are given for illustration, showing the rapid absorption of disturbances by the jet-like zonal flow in one case and the maintenance of disturbances for a long time in the other case.

## 1 Introduction

Blocking is an important anomalous phenomenon in the atmospheric circulation. Currently, many intensive observational studies and theoretical investigations have been devoted to this problem. Owing to these worldwide intensive investigations we have got much better understanding of the mechanism for the generation and maintenance of the blocking. Blocking itself is a large scale flow pattern with intensive anticyclonic vorticity which maintains for rather long time. Other intensive disturbances are cut-off low, the abnormal intensive ultralong waves, strong asymmetricity of the circulation pattern, strong flow across the equator, the stratospheric sudden warming and so on. They are also associated with some kinds of anomalous states in the atmospheric circulation and are of practical importance in the middle and long range weather forecast and climate prediction. It seems that an extension of the investigation to including the mechanism of

① Presented at IAMAP/IUGG Symposium on Blocking and Atmospheric Prediction, Hamburg, August 1983; and published in *Advances in Atmospheric Science*, 1984, 1(1): 1-6.

the generation and maintenance of the intensive disturbances is desirable, and this extension in its turn might help us to get a supplementary understanding of blocking.

It must be pointed out that in our atmosphere there is always a jet-like zonal flow and, thus, there generally exists interaction between the zonal flow and disturbances. As well known from many climatological observational studies (see, for example, Lorenz[1] and Ye and Zhu[*]), the quasi-stationary planetary waves are generated and maintained by the forcing; but the transient eddies by the baroclinic conversion from zonal to eddy available potential energy, while they both feed their kinetic energy to the zonal flow. Therefore, the generation and maintenance of atmospheric disturbances are very closely related to the interaction along with the forcing. In this paper, we will first summarize some results in the aspect of interaction, making emphasis on the evolutional process for the disturbances, and then indicate the general conditions favorable for their generation and maintenance with illustration by some numerical experiments.

## 2 Evolution of Disturbances Superimposed on a Jet-like Zonal Flow

Representing atmospheric disturbances by wave-packets, the propagation of forced quasi-stationary disturbances and the mechanism of teleconnection have been investigated by Grose and Hoskins[2] and Karoly[3]. Taking the wave-packet representation and making emphasis on the energetic aspect the evolution of transient disturbances has been investigated by Young and Rhines[4], Lu and Zeng[5,6], Lu[7] and Zeng[8,9].

For simplicity, we now take a linearized barotropic quasi-geostrophic model without forcing and dissipation (see Zeng[8])

$$\left(\frac{\partial}{\partial t}+\bar{U}\frac{\partial}{\partial x}\right)\left[\frac{\partial^2\psi'}{\partial x^2}+\frac{\partial^2\psi'}{\partial y^2}-\left(\frac{l_0}{l_r}\right)^2\sin^2\theta\cdot\psi'\right]=-\frac{\partial\bar{q}}{\partial y}\frac{\partial\psi'}{\partial x} \tag{1}$$

where $\bar{U}=\bar{V}_\lambda/\sin\theta$, $\bar{V}_\lambda$ is velocity of the zonal flow; $\bar{q}$ its quasi-geostrophic potential vorticity; $\psi'$ the perturbation of stream function; $\theta$ the co-latitude; $l_r$ the Rossby deformation radius, and $l_0$ the characteristic length for the disturbances. All the variables and coordinates are nondimensional.

Assume that $\bar{U}$ and $\partial\bar{q}/\partial y$ are slowly varying functions of $y$ and $t$, let $\varepsilon$ be a small parameter, introduce

$$X=\varepsilon x,\quad Y=\varepsilon y,\quad T=\varepsilon t \tag{2}$$

and represent $\psi'$ in the form of a wave packet

$$\psi'=\{\Psi_0(X,Y,T)+\varepsilon\Psi_1(X,Y,T)+\cdots\}e^{\Theta(X,Y,T)/\varepsilon} \tag{3}$$

where $\Theta$ and $\Psi_j(j=0,1,2,\cdots)$ are all slowly varying functions of $(x,y,t)$. Using the WKBJ method, we obtain

$$(\sigma-m\bar{U})\gamma^2+m\bar{\beta}=0 \tag{4}$$

and

$$\frac{\gamma^2 D_g |\Psi_0|}{DT} + \frac{|\Psi_0|}{2}\frac{D_g \gamma^2}{DT} + \frac{\gamma^2 |\Psi_0|}{2} \nabla \cdot C_g - mn \frac{\partial \bar{U}}{\partial Y} |\Psi_0| = 0 \tag{5}$$

where $\sigma \equiv -\partial\Theta/\partial T$, $m \equiv \partial\Theta/\partial X$, $n \equiv \partial\Theta/\partial Y$, $\gamma^2 \equiv m^2 + n^2 + \rho^2$, $\rho^2 \equiv (l_0/l_r)^2 \sin^2\theta$, $\bar{\beta} \equiv \partial\bar{q}/\partial y$, and

$$\frac{D_g}{DT} = \frac{\partial}{\partial T} + C_{gX}\frac{\partial}{\partial X} + C_{gY}\frac{\partial}{\partial Y} \tag{6}$$

The components of group velocity are given by

$$\begin{cases} C_{gX} = \dfrac{\partial \sigma}{\partial m} = \bar{U} + \dfrac{2m^2}{\gamma^4}\bar{\beta} \\ C_{gY} = \dfrac{\partial \sigma}{\partial n} = \dfrac{2mn}{\gamma^4}\bar{\beta} \end{cases} \tag{7}$$

From Eq. (5), we obtain the following integrals:

$$\frac{\partial}{\partial T}\iint_W \frac{\gamma^2}{2}|\Psi_0|^2 dXdY = \iint_W |\Psi_0|^2 mn \frac{\partial \bar{U}}{\partial Y} dXdY \tag{8}$$

$$\iint_W \bar{\beta}^{-1}\frac{\partial}{\partial T}(\gamma^4 |\Psi_0|^2) dXdY = 0 \tag{9}$$

$$\iint_W \left[\frac{\partial}{\partial T}(\gamma^2 |\Psi_0|^2) + \frac{\bar{U}_0 - \bar{U}}{\bar{\beta}}\frac{\partial}{\partial T}(r^4 |\Psi_0|^2)\right] dXdY = 0 \tag{10}$$

where the integration is taken over the whole wave packet $W$. $\gamma^2|\Psi_0|^2$ and $\gamma^4|\Psi_0|^2$ are the analogues of energy and enstrophy density respectively, and $\bar{U}_0$ is a constant.

From Eqs. (4) and (7) and by using some kinematic relationships we obtain an equation for the change in the tilt of trough-ridge lines as follows:

$$\frac{D_g\left(\frac{n}{m}\right)}{DT} = -\left(\frac{\partial \bar{U}}{\partial Y} + \frac{\bar{\beta}}{\gamma^4}\frac{\partial \rho^2}{\partial Y} - \gamma^{-2}\frac{\partial \bar{\beta}}{\partial Y}\right) \tag{11}$$

According to Eq. (8), a disturbance is intensified, i. e., its energy increases with time, if the averaged $mn\partial\bar{U}/\partial Y$ is positive, while it decays if the averaged $mn\partial\bar{U}/\partial Y<0$. On the other hand, the term $-\partial\bar{U}/\partial Y$ generally becomes the dominant on the right hand side of Eq. (11) if $\bar{U}$ is a jet-like zonal flow. Therefore, a growing disturbance, i. e., the averaged $mn\partial\bar{U}/\partial Y>0$, gradually turns its trough-ridge lines toward a meridian, then becomes a decaying disturbance with $mn\partial\bar{U}/\partial Y<0$. And after that its energy is absorbed by the zonal flow, and the trough-ridge lines become more and more tilted. Only in the unstable case, i. e., there exist $\bar{\beta}<0$ and $(\bar{U}_0-\bar{U})/\bar{\beta}<0$ in some areas within the region occupied by the disturbance, can a large amplitude disturbance maintain for a long time.

## 3 The Favorable Conditions for the Maintenance of Disturbances in a Barotropic Atmosphere

So far as the linearized Eq. (1) is a good approximation to a potential vorticity equation and the disturbance can be well represented by a single wave packet (3), the condition for maintenance of intensive disturbances is the instability of the zonal flow. However, if the nonlinear terms can not be omitted, or the disturbances can not be well represented by a single wave packet, the problem becomes complicated. For example, if the disturbances are represented by a linear combination of several wave packets, we have to investigate their interference, and Eq. (11), which is valid for a single wave packet, can not correctly predict the change in the tilt of the trough-ridge lines and the lifecycle of the disturbances.

It is better to directly use the nonlinear equations and the general physical laws. We have the conservation of potential vorticity, the conservation of the vector of the total atmospheric angular momentum and the inertial axis of atmospheric motion, if there is no orographic forcing and the energy source and sink. Therefore, we come to the following conclusion (see Zeng[9]).

Nonzonal disturbances will maintain and will not be completely absorbed by a jet-like zonal flow in a barotropic atmosphere without forcing and dissipation, if one of the following conditions is satisfied: ①there are three or more centres of potential vorticity in the whole sphere; ②the atmospheric inertial axis does not coincide with the one of the earth's rotation.

The zonal flow has two potential vorticity centres each at one pole in the two hemispheres. Note that a sufficiently intensive individual vortex (cyclone or anticyclone) is usually associated with a potential vorticity centre, hence there exist at least three centres, and the nonzonal disturbances can maintain to some extent. Second, the atmospheric inertial axis does not coincide with that of the earth's rotation if there is a strongly asymmetric flow pattern, for example, an intensive ultra-long wave with wave number 1. It is also interesting to point out that there are always several potential vorticity centres if the zonal flow is unstable and the disturbances are located in the area with $\bar{\beta}<0$. Besides, the existence of strong flow across the equator will create more potential vorticity centres in the equatorial region. All these are the favorable conditions for the maintenance of nonzonal disturbances.

Along with the above—mentioned conditions, the orographic forcing and the energy source, of course, are the other factors for the generation and maintenance of disturbances.

## 4 Baroclinic Case

In the baroclinic atmosphere we get the results similar to those obtained in Section 2 if the wave packet is located far away from the bottom boundary (see Zeng[10]). However, if a disturbance is located near the bottom boundary, the situation is complicated. Second, similar to the results in Section 3, we have the conservation of potential vorticity, conservation of potential temperature, conservation of the vector of total atmospheric angular momentum, and conservation of the atmospheric inertial axis in the ideal baroclinic atmosphere without orographic forcing, energy source and dissipation. However, the bottom boundary plays a special role. Namely, if at the bottom boundary of the atmosphere there are three or more centres of potential temperature or potential vorticity, the nonzonal disturbances will always be maintained. Besides, if at the bottom boundary of the atmosphere there are only two centres of potential temperature and two centres of potential vorticity, but these two families of isopleths do not coincide with each other, the advections of these two quantities always remain, hence some unsteady nonzonal disturbances exist all the time.

We come to the following conclusion:

Nonzonal disturbances will maintain and will not be completely absorbed by the jet-like zonal flow in a baroclinic atmosphere without orographic forcing and diabatic heating, if one of the following conditions is satisfied: ①there are three or more centres of potential vorticity in some of the isentropic surfaces over the whole sphere; ②the inertial axis of the atmospheric motion does not coincide with the axis of the earth's rotation; ③at the bottom boundary either the potential temperature field or the potential vorticity field has more than two centres, or the two families of isopleths do not coincide with each other.

This conclusion is valid for the ideal atmosphere. In the real atmosphere, the orographic forcing, the heat flux due to the ground and sea surface temperature anomaly, as well as the heating due to the condensation in the atmosphere play very important role in the generation and maintenance of the disturbances as have been emphasized by many investigators. Here we would like to point out that the pure dynamical factors, the orographic and diabatic forcing usually interact strongly with each other. For example, high-level intensive vorticity centres are usually related to the condensation heating in the atmosphere and to the orographic forcing, or generated and maintained by the heat or energy fluxes from upstream or below, while the regions with strong surface advection are almost coincident with the distribution of surface heat sources and sinks. Thus, the orographic and diabatic forcing usually amplify the dynamical effects.

## 5 Some Numerical Experiments

In order to test the theoretical results, we have carried out some numerical experiments. We use a hemispheric grid point model with conservation of the total energy for the barotropic primitive equations (Zeng et al. [11]). The initial zonal flow is taken as the climatological one at 500 mb in the Northern Hemisphere with a small correction near the pole and the equator. The initial nonzonal disturbances of geopotential field will be described in each experiment, and the initial wind field is calculated by the geostrophic relationship.

*Experiment* 1. The initial nonzonal part of geopotential field is a four-waves pattern (zonal wave number is 4), given by the following formulas:

$$\begin{cases} \psi' = A\sin\left(\pi \dfrac{\theta}{\theta_0}\right) \cdot \sin m\lambda, & 0 < \theta < \pi/2 \\ \psi' = 0, & \theta \geqslant \theta_0 \end{cases} \tag{12}$$

where the amplitude $A$ is a constant. In Fig. 1 the dashed lines show the initial geopotential field, which has only one centre of potential vorticity at the pole (the potential vorticity field is not given in this figure). The solid lines are the calculated geopotential field on the 7th day. This shows a strong absorption of eddy energy by the zonal flow and rapid decay of disturbances.

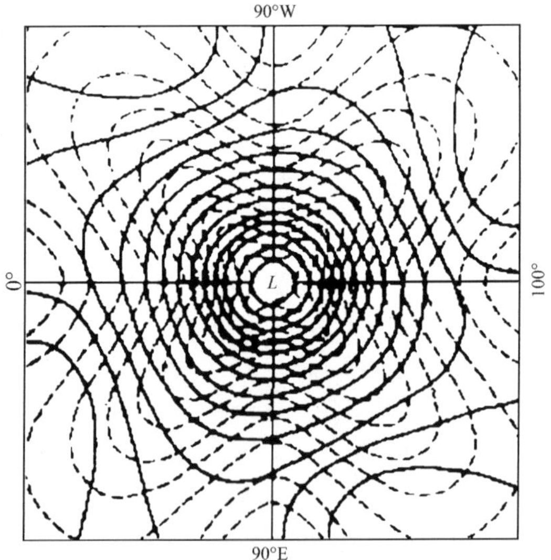


Fig. 1 Geopotential field

Dashed lines. initial; solid lines. on the 7th day

*Experiment* 2. The initial fields are taken by adding four intensive vorticity centres to those used in experiment 1, and the initial potential field is given by the dashed lines in Fig. 2. The solid lines represent the field on the 10th day, showing the maintenance of the intensive vortex centres.

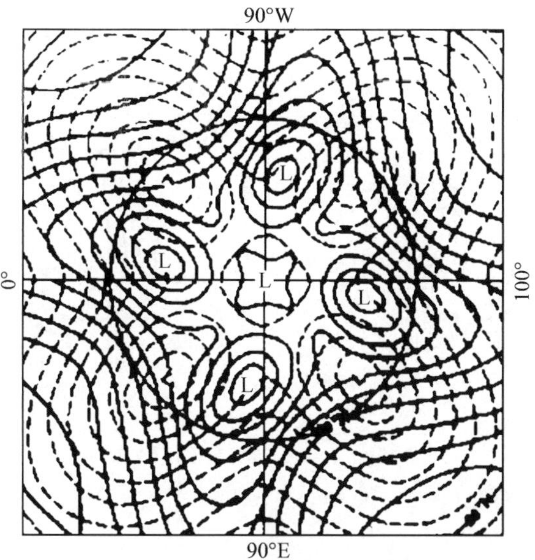


Fig. 2 Geopotential field
Dashed lines: initial; solid lines: on the 10th day

*Experiment* 3. The initial fields are a superposition of an intensive vorticity centre on the initial field used in experiment 1 (Fig. 3(a)). The computed evolution is given in Fig. 3(b), (c) and (d), showing a very typical downstream effect and maintenance of some disturbances. Downstream troughs Ⅰ, Ⅱ, and Ⅲ successively become very deep.

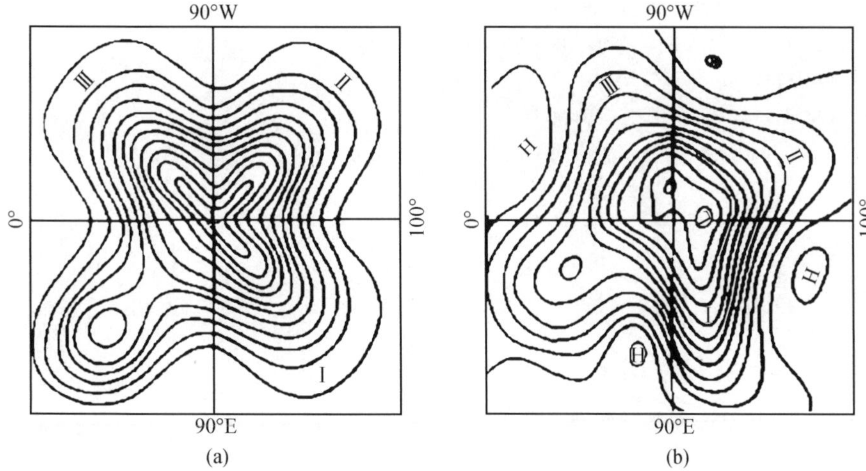

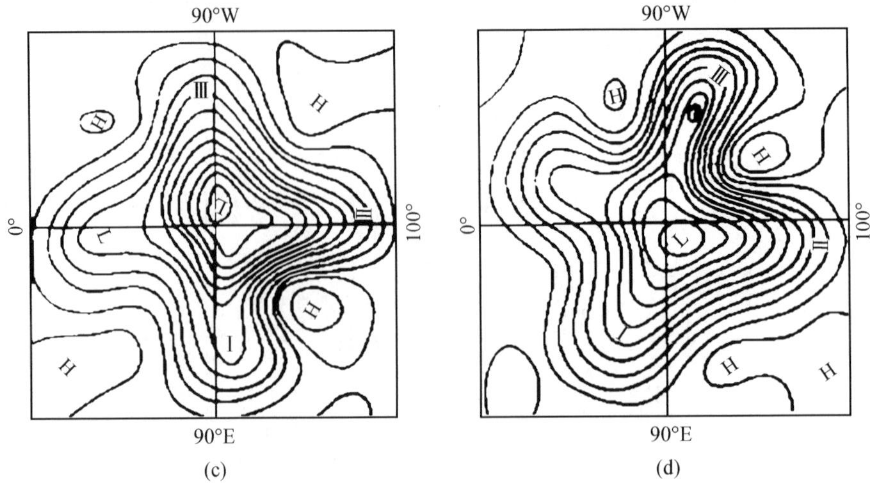


Fig. 3 Geopotential field

(a) initial; (b) on the 4th day; (c) on the 8th day; (d) on the 13th day

## References


[1] Lorenz E N. The nature and theory of the general circulation of the atmosphere. WMO-No. 218. TP. 115, 161, 1967.

[*] 叶笃正，朱抱真. 大气环流若干基本问题. 北京：科学出版社，1958.（* added by editor）

[2] Grose W L, Hosking B J. J. Atoms. Sci., 1979, 36: 223-234.

[3] Hoskins B J, Karoly D J. J. Atoms. Sci., 1981, 38: 1179-1196.

[4] Young W R, Rhines P B. Geophys Astrophys. Fluid Dynamics, 1980, 15: 39-52.

[5] 卢佩生，曾庆存. 大气科学，1981，5：1-8.

[6] Zeng Q C, Lu P S. Sciencia Sinica, 1981, 24: 508-520.

[7] 卢佩生. 气象学报，1981，39：141-149.

[8] Zeng Q C. J. Met. Soc. Japan, 1982, 60: 24-31.

[9] Zeng Q C. Scientia Sinica, 1979, 22: 945-957.

[10] Zeng Q C. J. Atoms. Sci., 1983, 40: 73-84.

[11] Zeng Q C, Yuan C G, Li R F. Scientia Sinica, 1980, 23: 1405-1416.

6

# The Spectra of Barotropic Quasigeostrophic Model and the Evolution of Disturbances①

Lu Peisheng　Lu Li　Zeng Qingcun

(Institute of Atmospheric Physics, Academia Sinica, Beijing)

Received April 15, 1986; revised June, 20, 1986

**Abstract** The spectra of linearized barotropic quasigeostrophic model is one of classical but not yet completely solved problems in dynamic meteorology. This paper is devoted to a detailed investigation of this problem. It is obtained that in the case of zonal basic flow $\bar{u}(y)$ , there exist two types of spectra, the discrete and continuous. Each discrete spectrum (eigenvalue) gives an eigenfunction (normal mode); and the real numbers in the interval $[\bar{u}_{min}, \bar{u}_{max}]$ are the continuous spectra; every point $c \in [\bar{u}_{min}, \bar{u}_{max}]$ gives a spectral function which is bounded and whose derivative is unbounded but integrable. Every disturbance can be represented as a linear combination of two parts, $\psi'_d(x,y,t)$ and $\psi'_c(x,y,t)$, the former is expressed by the discrete spectra, and the latter by the continuum. $\psi'_d$ can be easily derived from the initial condition by the use of the generalized "weighted orthogonality" of normal modes. It is also proved that $\psi'_c$ as well as its energy $E'_c$ and the mean scale $l_c$ along $y$-direction all approach zero as $t \to \infty$.

A finite difference method for calculating the spectra and spectral functions is suggested. This numerical scheme keeps the same global characteristics and the criteria of instability as the original differential operator has, although the continuous spectra are distorted as computational discrete spectra due to the finite numbers of grid points. However, the evolutionary characteristics of $\psi'_c$ can be correctly represented by this method for a long time from the initial. Of course, the computational spectra in the interval $\bar{u}_{min} \leqslant c \leqslant \bar{u}_{max}$ become denser and denser as the grid size becomes smaller and smaller, and cover the whole interval $\bar{u}_{min}, \bar{u}_{max}$ as the grid size approaches zero.

## 1 Introduction

Evolutionary process of perturbations superimposed on the basic flow is a classical problem in dynamic meteorology. In the past, especially great attention has been paid to the instability aspect, and to solve it an effective method, the so-called normal mode

① Published in *Scientia Sinica* (Series B), 1987, 30(4), 426-437.

method, has been developed. Achievements in this field have been systematically summarized in Lin's book (1955)[1]. Successful applications of this method to the investigation of large-scale atmospheric motions have been made by Charney[2], Eady[3] and Kuo[4,5,6]. Later, however, Case[7] and Burger[8] pointed out that the normal modes of this problem do not construct a complete set. Therefore, the general initial-value problem cannot be solved by the classical normal mode method, and can be solved either by adding the continuous spectra or by other method.

By the use of Laplace transformation Case and Burger obtained some important results, for example, in the two-dimensional incompressible fluid every perturbation consisting of continuous spectra decays with time. However, the general initial problem has not yet been investigated in detail. Especially, the characteristics of continuous spectra, and consequently the whole evolutionary process of perturbations are not clear yet.

In order to overcome the difficulty mentioned above, Zeng[9,10,11], Lu[12,13] and Chen[14] adopted wave-packet representation of disturbances and the WKB method. By so doing some general criteria for whether a disturbance develops or decays and some laws governing the whole evolutionary process of all properties of the disturbance (such as the amplitude, wavelength, orientation of axis and velocity of propagation) have been obtained. All these results are qualitatively in agreement with the synoptic experiences.

It must be pointed out, however, that the wave-packet representation and WKB method are some approximations, and that they can be applied only if the scale of the disturbance is very small in comparison with that of the basic flow. Therefore, in general cases one has to adopt a universal method, i. e. to solve the general initial-value problem and to investigate the normal modes and continuous spectra thoroughly. It is our purpose in the present paper to investigate the spectra, spectral functions and the general laws governing the evolutionary process of disturbances in general cases. The model adopted is a barotropic quasigeostrophic one.

## 2 Eigenvalue Problem

Let the basic flow be zonal, i. e. $\bar{u}=\bar{u}(y)$ and $\bar{v}=0$. The governing equation and boundary conditions are as follows respectively:

$$\left[\frac{\partial}{\partial t}+\bar{u}(y)\frac{\partial}{\partial x}\right]q'+v'\bar{\beta}=0 \tag{2.1}$$

$$\psi'(x,y_1,t)=\psi'(x,y_2,t)=0 \tag{2.2}$$

where $\bar{\beta}\equiv \mathrm{d}\bar{q}/\mathrm{d}y$, $q'$ and $\bar{q}$ are the potential vorticities of the perturbation and basic flow respectively

$$q'=\Delta\psi'-\frac{f_0^2}{\phi_0}\psi' \tag{2.3}$$

$$\bar{q} = f_0 + \beta y - \frac{d\bar{u}}{dy} - \frac{f_0^2}{\phi_0}\bar{\psi} \tag{2.4}$$

$\psi'$ and $\bar{\psi}$ are the corresponding stream functions respectively, $v' = \partial\psi'/\partial x$; $f_0$ is the "standard" Coriolis parameter, $\phi_0 = gh_0$, $h_0$ is the equivalent height of atmosphere with uniform density, $\beta$ is taken as a constant, and $y_1 < y_2$.

The so-called normal mode method is to seek the following special solution

$$\psi'(x, y, t) = e^{im(x-ct)}\Psi(y) \tag{2.5}$$

to Eqs. (2.1) and (2.2). Therefore, $\Psi(y)$ should satisfy the following differential equation and relevant boundary conditions:

$$[\bar{u}(y) - c]\left(\frac{d^2\Psi}{dy^2} - \mu^{-2}\Psi\right) + \bar{\beta}\Psi = 0 \tag{2.6}$$

$$\Psi(y_1) = \Psi(y_2) = 0 \tag{2.7}$$

where $\mu^{-2} \equiv m^2 + f_0^2/\phi_0$. This is a generalized eigenvalue problem. $c$ is called an eigenvalue if it yields nontrivial solution to Eqs. (2.6) and (2.7), and the associated eigenfunction $\Psi(y)$, depending on $c$, is usually called normal mode or characteristic wave. Sometimes this terminology is also referred to the special solution to Eq. (2.5). Obviously a characteristic wave is a propagating wave with phase velocity $c$ along $x$-axis.

Hereafter functions $\bar{u}$ and $\bar{\beta}$ both will be assumed as analytic.

## 3 Discrete Spectra

Arbitrarily taking a $c$, either real or complex, if only $\bar{u}(y) - c \neq 0$ as $y \in [y_1, y_2]$, there is no singularity of Eq. (2.6). Therefore, the two linear independent solutions, $\Psi_1(y;c)$ and $\Psi_2(y;c)$, are both analytic functions of arguments $y$ and $c$, and the general solution of (2.6) can be expressed as

$$\Psi(y;c) = A\Psi_1(y;c) + B\Psi_2(y;c) \tag{3.1}$$

where $A$ and $B$ are two arbitrary constants. In order to have an eigenfunction, one must determine at least one pair $(A, B)$ such that $|A|^2 + |B|^2 \neq 0$, and $\Psi(y;c)$ defined by Eq. (3.1) satisfies boundary conditions Eq. (2.7). The necessary and sufficient condition is

$$D(c) \equiv \Psi_1(y_1;c)\Psi_2(y_2;c) - \Psi_1(y_2;c)\Psi_2(y_1;c) = 0 \tag{3.2}$$

This means that every eigenvalue $c$ is a root of Eq. (3.2). Because of analyticity of $\Psi_1(y;c)$ and $\Psi_2(y;c)$ it is clear that roots of Eq. (3.2) are discrete. Denote them as $c_k$ and the associated eigenfunctions as $\Psi_k(y)$, $k=1,2,\cdots$. Obviously, $\Psi_k(y)$ has derivatives of every order, so that it is an ordinary solution of Eqs. (2.6) and (2.7). Each such $c_k$ is a point spectrum, or called a discrete spectrum. These spectra have been obtained in the investigations of instability problem.

A complex root $c$ yields an unstable (developing or decaying) normal mode. In this case it is obvious that $\bar{u}(y)-c\neq 0$ as $y\in[y_1,y_2]$, this means that every unstable mode must be associated with a discrete spectrum.

In general, discrete modes associated either with real or complex eigenvalues possess the following generalized weighted orthogonality:

$$(c_k-c_{k'})\int_{y_1}^{y_2}\frac{1}{\bar{\beta}(y)}Q_k(y)\,Q_{k'}(y)\mathrm{d}y=0 \tag{3.3}$$

where $c_k$ and $c_{k'}$ are two eigenvalues, and $Q_k$ and $Q_{k'}$ their "potential vorticities", i. e.

$$Q_k(y)\equiv(\partial^2/\partial y^2-\mu^{-2})\Psi_k(y) \tag{3.4}$$

In fact, from Eq. (2.6) we have

$$-c_kQ_k/\bar{\beta}+(\bar{u}\,Q_k/\bar{\beta}+\Psi_k)=0$$

$$-c_{k'}\,Q_{k'}/\bar{\beta}+(\bar{u}\,Q_{k'}/\bar{\beta}+\Psi_{k'})=0$$

Multiplying the first and the second equations by $Q_{k'}$ and $Q_k$ respectively, subtracting the resultants one from the other, integrating it over the interval $y_1\leqslant y\leqslant y_2$, and taking the boundary conditions into account we obtain Eq. (3.3).

There are some important applications of the generalized weighted orthogonality, we must be very careful about their meanings and physical interpretations. For example, in the case of complex $c_k$, taking $c_{k'}=c_k^*$, where $c_k^*$ is the complex conjugate of $c_k$, we have $\Psi_k'=\Psi_k^*$, and Eq. (3.3) becomes

$$(-2\mathrm{i}\mathrm{Im}c_k)\int_{y_1}^{y_2}\frac{1}{\bar{\beta}(y)}Q_k(y)Q_k^*(y)\mathrm{d}y=0 \tag{3.5}$$

The physical interpretation of Eq. (3.5) is that a necessary condition for the instability ($\mathrm{Im}c_k\neq 0$) is the nondefinitive sign of $\bar{\beta}$ in $y_1\leqslant y\leqslant y_2$ (the Kuo's criterion[4,6]).

Besides, multiplying Eq. (2.6) by $Q_k^*/\bar{\beta}$, integrating the resultant over $y_1\leqslant y\leqslant y_2$, and considering Eq. (3.5), we have

$$\int_{y_1}^{y_2}\frac{\bar{u}-\mathrm{Re}c_k}{\bar{\beta}}Q_kQ_k^*\,\mathrm{d}y=\int_{y_1}^{y_2}\left(\left|\frac{\partial\Phi_k}{\partial y}\right|^2+\mu^{-2}|\Psi_k|^2\right)\mathrm{d}y \tag{3.6}$$

Note that in the case of the unstable mode $\mathrm{Im}c_k\neq 0$, from Eq. (3.5) we conclude also that the part of the left-hand side integral consisting of the integrand $(-\mathrm{Re}c_k)Q_kQ_k^*/\bar{\beta}$ is also zero. Therefore, from Eq. (3.6) another criterion of instability is inferred, i. e. there must exist some areas with $\bar{u}/\bar{\beta}>0$ (Fjϕrtoft's criterion[6]).

# 4 Continuous Spectra

Taking $c=\bar{u}(y_c)$, where $y_c$ is an arbitrary point and $y_1\leqslant y_c\leqslant y_2$, Eq. (2.6) has a singular point $y=y_c$. It is convenient to make the following transformation of coordinate and Taylor expansions of functions:

$$\eta=y-y_c \tag{4.1}$$

$$\begin{cases}\bar{u}(y)-c=\bar{u}'(y_c)\eta+\bar{u}''(y_c)\,\eta^2/2+\cdots\\ \bar{\beta}(y)=\bar{\beta}(y_c)+\bar{\beta}'(y_c)\eta+\bar{\beta}''(y_c)\,\eta^2/2+\cdots\end{cases}\tag{4.2}$$

$$\Psi(y)=\eta^{\rho}\sum_{n=0}^{\infty}a_n\eta^n\tag{4.3}$$

Substituting them into Eq. (2.6), we have

$$\left.\begin{array}{l}\bar{u}'(y_c)\rho(\rho-1)a_0=0\\ \bar{u}'(y_c)(\rho+1)\rho a_1+[\bar{u}''(y_c)\rho(\rho-1)/2+\bar{\beta}(y_c)]a_0=0\\ \bar{u}'(y_c)(\rho+2)(\rho+1)a_2+[\bar{u}''(y_c)(\rho+1)\rho/2+\bar{\beta}(y_c)]a_1\\ \quad-[\bar{u}'(y_c)\mu^{-2}-\bar{\beta}'(y_c)]a_0=0\\ \cdots\end{array}\right\}\tag{4.4}$$

First, assuming that $\bar{u}'(y_c)\neq 0$, we have $\rho(\rho-1)=0$. Taking $\rho=1$ and $a_0=1$, we obtain

$$\begin{cases}a_1=-\bar{\beta}(y_c)/2\,\bar{u}'(y_c)\\ \cdots\end{cases}\tag{4.5}$$

Denote the solution Eq. (4.3) thus obtained as $\Psi_1(y;c)$, i. e.

$$\Psi_1(y;c)=\eta\sum_{n=0}^{\infty}a_n\,\eta^n\tag{4.6}$$

The other linear independent solution is given by the following differential equation

$$\frac{\mathrm{d}}{\mathrm{d}y}[\Psi_2(y;c)/\Psi_1(y;c)]=W(\Psi_1,\Psi_2)/\Psi_1^2\tag{4.7}$$

where $W(\Psi_1,\Psi_2)\equiv\Psi_1\mathrm{d}\Psi_2/\mathrm{d}y-\Psi_2\mathrm{d}\Psi_1/\mathrm{d}y$ is the Wronskian, which is independent of $y$, hence can be taken as 1. Besides, $\mathrm{d}/\mathrm{d}y$ can be replaced by $\mathrm{d}/\mathrm{d}\eta$ in Eq. (4.7). Therefore, we have

$$\frac{\Psi_2(y;c)}{\Psi_1(y;c)}-\frac{\Psi_2(y^*;c)}{\Psi_1(y^*;c)}=\int_{\eta^*}^{\eta}\Psi_1^{-2}(y;c)\mathrm{d}\eta\tag{4.8}$$

When $\eta>0$, taking $\eta^*>0$, we obtain

$$\begin{aligned}\Psi_2(y;c)&\equiv\Psi_2^+(y;c)\\&=-2a_1\Psi_1(y;c)\ln\eta+\left(-1+\sum_{n=1}^{\infty}b_n^+\eta^n\right)\end{aligned}\tag{4.9a}$$

while $\eta<0$, taking $\eta^*<0$, we obtain

$$\begin{aligned}\Psi_2(y;c)&\equiv\Psi_2^-(y;c)\\&=-2a_1\Psi_1(y;c)\ln|\eta|+\left(-1+\sum_{n=1}^{\infty}b_n^-\eta^n\right)\end{aligned}\tag{4.9b}$$

where $b_n^+$ and $b_n^-$ are two sets of coefficients; they equal each other only if $a_1=0$.

Because $\Psi_2^+(y_c;c)=\Psi_2^-(y_c;c)=-1$, so that $\Psi_2(y;c)$ is a continuous function of $y$; but $\mathrm{d}\Psi_2(y;c)/\mathrm{d}y\approx-2a_1\ln|\eta|$ is unbounded as $y\to y_c$.

Beyond the radius of convergency of Eqs. (4.6) and (4.9), one can use the method of analytic extension to construct functions $\Psi_1(y;c)$ and $\Psi_2(y;c)$. Especially, if equation

$\bar{u}(y)=c$ has only one real root $y=y_c$ for a given $c$, a unique extension can cover the whole interval $[y_1, y_2]$. Now, constructing a function

$$\Psi(y;c)=\begin{cases}A^+\Psi_1(y;c)+B^+\Psi_2^+(y;c), & y\geqslant y_c\\ A^-\Psi_1(y;c)+B^-\Psi_2^-(y;c), & y\leqslant y_c\end{cases} \tag{4.10}$$

requiring that $\Psi(y;c)$ be continuous function and satisfy the boundary conditions, we obtain

$$\begin{cases}B^+=B^-=B\\ A^+\Psi_1(y_2;c)=-B\Psi_2^+(y_2;c)\\ A^-\Psi_1(y_1;c)=-B\Psi_2^-(y_1;c)\end{cases} \tag{4.11}$$

From these equations the relationships of three coefficients, $A^+$, $A^-$ and $B$, can be determined. In fact, if $\Psi_1(y_1;c)=\Psi_1(y_2;c)=0$, we have $B=0$, and $A^+$ and $A^-$ are arbitrary constants, if $\Psi_2(y_1;c)=\Psi_2(y_2;c)=0$, we have $A^+=A^-=0$, and $B$ is an arbitrary constant; if $\Psi_1(y_1;c)=0$ but $\Psi_1(y_2;c)\neq0$, then $B=A^+=0$, and $A^-$ arbitrary; if $\Psi_1(y_1;c)\neq0$ but $\Psi_1(y_2;c)=0$, then $B=A^-=0$, and $A^+$ arbitrary; and if $\Psi_1(y_1;c)$ and $\Psi_1(y_2;c)$ both differ from zero, then $B$ is arbitrary, and $A^+$ and $A^-$ are determined by the last two formulas of Eq. (4.11). It must be also pointed out that $A^+$, $A^-$ and $B$ all depend on $c$ (or $y_c$).

The function $\Psi(y;c)$ so constructed is continuous and satisfies Eq. (2.6) at every point $y\in[y_1, y_2]$, including $y=y_c$. In fact, we have

$$-2a_1=\bar{\beta}(y_c)/\bar{u}'(y_c),\quad \bar{\beta}(y_c)\Psi(y_c;c)=\bar{\beta}(y_c),\quad \partial^2\Psi(y;c)/\partial y^2\approx-2a_1/\eta$$

$$[\bar{u}(y_c)-c]\cdot[\partial^2\Psi(y;c)/\partial y^2-\mu^{-2}\Psi(y;c)]\rightarrow\bar{\beta}(y_c),\ \text{as } y\rightarrow y_c$$

This means that $\Psi(y;c)$ as a function of $y$ satisfies Eq. (2.6) even at the singular point $y=y_c$, although its derivatives of the first and the second orders are generally unbounded as $y\rightarrow y_c$.

Summarizing all the analyses, we go to the conclusion that the function $\Psi(y;c)$ determined by Eqs. (4.10) and (4.11) is a generalized solution of the problem Eqs. (2.6) and (2.7). Only if $\bar{\beta}(y_c)=0$, or $B=0$ and $A^+=A^-$, may the generalized solution become an ordinary one. Because $c$ can continuously vary in the interval $[\bar{u}_{\min}, \bar{u}_{\max}]$, the points $c\in[\bar{u}_{\min}, \bar{u}_{\max}]$ are called continuous spectra. Sometimes an eigenvalue $c$ is also called a discrete spectrum, so that the whole spectra consist of both discrete and continuous, and $\Psi_k(y)$ as well as $\Psi(y;c)(c\in[\bar{u}_{\min}, \bar{u}_{\max}])$ are simply-called spectral functions. In the case that $B(y_c)=0$ and $A^+(y_c)=A^-(y_c)$, $c=\bar{u}(y_c)$ is also a discrete spectrum, although located in continuous spectra.

## 5 The Spectral Function with $\bar{u}'(y_c)=0$

If $\bar{u}'(y_c)=0$ but $\bar{u}''(y_c)\neq0$, from the second equation of Eq. (4.4) we obtain

$$\rho_{1,2}=\frac{1}{2}\left[1\pm\sqrt{1-4\bar{\beta}(y_c)/\bar{u}''(y_c)}\right] \tag{5.1}$$

$$a_0^{-1}\cdot(a_1)^{(1,2)}=-\bar{\beta}'(y_c)/[\bar{u}''(y_c)\rho_{1,2}(\rho_{1,2}+1)/2+\bar{\beta}(y_c)] \tag{5.2}$$

(1) if $\bar{\beta}(y_c)=0$, we still have $\rho=0$ and $\rho=1$. Taking $\rho=1$, the other equations of Eq. (4.4) successively determine $a_2$, $a_3$ and so on. For example, taking $a_0-1$, we have

$$a_1=-\bar{\beta}'(y_c)/[\beta+(f_0^2/\phi_0)\bar{u}(y_c)] \tag{5.3}$$

Therefore, functions $\Psi_1(y;c)$ and $\Psi_2(y;c)$ can be constructed by the same procedure as in the previous paragraph, but with different formulas for determining coefficients $a_n$ and $b_n^{\pm}$.

(2) if $4\bar{\beta}(y_c)/\bar{u}''(y_c)<1$, then $\rho_1=\{1+[1-4\bar{\beta}(y_c)/\bar{u}''(y_c)]^{1/2}\}/2$ and $\rho_2=\{1-[1-4\bar{\beta}(y_c)/\bar{u}''(y_c)]^{1/2}\}/2$ are both real. In the case that $\rho_1-\rho_2$ is not an integer, substituting $\rho_1$ and $\rho_2$ into Eqs. (4.4) and (4.3) for determining $a_n$ and $\Psi(y;c)$, the resultants are denoted as $(a_n^{(1)}, \Psi_1(y;c))$ and $(a_n^{(2)}, \Psi_2(y;c))$ respectively. Functions $\Psi_1(y;c)$ and $\Psi_2(y;c)$ so obtained are the two linear independent solutions. Note that $\Psi_{1,2}(y;c)\sim\eta^{\rho_{1,2}}$, and $\partial\Psi_{1,2}(y;c)/\partial y\sim\eta^{\rho_{1,2}-1}$ as $y\to y_c$. When $[1-4\bar{\beta}(y_c)/\bar{u}''(y_c)]^{1/2}<1$, we have $0<\rho_{1,2}<1$, $-1<\rho_{1,2}-1<0$, and $\Psi_{1,2}(y;c)$ are bounded but $\partial\Psi_{1,2}(y;c)/\partial y$ unbounded as $y\to y_c$; while $[1-4\bar{\beta}(y_c)/\bar{u}''(y_c)]^{1/2}>1$, $\Psi_1(y;c)$ and $\partial\Psi_1(y;c)/\partial y$ are both bounded, but $\Psi_2(y;c)$ and $\partial\Psi_2(y;c)/\partial y$ unbounded as $y\to y_c$.

In the case that $\rho_1-\rho_2$ is an integer, $\Psi_1(y;c)$ is obtained by the method mentioned above, but $\Psi_2(y;c)$ must be obtained by solving Eq. (4.7), the resultant is

$$\Psi_2(y;c)=b\Psi_1(y;c)\ln\eta+\eta^{\rho_2}\sum_{n=0}^{\infty}b_n\eta^n,\qquad \eta>0 \tag{5.4}$$

If $\rho_2<0$, $\Psi_2(y;c)$ and $\partial\Psi_2(y;c)/\partial y$ are both unbounded as $y\to y_c$.

(3) If $1-4\bar{\beta}(y_c)/\bar{u}''(y_c)=-4s^2$, where $s$ is real, we have $\rho_{1,2}=1/2\pm is$. By substituting $\rho_{1,2}$ into Eqs. (4.4) and (4.3), the resultants are denoted as $\Psi^{(1,2)}(y;c)$. Because

$$\eta^{\rho_{1,2}}=\eta^{1/2}[\cos(s\ln\eta)\pm i\sin(s\ln\eta)]$$

$$\Psi^{(1,2)}(y;c)=\eta^{1/2}[\cos(s\ln\eta)\pm i\sin(s\ln\eta)]\sum_{n=0}^{\infty}(d_n\pm ie_n)\eta^n \tag{5.5}$$

where $\mathrm{Re}\Psi^{(1)}(y;c)=\mathrm{Re}\Psi^{(2)}(y;c)$ and $\mathrm{Im}\Psi^{(1)}(y;c)=-\mathrm{Im}\Psi^{(2)}(y;c)$. The two linear independent solutions are as follows:

$$\begin{aligned}\Psi_1(y;c)&=\eta^{1/2}\left[\cos(s\ln\eta)\sum_{n=0}^{\infty}d_n\eta^n-\sin(s\ln\eta)\sum_{n=0}^{\infty}e_n\eta^n\right]\\ \Psi_2(y;c)&=\eta^{1/2}\left[\cos(s\ln\eta)\sum_{n=0}^{\infty}e_n\eta^n+\sin(s\ln\eta)\sum_{n=0}^{\infty}d_n\eta^n\right]\end{aligned} \tag{5.6}$$

$\Psi_{(1,2)}(y;c)$ are both bounded, but $\partial\Psi_{(1,2)}(y;c)/\partial y$ are unbounded and rapidly oscillate as $y\to y_c$.

All possible cases have been analyzed above. However, the analyses have been made only for one side, $\eta>0$. In other words, we have obtained only $\Psi^{+}_{(1,2)}(y;c)$. On the other side, $\eta<0$, functions $\Psi_{1,2}$ given by Eq. (5.4) or (5.6) are complex, and $\eta^{\rho_{1,2}}$ can also be complex. Therefore, we must divide them into the real and imaginary parts similarly to obtaining Eq. (5.6) from Eq. (5.5), and then determine the required two linear independent solutions $\Psi_1^-$ and $\Psi_2^-$ in $\eta<0$.

Constructing a function $\Psi(y;c)$ similar to Eq. (4.10), requiring that $\Psi(y;c)$ satisfies the boundary conditions, we obtain the spectral function. In general, $\partial\Psi(y;c)/\partial y$ is unbounded as $y\to y_c$, hence $\Psi(y;c)$ is a generalized solution. Note that we require that $\Psi(y;c)$ must be continuous in $y\in[y_1, y_2]$, hence if $\rho_2(y_c)<0$, $B(y_c)$ must be zero, and $A^+(y_c)=A^-(y_c)=0$, i. e. $\Psi(y;c)$ degenerates into a trivial solution except $\Psi_1^-(y_1;c)=\Psi_1^+(y_2;c)=0$.

If $\bar{u}'(y_c)$ and $\bar{u}''(y_c)$ are both equal to zero, the same procedure can be applied to obtain the spectral function. Here we will omit all the formulas for this case.

It must be pointed out that all the analyses in this and previous paragraphs are valid if the equation $\bar{u}(y)=c$ has only a single root $y=y_c$. In the case of several roots, for example, there are two roots, $y_c$ and $y_c'$, i. e. $\bar{u}(y_c)=\bar{u}(y_c')=c$, and $y_1\leqslant y_c<y_c'\leqslant y_2$, Eq. (2.6) has singular points $y_c$ and $y_c'$. Suppose that two sets of the two linear independent solutions to Eq. (2.6) in the vicinity of points $y_c$ and $y_c'$ and their analytic extensions have been obtained and denoted as $\Psi_{1,2}(y;y_c,c)$ and $\Psi_{1,2}(y;y_c',c)$ respectively. The spectral function $\Psi(y;c)$ must be constructed as follows

$$\Psi(y;c)=\begin{cases}A^-\Psi_1(y;y_c,c)+B\Psi_2(y;y_c,c), & y_1\leqslant y\leqslant y_c\\ A^+\Psi_1(y;y_c,c)+B\Psi_2(y;y_c,c), & y_c\leqslant y\leqslant y_c'\\ A'\Psi_1(y;y_c',c)+B'\Psi_2(y;y_c',c), & y_c'\leqslant y\leqslant y_2\end{cases}\tag{5.7}$$

where coefficients $A^-$, $A^+$, $A'$, $B$ and $B'$ are determined by the boundary conditions and the continuity of $\Psi(y;c)$ at both points $y=y_c$ and $y=y_c'$.

## 6 Expansion of Disturbances into Spectral Functions and the Evolutionary Process

Suppose that all spectra and the associated spectral functions are known. Define

$$\psi_d'(x,y,t)=\sum_{k=1,2,\cdots}A_k\Psi_k(y)\,\mathrm{e}^{im(x-c_kt)}\tag{6.1}$$

$$\psi_c'(x,y,t)=\int_{\bar{u}_{\min}}^{\bar{u}_{\max}}A(c)\Psi(y;c)\,\mathrm{e}^{im(x-ct)}\,\mathrm{d}c\tag{6.2}$$

$$\psi'(x,y,t)=\psi_d'(x,y,t)+\psi_c'(x,y,t)\tag{6.3}$$

where $A(c)$ is a function of $c$ and bounded, and that spectrum, if any, which is associated with the root of equation $\bar{u}(y_c)=c$ and $y_1\leqslant y_c\leqslant y_2$, is referred to the discrete spectra, i. e. to Eq. (6.1). It is not difficult to prove that each one among $\psi_d'(x,y,t)$, $\psi_c'(x,y,t)$

and $\psi'(x,y,t)$, given by Eqs. (6.1)—(6.3), is a solution of Eqs. (2.1) and (2.2).

The proof of the completeness of spectral functions and the general method of expansion into them are still not finished yet. Hereafter, we will only deal with (1), the expansion of disturbances in spectral functions associated with the discrete spectra, and (2), the evolutionary process of $\psi'_c(x,y,t)$ which consists of only the continuous spectra.

(1) Let the initial disturbance and its potential vorticity be given by

$$\begin{cases}\psi'^{(0)}(x,y) = e^{imx}\Psi^{(0)}(y) \\ q'^{(0)}(x,y) = e^{imx}\left(\dfrac{d^2}{dy^2}\Psi^{(0)} - \mu^{-2}\Psi^{(0)}\right) \equiv e^{imx}Q^{(0)}(y)\end{cases} \tag{6.4}$$

respectively. Divide $Q^{(0)}$ into two parts, $Q_d^{(0)}$ associated with discrete spectra and $Q_c^{(0)}$ associated with continuous spectra

$$Q^{(0)}(y) = \sum_{k=1,2,\cdots} A_k Q_k(y) + Q_c^{(0)}(y) \tag{6.5}$$

By the use of weighted orthogonality Eq. (3.3) we obtain

$$A_k = \int_{y_1}^{y_2} \frac{1}{\bar{\beta}(y)} Q^{(0)}(y)\, Q_k(y)\,dy \Big/ \int_{y_1}^{y_2} \frac{1}{\bar{\beta}(y)} Q_k^2(y)\,dy \tag{6.6}$$

Note that the definite integral consisting of $Q_c^{(0)}(y)Q_k(y)/\bar{\beta}(y)$ is equal to zero because of orthogonality between discrete and continuous spectra. Besides, in the case of complex $c_k$, Im $c_k \neq 0$, the definite integral consisting of $Q_k^2(y)/\bar{\beta}(y)$ and being the denominator in Eq. (6.6) is a complex number, but not zero, although that integral consisting of $|Q_k|^2/\bar{\beta}(y)$ is zero in accordance with Eq. (3.5).

Substituting Eq. (6.6) into Eq. (6.1), we obtain that part of disturbance which consists of discrete spectra and its evolution.

(2) In general we have $\psi'_c(x,y,t) \to 0$ and $E'_c \to 0$ as $t \to \infty$, where $E'_c$ is the energy of $\psi'_c(x,y,t)$. In fact, according to the Riemann-Lebesgue Lemma it directly follows from Eq. (6.2) that $\psi'_c \approx O(t^{-1})$ and $\psi'_c \to 0$ as $t \to \infty$, provided $m \neq 0$. Next, according to the analyses of singularity of $\Psi(y;c)$ made in the previous two sections the rule of differentiation under the integration symbol is valid with Eq. (6.2), i. e.

$$\frac{\partial \psi'_c(x,y,t)}{\partial y} = \int_{\bar{u}_{\min}}^{\bar{u}_{\max}} A(c) \frac{\partial \Psi(y;c)}{\partial y} e^{im(x-ct)} dc \tag{6.7}$$

This is due to the integrability of $|\partial\Psi(y;c)/\partial y|$ as a function of $c$ for every given $y$. Now, applying Riemann-Lebesgue Lemma to Eq. (6.7), we have $\partial\psi'_c/\partial y \to 0$, and similarly $\partial\psi'/\partial y \to 0$, consequently $E'_c \to 0$. From the above analysis it is concluded that the energy of disturbance consisting of only continuous spectra eventually is absorbed completely by the basic zonal flow.

It must be pointed out that the weighted potential enstrophy $Q'$ is a conservative quantity[10]

$$Q' \equiv \int_0^{2\pi}\int_{y_1}^{y_2} \frac{1}{2\bar{\beta}(y)} \mid q'(x,y,t) \mid^2 \mathrm{d}x\mathrm{d}y = \int_0^{2\pi}\int_{y_1}^{y_2} \frac{1}{2\bar{\beta}(y)} \mid q'^{(0)}(x,y) \mid^2 \mathrm{d}x\mathrm{d}y \quad (6.8)$$

so that it can never be zero. This is due to the fact that $Q(y;c)$ has non-integrable singularity at $c=\bar{u}(y)$, therefore the rule of differentiation under the integration symbol cannot be applied to obtaining $q_c'$ from $\psi_c'$.

Now, as $t\to\infty$, $\psi_c'\to 0$ and $E_c'\to 0$, but $Q'$ is finite. This means that the mean scale along $y$-axis, $l_c$, decreases, and $l_c\to 0$ as $t\to\infty$. This is also an important character with the disturbance consisting of continuous spectra.

## 7 Finite Difference Method for Calculating the Spectra, Spectral Functions and the Evolutionary Process

By the use of finite difference method we can compute the approximate spectra and spectral functions. Divide interval $[y_1, y_2]$ into $K+1$ equal pieces by grid points $(y-y_1)_j=j\delta y$ with grid size $\delta y=(y_2-y_1)/(K+1)$, $j=1,2,\cdots,K+1$, and $j=0$ as $y=y_1$, $j=K+1$ as $y=y_2$. Denote the grid function as $\Psi_j$. The finite difference analogue of Eq. (2. 6) and the boundary conditions Eq. (2. 7) can be written in a unique matrix form

$$(B-cD)\Psi=0 \quad (7.1)$$

where $\Psi$ consists of vector $(\Psi_1, \Psi_2, \cdots, \Psi_K)$

$$B=\begin{bmatrix} \bar{\beta}_1-\bar{u}_1 r & \bar{u}_2(\delta y)^{-2} & & & O \\ \bar{u}_1(\delta y)^{-2} & \bar{\beta}_2-\bar{u}_2 r & \bar{u}_2(\delta y)^{-2} & & \\ & & \cdots & & \\ & O & \bar{u}_{K-2}(\delta y)^{-2} & \bar{\beta}_{K-1}-\bar{u}_{K-1} r & \bar{u}_{K-1}(\delta y)^{-2} \\ & & & \bar{u}_{K-1}(\delta y)^{-2} & \bar{\beta}_K-\bar{u}_K r \end{bmatrix}$$

$$D=\begin{bmatrix} -r & (\delta y)^{-2} & & O & \\ (\delta y)^{-2} & -r & (\delta y)^{-2} & & \\ & & \cdots & & \\ & O & (\delta y)^{-2} & -r & (\delta y)^{-2} \\ & & & (\delta y)^{-2} & -r \end{bmatrix}$$

and $r=\mu^{-2}+2(\delta y)^{-2}$.

There are $K$ eigenvalues $c_k$ and associated eigen-vectors ${}_k\Psi=({}_k\Psi_1, {}_k\Psi_2, \cdots, {}_k\Psi_K)$, $k=1,2,\cdots,K$. It is clear that the continuous spectra existing in the original eigenvalue problem (with differential Eq. (2. 6)) are distorted into computational discrete spectra by using the finite difference method. However, as can be expected, as $K\to\infty$ and $\delta y\to 0$, some computed spectra will approach their definitive limits which are the discrete spectra of the original problem. The others which are real and located in the interval $(\bar{u}_{\min}\leqslant c\leqslant \bar{u}_{\max})$ will not converge but will be distributed denser and denser and eventually become continuously distribution covering the whole interval $\bar{u}_{\min} \leqslant c \leqslant \bar{u}_{\max}$, and this is the continuous spectra of the original problem. It is also expected that the spectral function continuously depends on $c$.

For convenience of calculation non-dimensional variables are introduced, i. e. Eq. (2.6) is considered as nondimensional. and the following parameters and functions are taken: $y_1=0, y_2=1; \bar{u}(y)=1+y, f=1+\beta y, \mu^{-2}=m^2+1$. Fig. 1 shows some numerical results of computed spectra, where $m=1$ and $\beta$ is taken at 20°N. It can be seen that there are only two discrete spectra ($k=1,2$); the others are located in $\bar{u}_{\min}=1<c<2=\bar{u}_{\max}$ and are the distorted continuous spectra and they become denser as $K$ increases. Fig. 2 shows some spectral functions computed when $K=29$.

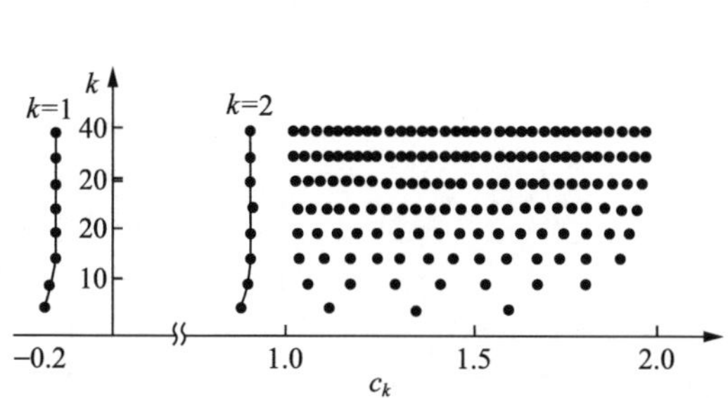


Fig. 1 Computed discrete spectra ($k=1,2$) and continuous spectra (distorted into computational discrete spectra in the interval $1 \leqslant c \leqslant 2$). In the calculation, $\bar{u}_{\min}=1$, $\bar{u}_{\max}=2, \bar{u}(y)=1+y, 0 \leqslant y \leqslant 1; m=1$

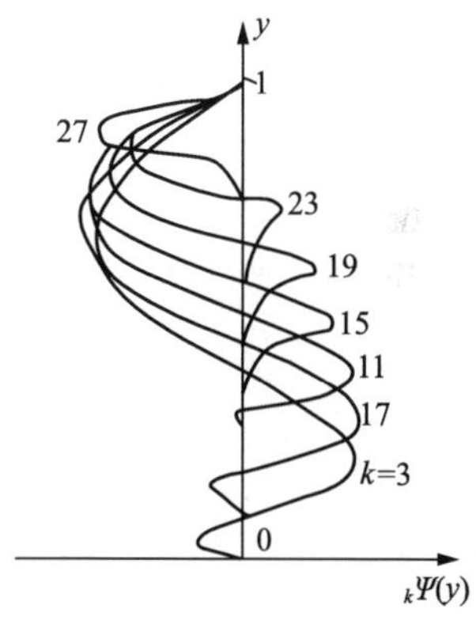


Fig. 2 Computed spectral functions associated with the computed spectra given in Fig. 1 and $K=29$. $_k\Psi(y_j; c_k)$ is denoted as $\Psi_k(y)$ for simplicity

From Eq. (7.1) we have

$$(c_k - c'_k) \sum_{j=1}^{K} \bar{\beta}_j^{-1} ({}_kQ_j)({}_{k'}Q_j)\delta y = 0 \tag{7.2}$$

$$\sum_{j=1}^{K} \frac{\bar{u}_j - \mathrm{Re}c_k}{\bar{\beta}_j} ({}_kQ_j)({}_kQ_j^*)\delta y = \sum_{j=1}^{K+1} [\,|{}_k\Psi_j - {}_k\Psi_{j-1}|^2 (\delta y)^{-2} + \mu^{-2} |{}_k\Psi_j|^2] \delta y \tag{7.3}$$

where

$${}_kQ_j = ({}_k\Psi_{j-1} - 2\,{}_k\Psi_j + {}_k\Psi_{j+1})(\delta y)^{-2} - \mu_k^{-2}\Psi_j \tag{7.4}$$

Eqs. (7.2) and (7.3) are just the finite difference analogues of Eqs. (3.3) and (3.6) respectively. This means that Eq. (7.1) keeps the global behaviour of the original problem, and there is no false instability introduced by the computational scheme.

As finite difference approximation is applied, according to Eq. (7.2), every disturbance can very easily be expanded into the series of spectral functions. Suppose that

$$\psi'^{(0)}(x, y_j) = e^{imx}\Psi_j^{(0)} \tag{7.5}$$

Similar to Eq. (7.4), the associated finite difference approximation of potential vorticity is as follows:

$$q'^{(0)}(x, y_j) = e^{imx}Q_j^{(0)} \tag{7.6}$$

By using Eq. (7.2) we have

$$\begin{cases} \psi'(x, y_j; t) = \sum_{k=1}^{K} A_k({}_k\Psi_j)\, e^{im(x-c_k t)} \\ A_k = \sum_{j=1}^{K} \beta_j^{-1} Q_j^{(0)}({}_kQ_j)\delta y \Big/ \sum_{j=1}^{K} \beta_j^{-1}({}_kQ_j)^2 \delta y \end{cases} \tag{7.7}$$

As an example of the calculation of evolutionary process, we take the computed "continuous spectra" given in Fig. 1 and construct an initial disturbance

$$\psi'^{(0)}(x, y_i) = \left[\sum_{k=3}^{29} A_k({}_k\Psi_i)\right] \cos x \tag{7.8}$$

where the coefficients are given by

$$A_k = \frac{2}{\sqrt{\pi}} \exp[-(0.2)^2(k-17)^2] \tag{7.9}$$

Therefore, we have the evolution given by

$$\psi'(x, y_i, t) = \sum_{k=3}^{29} A_k({}_k\Psi_j)\cos(x - c_k t) \tag{7.10}$$

Computed $\psi'(0, y_j, t)$ is given in Fig. 3. It can be seen that for a relative long time the decaying of the disturbance and the shortening of its scale are correctly computed, although $\psi'(x, y, t)$ represented by Formula (7.10) cannot approach zero as $t \to \infty$ due to the distortion of continuous spectra into computational discrete spectra.

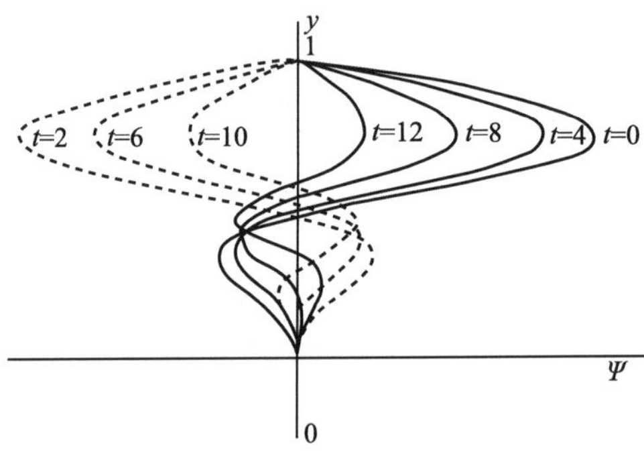


Fig. 3 The evolution of disturbance consisting of computed "continuous spectra" in accordance with (7.10) ($x=0$)

## Acknowledgement

One of the authors (Zeng) had useful discussions with Dr. I. Held (GFDL) on some questions. Dr. Li Rongfeng provided us with the program for computing the eigenvalues and eigenvectors, and Dr. Yuan Chongguang and Dr. Zhang Xuehong provided us with very much help in the computation. For that we are indebted to them.

### References

[1] Lin C C. The Theory of Hydrodynamic Stability. Cambridge: Cambridge University Press, 1955.

[2] Charney J G. J. Met., 1947, 4: 125-162.

[3] Eady E T. Tellus, 1949, 1: 33-52.

[4] Kuo H L. J. Met., 1949, 6: 105-122.

[5] Kuo H L. ibid., 1952, 9: 260-272.

[6] Kuo H L. Advances in Applied Mechanics, 1973, 13: 247-330.

[7] Case K M. The Physics of Fluids, 1960, 3: 143-148.

[8] Burger A P. J, Atmos, Sci., 1966, 23: 272-277.

[9] 曾庆存. 数值天气预报的数学物理基础. 第一卷. 北京:科学出版社, 1979.

[10] Zeng Q C. J. Met. Soc. of Japan, 1982, 60(1): 24-31.

[11] Zeng Q C. J. Atmos. Sci., 1983, 40: 73-84.

[12] 卢佩生, 曾庆存. 大气科学, 1981, 5(1): 1-8.

[13] 卢佩生. 气象学报, 1981, 39(2): 141-149.

[14] 陈久康. 气象科学, 1980, 1(1): 27-41.

7

# An Analysis and Calculation of Evolutionary Process of Wave Packet and Its Influence on the Basic Flow①

Lu Peisheng

(Institute of Atmospheric Physics, Chinese Academy of Sciences)

Manuscript received 30 June 1986

**Abstract** In order to investigate evolutionary process, the disturbance is expanded into a series of spectral functions associated with the linearized potential vorticity equation, which is compared with the results obtained by using the WKB method. It is pointed out that a local disturbance or a wave packet is basically consists of the integral of continuous spectra, and therefore, after a relatively short time, the wave packet becomes a decaying one, its trough-ridge lines become more and more tilted and its scale becomes smaller and smaller. These results are in agreement with those obtained by the WKB method. However, after a very long time, the component associated with the discrete spectra becomes dominant, and the results obtained by WKB method might no longer be valid. Besides, in the range of validity of weakly nonlinear theory the momentum transport, the mean meridional circulation and acceleration (or deceleration) of the mean flow caused by the disturbance is easily calculated by using the spectral function method. An example of evolution of a wave packet and its influence on the basic flow is also calculated and analyzed. This example demonstrates very clearly all the theoretical conclusions.

## 1 Introduction

Local disturbance in the atmosphere can be represented approximately by wave packet , whose evolutionary process can be studied by the WKB method , thus many features of its evolutionary process and the induced momentum transport and so on can be obtained[1-8]. For example, in a barotropic atmosphere disturbances with trough-ridge line directed from northwest to southeast in the southern region of westerly jet, or with trough-ridge line directed from northeast to southwest in the northern region of westerly

① English translation of original paper published in《大气科学》(*Scientia Atmospherica Sinica*), 1987, 11(1): 1-11. - editor

jet are developing, while with the northeast-southwest directed trough-ridge in the south of westerly jet or with northwest-southeast directed trough-ridge line in the north of westerly jet is decaying. Some typical examples of such patterns were given in [4] and [8]. Furthermore, the longitudinal width and latitudinal width of the disturbance, especially the latitudinal one ,change with time during the evolutionary process. They increase as the disturbance is developing but decrease with decaying disturbance. Besides, the direction of trough-ridge lines also changes with time. They changes gradually into northeast-southwest direction if the disturbance is located in the south of the jet core, and then become more and more tilted . Therefore, if the disturbance is not very strong and has only weak influence on the basic flow, it will decay finally, although may be developing in the beginning . As to a baroclinic atmosphere, the situation is much more complicated because the basic flow possesses both horizontal and vertical shears . However, the major features are still clear, which were shown in [7] and [8].

Surely,the results,obtained by using wave packets and the WKB method,do give us further understanding of the evolution of weather system. However,the result obtained by the use of both wave packet and the WKB method are some approximations,which are available only when the disturbance is limited in a rather local region and its temporal and spatial scales are much less than those of basic flow. If the disturbance is not local,we should represent it by combination of many wave packets,hence,the interference among wave packets should be studied too. When the width of disturbance,especially on the south-north direction,is too large,some conclusions with the WKB method probably become questionable. In order to remedy the defect,a general method is to solve the initial value problem by expanding the solution into a series of spectral functions. It is necessary to point out that any disturbance,as well as a wave packet,can be expanded as a combination of spectral functions. Therefore,it is meaningful to calculate the evolution of wave packet by the use of spectral functions and compare the result with that obtained by the WKB method.

Furthermore,the feedback of disturbance to the basic flow is also a fundamental issue in the atmospheric circulation studies. Based on weak non-linear theory,the process of interaction can be divided into two separated processes. That is: assuming that the basic flow is known,we just consider the influence of basic flow on the evolution of disturbance;when we study the evolution of the basic flow,the disturbance is assumed to be known and the action of disturbance on the basic flow is considered. Certainly,there is an implicit assumption that the time scale of the evolution of disturbance is much smaller than that of basic flow,so the WKB method can be applied in this situation. Indeed,the momentum and energy transport equations deduced by using wave packets representation and the WKB method are very compact as shown in [6]—[8],and some features of the influence of disturbance on the basic flow are very clear. Nevertheless,because all the characteristics (wave amplitude, wave length, axis line etc.) change during the evolution of disturbance, it is difficult to integrate the momentum transport and so on, unless by the addition use of finite difference method. However, once the disturbances are expanded into spectral functions, the integrands are explicit functions of time, hence the integration is easily calculated.

In this paper, we will apply spectral functions to investigate these two aspects, and the results are compared with those obtained by WKB method.

## 2 Spectral Expanding of Disturbances and Evolution of Wave Packets

We consider a barotropic quasi-geostrophic model

$$\left(\frac{\partial}{\partial t}+u\frac{\partial}{\partial x}+v\frac{\partial}{\partial y}\right)q=0 \tag{2.1}$$

$$q=f_0+\beta_0 y+\Delta\psi-(f_0^2/\phi_0)\psi \tag{2.2}$$

where $u=-\partial\psi/\partial y$; $v=\partial\psi/\partial x$; $f_0$, $\phi_0$ and $\beta_0$ are constants; $\phi_0\equiv gh_0$; $f_0$ and $\beta_0$ are the Coriolis parameter, $f$ and $\partial f/\partial y$ respectively on the standard latitude; $h_0$ is the equivalent height of homogeneous atmosphere.

Suppose a basic flow depending only on $y$, i. e. $\bar{u}(y)$ and $\bar{v}=0$. $\bar{\psi}$ and $\psi'$ are the stream functions of basic flow and disturbance respectively. Introducing characteristic spatial scale $L^*$, characteristic time scale $T^*$ and characteristic velocity $U^*=L^*/T^*$, then Eq. (2.1) is transformed into the following dimensionless equation:

$$\left[\frac{\partial}{\partial t}+\bar{u}(y)\frac{\partial}{\partial x}\right]q'+\bar{\beta}\frac{\partial\psi'}{\partial x}=0 \tag{2.3}$$

where

$$q'=\Delta\psi'-\mu_0^{-2}\psi' \tag{2.4}$$

$$\bar{q}=1+Ro\left(\beta y-\frac{\partial\bar{u}}{\partial y}-\mu_0^{-2}\bar{\psi}\right)\equiv 1+\bar{\beta}y \tag{2.5}$$

$\bar{\beta}\equiv\dfrac{1}{Ro}\partial\bar{q}/\partial y$, $\mu_0^{-2}=(L^*/L_0)^2$, $L_0^{-2}\equiv f_0^2/\phi_0$, $Ro\equiv U^*/(f_0L^*)$ is Kibel'-Rossby number, all the variables in Eqs. (2.3)—(2.5) should be considered as dimensionless variables.

There are detailed discussions about the spectrum and spectral functions of Eq. (2.3) in [9]①, with following boundary conditions:

$$\psi'(x,0,t)=\psi'(x,1,t)=0 \tag{2.6}$$

let

$$\psi'=e^{im(x-ct)}\Psi(y) \tag{2.7}$$

① This work was first reported at and published in the informal proceedings of the second national conference of computational fluid dynamics in May 1984. See: Lu P S, Lu L, Zeng Q C. Calculation of characteristic waves and evolution of disturbance in a 2-dimensional space with a shear basic flow.

Substitute $\psi'$ in Eqs. (2.3) and (2.6), we get the following of eigenvalue problem:

$$[\bar{u}(y)-c]\left(\frac{\partial^2\Psi}{\partial y^2}-\mu^{-2}\Psi\right)+\bar{\beta}\Psi=0 \tag{2.8}$$

$$\Psi(0)=\Psi(1)=0 \tag{2.9}$$

where $\mu^{-2}\equiv m^2+\mu_0^{-2}$. The result of [9] shows that: there are countable discrete spectrum $c_k(k=1,2,3,\cdots)$ and continuous spectrum $\bar{u}_{\min}\leqslant c\leqslant\bar{u}_{\max}$. Denote the spectral functions as $\Psi_k(y)$ and $\Psi(y;c)$, then any solution of Eqs. (2.3) and (2.6) can be represented as

$$\psi'(x,y,t)=\sum_{k=1,2,\cdots}A_k\Psi_k(y)\mathrm{e}^{\mathrm{i}m(x-c_kt)}+\int_{\bar{u}_{\min}}^{\bar{u}_{\max}}A(c)\Psi(y;c)\mathrm{e}^{\mathrm{i}m(x-ct)}\mathrm{d}c=\psi'_{\mathrm{d}}+\psi'_{\mathrm{c}} \tag{2.10}$$

Note that in Eq. (2.10) we assume that the disturbance is a single harmonic wave along $x$ axis, with wave number $m$; otherwise, we should consider superposition of all the simple harmonic waves, and need to calculate summation (Fourier series) or integral (Fourier integral). In this case, the phase wave $c_k$ and spectral functions $\Psi$ of characteristic waves certainly depend on $m$, hence we should have the notations $c_{mk}$, $\Psi_{mk}(y)$, $\Psi_m(y;c)$, $A_{mk}$ and $A_m(c)$. Since there is no essential influence on the analysis of the summation or integral of $m$, we will just analysis Eq. (2.10).

According to the analysis in [9] and numerical calculation of Lu Li①, the discrete spectral functions $\Psi_k(y)$ have wave structure in the whole region $0\leqslant y\leqslant 1$, while the continuous spectral functions usually have local structure, which means that the absolute values become very small outside of a certain region (see the figure of $\Psi(y;c)$ in [9]). Therefore, if we expand a wave packet (disturbance on the $y$ direction limited in a certain region) into spectral functions (written as Eq. (2.10)), the main part will be associate with continuous spectrum, which means $\psi'\approx\psi'_{\mathrm{c}}$. Especially, if $A(c)$ has its maximum at $c=c_0$, and decreases rapidly as $|c-c_0|$ increases, therefore $A(c)$ can be neglected as $|c-c_0|\geqslant\varepsilon$. Denote $c-c_0=\delta$, and $\Psi(y;c)=|\Psi(y;c)|\mathrm{e}^{\mathrm{i}\alpha(y;c)}$, then

$$\begin{aligned}\psi'_{\mathrm{c}}&=\int_{\bar{u}_{\min}}^{\bar{u}_{\mathrm{man}}}A(c)\,|\Psi(y;c)|\,\mathrm{e}^{\mathrm{i}[\alpha(y;c)+m(x-ct)]}\mathrm{d}c\\&\approx\mathrm{e}^{\mathrm{i}[\alpha(y;c_0)+m(x-c_0t)]}\int_{-\varepsilon}^{+\varepsilon}A(c)\,|\Psi(y;c)|\,\mathrm{e}^{\mathrm{i}[\partial\alpha/\partial c-mt]\delta}\mathrm{d}\delta\\&\approx B(y;\varepsilon t)\mathrm{e}^{\mathrm{i}[\alpha(y;c_0)+m(x-c_0t)]}\end{aligned} \tag{2.11}$$

This result is the same as evolution equation of wave packets deduced by the WKB method. [9] have demonstrated that, when $t\to\infty$, $\psi'_{\mathrm{c}}\to 0$ in Eq. (2.10), and just the discrete part $\psi'_{\mathrm{d}}$ remains for all the time. Therefore, no matter what the initial structure is, the wave packet will decay finally, this is in agreement with the conclusion obtained by

① Lu L. Spectrum of barotropic vorticity equation and evolution of disturbance. Graduate thesis of University of Science and Technology of China, June 1983.

the WKB method. However, after a long period of time, if the basic flow has unstable structure and the projection of disturbance associated with wave packets on unstable characteristic waves (image part of $c_k$ is positive) is not zero, this part will develop. Therefore, the WKB method may become invalid after a certain period of time.

# 3 Influence of Disturbance on the Evolution of Basic Flow

Averaging Eq. (2.1) over $x$ direction, we obtain an equation which describes the evolution of basic flow $\bar{\psi}(x,t)$. The correspondent dimensionless equation is

$$\left(\frac{\partial^2}{\partial y^2}-\mu_0^{-2}\right)\frac{\partial\bar{\psi}}{\partial t}=-\frac{\partial\overline{v'q'}}{\partial y}=+\frac{\partial^2}{\partial y^2}\overline{u'v'} \tag{3.1}$$

The boundary condition can be obtained from initial equation, which we do not write it down here. Eq. (3.1) indicates that the basic flow will change through momentum transport induced by disturbance.

In order to clearly illustrate the physical essence of the influence of disturbance on basic flow, it would be better not to solve Eq. (3.1), but to analyze the motion equations directly. Expand the dimensionless variables as a power series of $R_0$

$$\begin{cases}\bar{u}=\bar{u}_0+R_0\bar{u}_1+\cdots\\ \bar{v}=R_0\bar{v}_1+\cdots\\ \bar{\phi}=\bar{\phi}_0+R_0\bar{\phi}_1+\cdots\end{cases} \tag{3.2}$$

Substitute Eq. (3.2) into the primitive equations and take the first approximation, we have the following motion equation and continuous equation:

$$\frac{\partial\bar{u}_0}{\partial t}=\bar{v}_1-\frac{\partial\overline{u'_0v'_0}}{\partial y} \tag{3.3}$$

$$\bar{u}_0=-\frac{\partial\bar{\phi}_0}{\partial y} \tag{3.4}$$

$$\frac{\partial\bar{\phi}_0}{\partial t}+\mu_0^2\frac{\partial\bar{v}_1}{\partial y}=0 \tag{3.5}$$

For simplicity, we will replace $\bar{u}_0, \bar{v}_1, \bar{\phi}_0$ by $\bar{u}, \bar{v}, \bar{\phi}$ in following part.

Eq. (3.4) represents the relationship of geostrophic wind. Eq. (3.3) indicates clearly that the change of basic flow $\bar{u}$ with time consists of two parts: one is convergence of momentum flux caused by disturbances $\left(-\frac{\partial\overline{u'v'}}{\partial y}\right)$, another is accomplished by mean meridional circulation related to the action of Coriolis force. However, $\bar{v}$ is also induced by disturbances, so it is the influence of disturbance too. If $\bar{v}$ and $\bar{\phi}$ are eliminated from Eqs. (3.3)—(3.5) and set $\bar{\phi}=\bar{\psi}$, Eq. (3.1) can be obtained immediately, hence the comprehensive influence of disturbances on basic flow can be obtained. The second term in the right hand side of Eq. (3. 3) is the direct influence and the first term is the indirect influence. Eliminating $\bar{u}$ and $\bar{\phi}$, and from Eqs. (3. 3)—(3. 5) we have an equation for $\bar{v}$, that is

$$\left(\frac{\partial^2}{\partial y^2}-\mu_0^{-2}\right)\bar{v}=-\mu_0^{-2}\frac{\partial\overline{u'v'}}{\partial y} \tag{3.6}$$

The boundary condition is

$$\bar{v}(0,t)=\bar{v}(1,t)=0 \tag{3.7}$$

So the solution is

$$\bar{v}(y,t)=\int_0^1 G(y,y')\frac{\partial M(y',t)}{\partial y'}\mathrm{d}y' \tag{3.8}$$

where

$$G(y,y')=\begin{cases}\mathrm{sh}(1-y)\mathrm{sh}y'/\mathrm{sh}1, & y'\leqslant y\\ \mathrm{sh}(1-y')\mathrm{sh}y/\mathrm{sh}1, & y'>y\end{cases} \tag{3.9}$$

$$M\equiv\overline{u'v'} \tag{3.10}$$

A real discrete spectrum $c_k$ means neutral wave associated not tilted trough-ridge line and does not induce momentum transport ($M=0$), hence there is no influence on basic flow and no mean meridional circulation. If $c_k$ has image part, it means a developing wave or decayed wave. In this case, because the trough-ridge line is tilted, hence $\partial M/\partial y'\neq 0$, and the disturbance induces momentum transport and mean meridional circulation, and influences the basic flow. As to the part with continuous spectrum, we have every $c$ is real, denoting

$$A(c)=A_r(c)+\mathrm{i}A_i(c)$$

According to Eq. (2. 10), we have

$$u'=\int_{\bar{u}_{\min}}^{\bar{u}_{\max}}\frac{\partial\Psi(y;c)}{\partial y}[A_r(c)\cos m(x-ct)-A_i(c)\sin m(x-ct)]\mathrm{d}c \tag{3.11}$$

$$v'=\int_{\bar{u}_{\min}}^{\bar{u}_{\max}}m\Psi(y;c')[-A_i(c')\cos m(x-c't)-A_r(c')\sin m(x-c't)]\mathrm{d}c' \tag{3.12}$$

So we get

$$\begin{aligned}M_c(y;t)&\equiv\frac{m}{2\pi}\int_0^{\frac{2\pi}{m}}u'v'\mathrm{d}x\\&=-\frac{1}{2}\iint_{(\bar{u}_{\min})}^{(\bar{u}_{\max})}m\Psi(y;c)\frac{\partial\Psi(y;c)}{\partial y}[R_1(c,c')\cos m(c-c')t\\&\quad+R_2(c,c')\sin m(c-c')t]\mathrm{d}c\mathrm{d}c'\end{aligned} \tag{3.13}$$

$$\begin{aligned}N_c(y;t)=&-\frac{1}{2}\iint_{(\bar{u}_{\min})}^{(\bar{u}_{\max})}m\Psi(y;c)\frac{\partial\Psi(y;c)}{\partial y}\Big\{R_1(c,c')\frac{\sin m(c-c')t}{m(c-c')}\\&+R_2(c,c')\frac{[1-\cos m(c-c')t]}{m(c-c')}\Big\}\mathrm{d}c\mathrm{d}c'\end{aligned} \tag{3.14}$$

where $N_c$ is the integration of $M_c$ over $t$ from 0 to $t$, and

$$\begin{cases} R_1(c,c') \equiv A_r(c)A_i(c') - A_i(c)A_r(c') \\ R_2(c,c') \equiv A_r(c)A_i(c') + A_i(c)A_i(c') \end{cases} \tag{3.15}$$

Notice that: if $c-c'=0$, the singular point is only determined by $\partial\Psi(y;c)/\partial y$, so the integration of the right hand side of Eq. (3.14) exists as $t\to\infty$, $M_c\to 0$ and $N_c$ is bounded, so $\bar{v}$ approaches finite limit, and the total change of basic flow is also finite

$$\bar{u}(y,\infty) - \bar{u}(y,0) = \lim_{t\to\infty}\left\{\int_0^t \left[\bar{v}(y,t)\mathrm{d}t - \frac{\partial N_c(y,t)}{\partial y}\right]\right\} \tag{3.16}$$

where

$$\int_0^t \bar{v}(y,t)\mathrm{d}t = \int_0^1 G(y,y')\frac{\partial N_c(y',t)}{\partial y'}\mathrm{d}y' \tag{3.17}$$

This is understandable. Because disturbance represented by continuous spectrum has limited energy, which is completely absorbed by basic flow as $t\to\infty$.

## 4 Calculation of Evolution of Wave Packets

Lu Li has applied finite difference method, to calculate the spectrum and spectral functions under various situations. This paper will use some of his results. Set $L^* = L_0$. $f_0$ and $\beta_0$ are taken on 20°N, $\bar{u}=1+y$, $m=1$. The calculated continuous spectrum (distorted as discrete spectrum) and spectral functions are shown in Table 1. Denoting $\Psi_r(y_j)$ as $\Psi_{rj}$, $y_j=1-j\Delta y$; $\Delta y=1/24$, $j=0,1,2,\cdots,24$ (note Lu Li's calculations were done with very small $\Delta y$, that means the grid points are much more than 25 in region $0\leqslant y\leqslant 1$, the calculated spectra are much more than that listed in Table 1). According to Table 1, we can find that: when $r$ is large, $\Psi_{rj}$ will not be zero just in very small region, this means the $\Psi_r$ is focused in local area.

The disturbance associated with continuous spectrum can be represented approximately as

$$\psi'_c = \int_{\bar{u}_{\min}}^{\bar{u}_{\mathrm{man}}} A(c)\Psi(y;c)\mathrm{e}^{\mathrm{i}m(x-ct)}\mathrm{d}c \approx \sum_r A_r\Psi_r(y)\mathrm{e}^{\mathrm{i}m(x-c_rt)}\Delta c \tag{4.1}$$

where $A_r\equiv A(c_r)$, $\Psi_r(y)\equiv\Psi(y;c_r)$. Let $A_r\Delta c = a_r$, and $a_r$ is real, then the real part of Eq. (4.1) becomes

$$\psi'(x,y_j,t) = \sum_{r=7}^{27} a_r\Psi_{rj}\cos m(x-c_rt) \tag{4.2}$$

Here we take only $7\leqslant r\leqslant 27$ as listed in Table 1 in the calculation, we also

$$a_r = b\frac{2}{\sqrt{\pi}}\exp[-0.2^2(r-17)^2] \tag{4.3}$$

$a_r/b$ are also listed in Table 1. $2b=10^{-3}$.

Fig. 1 shows the result calculated by Eqs. (4.2) and (4.3). When $t=0$, the disturbance is neutral and its axis is not tilted. As $t>0$, the axis becomes northeast-southwest direction, and the disturbance decays. Figures shows the meridional profile at $x=0$. The

Table 1 Some calculated spectra and spectral functions, corresponding to the continuous spectral region

| $r$ | 7 | 8 | 9 | 10 | 11 | 12 | 13 | 14 | 15 | 16 | 17 | 18 | 19 | 20 | 21 | 22 | 23 | 24 | 25 | 26 | 27 |
|---|---|---|---|---|---|---|---|---|---|---|---|---|---|---|---|---|---|---|---|---|---|
| $c_r$ | 1.16 | 1.19 | 1.23 | 1.26 | 1.30 | 1.33 | 1.37 | 1.40 | 1.44 | 1.47 | 1.51 | 1.55 | 1.58 | 1.62 | 1.65 | 1.69 | 1.73 | 1.76 | 1.80 | 1.84 | 1.87 |
| $\Psi_{r,j}$ / $j$ \ $a_r/b$ | 0.02 | 0.04 | 0.09 | 0.16 | 0.27 | 0.42 | 0.60 | 0.79 | 0.96 | 1.08 | 1.13 | 1.08 | 0.96 | 0.79 | 0.60 | 0.42 | 0.27 | 0.16 | 0.09 | 0.04 | 0.02 |
| 0 | 0 | 0 | 0 | 0 | 0 | 0 | 0 | 0 | 0 | 0 | 0 | 0 | 0 | 0 | 0 | 0 | 0 | 0 | 0 | 0 | 0 |
| 1 | 5.3 | 5.3 | 5.0 | 5.0 | 5.0 | 4.7 | 5.7 | 5.7 | 5.7 | 5.5 | 6.0 | 6.2 | 6.0 | 6.0 | 6.3 | 6.0 | 7.0 | 6.7 | 7.7 | 12.5 | 14.0 |
| 2 | 10.0 | 9.3 | 10.0 | 10.2 | 10.7 | 10.0 | 10.0 | 10.0 | 11.0 | 11.0 | 10.7 | 11.5 | 11.3 | 11.7 | 11.3 | 11.7 | 12.5 | 12.3 | 12.5 | 21.7 | 20.0 |
| 3 | 13.7 | 14.0 | 13.7 | 14.2 | 14.0 | 14.2 | 14.7 | 14.7 | 15.3 | 15.2 | 15.3 | 15.5 | 15.3 | 15.7 | 16.0 | 15.3 | 15.8 | 15.8 | 14.7 | 21.0 | 10.8 |
| 4 | 17.3 | 17.3 | 17.5 | 17.7 | 18.0 | 18.0 | 17.7 | 18.0 | 18.0 | 18.3 | 18.3 | 18.0 | 18.0 | 17.7 | 17.7 | 17.0 | 15.7 | 13.7 | 10.7 | 2.0 | 2.3 |
| 5 | 20.7 | 20.0 | 20.5 | 20.0 | 20.0 | 20.0 | 20.3 | 20.3 | 20.0 | 19.3 | 19.3 | 18.7 | 18.2 | 17.3 | 15.7 | 14.0 | 12.6 | 7.5 | -0.7 | 1.0 | 2.0 |
| 6 | 22.0 | 22.0 | 21.9 | 21.8 | 21.7 | 21.2 | 21.0 | 20.7 | 19.7 | 19.3 | 18.0 | 16.7 | 15.3 | 13.3 | 11.3 | 7.5 | -4.0 | -2.0 | -0.2 | 0.3 | 1.3 |
| 7 | 22.6 | 22.2 | 22.0 | 22.0 | 21.7 | 20.7 | 19.2 | 18.7 | 18.3 | 16.8 | 14.5 | 12.8 | 10.7 | 6.7 | 2.0 | -6.5 | -2.8 | -0.9 | 0.0 | 0.0 | 0.7 |
| 8 | 22.0 | 21.3 | 21.0 | 19.8 | 19.0 | 18.0 | 17.0 | 15.0 | 14.0 | 11.0 | 8.0 | 5.0 | 1.8 | -3.0 | -7.7 | -2.7 | -1.3 | -0.6 | 0.0 | 0.0 | 0.1 |
| 9 | 19.7 | 19.2 | 17.8 | 17.7 | 15.7 | 14.0 | 12.7 | 10.3 | 7.7 | 4.3 | 0.3 | -3.0 | -6.9 | -7.8 | -2.7 | -1.5 | -0.9 | -0.1 | | | |
| 10 | 17.0 | 15.5 | 13.7 | 13.0 | 11.0 | 7.7 | 5.3 | 3.0 | 0.0 | -5.0 | -7.0 | -10.5 | -5.7 | -2.9 | -1.7 | -1.0 | -0.5 | | | | |
| 11 | 13.0 | 10.7 | 9.0 | 7.2 | 4.5 | 0.1 | -1.7 | -4.3 | -7.5 | -10.7 | -11.3 | -5.3 | -2.2 | -1.3 | -1.3 | -0.9 | -0.1 | | | | |
| 12 | 6.3 | 4.3 | 2.0 | 0.0 | -2.0 | -5.0 | 8.3 | -11.0 | -12.8 | -12.0 | -3.8 | -2.0 | -1.2 | -1.0 | -0.8 | -0.7 | | | | | |
| 13 | 0.0 | -1.7 | -5.0 | -7.3 | -10.3 | -11.0 | -13.7 | -13.3 | -9.7 | -2.5 | -1.7 | -1.2 | -1.0 | -0.5 | -0.5 | -0.3 | | | | | |
| 14 | -6.3 | -9.0 | -10.7 | -12.0 | -13.5 | -14.2 | -12.7 | -5.0 | -1.5 | -1.8 | -1.2 | -0.8 | -0.9 | -0.3 | -0.2 | -0.2 | | | | | |
| 15 | -12.0 | -14.0 | -14.3 | -15.3 | -14.5 | -11.3 | -1.0 | -1.2 | -1.0 | -1.0 | -1.0 | -0.2 | -0.2 | -0.1 | -0.1 | | | | | | |
| 16 | -15.7 | -16.0 | -15.7 | -13.3 | -8.5 | 0.3 | -0.2 | -0.7 | -0.7 | -0.6 | -0.7 | | | | | | | | | | |
| 17 | -16.3 | -14.3 | -10.7 | -4.0 | 1.3 | 0.2 | 0.0 | 0.0 | -0.1 | -0.2 | -0.3 | | | | | | | | | | |
| 18 | -12.7 | -8.3 | 0.0 | 1.7 | 0.5 | 0.0 | 0.0 | 0.0 | 0.0 | 0.0 | -0.1 | | | | | | | | | | |
| 19 | -6.0 | 3.3 | 1.8 | 0.8 | 0.3 | | | | | | | | | | | | | | | | |
| 20 | 5.5 | 2.0 | 1.0 | | | | | | | | | | | | | | | | | | |
| 21 | 2.3 | 1.0 | 0.3 | | | | | | | | | | | | | | | | | | |
| 22 | 1.0 | 0.6 | | | | | | | | | | | | | | | | | | | |
| 23 | 0.2 | 0.1 | | | | | | | | | | | | | | | | | | | |
| 24 | 0.0 | | | | | | | | | | | | | | | | | | | | |

intensity of disturbance and the scale along $y$ direction decrease obviously. All of these is consistent with the results obtained by the WKB method. What should be noticed is that, when $t$ is very large, application of Eq. (4. 1) damages some characteristics of original integral, so it is impossible to get picture of $\psi'$ when $t\to\infty$.

Set $L^* = 3\times10^6$ m, $U^* = 10$ m/s, we get $T^* = 3\times10^5$ s. Dimensionless period $t=4$ is equivalent to the dimensional period $t=12\times10^5\,\text{s}\approx12$ days. Furthermore, according to Figs. 1—2, the disturbance decays slowly, the amplitude is equal to a half of its initial as $t=8$($24^{\text{th}}$ day).

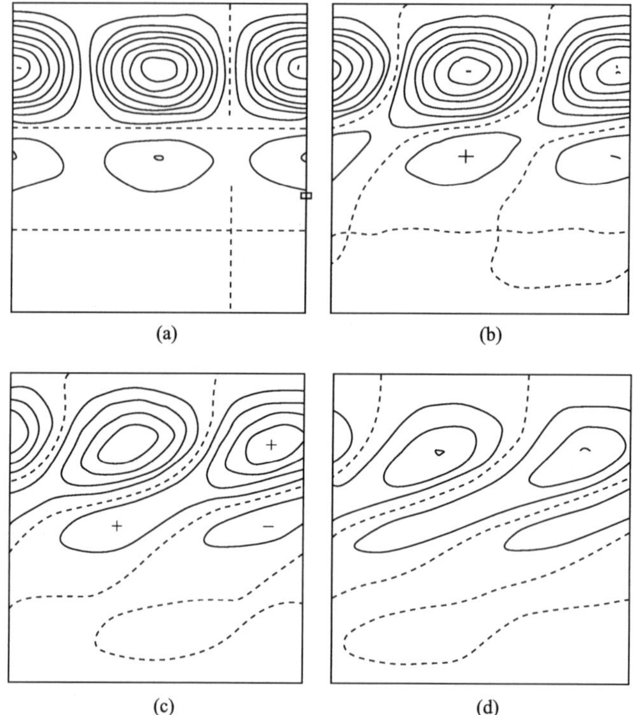


Fig. 1 Change of disturbance

Horizontal coordinate is $x$, while vertical coordinate is $y$. (a), (b), (c), (d) correspond to $t=0,4,8,12$.

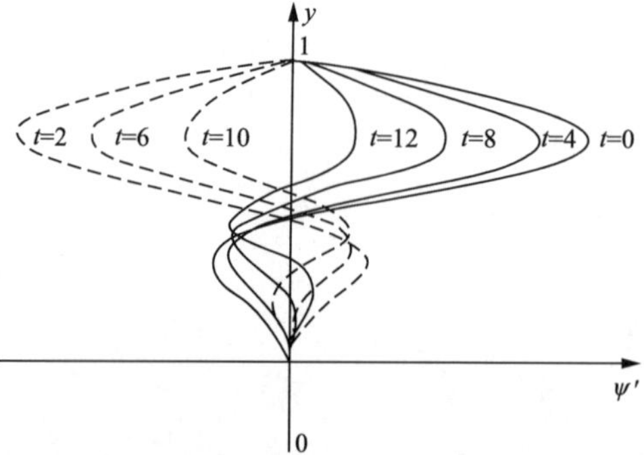


Fig. 2 Meridional profile of disturbance at $x=0$

## 5 Momentum Flux, Mean Meridional Circulation and the Change of Basic Flow

From Eq. (4. 2) and $u'=-\partial\psi'/\partial y, v'=\partial\psi'/\partial x$, we have

$$M(y_{j-\frac{1}{2}},t)=\frac{1}{4\Delta y}\sum_{r=7}^{27}\sum_{s=7}^{27}a_r a_s(\Psi_{r,j-1}+\Psi_{r,j})(\Psi_{s,j-1}-\Psi_{s,j})\sin(c_r-c_s)t$$

$$N(y_{j-\frac{1}{2}},t)=\frac{1}{4\Delta y}\sum_{r=7}^{27}\sum_{s=7}^{27}a_r a_s(\Psi_{r,j-1}+\Psi_{r,j})(\Psi_{s,j-1}-\Psi_{s,j})\frac{1-\cos(c_r-c_s)}{c_r-c_s}$$

$$\bar{v}(y_j,t)=\sum_{l=1}^{23}G_{jl}[M(y_{l-\frac{1}{2}},t)-M(y_{l+\frac{1}{2}},t)]$$

Where

$$G_{jl}=\begin{cases}[\mathrm{sh}(1-y_j)\cdot\mathrm{sh}y_l]/\mathrm{sh}1, & l\geqslant j\\ [\mathrm{sh}(1-y_l)\cdot\mathrm{sh}y_j]/\mathrm{sh}1, & l<j\end{cases}$$

$$\bar{u}(y_j,t)-\bar{u}(y_j,0)\equiv\Delta\bar{u}(y_j,t)=\Delta_1(y_j,t)+\Delta_2(y_j,t)$$

$$\Delta_1(y_j,t)=\frac{1}{\Delta y}[N(y_{j+\frac{1}{2}},t)-N(y_{j-\frac{1}{2}},t)]$$

$$\Delta_2(y_j,t)=\sum_{l=1}^{23}G_{j,l}[N(y_{j-\frac{1}{2}},t)-N(y_{j+\frac{1}{2}},t)]$$

$$j=1,2,3,\cdots,23$$

Calculating $M,\bar{v},\Delta\bar{u}$ at different moments ($t=0,4,8,12,16,\cdots$), we have the variation of meridional profiles shown in Figs. 3—5.

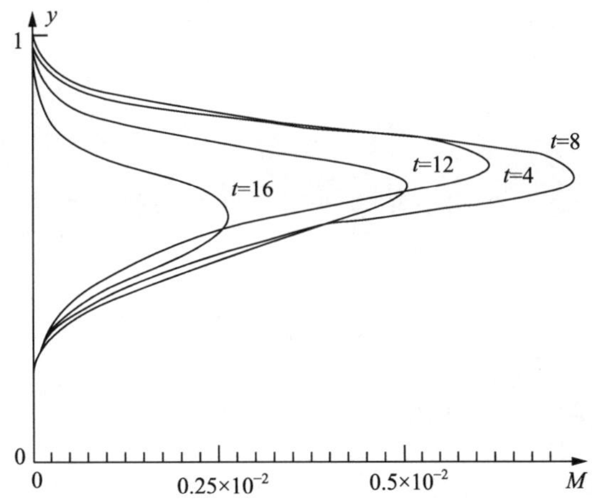


Fig. 3 Change of momentum transport $M$

According to the figures, when $t=0$, the disturbance axis is not tilted and does not transport momentum, so $M=\bar{v}=0$. Soon later, the rough-ridge lines become northeast-southwest direction, transporting energy from south to north, hence $M>0$ and $M$ increases

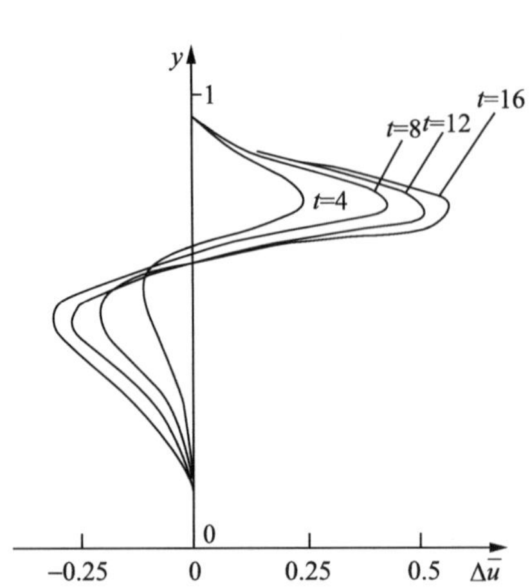

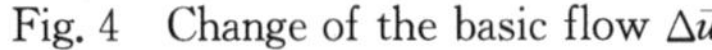

Fig. 4　Change of the basic flow $\Delta\bar{u}$

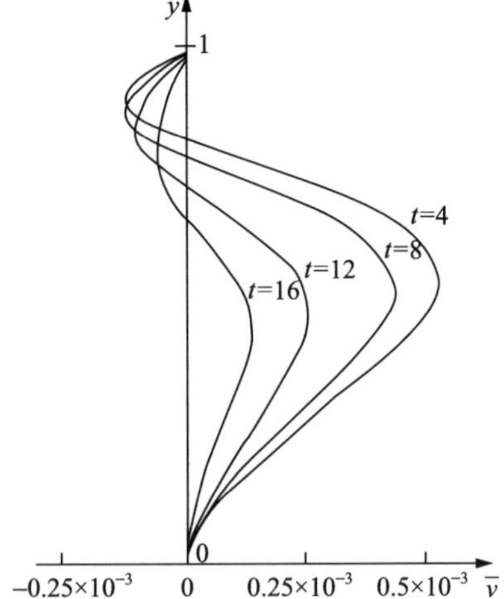


Fig. 5　Change of the mean meridional circulation

with time, but decays later because disturbance decreases. Momentum flux convergences at the north of the disturbance, leading to $\Delta_1>0$, $\bar{v}>0$. Since $\bar{v}$ is very small and $\Delta\bar{u}$ is mainly determined by $\Delta_2$, that is divergence or convergence of momentum flux, we can get $\Delta\bar{u}\approx\Delta_2$. The westerly jet increases in the north of the disturbance and decreases in the south. These results are consistent with the conclusion obtained by the WKB method.

Back to dimensional variables, the non-dimentional initial values in our case are $|v'|_{max}\approx 0.8$ m/s, $|u'|_{max}\approx 6$ m/s (they are correspondent to the dimentional value of 20 m/s and 10 m/s respectively). The induced $\bar{v}$ is just 0.0005 m/s, while the basic flow increased by 5 m/s until $t=12$ (about 35th day). Since the basic flow changes slowly, the weak nonlinear theory is good approximation in this case.

## Acknowledgement

The author is grateful for the help of Dr. Yuan Chongguang and useful discussions with Dr. Zeng Qingcun.

### References

[1] Liu S G, Yang D S. Acta Meteorologica Sinica, 1979, 37: 14-27.
[2] Zeng Q C, Lu P S. Science China, 1980(12).
[3] Chen J K. Meteorology Science, 1980, 1(1-2).
[4] Lu P S, Zeng Q C. Scientia Atmospherica Sinica, 1981, 5(1).
[5] Lu P S. Acta Meteorologica Sinica, 1981, 39(2).
[6] Zeng Q C. J. Met. Soc. Japan, 1982, 60(1).
[7] Zeng Q C. J. A. S., 1983, 40(1).
[8] Zeng Q C, Lu P S. Meteorology, 1983(11).
[9] Lu P S, Lu L, Zeng Q C. Science China (B), 1986(10).

8

# The Structure and Propagation of Stationary Planetary Wave Packet in the Barotropic Atmosphere①

Lu Peisheng

(LASG, Institute of Atmospheric Physics, Academia Sinica, Beijing)

Received March 15, 1991.

**Abstract** Monthly or seasonally mean anomalies of large-scale atmospheric circulation are better represented by wave packets or their combination. Both qualitative and quantitative analyses of equations of wave packet dynamics, which are obtained by the use of WKB approximation, are very helpful for the understanding of structure, formation and propagation of stationary and quasi-stationary planetary wave packet patterns in the atmosphere. Indeed, these equations of wave packet dynamics can be directly solved by the method of characteristic lines, and the results can be simply and clearly interpreted by physical laws. In this paper, a quasigeostrophic barotropic model is taken for simplicity, and the wave packets superimposed on several ideal profiles of the basic current and excited by some ideal forcings are investigated in order to make comparison of the accuracy of calculation with the analytical solution. It is revealed that ①the rays of stationary planetary wave packet do not coincide with but go away from the great circle with significant difference if the shear of the basic zonal flow is not too small; ② being superimposed on a westerly jet flow with positive shear ($\partial \bar{U}_\lambda / \partial y$), the stationary wave packets excited by low-latitudinal forcing are first intensified during their northeastward propagation in the Northern Hemisphere, then reach their maximum of amplitude at some critical latitude, and after that weaken again; ③ the connected line of extremes (the positive and negative centres) of wave packet does not coincide with but crosses the ray by an angle, the larger the scale of external forcing, the larger the angle; ④the whole pattern of a trapped stationary wave packet is complicated by the interference between the incident and reflected waves.

## 1 Introduction

In the monthly mean circulation of the middle and upper troposphere the quasi-stationary disturbances such as troughs, ridges and even closed vortices, superimposed on the basic zonal flow can be considered as compositions of various planetary waves. How-

① Published in *Advances in Atmospheric Sciences*, 1992, 9(2): 157-166.

ever, these disturbances-planetary waves take shape of wave packets, because their amplitude and orientation all vary with longitude and latitude. Therefore, to study the structure, formation and the propagation characteristics of these stationary or quasi-stationary wave packets will undoubtedly very helpful for the understanding of monthly mean atmospheric circulations(Zeng et al., 1986; Huang, 1986, 1990).

In this paper we will directly apply the equations for wave packet dynamics to the investigation because the representation of disturbances by wave packets is geometrically proper, simple and convenient, and the physical meanings of equations for wave packet dynamics are also very clear.

## 2 The Model and the Equations of Wave Packet Dynamics

Taking barotropic quasi-geostrophic model in Marcator projection, the non-dimensional potential vorticity equation linearized with respect to a (non-dimensional) zonal basic flow $\bar{u}$ is written as follows (see Zeng et al., 1986):

$$\left(\frac{\partial}{\partial t}+\bar{u}\frac{\partial}{\partial x}\right)\left(\frac{\partial^2\psi'}{\partial x^2}+\frac{\partial^2\psi'}{\partial y^2}-\rho^2\psi'\right)+\bar{\beta}\frac{\partial\psi'}{\partial x}=Q' \tag{1}$$

where $\psi'$ and $Q'$ are the perturbations of the stream function and the source intensity (such as orographic forcing, heating and dissipation) respectively; $\bar{u}=\bar{U}_\lambda/(U^*\sin\theta)$ the (nondimensional) angular velocity of the (nondimensional) velocity of the zonal basic flow $\bar{U}_\lambda$, $\bar{\beta}=R_0^{-1}\partial\bar{q}/\partial y$, $\bar{q}=1+R_0(\beta y-\partial\bar{u}/\partial y-\rho^2\bar{\psi})$ the (nondimensional) potential vorticity of the basic flow whose stream function is $\bar{\psi}$, $\rho^2$ is a function of $y$ but simplified as a constant here ($\rho^2=1$); $x=a\lambda/L^*$ and $y=(a/L^*)\ln[(1+\cos\theta)/\sin\theta]$ are the coordinates along $\lambda$ (longitude) and $\frac{\pi}{2}-\theta$ ($\theta$ the colatitude) respectively; $U^*$, $L^*$ and $T^*=L^*/U^*$ are the characteristic (dimensional) velocity, scale and time respectively; $a$ is the radius of the Earth: and $\theta_0$ is some colatitude in middle latitudes, $R_0=U^*/(f_0L^*)$ is the Kibel'-Rossby Number (see Zeng et al., 1986 in detail), $f_0=2\omega\cos\theta_0$.

The wave packet is represented as follows:

$$\psi'(x,y,t)=\sum_j\varepsilon^j\Psi_j(X,Y,T)\exp[\mathrm{i}\varepsilon^{-1}\alpha(x,y,t)] \tag{2}$$

where $\varepsilon$ is small parameter, and $(X,Y)=\varepsilon(x,y)$ and $T=\varepsilon t$ are the stretched spatial and temporal coordinates respectively.

Substituting Eq. (2) into Eq. (1), applying WKB method, and denoting

$$\sigma=-\partial\alpha/\partial t,\quad m=\partial\alpha/\partial x,\quad n=\partial\alpha/\partial y \tag{3}$$

we obtain the dispersion relationship

$$(\sigma-m\bar{u})(m^2+n^2+1)+\bar{\beta}m=0 \tag{4}$$

and an equation determining the evolution and structure of the zero-order approximation of amplitude $\Psi_0$ as follows:

$$\left(\frac{\partial}{\partial T}+\vec{C}_g\cdot\nabla\right)A=-A\nabla\cdot\vec{C}_g+HA(\delta-2\gamma\bar{\beta}A) \tag{5}$$

where $\vec{C}_g=\vec{i}C_{gX}+\vec{j}C_{gY}$ is the group velocity whose two components are given by

$$\begin{cases} C_{gX}=\dfrac{\partial\sigma}{\partial m}=\bar{u}-\bar{\beta}[(m^2+n^2+1)-2m^2]/(m^2+n^2+1)^2 \\ C_{gY}=\dfrac{\partial\sigma}{\partial n}=2mn\bar{\beta}/(m^2+n^2+1)^2 \end{cases} \tag{6}$$

A is the wave action

$$A=|\Psi_0|^2(m^2+n^2+1)^2/(2\bar{\beta}) \tag{7}$$

and the last term on the right hand side of Eq. (5) is the source intensity, which consists of dissipation and the release of latent heat of condensation by ascending motion and is here taken as proportional to potential vorticity of the wave packet in a quadratic form with some parameters $H$, $\delta$ and $\gamma$. Note, $H=0$ means that there is a free wave packet.

In the stationary case, $\sigma=0$, we have

$$(m^2+n^2+1)=\bar{\beta}/\bar{u} \tag{8}$$

$$C_{gX}=2m^2\bar{u}/(m^2+n^2+1) \tag{9}$$

$$C_{gY}=2mn\bar{u}/(m^2+n^2+1) \tag{10}$$

For a given $m$ which is independent of $x$, $y$ in our case, the local wave number $n$ along $y$ is determined by equation Eq. (8); the ray of the stationary wave is determined by Eq. (9), (10) and the following differential equation:

$$\frac{\mathrm{d}x}{\mathrm{d}y}=\frac{C_{gX}}{C_{gY}}=\frac{m}{n} \tag{11}$$

and the variation of wave action $A$ along the ray can by obtained by solving equation Eq. (5) by the method of characteristic lines (the rays). As $A$ is known, $\Psi_0$ can be determined by Eq. (7), and the structure of stationary wave packet is finally determined with zero order approximation by substituting $\Psi_0$ and $\alpha=mx+ny$ into Eq. (2).

In our calculation we take the Rossby radius of deformation $L_0=3\times10^3$ km, $L^*=L_0$, and $U^*=10$ m/s. Before having our concrete examples of wave packets we first give Tables 1—3 which represent the relations between $y$ and $\theta$, $x$ and $\lambda$, and the actual and nondimensional zonal wave numbers $M$ and $m=L^*M/a$ respectively.

**Table 1**

| $y$ | 0 | 1 | 2 | 3 | $\infty$ |
|---|---|---|---|---|---|
| $\theta$ | 90° | 64° | 42.6° | 27.4° | 0° |
| $\varphi$(N) | 0° | 26° | 47.4° | 62.6° | 90° |

**Table 2**

| $x$ | 0 | 6.7 | 13.4 |
|---|---|---|---|
| $\lambda$(E) | 0° | 180° | 360° |

**Table 3**

| $M$(actual zonal wave number) | 2 | 3 |
|---|---|---|
| $m$(nondimensional wave number) | 0.94 | 1.41 |

Besides, the location of maximum $\bar{u}$ (equivalent to $\bar{\dot{\lambda}}$) does not coincide with the zonal velocity $\bar{U}_\lambda$ if the basic flow is jet-like one, For example, let

$$\bar{u} = U_0 + U_1 y + U_2 y^2/2 \tag{12}$$

and take $U_0=0.2$, $U_1=1$, $U_2=-0.5$, $\bar{u}_{\max}$ is located at $y=2(\varphi=47.4°\text{N})$, but $\bar{U}_{\lambda\max}$ at $y=1.4(\varphi=35.3°\text{N})$.

## 3 Penetrating Stationary Wave Packet

Suppose that there is an external forcing source located in a localized region in equatorial zone. After emitted from the source region the wave packet is governed by Eq. (5).

It is clear from Eq. (8) that travelling from Equator to the Northern Hemisphere the wave packet can penetrate all latitudes if $\bar{u}>0$, $\bar{\beta}>0$ and

$$S \equiv (\bar{\beta}/\bar{u}) - (m^2+1) > 0 \tag{13}$$

everywhere in $0\leqslant y<\infty$.

Now, taking a basic flow given by Eq. (12) with $U_0=0.2$, $U_1=1$ and $U_2=-0.5$, we have

$$(\bar{\beta}/\bar{u}) = [(1-U_2)/\bar{u}]+1 \tag{14}$$

From Eq. (13) we know that waves with $m^2\leqslant 1.25$ are all penetrating. Taking $m=1$ (the actual zonal wave number $M$ is slightly larger than 2), $C_{gX}$ and $C_{gY}$ as well as $\bar{u}$ and $n$ are given in Fig. 1, the rays [computed by solving Eq. (11)] and constant phase lines

$$mx + ny = \alpha_k(\text{constant}) \tag{15}$$

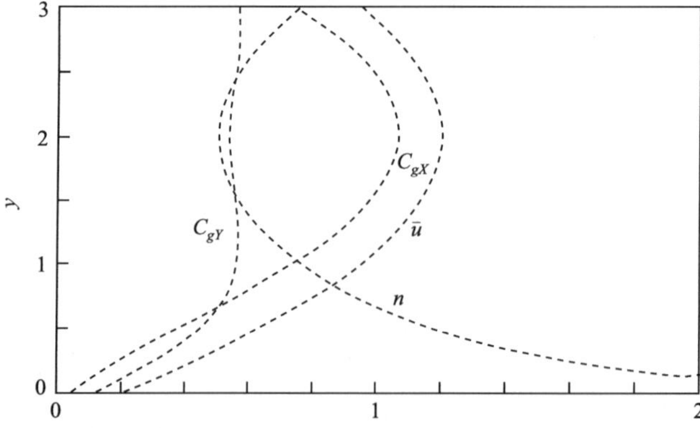


Fig. 1 The basic flow $\bar{u}(y)=0.2+y-0.25y^2$ and some characteristics of a penetrating stationary wave packet such as $n(y)$, $C_{gX}(y)$ and $C_{gY}(y)$

The zonal wave number $m=1$

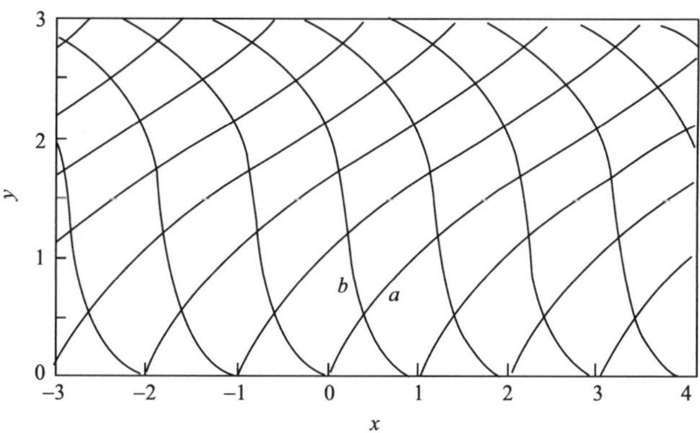


Fig. 2 The rays ($a$) and constant phase lines ($b$) of a penetrating stationary wave packet with $m=1$ $\bar{u}$ is given in Fig. 1

are in Fig. 2; and $A$ and $\Psi_0$ as functions of $y$ along one characteristic line (ray) with $A(0)=1$ are in Fig. 3, where $\delta=2\gamma=1$ and different $H=0, 0.05, 0.1, 0.2$ and $0.3$ are taken for demonstrating the role of internal heating.

The wave packets $\psi'$ generated in the Equator 3 with initial conditions (external sources)

$$A(x,0) = e^{-0.64x^2} \tag{16}$$

$$A(x,0) = 0.5\left\{e^{-0.64x^2} + e^{-(x+2)^2} + e^{-(x-2)^2} + 1/\left[\left(\frac{x}{2}\right)^2 + 1\right]\right\} \tag{17}$$

$$A(x,0) = 1 \tag{18}$$

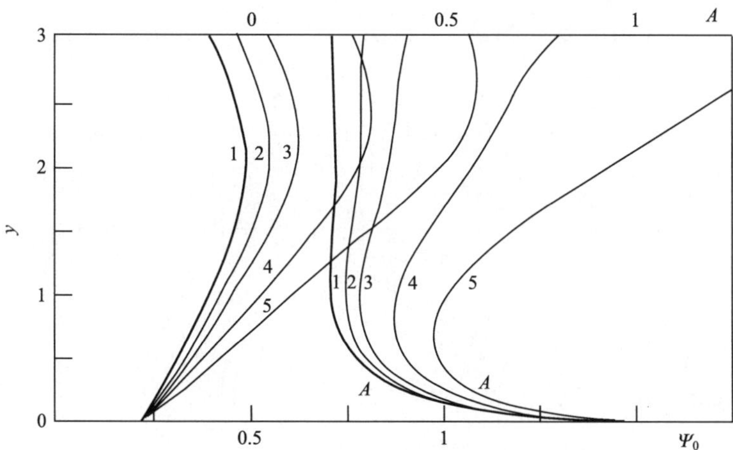


Fig. 3 The variation of $A$ and $\Psi_0$ with $y$. The basic flow and the characteristics of wave packet are given in Fig. 1. $A(0)=1, \delta=2r=0.1; \varepsilon H=0$ [label(1)], 0.5(2), 1(3), 2(4) and 3(5)

are given in Figs. 4, 5 and 6 respectively. Eq. (16) is a locally isolated wave packet with scale $|x|=(0.8)^{-1}$, while Eq. (17) is rather wide with scale $|x|=3$, and Eq. (18) is uniform along the Equator.

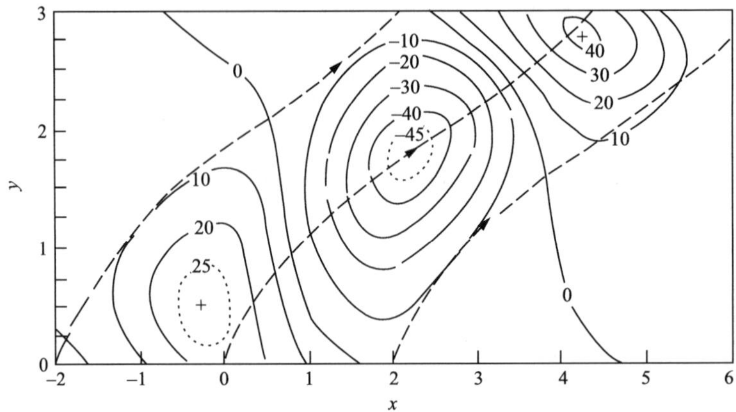

Fig. 4 A penetrating stationary wave packet $\psi'$. The broken lines with arrow are wave rays. The basic flow is given in Fig. 1. $A(x,0)=\exp(-0.64x^2)$. $m=1$, $\varepsilon H=0$

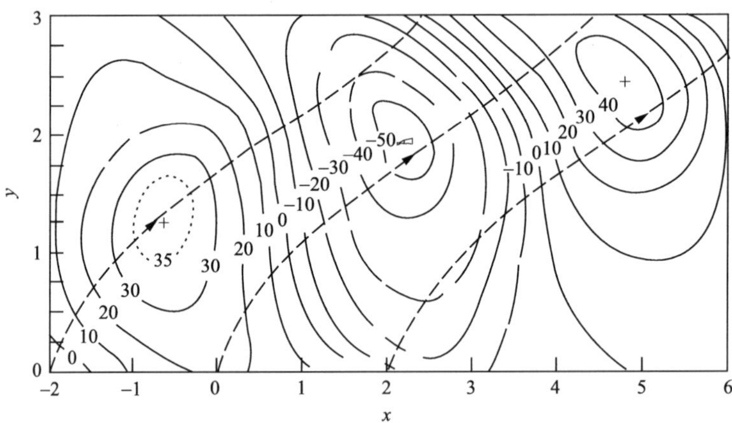

Fig. 5(a) The same as Fig. 4, but $A(x,0)=0.5\{\exp(-0.64x^2)+\exp[-(x+2)^2]+\exp[-(x-2)^2]+1/(0.25x^2+1)\}$

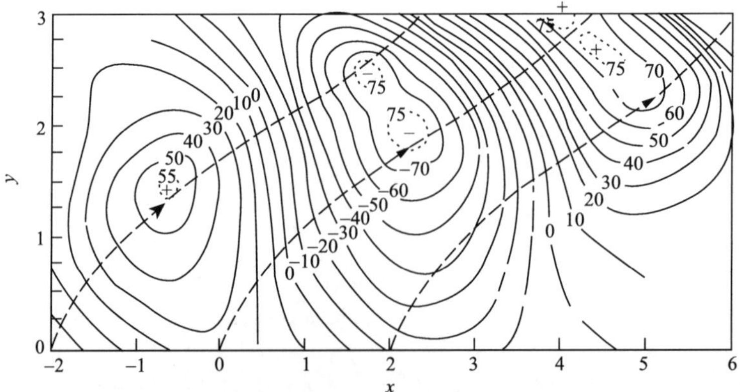

Fig. 5(b) The same as Fig. 5(a), but $\varepsilon H=2$

It can be seen from these figures that due to (a) every constant phase line crosses latitudinal cycles, and that these lines (the troughs and ridges) are not perpendicular to the rays, and (b) $\bar{u}$ increases but $C_{gY}$ decreases within $0 \leqslant y \leqslant y_c$ ($y_c$ is the location of $\bar{u}_{max}$), we have:

(1) The intensity or amplitude of the wave packet increases with $y$, and the intensification is more pronounced if the internal heating is larger and exceeds dissipation ($\delta$ large enough)

(2) The line connecting extremes of $\psi'$ (the centres of wave packet) does not coincide with but crosses the ray by an angle. The larger the scale of external forcing, the larger the angle. It is worth pointing out that one must avoid a confusion between the wave ray and the line connecting the centres of the disturbance.

(3) It is possible to have more than one centres of large complex disturbance if the scale of external source is very large, but its amplitude is not a constant along $x$, and the feature is enhanced by the internal source (see Fig. 5(b), two centres are visible although too weak due to the too weak secondary center of the external forcing).

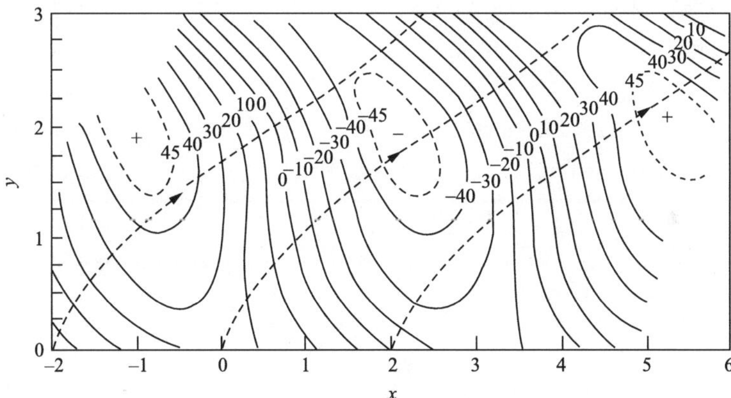

Fig. 6 The same as Fig. 4, but $A(x,0)=1$

# 4 Trapped Stationary Wave Packet

Suppose again the external source is located in the Equator. For a given $m$, the wave packet restricts its propagation only in $0 \leqslant y \leqslant y_c$, if

$$\begin{cases} S(y_c) = |[(\bar{\beta}/\bar{u})(m^2+1)]|_{y=y_c} = 0 \\ S(y) > 0, \quad y < y_c \\ S(y) < 0, \quad y > y_c \end{cases} \tag{19}$$

In this case every ray emitted from $y=0$ can not penetrate into $y > y_c$, and is called trapped one. As $y \to y_c$, $n \to 0$, $C_{gY} \to 0$, and the time interval, $t_c$, for the wave propagation from $y=0$ to $y=y_c$ is infinitive. Undoubtedly, the approximation Eq. (5) should be somehow corrected.

According to the geometric optical theory, as the wave propagates in the inhomogeneous media, there are refraction and absorption, and even reflection if the incident angle reaches the critical one. The reflection angle is equal to the incident one. It is the case in our situation of trapped stationary wave packet. In the vicinity of $y_c$, the wave undergoes blocking, large portion of its energy is absorbed by the basic flow, and the residual is reflected into the area $y<y_c$.

Taking basic flow given by Eq. (12) with $U_0=0.2$, $U_1=1$ and $U_2=-0.5$, the wave with $m^2>1.25$ are all trapped, and $y_c$ depends on $m$. Now, for simplicity of calculation we take a linear profile of $\bar{u}$

$$\bar{u}=0.2+0.5y \tag{20}$$

in which all waves are of trapped type.

Taking $\bar{u}$ given by Eq. (20) and $m=0.9$ (the correspondent $M$ is slightly smaller than 2), we have $y_c=2.09$. $\bar{u}$, $|n|$, $C_{gX}$ and $C_{gY}$ are given in Fig. 7, wave rays (the incident and reflective —with reflection point at $y_c'$, where $y_c'$ near by but less than $y_c$) in Fig. 8, and the wave packet $\psi'$ in Fig. 9, where $A(x,0)=2\exp(-0.64x^2)$ and the ideally full reflection is assumed. Comparing Fig. 9 with Figs. 4−6 shows, that the essential difference is that in the case of trapped waves, there exists interference of incident and reflected waves. Of course, Fig. 9 is a too ideal case, in fact, the reflective wave is very much weaker than the incident, hence the interference is not so pronounced. Any way, the more accurate picture can be attained by directly solving Eq. (1).

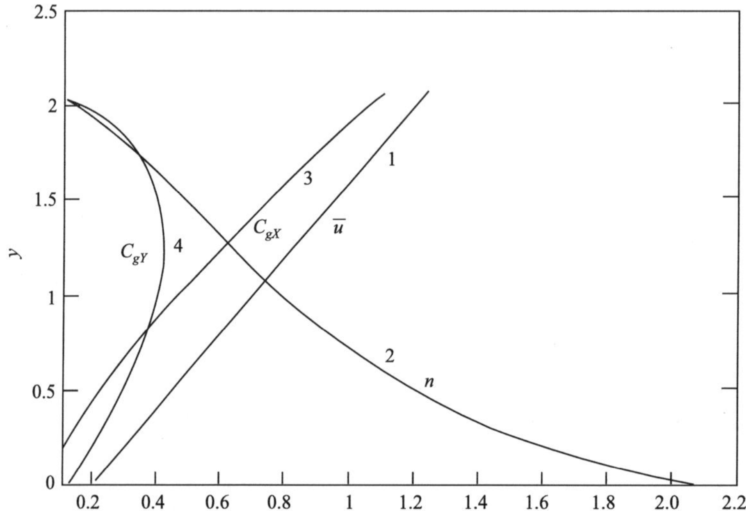


Fig. 7 A linear basic flow $\bar{u}(y)=0.2+0.5y$ and some characteristics of trapped stationary wave packet such as $n(y)$, $C_{gX}(y)$ and $C_{gY}(y)$. The zonal wave number $m=0.9$. It is seen the critical (reflection) line is $y=y_c=2.09$, where $n=0$

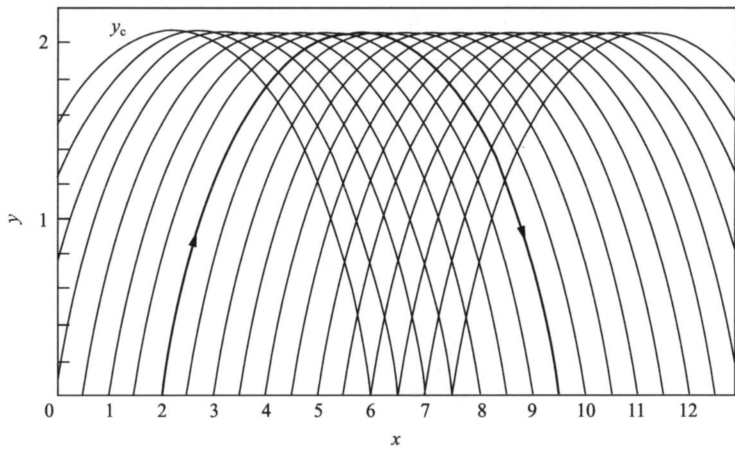

Fig. 8 The rays of a trapped stationary wave packet with $m=0.9$ and superimposed on $\bar{u}=0.2+0.5y$

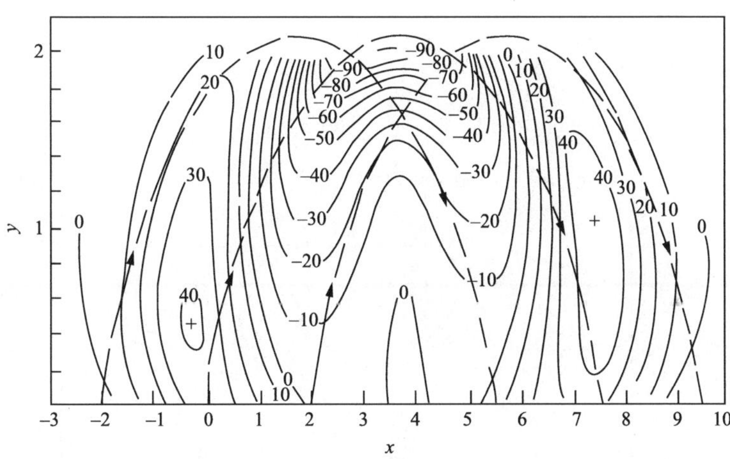

Fig. 9 An ideal trapped stationary free wave packet with full reflection $\psi'$. The basic flow and characteristics of the wave packet are given in Fig. 7 and $H=0$

## 5 Stationary Wave Packet Superimposed on Asymmetric Jet Stream

The jet streams taken in the previous sections are too ideal. In the actual atmosphere, the basic flow always possesses an asymmetric jet, i. e., its angular velocity in the northern side of the jet stream is larger than that in the southern side. In order to investigate the influence of the jet asymmetry on the orientation and the propagation of stationary wave packet, we now take $\bar{u}$ similar to the reality as follows

$$\bar{u}=0.8e^{-5(y-2)^2}+\frac{0.4}{\pi}\left[\frac{\pi}{2}+\operatorname{arctg}(y-2)\right] \tag{21}$$

which is shown in Fig. 10, where the $n$, $C_{gX}$ and $C_{gY}$ corresponding to $m=0.9$ are also given, and the rays are given in Fig. 11. This is the case of penetrating wave packet. It can be seen from these figures, that the constant phase lines are more tilted and similar to the situation of actual disturbances in the monthly mean map in winter.

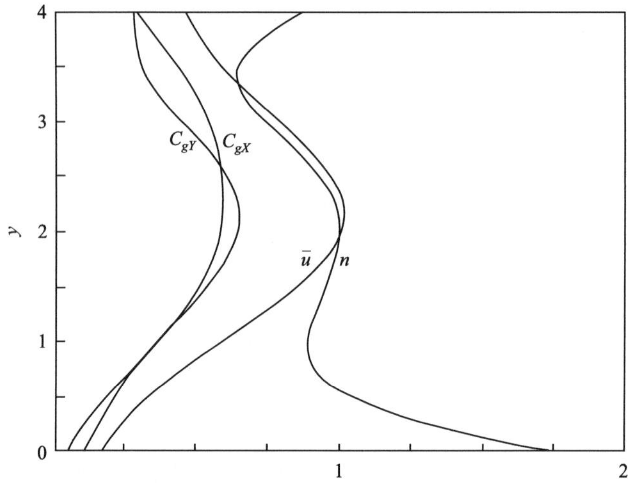


Fig. 10 A basic flow with asymmetric jet $\bar{u}(y)=0.8\exp[-0.5(y-2)^2]+\frac{0.4}{\pi}\left[\frac{\pi}{2}+\mathrm{arctg}(y-2)\right]$, and $n(y)$, $C_{gX}(y)$ and $C_{gY}(y)$ of a penetrating stationary wave packet with $m=0.9$

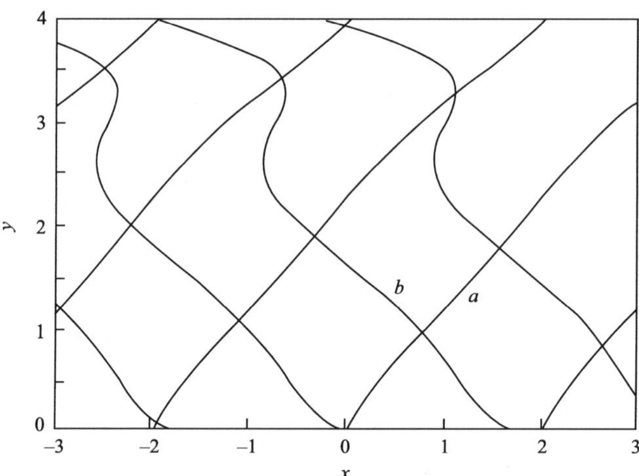


Fig. 11 The rays ($a$) and constant phase lines ($b$) of a penetrating stationary wave packet with $m=0.9$. The basic flow is given in Fig. 10

Of course, it would be better to calculate all the characteristics of wave packets by taking the actual monthly mean zonal circulation as the basic flow. This will be the topic of our further papers.

## References

[1] Huang R H. 1986. The physical mechanism of the influence of heat source anomaly over low latitudes on the general circulation over the Northern Hemisphere in winter. Scientia Sinica, Series B, 29(1): 91-103.

[2] Huang R H. 1990. The East Asia / Pacific Pattern teleconnection of summer circulation and climate anomaly in East Asia//Zeng Q C, et al. Climate Change, Dynamics and Modelling. Beijing: China Meteorological Press.

[3] Zeng Q C, Lu P S, Li R F, Yuan C G. 1986. Evolution of large scale disturbances and their interaction with mean flow in a rotating barotropic atmosphere, Ⅰ. Ⅱ. Advances in Atmospheric Sciences, 3: 39-58, 172-188.

9

# The Propagation of Disturbances Excited by Low-frequency Oscillations in the Tropics①

Lu Peisheng

(LASG. Institute of Atmospheric Physics. Chinese Academy of Sciences, Beijing 100080)

Received January 5, 1993

**Abstract** The propagation of disturbances excited by low-frequency oscillations in the tropics is investigated by applying the theory of wave packet dynamics. For simplicity, a linearized barotropic model is adopted and the zonal circulation is taken as basic current. Suppose that the disturbances or waves are superimposed on jet-like westerly basic current and excited by the forcing in the tropics. We have ① only the eastward propagating ($m>0, n>0$ and $\sigma>0$) low-frequency disturbances and the stationary ($\sigma=0$) waves can propagate into the middle and high latitudes in the Northern Hemisphere; the others, such as the westward propagating low-frequency wave ($m>0, n<0, \sigma<0$) and the high-frequency waves, are restricted only in the vicinity of source region; ② a stationary wave ($\sigma=0$) reaches a given latitude even more quickly than some low-frequency ones ($\sigma>0$) due to the fact that the group velocity of stationary wave is larger; ③ there is a whole wave train excited by the forcing in the tropics and extended into the middle and high latitudes, if the amplitude of the source is independent on time, especially, the low-frequency wave ($\sigma>0$) is of travelling type propagating along the ray; ④ if the source lasts only for an interval of time, namely, its amplitude also has the character of low-frequency oscillation, the excited wave train is not always a whole one, but is restricted in the vicinity of source region in the beginning, extended from the source region to the middle and high latitudes in its saturated stage, after that it gradually becomes weaker and weaker and is detectable only in some area at high latitude, and eventually disappears. Undoubtedly, case ④ is closer to the reality, even though case ③ gives a more impressive wavy pattern.

**Keywords** Wave packet, Low-frequency oscillation, Quasi-stationary source, Non-stationary source

## 1 Introduction

Low-frequency oscillation and low-frequency disturbance in the atmospheric general circulation are some important objects in the short term climatic variabilities. Especially,

① Published in *Advances in Atmospheric Science*, 1993, 10(3): 287-295.

the problem on the waves excited by the tropical low-frequency oscillation and propagated into middle-high latitudes attracts more and more scientists' attention. The disturbances associated with low-frequency oscillations are some major systems for the medium-long range weather evolution and short term climatic anomaly, as well as some important sources generating abnormal planetary waves and regional climatic anomalies in the middle-high latitudes. For example, the onset date of seasonal transition in monsoon region of East Asia and the abnormal Meiyu are all correlated with the low-frequency oscillations in the tropics. Many observational studies and numerical simulations in these aspects have been systematically described and published (see, for example, Ye, Zeng and Guo, 1991; Tao et al., 1987, 1988; Huang, 1986, 1990; Zeng et al., 1990; Li, 1992; Wu et al., 1992).

Meteorologists usually apply the theoretical results obtained for the stationary wave train to the interpretation of disturbance excited by the tropical low-frequency oscillation and propagated into middle-high latitudes. In these works the basic current is zonal and steady, the tropic source is stationary, hence the excited wave train is stationary, and the ray and amplitude are obtained by using the group velocity and wave action. Hoskins (1981) and some Chinese meteorologists, dealt with this problem, namely in such a way. These concepts and methods give rather compact and clear results. However, no picture of two-dimensional and three-dimensional structure has been given so far. On the other hand, few investigators (Simmons et al., 1983; Zhang, 1990) discussed the non-stationary problem. In their works, the basic current is a non-zonal but climatological mean (steady) one, and the normal modes as well as their instability properties are computed. Their results give wave trains similar to the observed teleconnection patterns. It is not difficult to imagine that such computation is not simple, and every normal mode presents only a standing wave, hence the concept of group velocity can not be simply and directly applied, and it is not easy to obtain a simple and clear picture of wave propagation by such method.

Zeng et al. (1982, 1983, 1986) have developed systematical theory of wave packet dynamics and made qualitative analysis of the correspondent equations. In the theory, the basic current can be zonal or non-zonal, steady or non-steady; and the disturbances can be stationary or non-stationary. Although Zeng restricted himself by the qualitative analysis, however on the basis of his method it is possible to develop a simple and clear method for computing and representing the propagation and structure of low-frequency disturbances. Applying Zeng's method to a barotropic quasi-geostrophic model, the author (Lu, 1992) obtained whole two-dimensional structure of stationary wave packet superimposed on various zonal and steady basic currents, and found some new and very simple and clear laws governing the structure and propagation of such waves, for example, the line connecting the maximum (positive centre) and minimum (negative) of the disturbance does not coincide with the wave ray, but goes across it with an angle due to the non-orthogonality of the ray and isophase line. In the present paper we will extend our research to the problem of spatial structure and temporal evolution of non-stationary wave packet by the same method. In so doing we will be able to explore the whole dynamical process of low-frequency disturbance excited by the tropical source and propagated into middle-high latitudes.

## 2 Mathematical Problem on the Propagation of Disturbance

The model adopted in this paper is the same as in the previous paper (Lu, 1992), i. e., the barotropic quasi-geostrophic model linearized with respect to a zonal and steady basic current.

Our interest is in the propagation of disturbances from the tropics to the middle-high latitudes, therefore we will not discuss that part of the solution which is determined by the initial condition.

Suppose that there is a wave packet (disturbance characterized by oscillation of motion) as follows:

$$\Psi'(x, y_0, t) = \Psi_0(X, T)\cos\alpha(x, y_0, t) \tag{1}$$

and that the associated solution in the whole domain (including tropics and middle-high latitudes) is given by

$$\Psi'(x, y, t) = \Psi(X, Y, T)\cos\alpha(x, y, t) \tag{2}$$

it is required that

$$\lim_{Y \to Y_0} \Psi(X, Y, T) = \Psi_0(X, T) \tag{3}$$

where $(X, Y, T) = \varepsilon(x, y, t)$, $0 < \varepsilon \ll 1$ (small parameter). $\Psi$ is the wave amplitude, and $\alpha$ is the phase angle from which the frequency $\sigma$ and two components of the wave number $(m, n)$ along $x$ and $y$ directions respectively are determined as

$$\sigma \equiv -\frac{\partial \alpha}{\partial t}, \quad m \equiv \frac{\partial \alpha}{\partial x}, \quad n \equiv \frac{\partial \alpha}{\partial y} \tag{4}$$

Under our conditions, $\sigma$ and $m$ are both constants, independent of $(x, y, t)$, and $n$ is only a function of $y$.

Giving $\sigma$, $m$ and Eq. (1), the spatial structure and the temporal evolution of the disturbance excited by the tropical forcing [determined by Eq. (1)] can be analyzed if the solution to Eq. (2) satisfying Eq. (3) can be found out.

## 3 Some Characteristics of Wave Propagation

According to the results obtained by the theory of wave packet, we have

$$(\sigma - m\bar{u})(m^2 + n^2 + 1) + \bar{\beta} m = 0 \tag{5}$$

(see, for example, Lu, 1992), where $\bar{u}(y)$ is the non-dimensional basic current, and $\bar{\beta}$ is the derivative of non-dimensional potential vorticity with respect to the non-dimensional $y$, i. e.

$$\bar{\beta} = 1 - \frac{\partial^2 \bar{u}}{\partial y^2} + \bar{u} \tag{6}$$

Denoting

$$S \equiv \frac{\bar{\beta}}{\bar{u} - \sigma/m} \tag{7a}$$

we have

$$n(y) = \pm\sqrt{S - (m^2 + 1)} \tag{7b}$$

It is clear from Eq. (7b) that $n$ is real as $S(y) \geqslant m^2 + 1$, where the structure of the disturbance indeed is wave like. $n(y_c) = 0$, $C_{gX}(y_c) = 0$ if $S(y_c) = m^2 + 1$, hence $y_c$ is a reflex point. In the region where $n^2 < 0$, i. e. $S(y) < m^2 + 1$, the intensity of the disturbance decays rapidly as $|y - y_c|$ becomes larger. This means that disturbance indeed is restricted from $y_0$ to $y_c$.

Let the basic current be given by

$$\bar{u}(y) = U_0 + U_1 y + \frac{1}{2} U_2 y^2 \tag{8}$$

where $U_0 = 0.35$, $U_1 = 1.2$ and $U_2 = -0.6$; and take $y_0 = 0.2$ (near the Equator $y = 0$). $\bar{u}(y)$ is given in Fig. 1. Taking $m = 1$, and $\sigma = 0, 0.3142$, and $0.5$, which is correspondent to the dimensional period $\infty$, 69.4 days, and 44 days respectively, we compute $n(y)$ and the two components of group velocity $\vec{C}_g$

$$\begin{aligned} C_{gX} &= \frac{\partial \sigma}{\partial m} = \bar{u} - \frac{\bar{\beta}(n^2 + 1 - m^2)}{m^2 + n^2 + 1} \\ C_{gY} &= \frac{\partial \sigma}{\partial n} = \frac{2\bar{\beta} m n}{m^2 + n^2 + 1} \end{aligned} \tag{9}$$

They all are shown in Fig. 1.

The wave rays are determined by $C_{gX}$ and $C_{gY}$ by the following ordinary equation and the initial condition

$$\begin{cases} \dfrac{\mathrm{d}x_r}{\mathrm{d}y} = \dfrac{C_{gX}(y)}{C_{gY}(y)} \\ x_r(y_0) = x_{r0} \end{cases} \tag{10}$$

where $r$ is an index (parameter) denoting a ray passing the points $(x_{r0}, y_0)$, and the ray-curve consists of the set of geometrical point $(x_{rk}, y_k)$, where $x_{rk} \equiv x_r(y_k)$.

The interval of time $t_r(y)$ required for the propagation of disturbance (signal) from $y_0$ to $y$ is given by

$$t_r(y) = \int_{y_0}^{y} \frac{\mathrm{d}y'}{C_{gY}(y')}, \qquad \text{for every } r \tag{11}$$

While the wave amplitude $\Psi$ can be determined by the equation of wave action. Without forcing and dissipation we have

$$\left(\frac{\partial}{\partial T} + \vec{C}_g \cdot \nabla\right) A = -A \nabla \cdot \vec{C}_g \tag{12}$$

where $A$ is the wave action, i. e.

$$A \equiv |\Psi|^2(m^2+n^2+1)/(2\bar{\beta}) \tag{13}$$

From Eq. (12) we have the conservation of $AC_{gY}$ during its propagation along the wave ray, i. e.

$$(AC_{gY})\Big|_{\substack{x=x_{rk}\\ y=y_{rk}\\ t=t_{rk}}} = (AC_{gY})\Big|_{\substack{x=x_{r0}\\ y=y_0\\ t=0}} \tag{14}$$

where $t_{rk}\equiv t_r(y_k)$. Once $A$ is determined from Eq. (14), we have the correspondent $\Psi$.

$$\Psi^2(x_{rk}, y_r, t_{rk}) = A(x_{rk}, y_{rk}, t_{rk})\left(\frac{2\bar{\beta}}{m^2+n^2+1}\right)_{y=y_{rk}} \tag{15}$$

Taking $m=1$ and $A(x_{r0}, y_0, t)\equiv 1$, the curves $t_r(y)$, $A(y)$ and $\Psi(y)$ corresponding to $\sigma=0, 0.3142$, and $0.5$ are all given in Fig. 2. It should be pointed out that for a given $y$ some low-frequency wave reaches it even slower than that excited by locally stationary source ($\sigma=0$) due to the larger $t_r$.

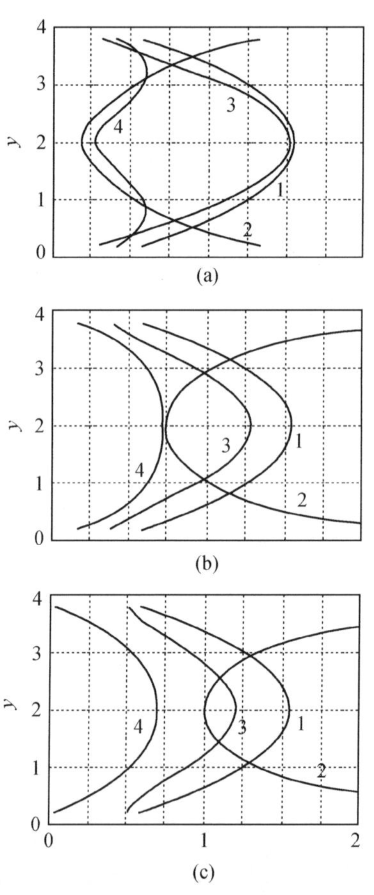

Fig. 1 The basic current $\bar{u}(y)$, wave number $n(y)$, and the two components of group velocity $C_{gX}$ and $C_{gY}$.

1. $\bar{u}(y)$; 2. $n(y)$; 3. $C_{gX}(y)$; 4. $C_{gY}(y)$。

(a) $\sigma=0$; (b) $\sigma=0.3142$; (c) $\sigma=0.5$

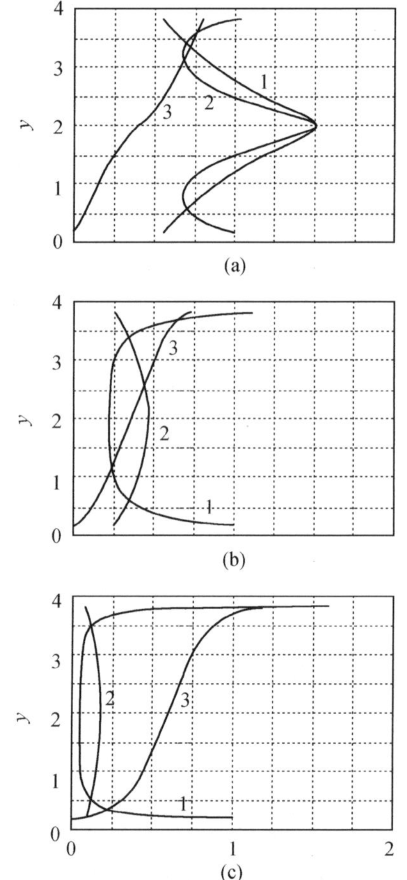

Fig. 2 Propagation characteristics of waves superimposed on the basic current given in Fig. 1

1. $A(y)$; 2. $\Psi(y)$; 3. $t(y)$。

(a) $\sigma=0$; (b) $\sigma=0.3142$; (c) $\sigma=0.5$

The results obtained by our computation clearly show that in our case of jet-like and steady westerly basic current the eastward propagating low-frequency waves ($m>0, n>0$ and $\sigma>0$) with period larger than 40 days are all of penetrating types, they can propagate from the tropics ($y=y_0$) into the middle-high latitudes in the Northern Hemisphere due to $C_{gY}>0$, and their amplitude reaches its maximum at the latitude of jet core.

Another computation with westward propagating waves ($m>0, n<0, \sigma<0$) or high-frequency waves ($|\sigma|>0.6$) shows that $y_c-y_0$ is very small for the high-frequency waves, and that $\Psi\to 0$ (due to $S\to\infty$ and $|n|\to\infty$) at some $y$ which is close to $y_0$. Therefore, the westward propagating low-frequency waves or the high-frequency waves can not penetrate into middle latitudes in the Northern Hemisphere, but all are restricted in the vicinity of source region in the tropics.

## 4 Wave Train Excited by Quasi-Stationary Source

We call a source as quasi-stationary if its $\Psi_0(X,T)$ is independent of $t$, i. e., it generates waves, but its amplitude is only spatially (along $x$ direction) changed but does not change with time, in this case, let,

$$\Psi_0(X,T) = \Psi_0(x)\Phi(t) \tag{16}$$

we have $\Phi_0(t)\equiv 1$. Therefore for a given $y$ both $A$ and $\Psi$ are established (independent of time) as $t>t_r(y)$, and the established disturbance of penetrating type is represented by a whole wave train.

Taking basic current Eq. (8), $m=1$, and

$$\Psi_0(x) = 0.5\left\{e^{-0.64x^2} + e^{-(x+2)^2} + e^{-(x-2)^2} + \left[1+\left(\frac{x}{2}\right)\right]^{-2}\right\}, \qquad -\infty<x<\infty \tag{17}$$

the established wave trains corresponding to $\sigma=0, 0.3142$, and $0.5$ respectively are given in Figs. 3, 4. Generally speaking, the characteristics are the same as given in the previous paper (Lu, 1992), i. e., ①the disturbance propagates along the ray, but the line connecting the maximum (or positive) and minimum (or negative) centres of the disturbance goes across the ray with an angle; ②during the propagation from the tropics to the middle-high latitudes the wave amplitude increases, then reaches its maximum at the latitude where the jet core is located, and after that decreases. However, the low-frequency wave ($\sigma\neq 0$) differs from the stationary one ($\sigma=0$), it is travelling, hence at every point $(x,y)$ $\Psi'$ is oscillating with a non-dimensional frequency $\sigma$.

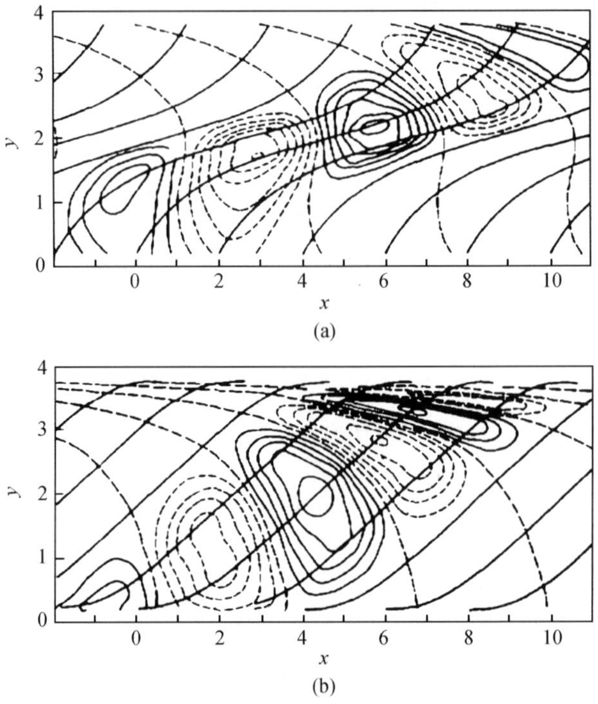


Fig. 3 The established wave train excited by quasi-stationary source in tropics. The rays are also given

(a)$\sigma=0$;(b)$\sigma=0.5$

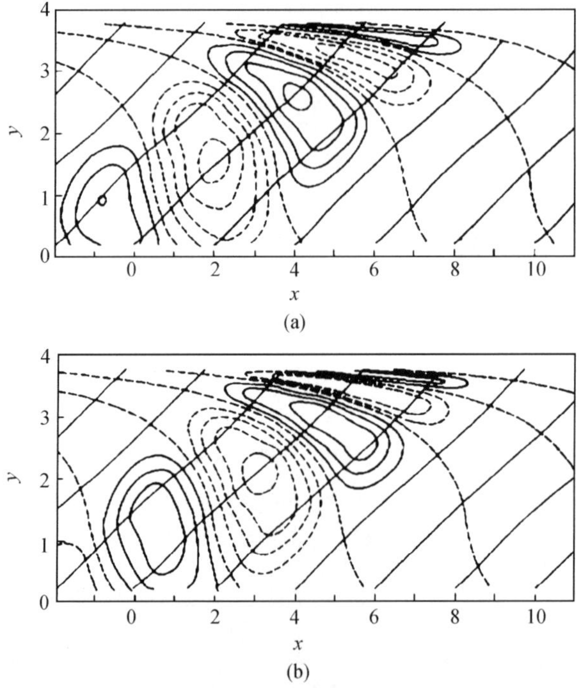


Fig. 4 The established wave train excited by quasi-stationary source with $\sigma=0.3142$ in tropics

(a)$t=0$;(b)$t=\pi/2\sigma$

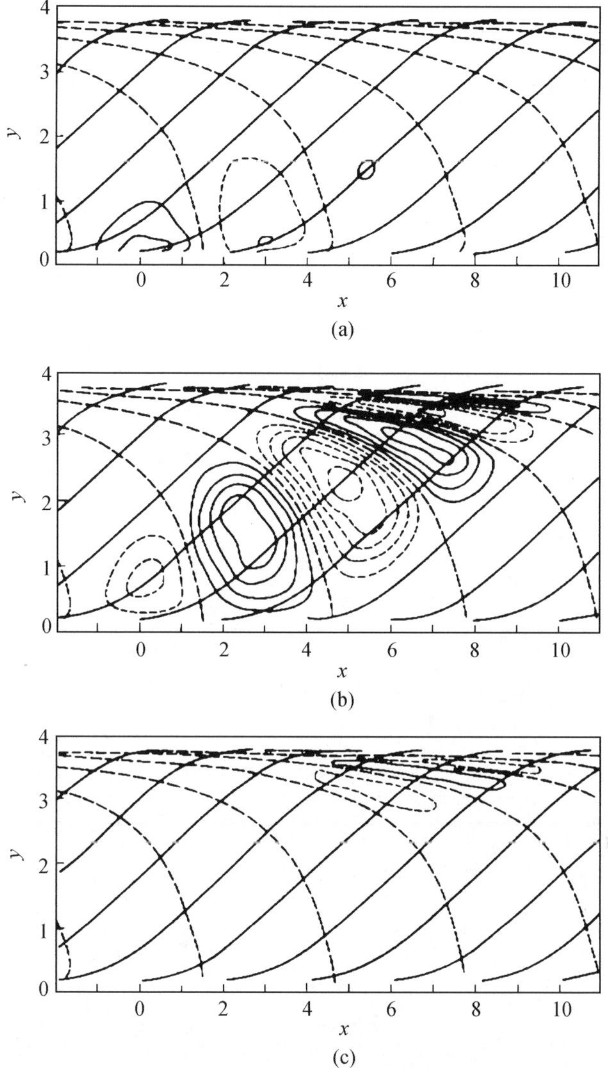


Fig. 5 Propagation of disturbances excited by non-stationary source with $\sigma=0.5$ in tropics

(a) $t=\tilde{t}$; (b) $t=\tilde{t}+\pi/\sigma$; (c) $t=\tilde{t}+2\pi/\sigma$. $\tilde{t}=n_0 y_0/\sigma$

## 5 Propagation of Disturbance Excited by Non-stationary Source

A source is called as non-stationary if $\Psi_0(X, T)$ is time dependent. Taking Eq. (16), $\Phi_0(t)$ is no longer a constant but varying with $t$ in this case.

Taking $m=1$ and the same basic current as in Section 4, but $\Psi_0(X,T)$ varies with $t$, for example, $\Psi_0(x)$ is given by Eq. (17), and $\Phi_0(t)$ is given by

$$\Phi_0(t) = e^{-\mu(t-\tilde{t})^2}, \qquad -\infty < t < \infty \tag{18}$$

hence we have

$$\psi'(x, y_0, t) = \Psi_0(x)\Phi_0(t)\cos(mx + n_0 y_0 - \sigma t) \tag{19}$$

where $\mu$ and $\tilde{t}$ are two parameters. This means that source works for some interval of time, and is practically switched off outside this interval.

The computed $\psi'(x, y, t)$ with $\sigma = 0.5$, $\mu = 2(\pi/\sigma)^{-2}$, and $\tilde{t} = n_0 y_0/\sigma$ is given in Fig. 5. It can be seen that in the initial stage the wave is detectable only in the vicinity of source region; after some interval of time, before the source is not too weakened, there is a whole wave train extended from the tropics to middle-high latitudes; and as the source is switched off, then the amplitude of the disturbance decays in the vicinity of source region, but the disturbance can be detected only in some area in high latitudes.

Taking the same value of $\mu$ and $\tilde{t}$ as before, and computing $n$ and $\Psi$ by Eqs. (7) and (15) but with $\sigma = 0$, we obtain the picture of propagation of the stationary (quasi-stationary in fact) wave excited by the non-stationary source (Fig. 6). It is clear that due to the energy dispersion, such low-frequency disturbance excited by the tropical low-frequency source can also penetrate into middle-high latitudes, and its characteristics are also similar.

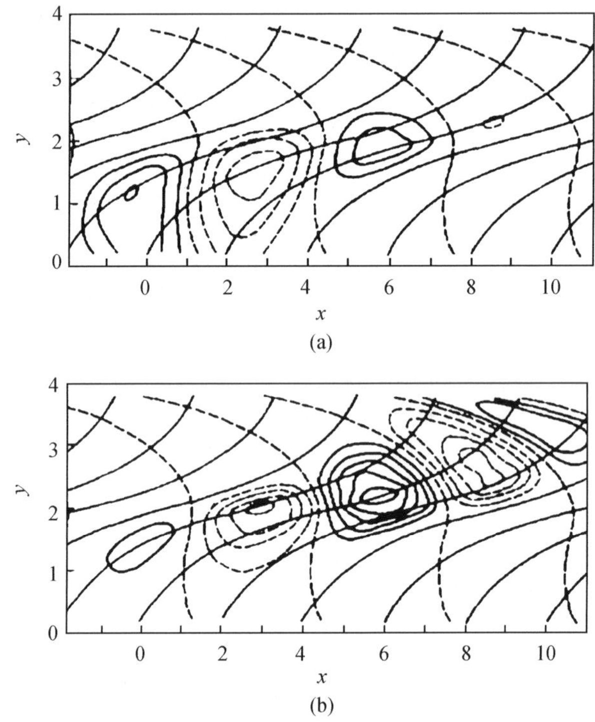


Fig. 6 Propagation of disturbances excited by non-stationary source with $\sigma = 0$ in tropics

(a) $t = \tilde{t}_1$; (b) $t = \tilde{t} + 2\pi$ (the value $\tilde{t}$ is the same as in Fig. 5)

In fact, the tropical source is not a quasi-stationary one, therefore the case discussed in Section 5 is more close to the reality. Our analysis shows that even in the non-stationary case, application of theory of wave packet dynamics to the analysis can also give a clearly physical picture.

## Acknowledgments

The author is very grateful to Miss Wang Xuan for her typing the manuscript.

### References

[1] Hoskins B J, Karoly D J. 1981. The steady linear response of a spherical atmosphere to thermal and orographic forcing. J. Atmos. Sci., 38: 1179-1196.

[2] Huang R H. 1986. The physical mechanism of the influence of heat source anomaly over low-latitudes on the general circulation over the Northern Hemisphere in winter. Scientia Sinica, Series B, 29(1): 91-103.

[3] Huang R H. 1990. The East Asia/Pacific pattern teleconnection of summer circulation and climate anomaly in East Asia//Zeng Q C. Climate Change, Dynamics and Modelling. Beijing: China Meteorological Press.

[4] Li C Y. 1992. Low-frequency Oscillation in the Atmospheric Motion. Beijing: China Meteorological Press, (in Chinese).

[5] Lu P S. 1992. The structure and propagation of stationary planetary wave packet in the barotropic atmosphere. Advances in Atmospheric Sciences, 9(2): 157-166.

[6] Simmons A J, Wallace J M, Branstalor G W. 1993. Barotropic wave propagation and instability and atmospheric teleconnection patterns. J. Atmos. Sci., 40: 1361-1391.

[7] Tao S Y, Chen L X. 1987. A review of recent research on the East Asian summer monsoon in China//Chang C P, Krishnamurti T N. Monsoon Meteorology: Oxford: Oxford University Press.

[8] Tao S Y, Zhu W M, Zhao W. 1988. Interannual variability of Meiyu rainfalls. Scientia Atmospherica Sinica, Special Issure, 13-21 (in Chinese).

[9] Wallace J M, Blackmon M L. 1983. Observations of low-frequency atmospheric variability//Hoskins B J, Pearce R P. Large-scale Dynamical Processes in the Atmosphere. New York: Academic Press.

[10] Wu G X, Liu H Z. 1992. Atmospheric precipitation in response to equatorial and tropical sea surface temperature anomalies. J. Atmos. Sci. (U. S. A).

[11] Ye D Z, Zeng Q C, Guo Y F. 1991. Current Research on Climate. Beijing: China Meteorological Press.

[12] Zeng Q C. 1982. On the evolution and interaction of disturbances and zonal flow in rotating barotropic atmosphere. J. M. S. Japan, 60: 24-31.

[13] Zeng Q C. 1983. The evolution of Rossby-wave packet in a three-dimensional baroclinic atmosphere. J. A. S., 40: 73-84.

[14] Zeng Q C, Lu P S, Li R F, Yuan C G. 1986. Evolution of large scale disturbances and their interaction with mean flow in a rotating barotropic atmosphere, Ⅰ. Advances in Atmospheric Sciences, 3: 39-58.

[15] Zeng Q C, Lu P S, Li R F, Yuan C G. 1986. Evolution of large scale disturbances and their interaction with mean flow in a rotating barotropic atmosphere, Ⅱ. Advances in Atmospheric Sciences, 3: 172-188.

[16] Zeng Q C, Yuan C G, Wang W Q, Zhang R H. 1990. Experiments in numerical extra-seasonal prediction of climatic anomalies. Chinese J. A. S., 14(1): 1-24.

[17] Zhang Z J. 1990. Linear instability of observed climatological flow//Climate Change Dynamics and Modelling. Beijing: China Meteorological Press.

10

# Evolution of Asian Summer Monsoon and the Slowly Varying Disturbances[①]

Lu Peisheng

(Institute of Atmospheric Physics, Chinese Academy of Sciences, Beijing 100080)

Received September 19, 1994; revised January 26, 1995

**Abstract** The evolution of Asian summer monsoon is analyzed by means of decomposition of the atmospheric circulation into basic current and slowly varying monsoon disturbances. It is seen that the major slowly varying disturbances are two vortical couples, one located in the Indian Ocean and Indian Peninsula, and another in the Northern Hemispheric western Pacific Ocean and the East Asia. This indicates that the Asian summer monsoon consists of two branches, the Indian monsoon and the East Asian monsoon. Moreover, the analysis shows that the evolutionary processes of these two vortical couples are rather independent each other, and they all can be qualitatively interpreted by the dynamical theory of wave packet. The different stages of summer monsoon can be very well characterized by the location and intensity of the two vortical couples. Besides, in particular years there exists also some quasistationary wave train, and its characteristics should be further analyzed.

**Keywords** Asian summer monsoon; Slowly varying disturbances; Vortical couple

## 1 Introduction

Monsoon is the most significant component of seasonal variation in the atmospheric general circulation.

The January mean circulation at 850hPa can be considered as the typical winter monsoon in the lower troposphere, which is characterized by the existence of the stable and strong easterly wind belt occupying low latitudes from Indian Ocean to the vast western Pacific Ocean in the Northern Hemisphere, although there are also some minor structures. The July mean circulation at 850hPa can be considered as the typical summer monsoon, which is characterized by the prevailing strong southwesterly wind belt extended from the equatorial Indian Ocean to the subtropical regions of East Asia (Indo-China, East China and Japan) and the vast area over the western Pacific Ocean, but the

① Published in *Advances in Atmospheric Sciences*, 1995, 12(3): 311-318.

tropical western Pacific is occupied by the strong easterly wind. The difference between July and January mean circulations at 850hPa is very similar to but stronger than that of July. This means that in the monsoon region the summer circulation is almost opposite to the winter circulation. The difference between July and January circulations can be considered as the maximum monsoon component of the atmospheric general circulation. In this paper we will deal with the problem of evolution of the monsoon component in Asia.

## 2 Decomposition of the Circulation into Basic Current and Slowly Varying Monsoon Disturbance

In order to represent the monsoon and its evolutionary process clearly, it is better to decompose the fields such as wind at 850hPa into two parts, the basic current and the disturbance.

First of all a field $\psi(x,y,p;t)$, scalar or vector, is decomposed into a steady part $\psi^*(x,y,p)$, and a transient evolutionary part $\psi^{**}(x,y,p;t)$ as follows:

$$\psi(x,y,p;t) = \psi^*(x,y,p) + \psi^{**}(x,y,p;t) \tag{1}$$

Second, it is desirable to subtract the zonal part $\psi_z^{**}$ from $\psi^{**}$ in order to enhance the display of the local structure of disturbances

$$\psi^{**}(x,y,p;t) = \psi_z^{**}(y,p;t) + \psi'(x,y,p;t) \tag{2}$$

We will call $\psi'$ the disturbance, and $\bar{\psi}(x,y,p;t) = \psi^*(x,y,p) + \psi_z^{**}(y,p;t)$ the basic part

$$\psi(x,y,p;t) \equiv \bar{\psi}(x,y,p;t) + \psi'(x,y,p;t) \tag{3}$$

Because we are interested in the evolution of general structure of the Asian summer monsoon, we will also neglect the minor structure such as the synoptic scale and high frequency variabilities. Therefore, in the present analysis the temporal filtered observational field will be taken

$$\psi(f) = \int_{t_1=t-\Delta t}^{t_2=t+\Delta t} f(x,y,p;t')W(|t-t'|)\mathrm{d}t' \tag{4}$$

where $W(t')$ is the weighting function

$$\int_{-\Delta t}^{\Delta t} W(t')\mathrm{d}t' = 1 \tag{5}$$

and $2\Delta t = 15$days in the present study. Besides, we take

$$\psi^*(x,y,p) \equiv \frac{1}{\Delta t^*}\int_{\text{April}}^{\text{September}} \psi(x,y,p;t)\mathrm{d}t \tag{6}$$

i. e. $\Delta t^* = 0.5$year.

## 3. Slowly Varying Disturbances Characterizing the Evolution of Asian Summer Monsoon

The maps of $\vec{v}'$ at 850hPa from the late April to late July can very clearly show the major characteristics of the evolutionary process of Asian summer monsoon. Especially, during the summer monsoon period there are two couples of major anticyclone and cyclone in the field $\vec{v}'$ at 850hPa, one couple is located in the Indian monsoon region, and another in the East Asian monsoon region. Figs. 1—3 show the 1992 case.

Fig. 1 shows the situation just before summer monsoon season (1—15, May). The two couples of vortices in the field $\vec{v}'$ have been formed. One couple (couple Ⅰ) is located over the equatorial Indian Ocean, a strong cyclonic disturbance is centered slightly north to the equator and accompanied by the westerly wind along the Equator, but the clock-wise circulation with a center at 10°S is rather weak. Another couple (couple Ⅱ) consists of a cyclone located in the region of East Asia and an anticyclone centered over the western Pacific Ocean (at 25°N, 130°E). This anticyclone extends to the South China Sea and the vicinity where a secondary center is formed. The intensity of couple Ⅱ is moderate. However, due to the existence of couple Ⅱ there is rather strong southwesterly wind belt with early monsoon precipitation in the coastal region.

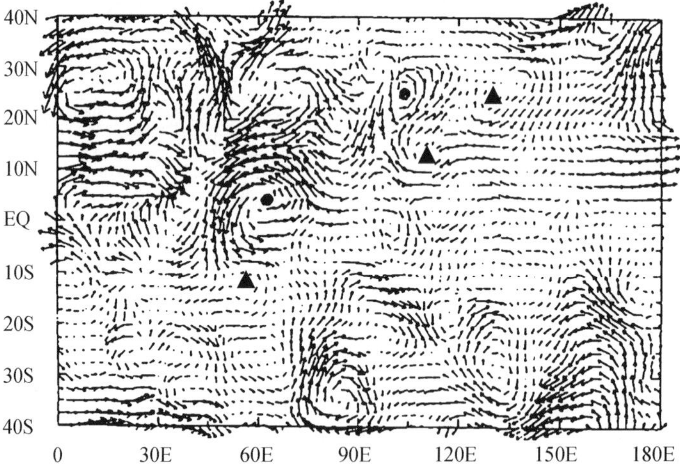


Fig. 1 Slowly varying (15 days weighted mean) disturbances for May 1—15, 1992. The vortical couples Ⅰ and Ⅱ are indicated by ● (cyclone) and ▲ (anticyclone) for Ⅱ and clock-wise circulation for Ⅰ

Fig. 2 shows the situation of the onset of summer monsoon (6—20, June). The major cyclone of vortical couple Ⅰ moves to the north and located in Indian Peninsula, and the center of the clock-wise vortex moves slightly to the north and is very much intensified. As a consequence, there is very strong westerly jet over the South India and the tropical Indian Ocean in the Northern Hemisphere. Meanwhile, a newly formed anticyclone belonging to vortical couple Ⅱ occupies vast subtropical western Pacific and results in a very strong easterly jet in the region of tropical western Pacific and a very strong southwesterly jet extended from the South China Sea to the South Japan. The cyclonic circulation of couple Ⅱ is elongated and extended from Indochina to Japan. As a result, the summer monsoon rainy season comes into India and East Asia almost simultaneously.

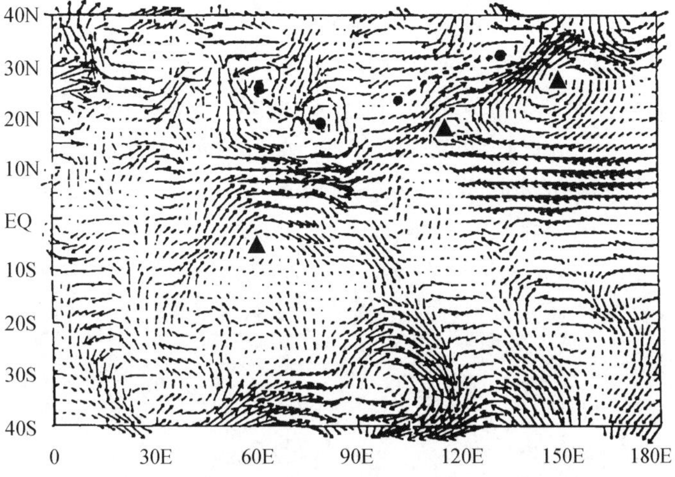


Fig. 2 The same as Fig. 1 but for June 6—20, 1992

Fig. 3 shows the situation of typical summer monsoon case (the mature stage, 16—30 July). The vortical couple Ⅰ is similar to Fig. 2 but moves northwards slightly. It is very stably established. The vortical couple Ⅱ moves northwards greatly, the anticyclonic ridge also extends to East China along 30°N. As a consequence, the Meiyu stops and the precipitation occurs in the North and Northeast China.

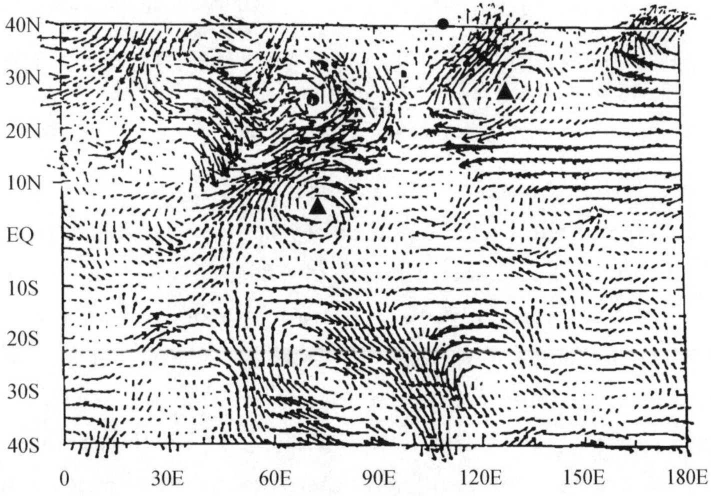


Fig. 3 The same as Fig. 1 but for July 16—30, 1992

Comparing with the analyses made by Zeng et al. (1994) for 1992 case shows that the different stages and their major structures are consistently characterized by the vortical couples.

## 4 Propagation of Slowly Varying Monsoon Disturbances

The evolutionary process of the two vortical couples clearly characterizes the structure and evolution of Asian summer monsoon.

First, the existence of two vortical couples indicates that the Asian summer monsoon consists of two branches, the Indian monsoon and the East Asian monsoon.

Second, each of the two branches, or each of the two vortical couples, has its evolutionary process. They are rather independent each other, although there is also some correlation.

Fig. 4 shows the propagation of the two vortical couples. In Fig. 4 the locations of anticyclone and cyclone or cyclonic centers for every 5 days interval are plotted.

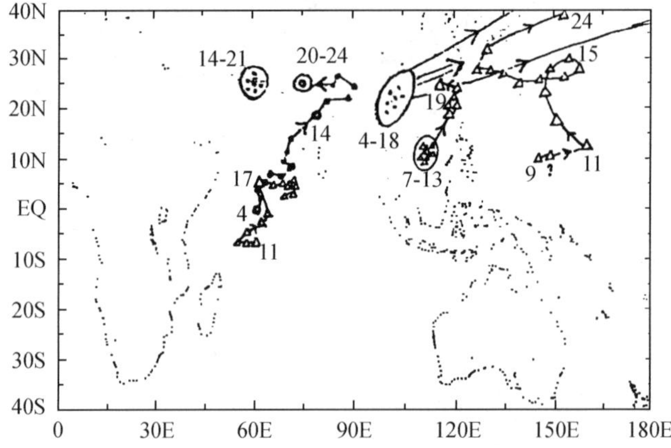


Fig. 4 Propagation of slowly varying (15 days weighted mean) disturbances for 1992. The number is the order every 5 day intervals: 1, 2, …, 24 stands for 1—15 April, 6—20 Apr., …. 24—10 Aug. respectively. The anticyclonic and cyclonic centers are indicated by △ and ● respectively

It can be seen, ① the propagation of vortical couple Ⅰ is rather simple, the major part of trajectory of both the cyclonic and anticyclonic vortices is directed northwards and with small eastward component, although the cyclone migrates eastward-westward after it reaches the North India. However, the trajectory of vortical couple Ⅱ is complicated: there is a cyclone emitted successively from the source region and then rapidly propagated northeastwards; and the major anticyclone moves firstly westwards, then eastwards, then westwards again after finishing a spiral, and then rather rapidly moves northeastwards. ② the vortical couple Ⅰ is rather established after it formed in early to middle May; but the vortical couple Ⅱ is rather varying, each cyclonic vortex undergoes a whole lifecycle, i. e. the processes of formation, intensification, propagation and decay or moving away. This character agrees with the facts that the East Asian summer monsoon is influenced by west line and possesses more variabilities.

The propagation of slowly varying disturbances can be qualitatively interpreted by the dynamic theory of wave packet in most cases. IIowever, these disturbances must be forced by the heating because they are associated with heavy precipitation. They are also forced by the orography if located in the vicinity of high and complicated mountains such as Tibetan Plateau. In fact the dynamics of slowly varying disturbances can be described by the quasi-balanced model, and the most part of heatings comes from the release of latent heat due to the condensation of water vapor and can be approximately considered as proportional to the vertical velocity, and hence, reduces the Rossby deformation radius. Therefore, when a disturbance is located far from the high and complicated mountains, the theory shows that a wave packet

$$\psi'(x,y,\zeta,t) = \Psi(\varepsilon x,\varepsilon y,\varepsilon\zeta,\varepsilon t)e^{i\theta(x,y,\zeta,t)}$$

with instantaneous and local amplitude $\Psi$ and phase angle $\theta$ propagates with phase velocity $\vec{C}$ and group velocity $\vec{C}_g$ as follows (see the appendix in detail):

$$\begin{cases} C_x = \dfrac{m}{\sqrt{m^2+n^2}}(\bar{u}-\bar{\beta}_y/\nu^2) \\ C_y = \dfrac{n}{\sqrt{m^2+n^2}}(\bar{v}-\bar{\beta}_x/\nu^2) \end{cases}$$

$$\begin{cases} C_{gx} = \bar{u}-\nu^{-4}[2m(n\bar{\beta}_x-m\bar{\beta}_y)+\nu^2\bar{\beta}_y] \\ C_{gy} = \bar{v}-\nu^{-4}[2n(n\bar{\beta}_x-m\bar{\beta}_y)+\nu^2\bar{\beta}_x] \\ C_{g\zeta} = -2\nu^{-4}k(n\bar{\beta}_x-m\bar{\beta}_y) \end{cases}$$

and the centers (maxima and minima) of the disturbances propagate with some velocity between $\vec{C}$ and $\vec{C}_g$ (Lu, 1992; 1993). In these formulas all variables are nondimensional, $\bar{u}$, $\bar{v}$ are the components of basic flow, $m$, $n$, $k$ are the instantaneous and local wave numbers along $x$, $y$ and $\zeta$ respectively, $\zeta=\ln(p_s/p)$, $p_s$ the surface pressure, and $\varepsilon$ is a small parameter.

The basic current $(\bar{u},\bar{v})$ plays an important role. These currents in the Indian monsoon region and East Asian monsoon region are different (Figs. 5, 6). This is the primary cause leading to the different characteristics of the propagation of the two vortical couples. Secondary, the ray of vortical couple Ⅰ is almost meridional orientated, according to the theory, the vortical couple Ⅰ propagates almost northwards and both $C_x$ and $C_{gx}$ are small most of the time. However, the ray of vortical couple Ⅱ tilts to the latitudinal cycle, and the anticyclone is superimposed first on an easterly basic current and then on a westerly basic current, therefore it moves first north-westwards or westwards and then eastwards. Besides, the spiral part is probably due to the temporal variation of the line with zero velocity and can not be simply interpreted. On the other hand, the propagation of the transient cyclone can be well predicted by the theory but the local basic current is different.

It should be pointed out that the migration of the cyclone of vortical couple Ⅰ and the stationary nature of the mother cyclone of vortical couple Ⅱ located in Southwest China and Indochina can be interpreted only if the orographic forcings are taken into account.

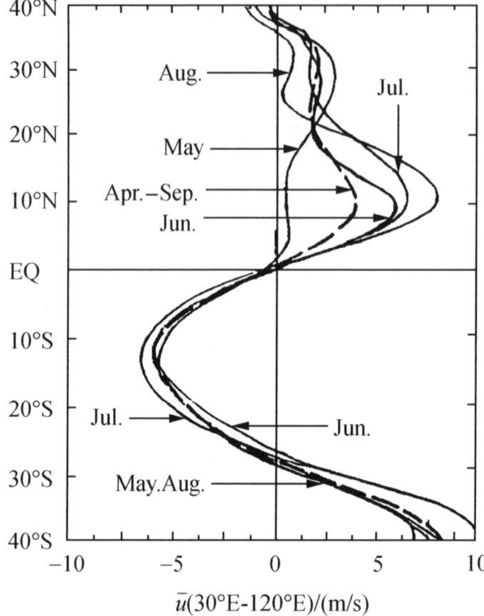


Fig. 5 Mean zonal wind averaged for 30°E-120°E, 1992

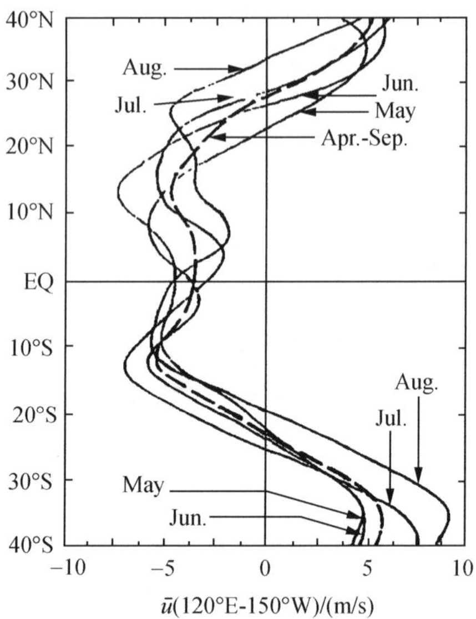


Fig. 6 The same as Fig. 5, but for 120°E-150°W

## 5 Another Kind of Slowly Varying Disturbances in the Monsoon Regions

Our analysis of observational data for 1980—1989 shows that the general picture for every year is similar to that shown by Figs. 1—4, although there are some interannual variabilities of the location, intensity and the orientation of the two vortical couples and so on, which characterize the interannual variabilities of Asian summer monsoon.

It should be pointed out that there exists another kind of slowly varying disturbances in some particular years besides the vortical couples. Fig. 7 is for the case of 1987. It is seen that along the southwesterly low level jet there is a well developed quasistationary wave train. Its dynamic properties and synoptic-climatic significance need to be analyzed, and the theory of forced wave packet or the theory of wave packet in forced mean flow (Zeng, 1985) might be applied.

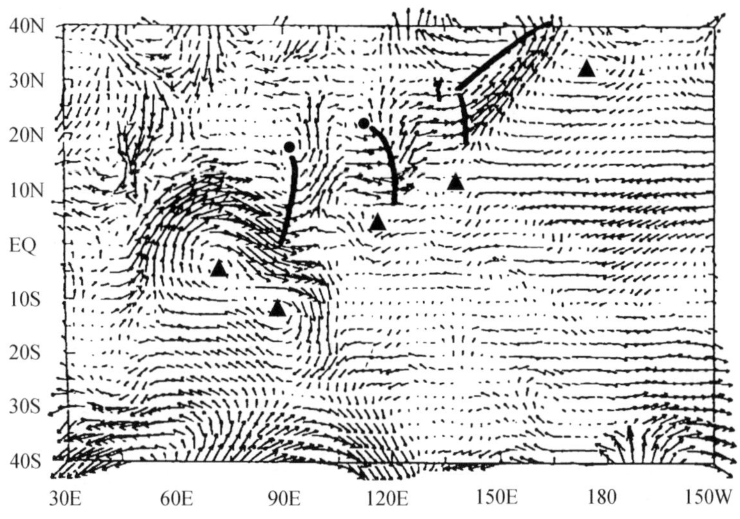


Fig. 7 The same as Fig. 1, but for June 21—July 5, 1987

# Appendix

Governing equation for the baroclinic model is given by

$$\left(\frac{\partial}{\partial t}+\bar{u}\frac{\partial}{\partial x}+\bar{v}\frac{\partial}{\partial y}\right)\left[\left(\frac{\partial^2}{\partial x^2}+\frac{\partial^2}{\partial y^2}+\frac{\partial^2}{\partial \zeta^2}-H\right)\psi'\right]+\bar{\beta}_y\frac{\partial \psi'}{\partial x}-\bar{\beta}_x\frac{\partial \psi'}{\partial y}=F$$

where $\zeta=\ln(p_B/p)$, $H\approx 1/4$, $\bar{\beta}_y\equiv\partial\bar{q}/\partial y$, $\bar{\beta}_x\equiv\partial\bar{q}/\partial x$, $\bar{q}$ is the potential vorticity of the basic current, and $F$ is the source term (Zeng, 1985).

Wave packet approximation of the solution to the equation is

$$\psi'=\Psi(\varepsilon x, \varepsilon y, \varepsilon\zeta; \varepsilon t)\mathrm{e}^{\mathrm{i}\theta(x,y,\zeta;t)}$$

where

$$\theta\approx k\zeta+\sqrt{m^2+n^2}(\xi-ct)$$
$$\xi\equiv(m^2+n^2)^{-1/2}(mx+ny)$$
$$c=(m^2+n^2)^{-1/2}[m(\bar{u}-\bar{\beta}_y\nu^{-2})+n(\bar{v}+\bar{\beta}_x\nu^{-2})]$$
$$\nu^2=m^2+n^2+k^2+H$$
$$m\equiv\frac{\partial\theta}{\partial x},\quad n\equiv\frac{\partial\theta}{\partial y},\quad k\equiv\frac{\partial\theta}{\partial\zeta},\quad \sigma\equiv-\frac{\partial\theta}{\partial t}$$
$$c\equiv(m^2+n^2)^{-1/2}\sigma$$

$\varepsilon$ small positive parameter.

The author is very grateful to Prof. Zhang Banglin for his kind cooperation in the computation and analysis, and to Miss Wang Xuan for the typing of the manuscript.

## References

[1] Lu P S. 1992. The structure and propagation of stationary planetary wave packet in the barotropic atmosphere. Advances in Atmospheric Sciences, 9(2): 157-166.

[2] Lu P S. 1993. The propagation of disturbances excited by low-frequency oscillations in the tropics. Advances in Atmospheric Sciences, 10(3): 287-295.

[3] Zeng Q C. 1985. Evolution and structure of Rossby wave packet in forced mean flow. Scientia Sinica (Series B), 28 (8): 872-881.

[4] Zeng Q C, Zhang B L, Liang Y L, Zhao S X. 1994. East Asian summer monsoon case study. Proc. Indian Natn. Sci. Acad. 60 A(1): 81-96.

11

# Evolution of Large Scale Disturbances and Their Interaction with Mean Flow in a Rotating Barotropic Atmosphere—Part Ⅰ ①

Zeng Qingcun Lu Peisheng
Li Rongfeng Yuan Chongguang
(Institute of Atmospheric Physics, Academia Sinica, Beijing)

Received June 25, 1985

**Abstract** The problems on evolution of large-scale disturbances and their interaction with mean flow recently attract much effort of meteorologists due to their practical importance in weather and climate predictions. In this paper, some theoretical results obtained in current investigations of these problems will be reviewed. A barotropic atmosphere is taken in this paper, and the baroclinic atmosphere is left in our second paper.

The following aspects are reviewed: first, the general properties of two-dimensional barotropic motion both in the nonlinear and linearized equations and both in the quasi-geostrophic and non-geostrophic models. Second, the evolution and the structure of Rossby wave packet superimposed on a zonal or nonzonal basic flow.

In this part Ⅰ, only the above two problems are reviewed. The remainders, i. e., the normal modes and continuous spectra of both quasi-geostrophic and non-geostrophic models, weakly nonlinear theory and the fully nonlinear theory will be discussed in part Ⅱ (another paper).

## 1 Introduction

In the atmosphere of a rotating planet there is always a jet-like zonal flow around the axis of the planet. There are also pronounced nonzonal disturbances superimposed on this zonal flow in the atmosphere of some planets such as our (Earth's) atmosphere. There are some very intensive large-scale vortexes observed in other atmospheres such as Jovian atmosphere, although its wave-like disturbances are very weak. In all cases the generation and maintenance of the zonal flow, the evolution (propagation and changes in the intensity, structure and shape) of disturbances, waves and vortexes, and their inter-

① Published in *Advances in Atmospheric Sciences*, 1986, 3(1): 39-58.

actions with the zonal flow are basic theoretical problems in the dynamics.

Undoubtedly, a permanent zonal flow in our atmosphere is generated by the energy imput of solar radiation and controlled by the earth's rotation and other factors. This zonal flow is disturbed by the non-homogeneous characters of the earth's surface such as orography and the thermal difference between the continent and ocean, and results in some quasi-steady nonzonal disturbances. This zonal flow, or plus forced quasi-steady nonzonal disturbances, is the basic flow, on which there are superimposed ceaseless transient disturbances. Atmospheric statistics shows that, in general, large-scale transient disturbances are amplified and maintained by the baroclinic conversion from zonal to eddy available potential energy and the internal heating, while they are damped by the barotropic conversion from eddy to zonal kinetic energy. The last mechanism, namely, fulfils the requirement of angular momentum transfer to maintain the zonal circulation (see, for example, Starr[1] (1948), Yeh and Zhu[2] (1958), and Lorenz[3] (1967)). However, a daily individual situation can greatly differ from the statistical mean. A disturbance can be maintained for a very long time, or grow and decay rapidly, depending on its structure and the characteristics of zonal flow; and the energy cascade can be very different, there exists continuous feedback of eddy energy to the zonal in some cases, but the transfer of energy from eddy to zonal and the reversed alternatively go on in other cases. The statistical properties of general atmospheric circulation result from two factors, one is that the conditions for transformation of eddy energy into zonal occur more often, and the other is that a disturbance superimposed on a jet-like zonal flow is more easily changed into a decaying one. Therefore to study the conditions and mechanism of growing, decaying and maintenance of disturbances and their transport properties are the basic problems. They are important for weather prediction as well as for the understanding of the statistical nature of general atmospheric circulation.

Recently, long-range weather prediction (or short-term climate prediction) attracts more attention of meteorologists. Blocking and the other anomalistic phenomena in the atmospheric circulation are some intensive disturbances, having very long time scale or even being quasi-steady. They interact with basic zonal flow, normal or abnormal, and the transient nonzonal disturbances with relatively high frequency. These anomalistic flows can be considered as some disturbances with respect to the time mean zonal flow on one hand, and must be considered as a basic but nonzonal flow with respect to the transient disturbances on the other hand. Therefore, the topics for investigations have been extended. At present there are some developments in the investigations, both observational and theoretical, on such extended problems.

Besides, the discovery of QBO phenomenon in the equatorial stratosphere and its relation to the momentum transport of gravity waves indicates that the interaction of gravity waves and basic flow might be important in the change of general circulation.

Much effort from dynamical meteorologists has been devoted to this problem in the past ten to twenty years, and promoted the study of interaction problems to a large extent. Currently, the importance of gravity waves in the meso-scale dynamics has also been pointed out. Maybe, the interaction of tidal waves with basic flow is also interesting.

We try to give a review of theoretical results obtained in some aspects of these extended evolutionary and interaction problems, in which Chinese meteorologists have been interested, making the emphasis on the Chinese works. In this paper we will deal with the barotropic atmosphere, leaving the baroclinic atmosphere to the second paper.

## 2 General Properties of Two-dimensional Barotropic Motion

### 1. Integral Properties of Barotropic Quasi-geotropic Motion on a Sphere

We first take the barotropic quasi-geotropic model on a sphere as follows:

$$\frac{\mathrm{d}}{\mathrm{d}t}q \equiv \left(\frac{\partial}{\partial t} + v_\lambda \frac{\partial}{a\sin\theta\partial\theta} + v_\theta \frac{\partial}{a\partial\theta}\right)q = 0 \tag{1}$$

where $q$ is the absolute potential vorticity

$$q = \left[\frac{1}{a^2\sin\theta}\left(\frac{\partial}{\partial\theta}\sin\theta\frac{\partial}{\partial\theta} + \frac{\partial^2}{\sin\theta\partial\lambda^2}\right) - K\frac{f_0^2}{\tilde{\phi}}\right]\psi + 2\omega\cos\theta \tag{2}$$

$$v_\lambda = \frac{\partial\psi}{a\partial\theta}, \quad v_\theta = -\frac{\partial\psi}{a\sin\theta\partial\lambda} \tag{3}$$

$f_0 \equiv 2\omega\cos\theta_0$ is an average Coriolis parameter, $\tilde{\phi}$ is a constant (the average potential of the free surface), and $K=0$ or 1. If $K=0$ is taken, Eq. (1) is degenerated into the nondivergent model. The other symbols are commonly used.

This model possesses conservations of total angular momentum $M$, total energy $E$ and total squared absolute potential vorticity $F$

$$M(t) = \iint_S \left\{a v_\lambda \sin\theta - K\frac{f_0^2 a^2}{\tilde{\phi}}\psi\cos\theta\right\} a^2\sin\theta\mathrm{d}\theta\mathrm{d}\lambda = M(0) \tag{4}$$

$$E(t) = \iint_S \frac{1}{2}\left[\left(\frac{\partial\psi}{a\partial\theta}\right)^2 + \left(\frac{\partial\psi}{a\sin\theta\partial\lambda}\right)^2 + K\frac{f_0^2 a^2}{\tilde{\phi}}\left(\frac{\psi}{a}\right)^2\right] \times a^2\sin\theta\mathrm{d}\theta\mathrm{d}\lambda = E(0) \tag{5}$$

$$F(t) = \iint_S \frac{1}{2}q^2 a^2\sin\theta\mathrm{d}\theta\mathrm{d}\lambda = F(0) \tag{6}$$

where $S$ denotes the whole spherical surface. Combining Eqs. (4) and (6) yields the conservation of enstrophy (total squared relative potential vorticity) $Q$

$$Q(t) = \iint_S \frac{1}{2}\left[\frac{1}{a^2\sin\theta}\left(\frac{\partial}{\partial\theta}\sin\theta\frac{\partial\psi}{\partial\theta}\right) + \frac{\partial^2\psi}{a^2\sin^2\theta\partial\lambda^2} - K\frac{f_0^2}{\tilde{\phi}}\psi\right]^2 a^2\sin\theta\mathrm{d}\theta\mathrm{d}\lambda = Q(0) \tag{7}$$

By making expansion of $\psi$ into a series of spherical functions

$$\psi(\theta,\lambda,t) = \sum_{n=1}^{\infty}\sum_{m=0}^{n}\psi_{mn}(t)e^{im\lambda}p_n^m(\cos\theta) \tag{8}$$

from Eqs. (5) and (7), we obtain the conservation of mean scale $l^{**}$ of the motion or somewhat mean wave number $n^{**}$

$$n^{**}(n^{**}+1)+K\frac{f_0^2a^2}{\tilde{\phi}} = \frac{a^2Q}{E} = \text{const.} \tag{9}$$

The conservation of mean scale $l^{**}$ of non-divergent flow on a non-rotating sphere ($\omega=0$) is first discovered by Fjørtoft[4] (1953). However, in the case of rotating sphere, the atmospheric motion possesses some anisotropy. The Fjørtoft's types of energy transfer, i. e., $L\rightarrow M\leftarrow S$ and $L\leftarrow M\rightarrow S$, take place when $L$, $M$ and $S$ only refer to the composed relative long, medium and short waves, respectively. As to the wavelengths decomposed along the latitudinal and meridional circles, the change in the spectral distribution of energy can differ from the Fjørtoft's types. For example, during the period of transition from low to high index of circulation the mean longitudinal wave number $m^*$ decreases, and the mean meridional wave number $n^*=n^{**}-m^*$ increases; while during the inverse transition the $m^*$ usually increases to some extent, and $n^*$ decreases. The important thing is that, on a rotating sphere, $m^*$ can decrease monotonically and become zero in many cases, but $n^*=n^{**}-m^*$ can never be zero, or some zonal flow always remains unless $n^*=0$ or $M=0$ initially, as can be seen in the following paragraph. The above mentioned anisotropy and possibility of monotonic decrease of $m^*$ have been first emphasized by Rhines[5] (1975) and Zeng[6,7] (1979). A beta-plane has been used by the first author.

In order to investigate the interaction between the disturbances and zonal flow, it is convenient to decompose $\psi$ and the correspondent properties into two parts. Denoting the zonal part of $\psi$ by $\bar{\psi}(\theta,t)$, We get

$$\psi(\theta,\lambda,t) = \bar{\psi}(\theta,t)+\psi'(\theta,\lambda,t) \tag{10}$$

From Eq. (1) or (4)—(7) we have

$$\begin{cases}\bar{M}=M\\ M'=0\\ \bar{E}+E'=E\\ \bar{Q}+Q'=Q\end{cases} \tag{11}$$

where the bar refers to the zonal flow, and the prime the disturbances.

The change of $\bar{E}$ or $E'$ is given by the following equation:

$$\frac{\partial\bar{E}}{\partial t} = -\frac{\partial E'}{\partial t} = \iint_S v_\lambda' v_\theta' a\sin\theta\frac{\partial\bar{\dot{\lambda}}}{a\partial\theta}dS \tag{12}$$

where $\bar{\dot{\lambda}}=\bar{v}_\lambda/(a\sin\theta)$. Similarly

$$\frac{\partial\bar{Q}}{\partial t} = -\frac{\partial Q'}{\partial t} = \iint_S q' v_\theta' \frac{\partial\bar{q}}{a\partial\theta}dS \tag{13}$$

We call a disturbance as developing if $\partial E'/\partial t > 0$ and as decaying if $\partial E'/\partial t < 0$. It is well known that the most favorable structure of disturbances for developing (decaying) is that, the trough or ridge lines are tilted eastward (westward) with the increasing of $|\theta - \theta_j|$, where $\theta_j$ denotes the axis of the jet of westerlies, i. e., $\partial \bar{\dot{\lambda}}/\partial\theta = 0$ at $\theta_j$.

If $\partial \bar{\dot{\lambda}}/\partial\theta = 0$ everywhere, we have $\partial \bar{E}/\partial t = \partial E'/\partial t = 0$. Moreover, it is not difficult to prove, that a flow with $\partial \bar{\dot{\lambda}}/\partial\theta \equiv 0$ has minimum zonal enstrophy $\bar{q}$ and minimum zonal energy $\bar{E} = \bar{E}_0 = 4\pi a A^2/3$ for a fixed $M$, where

$$A = -\frac{3M}{4\pi a^2}\left(2 + K\frac{f_0^2 a^2}{\tilde{\phi}}\right)^{-1}$$

This means, that if a flow with $\partial \bar{\dot{\lambda}}/\partial\theta \equiv 0$ initially, its eddy energy will be bounded by its initial value, i. e., $E'(t) \leqslant E'(0)$. For an arbitrary flow the possible maximum portion of zonal energy which can be drawn by the disturbance is

$$\bar{E}(0) - \bar{E}_0 \equiv \bar{E}_a \tag{14}$$

Thus, $\bar{E}_a$ can be called as available zonal energy.

The $\bar{E}_a$ of a jet-like profile of $\bar{\psi}$, which differs very much from $\partial \bar{\dot{\lambda}}/\partial\theta \equiv 0$, may be large. However, only a limited amount of $\bar{E}_a$ can be released. This is due to the stabilizing effect of the rotating sphere. In fact, multiplying Eq. (1) by $v_\theta \sin\theta$ and integrating it over the whole sphere, we obtain

$$\iint_S \hat{q}\ddot{\eta}\,\mathrm{d}S = \iint_S \frac{2\omega}{a} v_\theta^2 \sin^2\theta\,\mathrm{d}S \tag{15}$$

where $\eta = a\sin\theta$, $\ddot{\eta} = \mathrm{d}^2\eta/\mathrm{d}t^2$ and $\hat{q} = q - 2\omega\cos\theta$ (the relative potential vorticity). Thus, the average "acceleration" $\ddot{\eta}$ over the region of cyclonic potential vorticity ($\hat{q} > 0$) must be larger than that for anticyclonic potential vorticity ($\hat{q} < 0$) if $\omega > 0$. This is a favorable factor for separation of cyclonic vorticities from anticyclonic vorticities and slowing down the development of eddies. Eq. (15) is the extension of Kuo's formula[8] (1950) (Zeng[9], 1982).

On the contrary, the eddy energy $E'$ can be completely or almost completely absorbed by the zonal flow in many cases. This is called by Zeng[6,7] (1979) as rotational adaptation. The conditions and mechanism for existence of such complete absorption of disturbances will be studied later.

## 2. Integral Properties of Disturbances in a Linearized Model

When the nonzonal flow is not very strong, the linearized equation

$$\left(\frac{\partial}{\partial t} + \bar{v}_\lambda \frac{\partial}{a\sin\theta\partial\lambda}\right)q' = -v'_\theta \frac{\partial \bar{q}}{a\partial\theta} \tag{16}$$

can be used. From Eq. (16) we obtain also Eqs. (12) and (13). This means that the interaction aspect can be investigated by Eq. (16) together with

$$\frac{\partial \bar{q}}{\partial t}=-\frac{\partial(v_\theta' q' \sin\theta)}{a\sin\theta\partial\theta} \tag{17}$$

The structures of developing and decaying disturbances are the same as mentioned in the foregoing paragraph. Besides, from Eq. (16) we obtain the following two invariant integrals

$$\iint_S\left[\frac{\sin\theta}{\partial\bar{q}/(a\partial\theta)}\right]\frac{\partial q'^2}{\partial t}\mathrm{d}S=0 \tag{18}$$

$$\iint_S\left\{\frac{\partial}{\partial t}\left[\left(\frac{\partial\psi'}{a\partial\theta}\right)^2+\left(\frac{\partial\psi'}{a\sin\theta\partial\lambda}\right)^2+K\frac{f_0^2a^2}{\tilde{\phi}}\left(\frac{\psi'}{a}\right)^2\right]+\frac{(\bar{\dot{\lambda}}-\bar{\dot{\lambda}}_0)a\sin\theta}{\dfrac{\partial\bar{q}}{a\partial\theta}}\frac{\partial q'^2}{\partial t}\right\}\mathrm{d}S=0 \tag{19}$$

where $\bar{\dot{\lambda}}_0$ is an arbitrary constant (a reference angular velocity). It is not difficult to prove that both integrals on the left hand side of Eqs. (18) and (19) exist even if $\frac{\partial\bar{q}}{\partial\theta}=0$ at some latitudes.

From Eq. (19) we conclude, that the sufficient criterion for stability is the existence of a constant $\bar{\dot{\lambda}}_0$ such that

$$\frac{\bar{\dot{\lambda}}-\bar{\dot{\lambda}}_0}{\partial\bar{q}/\partial\theta}\geqslant 0, \qquad \text{everywhere} \tag{20}$$

and that the necessary criterion for instability is existence of an interval $(\theta_1, \theta_2)$ depending on $\bar{\dot{\lambda}}_0$ for any arbitrary constant $\bar{\dot{\lambda}}_0$ such that

$$\frac{\bar{\dot{\lambda}}-\bar{\dot{\lambda}}_0}{\partial\bar{q}/\partial\theta}<0, \qquad \theta_1<\theta<\theta_2 \tag{21}$$

If $\frac{\partial\bar{q}}{\partial\theta}$ does not change its sign in $0\leqslant\theta\leqslant\pi$ the flow is stable. Besides, if $\bar{v}_\lambda$ is also steady, then $E'+Q_w'$ is a constant, where

$$Q_w'\equiv\iint_S\left(\frac{\bar{\dot{\lambda}}-\bar{\dot{\lambda}}_0}{\partial\bar{q}/\partial\theta}\sin\theta\right)\frac{q'^2}{2}\mathrm{d}S \tag{22}$$

and $(\bar{\dot{\lambda}}-\bar{\dot{\lambda}}_0)/(\partial\bar{q}/\partial\theta)\geqslant 0$. We can determine a weighted average scale $l_w$ as follows:

$$\left(\frac{l_w}{l_\beta}\right)^2\equiv\frac{E'}{Q_w'} \tag{23}$$

where $l_\beta$ is a generalized stationary Rossby wavelength

$$l_\beta\equiv\left(\frac{1}{4\pi a^2}\iint_S a^2\frac{\bar{\dot{\lambda}}-\bar{\dot{\lambda}}_0}{\partial\bar{q}/\partial\theta}\sin\theta\mathrm{d}S\right)^{1/2} \tag{24}$$

When the disturbances develop, $E'$ increases, and $Q_w'$ decreases simultaneously, hence $l_w$

increases. The reversal is true for decaying disturbances. An increase of $l_w$ can be achieved either by the increase of actual mean scale $l$ of disturbances or by the moving of disturbances from the region of larger $(\overline{\dot{\lambda}}-\overline{\dot{\lambda}}_0)/(\partial\bar{q}/\partial\theta)$ to that of smaller $(\overline{\dot{\lambda}}-\overline{\dot{\lambda}}_0)/(\partial\bar{q}/\partial\theta)$. Both take place simultaneously, as can be seen later by using WKB method.

As Eq. (17) is used, i. e., the interaction is taken into account, $\bar{v}_\lambda$ is no longer steady. However, $\bar{v}_\lambda$ is a slowly varying function of $t$, so far as the jet is not too narrow and the disturbances are not too strong. Thus, our conclusion above the change of mean scale of disturbances is valid approximately. When $\bar{v}_\lambda$ is at the unstable state, $\partial\bar{q}/\partial\theta=0$ and $(\overline{\dot{\lambda}}-\overline{\dot{\lambda}}_0)/(\partial\bar{q}/\partial\theta)<0$ at some latitudes, the change of mean scale can not be investigated by integral properties alone.

Note that according to Eqs. (18) and (19), in the case of complete absorption of eddy energy the eddy enstrophy does not approach to zero as $t\to\infty$ if initially not zero. This means that $q'$ becomes an ideal function due to the infinitesimal mean wavelength as $t\to\infty$.

### 3. General Properties of Barotropic Motions without Quasi-geostrophic Approximation

A barotropic model without quasi-geostrophic approximation, i. e. the shallow water equation on a rotating sphere, is usually taken as follows

$$\left[\frac{\mathrm{d}\vec{v}}{\mathrm{d}t}\right]_h=-\nabla\phi-[2\vec{\omega}\times\vec{v}]_h \tag{25}$$

$$\frac{\partial\phi}{\partial t}=-\nabla\cdot(\phi\vec{v}) \tag{26}$$

where $\vec{v}=\vec{\theta}v_\theta+\vec{\lambda}^0 v_\lambda$ is the relative velocity of the fluid, $\phi$ the geopotential of the free surface, $\vec{\omega}$ the angular velocity of the rotating sphere, the symbol $[\,]_h$ denotes the projection of vector standing in the brackets onto the horizontal surface, and $\nabla$ the gradient operator on the spherical surface. From Eqs. (25) and (26) we get the conservation of potential vorticity, $\mathrm{d}q/\mathrm{d}t=0$, where

$$q=\frac{\tilde{\phi}}{\phi}\left[2\omega\cos\theta+\frac{1}{a\sin\theta}\left(\frac{\partial v_\lambda\sin\theta}{\partial\theta}-\frac{\partial v_\theta}{\partial\lambda}\right)\right] \tag{27}$$

and the conservation of total mass, total angular momentum, total energy and the total squared absolute potential vorticity as follows:

$$M_{as}(t)\equiv\iint_S\phi\mathrm{d}S=4\pi a^2\tilde{\phi}=M_{as}(0) \tag{28}$$

$$M(t)\equiv\iint_S\phi a\sin\theta(v_\lambda+\omega a\sin\theta)\mathrm{d}S=M(0) \tag{29}$$

$$E(t)\equiv\iint_S\frac{1}{2}(\phi\mid\vec{v}\mid^2+\phi^2)\mathrm{d}S=E(0) \tag{30}$$

$$F(t)\equiv\iint_S\frac{\phi}{2}q^2\mathrm{d}S=F(0) \tag{31}$$

In a manner similar to Eq. (9) we can introduce an invariant scale $l^{**}$ as follows:

$$l^{**} = (E/F)^{1/2} = \text{const.} \tag{32}$$

Therefore, similar conclusions about the energy transfer can be drawn. But $l^{**}$, as well as the conclusions drawn primarily, is relevant to the rotational part of the motion, because only the vorticity is included in $F$. For the motions such as inertia-gravity waves, in which the irrotational part is dominant or as large as the rotational part, $l^{**}$ determined by Eq. (32) by no means indicates the actual scale of the motion because the scale determined by the divergence of velocity is also important and is not included in $F$. In such case the physical interpretation of Eq. (32) is not simple.

Linearizing Eqs. (25) and (26) with respect to a zonal basic flow ($\bar{v}_\lambda, \bar{v}_\theta = 0, \bar{\phi}$), we have the following three integrals:

$$\frac{\partial}{\partial t}\iint_S \frac{\bar{\phi}}{2}\left[(v_\theta')^2 + (v_\lambda')^2 + \frac{1}{\bar{\phi}}(\phi')^2\right]\mathrm{d}S = -\iint_S \bar{\phi} v_\theta' v_\lambda' a \sin\theta \frac{\partial \bar{\dot{\lambda}}}{a\partial\theta}\mathrm{d}S \tag{33}$$

$$\iint_S \left\{\frac{\bar{\phi}^2 a\sin\theta}{\bar{\phi}[\partial\bar{q}/(a\partial\theta)]}\frac{\partial}{\partial t}\left(\frac{q'^2}{2}\right) + a\sin\theta\frac{\partial \phi' v'_\lambda}{\partial t}\right\}\mathrm{d}S = 0 \tag{34}$$

$$\frac{\partial}{\partial t}\iint_S \frac{\bar{\phi}}{2}\left\{\left[1 - \frac{(\bar{v}_{\lambda 0} - \bar{v}_\lambda)^2}{\bar{\phi}}\right](v_\lambda')^2 + (v_\theta')^2 + \frac{1}{\bar{\phi}}\left[\phi' - (\bar{v}_{\lambda 0} - \bar{v}_\lambda)v'_\lambda\right]^2\right\}\mathrm{d}S +$$
$$\iint_S \frac{(\bar{\dot{\lambda}}_0 - \bar{\dot{\lambda}})\bar{\phi}^2 a\sin\theta}{\bar{\phi}[-\partial\bar{q}/(a\partial\theta)]}\frac{\partial}{\partial t}\left(\frac{q'^2}{2}\right)\mathrm{d}S = 0 \tag{35}$$

where $\bar{v}_{\lambda 0} \equiv \bar{\dot{\lambda}}_0 a\sin\theta$, and $\bar{q} = \frac{\tilde{\phi}}{\bar{\phi}}\left(2\omega\cos\theta + \frac{1}{a\sin\theta}\frac{\partial \bar{v}_\lambda \sin\theta}{\partial\theta}\right)$ is the potential vorticity of the basic zonal flow. Note that Eq. (35) is valid only if the basic flow is a steady one. Eqs. (34) and (35) have been obtained by Zeng[6] (1979) on a beta-plane.

These integrals are the extensions of Eqs. (12), (18) and (19) respectively. Again, Eq. (33) determines the dependence of development on the structure and relative location of the disturbances, and the criterion for stability or instability is drawn from Eq. (35). For the large scale motion we have always $\bar{\phi} \gg \bar{v}_\lambda^2$, hence we get the same criterion for stability and instability as Eqs. (20) and (21), and also Eqs. (23) but with $E'$ and $Q_w'$ replaced by the first and second integrals (without the symbol $\partial/\partial t$) in Eq. (35) respectively. All the conclusions obtained in above subsection are valid qualitatively if the rotational part of the velocity field is dominant no matter whether the disturbance is quasi-geostrophic. However, $l_w$ by no means indicates the scale of inertia-gravity waves. Moreover, besides barotropic instability there exists another type of instability, the inertial instability, which causes a rapid development of pure inertia-gravity waves.

When the influence of disturbance on the basic flow is taken into account the basic flow is no longer steady, and Eq. (35) does not take place. Especially, a nonzero meridional circulation, $\bar{v}_\theta \neq 0$, will be induced by the interaction. Therefore, we need to write perturbation equations linearized with respect to a basic zonal flow with $\bar{v}_\theta \neq 0$ and the equations describing the evolution of the basic flow in the weakly nonlinear interaction theory. These will be given in Section 5(part Ⅱ).

Finally, we point out that it is better to adopt a more accurate equation

$$\left[\frac{\mathrm{d}\vec{v}}{\mathrm{d}t}\right]_h = -\nabla\phi - [2\vec{\omega}\times\vec{v}]_h - [\vec{\omega}\times(\vec{\omega}\times\vec{r})]_h \tag{36}$$

instead of Eq. (25), where $\vec{r}$ is the vector radius, and the centrifugal force and rotational ellipsoidal surface are included rather than the visible horizon is introduced. $\mathrm{d}q/\mathrm{d}t=0$ and Eqs. (27), (28), (29) and (30) are all valid, but Eq. (31) is replaced by

$$E(t) = \iint_S \frac{1}{2}(\phi \mid \vec{v}+\vec{\omega}\times\vec{r}\mid^2 + \phi^2)\mathrm{d}S = E(0) \tag{37}$$

Besides, we have also the conservation of angular momentum vector

$$\vec{M}_v(t) \equiv \iint_S [\phi\vec{r}\times(\vec{v}+\vec{\omega}\times\vec{r})]\mathrm{d}S = \vec{M}_v(0) \tag{38}$$

consequently, the conservation of inertial axis of the fluid, i. e. the direction of $\vec{M}_v$, $M$ in Eq. (29) is the projection of $\vec{M}_v$ onto the axis of the rotating sphere. The use of Eq. (38) will be interpreted in Section 6.

# 3 Evolution and Structure of Barotropic Wave Packet

### 1. General Formulas Describing the Evolution of Rossby Wave Packet

The concepts of wave packet and group velocity were early applied by Rossby[10] (1938) and Yeh[11] (1949) to the study of atmospheric disturbances in a uniform basic flow. Later, taking wave-packet representation and more or leas using the WKB method, Dickinson[12], Zeng[6] (his book was submitted to the press in 1977), Hoskins and many others have investigated various dynamic aspects of synoptic disturbances[6,12-27]. Especially, Dickinson[12], Grose and Hoskins[14], Hoskins and Karoly[22,24], and Hayashi[23] have paid attention to the propagation or the rays of Rossby wave; Chao and Yeh[13] and the others[15-17] have paid attention to the spiral structure of the Rossby waves; while the evolutional aspects of wave packets in non-uniform basic flow have been thoroughly studied by Zeng[9,24-26], Chen[17], Lu and Zeng[18,20], Lu[21], Young and Rhines[19]. Note that it is unnecessary for using the WKB method to take uniform and zonal flow as the basic flow.

According to Zeng[9] (1982), taking a Mercator projection of the sphere but a non-zonal basic flow $(\bar{v}_\lambda, \bar{v}_\theta)$, introducing characteristic velocity $U^*$, horizontal length $L^*$, and time $t^* = L^*/U^*$ for the perturbation, denoting the nondimensional time by $t$ and the nondimensional coordinates as follows

$$x=\frac{a\lambda}{L^*},\quad y=\frac{a}{L^*}\ln\frac{1+\cos\theta}{\sin\theta}\tag{39}$$

we transform the linearized nondimensional quasi-geostrophic potential vorticity equation into the following

$$\left[\frac{\partial}{\partial t}+\bar{u}\frac{\partial}{\partial x}+\bar{v}\frac{\partial}{\partial y}-2\left(\frac{L^*}{a}\right)\bar{v}\cos\theta\right]\left[\frac{\partial^2\psi'}{\partial x^2}+\frac{\partial^2\psi'}{\partial y^2}-\left(\frac{L^*}{L_0}\right)^2\sin^2\theta\psi'\right]+\bar{\beta}_y\frac{\partial\psi'}{\partial x}-\bar{\beta}_x\frac{\partial\psi'}{\partial y}=0\tag{40}$$

where $\psi'$ is the perturbation of nondimensional stream function, $rU^*\bar{u}\equiv\bar{v}_\lambda/\sin\theta$, $rU^*\bar{v}\equiv-\bar{v}_\theta/\sin\theta$, $r$ is the ratio of scaling velocity for the basic flow to that for the perturbation, $L_0\equiv\tilde{\phi}/(2\omega\cos\theta_0)$ is the Rossby deformation radius, $\bar{\beta}_x\equiv R_0^{-1}\partial\bar{q}/\partial x$, $\bar{\beta}_y\equiv R_0^{-1}\partial\bar{q}/\partial y$, $R_0\equiv rU^*/(L^*2\omega\cos\theta_0)$ is the Kibel'-Rossby number, and $\bar{q}$ is the nondimensional geostrophic potential vorticity of the basic flow $\bar{\psi}$, i. e.

$$\bar{q}=\frac{\cos\theta}{\cos\theta_0}+\frac{R_0}{\sin\theta}\left[\frac{\partial^2\bar{\psi}}{\partial x^2}+\frac{\partial^2\bar{\psi}}{\partial y^2}-\left(\frac{L^*}{L_0}\right)^2\sin^2\theta\cdot\bar{\psi}\right]\tag{41}$$

For simplicity we have taken $K=1$ in Eqs. (40) and (41).

Assuming that $\bar{u}$, $\bar{v}$, $\bar{\beta}_x$ and $\bar{\beta}_y$ are slowly varying functions of $(x,y,t)$, and that the scales of perturbation are small as compared with those of the basic flow, i. e. $\varepsilon$, the ratio of these two scales, is a small parameter, we introduce a slow time $T$ and enlarged coordinates $(X,Y)$ as follows:

$$X=\varepsilon x,\quad Y=\varepsilon y,\quad T=\varepsilon t\tag{42}$$

and represent the perturbation in the form of a wave packet

$$\psi'(x,y,t)=\mathrm{Re}\left[\Psi(X,Y,T)e^{i\Theta(X,Y,T)/\varepsilon}\right]\tag{43}$$

$$\Psi(X,Y,T)=\Psi_0(X,Y,T)+\varepsilon\Psi_1(X,Y,T)+\cdots\tag{44}$$

then the partial derivative of $\bar{u}$, $\bar{v}$, $\bar{\beta}_x$, $\bar{\beta}_y$, $\alpha$ and $\Psi_j$ $(j=0,1,2,\cdots)$ with respect to the arguments $(X,Y,T)$ are all of $O(1)$. Substituting Eqs. (42)—(44) into Eq. (40) and expand every term into a power series of $\varepsilon$, we get the dispersion relation

$$(\sigma-m\bar{u}-n\bar{v})\nu^2+\bar{\beta}_y m-\bar{\beta}_x n=0\tag{45}$$

and an equation governing the evolution of amplitude

$$\left(\frac{\partial}{\partial T}+\bar{u}\frac{\partial}{\partial X}+\bar{v}\frac{\partial}{\partial Y}\right)\nu^2\Psi_0-(\sigma-m\bar{u}-n\bar{v})\left[2\left(m\frac{\partial}{\partial X}+n\frac{\partial}{\partial Y}\right)\Psi_0+\Psi_0\left(\frac{\partial m}{\partial X}+\frac{\partial n}{\partial Y}\right)\right]-\bar{\beta}_y\frac{\partial\Psi_0}{\partial X}+\bar{\beta}_x\frac{\partial\Psi_0}{\partial Y}=0\tag{46}$$

where $\sigma$, $m$, $n$ are the instantaneous and local frequency, wave numbers along $X$ and $Y$ respectively, i. e.

$$\sigma\equiv-\partial\Theta/\partial T,\quad m\equiv\partial\Theta/\partial X,\quad n\equiv\partial\Theta/\partial Y\tag{47}$$

$$\nu^2\equiv m^2+n^2+\rho^2$$

$$\rho^2\equiv\left(\frac{L^*}{L_0}\right)^2\sin^2\theta$$

where $\Theta$ is a phase function.

Besides, we have also the following kinematic relationships:

$$\frac{D_g\sigma}{DT}=-\left(m\frac{\partial\bar{u}}{\partial T}+n\frac{\partial\bar{v}}{\partial T}\right)-\nu^{-2}\left(n\frac{\partial\bar{\beta}_x}{\partial T}-m\frac{\partial\bar{\beta}_y}{\partial T}\right) \tag{48}$$

$$\frac{D_g m}{DT}=-\left(m\frac{\partial\bar{u}}{\partial X}+n\frac{\partial\bar{v}}{\partial X}\right)-\nu^{-2}\left(n\frac{\partial\bar{\beta}_x}{\partial X}-m\frac{\partial\bar{\beta}_y}{\partial X}\right) \tag{49}$$

$$\frac{D_g n}{DT}=-\left(m\frac{\partial\bar{u}}{\partial Y}+n\frac{\partial\bar{v}}{\partial Y}\right)-\nu^{-2}\left(n\frac{\partial\bar{\beta}_x}{\partial Y}-m\frac{\partial\bar{\beta}_y}{\partial Y}\right)-\frac{\partial\sigma}{\partial\rho^2}\frac{\partial\rho^2}{\partial Y} \tag{50}$$

where

$$\frac{D_g}{DT}\equiv\frac{\partial}{\partial T}+C_{gx}\frac{\partial}{\partial X}+C_{gy}\frac{\partial}{\partial Y} \tag{51}$$

$C_{gx}\equiv\partial\sigma/\partial m$, $C_{gy}\equiv\partial\sigma/\partial n$ are the components of the group velocity, and $\partial\sigma/\partial\rho^2=(m\bar{\beta}_y-n\bar{\beta}_x)\nu^4$. Eqs. (48)—(50) determine the change in $\sigma$, $m$ and $n$. Therefore, we have obtained all the equations describing all the characteristics of evolutionary process of the wave packet.

Integrating Eq. (46) over the whole region occupied by the wave packet $W$, we get the energy equation

$$\frac{\partial E'}{\partial T}=\iint_W|\Psi_0|^2\left[m^2\frac{\partial\bar{u}}{\partial X}+mn\left(\frac{\partial\bar{u}}{\partial Y}+\frac{\partial\bar{v}}{\partial X}\right)+n^2\frac{\partial\bar{v}}{\partial Y}\right]\mathrm{d}X\mathrm{d}Y \tag{52}$$

where

$$E'=\iint_W\frac{1}{2}\nu^2|\Psi_0|^2\mathrm{d}X\mathrm{d}Y \tag{53}$$

is the total energy of disturbances represented in the form of wave packet. Eq. (52) is the wave packet representation of energy equation

$$\frac{\partial}{\partial t}\iint_S\frac{1}{2}\left[v_\lambda'^2+v_\theta'^2+\frac{f_0^2a^2}{\tilde{\phi}}\left(\frac{\psi'}{a}\right)^2\right]\mathrm{d}S=\iint_S\left[v_\lambda'v_\theta'\left(\sin\theta\frac{\partial\bar{\dot{\lambda}}}{\partial\theta}+\frac{\partial\bar{\dot{\theta}}}{\sin\theta\partial\lambda}\right)\right.$$
$$\left.-v_\lambda'v_\lambda'\sin\theta\frac{\partial\bar{\dot{\lambda}}}{\sin\theta\partial\lambda}+v_\theta'v_\theta'\frac{\partial\bar{\dot{\theta}}}{\partial\theta}-v_\lambda'^2\mathrm{ctg}\theta\cdot\bar{v}_\theta\right]\mathrm{d}S \tag{54}$$

but the last term in Eq. (54) is neglected due to the smallness of $\bar{v}_\theta$.

Eq. (52) is a useful equation indicating the dependency of the development on the structure and location of the disturbance. Especially, since the disturbance is a long wave (Rossby wave), the mean flow $\bar{\psi}$ must consist of a zonal flow and some ultra-long waves, if it is not a purely zonal one, hence Eq. (52) can be simplified as follows

$$\frac{\partial E'}{\partial T}\approx\iint_W|\Psi_0|^2\left[(m^2-n^2)\frac{\partial\bar{u}}{\partial X}+mn\left(\frac{\partial\bar{u}}{\partial Y}\right)\right]\mathrm{d}X\mathrm{d}Y \tag{55}$$

because $|\partial\bar{v}/\partial X|$ is usually smaller than $|\partial\bar{u}/\partial Y|$ in our atmosphere. More analyses will be given later.

Next, from Eqs. (49) and (50) we obtain an equation describing the temporal variation of two-dimensional wave number $(m^2+n^2)^{1/2}$. When the jet profile is not too sharp, this equation takes the following approximate form

$$\frac{D_g}{DT}(m^2+n^2)\approx -2\left[m\left(m\frac{\partial\bar{u}}{\partial X}+n\frac{\partial\bar{u}}{\partial Y}\right)+n\left(m\frac{\partial\bar{v}}{\partial X}+n\frac{\partial\bar{v}}{\partial Y}\right)\right] \tag{56}$$

Therefore we have

$$\frac{\partial E'}{\partial t}\approx -\iint_W \frac{|\Psi_0|^2}{2}\frac{D_g(m^2+n^2)}{DT}dXdY \tag{57}$$

This means, that the scale (wavelength) of a disturbance is enlarged as it develops, while its scale becomes smaller as it decays. This has been discovered first in Zeng and Lu's works[18,20,21].

## 2. Rossby Wave Packet in a Jet-like Zonal Flow

Rossby wave packet in a jet-like zonal flow has been analyzed in detail by Zeng and Lu[20,21] (1981) and Zeng[9] (1982).

Note that in this case the disturbances not necessarily have a wave packet form along every latitudinal circle, i. e., $m$ can be a const., and $n$, $\sigma$, $\Psi_0$ be functions of $Y$ and $T$.

Let $\bar{v}=0$, from Eqs. (45)—(50) we obtain

$$\frac{\partial}{\partial T}\iint_W \frac{1}{2}\nu^2|\Psi_0|^2 dXdY=\iint_W|\Psi_0|^2 mn\frac{\partial\bar{u}}{\partial Y}dXdY \tag{58}$$

$$\iint_W \bar{\beta}_y^{-1}\frac{\partial}{\partial T}(\nu^2|\Psi_0|)^2 dXdY=0 \tag{59}$$

$$\iint_W\left[\frac{\partial}{\partial T}(\nu^2|\Psi_0|^2)+\frac{\bar{u}_0-\bar{u}}{\bar{\beta}_y}\frac{\partial}{\partial T}(\nu^2|\Psi_0|)^2\right]dXdY=0 \tag{60}$$

where $\bar{u}_0$ is a const., these three integrals namely are the analogues of Eqs. (33), (34) and (35) respectively. So that the criteria for stability and instability are the same as mentioned in Section 2-2(part Ⅰ) but relevant to the local region occupied by the wave packet.

If $\bar{u}$ is a steady zonal flow, Eq. (46) can be transformed into a more compact form

$$\frac{\partial}{\partial T}\left[\frac{(\nu^2|\Psi_0|)^2}{2\bar{\beta}_y}\right]+\frac{\partial}{\partial X}\left[C_{gx}\frac{(\nu^2|\Psi_0|)^2}{2\bar{\beta}_y}\right]+\frac{\partial}{\partial Y}\left[C_{gy}\frac{(\nu^2|\Psi_0|)^2}{2\bar{\beta}_y}\right]=0 \tag{61}$$

According to Eq. (45), we have

$$-\frac{(\nu^2|\Psi_0|)^2}{2\bar{\beta}_y}=\frac{e'}{\dfrac{\sigma}{m}-\bar{u}} \tag{62}$$

where $e'\equiv\nu^2|\Psi_0|^2/2$ is the energy density of the disturbance and $e'/(\sigma/m-\bar{u})$ is called as wave action (Bretherton[28], 1969). So that Eq. (61) is the conservation of wave action. According to Eqs. (48) and (49), $\sigma$ and $m$ do not vary with time along $\vec{C}_g$, the group velocity, if the basic flow is zonal and steady. Therefore, Eq. (61) together with

Eq. (62) is very convenient for computing the evolution of $e'$ along $\vec{C}_g$. However, the wave action might not exist at a line, where $\bar{\beta}_y=0$, hence $\sigma-m\bar{u}=0$, if there is such a line within the wave packet, but Eqs. (46), (58) and (59) are still valid. Besides, in the nonzonal case, the conservation of wave action breaks down (Yamagata[29], 1976). Instead, the conservation of total enstrophy approximately takes place if $O(\bar{\beta}_x)=O(\bar{\beta}_y)=O(\varepsilon)$ and $\partial\bar{u}/\partial X+\partial\bar{v}/\partial Y=0$ (Zeng and Lu[18], 1981, and Young and Rhines[19], 1980). Even this conservation also breaks down if $\partial\bar{u}/\partial X+\partial\bar{v}/\partial Y\neq 0$ (Zeng and Lu[18], 1981).

In a zonal, but not necessarily steady, basic flow we have two equations, one describes the variation of two-dimensional wave number and the other the variation of the tilt of the trough-ridge lines, as follows:

$$\frac{D_g}{DT}(m^2+n^2)=\frac{D_g n^2}{DT}=-2mn\left(\frac{\partial\bar{u}}{\partial Y}+\nu^{-4}\bar{\beta}_y\frac{\partial\rho^2}{\partial Y}-\nu^{-2}\frac{\partial\bar{\beta}_y}{\partial Y}\right) \tag{63}$$

$$\frac{D_g}{DT}\left(\frac{n}{m}\right)=-\left(\frac{\partial\bar{u}}{\partial Y}+\nu^{-4}\bar{\beta}_y\frac{\partial\rho^2}{\partial Y}-\nu^{-2}\frac{\partial\bar{\beta}_y}{\partial Y}\right) \tag{64}$$

Eq. (63) can be transformed into a more compact form

$$\bar{\beta}_y\frac{D_g}{DT}\left(\frac{\nu^2}{\bar{\beta}_y}\right)=-2mn\frac{\partial\bar{u}}{\partial Y},\qquad \text{if}\quad \bar{\beta}_y\neq 0 \tag{65}$$

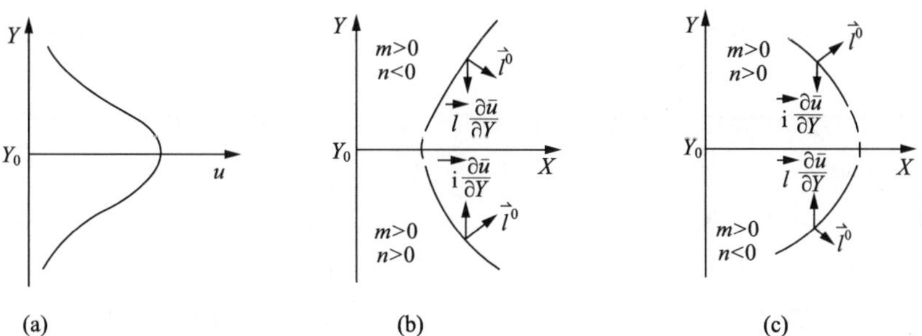


Fig. 1 (a) An ideal jet profile $\bar{u}(Y)$. (b) A typical trough or ridge line of barotropically growing disturbance. (c) The same as in (b), but for decaying disturbance. $\vec{l}^0$ is the direction of the ray

Suppose that there are westerlies with a jet whose axis (the maximum of $\bar{u}$) is located at $Y=Y_0$ in the Northern Hemisphere. The typical structure of developing and decaying trough-ridge line is given in Figs. 1(b) and 1(c) respectively, and some typical flow patterns composed of basic flow and disturbances are given in Fig. 2.

In our atmosphere $L_0\approx 3\times 10^3$ km, $L^*=10^3$ km for long wave disturbance, and $L^*<10^3$ km for short one, so that $O(L_0/L^*)=O(1)$, $O(R_0)<O(1)$, and $O(\bar{\beta}_y)=O(1)$ for the long wave; and $O(L_0/L^*)>O(1)$ and $O(\bar{\beta}_y)<O(1)$ for the short wave. In all cases, $\rho^2$ is small, and $\partial\rho^2/\partial Y$ can be neglected in Eqs. (63) and (64). When the jet is moderate or weak, $\bar{\beta}_y$ is positive, and the leading term of $\bar{\beta}_y$ is $R_0^{-1}\partial(\cos\theta/\cos\theta_0)/\partial Y$ hence $\partial\bar{\beta}_y/\partial Y$ is negative. Therefore in the south of the jet, where $\partial\bar{u}/\partial Y>0$, two terms

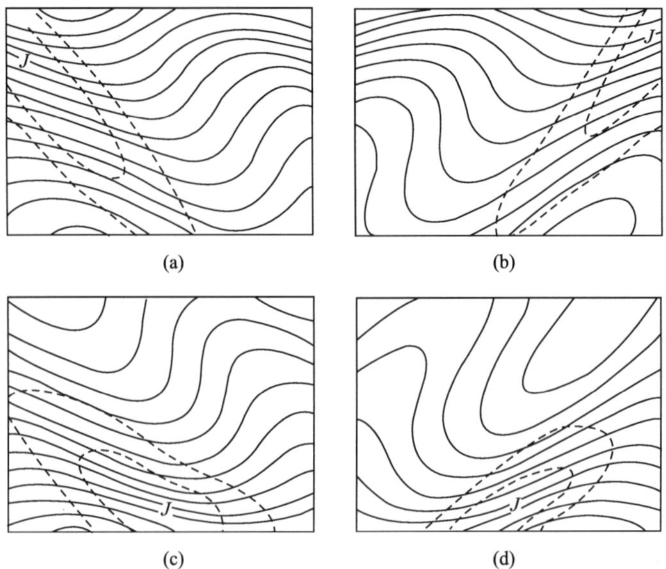


Fig. 2 Typical patterns of barotropic developing and decaying disturbances

(a) developing trough on the southside of the jet stream; (b) decaying trough on the southside of the jet stream; (c) decaying trough on the northside of the jet stream; (d) the same as (c) but for developing trough. Dashed lines are isotaches within the area with strong wind, and "J" denotes the location of maximum wind speed

remained in the right hand side of Eq. (63) have the same sign, and are negative for developing disturbance ($mn>0$) and positive for decaying disturbance ($mn<0$). This indicates that when a disturbance develops (decays) in the south of the jet, its wavelength enlarges (shortens), and its axis, i. e., the trough or ridge line, becomes less (more) tilted, in accordance with Eqs. (63) and (64). On the other hand, when a disturbance is located in the north of the jet, where $\partial\bar{u}/\partial Y<0$, the leading term in Eqs. (63) and (64) is $\partial\bar{u}/\partial Y$, providing the jet is not too weak ($|\partial\bar{u}/\partial Y|$ is not too small). Thus the conclusion about the change of scale and axis of disturbances is also valid in the north of the jet, but the directions of the axis of the disturbance are just opposite to those in the south of the jet (see Figs. 1 and 2).

As $\bar{\beta}_y>0$, $C_{gy}=2mn\bar{\beta}_y\nu^{-4}$ has the same sign as $mn$, therefore the maximum amplitude of developing (decaying) disturbance moves toward (out from) the jet. Taking $\bar{u}_0=\bar{u}(Y_0)$ in Eq. (60), $(\bar{u}_0-\bar{u})/\bar{\beta}_y\geqslant 0$ and has minimum at $Y=Y_0$ (the axis of the jet). thus, the two ways mentioned in Section 2-2(part Ⅰ) to enlarge or shorten $l_w$ take place simultaneously.

Suppose that initially we have a developing wave packet, in the first stage this wave packet develops, draws energy from the zonal basic flow, and its trough-ridge lines gradually become less tilted due to the shear of the zonal flow. Then, the trough-ridge line are directed nearly along a meridian, the energy of the wave packet reaches its maximum. After that the trough-ridge lines become more and more tilted in the opposite direction, the wave packet decays, and its energy is continuously absorbed by the zonal flow. This is the whole life cycle of a Rossby wave packet, and can be schematically shown in Fig. 3, where $\bar{u}>0$, $\sigma>0$ and $m>0$ are assumed ($a$ eastward propagating wave packet).

Let a wave packet center locates initially at $Y=Y^{(0)}$ and has local wave number $m^{(0)}$, $n^{(0)}$, hence $\sigma^{(0)}=m^{(0)}\bar{u}^{(0)}-m^{(0)}\bar{\beta}_y^{(0)}/(\nu^{(0)})^2$, where $\bar{u}^{(0)}\equiv\bar{u}(Y^{(0)})$, $\bar{\beta}_y^{(0)}\equiv\bar{\beta}_y(Y^{(0)})$, and $(\nu^{(0)})^2\equiv(m^{(0)})^2+(n^{(0)})^2+\rho^2(Y^0)$. $Y=Y_c$ is called as a critical line with respect to the wave packet if $\sigma^{(0)}-m^{(0)}\bar{u}(Y_c)=0$. When a wave packet approaches its critical line, it keeps its $\sigma$ and $m$ unchanged, but its $e'\to 0$, $|\Psi_0|\to 0$ in accordance with the conservation of wave action, Eqs. (61) and (62), and the local dispersion relation. This means that the wave packet will be finally and completely absorbed by the zonal basic flow. This is the case when the wave packet consists of long wave (hence, $\bar{\beta}_y/\nu^2$ is not large) and the westerlies have a single but strong enough jet ($\bar{u}$ is a monotonic function of $Y$ on every side of the jet axis and has an large enough shear to make $\bar{u}(Y_c)>\bar{u}^0-\bar{\beta}_y^{(0)}/(\nu^{(0)})^2$ statisfied at some $Y=Y_c$).

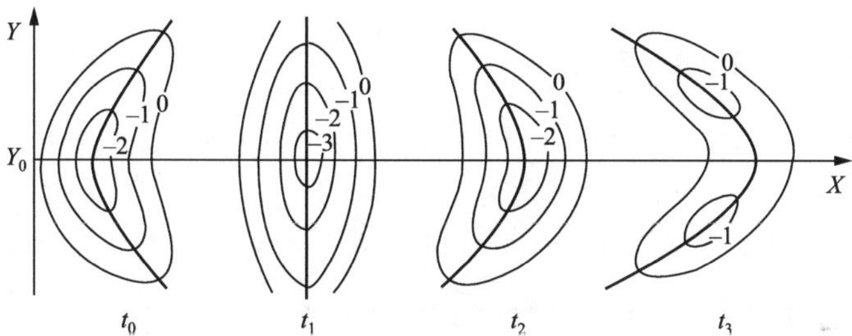


Fig. 3 Life cycle of a wave packet

Heavy lines are the trough lines, thin lines the isopleths of disturbances. $t_0<t_1<t_2<t_3$

If the wave packet consists of ultra-long wave with very small $|m^{(0)}|$ and $|n^{(0)}|$, $\sigma^{(0)}$ is negative, hence a strong enough easterly wind is needed to completely absorb the wave packet. Besides, if there are double jets, and if there is no critical line in the area between these two jets, a decaying wave packet will be amplified again after propagating across the minimum of $\bar{u}$, then reflected at some latitude, and then alternatively undergoes a grow and decay. Therefore, some portion of energy of the wave packet will remain, and there exists a wave guide in this area (see Fig. 4).

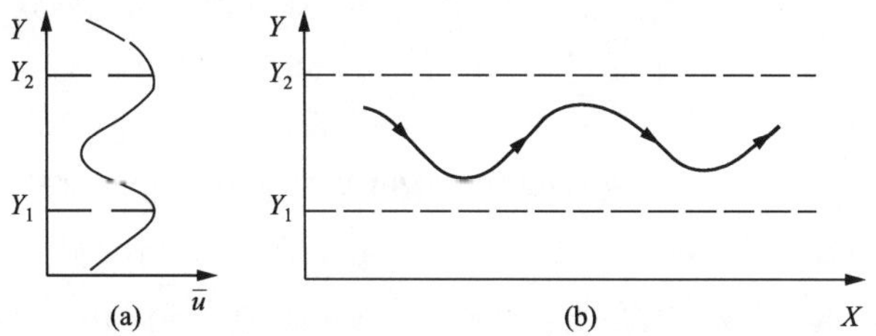


Fig. 4 A zonal flow with double jets. (a) and a wave guide (b)

The heavy curve with arrows indicates the wave ray

Finally, when the jet is too weak ($|\partial \bar{u}/\partial Y|$ is too small), the conclusions about the disturbances in the north of westerlies jet can only be drawn under additional or detailed analysis, for example, for short wave the term $\nu^{-2}\partial\bar{\beta}_y/\partial Y$ is negligibly small due to smallness of $O(\bar{\beta}_y)$ or largeness of $n^2$ or $m^2$, hence $\nu^2$. When the jet is too strong and narrow, especially when $\bar{\beta}_y$ even changes its sign, there is no simple law governing the variation of scale of the disturbance, further investigation is needed.

Note that the wave packet representation of a disturbance is very simple and clear in the geometric picture, and the WKB method gives mathematically simple and excellent form of formulas, but, the first, the real disturbance can hardly be represented by a single wave packet with sufficient accuracy, hence a combination of several wave packets and the study of their interference are needed; and the second, WKB method introduces certain approximations to the original equation, hence the conclusions such obtained might be only approximately valid, so that a more exact method is desirable, this will be described in Section 4 (in part Ⅱ).

### 3. The Case of Nonzonal Basic Flow

In our atmosphere there are always some forced ultra-long waves. Thus to study the evolution of disturbances superposed on a nonzonal flow and their interaction is more important in practice. This problem needs further investigation. Here, we are able only to show some examples.

Suppose that there are a zonal flow $\bar{\psi}_z$ with jet axis located at $Y_0$ and an ultra-long wave whose stream function is

$$\bar{\psi}_u = -A\cos MX \cdot \cos N(Y - Y_u) \qquad (66)$$

where $M$ and $N$ are the wave numbers of the ultra-long wave, $N>M>0$ and $A>0$, $Y_u<Y_0$ (on the southern side of the jet), and $A$ and $M$ are small enough. The composed stream function $\bar{\psi}=\bar{\psi}_z+\bar{\psi}_u$ is given in Fig. 5. We divide $XY$ plane into four regions: regions Ⅰ, Ⅱ, Ⅲ and Ⅳ, corresponding to the northeast side of the basic ridge ($0>X>-\pi/(2M)$, $Y_u<Y<Y_0$), the southeast side of the basic ridge ($0>X>-\pi/(2M)$, $Y_u>Y>Y_u-\pi/(2N)$), the northeast side of the basic trough ($0<X<\pi/(2M)$, $Y_u<Y<Y_0$), and the southeast side of the basic trough ($0<X<\pi/(2M)$, $Y_u>Y>Y_u-\pi/(2N)$) respectively. So that we have $\partial\bar{u}/\partial Y>0$ in all these four regions, while $\partial\bar{u}/\partial X<0$ in regions Ⅰ and Ⅳ, and $\partial\bar{u}/\partial X>0$ in regions Ⅱ and Ⅲ.

Suppose that there is a leading wave packet ($mn>0$) located in regions Ⅰ and Ⅱ with $n^2>m^2$ (disturbance is shallow in the meridional direction, and its trough-ridge lines cross $Y$-axis with an angle $\delta>\pi/4$, see Fig. 5), according to Eq. (55), this is a growing disturbance due to the fact that leading term, $mn\partial\bar{u}/\partial Y$, is positive in these two regions, but the northern part (in region Ⅰ) develops more rapidly than the southern part (in

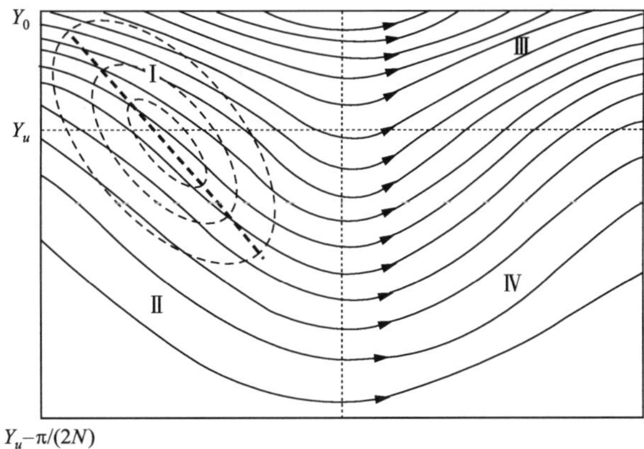


Fig. 5 A nonzonal basic flow (solid lines) and a growing disturbance (dashed thin lines). The axis of the disturbance (trough line) is indicated by the dashed heavy line

region Ⅱ) because the two terms $(m^2-n^2)\partial\bar{u}/\partial X$ and $mn\partial\bar{u}/\partial Y$ are both positive in region Ⅰ, while $(m^2-n^2)\partial\bar{u}/\partial X$ gives a negative contribution, hence cancels some positive contribution of $mn\partial\bar{u}/\partial Y$ in region Ⅱ.

Suppose that a trailing wave packet ($mn<0$) with $n^2>m^2$ is located in regions Ⅲ and Ⅳ. Its northern part decays more rapidly than the southern part.

When $m^2-n^2$ is zero or very small the additional contributions are needed in the analysis. Besides, Eqs. (49) and (50) are simplified as follows:

$$\frac{\mathrm{D}_g m}{\mathrm{D}T}\approx -m\frac{\partial\bar{u}}{\partial X} \tag{67}$$

$$\frac{\mathrm{D}_g n}{\mathrm{D}T}\approx -m\frac{\partial\bar{u}}{\partial Y}-n\frac{\partial\bar{u}}{\partial X}+\frac{m}{\nu^2}\frac{\partial\bar{\beta}_y}{\partial Y} \tag{68}$$

According to these equations, for the leading wave packet both $m$ and $n$ decrease in regions Ⅱ, while $m$ increases but $n$ decreases in region Ⅰ. Similarly, for the trailing wave packet $m$ decreases in region Ⅲ but increases in region Ⅳ.

If $Y_u$ is closed to $Y_0$, and if $m^2-n^2$ is small, a leading trough ($mn>0$) on the east side of the basic ridge develops and simultaneously enlarges its longitudinal and meridional scales, then it becomes a deep and wide trough replacing the old basic trough. This is one of the typical type of the so-called retrograde propagation of ultra-long wave. On the other hand, a trailing trough ($mn<0$) on the east side of the basic trough decays, and its longitudinal and meridional scales simultaneously decrease.

## 4. Non-geostrophic Wave Packets

There are three types of wave, the Rossby or vortic wave, forward propagating inertia-gravity wave and backward propagating inertia-gravity wave, each of them is a solution to the linearized primitive Eqs. (25) and (26). Because of the linearity these wave packets do not interact each other.

The behaviour of Rossby wave packet obtained by solving the linearized primitive equations only slightly differs from that by the quasi-geostrophic model (see Zeng and Lu,[18] 1981) due to the fact, that the terms $\bar{\beta}_x$ and $\bar{\beta}_y$ are excluded in the dispersion relation Eq. (45), and that $\bar{\beta}_y$ is replaced by a const. in Eq. (59) (hence the total enstrophy is conserved as $\partial\bar{u}/\partial X+\partial\bar{v}/\partial Y=0$), if $v'_\lambda$, $v'_\theta$ and $\phi'$ are directly expanded into power series of $\varepsilon$.

Using a local standard coordinate system and neglecting the small metric terms in the linearized primitive equations, we get the same equations governing the evolution and the structure of inertia-gravity wave packet, consequently, the same conclusions as in our previous works (Zeng[6], 1979, Zeng and Lu[18], 1981). Namely, introducing characteristic scales $t^*=f_0^{-1}$, $L^*=L_0=\sqrt{\tilde{\phi}}/f_0$, $U^*$ and $\phi^*=f_0L^*U^*$ for the perturbation, and $\varepsilon^{-1}t^*$, $\varepsilon^{-1}L_0$, $rU^*$ and $\varepsilon^{-1}rf_0L_0U^*$ for the basic flow, we have the perturbation equations as follows:

$$\begin{cases}\dfrac{\partial\hat{u}'}{\partial t}+U\dfrac{\partial\hat{u}'}{\partial x}+V\dfrac{\partial\hat{u}'}{\partial y}-f\hat{v}'+\mu^2\dfrac{\partial\phi'}{\partial x}+\varepsilon\left[\left(\hat{u}'\dfrac{\partial U}{\partial X}+\hat{v}'\dfrac{\partial U}{\partial Y}\right)-\hat{u}'\left(\dfrac{\partial U}{\partial X}+\dfrac{\partial V}{\partial Y}\right)\right]=0\\ \dfrac{\partial\hat{v}'}{\partial t}+U\dfrac{\partial\hat{v}'}{\partial x}+V\dfrac{\partial\hat{v}'}{\partial y}+f\hat{u}'+\mu^2\dfrac{\partial\phi'}{\partial y}+\varepsilon\left[\left(\hat{u}'\dfrac{\partial V}{\partial X}+\hat{v}'\dfrac{\partial V}{\partial Y}\right)-\hat{v}'\left(\dfrac{\partial U}{\partial X}+\dfrac{\partial V}{\partial Y}\right)\right]=0\\ \dfrac{\partial\phi'}{\partial t}+U\dfrac{\partial\phi'}{\partial x}+V\dfrac{\partial\phi'}{\partial y}+\dfrac{\partial\hat{u}'}{\partial x}+\dfrac{\partial\hat{v}'}{\partial y}+\varepsilon\phi'\left(\dfrac{\partial U}{\partial X}+\dfrac{\partial V}{\partial Y}\right)=0\end{cases}\tag{69}$$

where all the variables are nondimensional, including $f$; $X\equiv\varepsilon x$, $Y\equiv\varepsilon y$; and

$$\begin{cases}\mu^2\equiv1+\dfrac{rf_0L_0U^*}{\varepsilon\tilde{\phi}}\bar{\phi}\\ (\hat{u}',\hat{v}')\equiv\mu^2(u',v')\\ (U,V)\equiv\dfrac{rU^*}{f_0L^*}(\bar{u},\bar{v})\end{cases}\tag{70}$$

and $\bar{\phi}$ is the departure of geopotential of the basic flow from its mean. Taking $t^*=f_0^{-1}$ and $\phi^*=f_0L^*U^*$ means that we are studying inertia-gravity wave rather than the pure gravity wave. Taking $L^*=L_0$ means that the perturbation is of meso-scale and basic flow of large-scale if $L_0\approx10^5$ m, and that the perturbation is of large scale and basic flow of planetary scale if $L_0\approx10^6$ m, $rU^*/(f_0L^*)=1$ as $r=10$, $U^*=1$ m/s, $L^*=10^5$ m and $f_0=10^{-4}\,\mathrm{s}^{-1}$; and $rU^*/(f_0L^*)=0.4$ as $r=40$, $U^*=1$ m/s, $L^*=10^6$ m and $f_0=10^{-4}\,\mathrm{s}^{-1}$. In both cases $(U,V)$ and $\mu^2$ are all slowly varying functions, and we have also $\left(\dfrac{\partial}{\partial T}+U\dfrac{\partial}{\partial X}+V\dfrac{\partial}{\partial Y}\right)\mu^2+\mu^2\left(\dfrac{\partial U}{\partial X}+\dfrac{\partial V}{\partial Y}\right)=0$, where $T\equiv\varepsilon t$ (the closed set of equations for the basic flow will be given in Section 5(part Ⅱ)).

Let

$$\begin{cases}\hat{u}' = [\hat{u}_0(X,Y,T) + \varepsilon\hat{u}_1(X,Y,T) + \cdots]\exp[i\theta(x,y,t)] \\ \hat{v}' = [\hat{v}_0(X,Y,T) + \varepsilon\hat{v}_1(X,Y,T) + \cdots]\exp[i\theta(x,y,t)] \\ \phi'_0 = [\hat{\phi}_0(X,Y,T) + \varepsilon\hat{\phi}_1(X,Y,T) + \cdots]\exp[i\theta(x,y,t)]\end{cases} \tag{71}$$

we have the dispersion relation, group velocity and equations governing the change of the frequency and the wave numbers for the inertia-gravity wave packets as follows:

$$\xi^2 = f^2 + \mu^2(m^2 + n^2), \quad \xi = -\sigma + mU + nV$$

$$C_{gx} = \frac{\partial\sigma}{\partial m} = U - \mu^2 m/\xi, \quad C_{gy} = \frac{\partial\sigma}{\partial n} = V - \mu^2 n/\xi$$

$$\begin{cases}\frac{D_g\sigma}{DT} = m\frac{\partial U}{\partial T} + n\frac{\partial V}{\partial T} - \frac{m^2+n^2}{2\xi}\frac{\partial\mu^2}{\partial T} \\ \frac{D_g m}{DT} = -\left(m\frac{\partial U}{\partial X} + n\frac{\partial V}{\partial X} - \frac{m^2+n^2}{2\xi}\frac{\partial\mu^2}{\partial X} - \frac{1}{2\xi}\frac{\partial f^2}{\partial X}\right) \\ \frac{D_g n}{DT} = -\left(m\frac{\partial U}{\partial Y} + n\frac{\partial V}{\partial Y} - \frac{m^2+n^2}{2\xi}\frac{\partial\mu^2}{\partial Y} - \frac{1}{2\xi}\frac{\partial f^2}{\partial Y}\right)\end{cases} \tag{72}$$

$$\frac{D_g}{DT}\ln\mu^2(m^2+n^2) = -\left(\frac{\partial U}{\partial X} + \frac{\partial V}{\partial Y}\right) - \frac{1}{m^2+n^2}\left[m^2\frac{\partial U}{\partial X} + n^2\frac{\partial V}{\partial Y} + mn\left(\frac{\partial U}{\partial Y} + \frac{\partial V}{\partial X}\right)\right] + \frac{1}{\mu^2(m^2+n^2)}\left(\frac{\mu^2 m}{\xi}\frac{\partial f^2}{\partial X} + \frac{\mu^2 n}{\xi}\frac{\partial f^2}{\partial Y}\right) \tag{73}$$

The internal relation between the velocity and geopotential field is given by

$$\hat{u}_0 = \frac{-m\xi + inf}{m^2+n^2}\hat{\phi}_0, \quad \hat{v}_0 = \frac{-n\xi - imf}{m^2+n^2}\hat{\phi}_0 \tag{74}$$

From the equation governing the evolution of $\hat{\phi}_0$ we obtain the energy integral

$$\frac{\partial}{\partial T}\iint_W e'_0 dXdY = -\iint_W \frac{e'_0}{2\xi^2}\left\{(\xi^2 + f^2)\left(\frac{\partial U}{\partial X} + \frac{\partial V}{\partial Y}\right) + 2\mu^2\left[m^2\frac{\partial U}{\partial X} + n^2\frac{\partial V}{\partial Y} + mn\left(\frac{\partial U}{\partial Y} + \frac{\partial V}{\partial X}\right)\right]\right\}dXdY \tag{75}$$

and an equation

$$\frac{\partial A}{\partial T} + \nabla\cdot(A\vec{C}_g) = -A\left[\frac{f^2}{\xi^2}\left(\frac{\partial U}{\partial X} + \frac{\partial V}{\partial Y}\right) + \frac{1}{2\xi^2}\frac{Df^2}{DT}\right] \tag{76}$$

where $e'_0$ and $A$ are the energy density and the wave action respectively

$$e'_0 \equiv \frac{1}{2}[\mu^{-2}(|\hat{u}_0|^2 + |\hat{v}_0|^2) + |\hat{\phi}_0|^2] = \frac{\xi^2}{\mu^2(m^2+n^2)}|\hat{\phi}_0|^2 \tag{77}$$

$$A \equiv e'_0/\sqrt{\xi^2} \tag{78}$$

and $\frac{D_g}{DT} \equiv \frac{\partial}{\partial T} + C_{gx}\frac{\partial}{\partial X} + C_{gy}\frac{\partial}{\partial Y}$.

Eq. (75) is the analogue of Eq. (33). Note that there should be more terms on the right hand side in Eq. (33) if the basic flow is not a nondivergent zonal one (see Section 5).

Suppose that there are westerlies with $V \approx 0$ in the Northern Hemisphere, hence $\partial U/\partial Y - \partial V/\partial X \neq 0$ and $\partial V/\partial Y \approx 0$. From Eqs. (73) and (75) we have: ①When the wave packets are generated near the jet axis, the downstream propagating waves ($\xi>0$) in both sides of the jet are amplified, while the upstream propagating waves ($\xi<0$) are decaying. ②When the source emitting the wave packets is located far away from the jet axis the downstream propagating wave packets first propagate toward the jet with gradual decrease of energy; and then either are reflected or penetrate from one side into the other side of the jet axis, in both cases they become amplified; but the upstream propagating waves first propagate toward the jet with gradual increase of energy, and then penetrate the jet axis and propagate away with continuous decrease of energy. ③The weighted wave number, $\mu(m^2+n^2)^{1/2}$ of a southward propagating and decaying wave packet decreases, while it increases with a northward propagating and growing one; the change of weighted wave number is unclear with northward propagating and decaying waves or southward propagating and growing waves due to the influence of $\partial f^2/\partial Y$. The structure of the various wave packets is sketched in Fig. 6. Note that the word "wave" used here means only the large-scale inertia-gravity wave.

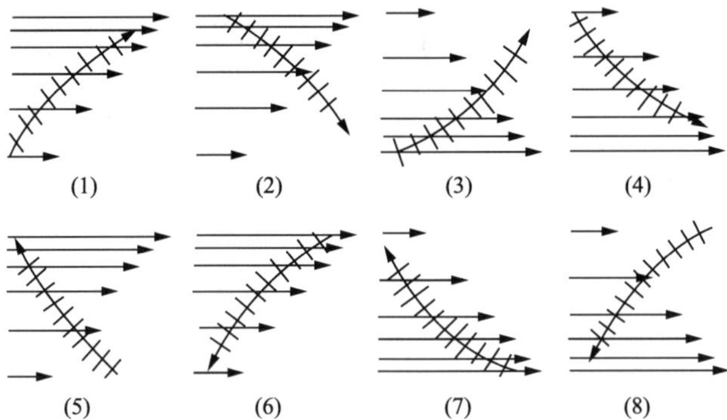


Fig. 6 The structures of various inertia-gravity wave packets superimposed on a shear basic flow. Wind speeds of the basic flow are shown by the thin lines with arrows. The rays and isophase lines of the wave packet are also shown. 1, 4, 6 and 7 are the cases of decaying wave packets, the others growing

From Eq. (77) we conclude that a barotropic zonal flow is not efficient to absorb the large scale inertia-gravity waves completely. In fact, we have the conservation of wave action if $V=0$ and $\partial U/\partial X+\partial V/\partial Y=0$. However, $\xi^2$ is never zero, hence, $e_0'$ neither. In a barotropic atmosphere the interaction of ultra-long wave (basic flow) and large-scale inertia-gravity waves or interaction of large-scale divergent basic flow and meso-scale inertia-gravity waves are needed to absorb the inertia-gravity waves more efficiently.

## References

[1] Starr V P. J. Met., 1958, 5: 39-43.
[2] Lorenz E N. WMO-No., 1967, 218(115): 161.
[3] 叶笃正,朱抱真. 大气环流的若干基本问题. 北京:科学出版社,1958.

[4] Fjǿrtoft R. Tellus,1953,5:225-230.
[5] Rhines P B. J. Fluid Mech.,1975,69:417-443.
[6] 曾庆存. 数值天气预告的数学物理基础. 第一卷. 北京:科学出版社,1979.
[7] Zeng Q C. Scientia Sinica,1979,22:945-957.
[8] Kuo H L. J. Met.,1951,8:307-315.
[9] Zeng Q C. J. Met. Soc. Japan,1982,60(1):24-31.
[10] Rossby C G. J. Marine Res.,1938,1:239-263.
[11] Yeh T C. J. Met,1949,6:1-16.
[12] Dickinson R E. J. Atmos. Sci.,1968,25,984-1002.
[13] 巢纪平,叶笃正. 大气科学,1977,1(2):81-88
[14] Grose W L,et al. J. Atmas. Sci.,1979,36:223-234.
[15] 刘式适,杨大升. 气象学报,1979,37,14-27.
[16] 季劲均. 气象学报,1979,37:90-96.
[17] 陈久康. 气象科学,1980,1:27-41.
[18] Zeng Q C,et al. Scientia Sinica,1981,24:508-520.
[19] Young W R,et al. Geophys. Astrophys. Fluid Dynamics,1980,15:39-52.
[20] 卢佩生,曾庆存. 大气科学,1981,5:1-8.
[21] 卢佩生. 气象学报,1981,39:2.
[22] Hoskins B J,et al. ,J. Atmos. Sci., 1981,38:1179-1196.
[23] Hayashi Y. J. Atmos. Sci.,1981,38:1179-1205.
[24] Zeng Q C. J. Atmos. Sci.,1983,40:73-84.
[25] Zeng Q C. Tellus,1983,35A:337-349.
[26] Zeng Q C. Presented at the IAMAP-WMO Symposium on Maintenance of the Quasi-stationary Components of the Flow in the Atmosphere and in Atmospheric Models,Paris,August 29-September 2,1983.
[27] Karoly D J,et al. J. Met. Soc. ,Japan,1982,60:109-123.
[28] Bretherton F P,et al. Proc. Roy Soc. London, 1969,A302:529-554.
[29] Yamagata T. J. Oceanogr. Soc. Japan, 1976,32:162-168.

12

# Evolution of Large Scale Disturbances and Their Interaction with Mean Flow in a Rotating Barotropic Atmosphere—Part Ⅱ①

Zeng Qingcun Lu Peisheng
Li Rongfeng Yuan Chongguang
(Institute of Atmospheric Physics, Academia Sinica, Beijing)

Received June 25, 1985

**Abstract** In part Ⅰ of this paper, we have discussed two problems: the general properties of two-dimensional barotropic motion and the evolution and structure of both Rossby wave packet and inertia-gravity wave packet. In this part, we shall continue our discussion. Third, normal modes and continuous spectra of both quasi-geostrophic and non-geostrophic models, their different behaviour, and the comparison of normal mode approach to the wave packet approach. Fourth, weakly nonlinear theory of interaction based on the analysis of eddy transports. A nonzonal basic flow as well as non-geostrophic model is also included in the consideration. The last, the fully nonlinear theory, making emphasis on the conditions for the maintenance of nonzonal disturbances and the conditions for their continuous and complete absorption by the zonal flow. A comparison of Rossby wave absorption to energy cascade in the two-dimensional turbulence is also given.

## 4 Normal Mode Approach

### 1. Normal Modes and Continuous Spectrum in the Quasi-geostrophic Model

As mentioned above, the representation of disturbances in the form of wave packet and the correspondent WKB method have the advantages of simple and clear geometric picture and excellent mathematic formulas; but the disadvantage is that they can be applied only to those disturbances whose temporal and spatial scales are small compared with the basic flow. It is better to apply the normal mode method to the general initial value problem.

The normal mode method has been successfully developed in the study on the prob-

① Published in *Advances in Atmospheric Sciences*, 1986, 3(2): 172-188.

lems of hydrodynamic instability (see Lin[1], 1955, for example), and applied to the investigation of barotropic instability in a rotating atmosphere first by Kuo[2] (1949). However, in an inviscid fluid normal modes do not construct a complete system and there must exist continuous spectrum.

Let

$$\psi'(\lambda,\theta,t) = \Psi(\theta)e^{im(\lambda-ct)} \tag{79}$$

substituting Eq. (79) into Eq. (16), we have

$$(\bar{\dot{\lambda}}-c)\left\{\frac{d}{dy}(1-y^2)\frac{d\Psi}{dy}-\left[\frac{m^2}{a^2(1-y^2)}+K\frac{f_0^2}{\bar{\phi}}\right]\Psi\right\}-\left(\frac{m}{a}\right)\frac{\partial\bar{q}}{\partial y}\Psi=0 \tag{80}$$

where $y\equiv a\cos\theta$ and the basic flow is assumed to be zonal and steady with a continuous $\partial\bar{q}/\partial y$; $c$ is called as an eigenvalue or discrete spectrum if the correspondent solution to Eq. (80), $\Psi$, and its derivative of second order are finite and continuous everywhere in $-1\leqslant y\leqslant 1$, and such $\Psi$ is called as an eigenfunction or a (discrete) mode. Usually, $\psi'$ determined by Eq. (79) from an eigenvalue $c$ and eigenfunction $\Psi$ is also called as a normal mode. It is clear that a normal mode is a special solution to Eqs. (80) and (16). Each eigenvalue $c$ must be either a complex number (unstable case) or a real number located in $c<\bar{\dot{\lambda}}_{\min}$ or $c>\bar{\dot{\lambda}}_{\max}$, where $\bar{\dot{\lambda}}_{\min}\leqslant\bar{\dot{\lambda}}(y)\leqslant\bar{\dot{\lambda}}_{\max}$. More strict bounds of discrete spectra are given by the so-called semicircle theorem (see Howard[3], 1961; Pedlosky[4], 1964; Kuo[5], 1973 and Wang[6], 1983).

Every constant $c$ satisfying $\bar{\dot{\lambda}}_{\min}\leqslant c\leqslant\bar{\dot{\lambda}}_{\max}$ makes Eq. (80) have a singular point $y_c$, where $\bar{\dot{\lambda}}(y_c)=c$, hence, the correspondent $\Psi$ has logarithmic singularity at $y_c$ and is not an ordinary solution to Eqs. (80) and (16). The region $\bar{\dot{\lambda}}_{\min}\leqslant c\leqslant\bar{\dot{\lambda}}_{\max}$ constructs the continuous spectrum, and the correspondent $\Psi(\theta;c)$ is called a spectral function. Note, that $\Psi(\theta;c)$ is also called a spectral function as $c$ is a discrete spectrum.

Denote the discrete spectra and modes as $C_{mn}$ and $\Psi_{mn}(y)$ respectively for a given $m$, $n=1,2,\cdots$; and the continuous modes as $\Psi_m(y,c)$. Every ordinary solution of Eq. (16) can be represented as follows:

$$\begin{aligned}\Psi'(\lambda,y,t) &= \mathrm{Re}\left\{\sum_m\left[\sum_n A_{mn}\Psi_{mn}(y)e^{im(\lambda-C_{mn}t)}+\int_{\bar{\dot{\lambda}}_{\min}}^{\bar{\dot{\lambda}}_{\max}}A_m(c)\Psi_m(y,c)e^{im(\lambda-ct)}dc\right]\right\}\equiv\\ &\mathrm{Re}\left[\sum_m\psi'_{md}(\lambda,y,t)+\psi'_{mc}(\lambda,y,t)\right]\end{aligned} \tag{81}$$

where $A_{mn}$ and $A_m(c)$ are the coefficients of expansion (Zeng et al.[7], 1981; Lu et al.[8], 1983).

## 2. The Behaviour of Quasi-geostrophic Disturbances

Let

$$\Psi_{mn}(y)\equiv\Psi_{mn}^{(r)}(y)+i\Psi_{mn}^{(i)}(y)\equiv|\Psi_{mn}(y)|e^{i\sigma_{mn}(y)},\qquad \Psi_{mn}^{(r)}(y)\not\equiv 0 \tag{82}$$

we have that $\sigma_{mn}$ is independent of $y$, (no phase shear) for the real $C_{mn}$, while $d\sigma_{mn}(y)/dy \neq 0$ for a complex $c$ with nonzero imaginary part (Wang[8], 1983). These are just required by the fact that a single neutral mode ($C_{mn}$ is real) does not interact with the basic flow, but an unstable mode, either developing or decaying, must have energy exchange with basic flow, hence $u'v'$ and $d\sigma_{mn}(y)/dy$ are not identically equal to zero.

Of course, every decaying normal mode or their linear combination in the unstable case will finally be absorbed completely by the basic zonal flow. Besides, unlike a single neutral mode, a combination of several neutral normal modes usually interacts with the zonal flow due to their non-orthogonality even if the zonal flow satisfies the sufficient condition for stability. However, this interaction is transient, and the disturbance always remains.

On the contrary to the discrete modes in the stable case, the continuous spectrum, i. e. $\psi'_{mc}$ always interacts with the basic zonal flow. Zeng[7] (1981) and Lu et al. [8] (1983) have proved that both $\psi'_{mc}$ and $|\partial\psi'_{mc}/\partial y|$ approach zero as $t\to\infty$. This means that there is a complete absorption of a disturbance consisting only of continuous spectrum no matter whether the disturbance grows or decays in the initial stage. However, its enstrophy must remain in the stable case due to the conservation law Eq. (18), hence, as $t\to\infty$ the limit is an ideal function.

From the above analyses we conclude that, after a long time, a disturbance leaves the part consisting of a combination of neutral modes and unstable growing modes, if any, but that part consisting of continuous spectrum or a combination of unstable decaying modes becomes very weak. In the stable case the necessary as well as sufficient condition for complete absorption of a disturbance is that the disturbance consists only of continuous spectrum; while in the unstable case growing modes should not exist with the disturbance too.

Numerical calculation by using finite difference method but with a beta-plane approximation (Lu et al. [8], 1983) shows that there are only a few discrete spectra in the stable case, and the modes have rather large meridional scale. It also shows that a continuous spectrum does exist (in the region $\dot{\bar{\lambda}}_{\min} \leqslant c \leqslant \dot{\bar{\lambda}}_{\max}$, the eigenvalues of the matrix approximating the original differential operator are denser and denser as the grid size becomes smaller and smaller), and the function $\Psi_m(y,c)$ usually has small scale, like a local disturbance (Fig. 7). This means that by representing a local disturbance or a wave packet in terms of Eq. (81), the main component just corresponds to the continuous spectrum.

It is very interesting that a disturbance consisting of linear combination of such modified $\Psi_m(y,c)$ and having no initial meridional shear of the trough-ridge lines does continuously decay for a long time, and its meridional wavelength becomes smaller and smaller (Fig. 8). This is a good demonstration of the behaviour of a wave packet and a confirmation of the conclusions obtained by the WKB method. In fact, by dividing $\dot{\bar{\lambda}}_{\min}\leqslant c\leqslant\dot{\bar{\lambda}}_{\max}$ into several subsets with distance $\delta c_k$ small enough, $\psi'_{mc}$ in (81) can be represented in a form of linear combination of wave packets

$$\psi'_{mc}(\lambda,y,t)=\sum_k \psi'_{mck}(\lambda,y,t)$$

$$\begin{aligned}\psi'_{mck}(\lambda,y,t)&\equiv\int_{c_k-\delta c_k/2}^{c_k+\delta c_k/2} A_m(c)\Psi_m(y,c)\mathrm{e}^{\mathrm{i}m(\lambda-ct)}\,\mathrm{d}c\\&=\left[\int_{c_k-\delta c_k/2}^{c_k+\delta c_k/2} A_m(c)\,|\Psi_m(y,c)|\,\mathrm{e}^{\mathrm{i}[\sigma_m(y,c)-\sigma_m(y,c_k)-m(c-c_k)t]}\,\mathrm{d}c\right]\mathrm{e}^{\mathrm{i}[\sigma_m(y,c_k)+m(\lambda-c_kt)]}\\&\equiv A_k(\lambda,y,t)\mathrm{e}^{\mathrm{i}[\sigma_m(y,c_k)+m(\lambda-c_kt)]}\end{aligned}\tag{83}$$

where every amplitude $A_k$ is a slowly varying function of $y$ and $t$.

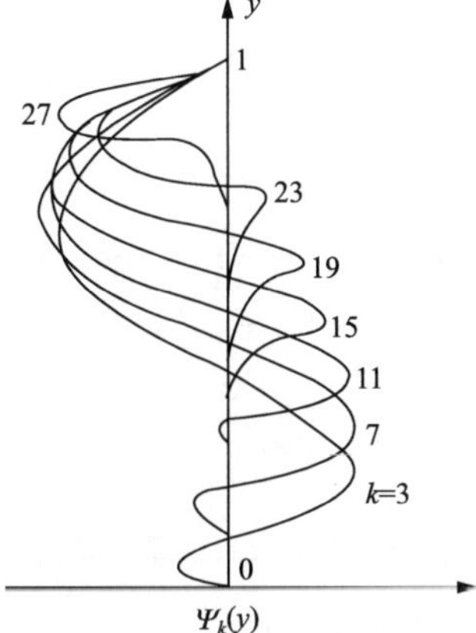


Fig. 7 Examples of spectral function $\Psi_m(y,c)$ corresponding to the continuous spectrum but computed by using finite difference method. $\Psi_m(y,c_k)$ is simply denoted as $\Psi_k(y)$, $\bar{u}=\bar{u}_0+\bar{u}_1 y$; $0\leqslant y\leqslant 1$ on a $\beta$-plane, $\bar{u}_0$, $\bar{u}_1$ and $\beta_y$ are all const., and $m=1$

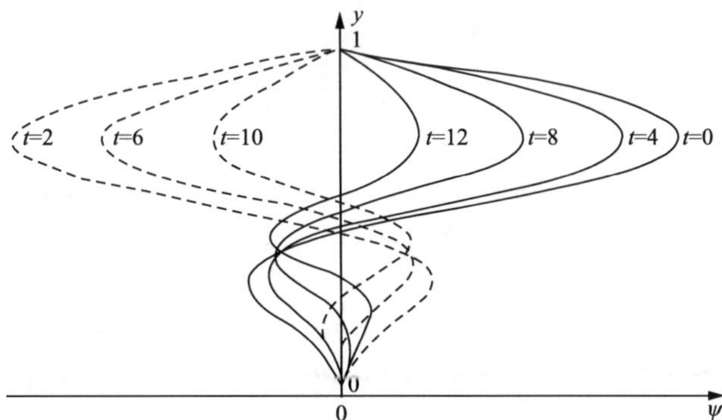


Fig. 8 The evolution of a disturbance at $x=0$. The disturbance consists of continuous spectrum (some examples are given in Fig. 7), and its trough-ridge lines initially are directed along the meridian

Yamagata[9] (1976) has found an analytic solution to the linearized vorticity equation in an infinite $\beta$-plane with a constant shear of $\bar{u}$ or $\bar{v}$, and has also shown the complete absorption of disturbances. Recently, Tung[10] (1983) has made a more strict analysis, and has shown the asymptotic behaviour of this absorption in detail.

### 3. Non-geostrophic Model

Using the finite difference method and beta-plane approximation Li and Zeng[11] (1983) have recently carried out a numerical analysis of the modes and continuous spectrum in a barotropic atmosphere with a steady zonal flow as the basic flow.

There are three branches of spectra corresponding to the Rossby or vortical wave, downstream propagating and upstream propagating inertia-gravity waves respectively. The Rossby or vortical wave branch essentially does not differ from that obtained by the quasi-geostrophic model. Namely, there are discrete spectra and continuous spectrum. The number of discrete spectra is finite in the stable case, but, probably, infinite in the unstable case, although the imaginary part of the spectra is very small except a few of them (Fig. 9(a)). However, two inertia-gravity waves branches both have only discrete spectra (Fig. 9(b)) again. This fact indicates that the inertia-gravity waves can not be completely absorbed by a steady zonal flow in an inviscid barotropic atmosphere, but the waves could propagate into infinitive.

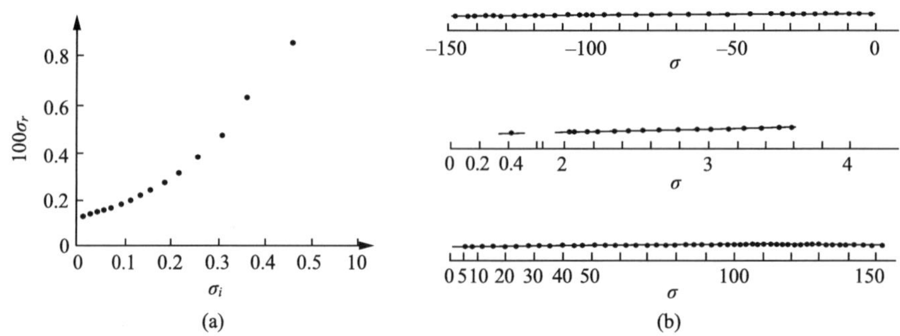


Fig. 9 (a) Discrete spectra correspondent to Rossby or vortical wave and with complex $\sigma$ for an unstable zonal flow $\bar{u}=8ye^{(0.5-y^2/0.08)}$ in a primitive equation model, $f=1$, $m=2$ and $0\leqslant y\leqslant 1$, and $\sigma\equiv mc=\sigma_r+i\sigma_i$. (b) Three branches of spectra for a stable zonal flow $\bar{u}=1+0.8y$, $f=1$, $m=2$ and $0\leqslant y\leqslant 1$. One branch located in $-1<\sigma<3.6$ corresponds to the vortical waves. There is only one discrete mode in this branch, and the region $2<\sigma<3.6$ corresponds to the continuous spectrum degenerated as very dense "discrete" spectra by using the finite difference method. The two branches located in $\sigma<-2$ and $\sigma>4$ correspond to upstream and downstream propagating inertia-gravity waves respectively. As the grid size becomes smaller, the additional spectra appear in the region with larger $|\sigma|$

# 5 The Influence of Disturbances on the Basic Flow—Weakly Nonlinear Theory

### 1. Interaction of Rossby Wave with the Zonal Flow

There is not only energy transformation between the disturbances and zonal flow but also redistribution of the zonal momentum as the evolution of disturbances goes on.

The redistribution of zonal flow can be directly determined by Eq. (17) as the meridional flux of potential vorticity $\overline{v'_\theta q'}\sin\theta$ caused by the disturbances is known. However, in order to facilitate the physical interpretation it is more convenient to take the (dimensional) angular momentum equation:

$$\frac{\partial a\bar{v}_\lambda \sin\theta}{\partial t} = -\frac{\partial}{a\sin\theta\partial\theta}(\overline{v'_\lambda v'_\theta}\, a\sin^2\theta) - 2\omega\cos\theta \cdot \bar{v}_\theta\, a\sin\theta \tag{84}$$

where the first term on the right-hand side is the convergency of the meridional flux of angular momentum, $\overline{v'_\lambda v'_\theta}\, a\, \sin^2\theta$, and the second term, $-2\omega\cos\theta \cdot \bar{v}_\theta\, a\, \sin\theta$, is the effect of wave-induced mean meridional velocity. By use of the quasi-geostrophic approximation, i. e. $2\omega\cos\theta$ in Eq. (84) is replaced by $f_0 \equiv 2\omega\cos\theta_0$ and the continuity equation is approximated by

$$f_0 K\frac{\partial\bar{\psi}}{\partial t} + \tilde{\phi}\,\frac{\partial\bar{v}_\theta\sin\theta}{a\sin\theta\partial\theta} = 0 \tag{85}$$

the wave-induced mean meridional velocity is determined by the following equation:

$$\sin\theta\frac{\partial}{\partial\theta}\left(\frac{\partial\bar{v}_\theta\sin\theta}{\sin\theta\partial\theta}\right) - K\frac{f_0^2 a^2}{\tilde{\phi}}\bar{v}_\theta\sin\theta = K\frac{f_0^2}{\tilde{\phi}}f_0^{-1}\frac{\partial}{\sin\theta\partial\theta}(\overline{v'_\lambda v'_\theta}\, a\sin^2\theta) \tag{86}$$

It is clear that $\bar{v}_\theta \equiv 0$, and the evolution of zonal flow is simply determined by the convergency of angular momentum flux if $K=0$, i. e., in a non-divergent barotropic atmosphere. However, as the effect of two-dimensional divergency of the flow is taken into account there is always a wave-induced $\bar{v}_\theta$ and a more detailed analysis of the waves' interaction is needed, although the unique factor of influence is the angular momentum flux, $\overline{v'_\lambda v'_\theta}\, a\, \sin^2\theta$ which also governs the field $\bar{v}_\theta$ in accordance with Eq. (86).

By using the observed wind data or observed geostrophic wind fields the statistics of angular momentum flux have been carried out by many investigators in the general circulation of the atmosphere. On the other hand, the transport properties of normal modes have been thoroughly analyzed by Kuo[12] (1951). Namely, a neutral mode does not generate nonzero flux of angular momentum due to no phase shear of the trough-ridge lines (see Eq. (82)), but an unstable mode, either growing or decaying, does. It is not difficult to think that a single unstable mode has its profile of $\overline{v'_\theta v'_\lambda}\, a\, \sin^2\theta$, hence the zonal flow is accelerated in a certain latitudinal zone and decelerated in another zone, although the total zonal energy decreases in the case of growing mode and increases in the case of decaying mode. In fact, there is a very simple relationship between the fluxes of angular momentum and potential vorticity

$$\overline{v_\theta' q'} a^2 \sin^2\theta = -\frac{\partial}{\partial\theta}(\overline{v_\lambda' v_\theta'} a \sin^2\theta) \tag{87}$$

hence, we have

$$\frac{\partial}{a\partial\theta}(\overline{v_\lambda' v_\theta'} a \sin^2\theta) = \left(\frac{a^2 \sin^2\theta}{\partial\bar{q}/\partial\theta}\right)\frac{\partial}{\partial t}\left(\frac{\overline{q'^2}}{2}\right) \tag{88}$$

and

$$\frac{\partial}{\partial t}(\bar{v}_\lambda a \sin\theta) + \frac{a^2 \sin\theta}{\partial\bar{q}/\partial\theta}\frac{\partial}{\partial t}\left(\frac{\overline{q'^2}}{2}\right) = -2\omega\cos\theta \cdot \bar{v}_\theta a \sin\theta \tag{89}$$

Integrating Eq. (88) over the whole region with the boundary conditions $\overline{v_\theta' \sin\theta} = 0$, at $\theta = 0, \pi$ yields Eq. (18), so that the conservation of total weighted entropy $q'^2 \sin\theta / [2(\partial\bar{q}/a\partial\theta)]$ is required by the vanishing of angular momentum flux at the two poles. According to Eq. (89), in a nondivergent atmosphere the zonal flow is accelerated wherever $(\partial\overline{q'^2}/\partial t)/(\partial\bar{q}/\partial\theta) < 0$, but decelerated wherever $(\partial\overline{q'^2}/\partial t)/(\partial\bar{q}/\partial\theta) > 0$, so that the zonal flow is accelerated in the region of $\partial\bar{q}/\partial\theta > 0$ and decelerated in the region of $\partial\bar{q}/\partial\theta < 0$ if a decaying normal mode is superimposed on it, and the opposite is true if a growing mode is superimposed. When the effect of divergency is taken into account one can obtain a tendency of the zonal flow by solving Eq. (17) i. e.

$$\frac{\partial\bar{v}_\lambda}{\partial t} = \int_0^\pi \frac{\partial G(\theta,\theta')}{\partial\theta}\left[\frac{\partial}{a\sin\theta'\partial\theta'}\left(\frac{\partial\overline{v_\lambda' v_\theta'} a \sin^2\theta'}{a\sin\theta'\partial\theta'}\right)\right]\sin\theta' d\theta' \tag{90}$$

where

$$G(\theta,\theta') = \frac{1}{2}\sum_{n=0}^{\infty}\frac{2n+1}{n(n+1) + f_0^2 a^2/\tilde{\phi}} P_n(\cos\theta) \cdot P_n(\cos\theta')$$
$$= \ln\left(\sin\frac{|\theta-\theta'|}{2}\right) + \text{regular terms} \tag{91}$$

Substituting Eq. (88) into Eq. (90), a qualitative analysis can still be made, but it is rather complicated. If there is a single neutral mode, $\overline{v_\lambda' v_\theta'}$ is zero everywhere in accordance with Eq. (88) because $\partial\overline{q'^2}/\partial t \equiv 0$, hence $\bar{v}_\theta \equiv 0$ and $\partial\bar{v}_\lambda/\partial t \equiv 0$ everywhere no matter whether $K = 0$ or 1. A more strict analysis of the mean zonal acceleration can be found in Andrews and McIntyre's paper[13] (1976) and Pedlosky's[14] book (1979), although for baroclinic atmosphere.

However, due to the non-orthogonality of the modes a linear combination of normal modes or a disturbance consisting of continuous spectrum greatly differs from a single mode, they always cause some transport of angular momentum and interact with the zonal flow. When the disturbance is represented by a single wave packet, we have

$$\overline{v_\theta' v_\lambda'} a \sin^2\theta = -U^{*2} L^{*-2} a \overline{\frac{\partial\psi'}{\partial x} \cdot \frac{\partial\psi'}{\partial y}} \tag{92}$$

$$-\overline{\frac{\partial\psi'}{\partial x}\frac{\partial\psi'}{\partial y}}=-\frac{1}{2\Delta X}\int_0^X mn\,|\Psi_0|^2\mathrm{d}X+O(\varepsilon)=-\overline{\frac{mn}{2}|\Psi_0|^2}+O(\varepsilon) \tag{93}$$

in accordance with the results obtained in Section 3-1, where $\Delta X=2\pi\varepsilon a$ and $\psi'(x,y,t)$ are nondimensional. Eq. (92) and (93) indicate that a wave packet always causes divergency-convergency of angular momentum flux due to the variation of its amplitude $|\Psi_0|$, and even the variation of its orientation $mn$. Supposing there is a single jet in the westerlies with the maximum of $\overline{\dot{\lambda}}$ (i. e. $\bar{u}$, defined in Section 3-1) at $Y_0(\theta_0)$, $\partial\overline{\dot{\lambda}}/\partial\theta<0$ as $\theta>\theta_0$ (i. e. $\partial\bar{u}/\partial Y>0$ as $Y<Y_0$), and $\partial\overline{\dot{\lambda}}/\partial\theta>0$ as $\theta<\theta_0$ (i. e. $\partial\bar{u}/\partial Y<0$ as $Y>Y_0$); and there is a typical decaying wave packet with $mn>0$ at $Y>Y_0$ and $mn<0$ at $Y<Y_0$; $\overline{mn\,|\Psi_0|^2}$ reaches its extreme value at $Y_1$, $Y_2$, where $Y_2>Y_1$; $\partial\overline{mn|\Psi_0|^2}/\partial Y=\text{max.}$ at $Y_0'$, and zero at $Y_1'$, $Y_2'$, where $Y_1'<Y_0'<Y_2'$, and $Y_1'<Y_0$, $Y_2'>Y_0$; and $(\sin\theta)^{-2}\,\partial\overline{mn|\Psi_0|^2}/\partial Y=\text{max.}$ at $Y_0''$, zero at $Y_1''$, $Y_2''$. We have the convergency of angular momentum flux in $Y_1'<Y<Y_2'$; and convergency of potential vorticity flux in $Y_1''<Y<Y_0''$, but its divergency in $Y_0''<Y<Y_2''$. For simplicity, assume that $Y_0'$ and $Y_0''$ are closed to $Y_0$ (this is the case if the wave packet is symmetric about the jet), then we have the acceleration of westerlies on both sides of the jet in accordance with Eqs. (90) and (91) except those latitudinal zones far away from the jet. Differentiating Eq. (90) with respect to $t$, we come to the conclusion that the absolute shear of the zonal flow is also enlarged.

Performing the similar analysis we come to the following conclusion: a growing wave packet with its centre located near the jet in the westerlies decelerates the zonal westerly flow as well as weakens the absolute shear of zonal flow on both sides of the jet (Fig. 10).

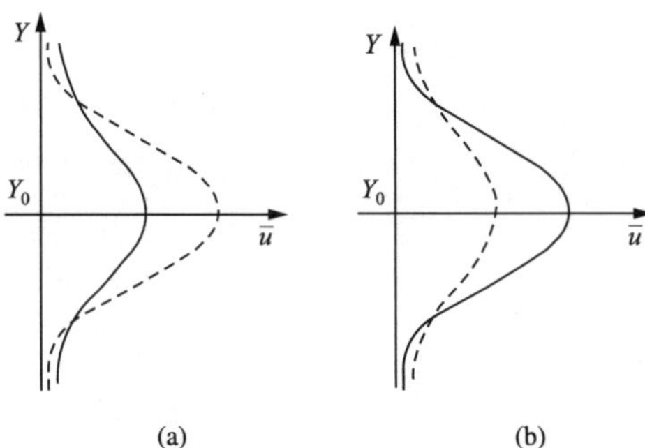


Fig. 10 The evolution of zonal flow due to the interaction with a Rossby wave packet located symmetrically about the jet

Solid line is the initial profile of $\bar{u}$, the dashed is the redistributed. (a) with a decaying disturbance; (b) with a growing one

### 2. Nonzonal Basic Flow

Taking the quasi-geostrophic model Eq. (16) and a basic flow consisting of ultralong waves, we have

$$\left(\frac{\partial}{\partial t}+\bar{v}_\lambda\frac{\partial}{a\sin\theta\partial\lambda}+\bar{v}_\theta\frac{\partial}{a\partial\theta}\right)\bar{q}=-\nabla\cdot\mathscr{F}+\bar{S} \tag{94}$$

where the bar denotes some spatially and temporally averaging operator rather than a zonal mean, $\bar{S}$ is the source (because in the real atmosphere the basic flow is always forced), and $\mathscr{F}$ denotes the flux of potential vorticity generated by the perturbations,

$$\mathscr{F}\equiv\vec{\theta}^0\,\overline{v'_\theta q'\sin\theta}+\vec{\lambda}^0\,\overline{v'_\lambda q'} \tag{95}$$

If we again adopt a linearized model to describe the evolution of the perturbation

$$\left(\frac{\partial}{\partial t}+\bar{v}_\lambda\frac{\partial}{a\sin\theta\partial\lambda}+v_\theta\frac{\partial}{a\partial\theta}\right)q'+v'_\lambda\frac{\partial\bar{q}}{a\sin\theta\partial\lambda}+v'_\theta\frac{\partial\bar{q}}{a\partial\theta}=0 \tag{96}$$

then Eqs. (96) and (94) together construct a weakly interacting system.

Taking a time-filter with an appropriate time-scale, some investigators have performed systematical calculations of $\mathscr{F}$ by the observed atmospheric data. The results show that the divergency $|\nabla\cdot\mathscr{F}|$ is large indeed. This means that the spatially and temporally averaged flow is forced not only by the source but also by the influence of perturbations. At present much effort of investigators is devoted to the evolutionary process of the basic flow owing to its practical importance in the middle-long range predictions of weather and climate. However, for a better understanding it is very important to study the interaction mechanism.

Some questions arise. First, Eq. (94) is obtained by taking an averaging operator (filter) on Eq. (1) and neglecting the terms such as $\overline{\bar{v}_\theta\partial q'/a\partial\theta}$ and $\overline{v'_\theta\partial\bar{q}/a\partial\theta}$, i. e.

$$\overline{\bar{F}q'}\approx 0 \tag{97}$$

where $F$ and $q$ denote two functions. Eq. (97) takes place only if the scale of the filter (the "bar") is much larger than that of perturbation (the "prime"). This is a practical constraint for the filter. Second, the behaviour of ultra-long waves is not well described by Eq. (16) or (94) and, instead of Eq. (94), a more accurate equation is needed although it is not difficult to be found. Third, the averaged forcing $\bar{S}$ is not very well known, although we have a good observational data set of $\bar{\psi}$, so that for making a prediction it is better to divide $\bar{\psi}$ into two parts, $\bar{\psi}_t$ (transient) and $\bar{\psi}_s$ (quasi-stationary), by adopting a new filter (denoted by symbol "$\sim$") with a long enough period

$$\bar{\psi}_s\equiv\tilde{\bar{\psi}},\quad \bar{\psi}_t\equiv\bar{\psi}-\bar{\psi}_s \tag{98}$$

$\bar{\psi}_s$ is known from the observations, although $\bar{S}$ is not known very well. Now, the equation for predicting $\bar{\psi}_t$ can be written as follows:

$$\begin{aligned}\left(\frac{\partial}{\partial t}+\bar{v}_{\lambda s}\frac{\partial}{a\sin\theta\partial\lambda}+\bar{v}_{\theta s}\frac{\partial}{a\partial\theta}\right)\bar{q}_t+\left(\bar{v}_{\lambda t}\frac{\partial}{a\sin\theta\partial\lambda}+\bar{v}_{\theta t}\frac{\partial}{a\partial\theta}\right)\bar{q}_s\\=-\nabla\cdot(\mathscr{F}-\mathscr{F}_s)+\bar{S}_t-\mathscr{R}_t\end{aligned} \tag{99}$$

where

$$\mathscr{R}_t\equiv-\frac{1}{a\sin\theta}\left\{\frac{\partial}{\partial\lambda}(\bar{v}_{\lambda t}\bar{q}_t-\widetilde{\bar{v}_{\lambda t}\bar{q}_t})+\frac{\partial}{\partial\theta}[\sin\theta(\bar{v}_{\theta t}\bar{q}_t-\widetilde{\bar{v}_{\theta t}\bar{q}_t})]\right\} \tag{100}$$

$\overline{\mathscr{R}}_t$ might probably be omitted. In Eq. (99) we have simply take Eq. (94) as the governing equation as an example. Fourth, when the perturbation $\psi'$ is very strong one should even take a nonlinear equation instead of Eq. (96), i. e. adding the nonlinear terms similar to Eq. (100). By doing so, it seems that the calculation is not simple and even more complicated than directly integrating Eq. (16), but we benefit by the separation of the scale (especially the time-scale), the elimination of some unknown factors, and even the possibility of parameterization of $(\mathscr{F}-\mathscr{F}_s)$.

### 3. Non-geostrophic Model

In the range of weakly nonlinear theory the perturbation equations are written as Eq. (69), and the dimensional equations for the evolution of basic flow should be taken as follows (see Zeng[29], 1979):

$$\begin{cases}\left(\frac{\partial}{\partial t}+\bar{u}\frac{\partial}{\partial x}+\bar{v}\frac{\partial}{\partial y}\right)\bar{u}-f\bar{v}+\frac{\partial\bar{\phi}}{\partial x}=-\frac{1}{\bar{\phi}}\left[\frac{\partial}{\partial x}\left(\bar{\phi}\,\overline{u'u'}-\frac{\overline{\phi'^2}}{2}\right)+\frac{\partial}{\partial y}(\bar{\phi}\,\overline{u'v'})\right]+\bar{F}_x\\ \left(\frac{\partial}{\partial t}+\bar{u}\frac{\partial}{\partial x}+\bar{v}\frac{\partial}{\partial y}\right)\bar{v}+f\bar{u}+\frac{\partial\bar{\phi}}{\partial y}=-\frac{1}{\bar{\phi}}\left[\frac{\partial}{\partial x}(\bar{\phi}\,\overline{u'v'})+\frac{\partial}{\partial y}\left(\bar{\phi}\,\overline{v'v'}+\frac{\overline{\phi'^2}}{2}\right)\right]+\bar{F}_y\\ \frac{\partial\bar{\phi}}{\partial t}+\frac{\partial\bar{\phi}\bar{u}}{\partial x}+\frac{\partial\bar{\phi}\bar{v}}{\partial y}=0\end{cases}\tag{101}$$

where a local standard coordinate system has been used for simplicity, otherwise the terms $\vec{\theta}^0a^{-1}\overline{v_\lambda'^2}\text{ctg}\theta+\vec{\lambda}^\theta(-a)^{-1}\overline{v_\lambda'v_\theta'}\,\text{ctg}\theta$ and $\vec{\theta}^0 2a^{-1}\bar{v}_\lambda v_\lambda'\text{ctg}\theta+\vec{\lambda}^0(-a)^{-1}(\bar{v}_\lambda v_\theta'+v_\lambda'\bar{v}_\theta)$ ctg$\theta$ would have to be added to the left sides of the equations of motion for the basic flow and the perturbation respectively.

The unusual terms $(\bar{\phi})^{-1}(-\nabla\cdot\overline{\phi'^2}/2)$ arise due to the fact that there is a transport of available potential energy, while the terms $\partial\overline{\phi'u'}/\partial x+\partial\overline{\phi'v'}/\partial y$ disappear because the zero or small mass transport either by the vortical wave or inertia-gravity waves.

This weakly interactive system possesses the conservation of total energy

$$\frac{\partial}{\partial t}(\bar{E}+E')=0\tag{102}$$

where

$$\begin{cases}\bar{E}\equiv\frac{1}{2}\iint_S\bar{\phi}(\bar{u}^2+\bar{v}^2+\bar{\phi})\mathrm{d}S\\ E'\equiv\frac{1}{2}\iint_S[\bar{\phi}(u'^2+v'^2)+\phi'^2]\mathrm{d}S\end{cases}\tag{103}$$

if $\bar{F}_s=\bar{F}_y=0$.

Suppose that there is a zonal basic flow with a jet, and that there is a downstream propagating inertia-gravity wave propagating toward the jet from the source located on one side of the jet. According to the results obtained in Section 3-4 (part Ⅰ), this wave decays before it reaches the jet axis, and the zonal flow is fed by the wave energy. After the wave propagates into the other side of the jet axis, the wave becomes a growing one, hence it draws the zonal energy and decelerates the zonal flow. Therefore, the jet axis will continuously move to the source region if the source acts continuously. This is one possible mechanism of interaction of the inertia-gravity wave on the synoptic or planetary scale atmospheric motions, although it is difficult to be separated from the very strong interaction of Rossby waves in the barotropic components of the real atmosphere.

It might be important to study the interaction between the basic flow and the tide or the synoptic system and the mesoscale or small scale inertia-gravity waves. In the former the wave is generated continuously, and in the latter the wave has a rather large amplitude.

These problems need more investigations.

## 6 Nonlinear Considerations

### 1. Special Solutions Consisting of Nonzonal Disturbances

So far most the results obtained are based on the linear theory or the theory of weakly nonlinear interaction. They should be corrected by considerations of nonlinearity.

As the nonlinearity is taken into account only some classes of the neutral modes obtained by the linearized quasi-geostrophic model are solutions to the nonlinear quasi-geostrophic equation and are the propagating waves without change in their shapes. Usually, such solutions are also simply called as Rossby wave (in a $\beta$-plane) or Rossby-Haurwitz wave (in a spherical atmosphere). As well known, they have been found as

$$\psi(\theta,\lambda,t) = -\bar{\dot{\lambda}}_0 a^2 \sin\theta + A_0 P_n(\cos\theta) + \sum_{m=1}^{n} A_m P_n^m(\cos\theta)\cos(m\lambda - mct) \tag{104}$$

in the spherical atmosphere, where $\bar{\dot{\lambda}}_0, A_0, A_m (m=1,2,\cdots,n)$ are all arbitrary const., and the phase velocity $c$ is given by

$$c = \frac{\bar{\dot{\lambda}}_0[n(n+1)-2]-2\omega}{n(n+1)+Kf_0^2a^2/\tilde{\phi}} \tag{105}$$

However, according to Hoskins[15] (1973), these waves are unstable with respect to the small perturbation either when $m$ is large enough or one of the amplitudes, $A_{m'}$ is large enough.

Taking a Rossby wave or Rossby-Haurwitz wave as a zero-order approximation, and expanding the solution into series in power of Kibel'-Rossby Number, Zeng[29] (1979) suggested a method to find slowly propagating non-interactive waves in the primitive equations. This has been extended and tested in numerical experiments by Zhang and Zeng[16,17] (1983) and Zhang[18] (1983). Another class of solutions but for an infinite plane has been found by Liu's[19] (1983).

The above-mentioned non-interactive waves are useful in the numerical weather prediction for testing the numerical schemes and the schemes of initialization. However, they are not very much interesting in the dynamic studies.

Other class of special solution to the barotropic quasi-geostrophic model has been found by Lorenz[20] (1960), Longuet-Higgins and Gill[21] (1967), Wu[22] (1979), Li[23] (1982)and many others. This class of solutions consists of triad resonantly interactive waves, demonstrating the Fjϕrtoft's type of energy cascade. Let the triad consists of $\Psi_j(\theta,\lambda,t) \equiv \Phi_j(\theta,\lambda,t)+\Phi_j^*(\theta,\lambda,t)$, where $\Phi_j=A_j(t)P_{nj}^{mj}(\cos\theta)\exp[i(m_j\lambda-\sigma_j t)]$, $\Phi_j^*$ is the complex conjugate of $\Phi_j$, $\sigma_j=m_jc_j$ and $c_j$ is given by Eq. (105) but with $\dot{\bar{\lambda}}_0=0$, $j=1, 2, 3$, the conditions for constructing a closed resonant triad are as follows:

$$\begin{cases}\sum_{j=1}^{3} m_j(-1)^j=0\\ \sum_{j=1}^{3}\sigma_j(-1)^j=0\end{cases}\tag{106}$$

Otherwise, the set might be a non-interactive one or a unclosed one which interacts with whole spectrum. If one of the components in the triad is the zonal flow, it will undergo a periodic vacillation and result in an index cycle.

### 2. The Conditions for the Maintenance of Nonzonal Disturbances

The above special solutions are some too particular cases. In general it is desirable to seek the conditions for the maintenance of nonzonal disturbances. As predicted by the linear theory, the necessary condition for the maintenance of nonzonal disturbances is either the zonal flow is unstable with $(\dot{\bar{\lambda}}_0-\dot{\bar{\lambda}})/\beta_y$ changing its sign in some area, or the nonzonal disturbance has no critical line or consists of some discrete modes. These conditions should be corrected by the nonlinearity on the one hand, and on the other hand, in the cases of critical line or continuous spectrum the nonlinear results will much differ from those obtained by the linear theory. According to the linear theory, the conditions for complete absorption of disturbances do not depend on the intensity, but they do in accordance with nonlinear consideration. In fact, we have the conservation of potential vorticity and the conservation of the inertial axis of the atmospheric motion in the nonlinear theory (see Section 2-3(part Ⅰ)). Therefore we come to the conclusion:

Nonzonal disturbances will maintain and will not be completely absorbed by a jet-like zonal flow in a barotropic atmosphere without forcing and dissipation, if one of the following sufficient conditions are satisfied: ①there are three or more centres of potential vorticity at the whole sphere; ②the atmospheric inertial axis does not coincide with the axis of the earth rotation.

The zonal flow has two potential vorticity centres, each at one pole in the two hemispheres. Note that an individual vortex (cyclone or anticyclone) intensive enough is usually associated with a centre of potential vorticity, hence there is an additional centre at the sphere along with the above-mentioned main two, and this nonzonal disturbance can maintain to some extent. The part of energy maintained with the disturbance also depends on how large its meridional scale is and how weak the zonal shear of the flow is.

Second, the atmospheric inertial axis does not coincide with the axis of the earth's rotation if there is a strongly asymmetric flow pattern, for example, an intensive ultra-long wave with longitudinal wave number 1.

It is also interesting to point out that there are always several potential vorticity centres if the zonal flow is unstable and the disturbances are located in the area with $\bar{\beta}_y < 0$. Besides, a strong flow across the equator also creates more potential vorticity centres in the equatorial region. These are all the favorable conditions for the maintenance of nonzonal disturbances.

Along with the above-mentioned conditions, the orographic and thermal forcing as well as the baroclinity of the atmosphere, of course, are the other factors for the generation and maintenance of disturbances.

Some numerical experiments with hemispheric barotropic model have been carried out by Zeng et al. [24] (1980) and Yuan et al. [25] (1982). An initial zonal flow like the climatological one at 500hPa in the Northern Hemisphere is taken. When the disturbances with additional potential vorticity centres are superimposed, the disturbances are all maintained indeed in the calculations. Fig. 11 shows the maintenance of four intensive

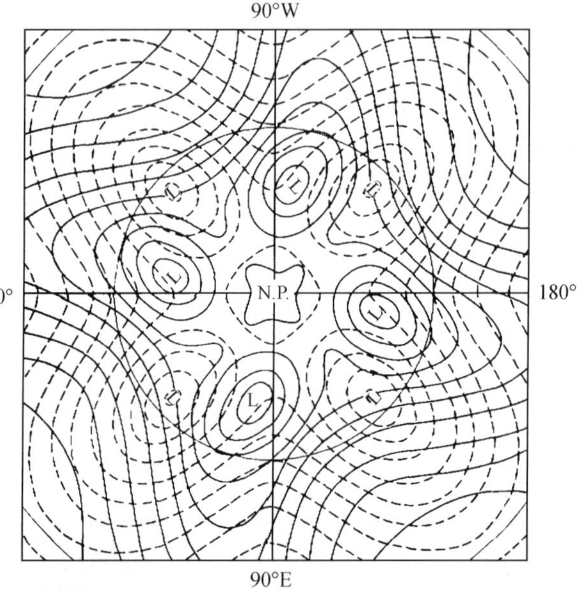


Fig. 11 Numerical experiment with hemispheric primitive equations of barotropic atmosphere

The dashed lines are the isopleths of initial geopotential, consisting of 4 strong vortical centres superimposed on a zonal flow with 4 Rossby waves. The solid lines are the isopleths on the 10th day

vortices superimposed on four planetary waves with a jet-like zonal flow. Fig. 12 shows the influence of an intensive vortex resulting in a very typical downstream effect and alternatively deepening of the downstream troughs.

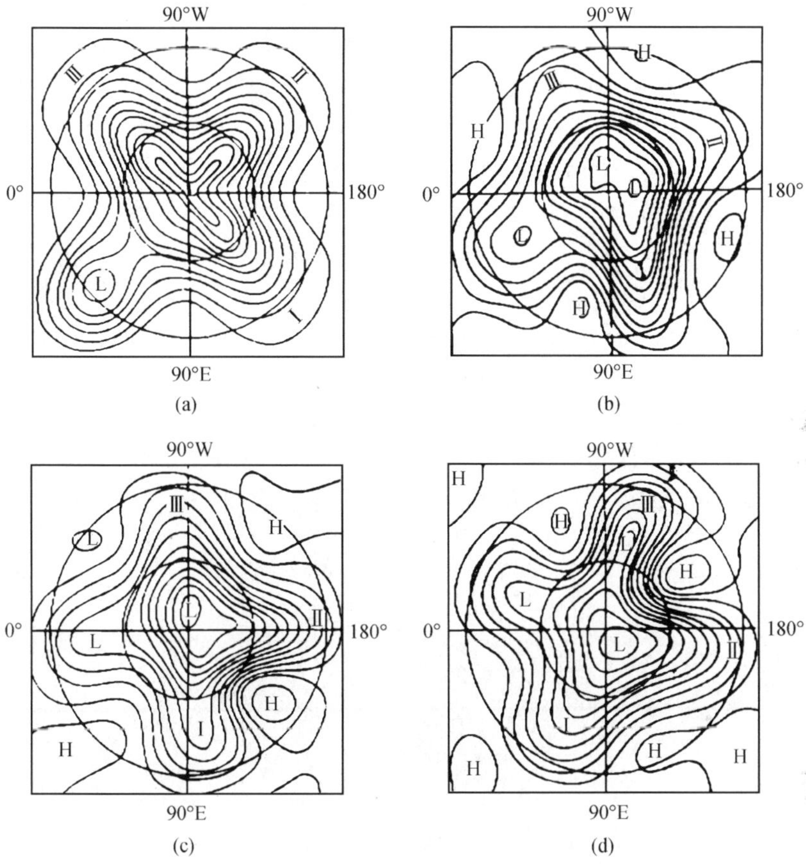


Fig. 12 As in Fig. 11, except that the initial field consists of one additional vortical centre superimposed on almost the same zonal flow and the Rossby waves
(a) initial; (b) on the 4th day; (c) on the 8th day; (d) on the 13th day

### 3. The Rotational Adaptation

On the contrary, the nonzonal disturbances might be completely absorbed by the zonal flow (rotational adaptation) under some conditions. As predicted by the linear theory the necessary and sufficient condition for rotational adaptation is that the nonzonal disturbance consists of continuous spectrum. However, taking account of the nonlinearity, we can indicate the only necessary conditions, i. e., there are two and only two centres of potential vorticity on the whole sphere, and the inertial axis of the atmospheric motion coincides with the axis of earth rotation (Zeng[29], 1979).

The absorption of nonzonal energy depends on the shear of the zonal jet as well as the scale of the disturbance. In fact, according to Eq. (58) we have

$$\frac{\partial E'}{E'\partial T}=\frac{2}{E'}\iint_W\left(\frac{mn}{\nu^2}\right)\frac{\partial\bar{u}}{\partial Y}\left(\frac{1}{2}\nu^2|\Psi_0|^2\right)\mathrm{d}X\mathrm{d}Y=2\left(\frac{mn}{m^2+n^2+\rho^2}\frac{\partial\bar{u}}{\partial Y}\right)^* \tag{107}$$

where the asterisk denotes the average over the whole wave packet with energy density $\nu^2|\Psi_0|^2/2$ as a weight. When the shear $|\partial\bar{u}/\partial Y|$ of the zonal flow is large but the scale of the disturbance is small (either $m$ or $n$ is large), the absorption is rapid.

Zeng et al.[24] (1980) have carried out some hemispheric numerical experiments with an initial zonal flow similar to the climatological one on 500hPa and disturbances satisfying the above necessary conditions. The disturbances do gradually be absorbed by the zonal flow. Fig. 13 is an example in which the initial field is the modification of that in Fig. 11 by removing the additional centres of potential vorticity. Changing $m$ from 2 to 8 (but fixing the meridional structure of the disturbances), the time interval required for absorption of half initial nonzonal energy varies from 17 to 4 days. Zeng and Held (1981, unpublished) have performed another numerical experiments with an initial zonal flow similar to the mean zonal flow on 200hPa. Owing to a larger shear of the zonal flow, the absorption is very rapid, and a half of initial disturbance with $m=6$ is absorbed within only 2 days. Fig. 14 shows the evolution of geopotential field for the first 4 days.

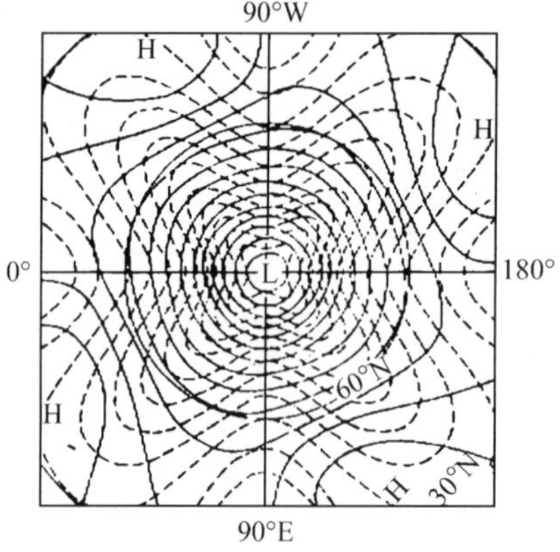


Fig. 13 As in Fig. 11, except that 4 initial vortical centres are removed

The solid lines are the isopleths on the 8th day

The question whether a disturbance can be completely absorbed still remains unsolved in the nonlinear theory. However, the linear theory applied to the weak disturbance as well as the results obtained by numerical experiments shows that the absorption of disturbances superimposed on a jet-like zonal flow and satisfying the above necessary conditions are practically complete.

It should be pointed out that whenever there is a large initial shear of the zonal flow and the disturbances are represented in a form of wave packet, a considerable amount energy of disturbances is always absorbed even if the disturbances are intensive enough to violate the above-mentioned necessary conditions, but some portion of energy remains

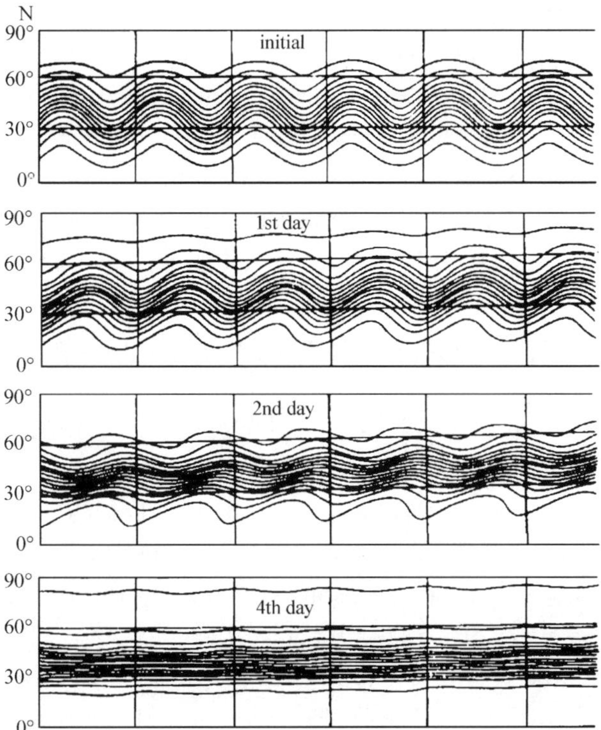


Fig. 14 As in Fig. 13, except that the initial zonal flow is rather strong and given by $\bar{v}_\lambda = a\alpha\omega(0.02\sin\theta + 0.1\sin^2\theta\sin^2 2\theta)$, and the disturbance consists of 6 Rossby waves, $\psi' = A\sin(\pi\cos\theta)\sin 6\lambda$. The successive patterns are displayed on a Mercator's projection. Only the Northern Hemisphere is shown

with the disturbances.

### 4. A Comparison of Rossby Wave Absorption with Energy Cascade in the Two-dimensional Turbulence

Based on the analysis of two-dimensional incompressible turbulence equation in a $\beta$-plane

$$\frac{\partial}{\partial t}\nabla\psi + J(\psi, \Delta\psi) + \beta\frac{\partial\psi}{\partial x} = \nu\Delta^2\psi + F \tag{108}$$

we have that if the forcing $F$ is given at a fixed wave number, the energy flux will be directed from this wave number to smaller wave number but the enstrophy flux will be to the higher wave numbers in accordance with Fjφrtoft's[30] (1953) and Kraichnan's[26] (1967) nonlinear theory, and then the energy goes into the zonal flow due to the separation of cyclones from anticyclone by the $\beta$-effect in accordance with Kuo's theory[12] (1951).

Rhines[31] (1975) has indicated that if the turbulence is purely generated by a random isotropic forcing with characteristic scale $L^*$ and velocity $V^*$ such that $L^* \ll l^*$, where $l^* = (V^*/\beta)^{1/2}$ the (nonlinear) two-dimensional turbulence energy cascade is dominant, and after the energy goes into the waves with zonal scale $l^*$, or if $L^* \gg l^*$, or the forcing with $L^* \ll l^*$ is located periodically in a distance larger than $l^*$, the Rossby waves are dominant due to the smallness of the nonlinear terms $J(\psi, \Delta\psi)$ as compared with the $\beta$-effect, $\beta\partial\psi/\partial x$, and the energy cascade is slowed down (see also Williams[27], 1978). Rhines' theoretic considerations were tested by his and Williams' numerical experiments, in which $L^* \ll l^*$ and a turbulent flow with scales smaller than $l^*$ is generated in the beginning. This flow gradually has larger and larger zonal component, and finally a zonal flow alternative with a characteristic meridional width $l^*$ is statistically established. The energy feedback seems to go to the zonal flow directly, and Rossby waves seem not to occur.

It must be pointed out that in Rhines' and Williams' experiments there is no zonal flow initially, and their theoretical analysis did not pay attention to the influence of zonal flow. The establishment of zonal flow is so slow that it takes about 70 days even for the Jovian atmosphere. Second, the dissipation term $\nu\Delta^2\psi$ is needed for balancing the forcing $F$ as well as for smoothing out the small-scale structures of the flow, otherwise the small scale vorticity centres might always be pronounced.

Now, a question arises: what happens after the zonal flow is established or the influence of the zonal flow becomes larger? To investigate this problem it is better to use the following equations

$$\left(\frac{\partial}{\partial t}+\bar{u}\frac{\partial}{\partial x}\right)\Delta\psi'+\bar{\beta}_y\frac{\partial\psi'}{\partial x}+J(\psi',\Delta\psi')-\overline{J(\psi',\Delta\psi')}=\nu\Delta^2\psi'+F' \tag{109}$$

$$\frac{\partial}{\partial t}\Delta\bar{\psi}+\overline{J(\psi',\Delta\psi')}=\nu\,\Delta^2\bar{\psi}+\bar{F} \tag{110}$$

where the symbols bar and prime denote the zonal part and the departure respectively. Eq. (109) is essentially the same as Eq. (40) but with adding the nonlinear terms $J(\psi', \Delta\psi')-\overline{J(\psi',\Delta\psi')}$, which can usually be neglected. Now, we have Rossby wave, and the advective term $\bar{u}\dfrac{\partial\Delta\psi'}{\partial x}$ caused by the zonal flow is as large as the $\beta$-effect term, $\bar{\beta}_y\partial\psi'/\partial x$. Therefore, the behaviour of Rossby waves is controlled by $(\partial/\partial t+\bar{u}\partial/\partial x)\Delta\psi'+\bar{\beta}_y\partial\psi'/\partial x$ rather than the pure $\beta$-effect, and there occurs strong interaction between the zonal flow and the Rossby waves. Trough-ridge lines are always overturned by the meridional shear of zonal flow, and the separation of cyclones from anticyclones is also enhanced by the enlarged $\beta$-effect for a jet-like zonal flow since $\beta$ is replaced by $\bar{\beta}_y$. According to our results, the energy cascade does not slow down. In fact, our numerical experiments described in Section 4-3 (part Ⅱ) show that even in the earth's atmosphere the characteristic time for the absorption of Rossby waves is at least one order of magnitude shorter than that for generation of zonal flow by the pure small scale turbulences. Besides, the short-wave absorption is even more rapid in accordance with Eq. (107) if the eddies are not too intensive.

As suggested by Zeng et al.[24] (1980), Yuan et al.[25] (1982) have carried out further numerical experiments, changing parameters such as the angular velocity $\omega$ of the planet, the thickness $H$ of the atmosphere and so on. Analysing all the numerical results by using the nondimensional parameters: $\varepsilon \equiv (t^* f^*)^{-1}$, $\mu \equiv L_0/L^*$, $M_a^{-1} \equiv \sqrt{gH}/U^*$, and $\delta \equiv L^*/a$, and plotting them in a $\ln \varepsilon^{-1}$-$\mu$ diagram, we have Fig. 15, where $t^*$ is the time for $E'(t^*) = E'(0)/2$; $f^*$ is the Coriolis parameter at middle latitudes, $L^*$ and $U^*$ are the characteristic length and velocity of disturbances respectively, $L_0$ is the deformation radius of the atmosphere under consideration, and $a$ and $g$ are the radius and gravity of the planet respectively. In all these numerical experiments, the meridional structure of initial flow patterns are rather similar, and $M_a^{-1}$ (or $R_0 \equiv M_a \mu$) and $\delta$ do not change very much, so that $\varepsilon$ is nearly a function of $\mu$. Comparing this diagram with Williams' numerical experiments, we may have some ideas about the efficiency of Rossby wave absorption and energy cascade by pure two-dimensional turbulence.

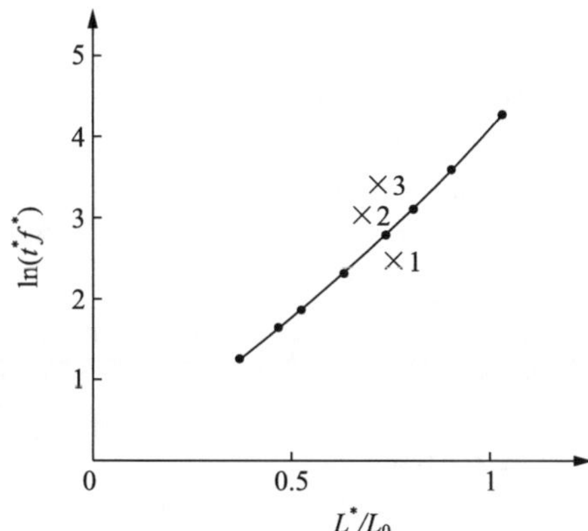


Fig. 15 A diagram showing the dependence of nondimensional characteristic time scale $f^* t^*$ on the nondimensional characteristic length $L^*/L_0$ of the disturbances, where $f^*$ is the Coriolis parameter, and $L_0$ is the Rossby deformation radius. The dark dots are referred to $R_0 = 0.13$ under the conditions of Earth's atmosphere, and crosses 1—3 respectively to $R_0 = 0.115$, 0.14 and 0.23

In the Jupiter the $\omega$ and $g$ are larger than in the Earth, and the Jovian atmosphere is much deeper than the Earth's atmosphere. For the same $\delta$, i. e., the same zonal wave number, $\mu^{-1}$ is much less, hence the characteristic time $t^*$ is much less than that for our atmosphere. For example, $t^*$ becomes less than 12 hours for the disturbances with 8 planetary waves ($m=8$). Note that in the Jovian atmosphere there are many jets, whose shear, $|\partial \bar{u}/\partial Y|$, and meridional wave number are both much larger than those of our atmosphere. These factors make $t^*$ even greatly shorter than 12 hours. Therefore, planetary waves, if any, should be soon absorbed by the zonal circulation. This may explain why the zonal structure is dominant, why there is not any large-amplitude Rossby wave observed in the Jovian atmosphere, and why there is no feedback of turbulence energy to the planetary waves but to the zonal flow. However, intensive disturbances exist in Jovian atmosphere, for example, the Great Red Spot, which undoubtedly is a very intensive vortical centre, hence is always maintained in accordance with our analysis in Section 4-2(part Ⅱ).

It seems that in such a medium as the rather homogeneous ocean and, probably also, the Jovian atmosphere, where the relatively small-scale forcing is dominant, the zonal flow or a weak but very large scale flow pattern is generated by the energy cascade due to the two-dimensional turbulence; while as a zonal flow is established or in a medium such as in the earth's atmosphere, where large-scale forcing is dominant, the zonal flow is generated or especially maintained by its interaction with Rossby waves.

## References

[1] Lin C C. The Theory of Hydrodynamic Instability. Cambridge: Cambridge University Press, 1955: 155.
[2] Kuo H L. J. Met., 1949, 6: 105-122.
[3] Howard L N. J. Fluid Mech., 1961, 10: 509-512.
[4] Pedlosky J. J. Atmos. Sci., 1964, 21: 201-219.
[5] Kuo H L. In Advances in Applied Mechanics, 1973, 13: 247-330.
[6] Wang S Z. Kexue Tongbao, 1983, 28: 1081-1085.
[7] Zeng Q C, et al. Scientia Sinica, 1982, 24: 508-520.
[8] Lu P S, et al. A Report on the Second Symposium on Computational Fluid Mechanics in China, 1983.
[9] YamagataT. J. Met. Soc. Japan, 1976, 54: 126-128.
[10] Tung K K. J. Fluid Mech., 1983, 133: 443-469.
[11] Li R F, et al. A Report on the Second Symposium on Computational Fluid Mechanics in China, 1983.
[12] Kuo H L. Tellus, 1951, 3: 268-284.
[13] Andrews D G, et al. J. Atmos. Sci., 1976, 33: 2031-2048.
[14] Pedlosky J. Geophysical Fluid Dynamics. Berlin: Springer-Verlag, 1979.
[15] Hoskins B J. Quart. J. Roy, Met. Soc., 1973, 99: 723-745.
[16] Zhang X H, et al. Scientia Sinica, Series B., 1983, 26: 1190-1200.
[17] Zhang X H, et al. Proceedings of the Second Asian Congress of Fluid Mechanics: 931-937.
[18] 张学洪. 大气科学, 1983, 7: 411-418.
[19] Liu S K, et al. Scientia Sinica, Series B, 1983, 26: 1176-1189.
[20] Lorenz E N. Tellus, 1960, 3: 243-254.
[21] Longuet-Higgins M S, et al. Proc. Roy. Soc., 1967, A229: 120-140.
[22] Wu R S. Scientia Sinica, 1979, 22: 650-660.
[23] 李贤琅. 大气科学, 1982, 6.
[24] Zeng Q C. et al. Scientia Sinica, 1980, 23: 1405-1416.
[25] 袁重光, 张道民, 李荣凤. 空气动力学学报, 1982(4).
[26] Kraichnan R. H. The Physics of Fluid, 1967, 10: 1417-1423.
[27] Williams G P. J. Atmos. Sci., 1978, 35: 1399-1426.
[28] Zeng Q C. J. Met. Soc., Japan, 1982, 60(1): 24-31.
[29] 曾庆存. 数值天气预告的数学物理基础. 北京: 科学出版社, 1979.
[30] Fjϕrtoft R. Tellus., 1953, 5: 225-230.
[31] Rhines P B. J. Fluid Mech., 1975, 69: 417-443.

13

# On the Maintenance of Westerly Jet Stream and Its Interaction with Disturbances[①]

Zeng Qingcun Lu Peisheng Zhang Minghua Lu Li

(Institute of Atmospheric Physics, Chinese Academy of Sciences)

## Abstract

Westerly jet stream in the high levels of troposphere is an important and pronounced component of atmospheric general circulations. Its maintenance and variation (both in location and intensity) are closely related to evolutions of synoptic systems and climate states. Thus it has always been a very interesting research topic due to both theoretical and practical importance.

Jeffreys first pointed out that the maintenance of zonal circulation requires transfer of angular momentum along meridian direction. Later, Rossby suggested that the transfer can be achieved by lateral mixing of large-scale eddies. But his theory on jet formation has inherent inconsistency. Afterwards, Starr and Ye Duzheng found the tilted-trough mechanism for angular momentum transfer. Starr, Mintz, Ye Duzheng and Yang Dasheng calculated actual angular momentum transfer using upper-level charts. Almost in the same time, H. L. Kuo proposed the theory of upgradient transport of eddy, discovered the vortex separation mechanism and found out that the maintenance of zonal circulation is due to energy feedback by eddies (including high altitude vortex and long waves). Since that time, it is widely accepted that westerly jet has its energy supply from disturbances, and Starr called such kind energy-cascade as "negative viscosity effect" for contrary to the normal viscosity and the classical turbulence theory.

Obviously, the theory that westerly jet has its energy supply from disturbances accounts for only one aspect of interactions between zonal circulation (basic flow) and disturbances. There should be another aspect, i. e., the process leading to weakening westerly jet and strengthening disturbances. As an interaction process, significant changes of basic flow and perturbation were attributed to dynamical instability, on which investiga-

① English translation of original Chinese paper published in《Abstracts of 1987 Science Conference for Celebrating the 50th Anniversary of Professor Xie Yibing's Work on Meteorology》. Beijing: Peking University, 1987. - editor

tors focused nearly all their attentions since works of H. L. Kuo, Charney, and Eady. If basic flow satisfies the instability criteria, there will be two important modes, one is called the developing mode which is favorable to perturbation growth and drawing the energy of basic flow; another is damping mode which weakens perturbation and transfers its energy to the basic flow. This theory seems to be considered as almost final, and it is cited by nearly all related text books and literatures.

However, lots of actual synoptic system fast develop or decay but don't meet the instability criteria, especially the barotropic instability one. In addition, theoretically the vortex separation mechanism does not require the basic flow to meet the instability criteria either. Thus the generation of tilted trough, westerly jet stream has its energy supply from disturbances and the development of perturbations are not necessarily the consequences of pure dynamical instability. There must exist other mechanisms. Zeng proposed a theory of rotating adaptation process, which states that the energy of disturbances can be transferred effectively to zonal circulation under certain conditions. And these conditions only require that the zonal circulation (basic flow) satisfies the stability criteria. Besides, based on our results obtained by the wave packet theory, whether a perturbation will develop or not depends on its structure and its location relative to the basic flow, no matter whether the basic flow satisfies the instability criteria or not. Even if the instability criteria are not satisfied, it is still possible to have a strong development or decay of perturbation. This has been verified by lots of numerical experiments and analysis of many actual synoptic cases. Thus the instability theory is, at least, incomplete.

What is wrong with the linear instability theory mentioned above? In fact in this theory only the discrete spectra are considered, but the continuous spectrum neglected. Taking continuous spectrum into account, the results are just in agreement with those obtained by the wave packet theory. In fact the local growing trough and tilted decaying trough consist mainly of continuous spectrum. From recent calculation with real data, we arrive at the following conclusion: the moving long waves of mid-high latitudes consist mainly of continuous spectrum disturbances, they carry out most of the angular momentum transfer needed to maintain the westerly jet stream. Maybe the existence of continuous spectrum disturbances is more important than the instability mechanism.

14

# Some Results of Wave-Packet Dynamic and Its Application in Synoptic and Climate Analysis[①]

Lu Peisheng

(Institute of Atmospheric Physics, Chinese Academy of Science)

## Extended Abstract

(1) The atmospheric disturbances (especially the synoptic systems, e. g., of upper-level trough and ridge) can be more physically and easily represented by wave-packets (or superposition of several wave packets), and its derived conclusions are more universal and more consistent with actual conditions. The usual method of spectral representation is less intuitive, as the coefficients of spectral cannot be showed on the weather charts or the monthly mean charts directly. The results obtained from the classical normal mode method can not will interpret the actual situations, for example, when the basic flow satisfying the instability criteria, only neutral waves (modes) are obtained by this method, and the disturbance corresponding to every mode neither develop nor decay. The results are clearly not in accord with the actual weather system. Actually, not all daily basic flows satisfy the instability criteria, however, the troughs and ridges are developed and decayed one by one and the real neutral waves are seldom. Why? The reason is that the common used normal modes are incomplete, and the continuum spectral functions should be added in order to build a complete set. Namely, the continuum spectral functions possess wave-packet form.

The essence of wave-packet dynamics is expanding the solutions of dynamic equation by WKB method in order to obtain approximation equations for directly express the propagation and evolutionary processes of disturbances. We dealt with the barotropic quasi-geostrophic model, and Zeng Qingcun discussed the baroclinic quasi-geostrophic model.

(2) According to the analysis of these wave-packet dynamic equations, we come to the following conclusions: in general, the structure and many dynamical characteristics of the disturbance (i. e., the synoptic system) all change in its evolutionary process, such

① English translation of original Chinese manuscript, presented at a conference in IAP/CAS, 1994. - editor

as the amplitudes, wavelengths, directions of ridges and troughs. There are definite laws governing the process: ①the ridges and troughs decay if they are westward tilted away from the westerly jet axis; while they develop if they are eastward tilted. ②the centers of developing disturbances move toward the jet axis, and the north-south inclinations of ridges and troughs become smaller; while the decaying disturbances leave from the jet axis, and the north-south inclinations of ridges and troughs increase.

(3) The wave-packet dynamics can also be used to conveniently represent the transfer of momentum and angular momentum from disturbances to the zonal circulations and the energy transfer between disturbances and basic flow, hence illuminate the mechanism of interaction between basic flow and disturbances. For example, the decaying disturbances always converge the momentum fluxes to the jet stream region, strengthening jet speed and its shear; while the developing disturbances cause the momentum fluxes divergent in the jet stream region, weakening jet speed and shear.

(4) On the monthly mean charts of middle-upper troposphere circulations, there are many quasi-stationary or low-frequency disturbances superimposed on the mean-zonal circulation, such as ridges, troughs, even some closed vortex and blocking high, which usually can be represented by proper wave-packet. That is, their wavy contours, amplitudes and wavelengths vary with spatial location, therefore, their structures and propagation properties can be investigated by wave-packet dynamics. There has been lots of work on this area (e. g., Huang Ronghui, Li Chongyin). Our current work concentrates on solving the wave-packet dynamic equations by characteristic line method, this can conveniently and intuitively obtain the solution to the equations and show the major characteristics. We come to the following conclusions: for stationary wave-packet (the source amplitude is independent of time and $\sigma=0$), then, ①if the shear of basic flow is strong, the ray path of stationary wave-packet is far away from the great circle. ②If the waves are emitted from the low latitudes and propagate to the Northern Hemisphere, their amplitudes increase with latitude up to a critical latitude and then decrease. ③The line connecting the positive and negative centers of wave pattern intersects with the wave ray, and the included angle increases with wavelength. Therefore, do not consider such lines as the direction of wave propagation. ④The wave pattern of the trapped wave-packets is complicated due to the interferences of the incident waves and the reflections.

(5) The study on propagating low-frequency disturbances excited in tropical areas and propagating to middle-high latitude regions show: ①when the basic flow is westerly and jet stream exists, only the eastward propagating waves ($m>0$, $n>0$ and $\sigma>0$) and those with stationary source ($\sigma=0$) can propagate to middle-high latitude regions in the Northern Hemisphere; the westward ($m<0$, $n<0$ and $\sigma<0$) and the high-frequency waves (with large $\sigma$) are restricted in the neighbor regions of the disturbance source. ②The propagation velocity mainly depends on the group velocity, thus waves with sta-

tionary source ($\sigma=0$) propagate to a given latitude faster than the low-frequency waves ($\sigma>0$). ③When the source amplitude is invariable in time, the excited wave trains are complete, that is, they are pronounced from tropical area to the middle-high latitude regions in the Northern Hemisphere, and the low-frequency waves ($\sigma>0$) have the traveling-wave properties that propagate along the wave rays. ④If the source works only for a limited time, or its amplitude also has the characteristic of low-frequency disturbance, then the excited wave trains always are not complete. The wave trains are restricted in the neighbor regions of the source initially, and may extend from the tropical areas to the middle-high latitude regions for some time interval, then gradually decay, and only some weak parts exist at the high latitude regions and finally disappear. These results can be used to investigate the interactions between middle and low latitude, especially the dynamic mechanism of 30—60 day low-frequency disturbances in tropical areas.

15

# Evolution of Gravity Wave and Vortex in a Shear Basic Flow①

Lu Peisheng

(Institute of Atmospheric Physics, Chinese Academy of Sciences, P. O. Box 2718, Beijing, 100080)

## Abstract

There are two kinds of motions in the water, if the elasticity of water is neglected. One is the well-known gravity wave whose phase speed of propagation is equal (or approximately equal) to $\sqrt{gh}$, where $h$ is the thickness of the water layer and $g$ is the gravitational acceleration, and the other is the vortic motion, which propagates at a speed equal approximately to $u$, the velocity of the basic current. Gravity wave vortex necessarily possesses divergence/vorticity of velocity. But in general case each of them possesses both divergence and vorticity, and a vortic train can take a wavy (or meandering) pattern. However, they differ from each other by very different evolutionary characteristics. Let a gravity wave packet or a vortic train is initially represented as small perturbation superimposed on a slowly varying basic shear flow. The evolution of perturbation can be investigated by using WKB method. The results show that all the characteristics of the perturbation (the spatial scale -or the wavelength, the orientation -or the ray-path, and the strength -or the amplitude) change with time during the evolution. The wavelength becomes shorter/larger when the gravity wave packet develops/decays, while the scale of vortex becomes larger/smaller when the vortic train develops/decays. Therefore, an amplifying gravity wave packet eventually breaks down due to the simultaneous shortening of wavelength, however, a developing vortex (or vortic train) becomes more and more pronounced and modifies the whole flow pattern.

① This abstract was submitted to and accepted for oral presentation by ICH 2000 conference " Fundamental Research in Hydrodynamics", 2000. – editor

# 三、手稿(原件影印)

Handwriting Drafts for Derivation of Mathematical Formulas

1

# WKBJ方法.慢波波包的演变

卢佩生

1979.4

# WKBJ方法.慢波波包的演变

(一) 慢波的线性化方程:

$$\begin{cases}\varepsilon\left(\dfrac{\partial u'}{\partial t}+\bar{u}\dfrac{\partial u'}{\partial x}+\bar{v}\dfrac{\partial u'}{\partial y}\right)-fv'+\dfrac{\partial \phi'}{\partial x}+\varepsilon\left(u'\dfrac{\partial \bar{u}}{\partial x}+v'\dfrac{\partial \bar{u}}{\partial y}\right)=0 & (28)_1\\ \varepsilon\left(\dfrac{\partial v'}{\partial t}+\bar{u}\dfrac{\partial v'}{\partial x}+\bar{v}\dfrac{\partial v'}{\partial y}\right)+fu'+\dfrac{\partial \phi'}{\partial y}+\varepsilon\left(u'\dfrac{\partial \bar{v}}{\partial x}+v'\dfrac{\partial \bar{v}}{\partial y}\right)=0 & (28)_2\\ \varepsilon\left(\dfrac{\partial \phi'}{\partial t}+\bar{u}\dfrac{\partial \phi'}{\partial x}+\bar{v}\dfrac{\partial \phi'}{\partial y}\right)+(\mu^2+\varepsilon\bar{\Phi})\left(\dfrac{\partial u'}{\partial x}+\dfrac{\partial v'}{\partial y}\right) & (28)_3\\ \qquad +\varepsilon\left(u'\dfrac{\partial \bar{\Phi}}{\partial x}+v'\dfrac{\partial \bar{\Phi}}{\partial y}\right)+\varepsilon\phi'\left(\dfrac{\partial \bar{u}}{\partial x}+\dfrac{\partial \bar{v}}{\partial y}\right)=0 & \end{cases}$$

(二) 令:

$$\begin{pmatrix}u'\\ v'\\ \phi'\end{pmatrix}=\begin{pmatrix}\hat{u}(x,y,t)\\ \hat{v}(x,y,t)\\ \hat{\phi}(x,y,t)\end{pmatrix}e^{i\varepsilon^{-1}\theta(x,y,t)} \qquad (30)$$

$$\begin{cases}\dfrac{\partial \theta}{\varepsilon\partial x}=m'(x,y,t)=\dfrac{1}{\varepsilon}m(x,y,t)\\ \dfrac{\partial \theta}{\varepsilon\partial y}=n'(x,y,t)=\dfrac{1}{\varepsilon}n(x,y,t)\\ \dfrac{\partial \theta}{\varepsilon\partial t}=\sigma'(x,y,t)=-\dfrac{1}{\varepsilon}\sigma(x,y,t)\end{cases}\Rightarrow\begin{cases}\dfrac{\partial \theta}{\partial x}=m(x,y,t)\\ \dfrac{\partial \theta}{\partial y}=n(x,y,t)\\ \dfrac{\partial \theta}{\partial t}=-\sigma(x,y,t)\end{cases} \qquad (31)$$

令:

$$\left\{\begin{aligned}
\hat{u}(x,y,t) &= u_0(x,y,t)+\varepsilon u_1(x,y,t)+\varepsilon^2 u_2(x,y,t)+\cdots\cdots \\
&= \sum_{j=0}^{\infty}\varepsilon^j u_j(x,y,t) \\
\hat{v}(x,y,t) &= v_0(x,y,t)+\varepsilon v_1(x,y,t)+\varepsilon^2 v_2(x,y,t)+\cdots\cdots \\
&= \sum_{j=0}^{\infty}\varepsilon^j v_j(x,y,t) \\
\hat{\phi}(x,y,t) &= \varepsilon\phi_0(x,y,t)+\varepsilon^2\phi_1(x,y,t)+\varepsilon^3\phi_2(x,y,t)+\cdots\cdots \\
&= \sum_{j=0}^{\infty}\varepsilon^{j+1}\phi_j(x,y,t) \\
f(x,y) &= f_0+\varepsilon f_1+\varepsilon^2 f_2+\cdots \quad (f_0=1) \\
&= \sum_{j=0}^{\infty}\varepsilon^j f_j
\end{aligned}\right. \tag{32}$$

即:

$$\left\{\begin{aligned}
u' &= e^{i\varepsilon^{-1}\theta(x,y,t)}\cdot\sum_{j=0}^{\infty}\varepsilon^j u_j(x,y,t) \\
v' &= e^{i\varepsilon^{-1}\theta(x,y,t)}\cdot\sum_{j=0}^{\infty}\varepsilon^j v_j(x,y,t) \\
\phi' &= e^{i\varepsilon^{-1}\theta(x,y,t)}\cdot\sum_{j=0}^{\infty}\varepsilon^{j+1}\phi_j(x,y,t) \\
f(x,y) &= \sum_{j=0}^{\infty}\varepsilon^j f_j
\end{aligned}\right. \tag{30$'$}$$

(三) 求 $\frac{\partial u'}{\partial t}$ …… 等

(1) 求 $\frac{\partial u'}{\partial t}, \frac{\partial u'}{\partial x}, \frac{\partial u'}{\partial y}$. $u' = e^{i\varepsilon^{-1}\theta(x,y,t)} \cdot \sum_{j=0}^{\infty} \varepsilon^j u_j(x,y,t)$

$$\frac{\partial u'}{\partial t} = e^{i\varepsilon^{-1}\theta} \cdot \left(i\varepsilon^{-1}\frac{\partial \theta}{\partial t}\right) \cdot \sum_{j=0}^{\infty} \varepsilon^j u_j + e^{i\varepsilon^{-1}\theta} \sum_{j=0}^{\infty} \varepsilon^j \frac{\partial u_j}{\partial t}$$

$$= e^{i\varepsilon^{-1}\theta} \cdot \left(-i\sigma \sum_{j=0}^{\infty} \varepsilon^{j-1} u_j + \sum_{j=0}^{\infty} \varepsilon^j \frac{\partial u_j}{\partial t}\right)$$

$$= e^{i\varepsilon^{-1}\theta} \cdot \left[-\varepsilon^{-1} i\sigma u_0 + \sum_{j=0}^{\infty} \varepsilon^j \left(-i\sigma u_{j+1} + \frac{\partial u_j}{\partial t}\right)\right]$$

$\because \frac{\partial \theta}{\partial t} = -\sigma$

同理推出:

$$\begin{cases} \frac{\partial u'}{\partial x} = e^{i\varepsilon^{-1}\theta} \cdot \left[\varepsilon^{-1} i m u_0 + \sum_{j=0}^{\infty} \varepsilon^j \left(i m u_{j+1} + \frac{\partial u_j}{\partial x}\right)\right] \\ \frac{\partial u'}{\partial y} = e^{i\varepsilon^{-1}\theta} \cdot \left[\varepsilon^{-1} i n u_0 + \sum_{j=0}^{\infty} \varepsilon^j \left(i n u_{j+1} + \frac{\partial u_j}{\partial y}\right)\right] \end{cases}$$

$\because \frac{\partial \theta}{\partial x} = m$

$\frac{\partial \theta}{\partial y} = n$

(2) 同理推出 $\frac{\partial v'}{\partial t}, \frac{\partial v'}{\partial x}, \frac{\partial v'}{\partial y}$.

(3) 同理推出 $\frac{\partial \phi'}{\partial t}, \frac{\partial \phi'}{\partial x}, \frac{\partial \phi'}{\partial y}$. $\phi' = e^{i\varepsilon^{-1}\theta(x,y,t)} \cdot \sum_{j=0}^{\infty} \varepsilon^{j+1} \phi_j(x,y,t)$

$$\frac{\partial \phi'}{\partial t} = e^{i\varepsilon^{-1}\theta} \cdot \left(i\varepsilon^{-1}\frac{\partial \theta}{\partial t}\right) \cdot \sum_{j=0}^{\infty} \varepsilon^{j+1} \phi_j + e^{i\varepsilon^{-1}\theta} \sum_{j=0}^{\infty} \varepsilon^{j+1} \frac{\partial \phi_j}{\partial t}$$

$$= e^{i\varepsilon^{-1}\theta} \cdot \left(-i\sigma \sum_{k=0}^{\infty} \varepsilon^k \phi_k + \sum_{j=0}^{\infty} \varepsilon^{j+1} \frac{\partial \phi_j}{\partial t}\right)$$

$\because \frac{\partial \theta}{\partial t} = -\sigma$

(接第4页)

$$\Rightarrow \frac{\partial \phi'}{\partial t}=e^{i\varepsilon^{-1}\theta}\cdot\left[-i\sigma\phi_0+(-i\sigma)\sum_{k=1}^{\infty}\varepsilon^{k}\phi_k+\sum_{j=0}^{\infty}\varepsilon^{j+1}\frac{\partial\phi_j}{\partial t}\right]$$

$$=e^{i\varepsilon^{-1}\theta}\cdot\left[-i\sigma\phi_0+(-i\sigma)\sum_{j=0}^{\infty}\varepsilon^{j+1}\phi_{j+1}+\sum_{j=0}^{\infty}\varepsilon^{j+1}\frac{\partial\phi_j}{\partial t}\right]$$

$$=e^{i\varepsilon^{-1}\theta}\cdot\left[-i\sigma\phi_0+\sum_{j=0}^{\infty}\varepsilon^{j+1}\left(-i\sigma\phi_{j+1}+\frac{\partial\phi_j}{\partial t}\right)\right]$$

令 $k=j+1$

则 $\begin{cases} k=1 & j=0 \\ k\to\infty & j\to\infty \end{cases}$

同理推出：

$$\begin{cases} \dfrac{\partial \phi'}{\partial x}=e^{i\varepsilon^{-1}\theta}\cdot\left[im\phi_0+\displaystyle\sum_{j=0}^{\infty}\varepsilon^{j+1}\left(im\phi_{j+1}+\frac{\partial\phi_j}{\partial x}\right)\right] \\ \dfrac{\partial \phi'}{\partial y}=e^{i\varepsilon^{-1}\theta}\cdot\left[in\phi_0+\displaystyle\sum_{j=0}^{\infty}\varepsilon^{j+1}\left(in\phi_{j+1}+\frac{\partial\phi_j}{\partial y}\right)\right] \end{cases}$$

$$\frac{\partial\theta}{\partial x}=m$$

$$\frac{\partial\theta}{\partial y}=n$$

(4) 综合 $\frac{\partial u'}{\partial t}$，……；$\frac{\partial v'}{\partial t}$，……；$\frac{\partial \phi'}{\partial t}$，……。等计算结果如下：

$$\left\{\begin{aligned}
\frac{\partial u'}{\partial t} &= e^{i\varepsilon^{-1}\theta}\cdot\left[-\varepsilon^{-1}i\sigma u_0+\sum_{j=0}^{\infty}\varepsilon^{j}\left(-i\sigma u_{j+1}+\frac{\partial u_j}{\partial t}\right)\right]\\
\frac{\partial u'}{\partial x} &= e^{i\varepsilon^{-1}\theta}\left[\varepsilon^{-1}imu_0+\sum_{j=0}^{\infty}\varepsilon^{j}\left(imu_{j+1}+\frac{\partial u_j}{\partial x}\right)\right]\\
\frac{\partial u'}{\partial y} &= e^{i\varepsilon^{-1}\theta}\left[\varepsilon^{-1}inu_0+\sum_{j=0}^{\infty}\varepsilon^{j}\left(inu_{j+1}+\frac{\partial u_j}{\partial y}\right)\right]
\end{aligned}\right. \tag{33$_1$}$$

$$\left\{\begin{aligned}
\frac{\partial v'}{\partial t} &= e^{i\varepsilon^{-1}\theta}\cdot\left[-\varepsilon^{-1}i\sigma v_0+\sum_{j=0}^{\infty}\varepsilon^{j}\left(-i\sigma v_{j+1}+\frac{\partial v_j}{\partial t}\right)\right]\\
\frac{\partial v'}{\partial x} &= e^{i\varepsilon^{-1}\theta}\cdot\left[\varepsilon^{-1}imv_0+\sum_{j=0}^{\infty}\varepsilon^{j}\left(imv_{j+1}+\frac{\partial v_j}{\partial x}\right)\right]\\
\frac{\partial v'}{\partial y} &= e^{i\varepsilon^{-1}\theta}\cdot\left[\varepsilon^{-1}inv_0+\sum_{j=0}^{\infty}\varepsilon^{j}\left(inv_{j+1}+\frac{\partial v_j}{\partial y}\right)\right]
\end{aligned}\right. \tag{33$_2$}$$

$$\left\{\begin{aligned}
\frac{\partial \phi'}{\partial t} &= e^{i\varepsilon^{-1}\theta}\cdot\left[-i\sigma\phi_0+\sum_{k=0}^{\infty}\varepsilon^{k+1}\left(-i\sigma\phi_{k+1}+\frac{\partial \phi_k}{\partial t}\right)\right]\\
\frac{\partial \phi'}{\partial x} &= e^{i\varepsilon^{-1}\theta}\cdot\left[im\phi_0+\sum_{k=0}^{\infty}\varepsilon^{k+1}\left(im\phi_{k+1}+\frac{\partial \phi_k}{\partial x}\right)\right]\\
\frac{\partial \phi'}{\partial y} &= e^{i\varepsilon^{-1}\theta}\cdot\left[in\phi_0+\sum_{k=0}^{\infty}\varepsilon^{k+1}\left(in\phi_{k+1}+\frac{\partial \phi_k}{\partial y}\right)\right]
\end{aligned}\right. \tag{33$_3$}$$

(四) 展开 (28):

将(32)′及(33)代入(28), 按 $\varepsilon$ 的幂次排列:

(1) 展开$(28)_1$.

(甲) $+\varepsilon\left[\frac{\partial u'}{\partial t}+\bar{u}\frac{\partial u'}{\partial x}+\bar{v}\frac{\partial u'}{\partial y}\right]=\varepsilon\Big\{e^{i\varepsilon^{-1}\theta}\cdot\Big[-\varepsilon^{-1}i\sigma u_0+\sum_{j=0}^{\infty}\varepsilon^{j}\Big(-i\sigma u_{j+1}+\frac{\partial u_j}{\partial t}\Big)\Big]$

$+\bar{u}e^{i\varepsilon^{-1}\theta}\cdot\Big[\varepsilon^{-1}imu_0+\sum_{j=0}^{\infty}\varepsilon^{j}\Big(imu_{j+1}+\frac{\partial u_j}{\partial x}\Big)\Big]$

$+\bar{v}e^{i\varepsilon^{-1}\theta}\cdot\Big[\varepsilon^{-1}inu_0+\sum_{j=0}^{\infty}\varepsilon^{j}\Big(inu_{j+1}+\frac{\partial u_j}{\partial y}\Big)\Big]\Big\}$

$=+e^{i\varepsilon^{-1}\theta}\cdot\Big\{iu_0(-\sigma+\bar{u}m+\bar{v}n)\varepsilon^{0}$

$+\sum_{j=0}^{\infty}\varepsilon^{j+1}\Big[iu_{j+1}(-\sigma+\bar{u}m+\bar{v}n)+\Big(\frac{\partial u_j}{\partial t}+\bar{u}\frac{\partial u_j}{\partial x}+\bar{v}\frac{\partial u_j}{\partial y}\Big)\Big]\Big\}$

(乙) $-fv'=\Big(-\sum_{j=0}^{\infty}\varepsilon^{j}f_j\Big)\cdot\Big(e^{i\varepsilon^{-1}\theta}\sum_{j=0}^{\infty}\varepsilon^{j}v_j\Big)=-e^{i\varepsilon^{-1}\theta}\cdot\Big(\sum_{k=0}^{\infty}\varepsilon^{k}f_k\Big)\cdot\Big(\sum_{j=0}^{\infty}\varepsilon^{j}v_j\Big)$

$=-\sum_{p=0}^{\infty}\varepsilon^{p}\cdot\sum_{k=0}^{p}f_k v_{p-k}=-\varepsilon^{0}f_0v_0-\sum_{p=1}^{\infty}\varepsilon^{p}\sum_{k=0}^{p}f_k v_{p-k}$

(丁) $+\varepsilon\Big(u'\frac{\partial\bar{u}}{\partial x}+v'\frac{\partial\bar{u}}{\partial y}\Big)=\Big(\varepsilon e^{i\varepsilon^{-1}\theta}\sum_{j=0}^{\infty}\varepsilon^{j}u_j\Big)\frac{\partial\bar{u}}{\partial x}+\Big(\varepsilon e^{i\varepsilon^{-1}\theta}\sum_{j=0}^{\infty}\varepsilon^{j}v_j\Big)\frac{\partial\bar{u}}{\partial y}$

$=e^{i\varepsilon^{-1}\theta}\sum_{j=0}^{\infty}\varepsilon^{j+1}\Big(u_j\frac{\partial\bar{u}}{\partial x}+v_j\frac{\partial\bar{u}}{\partial y}\Big)$

(丙) $+\frac{\partial\phi'}{\partial x}=e^{i\varepsilon^{-1}\theta}\Big[\varepsilon^{0}im\phi_0+\sum_{k=0}^{\infty}\varepsilon^{k+1}\Big(im\phi_{k+1}+\frac{\partial\phi_k}{\partial x}\Big)\Big]$

综合(甲)、(乙)、(丙)、(丁)得(28)$_1$的展开式：

$$
\begin{aligned}
e^{i\varepsilon^{-1}\theta}\cdot\Big\{&\varepsilon^0\left[iu_0(-\sigma+\bar{u}m+\bar{v}n)-f_0v_0+im\phi_0\right]\\
&+\varepsilon^1\Big[iu_1(-\sigma+\bar{u}m+\bar{v}n)+\left(\frac{\partial u_0}{\partial t}+\bar{u}\frac{\partial u_0}{\partial x}+\bar{v}\frac{\partial u_0}{\partial y}\right)-(f_0v_1+f_1v_0)+\left(u_0\frac{\partial \bar{u}}{\partial x}+v_0\frac{\partial \bar{u}}{\partial y}\right)\\
&\qquad+\left(im\phi_1+\frac{\partial \phi_0}{\partial x}\right)\Big]\\
&+\Big[\sum_{j=1}^{\infty}\varepsilon^{j+1}\left(iu_{j+1}(-\sigma+\bar{u}m+\bar{v}n)+\left(\frac{\partial u_j}{\partial t}+\bar{u}\frac{\partial u_j}{\partial x}+\bar{v}\frac{\partial u_j}{\partial y}\right)\right)-\sum_{p=2}^{\infty}\varepsilon^p\sum_{k=0}^{p}f_kv_{p-k}\\
&\qquad+\sum_{j=1}^{\infty}\varepsilon^{j+1}\left(u_j\frac{\partial \bar{u}}{\partial x}+v_j\frac{\partial \bar{u}}{\partial y}\right)+\sum_{j=1}^{\infty}\varepsilon^{j+1}\left(im\phi_{j+1}+\frac{\partial \phi_j}{\partial x}\right)\Big]\Big\}=0
\end{aligned}
$$

(28)₂的展开式：

(甲) $+\varepsilon\left(\frac{\partial v'}{\partial t}+\bar{u}\frac{\partial v'}{\partial x}+\bar{v}\frac{\partial v'}{\partial y}\right)=e^{i\varepsilon^{-1}\theta}\left\{iv_0(-\sigma+\bar{u}m+\bar{v}n)\varepsilon^0\right.$

$$\left.+\sum_{j=0}^{\infty}\varepsilon^{j+1}\left[iv_{j+1}(-\sigma+\bar{u}m+\bar{v}n)+\left(\frac{\partial v_j}{\partial t}+\frac{\partial v_j}{\partial x}+\frac{\partial v_j}{\partial y}\right)\right]\right\}$$

(乙) $+fu'=+\varepsilon^0 f_0 u_0+\sum_{p=1}^{\infty}\varepsilon^p\sum_{k=0}^{p}f_k u_{p-k}$

(丙) $+\frac{\partial \phi'}{\partial y}=+e^{i\varepsilon^{-1}\theta}\left[\varepsilon^0 in\phi_0+\sum_{k=0}^{\infty}\varepsilon^{k+1}\left(in\phi_{k+1}+\frac{\partial\phi_k}{\partial y}\right)\right]$

(丁) $+\varepsilon\left(u'\frac{\partial\bar{v}}{\partial x}+v'\frac{\partial\bar{v}}{\partial y}\right)=e^{i\varepsilon^{-1}\theta}\cdot\sum_{j=0}^{\infty}\varepsilon^{j+1}\left(u_j\frac{\partial\bar{v}}{\partial x}+v_j\frac{\partial\bar{v}}{\partial y}\right)$

---

(28)₂的展开式：

$$e^{i\varepsilon^{-1}\theta}\cdot\left\{\varepsilon^0\left[iv_0(-\sigma+\bar{u}m+\bar{v}n)+f_0u_0+in\phi_0\right]\right.$$

$$+\varepsilon^1\left[iv_1(-\sigma+\bar{u}m+\bar{v}n)+\left(\frac{\partial v_0}{\partial t}+\bar{u}\frac{\partial v_0}{\partial x}+\bar{v}\frac{\partial v_0}{\partial y}\right)+(f_0u_1+f_1u_0)+\left(in\phi_1+\frac{\partial\phi_0}{\partial y}\right)\right.$$

$$\left.+\left(u_0\frac{\partial\bar{v}}{\partial x}+v_0\frac{\partial\bar{v}}{\partial y}\right)\right]$$

$$+\left[\sum_{j=1}^{\infty}\varepsilon^{j+1}\left(iv_{j+1}(-\sigma+\bar{u}m+\bar{v}n)+\left(\frac{\partial v_j}{\partial t}+\frac{\partial v_j}{\partial x}+\frac{\partial v_j}{\partial y}\right)\right)+\sum_{p=2}^{\infty}\varepsilon^p\sum_{k=0}^{p}f_ku_{p-k}\right.$$

$$\left.\left.+\sum_{j=1}^{\infty}\varepsilon^{j+1}\left(in\phi_{j+1}+\frac{\partial\phi_j}{\partial y}\right)+\sum_{j=1}^{\infty}\varepsilon^{j+1}\left(u_j\frac{\partial\bar{v}}{\partial x}+v_j\frac{\partial\bar{v}}{\partial y}\right)\right]\right\}=0$$

(28)$_3$ 展开式：

(甲). $+\varepsilon\left(\frac{\partial\phi'}{\partial t}+\bar{u}\frac{\partial\phi'}{\partial x}+\bar{v}\frac{\partial\phi'}{\partial y}\right)=e^{i\varepsilon^{-1}\theta}\cdot\left\{\left[-i\sigma\phi_0\varepsilon+\sum_{k=0}^{\infty}\varepsilon^{k+2}\left(-i\sigma\phi_{k+1}+\frac{\partial\phi_k}{\partial t}\right)\right]+\left[im\bar{u}\phi_0\varepsilon+\sum_{k=0}^{\infty}\bar{u}\varepsilon^{k+2}\left(im\phi_{k+1}+\frac{\partial\phi_k}{\partial x}\right)\right]+\left[in\bar{v}\phi_0\varepsilon+\sum_{k=0}^{\infty}\bar{v}\varepsilon^{k+2}\left(in\phi_{k+1}+\frac{\partial\phi_k}{\partial y}\right)\right]\right\}$

$$=e^{i\varepsilon^{-1}\theta}\cdot\left\{\varepsilon^{1}i\phi_0(-\sigma+\bar{u}m+\bar{v}n)+\sum_{k=0}^{\infty}\varepsilon^{k+2}\cdot\left[i\phi_{k+1}(-\sigma+\bar{u}m+\bar{v}n)+\left(\frac{\partial\phi_k}{\partial t}+\bar{u}\frac{\partial\phi_k}{\partial x}+\bar{v}\frac{\partial\phi_k}{\partial y}\right)\right]\right\}$$

(乙)$_1$ $+\mu^2\left(\frac{\partial u'}{\partial x}+\frac{\partial v'}{\partial y}\right)=e^{i\varepsilon^{-1}\theta}\cdot\mu^2\left[\varepsilon^{-1}imu_0+\sum_{j=0}^{\infty}\varepsilon^{j}\left(imu_{j+1}+\frac{\partial u_j}{\partial x}\right)+\varepsilon^{-1}inv_0+\sum_{j=0}^{\infty}\varepsilon^{j}\left(inv_{j+1}+\frac{\partial v_j}{\partial y}\right)\right]$

$$=e^{i\varepsilon^{-1}\theta}\cdot\left\{\varepsilon^{-1}i\mu^2(mu_0+nv_0)+\sum_{j=0}^{\infty}\varepsilon^{j}\mu^2\left[i(mu_{j+1}+nv_{j+1})+\left(\frac{\partial u_j}{\partial x}+\frac{\partial v_j}{\partial y}\right)\right]\right\}$$

(乙)$_2$ $+\varepsilon\bar{\Phi}\left(\frac{\partial u'}{\partial x}+\frac{\partial v'}{\partial y}\right)=e^{i\varepsilon^{-1}\theta}\cdot\left\{\varepsilon^{0}i\bar{\Phi}(mu_0+nv_0)+\sum_{j=0}^{\infty}\varepsilon^{j+1}\bar{\Phi}\left[i(mu_{j+1}+nv_{j+1})+\left(\frac{\partial u_j}{\partial x}+\frac{\partial v_j}{\partial y}\right)\right]\right\}$

(丙). $+\varepsilon\left(u'\frac{\partial\bar{\Phi}}{\partial x}+v'\frac{\partial\bar{\Phi}}{\partial y}\right)=e^{i\varepsilon^{-1}\theta}\cdot\sum_{j=0}^{\infty}\varepsilon^{j+1}\left(u_j\frac{\partial\bar{\Phi}}{\partial x}+v_j\frac{\partial\bar{\Phi}}{\partial y}\right)$

(丁). $+\varepsilon\phi'\left(\frac{\partial\bar{u}}{\partial x}+\frac{\partial\bar{v}}{\partial y}\right)=e^{i\varepsilon^{-1}\theta}\cdot\left(\sum_{j=0}^{\infty}\varepsilon^{j+2}\phi_j\right)\cdot\left(\frac{\partial\bar{u}}{\partial x}+\frac{\partial\bar{v}}{\partial y}\right)$

综合得 $(28)_3$ 的展开式:

$$
\begin{aligned}
e^{i\varepsilon^{-1}\theta}\cdot\Big\{ & \varepsilon^{-1} i\mu^2(mu_0+nv_0)+\varepsilon^0\Big[\mu^2\Big(i(mu_1+nv_1)+\Big(\frac{\partial u_0}{\partial x}+\frac{\partial v_0}{\partial y}\Big)\Big)+i\bar{\Phi}(mu_0+nv_0)\Big] \\
& +\varepsilon^1\Big[i\phi_0(-\sigma+\bar{u}m+\bar{v}n)+\mu^2\Big(i(mu_2+nv_2)+\Big(\frac{\partial u_1}{\partial x}+\frac{\partial v_1}{\partial y}\Big)\Big)+\bar{\Phi}\Big(i(mu_1+nv_1)+\Big(\frac{\partial u_0}{\partial x}+\frac{\partial v_0}{\partial y}\Big)\Big)\Big] \\
& +\sum_{k=0}^{\infty}\varepsilon^{k+2}\Big[i\phi_{k+1}(-\sigma+\bar{u}m+\bar{v}n)+\Big(\frac{\partial\phi_k}{\partial t}+\bar{u}\frac{\partial\phi_k}{\partial x}+\bar{v}\frac{\partial\phi_k}{\partial y}\Big)\Big] \\
& +\sum_{j=2}^{\infty}\varepsilon^{j}\mu^2\Big[i(mu_{j+1}+nv_{j+1})+\Big(\frac{\partial u_j}{\partial x}+\frac{\partial v_j}{\partial y}\Big)\Big]+\sum_{j=1}^{\infty}\varepsilon^{j+1}\bar{\Phi}\Big[i(mu_{j+1}+nv_{j+1})+\Big(\frac{\partial u_j}{\partial x}+\frac{\partial v_j}{\partial y}\Big)\Big] \\
& +\sum_{j=1}^{\infty}\varepsilon^{j+1}\Big(u_j\frac{\partial\bar{\Phi}}{\partial x}+v_j\frac{\partial\bar{\Phi}}{\partial y}\Big)+\Big(\sum_{j=0}^{\infty}\varepsilon^{j+2}\phi_j\Big)\cdot\Big(\frac{\partial\bar{u}}{\partial x}+\frac{\partial\bar{v}}{\partial y}\Big)\text{。}
\end{aligned}
$$

将 $\varepsilon\times(28)_3$

按 $\varepsilon$ 的幂级排列，得到：

$\varepsilon^0$：

$$\begin{cases} i(-\sigma+\bar{u}m+\bar{v}n)u_0-f_0v_0+im\phi_0=0 \\ f_0u_0+i(-\sigma+\bar{u}m+\bar{v}n)v_0+in\phi_0=0 \\ i\mu^2mu_0+i\mu^2nv_0=0 \\ (\text{或 } i\mu'^2mu_0+i\mu^2nv_0=0) \quad \text{超长波} \end{cases} \tag{34}$$

$\varepsilon^1$：

$$\begin{cases} i(-\sigma+\bar{u}m+\bar{v}n)u_1-f_0v_1+im\phi_1=-\left[\dfrac{Du_0}{Dt}-f_1v_0+\dfrac{\partial\phi_0}{\partial x}+\left(u_0\dfrac{\partial\bar{u}}{\partial x}+v_0\dfrac{\partial\bar{u}}{\partial y}\right)\right]\equiv A \\ f_0u_1+i(-\sigma+\bar{u}m+\bar{v}n)v_1+in\phi_1=-\left[\dfrac{Dv_0}{Dt}+f_1u_0+\dfrac{\partial\phi_0}{\partial y}+\left(u_0\dfrac{\partial\bar{v}}{\partial x}+v_0\dfrac{\partial\bar{v}}{\partial y}\right)\right]\equiv B \\ i\mu^2mu_1+i\mu^2nv_1=-\left[\mu^2\left(\dfrac{\partial u_0}{\partial x}+\dfrac{\partial v_0}{\partial y}\right)+\bar{\Phi}i(mu_0+nv_0)\right]\equiv C \end{cases} \tag{35}$$

(五) 解方程组(34):

(1). 方程组(34)为齐次方程组,而且方程的个数等于未知数的个数.

$$\left.\begin{aligned} & i(-\sigma+\bar{u}m+\bar{v}n)u_0-f_0v_0+im\phi_0=0 \\ & f_0u_0+i(-\sigma+\bar{u}m+\bar{v}n)v_0+in\phi_0=0 \\ & i\mu^2mu_0+i\mu^2nv_0 \qquad +0 \ =0 \end{aligned}\right\} \qquad (34)$$

(2) 方程组(34)有非零解的必要且充分条件是,它的行列式等于零。即:

$$\begin{vmatrix} i(-\sigma+\bar{u}m+\bar{v}n) & -f_0 & im \\ f_0 & i(-\sigma+\bar{u}m+\bar{v}n) & in \\ i\mu^2m & i\mu^2n & 0 \end{vmatrix}=0.$$

$$f_0i^2\mu^2nm-f_0i^2\mu^2mn-i^3\mu^2m^2(-\sigma+\bar{u}m+\bar{v}n)-i^3\mu^2n^2(-\sigma+\bar{u}m+\bar{v}n)=0$$

$\because i^2=-1$ $\qquad i\mu^2(-\sigma+\bar{u}m+\bar{v}n)(m^2+n^2)=0$

但 $m^2+n^2\neq 0$ $\qquad \therefore (-\sigma+\bar{u}m+\bar{v}n)=0.$ $\qquad (36)$

(3) $\Rightarrow$ $\begin{cases} f_0v_0=im\phi_0 \\ f_0u_0=-in\phi_0 \end{cases}$ 或 $\begin{aligned} & v_0=f_0^{-1}im\phi_0 \\ & u_0=-f_0^{-1}in\phi_0 \end{aligned}$ $\qquad (37)$

(36)称为频率方程。(37)为地转风关系。

(4). 将(36)式代入(35)中，得：

$$\begin{cases} -f_0 v_1 + im\phi_1 = A & (i) \\ f_0 u_1 + in\phi_1 = B & (ii) \\ i\mu^2 m u_1 + i\mu^2 n v_1 = C & (iii) \end{cases}$$

$$\left.\begin{aligned} m(ii) - n(i) &\Rightarrow f_0(mu_1 + nv_1) = mB - nA \\ 由(iii) &\Rightarrow i\mu^2(mu_1 + nv_1) = C \end{aligned}\right\}$$

$$mu_1 + nv_1 = \frac{C}{i\mu^2} \quad (代入上式)$$

$$\therefore \quad i\mu^2(mB - nA) = f_0 C$$

用(35)及(37)代入上式.

ⓐ $$mB = -m\left[\frac{D}{Dt}(f_0^{-1} im\phi_0) + f_1(-f_0^{-1} in\phi_0) + \frac{\partial\phi_0}{\partial y} + \left(-f_0^{-1} in\phi_0\frac{\partial\bar{v}}{\partial x} + f_0^{-1} im\phi_0\frac{\partial\bar{v}}{\partial y}\right)\right]$$

$$= -if_0^{-1} m\frac{Dm\phi_0}{Dt} + if_0^{-1} f_1 mn\phi_0 - m\frac{\partial\phi_0}{\partial y} + if_0^{-1} mn\phi_0\frac{\partial\bar{v}}{\partial x} - if_0^{-1} m^2\phi_0\frac{\partial\bar{v}}{\partial y}$$

$$= -if_0^{-1}\left(m^2\frac{D\phi_0}{Dt} + \frac{\phi_0}{2}\frac{Dm^2}{Dt}\right) + if_0^{-1} f_1 mn\phi_0 - m\frac{\partial\phi_0}{\partial y} + if_0^{-1} mn\phi_0\frac{\partial\bar{v}}{\partial x} - if_0^{-1} m^2\phi_0\frac{\partial\bar{v}}{\partial y}.$$

ⓑ $$-nA = n\left[\frac{D}{Dt}(-f_0^{-1} in\phi_0) - f_1 f_0^{-1} im\phi_0 + \frac{\partial\phi_0}{\partial x} + \left(-f_0^{-1} in\phi_0\frac{\partial\bar{u}}{\partial x} + f_0^{-1} im\phi_0\frac{\partial\bar{u}}{\partial y}\right)\right]$$

$$= -if_0^{-1} n\frac{Dn\phi_0}{Dt} - if_0^{-1} mnf_1\phi_0 + n\frac{\partial\phi_0}{\partial x} - if_0^{-1} n^2\phi_0\frac{\partial\bar{u}}{\partial x} + imnf_0^{-1}\phi_0\frac{\partial\bar{u}}{\partial y}.$$

$$= -if_0^{-1}\left(n^2\frac{D\phi_0}{Dt} + \frac{\phi_0}{2}\frac{Dn^2}{Dt}\right) - if_0^{-1} mnf_1\phi_0 + n\frac{\partial\phi_0}{\partial x} - if_0^{-1} n^2\phi_0\frac{\partial\bar{u}}{\partial x} + if_0^{-1} mn\phi_0\frac{\partial\bar{u}}{\partial y}.$$

© $f_0 C=-f_0\left[\mu^2\left(\frac{\partial u_0}{\partial x}+\frac{\partial v_0}{\partial y}\right)+i\bar{\Phi}(mu_0+nv_0)\right]$

$$=-f_0\left\{\mu^2\left[\frac{\partial}{\partial x}(-f_0^{-1}in\phi_0)+\frac{\partial}{\partial y}(f_0^{-1}im\phi_0)\right]+i\bar{\Phi}\left[m(-f_0^{-1}in\phi_0)+n(f_0^{-1}im\phi_0)\right]\right\}$$

$$=i\mu^2\left(\frac{\partial n\phi_0}{\partial x}-\frac{\partial m\phi_0}{\partial y}\right)-i\bar{\Phi}(-imn\phi_0+imn\phi_0)$$

$$=i\mu^2\left[n\frac{\partial\phi_0}{\partial x}+\phi_0\frac{\partial n}{\partial x}-m\frac{\partial\phi_0}{\partial y}-\phi_0\frac{\partial m}{\partial y}\right]$$

全部代入 $i\mu^2(mB-nA)=f_0C$ 中，得：

$$if_0^{-1}\left[\left(-m^2\frac{D\phi_0}{Dt}-\frac{\phi_0}{2}\frac{Dm^2}{Dt}+mn\phi_0\frac{\partial\bar{v}}{\partial x}-m^2\phi_0\frac{\partial\bar{v}}{\partial y}\right)+\left(-n^2\frac{D\phi_0}{Dt}-\frac{\phi_0}{2}\frac{Dn^2}{Dt}+mn\phi_0\frac{\partial\bar{u}}{\partial y}-n^2\phi_0\frac{\partial\bar{u}}{\partial x}\right)\right]$$
$$=\phi_0\left(\frac{\partial n}{\partial x}-\frac{\partial m}{\partial y}\right)$$

$$if_0^{-1}\left[(m^2+n^2)\frac{D\phi_0}{Dt}+\frac{\phi_0}{2}\frac{D(m^2+n^2)}{Dt}-mn\phi_0\frac{\partial\bar{v}}{\partial x}+m^2\phi_0\frac{\partial\bar{v}}{\partial y}-mn\phi_0\frac{\partial\bar{u}}{\partial y}+n^2\phi_0\frac{\partial\bar{u}}{\partial x}\right]+\phi_0\left(\frac{\partial n}{\partial x}-\frac{\partial m}{\partial y}\right)=0$$

化简上式：

(i) $\because\begin{cases}\dfrac{\partial\theta(x,y,t)}{\partial x}=m(x,y,t)\\ \dfrac{\partial\theta(x,y,t)}{\partial y}=n(x,y,t)\\ \dfrac{\partial\theta(x,y,t)}{\partial t}=-\sigma(x,y,t)\end{cases}\Rightarrow\begin{cases}\dfrac{\partial m}{\partial t}=\dfrac{\partial}{\partial t}\left(\dfrac{\partial\theta}{\partial x}\right)=\dfrac{\partial}{\partial x}\left(\dfrac{\partial\theta}{\partial t}\right)=-\dfrac{\partial\sigma}{\partial x}\\ \dfrac{\partial n}{\partial t}=\dfrac{\partial}{\partial t}\left(\dfrac{\partial\theta}{\partial y}\right)=\dfrac{\partial}{\partial y}\left(\dfrac{\partial\theta}{\partial t}\right)=-\dfrac{\partial\sigma}{\partial y}\\ \dfrac{\partial m}{\partial y}=\dfrac{\partial}{\partial y}\left(\dfrac{\partial\theta}{\partial x}\right)=\dfrac{\partial}{\partial x}\left(\dfrac{\partial\theta}{\partial y}\right)=\dfrac{\partial n}{\partial x}\end{cases}$

$$\therefore\ \phi_0\left(\frac{\partial n}{\partial x}-\frac{\partial m}{\partial y}\right)=0$$

(ii)

$$\frac{1}{2}\cdot\frac{D(m^2+n^2)}{Dt}=m\frac{Dm}{Dt}+n\frac{Dn}{Dt}.$$

$$\frac{Dm}{Dt}=\frac{\partial m}{\partial t}+\bar{u}\frac{\partial m}{\partial x}+\bar{v}\frac{\partial m}{\partial y}\quad;\quad\frac{Dn}{Dt}=\frac{\partial n}{\partial t}+\bar{u}\frac{\partial n}{\partial x}+\bar{v}\frac{\partial n}{\partial y}.$$

由(36) $-\sigma+\bar{u}m+\bar{v}n=0$

$\therefore\ \sigma=\bar{u}m+\bar{v}n.$ $\Rightarrow\sigma=\sigma(m,n,\bar{u},\bar{v})$

而 $\begin{cases}m=m(x,y,t)\\ n=n(x,y,t)\\ \bar{u}=\bar{u}(x,y,t)\\ \bar{v}=\bar{v}(x,y,t)\end{cases}$

$$\begin{cases}m\dfrac{Dm}{Dt}=m\left(\dfrac{\partial m}{\partial t}+\bar{u}\dfrac{\partial m}{\partial x}+\bar{v}\dfrac{\partial m}{\partial y}\right)=m\left(-\dfrac{\partial\sigma}{\partial x}+\bar{u}\dfrac{\partial m}{\partial x}+\bar{v}\dfrac{\partial m}{\partial y}\right)\\[2ex] n\dfrac{Dn}{Dt}=n\left(\dfrac{\partial n}{\partial t}+\bar{u}\dfrac{\partial n}{\partial x}+\bar{v}\dfrac{\partial n}{\partial y}\right)=n\left(-\dfrac{\partial\sigma}{\partial y}+\bar{u}\dfrac{\partial n}{\partial x}+\bar{v}\dfrac{\partial n}{\partial y}\right)\end{cases}$$

$$\frac{\partial\sigma}{\partial x}=\left(\bar{u}\frac{\partial m}{\partial x}+m\frac{\partial\bar{u}}{\partial x}\right)+\left(\bar{v}\frac{\partial n}{\partial x}+n\frac{\partial\bar{v}}{\partial x}\right)$$

$$\frac{\partial\sigma}{\partial y}=\left(\bar{u}\frac{\partial m}{\partial y}+m\frac{\partial\bar{u}}{\partial u}\right)+\left(\bar{v}\frac{\partial n}{\partial y}+n\frac{\partial\bar{v}}{\partial y}\right)$$

$$\Rightarrow\begin{cases}m\dfrac{Dm}{Dt}=m\left[\left(-\bar{u}\dfrac{\partial m}{\partial x}-m\dfrac{\partial\bar{u}}{\partial x}-\bar{v}\dfrac{\partial n}{\partial x}-n\dfrac{\partial\bar{v}}{\partial x}\right)+\bar{u}\dfrac{\partial m}{\partial x}+\bar{v}\dfrac{\partial m}{\partial y}\right]=m\left(-m\dfrac{\partial\bar{u}}{\partial x}-n\dfrac{\partial\bar{v}}{\partial x}\right)\\[2ex] \qquad=-m^2\dfrac{\partial\bar{u}}{\partial x}-mn\dfrac{\partial\bar{v}}{\partial x}.\\[2ex] n\dfrac{Dn}{Dt}=n\left[\left(-\bar{u}\dfrac{\partial m}{\partial y}-m\dfrac{\partial\bar{u}}{\partial y}-\bar{v}\dfrac{\partial n}{\partial y}-n\dfrac{\partial\bar{v}}{\partial y}\right)+\bar{u}\dfrac{\partial n}{\partial x}+\bar{v}\dfrac{\partial n}{\partial y}\right]=n\left(-m\dfrac{\partial\bar{u}}{\partial y}-n\dfrac{\partial\bar{v}}{\partial y}\right)\end{cases}$$

$$=-mn\frac{\partial\bar{u}}{\partial y}-n^2\frac{\partial\bar{v}}{\partial y}.$$

$$\therefore \ \frac{1}{2}\frac{D(m^2+n^2)}{Dt}=-m^2\frac{\partial \bar{u}}{\partial x}-mn\frac{\partial \bar{v}}{\partial x}-mn\frac{\partial \bar{u}}{\partial y}-n^2\frac{\partial \bar{v}}{\partial y}$$

$$\frac{\phi_0}{2}\cdot\frac{D(m^2+n^2)}{Dt}=-m^2\phi_0\frac{\partial \bar{u}}{\partial x}-mn\phi_0\frac{\partial \bar{v}}{\partial x}-mn\phi_0\frac{\partial \bar{u}}{\partial y}-n^2\phi_0\frac{\partial \bar{v}}{\partial y}.$$

$$\therefore -mn\phi_0\frac{\partial \bar{v}}{\partial x}+m^2\phi_0\frac{\partial \bar{v}}{\partial y}-mn\phi_0\frac{\partial \bar{u}}{\partial y}+n^2\phi_0\frac{\partial \bar{u}}{\partial x}$$

$$=\left(-m^2\phi_0\frac{\partial \bar{u}}{\partial x}-mn\phi_0\frac{\partial \bar{v}}{\partial x}-mn\phi_0\frac{\partial \bar{u}}{\partial y}-n^2\phi_0\frac{\partial \bar{v}}{\partial y}\right)+\left(m^2\phi_0\frac{\partial \bar{u}}{\partial x}+n^2\phi_0\frac{\partial \bar{v}}{\partial y}\right)+m^2\phi_0\frac{\partial \bar{v}}{\partial y}+n^2\phi_0\frac{\partial \bar{u}}{\partial x}$$

$$=\frac{\phi_0}{2}\cdot\frac{D(m^2+n^2)}{Dt}+m^2\phi_0\left(\frac{\partial \bar{u}}{\partial x}+\frac{\partial \bar{v}}{\partial y}\right)+n^2\phi_0\left(\frac{\partial \bar{u}}{\partial x}+\frac{\partial \bar{v}}{\partial y}\right)$$

$$=\frac{\phi_0}{2}\cdot\frac{D(m^2+n^2)}{Dt}+\phi_0(m^2+n^2)\left(\frac{\partial \bar{u}}{\partial x}+\frac{\partial \bar{v}}{\partial y}\right)$$

即，最后从：$i\mu^2(mB-nA)=f_0C$ 中得：

$$if_0^{-1}\left[(m^2+n^2)\frac{D\phi_0}{Dt}+\frac{\phi_0}{2}\cdot\frac{D(m^2+n^2)}{Dt}+\frac{\phi_0}{2}\cdot\frac{D(m^2+n^2)}{Dt}+\phi_0(m^2+n^2)\left(\frac{\partial \bar{u}}{\partial x}+\frac{\partial \bar{v}}{\partial y}\right)\right]=0$$

即：$(m^2+n^2)\frac{D\phi_0}{Dt}+\phi_0\frac{D(m^2+n^2)}{Dt}+\phi_0(m^2+n^2)\left(\frac{\partial \bar{u}}{\partial x}+\frac{\partial \bar{v}}{\partial y}\right)=0$

$$\Rightarrow \quad \frac{D\phi_0(m^2+n^2)}{Dt}+\phi_0(m^2+n^2)\left(\frac{\partial \bar{u}}{\partial x}+\frac{\partial \bar{v}}{\partial y}\right)=0$$

(5).

令 $\phi_0=|\phi_0|e^{i\alpha}$ 代入上述结果，得：

$$\frac{D\phi_0(m^2+n^2)}{Dt}+\phi_0(m^2+n^2)\left(\frac{\partial\bar{u}}{\partial x}+\frac{\partial\bar{v}}{\partial y}\right)=0$$

$$(m^2+n^2)\frac{D}{Dt}|\phi_0|e^{i\alpha}+|\phi_0|e^{i\alpha}\frac{D(m^2+n^2)}{Dt}+|\phi_0|e^{i\alpha}(m^2+n^2)\left(\frac{\partial\bar{u}}{\partial x}+\frac{\partial\bar{v}}{\partial y}\right)=0.$$

(i) $$\frac{D}{Dt}|\phi_0|e^{i\alpha}=e^{i\alpha}\frac{D|\phi_0|}{Dt}+i|\phi_0|e^{i\alpha}\frac{D\alpha}{Dt}.$$

(ii) $$(m^2+n^2)\cdot\left(e^{i\alpha}\frac{D|\phi_0|}{Dt}+i|\phi_0|e^{i\alpha}\frac{D\alpha}{Dt}\right)+|\phi_0|e^{i\alpha}\frac{D(m^2+n^2)}{Dt}$$
$$+|\phi_0|e^{i\alpha}(m^2+n^2)\left(\frac{\partial\bar{u}}{\partial x}+\frac{\partial\bar{v}}{\partial y}\right)=0.$$

$$\left[(m^2+n^2)\frac{D|\phi_0|}{Dt}+|\phi_0|\frac{D(m^2+n^2)}{Dt}+|\phi_0|(m^2+n^2)\left(\frac{\partial\bar{u}}{\partial x}+\frac{\partial\bar{v}}{\partial y}\right)\right]+i|\phi_0|(m^2+n^2)\frac{D\alpha}{Dt}=0$$

$$\therefore\begin{cases}\dfrac{D}{Dt}\left[|\phi_0|(m^2+n^2)\right]+|\phi_0|(m^2+n^2)\left(\dfrac{\partial\bar{u}}{\partial x}+\dfrac{\partial\bar{v}}{\partial y}\right)=0 & \text{(a)}\\[2ex] |\phi_0|(m^2+n^2)\dfrac{D\alpha}{Dt}=0 & \text{(b)}\end{cases}$$

(iii) 由(b)，得：

$$|\phi_0|(m^2+n^2)\frac{D\alpha}{Dt}=0\qquad\Rightarrow\frac{D\alpha}{Dt}=0$$

$$\therefore\ \alpha(\vec{r},t)=\alpha(\vec{r}-\vec{C_g}t)$$

(6) 扰动能量：

由 (a)

$$\frac{D}{Dt}\left[|\Phi_0|(m^2+n^2)\right]+|\Phi_0|(m^2+n^2)\left(\frac{\partial \bar{u}}{\partial x}+\frac{\partial \bar{v}}{\partial y}\right)=0.$$

$$\frac{\partial}{\partial t}\left[|\Phi_0|(m^2+n^2)\right]+\bar{u}\frac{\partial}{\partial x}\left[|\Phi_0|(m^2+n^2)\right]+\bar{v}\frac{\partial}{\partial y}\left[|\Phi_0|(m^2+n^2)\right]+|\Phi_0|(m^2+n^2)\left(\frac{\partial \bar{u}}{\partial x}+\frac{\partial \bar{v}}{\partial y}\right)=0$$

$$\because\begin{cases}\bar{u}\dfrac{\partial}{\partial x}\left[|\Phi_0|(m^2+n^2)\right]=\dfrac{\partial}{\partial x}\left[\bar{u}|\Phi_0|(m^2+n^2)\right]-|\Phi_0|(m^2+n^2)\dfrac{\partial \bar{u}}{\partial x}\\ \bar{v}\dfrac{\partial}{\partial y}\left[|\Phi_0|(m^2+n^2)\right]=\dfrac{\partial}{\partial y}\left[\bar{v}|\Phi_0|(m^2+n^2)\right]-|\Phi_0|(m^2+n^2)\dfrac{\partial \bar{v}}{\partial y}\end{cases}$$

代入上式。得：

$$\Rightarrow\quad \frac{\partial}{\partial t}\left[|\Phi_0|(m^2+n^2)\right]+\frac{\partial}{\partial x}\left[\bar{u}|\Phi_0|(m^2+n^2)\right]+\frac{\partial}{\partial y}\left[\bar{v}|\Phi_0|(m^2+n^2)\right]=0$$

$$\frac{\partial}{\partial t}\iint_{-\infty}^{+\infty}(m^2+n^2)|\Phi_0|\,dx\,dy+\frac{\partial}{\partial x}\iint_{-\infty}^{+\infty}\left[\bar{u}|\Phi_0|(m^2+n^2)\right]dx\,dy+\frac{\partial}{\partial y}\iint_{-\infty}^{+\infty}\bar{v}|\Phi_0|(m^2+n^2)\,dx\,dy=0.$$

$$\begin{cases}\dfrac{\partial}{\partial x}\displaystyle\iint_{-\infty}^{+\infty}\bar{u}|\Phi_0|(m^2+n^2)\,dx\,dy=\int_{-\infty}^{+\infty}dy\int_{-\infty}^{+\infty}\frac{\partial}{\partial x}\left[\bar{u}|\Phi_0|(m^2+n^2)\right]dx=\int_{-\infty}^{+\infty}dy\cdot\left[\bar{u}|\Phi_0|(m^2+n^2)\right]\Big|_{x=-\infty}^{x=+\infty}=0\\ \dfrac{\partial}{\partial y}\displaystyle\iint_{-\infty}^{+\infty}\bar{v}|\Phi_0|(m^2+n^2)\,dx\,dy=\int_{-\infty}^{+\infty}dx\int_{-\infty}^{+\infty}\frac{\partial}{\partial y}\left[\bar{v}|\Phi_0|(m^2+n^2)\right]dy=0.\end{cases}$$

$$\therefore\quad \frac{\partial}{\partial t}\iint_{-\infty}^{+\infty}(m^2+n^2)|\Phi_0|\,dx\,dy=0$$

$$\frac{D(m^2+n^2)^2|\Phi_0|^2}{Dt}=2|\Phi_0|(m^2+n^2)\frac{D|\Phi_0|(m^2+n^2)}{Dt}$$

$$=2|\Phi_0|(m^2+n^2)\left[-|\Phi_0|(m^2+n^2)\left(\frac{\partial\bar{u}}{\partial x}+\frac{\partial\bar{v}}{\partial y}\right)\right]$$

$$\therefore\quad \frac{D}{Dt}\left[|\Phi_0|^2(m^2+n^2)^2\right]=-2|\Phi_0|^2(m^2+n^2)^2\left(\frac{\partial\bar{u}}{\partial x}+\frac{\partial\bar{v}}{\partial y}\right)$$

$$\frac{\partial}{\partial t}\left[|\Phi_0|^2(m^2+n^2)^2\right]+\bar{u}\frac{\partial}{\partial x}\left[|\Phi_0|^2(m^2+n^2)^2\right]+\bar{v}\frac{\partial}{\partial y}\left[|\Phi_0|^2(m^2+n^2)^2\right]=-2|\Phi_0|^2(m^2+n^2)^2\left(\frac{\partial\bar{u}}{\partial x}+\frac{\partial\bar{v}}{\partial y}\right)$$

$$\frac{\partial}{\partial t}\left[|\Phi_0|^2(m^2+n^2)^2\right]+\frac{\partial}{\partial x}\left[\bar{u}|\Phi_0|^2(m^2+n^2)^2\right]+\frac{\partial}{\partial y}\left[\bar{v}|\Phi_0|^2(m^2+n^2)^2\right]$$

$$-|\Phi_0|^2(m^2+n^2)^2\frac{\partial\bar{u}}{\partial x}-|\Phi_0|^2(m^2+n^2)^2\frac{\partial\bar{v}}{\partial y}=-2|\Phi_0|^2(m^2+n^2)^2\left(\frac{\partial\bar{u}}{\partial x}+\frac{\partial\bar{v}}{\partial y}\right)$$

$$\therefore\ \frac{\partial}{\partial t}\left[|\Phi_0|^2(m^2+n^2)^2\right]+\frac{\partial}{\partial x}\left[\bar{u}|\Phi_0|^2(m^2+n^2)^2\right]+\frac{\partial}{\partial y}\left[\bar{v}|\Phi_0|^2(m^2+n^2)^2\right]=-|\Phi_0|^2(m^2+n^2)^2\left(\frac{\partial\bar{u}}{\partial x}+\frac{\partial\bar{v}}{\partial y}\right)$$

$$\iint_{-\infty}^{+\infty}\frac{\partial}{\partial x}\left[\bar{u}|\Phi_0|^2(m^2+n^2)^2\right]dx\,dy=\int_{-\infty}^{+\infty}dy\int_{-\infty}^{+\infty}d\left[\bar{u}|\Phi_0|^2(m^2+n^2)^2\right]$$

$$=\int_{-\infty}^{+\infty}dy\left[\bar{u}|\Phi_0|^2(m^2+n^2)^2\right]\Big|_{x=-\infty}^{+\infty}=0.$$

同样：$\iint_{-\infty}\frac{\partial}{\partial y}\left[\bar{v}|\Phi_0|^2(m^2+n^2)^2\right]dx\,dy=0$

$$\therefore\ \frac{\partial}{\partial t}\iint_{-\infty}^{+\infty}|\Phi_0|^2(m^2+n^2)^2dx\,dy=-\iint_{-\infty}^{+\infty}|\Phi_0|^2(m^2+n^2)^2\left(\frac{\partial\bar{u}}{\partial x}+\frac{\partial\bar{v}}{\partial y}\right)dx\,dy.$$

2

# 斜压大气中扰动的演变

卢佩生
1979.6

# 斜压大气(两层模式)

## (I) 基本方程，无量纲方程：

(一)

$$\begin{cases}\dfrac{\partial \Delta\psi}{\partial t}+\vec{v}\cdot\nabla(\Delta\psi+f)+\vec{v}_T\cdot\nabla(\Delta\psi_T)=0 \\[2ex] \dfrac{\partial \Delta\psi_T}{\partial t}+\vec{v}\cdot\nabla\Delta\psi_T+\vec{v}_T\cdot\nabla(\Delta\psi+f)-\dfrac{f_0^2}{2g\sigma\Delta p}\left[\dfrac{\partial\psi_T}{\partial t}+\vec{v}\cdot\nabla\psi_T\right]=0\end{cases} \quad (1)$$

(二) 引入 $\begin{cases}\text{特征量：} T, L, \Psi, U, f_0 \\ \text{无量纲量：} t_1, (x_1, y_1), \psi_1, f_1, u_1, v_1, \psi_{T1}, v_{T1}, u_{T1}\end{cases}$

(1) $\Delta\psi=\dfrac{\partial^2\psi}{\partial x^2}+\dfrac{\partial^2\psi}{\partial y^2}=\dfrac{\Psi}{L^2}\dfrac{\partial^2\psi_1}{\partial x_1^2}+\dfrac{\Psi}{L^2}\dfrac{\partial^2\psi_1}{\partial y_1^2}=\dfrac{\Psi}{L^2}\left(\dfrac{\partial^2\psi_1}{\partial x_1^2}+\dfrac{\partial^2\psi_1}{\partial y_1^2}\right)=\dfrac{\Psi}{L^2}\Delta_1\psi_1$

(2) $\dfrac{\partial\Delta\psi}{\partial t}=\dfrac{\Psi}{L^2T}\dfrac{\partial\Delta_1\psi_1}{\partial t_1}$

(3) $\nabla(\Delta\psi+f)=\vec{i}\dfrac{\partial}{\partial x}(\Delta\psi+f)+\vec{j}\dfrac{\partial}{\partial y}(\Delta\psi+f)$

$\vec{v}=\vec{i}u+\vec{j}v$

$\therefore\ \vec{v}\cdot\nabla(\Delta\psi+f)=u\dfrac{\partial}{\partial x}(\Delta\psi+f)+v\dfrac{\partial}{\partial y}(\Delta\psi+f)$

$\vec{v}\cdot\nabla(\Delta\psi+f)=Uu_1\left(\dfrac{\Psi}{L^3}\dfrac{\partial\Delta_1\psi_1}{\partial x_1}\right)+Uv_1\left[\dfrac{\Psi}{L^3}\dfrac{\partial\Delta_1\psi_1}{\partial y_1}+\dfrac{f_0}{L}\dfrac{\partial f_1}{\partial y_1}\right]$

(4) $\vec{v}_T\cdot\nabla(\Delta\psi_T)$

$$\begin{cases}\vec{v}_T=\vec{i}u_T+\vec{j}v_T\\ \nabla(\Delta\psi_T)=\vec{i}\frac{\partial}{\partial x}(\Delta\psi_T)+\vec{j}\frac{\partial}{\partial y}(\Delta\psi_T)\end{cases}$$

$$\therefore\quad \vec{v}_T\cdot\nabla(\Delta\psi_T)=u_T\frac{\partial}{\partial x}(\Delta\psi_T)+v_T\frac{\partial}{\partial y}(\Delta\psi_T)$$

$$\vec{v}_T\cdot\nabla(\Delta\psi_T)=Uu_{T_1}\left[\frac{\Psi}{L^3}\frac{\partial(\Delta_1\psi_{T_1})}{\partial x_1}\right]+Uv_{T_1}\left[\frac{\Psi}{L^3}\cdot\frac{\partial(\Delta_1\psi_{T_1})}{\partial y_1}\right]$$

(5) $$\frac{\partial\Delta\psi_T}{\partial t}=\frac{\Psi}{L^2T}\frac{\partial\Delta_1\psi_1}{\partial t_1}$$

(6) $$\vec{v}\cdot\nabla\Delta\psi_T=Uu_1\left[\frac{\Psi}{L^3}\frac{\partial(\Delta_1\psi_{T_1})}{\partial x_1}\right]+Uv_1\left[\frac{\Psi}{L^3}\cdot\frac{\partial(\Delta_1\psi_{T_1})}{\partial y_1}\right]$$

(7) $$\vec{v}_T\cdot\nabla(\Delta\psi+f)=Uu_{T_1}\left[\frac{\Psi}{L^3}\frac{\partial\Delta_1\psi_1}{\partial x_1}\right]+Uv_{T_1}\left[\frac{\Psi}{L^3}\frac{\partial\Delta_1\psi_1}{\partial y_1}+\frac{f_0}{L}\frac{\partial f_1}{\partial y_1}\right]$$

(8) $$\frac{f_0^2}{2g\sigma\Delta p}\left(\frac{\partial\psi_T}{\partial t}+\vec{v}\cdot\nabla\psi_T\right)$$

$$\vec{v}\cdot\nabla\psi_T=u\frac{\partial\psi_T}{\partial x}+v\frac{\partial\psi_T}{\partial y}$$

$$\frac{f_0^2}{2g\sigma\Delta p}\left(\frac{\partial\psi_T}{\partial t}+\vec{v}\cdot\nabla\psi_T\right)=\frac{f_0^2}{2g\sigma\Delta p}\left(\frac{\Psi}{T}\frac{\partial\psi_{T_1}}{\partial t_1}+\frac{U}{L}\Psi u_1\frac{\partial\psi_{T_1}}{\partial x_1}+\frac{U}{L}\Psi v_1\frac{\partial\psi_{T_1}}{\partial y_1}\right)$$

(三)无量纲方程：

(1)第一个方程：

$$\frac{\Psi}{L^2T}\cdot\frac{\partial\Delta_1\psi_1}{\partial t_1}+\left[Uu_1\left(\frac{\Psi}{L^3}\cdot\frac{\partial\Delta_1\psi_1}{\partial x_1}\right)+Uv_1\left(\frac{\Psi}{L^3}\cdot\frac{\partial\Delta_1\psi_1}{\partial y_1}+\frac{f_0}{L}\cdot\frac{\partial f_1}{\partial y_1}\right)\right]$$

$$+\left[Uu_{T1}\left(\frac{\Psi}{L^3}\cdot\frac{\partial\Delta_1\psi_{T1}}{\partial x_1}\right)+Uv_{T1}\left(\frac{\Psi}{L^3}\cdot\frac{\partial\Delta_1\psi_{T1}}{\partial y_1}\right)\right]=0$$

对于慢波，可取 $T=\frac{L}{U}$，代入上式，并用 $\frac{\Psi U}{L^3}$ 除，就得到

$$\frac{\partial\Delta_1\psi_1}{\partial t_1}+u_1\frac{\partial\Delta_1\psi_1}{\partial x_1}+v_1\left(\frac{\partial\Delta\psi_1}{\partial y_1}+\frac{f_0L^2}{\Psi}\frac{\partial f_1}{\partial y_1}\right)+u_{T1}\frac{\partial\Delta\psi_{T1}}{\partial x_1}+v_T\left(\frac{\partial\Delta_1\psi_{T1}}{\partial y_1}\right)=0$$

(2)第二个方程：

$$\frac{\Psi}{L^2T}\cdot\frac{\partial\Delta_1\psi_{T1}}{\partial t_1}+\left[Uu_1\left(\frac{\Psi}{L^3}\cdot\frac{\partial\Delta_1\psi_{T1}}{\partial x_1}\right)+Uv_1\left(\frac{\Psi}{L^3}\cdot\frac{\partial\Delta_1\psi_{T1}}{\partial y_1}\right)\right]+\left[Uu_{T1}\left(\frac{\Psi}{L^3}\cdot\frac{\partial\Delta_1\psi_1}{\partial x_1}\right)\right.$$

$$\left.+Uv_{T1}\left(\frac{\Psi}{L^3}\cdot\frac{\partial\Delta_1\psi_1}{\partial y_1}+\frac{f_0}{L}\frac{\partial f_1}{\partial y_1}\right)\right]-\frac{f_0^2}{2g\sigma\Delta p}\left(\frac{\Psi}{T}\cdot\frac{\partial\psi_{T1}}{\partial t_1}+\frac{Uu_1}{L}\Psi\frac{\partial\psi_{T1}}{\partial x_1}+\frac{Uv_1}{L}\Psi\frac{\partial\psi_{T1}}{\partial y_1}\right)$$

$$=0$$

即：

$$\frac{\partial\Delta\psi_{T1}}{\partial t_1}+u_1\frac{\partial\Delta_1\psi_{T1}}{\partial x_1}+v_1\frac{\partial\Delta_1\psi_{T1}}{\partial y_1}+u_{T1}\frac{\partial\Delta\psi_1}{\partial x_1}+v_{T1}\left(\frac{\partial\Delta_1\psi_1}{\partial y_1}+\frac{f_0L^2}{\Psi}\frac{\partial f_1}{\partial y_1}\right)$$

$$-\frac{f_0^2}{2g\sigma\Delta p}\left(L^2\frac{\partial\psi_{T1}}{\partial t_1}+L^2u_1\frac{\partial\psi_{T1}}{\partial x_1}+L^2v_1\frac{\partial\psi_{T1}}{\partial y_1}\right)=0$$

(3). 令 $f=\beta y \Rightarrow \dfrac{\partial f}{\partial y}=\beta.$

记：
$$\begin{cases} \dfrac{f_0 L^2}{\Psi}\beta=\beta^* \\ \dfrac{f_0^2}{2g\sigma\Delta p}=\lambda \quad , \dfrac{f_0^2L^2}{2g\sigma\Delta p}=\lambda^* \qquad \lambda^*=\lambda L^2 \end{cases}$$

引入 $\dfrac{2g\sigma\Delta p}{f_0^2}\equiv L_0^2$，则有 $\lambda^*=\dfrac{L^2}{L_0^2}$. 这就是 $\lambda^*$ 的意义（即以[illegible] $\mu^{-2}$）

代入上述方程，再略去下标"1"，则得无量纲方程：

$$\begin{cases} \dfrac{\partial\Delta\psi}{\partial t}+u\dfrac{\partial\Delta\psi}{\partial x}+v\left(\dfrac{\partial\Delta\psi}{\partial y}+\beta^*\right)+u_T\dfrac{\partial\Delta\psi_T}{\partial x}+v_T\dfrac{\partial\Delta\psi_T}{\partial y}=0 \\ \dfrac{\partial\Delta\psi_T}{\partial t}+u\dfrac{\partial\Delta\psi_T}{\partial x}+v\dfrac{\partial\Delta\psi_T}{\partial y}+u_T\dfrac{\partial\Delta\psi}{\partial x}+v_T\left(\dfrac{\partial\Delta\psi}{\partial y}+\beta^*\right)-\lambda^*\left(\dfrac{\partial\psi_T}{\partial t}+u\dfrac{\partial\psi_T}{\partial x}+v\dfrac{\partial\psi_T}{\partial y}\right)=0 \end{cases} \qquad (2)$$

（为避免和小扰动量相混淆，我们将 $\beta^*$、$\lambda^*$ 改记作 $\tilde{\beta}$、$\tilde{\lambda}$. 或者干脆记作 $\beta$ 和 $\lambda$，但要记住这是无量纲量）

## (Ⅱ)线性化方程.

(一)

$$\begin{cases}\psi=\bar{\psi}+\psi' \\ \psi_T=\bar{\psi}_T+\psi'_T\end{cases}\qquad \begin{cases}u=\bar{u}+u', \quad v=\bar{v}+v' \\ u_T=\bar{u}_T+u'_T \quad v_T=\bar{v}_T+v'_T\end{cases} \tag{3}$$

代入(2)中, 有:

$$\begin{cases}\dfrac{\partial\Delta(\bar{\psi}+\psi')}{\partial t}+(\bar{u}+u')\dfrac{\partial\Delta(\bar{\psi}+\psi')}{\partial x}+(\bar{v}+v')\left[\dfrac{\partial\Delta(\bar{\psi}+\psi')}{\partial y}+\beta^*\right]+(\bar{u}_T+u'_T)\dfrac{\partial\Delta(\bar{\psi}_T+\psi'_T)}{\partial x} \\ \qquad +(\bar{v}_T+v'_T)\dfrac{\partial\Delta(\bar{\psi}_T+\psi'_T)}{\partial y}=0 \\ \dfrac{\partial\Delta(\bar{\psi}_T+\psi')}{\partial t}+(\bar{u}+u')\dfrac{\partial\Delta(\bar{\psi}_T+\psi'_T)}{\partial x}+(\bar{v}+v')\dfrac{\partial\Delta(\bar{\psi}_T+\psi'_T)}{\partial y}+(\bar{u}_T+u'_T)\dfrac{\partial\Delta(\bar{\psi}+\psi')}{\partial x} \\ \qquad +(\bar{v}_T+v'_T)\left[\dfrac{\partial\Delta(\bar{\psi}+\psi')}{\partial y}+\beta^*\right]-\lambda'\left[\dfrac{\partial(\bar{\psi}_T+\psi'_T)}{\partial t}+(\bar{u}+u')\dfrac{\partial(\bar{\psi}_T+\psi'_T)}{\partial x} \right. \\ \qquad \left. +(\bar{v}+v')\dfrac{\partial(\bar{\psi}_T+\psi'_T)}{\partial y}\right]=0\end{cases} \tag{4}$$

将上式每一项展开:

$$\begin{cases}(1)\ \dfrac{\partial\Delta(\bar{\psi}+\psi')}{\partial t}=\dfrac{\partial\Delta\bar{\psi}}{\partial t}+\dfrac{\partial\Delta\psi'}{\partial t} \\ (2)\ (\bar{u}+u')\dfrac{\partial\Delta(\bar{\psi}+\psi')}{\partial x}=(\bar{u}+u')\left(\dfrac{\partial\Delta\bar{\psi}}{\partial x}+\dfrac{\partial\Delta\psi'}{\partial x}\right)=\bar{u}\dfrac{\partial\Delta\bar{\psi}}{\partial x}+u'\dfrac{\partial\Delta\bar{\psi}}{\partial x}+\bar{u}\dfrac{\partial\Delta\psi'}{\partial x}+u'\dfrac{\partial\Delta\psi'}{\partial x} \\ (3)\ (\bar{v}+v')\left[\dfrac{\partial\Delta(\bar{\psi}+\psi')}{\partial y}+\beta^*\right]=\bar{v}\dfrac{\partial\Delta\bar{\psi}}{\partial y}+v'\dfrac{\partial\Delta\bar{\psi}}{\partial y}+\bar{v}\dfrac{\partial\Delta\psi'}{\partial y}+v'\dfrac{\partial\Delta\psi'}{\partial y}+\bar{v}\beta^*+v'\beta^* \\ (4)\ (\bar{u}_T+u'_T)\dfrac{\partial\Delta(\bar{\psi}_T+\psi'_T)}{\partial x}=\bar{u}_T\dfrac{\partial\Delta\bar{\psi}_T}{\partial x}+u'_T\dfrac{\partial\Delta\bar{\psi}_T}{\partial x}+\bar{u}_T\dfrac{\partial\Delta\psi'_T}{\partial x}+u'_T\dfrac{\partial\Delta\psi'_T}{\partial x} \\ (5)\ (\bar{v}_T+v'_T)\dfrac{\partial\Delta(\bar{\psi}_T+\psi'_T)}{\partial y}=\bar{v}_T\dfrac{\partial\Delta\bar{\psi}_T}{\partial y}+v'_T\dfrac{\partial\Delta\bar{\psi}_T}{\partial y}+\bar{v}_T\dfrac{\partial\Delta\psi'_T}{\partial y}+v'_T\dfrac{\partial\Delta\psi'_T}{\partial x}.\end{cases} \tag{5}$$

(6) 其他类推.

(二). 当未加入小扰动时：

$\psi'=0,\ \psi_T'=0,\ u'=0,\ v'=0,\ u_T'=0,\ v_T'=0.$

$$
\begin{cases}
\dfrac{\partial\Delta\bar\psi}{\partial t}+\bar u\dfrac{\partial\Delta\bar\psi}{\partial x}+\bar v\left(\dfrac{\partial\Delta\bar\psi}{\partial y}+\beta^*\right)+\bar u_T\dfrac{\partial\Delta\bar\psi_T}{\partial x}+\bar v_T\dfrac{\partial\Delta\bar\psi_T}{\partial y}=0\\[2ex]
\dfrac{\partial\Delta\bar\psi_T}{\partial t}+\bar u\dfrac{\partial\Delta\bar\psi_T}{\partial x}+\bar v\dfrac{\partial\Delta\bar\psi_T}{\partial y}+\bar u_T\dfrac{\partial\Delta\bar\psi}{\partial x}+\bar v_T\left(\dfrac{\partial\Delta\bar\psi}{\partial y}+\beta^*\right)-\lambda^*\left(\dfrac{\partial\bar\psi_T}{\partial t}+\bar u\dfrac{\partial\bar\psi_T}{\partial x}+\bar v\dfrac{\partial\bar\psi_T}{\partial y}\right)=0
\end{cases}
\qquad (6)
$$

(三) 将(4)-(6)，并略去含小扰动的二次项。就有线性化方程：（(6)代入(4)）

$$
\begin{cases}
\dfrac{\partial\Delta\psi'}{\partial t}+\left(u'\dfrac{\partial\Delta\bar\psi}{\partial x}+\bar u\dfrac{\partial\Delta\psi'}{\partial x}\right)+\left[v'\left(\dfrac{\partial\Delta\bar\psi}{\partial y}+\beta^*\right)+\bar v\dfrac{\partial\Delta\psi'}{\partial y}\right]+\left(u_T'\dfrac{\partial\Delta\bar\psi_T}{\partial x}+\bar u_T\dfrac{\partial\Delta\psi_T'}{\partial x}\right)\\
\qquad+\left(v_T'\dfrac{\partial\Delta\bar\psi_T}{\partial y}+\bar v_T\dfrac{\partial\Delta\psi_T'}{\partial y}\right)=0\\[2ex]
\dfrac{\partial\Delta\psi_T'}{\partial t}+\left(u'\dfrac{\partial\Delta\bar\psi_T}{\partial x}+\bar u\dfrac{\partial\Delta\psi_T'}{\partial x}\right)+\left(v'\dfrac{\partial\Delta\bar\psi_T}{\partial y}+\bar v\dfrac{\partial\Delta\psi_T'}{\partial y}\right)+\left(u_T'\dfrac{\partial\Delta\bar\psi}{\partial x}+\bar u_T\dfrac{\partial\Delta\psi'}{\partial x}\right)\\
\qquad+\left[v_T'\left(\dfrac{\partial\Delta\bar\psi}{\partial y}+\beta^*\right)+\bar v_T\dfrac{\partial\Delta\psi'}{\partial y}\right]-\lambda^*\left[\dfrac{\partial\psi_T'}{\partial t}+\left(u'\dfrac{\partial\bar\psi_T}{\partial x}+\bar u\dfrac{\partial\psi_T'}{\partial x}\right)+\left(v'\dfrac{\partial\bar\psi_T}{\partial y}+\bar v\dfrac{\partial\psi_T'}{\partial y}\right)\right]=0
\end{cases}
$$

即：

$$
\begin{cases}
\dfrac{\partial\Delta\psi'}{\partial t}+\left(\bar u\dfrac{\partial\Delta\psi'}{\partial x}+\bar v\dfrac{\partial\Delta\psi'}{\partial y}\right)+\beta^*v'+\left(\bar u_T\dfrac{\partial\Delta\psi_T'}{\partial x}+\bar v_T\dfrac{\partial\Delta\psi_T'}{\partial y}\right)+\left(u'\dfrac{\partial\Delta\bar\psi}{\partial x}+v'\dfrac{\partial\Delta\bar\psi}{\partial y}\right)+\left(u_T'\dfrac{\partial\Delta\bar\psi_T}{\partial x}+v_T'\dfrac{\partial\Delta\bar\psi_T}{\partial y}\right)=0 \quad (7)'_1\\[2ex]
\dfrac{\partial\Delta\psi_T'}{\partial t}+\left(\bar u\dfrac{\partial\Delta\psi_T'}{\partial x}+\bar v\dfrac{\partial\Delta\psi_T'}{\partial y}\right)+\beta^*v_T'+\left(\bar u_T\dfrac{\partial\Delta\psi'}{\partial x}+\bar v_T\dfrac{\partial\Delta\psi'}{\partial y}\right)+\left(u'\dfrac{\partial\Delta\bar\psi_T}{\partial x}+v'\dfrac{\partial\Delta\bar\psi_T}{\partial y}\right)+\left(u_T'\dfrac{\partial\Delta\bar\psi}{\partial x}+v_T'\dfrac{\partial\Delta\bar\psi}{\partial y}\right)\\
\qquad-\lambda^*\left[\dfrac{\partial\psi_T'}{\partial t}+\left(\bar u\dfrac{\partial\psi_T'}{\partial x}+\bar v\dfrac{\partial\psi_T'}{\partial y}\right)+\left(u'\dfrac{\partial\bar\psi_T}{\partial x}+v'\dfrac{\partial\bar\psi_T}{\partial y}\right)\right]=0 \quad (7)'_2
\end{cases}
\qquad (7)'
$$

(四) 进一步化简线性化方程 (7)：

~~利用无辐散时，有关系式~~：$(\bar{u},\bar{v})$ 与 $\bar{\psi}$ 和流函数在平面有如下列关系

$$\begin{cases}\bar{u}=-\dfrac{\partial\bar{\psi}}{\partial y}\\ \bar{v}=\dfrac{\partial\bar{\psi}}{\partial x}\end{cases}\quad \begin{cases}u'=-\dfrac{\partial\psi'}{\partial y}\\ v'=\dfrac{\partial\psi'}{\partial x}\end{cases}\quad \begin{cases}\bar{u}_T=-\dfrac{\partial\bar{\psi}_T}{\partial y}\\ \bar{v}_T=\dfrac{\partial\bar{\psi}_T}{\partial x}\end{cases}\quad \begin{cases}u'_T=-\dfrac{\partial\psi'_T}{\partial y}\\ v'_T=\dfrac{\partial\psi'_T}{\partial x}\end{cases}\qquad (8)$$

代入 (7)′，有：

(1). $\bar{u}\dfrac{\partial\Delta\psi'}{\partial x}+\bar{v}\dfrac{\partial\Delta\psi'}{\partial y}=-\dfrac{\partial\bar{\psi}}{\partial y}\cdot\dfrac{\partial\Delta\psi'}{\partial x}+\dfrac{\partial\bar{\psi}}{\partial x}\cdot\dfrac{\partial\Delta\psi'}{\partial y}=\dfrac{\partial\bar{\psi}}{\partial x}\cdot\dfrac{\partial\Delta\psi'}{\partial y}-\dfrac{\partial\bar{\psi}}{\partial y}\cdot\dfrac{\partial\Delta\psi'}{\partial x}=J(\bar{\psi},\Delta\psi')$

(2) $\bar{u}_T\dfrac{\partial\Delta\psi'_T}{\partial x}+\bar{v}_T\dfrac{\partial\Delta\psi'_T}{\partial y}=J(\bar{\psi}_T,\Delta\psi'_T)$

(3) $u'\dfrac{\partial\Delta\bar{\psi}}{\partial x}+v'\dfrac{\partial\Delta\bar{\psi}}{\partial y}=J(\psi',\Delta\bar{\psi})$

(4) $u'_T\dfrac{\partial\Delta\bar{\psi}_T}{\partial x}+v'_T\dfrac{\partial\Delta\bar{\psi}_T}{\partial y}=J(\psi'_T,\Delta\bar{\psi}_T)$

(5) $\bar{u}\dfrac{\partial\Delta\psi'_T}{\partial x}+\bar{v}\dfrac{\partial\Delta\psi'_T}{\partial y}=J(\bar{\psi},\Delta\psi'_T)$

(6) $\bar{u}_T\dfrac{\partial\Delta\psi'}{\partial x}+\bar{v}_T\dfrac{\partial\Delta\psi'}{\partial y}=J(\bar{\psi}_T,\Delta\psi')$

(7) $u'\dfrac{\partial\Delta\bar{\psi}_T}{\partial x}+v'\dfrac{\partial\Delta\bar{\psi}_T}{\partial y}=J(\psi',\Delta\bar{\psi}_T)$

(8) $u'_T\dfrac{\partial\Delta\bar{\psi}}{\partial x}+v'_T\dfrac{\partial\Delta\bar{\psi}}{\partial y}=J(\psi'_T,\Delta\bar{\psi})$

(9) $\bar{u}\dfrac{\partial\psi'_T}{\partial x}+\bar{v}\dfrac{\partial\psi'_T}{\partial y}=J(\bar{\psi},\psi'_T)$

(10) $u'\dfrac{\partial\bar{\psi}_T}{\partial x}+v'\dfrac{\partial\bar{\psi}_T}{\partial y}=J(\psi',\bar{\psi}_T)$

故线性化方程组 (7)′，可表示成：

$$\begin{cases}\dfrac{\partial\Delta\psi'}{\partial t}+J(\bar{\psi},\Delta\psi')+J(\bar{\psi}_T,\Delta\psi'_T)+J(\psi',\Delta\bar{\psi})+J(\psi'_T,\Delta\bar{\psi}_T)+\beta^*\dfrac{\partial\psi'}{\partial x}=0\\ \dfrac{\partial\Delta\psi'_T}{\partial t}+J(\bar{\psi},\Delta\psi'_T)+J(\bar{\psi}_T,\Delta\psi')+J(\psi',\Delta\bar{\psi}_T)+J(\psi'_T,\Delta\bar{\psi})\\ \qquad -\lambda^*\left[\dfrac{\partial\psi'_T}{\partial t}+J(\bar{\psi},\psi'_T)+J(\psi',\bar{\psi}_T)\right]+\beta^*\dfrac{\partial\psi'_T}{\partial x}=0\end{cases}\qquad (7)$$

## (Ⅲ) 推导斜压大气中慢波的演变过程：

(一) 令

$$
\begin{cases}
\psi' = \hat{\psi}(x,y,t)\, e^{i\varepsilon^{-1}\theta(x,y,t)} \\
\psi_T' = \hat{h}(x,y,t)\, e^{i\varepsilon^{-1}\theta(x,y,t)}
\end{cases}
\tag{9}
$$

引入记号：

$$
\begin{cases}
\dfrac{\partial\theta}{\partial t} \equiv -\sigma(x,y,t) \\
\dfrac{\partial\theta}{\partial x} \equiv m(x,y,t) \\
\dfrac{\partial\theta}{\partial y} = n(x,y,t)
\end{cases}
\tag{10}
$$

并设 $\hat{\psi}, \hat{h}, \sigma, m, n$ 等为其自变量的缓变函数，[illegible] 各变量的微分的量级均为 $O(1)$，而 $O(\varepsilon) \ll O(1)$，$\varepsilon$ 为小参数。

令：

$$
\begin{cases}
\hat{\psi}(x,y,t) = \psi_0(x,y,t) + \varepsilon\psi_1(x,y,t) + \varepsilon^2\psi_2(x,y,t) + \cdots\cdots = \sum\limits_{j=0}^{\infty} \varepsilon^j \psi_j(x,y,t) \\
\hat{h}(x,y,t) = h_0(x,y,t) + \varepsilon h_1(x,y,t) + \varepsilon^2 h_2(x,y,t) + \cdots\cdots = \sum\limits_{j=0}^{\infty} \varepsilon^j h_j(x,y,t)
\end{cases}
\tag{11}
$$

即有：

$$
\begin{cases}
\psi' = e^{i\varepsilon^{-1}\theta(x,y,t)} \cdot \sum\limits_{j=0}^{\infty} \varepsilon^j \psi_j(x,y,t) \\
\psi_T' = e^{i\varepsilon^{-1}\theta(x,y,t)} \cdot \sum\limits_{j=0}^{\infty} \varepsilon^j h_j(x,y,t)
\end{cases}
\tag{9'}
$$

(二). 将(9)代入(7)，并按$\varepsilon$的幂级展开，再集项，即可求得关于$\psi_j$的一系列逐次的方程.

(1) 求$\frac{\partial\psi'}{\partial x}=?$

$$\psi'=e^{i\varepsilon^{-1}\theta}\cdot\sum_{j=0}^{\infty}\varepsilon^{j}\psi_j$$

$$\frac{\partial\psi'}{\partial x}=e^{i\varepsilon^{-1}\theta}\left(i\varepsilon^{-1}\frac{\partial\theta}{\partial x}\right)\cdot\sum_{j=0}^{\infty}\varepsilon^{j}\psi_j+e^{i\varepsilon^{-1}\theta}\cdot\frac{\partial}{\partial x}\sum_{j=0}^{\infty}\varepsilon^{j}\psi_j$$

$$=e^{i\varepsilon^{-1}\theta}\left(im\varepsilon^{-1}\sum_{j=0}^{\infty}\varepsilon^{j}\psi_j+\sum_{j=0}^{\infty}\varepsilon^{j}\frac{\partial\psi_j}{\partial x}\right)$$

$$=e^{i\varepsilon^{-1}\theta}\left[\sum_{j=0}^{\infty}\varepsilon^{j}\frac{\partial\psi_j}{\partial x}+\left(im\varepsilon^{-1}\psi_0+im\sum_{j=0}^{\infty}\varepsilon^{j}\psi_{j+1}\right)\right]$$

$\because \frac{\partial\theta}{\partial x}=m$，以及 $\frac{\partial}{\partial x}\sum_{j=0}^{\infty}\varepsilon^{j}\psi_j\sim\sum_{j=0}^{\infty}\varepsilon^{j}\frac{\partial\psi_j}{\partial x}$.

$$\therefore\ \frac{\partial\psi'}{\partial x}=e^{i\varepsilon^{-1}\theta}\left[\varepsilon^{-1}im\psi_0+\sum_{j=0}^{\infty}\varepsilon^{j}\left(\frac{\partial\psi_j}{\partial x}+im\psi_{j+1}\right)\right]$$

(2) 求$\frac{\partial\psi'}{\partial y}=?$

$$\frac{\partial\psi'}{\partial y}=e^{i\varepsilon^{-1}\theta}\left[\varepsilon^{-1}in\psi_0+\sum_{j=0}^{\infty}\varepsilon^{j}\left(\frac{\partial\psi_j}{\partial y}+in\psi_{j+1}\right)\right]\qquad\left(\because\frac{\partial\theta}{\partial y}=n\right)$$

(3) 求$\frac{\partial\psi'}{\partial t}=?$

$$\frac{\partial\psi'}{\partial t}=e^{i\varepsilon^{-1}\theta}\left[-\varepsilon^{-1}i\sigma\psi_0+\sum_{j=0}^{\infty}\varepsilon^{j}\left(\frac{\partial\psi_j}{\partial t}-i\sigma\psi_{j+1}\right)\right]\qquad\left(\because\frac{\partial\theta}{\partial t}=-\sigma\right)$$

(4). 求 $\Delta\psi'=?$

$$\Delta\psi'=\frac{\partial^2\psi'}{\partial x^2}+\frac{\partial^2\psi'}{\partial y^2}$$

(i)
$$\frac{\partial^2\psi'}{\partial x^2}=\frac{\partial}{\partial x}\left(\frac{\partial\psi'}{\partial x}\right)$$
$$=\frac{\partial}{\partial x}\left\{e^{i\varepsilon^{-1}\theta}\left[\varepsilon^{-1}im\psi_0+\sum_{j=0}^{\infty}\varepsilon^j\left(\frac{\partial\psi_j}{\partial x}+im\psi_{j+1}\right)\right]\right\}$$
$$=e^{i\varepsilon^{-1}\theta}\cdot im\varepsilon^{-1}\left[\varepsilon^{-1}im\psi_0+\sum_{j=0}^{\infty}\varepsilon^j\left(\frac{\partial\psi_j}{\partial x}+im\psi_{j+1}\right)\right]$$
$$+e^{i\varepsilon^{-1}\theta}\left[\varepsilon^{-1}i\left(m\frac{\partial\psi_0}{\partial x}+\psi_0\frac{\partial m}{\partial x}\right)+\sum_{j=0}^{\infty}\varepsilon^j\left(\frac{\partial^2\psi_j}{\partial x^2}+im\frac{\partial\psi_{j+1}}{\partial x}+i\psi_{j+1}\frac{\partial m}{\partial x}\right)\right]$$
$$=e^{i\varepsilon^{-1}\theta}\left\{\varepsilon^{-2}i^2m^2\psi_0+im\varepsilon^{-1}\left(\frac{\partial\psi_0}{\partial x}+im\psi_1\right)+im\sum_{j=0}^{\infty}\varepsilon^j\left(\frac{\partial\psi_{j+1}}{\partial x}+im\psi_{j+2}\right)\right.$$
$$\left.+\varepsilon^{-1}i\left(m\frac{\partial\psi_0}{\partial x}+\psi_0\frac{\partial m}{\partial x}\right)+\sum_{j=0}^{\infty}\varepsilon^j\left(\frac{\partial^2\psi_j}{\partial x^2}+im\frac{\partial\psi_{j+1}}{\partial x}+i\psi_{j+1}\frac{\partial m}{\partial x}\right)\right\}$$
$$=e^{i\varepsilon^{-1}\theta}\left[-\varepsilon^{-2}m^2\psi_0+\varepsilon^{-1}\left(2im\frac{\partial\psi_0}{\partial x}+i\psi_0\frac{\partial m}{\partial x}-m^2\psi_1\right)\right.$$
$$\left.+\sum_{j=0}^{\infty}\varepsilon^j\left(\frac{\partial^2\psi_j}{\partial x^2}+2im\frac{\partial\psi_{j+1}}{\partial x}+i\psi_{j+1}\frac{\partial m}{\partial x}-m^2\psi_{j+2}\right)\right]$$

(ii)
$$\frac{\partial^2\psi'}{\partial y^2}=e^{i\varepsilon^{-1}\theta}\left[-\varepsilon^{-2}n^2\psi_0+\varepsilon^{-1}\left(2in\frac{\partial\psi_0}{\partial y}+i\psi_0\frac{\partial n}{\partial y}-n^2\psi_1\right)\right.$$
$$\left.+\sum_{j=0}^{\infty}\varepsilon^j\left(\frac{\partial^2\psi_j}{\partial y^2}+2in\frac{\partial\psi_{j+1}}{\partial y}+i\psi_{j+1}\frac{\partial n}{\partial y}-n^2\psi_{j+2}\right)\right]$$

$$\therefore\ \Delta\psi'=e^{i\varepsilon^{-1}\theta}\left\{-\varepsilon^{-2}(m^2+n^2)\psi_0+\varepsilon^{-1}\left[2i\left(m\frac{\partial\psi_0}{\partial x}+n\frac{\partial\psi_0}{\partial y}\right)+i\psi_0\left(\frac{\partial m}{\partial x}+\frac{\partial n}{\partial y}\right)-(m^2+n^2)\psi_1\right]\right.$$
$$\left.+\sum_{j=0}^{\infty}\varepsilon^j\left[\Delta\psi_j+2i\left(m\frac{\partial\psi_{j+1}}{\partial x}+n\frac{\partial\psi_{j+1}}{\partial y}\right)+i\left(\frac{\partial m}{\partial x}+\frac{\partial n}{\partial y}\right)\psi_{j+1}-(m^2+n^2)\psi_{j+2}\right]\right\}$$

(5) 求 $\frac{\partial \Delta\psi'}{\partial t}=?$

$$\frac{\partial \Delta\psi'}{\partial t}=e^{i\varepsilon^{-1}\theta}\cdot(-i\varepsilon^{-1}\sigma)\cdot\{[\mathrm{I}]\}+e^{i\varepsilon^{-1}\theta}\cdot\frac{\partial}{\partial t}\{[\mathrm{I}]\}$$

$$=e^{i\varepsilon^{-1}\theta}\cdot\left\{-i\varepsilon^{-1}\sigma[(\mathrm{I})]+\frac{\partial}{\partial t}[(\mathrm{I})]\right\}$$

$$-i\varepsilon^{-1}\sigma[(\mathrm{I})]=\Big\{\varepsilon^{-3}i\sigma(m^2+n^2)\psi_0+\varepsilon^{-2}\sigma\Big[2\Big(m\frac{\partial\psi_0}{\partial x}+n\frac{\partial\psi_0}{\partial y}\Big)+\psi_0\Big(\frac{\partial m}{\partial x}+\frac{\partial n}{\partial y}\Big)+i(m^2+n^2)\psi_1\Big]$$
$$+\varepsilon^{-1}\sigma\Big[-i\Delta\psi_0+2\Big(m\frac{\partial\psi_1}{\partial x}+n\frac{\partial\psi_1}{\partial y}\Big)+\Big(\frac{\partial m}{\partial x}+\frac{\partial n}{\partial y}\Big)\psi_1+i(m^2+n^2)\psi_2\Big]$$
$$+\sum_{j=0}^{\infty}\varepsilon^{j}\sigma\Big[-i\Delta\psi_{j+1}+2\Big(m\frac{\partial\psi_{j+2}}{\partial x}+n\frac{\partial\psi_{j+2}}{\partial y}\Big)+\Big(\frac{\partial m}{\partial x}+\frac{\partial n}{\partial y}\Big)\psi_{j+2}+i(m^2+n^2)\psi_{j+3}\Big]$$

$$\therefore\ \frac{\partial \Delta\psi'}{\partial t}=e^{i\varepsilon^{-1}\theta}\cdot\Big\{\varepsilon^{-3}i\sigma(m^2+n^2)\psi_0$$
$$+\varepsilon^{-2}\Big[-\frac{\partial(m^2+n^2)\psi_0}{\partial t}+2\sigma\Big(m\frac{\partial\psi_0}{\partial x}+n\frac{\partial\psi_0}{\partial y}\Big)+\sigma\Big(\frac{\partial m}{\partial x}+\frac{\partial n}{\partial y}\Big)\psi_0$$
$$+i\sigma(m^2+n^2)\psi_1\Big]$$
$$+\varepsilon^{-1}\Big[-i\sigma\Delta\psi_0+2\sigma\Big(m\frac{\partial\psi_1}{\partial x}+n\frac{\partial\psi_1}{\partial y}\Big)+\sigma\Big(\frac{\partial m}{\partial x}+\frac{\partial n}{\partial y}\Big)\psi_1+i\sigma(m^2+n^2)\psi_2$$
$$+2i\frac{\partial}{\partial t}\Big(m\frac{\partial\psi_0}{\partial x}+n\frac{\partial\psi_0}{\partial y}\Big)+i\frac{\partial}{\partial t}\Big[\psi_0\Big(\frac{\partial m}{\partial x}+\frac{\partial n}{\partial y}\Big)\Big]-\frac{\partial(m^2+n^2)\psi_1}{\partial t}\Big]$$
$$+\sum_{j=0}^{\infty}\varepsilon^{j}\Big[-i\sigma\Delta\psi_{j+1}+2\sigma\Big(m\frac{\partial\psi_{j+2}}{\partial x}+n\frac{\partial\psi_{j+2}}{\partial y}\Big)+\sigma\Big(\frac{\partial m}{\partial x}+\frac{\partial n}{\partial y}\Big)\psi_{j+2}$$
$$+i\sigma(m^2+n^2)\psi_{j+3}+\frac{\partial\Delta\psi_j}{\partial t}+2i\frac{\partial}{\partial t}\Big(m\frac{\partial\psi_{j+1}}{\partial x}+n\frac{\partial\psi_{j+1}}{\partial y}\Big)$$
$$+i\frac{\partial}{\partial t}\psi_{j+1}\Big(\frac{\partial m}{\partial x}+\frac{\partial n}{\partial y}\Big)-\frac{\partial(m^2+n^2)\psi_{j+2}}{\partial t}\Big]\Big\}$$

(6) 求 $\frac{\partial\Delta\psi'}{\partial x}=?$

$$\frac{\partial\Delta\psi'}{\partial x}=e^{i\varepsilon^{-1}\theta}\cdot(i\varepsilon^{-1}m)\{(I)\}+e^{i\varepsilon^{-1}\theta}\frac{\partial}{\partial x}\{(I)\}.$$

$$=e^{i\varepsilon^{-1}\theta}\left\{\varepsilon^{-1}im[(I)]+\frac{\partial}{\partial x}[(I)]\right\}$$

$$\varepsilon^{-1}im[(I)]=\Big\{-\varepsilon^{-3}im(m^2+n^2)\psi_0$$
$$+\varepsilon^{-2}\left[-2m\left(m\frac{\partial\psi_0}{\partial x}+n\frac{\partial\psi_0}{\partial y}\right)-m\psi_0\left(\frac{\partial m}{\partial x}+\frac{\partial n}{\partial y}\right)-im(m^2+n^2)\psi_1\right]$$
$$+\varepsilon^{-1}\left[im\Delta\psi_0-2m\left(m\frac{\partial\psi_1}{\partial x}+n\frac{\partial\psi_1}{\partial y}\right)-m\psi_1\left(\frac{\partial m}{\partial x}+\frac{\partial n}{\partial y}\right)-im(m^2+n^2)\psi_2\right]$$
$$+\sum_{j=0}^{\infty}\varepsilon^{j}\left[im\Delta\psi_{j+1}-2m\left(m\frac{\partial\psi_{j+2}}{\partial x}+n\frac{\partial\psi_{j+2}}{\partial y}\right)-m\psi_{j+2}\left(\frac{\partial m}{\partial x}+\frac{\partial n}{\partial y}\right)-im(m^2+n^2)\psi_{j+3}\right]$$

$$\therefore\ \frac{\partial\Delta\psi'}{\partial x}=e^{i\varepsilon^{-1}\theta}\cdot\Big\{-\varepsilon^{-3}im(m^2+n^2)\psi_0$$
$$-\varepsilon^{-2}\left[2m\left(m\frac{\partial\psi_0}{\partial x}+n\frac{\partial\psi_0}{\partial y}\right)+m\psi_0\left(\frac{\partial m}{\partial x}+\frac{\partial n}{\partial y}\right)+im(m^2+n^2)\psi_1+\frac{\partial(m^2+n^2)\psi_0}{\partial x}\right]$$
$$-\varepsilon^{-1}\Big[-im\Delta\psi_0+2m\left(m\frac{\partial\psi_1}{\partial x}+n\frac{\partial\psi_1}{\partial y}\right)+m\psi_1\left(\frac{\partial m}{\partial x}+\frac{\partial n}{\partial y}\right)+im(m^2+n^2)\psi_2$$
$$-2i\frac{\partial}{\partial x}\left(m\frac{\partial\psi_0}{\partial x}+n\frac{\partial\psi_0}{\partial y}\right)-i\frac{\partial}{\partial x}\left[\psi_0\left(\frac{\partial m}{\partial x}+\frac{\partial n}{\partial y}\right)\right]+\frac{\partial(m^2+n^2)\psi_1}{\partial x}\Big]$$
$$-\sum_{j=0}^{\infty}\varepsilon^{j}\Big[-im\Delta\psi_{j+1}+2m\left(m\frac{\partial\psi_{j+2}}{\partial x}+n\frac{\partial\psi_{j+2}}{\partial y}\right)+m\psi_{j+2}\left(\frac{\partial m}{\partial x}+\frac{\partial n}{\partial y}\right)+im(m^2+n^2)\psi_{j+3}$$
$$-\frac{\partial\Delta\psi_j}{\partial x}-2i\frac{\partial}{\partial x}\left(m\frac{\partial\psi_{j+1}}{\partial x}+n\frac{\partial\psi_{j+1}}{\partial y}\right)-i\frac{\partial}{\partial x}\psi_{j+1}\left(\frac{\partial m}{\partial x}+\frac{\partial n}{\partial y}\right)$$
$$+\frac{\partial(m^2+n^2)\psi_{j+2}}{\partial x}\Big]$$

(7) 求 $\dfrac{\partial \Delta\psi'}{\partial y}=?$

$$
\begin{aligned}
\frac{\partial \Delta\psi'}{\partial y}=e^{i\varepsilon^{-1}\theta}\cdot\Big\{&-\varepsilon^{-3}in(m^2+n^2)\psi_0\\
&-\varepsilon^{-2}\Big[2n\Big(m\frac{\partial \psi_0}{\partial x}+n\frac{\partial \psi_0}{\partial y}\Big)+n\psi_0\Big(\frac{\partial m}{\partial x}+\frac{\partial n}{\partial y}\Big)+in(m^2+n^2)\psi_1+\frac{\partial (m^2+n^2)\psi_0}{\partial y}\Big]\\
&-\varepsilon^{-1}\Big[-in\Delta\psi_0+2n\Big(m\frac{\partial \psi_1}{\partial x}+n\frac{\partial \psi_1}{\partial y}\Big)+n\Big(\frac{\partial m}{\partial x}+\frac{\partial n}{\partial y}\Big)\psi_1+in(m^2+n^2)\psi_2\\
&\qquad -2i\frac{\partial}{\partial y}\Big(m\frac{\partial \psi_0}{\partial x}+n\frac{\partial \psi_0}{\partial y}\Big)-i\frac{\partial}{\partial y}\Big[\psi_0\Big(\frac{\partial m}{\partial x}+\frac{\partial n}{\partial y}\Big)\Big]+\frac{\partial (m^2+n^2)\psi_1}{\partial y}\Big]\\
&-\sum_{j=0}^{\infty}\varepsilon^{j}\Big[-in\Delta\psi_{j+1}+2n\Big(m\frac{\partial \psi_{j+2}}{\partial x}+n\frac{\partial \psi_{j+2}}{\partial y}\Big)+n\Big(\frac{\partial m}{\partial x}+\frac{\partial n}{\partial y}\Big)\psi_{j+2}\\
&\qquad +in(m^2+n^2)\psi_{j+3}-\frac{\partial \Delta\psi_j}{\partial y}-2i\frac{\partial}{\partial y}\Big(m\frac{\partial \psi_{j+1}}{\partial x}+n\frac{\partial \psi_{j+1}}{\partial y}\Big)\\
&\qquad -i\frac{\partial}{\partial y}\Big[\psi_{j+1}\Big(\frac{\partial m}{\partial x}+\frac{\partial n}{\partial y}\Big)\Big]+\frac{\partial (m^2+n^2)\psi_{j+2}}{\partial y}\Big]
\end{aligned}
$$

(8) 求 $J(\psi',\Delta\bar{\psi})=?$

$$
\begin{aligned}
J(\psi',\Delta\bar{\psi})&=\frac{\partial \psi'}{\partial x}\cdot\frac{\partial \Delta\bar{\psi}}{\partial y}-\frac{\partial \psi'}{\partial y}\cdot\frac{\partial \Delta\bar{\psi}}{\partial x}\\
&=e^{i\varepsilon^{-1}\theta}\Big\{\Big[\varepsilon^{-1}im\psi_0+\sum_{j=0}^{\infty}\varepsilon^{j}\Big(\frac{\partial \psi_j}{\partial x}+im\psi_{j+1}\Big)\Big]\frac{\partial \Delta\bar{\psi}}{\partial y}\\
&\qquad -\Big[\varepsilon^{-1}in\psi_0+\sum_{j=0}^{\infty}\varepsilon^{j}\Big(\frac{\partial \psi_j}{\partial y}+in\psi_{j+1}\Big)\Big]\frac{\partial \Delta\bar{\psi}}{\partial x}\Big\}
\end{aligned}
$$

$$
\begin{aligned}
\therefore\ J(\psi',\Delta\bar{\psi})=e^{i\varepsilon^{-1}\theta}\cdot\Big\{&\varepsilon^{-1}i\psi_0\Big(m\frac{\partial \Delta\bar{\psi}}{\partial y}-n\frac{\partial \Delta\bar{\psi}}{\partial x}\Big)\\
&+\sum_{j=0}^{\infty}\varepsilon^{j}\Big[\Big(\frac{\partial \psi_j}{\partial x}+im\psi_{j+1}\Big)\frac{\partial \Delta\bar{\psi}}{\partial y}-\Big(\frac{\partial \psi_j}{\partial y}+in\psi_{j+1}\Big)\frac{\partial \Delta\bar{\psi}}{\partial x}\Big]\Big\}
\end{aligned}
$$

(9) 同理求得 $\frac{\partial\psi_T'}{\partial x}$，$\frac{\partial\psi_T'}{\partial y}$，$\frac{\partial\psi_T'}{\partial t}$，$\Delta\psi_T'$，$\frac{\partial\Delta\psi_T'}{\partial t}$，$\frac{\partial\Delta\psi_T'}{\partial x}$，$\frac{\partial\Delta\psi_T'}{\partial y}$，……等.

$$\psi_T' = e^{i\varepsilon^{-1}\theta}\cdot\sum_{j=0}^{\infty}\varepsilon^j h_j$$

(a) $$\frac{\partial\psi_T'}{\partial t} = e^{i\varepsilon^{-1}\theta}\left[-\varepsilon^{-1}i\sigma h_0 + \sum_{j=0}^{\infty}\varepsilon^j\left(\frac{\partial h_j}{\partial t} - i\sigma h_{j+1}\right)\right]$$

(b) $$\frac{\partial\psi_T'}{\partial x} = e^{i\varepsilon^{-1}\theta}\left[\varepsilon^{-1}imh_0 + \sum_{j=0}^{\infty}\varepsilon^j\left(\frac{\partial h_j}{\partial x} + imh_{j+1}\right)\right]$$

(c) $$\frac{\partial\psi_T'}{\partial y} = e^{i\varepsilon^{-1}\theta}\left[\varepsilon^{-1}inh_0 + \sum_{j=0}^{\infty}\varepsilon^j\left(\frac{\partial h_j}{\partial y} + inh_{j+1}\right)\right]$$

(d) $$\Delta\psi_T' = e^{i\varepsilon^{-1}\theta}\Big\{-\varepsilon^{-2}(m^2+n^2)h_0 + \varepsilon^{-1}\Big[2i\Big(m\frac{\partial h_0}{\partial x} + n\frac{\partial h_0}{\partial y}\Big) + ih_0\Big(\frac{\partial m}{\partial x} + \frac{\partial n}{\partial y}\Big) - (m^2+n^2)h_1\Big]$$
$$+\sum_{j=0}^{\infty}\varepsilon^j\Big[\Delta h_j + 2i\Big(m\frac{\partial h_{j+1}}{\partial x} + n\frac{\partial h_{j+1}}{\partial y}\Big) + i\Big(\frac{\partial m}{\partial x} + \frac{\partial n}{\partial y}\Big)h_{j+1} - (m^2+n^2)h_{j+2}\Big]\Big\}$$

(e) $$\frac{\partial\Delta\psi_T'}{\partial t} = e^{i\varepsilon^{-1}\theta}\cdot\Big\{\varepsilon^{-3}i\sigma(m^2+n^2)h_0$$
$$+\varepsilon^{-2}\Big[-\frac{\partial(m^2+n^2)h_0}{\partial t} + 2\sigma\Big(m\frac{\partial h_0}{\partial x} + n\frac{\partial h_0}{\partial y}\Big) + \sigma\Big(\frac{\partial m}{\partial x} + \frac{\partial n}{\partial y}\Big)h_0 + i\sigma(m^2+n^2)h_1\Big]$$
$$+\varepsilon^{-1}\Big[-i\sigma\Delta h_0 + 2\sigma\Big(m\frac{\partial h_1}{\partial x} + n\frac{\partial h_1}{\partial y}\Big) + \sigma\Big(\frac{\partial m}{\partial x} + \frac{\partial n}{\partial y}\Big)h_1 + i\sigma(m^2+n^2)h_2$$
$$+2i\frac{\partial}{\partial t}\Big(m\frac{\partial h_0}{\partial x} + n\frac{\partial h_0}{\partial y}\Big) + i\frac{\partial}{\partial t}\Big(h_0\Big(\frac{\partial m}{\partial x} + \frac{\partial n}{\partial y}\Big)\Big) - \frac{\partial(m^2+n^2)h_1}{\partial t}\Big]$$
$$+\sum_{j=0}^{\infty}\varepsilon^j\Big[-i\sigma\Delta h_{j+1} + 2\sigma\Big(m\frac{\partial h_{j+2}}{\partial x} + n\frac{\partial h_{j+2}}{\partial y}\Big) + \sigma\Big(\frac{\partial m}{\partial x} + \frac{\partial n}{\partial y}\Big)h_{j+2}$$
$$+i\sigma(m^2+n^2)h_{j+3} + \frac{\partial\Delta h_j}{\partial t} + 2i\frac{\partial}{\partial t}\Big(m\frac{\partial h_{j+1}}{\partial x} + n\frac{\partial h_{j+1}}{\partial y}\Big)$$
$$+i\frac{\partial}{\partial t}\Big(h_{j+1}\Big(\frac{\partial m}{\partial x} + \frac{\partial n}{\partial y}\Big)\Big) - \frac{\partial(m^2+n^2)h_{j+2}}{\partial t}\Big]\Big\}.$$

(f) $$\frac{\partial\Delta\psi_I'}{\partial x}=e^{i\varepsilon^{-1}\theta}\cdot\Big\{-\varepsilon^{-3}im(m^2+n^2)h_0$$

$$-\varepsilon^{-2}\Big[2m\Big(m\frac{\partial h_0}{\partial x}+n\frac{\partial h_0}{\partial y}\Big)+mh_0\Big(\frac{\partial m}{\partial x}+\frac{\partial n}{\partial y}\Big)+im(m^2+n^2)h_1+\frac{\partial(m^2+n^2)h_0}{\partial x}\Big]$$

$$-\varepsilon^{-1}\Big[-im\Delta h_0+2m\Big(m\frac{\partial h_1}{\partial x}+n\frac{\partial h_1}{\partial y}\Big)+mh_1\Big(\frac{\partial m}{\partial x}+\frac{\partial n}{\partial y}\Big)+im(m^2+n^2)h_2$$

$$-2i\frac{\partial}{\partial x}\Big(m\frac{\partial h_0}{\partial x}+n\frac{\partial h_0}{\partial y}\Big)-i\frac{\partial}{\partial x}\Big(h_0\Big(\frac{\partial m}{\partial x}+\frac{\partial n}{\partial y}\Big)\Big)+\frac{\partial(m^2+n^2)h_1}{\partial x}\Big]$$

$$-\sum_{j=0}^{\infty}\varepsilon^{j}\Big[-im\Delta h_{j+1}+2m\Big(m\frac{\partial h_{j+2}}{\partial x}+n\frac{\partial h_{j+2}}{\partial y}\Big)+mh_{j+2}\Big(\frac{\partial m}{\partial x}+\frac{\partial n}{\partial y}\Big)$$

$$+im(m^2+n^2)h_{j+3}-\frac{\partial\Delta h_j}{\partial x}-2i\frac{\partial}{\partial x}\Big(m\frac{\partial h_{j+1}}{\partial x}+n\frac{\partial h_{j+1}}{\partial y}\Big)$$

$$-i\frac{\partial}{\partial x}\Big(h_{j+1}\Big(\frac{\partial m}{\partial x}+\frac{\partial n}{\partial y}\Big)\Big)+\frac{\partial(m^2+n^2)h_{j+2}}{\partial x}\Big]$$

(g) $$\frac{\partial\Delta\psi_I'}{\partial y}=e^{i\varepsilon^{-1}\theta}\cdot\Big\{-\varepsilon^{-3}in(m^2+n^2)h_0$$

$$-\varepsilon^{-2}\Big[2n\Big(m\frac{\partial h_0}{\partial x}+n\frac{\partial h_0}{\partial y}\Big)+nh_0\Big(\frac{\partial m}{\partial x}+\frac{\partial n}{\partial y}\Big)+in(m^2+n^2)h_1+\frac{\partial(m^2+n^2)h_0}{\partial y}\Big]$$

$$-\varepsilon^{-1}\Big[-in\Delta h_0+2n\Big(m\frac{\partial h_1}{\partial x}+n\frac{\partial h_1}{\partial y}\Big)+n\Big(\frac{\partial m}{\partial x}+\frac{\partial n}{\partial y}\Big)h_1+in(m^2+n^2)h_2$$

$$-2i\frac{\partial}{\partial y}\Big(m\frac{\partial h_0}{\partial x}+n\frac{\partial h_0}{\partial y}\Big)-i\frac{\partial}{\partial y}\Big(h_0\Big(\frac{\partial m}{\partial x}+\frac{\partial n}{\partial y}\Big)\Big)+\frac{\partial(m^2+n^2)h_1}{\partial y}\Big]$$

$$-\sum_{j=0}^{\infty}\varepsilon^{j}\Big[-in\Delta h_{j+1}+2n\Big(m\frac{\partial h_{j+2}}{\partial x}+n\frac{\partial h_{j+2}}{\partial y}\Big)+n\Big(\frac{\partial m}{\partial x}+\frac{\partial n}{\partial y}\Big)h_{j+2}$$

$$+in(m^2+n^2)h_{j+3}-\frac{\partial\Delta h_j}{\partial y}-2i\frac{\partial}{\partial y}\Big(m\frac{\partial h_{j+1}}{\partial x}+n\frac{\partial h_{j+1}}{\partial y}\Big)$$

$$-i\frac{\partial}{\partial y}\Big(h_{j+1}\Big(\frac{\partial m}{\partial x}+\frac{\partial n}{\partial y}\Big)\Big)+\frac{\partial(m^2+n^2)h_{j+2}}{\partial y}\Big]$$

(10) 求 $J(\bar{\psi}, \Delta\psi') = ?$

$$J(\bar{\psi}, \Delta\psi') = \frac{\partial\bar{\psi}}{\partial x}\cdot\frac{\partial\Delta\psi'}{\partial y} - \frac{\partial\bar{\psi}}{\partial y}\cdot\frac{\partial\Delta\psi'}{\partial x}$$

$$= \bar{u}\frac{\partial\Delta\psi'}{\partial x} + \bar{v}\frac{\partial\Delta\psi'}{\partial y}$$

$$\begin{aligned}
\therefore J(\bar{\psi}, \Delta\psi') = e^{i\varepsilon^{-1}\theta}\cdot\Big\{ & -\varepsilon^{-3} i(m^2+n^2)\psi_0(m\bar{u}+n\bar{v}) \\
& -\varepsilon^{-2}\Big[2\Big(m\frac{\partial\psi_0}{\partial x}+n\frac{\partial\psi_0}{\partial y}\Big)(m\bar{u}+n\bar{v}) + \Big(\frac{\partial m}{\partial x}+\frac{\partial n}{\partial y}\Big)\psi_0(m\bar{u}+n\bar{v}) \\
& \quad + i(m^2+n^2)\psi_1(m\bar{u}+n\bar{v}) + \Big(\bar{u}\frac{\partial(m^2+n^2)\psi_0}{\partial x} + \bar{v}\frac{\partial(m^2+n^2)\psi_0}{\partial y}\Big)\Big] \\
& -\varepsilon^{-1}\Big[-i(m\bar{u}+n\bar{v})\Delta\psi_0 + 2\Big(m\frac{\partial\psi_1}{\partial x}+n\frac{\partial\psi_1}{\partial y}\Big)(m\bar{u}+n\bar{v}) \\
& \quad + \Big(\frac{\partial m}{\partial x}+\frac{\partial n}{\partial y}\Big)(m\bar{u}+n\bar{v})\psi_1 + i(m^2+n^2)(m\bar{u}+n\bar{v})\psi_2 \\
& \quad - 2i\Big(\bar{u}\frac{\partial}{\partial x}\Big(m\frac{\partial\psi_0}{\partial x}+n\frac{\partial\psi_0}{\partial y}\Big) + \bar{v}\frac{\partial}{\partial y}\Big(m\frac{\partial\psi_0}{\partial x}+n\frac{\partial\psi_0}{\partial y}\Big)\Big) \\
& \quad - i\Big(\bar{u}\frac{\partial}{\partial x}\Big(\psi_0\Big(\frac{\partial m}{\partial x}+\frac{\partial n}{\partial y}\Big)\Big) + \bar{v}\frac{\partial}{\partial y}\Big(\psi_0\Big(\frac{\partial m}{\partial x}+\frac{\partial n}{\partial y}\Big)\Big)\Big) \\
& \quad + \Big(\bar{u}\frac{\partial(m^2+n^2)\psi_1}{\partial x} + \bar{v}\frac{\partial(m^2+n^2)\psi_1}{\partial y}\Big)\Big] \\
& -\sum_{j=0}^{\infty}\varepsilon^{j}\Big[-i(m\bar{u}+n\bar{v})\Delta\psi_{j+1} + 2\Big(m\frac{\partial\psi_{j+2}}{\partial x}+n\frac{\partial\psi_{j+2}}{\partial y}\Big)(m\bar{u}+n\bar{v}) \\
& \quad + \Big(\frac{\partial m}{\partial x}+\frac{\partial n}{\partial y}\Big)(m\bar{u}+n\bar{v})\psi_{j+2} + i(m^2+n^2)(m\bar{u}+n\bar{v})\psi_{j+3} \\
& \quad - \Big(\bar{u}\frac{\partial\Delta\psi_j}{\partial x}+\bar{v}\frac{\partial\Delta\psi_j}{\partial y}\Big) - 2i\Big(\bar{u}\frac{\partial}{\partial x}\Big(m\frac{\partial\psi_{j+1}}{\partial x}+n\frac{\partial\psi_{j+1}}{\partial y}\Big) + \bar{v}\frac{\partial}{\partial y}\Big(m\frac{\partial\psi_{j+1}}{\partial x}+n\frac{\partial\psi_{j+1}}{\partial y}\Big)\Big) \\
& \quad - i\Big(\bar{u}\frac{\partial}{\partial x}\Big(\psi_{j+1}\Big(\frac{\partial m}{\partial x}+\frac{\partial n}{\partial y}\Big)\Big) + \bar{v}\frac{\partial}{\partial y}\Big(\psi_{j+1}\Big(\frac{\partial m}{\partial x}+\frac{\partial n}{\partial y}\Big)\Big)\Big) \\
& \quad + \Big(\bar{u}\frac{\partial(m^2+n^2)\psi_{j+2}}{\partial x} + \bar{v}\frac{\partial(m^2+n^2)\psi_{j+2}}{\partial y}\Big)\Big]\Big\}
\end{aligned}$$

(11). 求 $J(\bar{\psi}_T, \Delta\psi_T')=?$

$$J(\bar{\psi}_T, \Delta\psi_T')=\frac{\partial\bar{\psi}_T}{\partial x}\cdot\frac{\partial\Delta\psi_T'}{\partial y}-\frac{\partial\bar{\psi}_T}{\partial y}\cdot\frac{\partial\Delta\psi_T'}{\partial x}=\bar{u}_T\frac{\partial\Delta\psi_T'}{\partial x}+\bar{v}_T\frac{\partial\Delta\psi_T'}{\partial y}$$

$\therefore J(\bar{\psi}_T, \Delta\psi_T')$

$$\begin{aligned}
&=e^{i\varepsilon^{-1}\theta}\cdot\Big\{-\varepsilon^{-3}i(m^2+n^2)(m\bar{u}_T+m\bar{v}_T)h_0\\
&-\varepsilon^{-2}\Big[2\Big(m\frac{\partial h_0}{\partial x}+n\frac{\partial h_0}{\partial y}\Big)(m\bar{u}_T+n\bar{v}_T)+\Big(\frac{\partial m}{\partial x}+\frac{\partial n}{\partial y}\Big)(m\bar{u}_T+n\bar{v}_T)h_0\\
&\quad+i(m^2+n^2)(m\bar{u}_T+n\bar{v}_T)h_0+\Big(\bar{u}_T\frac{\partial(m^2+n^2)h_0}{\partial x}+\bar{v}_T\frac{\partial(m^2+n^2)h_0}{\partial y}\Big)\Big]\\
&-\varepsilon^{-1}\Big[-i(m\bar{u}_T+n\bar{v}_T)\Delta h_0+2\Big(m\frac{\partial h_1}{\partial x}+n\frac{\partial h_1}{\partial y}\Big)(m\bar{u}_T+n\bar{v}_T)\\
&\quad+\Big(\frac{\partial m}{\partial x}+\frac{\partial n}{\partial y}\Big)(m\bar{u}_T+n\bar{v}_T)h_1+i(m^2+n^2)(m\bar{u}_T+n\bar{v}_T)h_2\\
&\quad-2i\Big(\bar{u}_T\frac{\partial}{\partial x}\Big(m\frac{\partial h_0}{\partial x}+n\frac{\partial h_0}{\partial y}\Big)+\bar{v}_T\frac{\partial}{\partial y}\Big(m\frac{\partial h_0}{\partial x}+n\frac{\partial h_0}{\partial y}\Big)\Big)\\
&\quad-i\Big(\bar{u}_T\frac{\partial}{\partial x}\Big(h_0\Big(\frac{\partial m}{\partial x}+\frac{\partial n}{\partial y}\Big)\Big)+\bar{v}_T\frac{\partial}{\partial y}\Big(h_0\Big(\frac{\partial m}{\partial x}+\frac{\partial n}{\partial y}\Big)\Big)\Big)\\
&\quad+\Big(\bar{u}_T\frac{\partial(m^2+n^2)h_1}{\partial x}+\bar{v}_T\frac{\partial(m^2+n^2)h_1}{\partial y}\Big)\Big]\\
&-\sum_{j=0}^{\infty}\varepsilon^{j}
\end{aligned}$$

(12) 求 $J(\bar{\psi}, \Delta\psi_T')=?$

$$J(\bar{\psi}, \Delta\psi_T')=\bar{u}\frac{\partial \Delta\psi_T'}{\partial x}+\bar{v}\frac{\partial \Delta\psi_T'}{\partial y}.$$

$J(\bar{\psi}, \Delta\psi_T')$

$$
\begin{aligned}
&=e^{i\varepsilon^{-1}\theta}\cdot\Big\{-\varepsilon^{-3}i(m^2+n^2)(m\bar{u}+n\bar{v})h_0\\
&\quad-\varepsilon^{-2}\Big[2\Big(m\frac{\partial h_0}{\partial x}+n\frac{\partial h_0}{\partial y}\Big)(m\bar{u}+n\bar{v})+\Big(\frac{\partial m}{\partial x}+\frac{\partial n}{\partial y}\Big)(m\bar{u}+n\bar{v})h_0\\
&\qquad+i(m^2+n^2)(m\bar{u}+n\bar{v})h_1+\Big(\bar{u}\frac{\partial(m^2+n^2)h_0}{\partial x}+\bar{v}\frac{\partial(m^2+n^2)h_0}{\partial y}\Big)\Big]\\
&\quad-\varepsilon^{-1}\Big[-i(m\bar{u}+n\bar{v})\Delta h_0+2\Big(m\frac{\partial h_1}{\partial x}+n\frac{\partial h_1}{\partial y}\Big)(m\bar{u}+n\bar{v})\\
&\qquad+\Big(\frac{\partial m}{\partial x}+\frac{\partial n}{\partial y}\Big)(m\bar{u}+n\bar{v})h_1+i(m^2+n^2)(m\bar{u}+n\bar{v})h_2\\
&\qquad-2i\Big(\bar{u}\frac{\partial}{\partial x}\Big(m\frac{\partial h_0}{\partial x}+n\frac{\partial h_0}{\partial y}\Big)+\bar{v}\frac{\partial}{\partial y}\Big(m\frac{\partial h_0}{\partial x}+n\frac{\partial h_0}{\partial y}\Big)\Big)\\
&\qquad-i\Big(\bar{u}\frac{\partial}{\partial x}\Big(h_0\Big(\frac{\partial m}{\partial x}+\frac{\partial n}{\partial y}\Big)\Big)+\bar{v}\frac{\partial}{\partial y}\Big(h_0\Big(\frac{\partial m}{\partial x}+\frac{\partial n}{\partial y}\Big)\Big)\Big)\\
&\qquad+\Big(\bar{u}\frac{\partial(m^2+n^2)h_1}{\partial x}+\bar{v}\frac{\partial(m^2+n^2)h_1}{\partial y}\Big)\Big]\\
&\quad-\sum_{j=0}^{\infty}\varepsilon^{j}
\end{aligned}
$$

(13) 求 $J(\bar{\psi}_T, \Delta\psi') = ?$

$$J(\bar{\psi}_T, \Delta\psi') = \bar{u}_T \frac{\partial \Delta\psi'}{\partial x} + \bar{v}_T \frac{\partial \Delta\psi'}{\partial y}$$

$$\begin{aligned}
&J(\bar{\psi}_T, \Delta\psi') \\
&= e^{i\varepsilon^{-1}\theta} \cdot \Big\{ -\varepsilon^{-3} i (m^2+n^2)(m\bar{u}_T + n\bar{v}_T)\psi_0 \\
&\quad - \varepsilon^{-2}\Big[ 2\Big(m\frac{\partial \psi_0}{\partial x} + n\frac{\partial \psi_0}{\partial y}\Big)(m\bar{u}_T + n\bar{v}_T) + \Big(\frac{\partial m}{\partial x} + \frac{\partial n}{\partial y}\Big)(m\bar{u}_T + n\bar{v}_T)\psi_0 \\
&\qquad + i(m^2+n^2)(m\bar{u}_T + n\bar{v}_T)\psi_1 + \Big(\bar{u}_T \frac{\partial (m^2+n^2)\psi_0}{\partial x} + \bar{v}_T \frac{\partial (m^2+n^2)\psi_0}{\partial y}\Big)\Big] \\
&\quad - \varepsilon^{-1}\Big[ -i(m\bar{u}_T + n\bar{v}_T)\Delta\psi_0 + 2\Big(m\frac{\partial \psi_1}{\partial x} + n\frac{\partial \psi_1}{\partial y}\Big)(m\bar{u}_T + n\bar{v}_T) \\
&\qquad + \Big(\frac{\partial m}{\partial x} + \frac{\partial n}{\partial y}\Big)(m\bar{u}_T + n\bar{v}_T)\psi_1 + i(m^2+n^2)(m\bar{u}_T + n\bar{v}_T)\psi_2 \\
&\qquad - 2i\Big(\bar{u}_T \frac{\partial}{\partial x}\Big(m\frac{\partial \psi_0}{\partial x} + n\frac{\partial \psi_0}{\partial y}\Big) + \bar{v}_T \frac{\partial}{\partial y}\Big(m\frac{\partial \psi_0}{\partial x} + n\frac{\partial \psi_0}{\partial y}\Big)\Big) \\
&\qquad - i\Big(\bar{u}_T \frac{\partial}{\partial x}\Big(\psi_0\Big(\frac{\partial m}{\partial x} + \frac{\partial n}{\partial y}\Big)\Big) + \bar{v}_T \frac{\partial}{\partial y}\Big(\psi_0\Big(\frac{\partial m}{\partial x} + \frac{\partial n}{\partial y}\Big)\Big)\Big) \\
&\qquad + \Big(\bar{u}_T \frac{\partial (m^2+n^2)\psi_1}{\partial x} + \bar{v}_T \frac{\partial (m^2+n^2)\psi_1}{\partial y}\Big)\Big] \\
&\quad - \sum_{j=0}^{\infty} \varepsilon^{j}
\end{aligned}$$

(14) 求 $J(\psi_T', \Delta\bar{\psi}_T) = ?$

$$J(\psi_T', \Delta\bar{\psi}_T) = \frac{\partial \psi_T'}{\partial x}\cdot\frac{\partial \Delta\bar{\psi}_T}{\partial y} - \frac{\partial \psi_T'}{\partial y}\cdot\frac{\partial \Delta\bar{\psi}_T}{\partial x}$$

$$= e^{i\varepsilon^{-1}\theta}\left\{\left[\varepsilon^{-1} i m h_0 + \sum_{j=0}^{\infty}\varepsilon^{j}\left(\frac{\partial h_j}{\partial x} + i m h_{j+1}\right)\right]\frac{\partial \Delta\bar{\psi}_T}{\partial y} - \left[\varepsilon^{-1} i n h_0 + \sum_{j=0}^{\infty}\varepsilon^{j}\left(\frac{\partial h_j}{\partial y} + i n h_{j+1}\right)\right]\frac{\partial \Delta\bar{\psi}_T}{\partial x}\right\}$$

$$\therefore J(\psi_T', \Delta\bar{\psi}_T) = e^{i\varepsilon^{-1}\theta}\cdot\left\{\varepsilon^{-1} i h_0\left(m\frac{\partial \Delta\bar{\psi}_T}{\partial y} - n\frac{\partial \Delta\bar{\psi}_T}{\partial x}\right) + \sum_{j=0}^{\infty}\varepsilon^{j}\left[\left(\frac{\partial h_j}{\partial x} + i m h_{j+1}\right)\frac{\partial \Delta\bar{\psi}_T}{\partial y} - \left(\frac{\partial h_j}{\partial y} + i n h_{j+1}\right)\frac{\partial \Delta\bar{\psi}_T}{\partial x}\right]\right\}$$

(15) 同理求得： $J(\psi', \Delta\bar{\psi}_T)$，$J(\psi_T', \Delta\bar{\psi})$

$$\begin{cases} J(\psi', \Delta\bar{\psi}_T) = \dfrac{\partial \psi'}{\partial x}\cdot\dfrac{\partial \Delta\bar{\psi}_T}{\partial y} - \dfrac{\partial \psi'}{\partial y}\cdot\dfrac{\partial \Delta\bar{\psi}_T}{\partial x} \\ J(\psi_T', \Delta\bar{\psi}) = \dfrac{\partial \psi_T'}{\partial x}\cdot\dfrac{\partial \Delta\bar{\psi}}{\partial y} - \dfrac{\partial \psi_T'}{\partial y}\cdot\dfrac{\partial \Delta\bar{\psi}}{\partial x}. \end{cases}$$

(a) $$J(\psi', \Delta\bar{\psi}_T) = e^{i\varepsilon^{-1}\theta}\cdot\left\{\varepsilon^{-1} i \psi_0\left(m\frac{\partial \Delta\bar{\psi}_T}{\partial y} - n\frac{\partial \Delta\bar{\psi}_T}{\partial x}\right) + \sum_{j=0}^{\infty}\varepsilon^{j}\left[\left(\frac{\partial \psi_j}{\partial x} + i m \psi_{j+1}\right)\frac{\partial \Delta\bar{\psi}_T}{\partial y} - \left(\frac{\partial \psi_j}{\partial y} + i n \psi_{j+1}\right)\frac{\partial \Delta\bar{\psi}_T}{\partial x}\right]\right\}$$

(b) $$J(\psi_T', \Delta\bar{\psi}) = e^{i\varepsilon^{-1}\theta}\cdot\left\{\varepsilon^{-1} i h_0\left(m\frac{\partial \Delta\bar{\psi}}{\partial y} - n\frac{\partial \Delta\bar{\psi}}{\partial x}\right) + \sum_{j=0}^{\infty}\varepsilon^{j}\left[\left(\frac{\partial h_j}{\partial x} + i m h_{j+1}\right)\frac{\partial \Delta\bar{\psi}}{\partial y} - \left(\frac{\partial h_j}{\partial y} + i n h_{j+1}\right)\frac{\partial \Delta\bar{\psi}}{\partial x}\right]\right\}$$

(16) 求 $\lambda^* J(\bar{\Psi}, \psi_T')$，$\lambda^* J(\psi', \bar{\Psi}_T)$，$\lambda^* \frac{\partial \psi_T'}{\partial t}$

$$\begin{cases} J(\bar{\Psi}, \psi_T') = \bar{u}\frac{\partial \psi_T'}{\partial x} + \bar{v}\frac{\partial \psi_T'}{\partial y} \\ J(\psi', \bar{\Psi}_T) = \frac{\partial \psi'}{\partial x}\cdot\frac{\partial \bar{\Psi}_T}{\partial y} - \frac{\partial \psi'}{\partial y}\cdot\frac{\partial \bar{\Psi}_T}{\partial x} = -\bar{u}_T\frac{\partial \psi'}{\partial x} - \bar{v}_T\frac{\partial \psi'}{\partial y} \end{cases}$$

(a) $$\lambda^* J(\bar{\Psi}, \psi_T') = e^{i\varepsilon^{-1}\theta}\cdot\lambda^*\left\{\varepsilon^{-1} i h_0 (m\bar{u} + n\bar{v}) + \sum_{j=0}^{\infty}\varepsilon^j\left[\left(\bar{u}\frac{\partial h_j}{\partial x} + \bar{v}\frac{\partial h_j}{\partial y}\right) + i h_{j+1}(m\bar{u} + n\bar{v})\right]\right\}$$

(b) $$\lambda^* J(\psi', \bar{\Psi}_T) = e^{i\varepsilon^{-1}\theta}\cdot\lambda^*\left\{-\varepsilon^{-1} i \psi_0 (m\bar{u}_T + n\bar{v}_T) - \sum_{j=0}^{\infty}\varepsilon^j\left[\left(\bar{u}_T\frac{\partial \psi_j}{\partial x} + \bar{v}_T\frac{\partial \psi_j}{\partial y}\right) + i\psi_{j+1}(m\bar{u}_T + n\bar{v}_T)\right]\right\}$$

(c) $$\lambda^* \frac{\partial \psi_T'}{\partial t} = e^{i\varepsilon^{-1}\theta}\cdot\lambda\left\{-\varepsilon^{-1} i\sigma h_0 + \sum_{j=0}^{\infty}\varepsilon^j\left(\frac{\partial h_j}{\partial t} - i\sigma h_{j+1}\right)\right\}$$

(17). 求 $\beta^*\frac{\partial \psi'}{\partial x}$，$\beta^*\frac{\partial \psi_T'}{\partial x}$：

(a) $$\beta^*\frac{\partial \psi'}{\partial x} = e^{i\varepsilon^{-1}\theta}\cdot\beta^*\left[\varepsilon^{-1} i m\psi_0 + \sum_{j=0}^{\infty}\varepsilon^j\left(\frac{\partial \psi_j}{\partial x} + i m\psi_{j+1}\right)\right]$$

(b) $$\beta^*\frac{\partial \psi_T'}{\partial x} = e^{i\varepsilon^{-1}\theta}\beta^*\left[\varepsilon^{-1} i m h_0 + \sum_{j=0}^{\infty}\varepsilon^j\left(\frac{\partial h_j}{\partial x} + i m h_{j+1}\right)\right]$$

(16)′ $$-\lambda^*\left[\frac{\partial \psi_T'}{\partial t} + J(\bar{\Psi}, \psi_T') + J(\psi', \bar{\Psi}_T)\right] = -\lambda^*\left\{\varepsilon^{-1} i\left[(-\sigma + m\bar{u} + n\bar{v})h_0 - (m\bar{u}_T + n\bar{v}_T)\psi_0\right]\right.$$
$$+\sum_{j=0}^{\infty}\varepsilon^j\left[\left(\frac{\partial h_j}{\partial t} + \bar{u}\frac{\partial h_j}{\partial x} + \bar{v}\frac{\partial h_j}{\partial y} + \bar{u}_T\frac{\partial \psi_j}{\partial x} + \bar{v}_T\frac{\partial \psi_j}{\partial y}\right)\right.$$
$$\left.\left.+ i\left(h_{j+1}(-\sigma + m\bar{u} + n\bar{v}) - \psi_{j+1}(m\bar{u}_T + n\bar{v}_T)\right)\right]\right\}$$

(18) 求 (7)$_1$ 的展开式：

$$\frac{\partial \Delta\psi'}{\partial t}+J(\bar{\psi},\Delta\psi')+J(\bar{\psi}_T,\Delta\psi_T')+J(\psi',\Delta\bar{\psi})+J(\psi_T',\Delta\bar{\psi}_T)+\beta^*\frac{\partial\psi'}{\partial x}=0 \qquad (7)_1$$

将有关项的结果代入，按 $\varepsilon$ 的幂级集项，并消去 $e^{i\varepsilon^{-1}\theta}$，得结果为下

(a) $\varepsilon^{-3}$ 项的係数为：

$$+i\sigma(m^2+n^2)\psi_0-i(m^2+n^2)(m\bar{u}+n\bar{v})\psi_0-i(m^2+n^2)(m\bar{u}_T+n\bar{v}_T)h_0$$

$$=-i(m^2+n^2)\left[(-\sigma+m\bar{u}+n\bar{v})\psi_0+(m\bar{u}_T+n\bar{v}_T)h_0\right]$$

(b) $\varepsilon^{-2}$ 项的係数为：

$$+\left\{-\frac{\partial(m^2+n^2)\psi_0}{\partial t}+2\sigma\left(m\frac{\partial\psi_0}{\partial x}+n\frac{\partial\psi_0}{\partial y}\right)+\sigma\left(\frac{\partial m}{\partial x}+\frac{\partial n}{\partial y}\right)\psi_0+i\sigma(m^2+n^2)\psi_1\right\}$$

$$-\left\{2\left(m\frac{\partial\psi_0}{\partial x}+n\frac{\partial\psi_0}{\partial y}\right)(m\bar{u}+n\bar{v})+\left(\frac{\partial m}{\partial x}+\frac{\partial n}{\partial y}\right)(m\bar{u}+n\bar{v})\psi_0+i(m^2+n^2)(m\bar{u}+n\bar{v})\psi_1\right.$$
$$\left.+\left[\bar{u}\frac{\partial(m^2+n^2)\psi_0}{\partial x}+\bar{v}\frac{\partial(m^2+n^2)\psi_0}{\partial y}\right]\right\}$$

$$-\left\{2\left(m\frac{\partial h_0}{\partial x}+n\frac{\partial h_0}{\partial y}\right)(m\bar{u}_T+n\bar{v}_T)+\left(\frac{\partial m}{\partial x}+\frac{\partial n}{\partial y}\right)(m\bar{u}_T+n\bar{v}_T)h_0+i(m^2+n^2)(m\bar{u}_T+n\bar{v}_T)h_0\right.$$
$$\left.+\left[\bar{u}_T\frac{\partial(m^2+n^2)h_0}{\partial x}+\bar{v}_T\frac{\partial(m^2+n^2)h_0}{\partial y}\right]\right\}$$

$$=-\left\{\left[\frac{\partial(m^2+n^2)\psi_0}{\partial t}+\bar{u}\frac{\partial(m^2+n^2)\psi_0}{\partial x}+\bar{v}\frac{\partial(m^2+n^2)\psi_0}{\partial y}+\bar{u}_T\frac{\partial(m^2+n^2)h_0}{\partial x}+\bar{v}_T\frac{\partial(m^2+n^2)h_0}{\partial y}\right]\right.$$
$$+2\left[\left(m\frac{\partial\psi_0}{\partial x}+n\frac{\partial\psi_0}{\partial y}\right)(-\sigma+m\bar{u}+n\bar{v})+\left(m\frac{\partial h_0}{\partial x}+n\frac{\partial h_0}{\partial y}\right)(m\bar{u}_T+n\bar{v}_T)\right]$$
$$+\left(\frac{\partial m}{\partial x}+\frac{\partial n}{\partial y}\right)\left[(-\sigma+m\bar{u}+n\bar{v})\psi_0+(m\bar{u}_T+n\bar{v}_T)h_0\right]$$
$$\left.+i(m^2+n^2)\left[(-\sigma+m\bar{u}+n\bar{v})\psi_1+(m\bar{u}_T+n\bar{v}_T)h_1\right]\right\}$$

(19) 求 $(7)_2$ 的展开式：

$$\frac{\partial\Delta\psi_T'}{\partial t}+J(\bar{\psi},\Delta\psi_T')+J(\bar{\psi}_T,\Delta\psi')+J(\psi',\Delta\bar{\psi}_T)+J(\psi_T',\Delta\bar{\psi})$$
$$-\lambda^*\left[\frac{\partial\psi_T'}{\partial t}+J(\bar{\psi},\psi_T')+J(\psi',\bar{\psi}_T)\right]+\beta^*\frac{\partial\psi_T'}{\partial x}=0 \qquad (7)_2$$

结果如下：

(a) $\varepsilon^{-3}$ 项的係数为：

$$+i\sigma(m^2+n^2)h_0-i(m^2+n^2)(m\bar{u}+n\bar{v})h_0-i(m^2+n^2)(m\bar{u}_T+n\bar{v}_T)\psi_0$$
$$=-i(m^2+n^2)\left[(-\sigma+m\bar{u}+n\bar{v})h_0+(m\bar{u}_T+n\bar{v}_T)\psi_0\right]$$

(b) $\varepsilon^{-2}$ 项的係数为：

$$+\left\{-\frac{\partial(m^2+n^2)h_0}{\partial t}+2\sigma\left(m\frac{\partial h_0}{\partial x}+n\frac{\partial h_0}{\partial y}\right)+\sigma\left(\frac{\partial m}{\partial x}+\frac{\partial n}{\partial y}\right)h_0+i\sigma(m^2+n^2)h_1\right\}$$
$$-\left\{2\left(m\frac{\partial h_0}{\partial x}+n\frac{\partial h_0}{\partial y}\right)(m\bar{u}+n\bar{v})+\left(\frac{\partial m}{\partial x}+\frac{\partial n}{\partial y}\right)(m\bar{u}+n\bar{v})h_0+i(m^2+n^2)(m\bar{u}+n\bar{v})h_1\right.$$
$$\left.+\left[\bar{u}\frac{\partial(m^2+n^2)h_0}{\partial x}+\bar{v}\frac{\partial(m^2+n^2)h_0}{\partial y}\right]\right\}$$
$$-\left\{2\left(m\frac{\partial\psi_0}{\partial x}+n\frac{\partial\psi_0}{\partial y}\right)(m\bar{u}_T+n\bar{v}_T)+\left(\frac{\partial m}{\partial x}+\frac{\partial n}{\partial y}\right)(m\bar{u}_T+n\bar{v}_T)\psi_0+i(m^2+n^2)(m\bar{u}_T+n\bar{v}_T)\psi_1\right.$$
$$\left.+\left[\bar{u}_T\frac{\partial(m^2+n^2)\psi_0}{\partial x}+\bar{v}_T\frac{\partial(m^2+n^2)\psi_0}{\partial y}\right]\right\}$$

$$=-\left\{\left[\frac{\partial(m^2+n^2)h_0}{\partial t}+\bar{u}\frac{\partial(m^2+n^2)h_0}{\partial x}+\bar{v}\frac{\partial(m^2+n^2)h_0}{\partial y}+\bar{u}_T\frac{\partial(m^2+n^2)\psi_0}{\partial x}+\bar{v}_T\frac{\partial(m^2+n^2)\psi_0}{\partial y}\right]\right.$$
$$+2\left[\left(m\frac{\partial h_0}{\partial x}+n\frac{\partial h_0}{\partial y}\right)(-\sigma+m\bar{u}+n\bar{v})+\left(m\frac{\partial\psi_0}{\partial x}+n\frac{\partial\psi_0}{\partial y}\right)(m\bar{u}_T+n\bar{v}_T)\right]$$
$$+\left(\frac{\partial m}{\partial x}+\frac{\partial n}{\partial y}\right)\left[(-\sigma+m\bar{u}+n\bar{v})h_0+(m\bar{u}_T+n\bar{v}_T)\psi_0\right]$$
$$\left.+i(m^2+n^2)\left[(-\sigma+m\bar{u}+n\bar{v})h_1+(m\bar{u}_T+n\bar{v}_T)\psi_1\right]\right\}$$

(20)线性化方程组(7)按$\varepsilon$的幂级展开，含$\varepsilon^{-3}$及$\varepsilon^{-2}$项如下：

记
$$\begin{cases}(-\sigma+m\bar{u}+n\bar{v})=\xi\\(m\bar{u}_T+n\bar{v}_T)=\eta\end{cases}\qquad(11)$$

(a)含$\varepsilon^{-3}$项的方程组：

$$\begin{cases}-i(m^2+n^2)(\xi\psi_0+\eta h_0)=0\\-i(m^2+n^2)(\eta\psi_0+\xi h_0)=0\end{cases}\quad 即：\begin{cases}\xi\psi_0+\eta h_0=0\\\eta\psi_0+\xi h_0=0\end{cases}\qquad(12)$$

(因$(m^2+n^2)>0$，可消去.)

(b)含$\varepsilon^{-2}$项的方程组：(用$i(m^2+n^2)$除全式)

$$\begin{cases}\xi\psi_1+\eta h_1=iA\\\eta\psi_1+\xi h_1=iB\end{cases}\qquad(13)$$

$$\begin{aligned}A\equiv(m^2+n^2)^{-1}\Big\{&\Big[\frac{\partial(m^2+n^2)\psi_0}{\partial t}+\bar{u}\frac{\partial(m^2+n^2)\psi_0}{\partial x}+\bar{v}\frac{\partial(m^2+n^2)\psi_0}{\partial y}+\bar{u}_T\frac{\partial(m^2+n^2)h_0}{\partial x}+\bar{v}_T\frac{\partial(m^2+n^2)h_0}{\partial y}\Big]\\&+\Big(\frac{\partial m}{\partial x}+\frac{\partial n}{\partial y}\Big)\overset{=0}{(\xi\psi_0+\eta h_0)}+2\Big[\Big(m\frac{\partial\psi_0}{\partial x}+n\frac{\partial\psi_0}{\partial y}\Big)\xi+\Big(m\frac{\partial h_0}{\partial x}+n\frac{\partial h_0}{\partial y}\Big)\eta\Big]\Big\}\end{aligned}\qquad(14)$$

$$\begin{aligned}B\equiv(m^2+n^2)^{-1}\Big\{&\Big[\frac{\partial(m^2+n^2)h_0}{\partial t}+\bar{u}\frac{\partial(m^2+n^2)h_0}{\partial x}+\bar{v}\frac{\partial(m^2+n^2)h_0}{\partial y}+\bar{u}_T\frac{\partial(m^2+n^2)\psi_0}{\partial x}+\bar{v}_T\frac{\partial(m^2+n^2)\psi_0}{\partial y}\Big]\\&+\Big(\frac{\partial m}{\partial x}+\frac{\partial n}{\partial y}\Big)\overset{=0}{(\xi h_0+\eta\psi_0)}+2\Big[\Big(m\frac{\partial h_0}{\partial x}+n\frac{\partial h_0}{\partial y}\Big)\xi+\Big(m\frac{\partial\psi_0}{\partial x}+n\frac{\partial\psi_0}{\partial y}\Big)\eta\Big]\Big\}\end{aligned}$$

## (三) 解方程组(12)

$$\begin{cases}\xi\psi_0+\eta h_0=0\\ \eta\psi_0+\xi h_0=0\end{cases}\qquad(12)$$

(a) 方程组(12)有非零解的必要且充分条件是它的行列式为零.

故有:

$$\begin{vmatrix}\xi & \eta\\ \eta & \xi\end{vmatrix}=0\qquad(15)$$

即: $\xi^2-\eta^2=0 \Rightarrow$

$$\xi_1=+\eta\ ;\ \xi_2=-\eta\qquad(16)$$

或 $-\sigma+m\bar{u}+n\bar{v}=\pm(m\bar{u}_T+m\bar{v}_T)$

$$\Rightarrow\begin{cases}\sigma_1=m(\bar{u}+\bar{u}_T)+n(\bar{v}-\bar{v}_T)\\ \sigma_2=m(\bar{u}+\bar{u}_T)+n(\bar{v}+\bar{v}_T)\end{cases}\qquad(17)$$

(b) 将(15)或(16)代入(12), 则得 $h_0^{(1)}, h_0^{(2)}, \psi_0^{(1)}, \psi_0^{(2)}$ 的关系式:

$$\begin{cases}h_0^{(1)}=-\dfrac{\xi_1}{\eta}\psi_0^{(1)}\\ h_0^{(2)}=-\dfrac{\xi_2}{\eta}\psi_0^{(2)}\end{cases}\qquad(18)$$

(四)解方程组(13)，求$\psi_1$及$h_1$随时间的演变方程.

$$\begin{cases} \xi\psi_1+\eta h_1=iA \\ \eta\psi_1+\xi h_1=iB \end{cases} \qquad (13)$$

(a)根据(15)，得知上述方程组(13)的行列式为零，故要(13)有非零解，必须：

$$\begin{vmatrix} iA & \eta \\ iB & \xi \end{vmatrix}=0 \quad 或 \quad \begin{vmatrix} \xi & iA \\ \eta & iB \end{vmatrix}=0 \qquad (19)$$

即：

$$\begin{aligned} &A\xi-B\eta=0 \\ 或\quad &B\xi-A\eta=0 \end{aligned} \qquad (19)$$

(b).利用方程组(12)的关系式，把A，B化简，然后代入(19)：

(甲)

$$A=(m^2+n^2)^{-1}\left\{\overset{[\mathrm{I}]}{\left[\frac{\partial(m^2+n^2)\psi_0}{\partial t}+\bar{u}\frac{\partial(m^2+n^2)\psi_0}{\partial x}+\bar{v}\frac{\partial(m^2+n^2)\psi_0}{\partial y}+\bar{u}_T\frac{\partial(m^2+n^2)h_0}{\partial x}+\bar{v}_T\frac{\partial(m^2+n^2)h_0}{\partial y}\right]}\right.$$
$$\left.+2\overset{[\mathrm{II}]}{\left[\left(m\frac{\partial\psi_0}{\partial x}+n\frac{\partial\psi_0}{\partial y}\right)\xi+\left(m\frac{\partial h_0}{\partial x}+n\frac{\partial h_0}{\partial y}\right)\eta\right]}\right\}$$

$$B=(m^2+n^2)^{-1}\left\{\overset{[\mathrm{III}]}{\left[\frac{\partial(m^2+n^2)h_0}{\partial t}+\bar{u}\frac{\partial(m^2+n^2)h_0}{\partial x}+\bar{v}\frac{\partial(m^2+n^2)h_0}{\partial y}+\bar{u}_T\frac{\partial(m^2+n^2)\psi_0}{\partial x}+\bar{v}_T\frac{\partial(m^2+n^2)\psi_0}{\partial y}\right]}\right.$$
$$\left.+2\overset{[\mathrm{IV}]}{\left[\left(m\frac{\partial h_0}{\partial x}+n\frac{\partial h_0}{\partial y}\right)\xi+\left(m\frac{\partial\psi_0}{\partial x}+n\frac{\partial\psi_0}{\partial y}\right)\eta\right]}\right\}$$

(乙) 将化简后的 $A, B$, 代入(19)的第一个方程:

$$A\xi - B\eta = 0 \quad 或 \quad A\xi = B\eta$$

$$\because [\text{II}]\xi - [\text{IV}]\eta = 2\left[\left(m\frac{\partial\psi_0}{\partial x}+n\frac{\partial\psi_0}{\partial y}\right)\xi+\left(m\frac{\partial h_0}{\partial x}+n\frac{\partial h_0}{\partial y}\right)\eta\right]\xi$$
$$-2\left[\left(m\frac{\partial h_0}{\partial x}+n\frac{\partial h_0}{\partial y}\right)\xi+\left(m\frac{\partial\psi_0}{\partial x}+n\frac{\partial\psi_0}{\partial y}\right)\eta\right]\eta$$
$$=2\left(m\frac{\partial\psi_0}{\partial x}+n\frac{\partial\psi_0}{\partial y}\right)(\xi^2-\eta^2)=0.$$

故由 $A\xi - B\eta = 0$, 有:

$$\left[\frac{\partial(m^2+n^2)\psi_0}{\partial t}+\bar{u}\frac{\partial(m^2+n^2)\psi_0}{\partial x}+\bar{v}\frac{\partial(m^2+n^2)\psi_0}{\partial y}+\bar{u}_T\frac{\partial(m^2+n^2)h_0}{\partial x}+\bar{v}_T\frac{\partial(m^2+n^2)h_0}{\partial y}\right]\xi$$
$$=\left[\frac{\partial(m^2+n^2)h_0}{\partial t}+\bar{u}\frac{\partial(m^2+n^2)h_0}{\partial x}+\bar{v}\frac{\partial(m^2+n^2)h_0}{\partial y}+\bar{u}_T\frac{\partial(m^2+n^2)\psi_0}{\partial x}+\bar{v}_T\frac{\partial(m^2+n^2)\psi_0}{\partial y}\right]\eta \qquad (20)$$

(丙) 求 $\psi_0$ 及 $h_0$ 的演变方程:

将(16)代入(20):

$\because \xi_1 = \eta, \quad \xi_2 = -\eta$

(a) 当 $\xi_1 = \eta$ 时; $\psi_0 = \psi_0^{(1)}$, $h_0 = h_0^{(1)}$

$$\left[\frac{\partial(m^2+n^2)\psi_0^{(1)}}{\partial t}+(\bar{u}-\bar{u}_T)\frac{\partial(m^2+n^2)\psi_0^{(1)}}{\partial x}+(\bar{v}-\bar{v}_T)\frac{\partial(m^2+n^2)\psi_0^{(1)}}{\partial y}\right]$$
$$-\left[\frac{\partial(m^2+n^2)h_0^{(1)}}{\partial t}+(\bar{u}-\bar{u}_T)\frac{\partial(m^2+n^2)h_0^{(1)}}{\partial x}+(\bar{v}-\bar{v}_T)\frac{\partial(m^2+n^2)h_0^{(1)}}{\partial y}\right]=0$$

$$\Rightarrow \quad \frac{\partial(m^2+n^2)(\psi_0^{(1)}-h_0^{(1)})}{\partial t}+(\bar{u}-\bar{u}_T)\frac{\partial(m^2+n^2)(\psi_0^{(1)}-h_0^{(1)})}{\partial x}+(\bar{v}-\bar{v}_T)\frac{\partial(m^2+n^2)(\psi_0^{(1)}-h_0^{(1)})}{\partial y}=0$$

$$(21)_1$$

(b). 当 $\xi_2=-\eta$ 时，$\psi_0=\psi_0^{(2)}$，$h_0=h_0^{(2)}$

$$\left[\frac{\partial(m^2+n^2)\psi_0^{(2)}}{\partial t}+(\bar{u}+\bar{u}_T)\frac{\partial(m^2+n^2)\psi_0^{(2)}}{\partial x}+(\bar{v}+\bar{v}_T)\frac{\partial(m^2+n^2)\psi_0^{(2)}}{\partial y}\right]+\left[\frac{\partial(m^2+n^2)h_0^{(2)}}{\partial t}+(\bar{u}+\bar{u}_T)\frac{\partial(m^2+n^2)h_0^{(2)}}{\partial x}+(\bar{v}+\bar{v}_T)\frac{\partial(m^2+n^2)h_0^{(2)}}{\partial y}\right]=0$$

$$\Rightarrow \frac{\partial(m^2+n^2)(\psi_0^{(2)}+h_0^{(2)})}{\partial t}+(\bar{u}+\bar{u}_T)\frac{\partial(m^2+n^2)(\psi_0^{(2)}+h_0^{(2)})}{\partial x}+(\bar{v}+\bar{v}_T)\frac{\partial(m^2+n^2)(\psi_0^{(2)}+h_0^{(2)})}{\partial y}=0 \tag{21$_2$}$$

(c). 由(16)及(17)：

$$当\begin{cases}\xi_1=\eta\\ \xi_2=-\eta\end{cases}\Rightarrow\begin{cases}(-\sigma_1+m\bar{u}+n\bar{v})=(m\bar{u}_T+n\bar{v}_T)\\ (-\sigma_2+m\bar{u}+n\bar{v})=-(m\bar{u}_T+n\bar{v}_T)\end{cases}$$

$$\therefore\begin{cases}\sigma_1=m(\bar{u}-\bar{u}_T)+n(\bar{v}-\bar{v}_T)\\ \sigma_2=m(\bar{u}+\bar{u}_T)+n(\bar{v}+\bar{v}_T)\end{cases}$$

故群速度：

$$\begin{cases}C_{gx}^{(1)}=\dfrac{\partial\sigma_1}{\partial m}=(\bar{u}-\bar{u}_T)\\ C_{gy}^{(1)}=\dfrac{\partial\sigma_1}{\partial n}=(\bar{v}-\bar{v}_T)\end{cases};\quad\begin{cases}C_{gx}^{(2)}=\dfrac{\partial\sigma_2}{\partial m}=(\bar{u}+\bar{u}_T)\\ C_{gy}^{(2)}=\dfrac{\partial\sigma_2}{\partial n}=(\bar{v}+\bar{v}_T)\end{cases} \tag{22}$$

$$\begin{cases}\dfrac{D_g^{(1)}}{Dt}=\dfrac{\partial}{\partial t}+C_{gx}^{(1)}\dfrac{\partial}{\partial x}+C_{gy}^{(1)}\dfrac{\partial}{\partial y}=\dfrac{\partial}{\partial t}+(\bar{u}-\bar{u}_T)\dfrac{\partial}{\partial x}+(\bar{v}-\bar{v}_T)\dfrac{\partial}{\partial y}\\ \dfrac{D_g^{(2)}}{Dt}=\dfrac{\partial}{\partial t}+C_{gx}^{(2)}\dfrac{\partial}{\partial x}+C_{gy}^{(2)}\dfrac{\partial}{\partial y}=\dfrac{\partial}{\partial t}+(\bar{u}+\bar{u}_T)\dfrac{\partial}{\partial x}+(\bar{v}+\bar{v}_T)\dfrac{\partial}{\partial y}\end{cases} \tag{23}$$

(d) 根据(22)及(23)，可以将$(21)_1$及$(21)_2$写成：

$$\frac{D_g^{(1)}(m^2+n^2)(\psi_0^{(1)}-h_0^{(1)})}{Dt}=0$$
$$\frac{D_g^{(2)}(m^2+n^2)(\psi_0^{(2)}+h_0^{(2)})}{Dt}=0 \tag{24}$$

(五) 求方程组(7)中含 $\varepsilon^{-1}$ 项的系数方程:

(a) 在$(7)_1$的展式中,含 $\varepsilon^{-1}$ 项的系数方程:

$$
\begin{aligned}
&-\left\{\left[\left(\frac{\partial}{\partial t}+\bar{u}\frac{\partial}{\partial x}+\bar{v}\frac{\partial}{\partial y}\right)\left[(m^2+n^2)\psi_1\right]+\left[\bar{u}_T\frac{\partial}{\partial x}+\bar{v}_T\frac{\partial}{\partial y}\right]\left[(m^2+n^2)h_1\right]\right\}\right.\\
&-2\left[\left(m\frac{\partial\psi_1}{\partial x}+n\frac{\partial\psi_1}{\partial y}\right)\xi+\left(m\frac{\partial h_1}{\partial x}+n\frac{\partial h_1}{\partial y}\right)\eta\right]-\left(\frac{\partial m}{\partial x}+\frac{\partial n}{\partial y}\right)(\xi\psi_1+\eta h_1)\\
&+i(\xi\Delta\psi_0+\eta\Delta h_0)+i\left[\left(m\frac{\partial\Delta\bar{\psi}}{\partial y}-n\frac{\partial\Delta\bar{\psi}}{\partial y}\right)\psi_0+\left(m\frac{\partial\Delta\bar{\psi}_T}{\partial y}-n\frac{\partial\Delta\bar{\psi}_T}{\partial x}\right)h_0\right]+i\beta^* m\psi_0\\
&-2i\left[\left(\frac{\partial}{\partial t}+\bar{u}\frac{\partial}{\partial x}+\bar{v}\frac{\partial}{\partial y}\right)\left(m\frac{\partial\psi_0}{\partial x}+n\frac{\partial\psi_0}{\partial y}\right)+\left(\bar{u}_T\frac{\partial}{\partial x}+\bar{v}_T\frac{\partial}{\partial y}\right)\left(m\frac{\partial h_0}{\partial x}+n\frac{\partial h_0}{\partial y}\right)\right] \qquad (25)_1\\
&-i\left\{\left(\frac{\partial}{\partial t}+\bar{u}\frac{\partial}{\partial x}+\bar{v}\frac{\partial}{\partial y}\right)\left[\psi_0\left(\frac{\partial m}{\partial x}+\frac{\partial n}{\partial y}\right)\right]+\left(\bar{u}_T\frac{\partial}{\partial x}+\bar{v}_T\frac{\partial}{\partial y}\right)\left[h_0\left(\frac{\partial m}{\partial x}+\frac{\partial n}{\partial y}\right)\right]\right\}\\
&-i(m^2+n^2)(\xi\psi_2+\eta h_2)\\
=&\,0
\end{aligned}
$$

(b) 在$(7)_2$的展式中,含 $\varepsilon^{-1}$ 项的系数方程:

$$
\begin{aligned}
=&-\left\{\left[\left(\frac{\partial}{\partial t}+\bar{u}\frac{\partial}{\partial x}+\bar{v}\frac{\partial}{\partial y}\right)\left[(m^2+n^2)h_1\right]+\left(\bar{u}_T\frac{\partial}{\partial x}+\bar{v}_T\frac{\partial}{\partial y}\right)\left[(m^2+n^2)\psi_1\right]\right\}\right.\\
&-2\left[\left(m\frac{\partial h_1}{\partial x}+n\frac{\partial h_0}{\partial y}\right)\xi+\left(m\frac{\partial\psi_1}{\partial x}+n\frac{\partial\psi_1}{\partial y}\right)\eta\right]-\left(\frac{\partial m}{\partial x}+\frac{\partial n}{\partial y}\right)(\xi h_1+\eta\psi_1)\\
&+i(\xi\Delta h_0+\eta\Delta\psi_0)+i\left[\left(m\frac{\partial\Delta\bar{\psi}_T}{\partial y}-n\frac{\partial\Delta\bar{\psi}_T}{\partial x}\right)\psi_0+\left(m\frac{\partial\Delta\bar{\psi}}{\partial y}-n\frac{\partial\Delta\bar{\psi}}{\partial x}\right)h_0\right]+i\beta^* m h_0\\
&-i\lambda^*(\xi h_0-\eta\psi_0)\\
&-2i\left[\left(\frac{\partial}{\partial t}+\bar{u}\frac{\partial}{\partial x}+\bar{v}\frac{\partial}{\partial y}\right)\left(m\frac{\partial h_0}{\partial x}+n\frac{\partial h_0}{\partial y}\right)+\left(\bar{u}_T\frac{\partial}{\partial x}+\bar{v}_T\frac{\partial}{\partial y}\right)\left(m\frac{\partial\psi_0}{\partial x}+n\frac{\partial\psi_0}{\partial y}\right)\right] \qquad (25)_2\\
&-i\left\{\left(\frac{\partial}{\partial t}+\bar{u}\frac{\partial}{\partial x}+\bar{v}\frac{\partial}{\partial y}\right)\left[h_0\left(\frac{\partial m}{\partial x}+\frac{\partial n}{\partial y}\right)\right]+\left(\bar{u}_T\frac{\partial}{\partial x}+\bar{v}_T\frac{\partial}{\partial y}\right)\left[\psi_0\left(\frac{\partial m}{\partial x}+\frac{\partial n}{\partial y}\right)\right]\right\}\\
&-i(m^2+n^2)(\xi h_2+\eta\psi_2)\\
=&\,0
\end{aligned}
$$

(c) 综合(a),(b)得含$\varepsilon^{-1}$项的方程组如下：[将(25)×(−i)]

$$\begin{cases}(m^2+n^2)(\xi\psi_2+\eta h_2)=C_1'+iC_2'\\(m^2+n^2)(\eta\psi_2+\xi h_2)=D_1'+iD_2'\end{cases}$$

用$(m^2+n^2)$除，得：

$$\begin{aligned}&\xi\psi_2+\eta h_2=C_1+iC_2=C\\&\eta\psi_2+\xi h_2=D_1+iD_2=D\end{aligned}\qquad(26)$$

其中，$C_1$，$C_2$及$D_1$，$D_2$的值如下：

$$\begin{aligned}C_1=&(m^2+n^2)^{-1}\cdot\Big\{\Big[(\xi\Delta\psi_0+\eta\Delta h_0)+\Big(m\frac{\partial\Delta\bar{\psi}}{\partial y}-n\frac{\partial\Delta\bar{\psi}}{\partial x}\Big)\psi_0+\Big(m\frac{\partial\Delta\bar{\psi}_T}{\partial y}-n\frac{\partial\Delta\bar{\psi}_T}{\partial x}\Big)h_0+\beta^* m\psi_0\Big]\\&-2\Big[\Big(\frac{\partial}{\partial t}+\bar{u}\frac{\partial}{\partial x}+\bar{v}\frac{\partial}{\partial y}\Big)\Big(m\frac{\partial\psi_0}{\partial x}+n\frac{\partial\psi_0}{\partial y}\Big)+\Big(\bar{u}_T\frac{\partial}{\partial x}+\bar{v}_T\frac{\partial}{\partial y}\Big)\Big(m\frac{\partial h_0}{\partial x}+n\frac{\partial h_0}{\partial y}\Big)\Big]\\&-\Big[\Big(\frac{\partial}{\partial t}+\bar{u}\frac{\partial}{\partial x}+\bar{v}\frac{\partial}{\partial y}\Big)\Big(\psi_0\Big(\frac{\partial m}{\partial x}+\frac{\partial n}{\partial y}\Big)\Big)+\Big(\bar{u}_T\frac{\partial}{\partial x}+\bar{v}_T\frac{\partial}{\partial y}\Big)\Big(h_0\Big(\frac{\partial m}{\partial x}+\frac{\partial n}{\partial y}\Big)\Big)\Big]\Big\}\\iC_2=&(m^2+n^2)^{-1}i\Big\{\Big(\frac{\partial}{\partial t}+\bar{u}\frac{\partial}{\partial x}+\bar{v}\frac{\partial}{\partial y}\Big)\big[(m^2+n^2)\psi_1\big]+\Big(\bar{u}_T\frac{\partial}{\partial x}+\bar{v}_T\frac{\partial}{\partial y}\Big)\big[(m^2+n^2)h_1\big]\\&+2\Big[\Big(m\frac{\partial\psi_1}{\partial x}+n\frac{\partial\psi_1}{\partial y}\Big)\xi+\Big(m\frac{\partial h_1}{\partial x}+n\frac{\partial h_1}{\partial y}\Big)\eta\Big]+\Big(\frac{\partial m}{\partial x}+\frac{\partial n}{\partial y}\Big)(\xi\psi_1+\eta h_1)\Big\}\\D_1=&(m^2+n^2)^{-1}\cdot\Big\{\Big[(\eta\Delta\psi_0+\xi\Delta h_0)+\Big(m\frac{\partial\Delta\bar{\psi}_T}{\partial y}-n\frac{\partial\Delta\bar{\psi}_T}{\partial x}\Big)\psi_0+\Big(m\frac{\partial\Delta\bar{\psi}}{\partial y}-n\frac{\partial\Delta\bar{\psi}}{\partial x}\Big)h_0+\beta^* m h_0\\&+\lambda^*(\eta\psi_0-\xi h_0)\Big]-2\Big[\Big(\frac{\partial}{\partial t}+\bar{u}\frac{\partial}{\partial x}+\bar{v}\frac{\partial}{\partial y}\Big)\Big(m\frac{\partial h_0}{\partial x}+n\frac{\partial h_0}{\partial y}\Big)+\Big(\bar{u}_T\frac{\partial}{\partial x}+\bar{v}_T\frac{\partial}{\partial y}\Big)\Big(m\frac{\partial\psi_0}{\partial x}+n\frac{\partial\psi_0}{\partial y}\Big)\Big]\\&-\Big[\Big(\frac{\partial}{\partial t}+\bar{u}\frac{\partial}{\partial x}+\bar{v}\frac{\partial}{\partial y}\Big)\Big(h_0\Big(\frac{\partial m}{\partial x}+\frac{\partial n}{\partial y}\Big)\Big)+\Big(\bar{u}_T\frac{\partial}{\partial x}+\bar{v}_T\frac{\partial}{\partial y}\Big)\Big(\psi_0\Big(\frac{\partial m}{\partial x}+\frac{\partial n}{\partial y}\Big)\Big)\Big]\Big\}\\iD_2=&(m^2+n^2)^{-1}i\Big\{\Big(\frac{\partial}{\partial t}+\bar{u}\frac{\partial}{\partial x}+\bar{v}\frac{\partial}{\partial y}\Big)\big[(m^2+n^2)h_1\big]+\Big(\bar{u}_T\frac{\partial}{\partial x}+\bar{v}_T\frac{\partial}{\partial y}\Big)\big[(m^2+n^2)\psi_1\big]\\&+2\Big[\Big(m\frac{\partial h_1}{\partial x}+n\frac{\partial h_1}{\partial y}\Big)\xi+\Big(m\frac{\partial\psi_1}{\partial x}+n\frac{\partial\psi_1}{\partial y}\Big)\eta\Big]+\Big(\frac{\partial m}{\partial x}+\frac{\partial n}{\partial y}\Big)(\eta\psi_1+\xi h_1)\Big\}\end{aligned}\qquad(27)$$

(六)解方程组(26),求出 $\psi_2$ 和 $h_2$ 的关系:

$$\begin{cases} \xi\psi_2+\eta h_2=C \\ \eta\psi_2+\xi h_2=D \end{cases} \qquad (26)$$

(a)根据(15),得知上述方程组(26)的行列式为零,故要(26)有非零解,必须:

$$\begin{vmatrix} C & \eta \\ D & \xi \end{vmatrix}=0 \quad 或 \quad \begin{vmatrix} \xi & C \\ \eta & D \end{vmatrix}=0 \qquad (28)$$

即:

$$\boxed{\begin{aligned} &C\xi-D\eta=0 \\ 或\ &D\xi-C\eta=0 \end{aligned} \qquad (28)}$$

(b)将 C,D 代入(28)的第一个方程,并化简:

$$C\xi-D\eta=(C_1+iC_2)\xi-(D_1+iD_2)\eta=(C_1\xi-D_1\eta)+i(C_2\xi-D_2\eta)=0$$

即有 $\qquad C_1\xi-D_1\eta=-i(C_2\xi-D_2\eta)$

(甲)在 $(C_1\xi-D_1\eta)$ 中,下列项可化简:

①. $(\xi\Delta\psi_0+\eta\Delta h_0)\xi-(\eta\Delta\psi_0+\xi\Delta h_0)\eta=\Delta\psi_0(\xi^2-\eta^2)=0$

② $\left[\left(m\frac{\partial\Delta\bar\Psi}{\partial y}-n\frac{\partial\Delta\bar\Psi}{\partial x}\right)\psi_0+\left(m\frac{\partial\Delta\bar\Psi_T}{\partial y}-n\frac{\partial\Delta\bar\Psi_T}{\partial x}\right)h_0\right]\xi-\left[\left(m\frac{\partial\Delta\bar\Psi_T}{\partial y}-n\frac{\partial\Delta\bar\Psi_T}{\partial x}\right)\psi_0+\left(m\frac{\partial\Delta\bar\Psi}{\partial y}-n\frac{\partial\Delta\bar\Psi}{\partial x}\right)h_0\right]\eta$

$=\left(m\frac{\partial\Delta\bar\Psi}{\partial y}-n\frac{\partial\Delta\bar\Psi}{\partial x}\right)(\psi_0\xi-h_0\eta)-\left(m\frac{\partial\Delta\bar\Psi_T}{\partial y}-n\frac{\partial\Delta\bar\Psi_T}{\partial x}\right)(\psi_0\eta-h_0\xi)$

$=2\xi\psi_0\left(m\frac{\partial\Delta\bar\Psi}{\partial y}-n\frac{\partial\Delta\bar\Psi}{\partial x}\right)+2\xi h_0\left(m\frac{\partial\Delta\bar\Psi_T}{\partial y}-n\frac{\partial\Delta\bar\Psi_T}{\partial x}\right)$

③ $\beta^* m\psi_0\xi-\beta^* m h_0\eta-\lambda^*(\eta\psi_0-\xi h_0)\eta=\beta^* m(\psi_0\xi-h_0\eta)-\lambda^*(\eta\psi_0-\xi h_0)\eta$

$=2\xi\beta^* m\psi_0+2\xi\eta\lambda^* h_0=2\xi\left[\beta^* m\psi_0+\lambda^*(m\bar{u}_T+n\bar{v}_T)h_0\right]$

(乙) 在 $(C_2\xi-D_2\eta)$ 中,下列项可化简:

①. $2\left[\left(m\frac{\partial\psi_1}{\partial x}+n\frac{\partial\psi_1}{\partial y}\right)\xi+\left(m\frac{\partial h_1}{\partial x}+n\frac{\partial h_1}{\partial y}\right)\eta\right]\xi-2\left[\left(m\frac{\partial h_1}{\partial x}+n\frac{\partial h_1}{\partial y}\right)\xi+\left(m\frac{\partial\psi_1}{\partial x}+n\frac{\partial\psi_1}{\partial y}\right)\eta\right]\eta$

$=2\left(m\frac{\partial\psi_1}{\partial x}+n\frac{\partial\psi_1}{\partial y}\right)(\xi^2-\eta^2)=0$

② $\left(\frac{\partial m}{\partial x}+\frac{\partial n}{\partial y}\right)(\xi\psi_1+\eta h_1)\xi-\left(\frac{\partial m}{\partial x}+\frac{\partial n}{\partial y}\right)(\eta\psi_1+\xi h_1)\eta$

$=\left(\frac{\partial m}{\partial x}+\frac{\partial n}{\partial y}\right)(\xi^2\psi_1+\eta\xi h_1-\eta^2\psi_1-\xi\eta h_1)=0$

(丙). 将上述结果代入(28)中,得:

$$
\begin{aligned}
&-i\left\{\left[\frac{D[(m^2+n^2)\psi_1]}{Dt}+\left(\bar{u}_T\frac{\partial}{\partial x}+\bar{v}_T\frac{\partial}{\partial y}\right)[(m^2+n^2)h_1]\right]\right\}\xi+i\left\{\left[\frac{D[(m^2+n^2)h_1]}{Dt}+\left(\bar{u}_T\frac{\partial}{\partial x}+\bar{v}_T\frac{\partial}{\partial y}\right)[(m^2+n^2)\psi_1]\right]\right\}\eta\\
&\quad=2\xi\psi_0\left(m\frac{\partial\Delta\bar{\psi}}{\partial y}-n\frac{\partial\Delta\bar{\psi}}{\partial x}\right)+2\xi h_0\left(m\frac{\partial\Delta\bar{\psi}_T}{\partial y}-n\frac{\partial\Delta\bar{\psi}_T}{\partial x}\right)+2\xi\beta^* m\psi_0+2\xi\eta\lambda^* h_0\\
&\quad-2\left[\frac{D}{Dt}\left(m\frac{\partial\psi_0}{\partial x}+n\frac{\partial\psi_0}{\partial y}\right)+\left(\bar{u}_T\frac{\partial}{\partial x}+\bar{v}_T\frac{\partial}{\partial y}\right)\left(m\frac{\partial h_0}{\partial x}+n\frac{\partial h_0}{\partial y}\right)\right]\xi\\
&\quad+2\left[\frac{D}{Dt}\left(m\frac{\partial h_0}{\partial x}+n\frac{\partial h_0}{\partial y}\right)+\left(\bar{u}_T\frac{\partial}{\partial x}+\bar{v}_T\frac{\partial}{\partial y}\right)\left(m\frac{\partial\psi_0}{\partial x}+n\frac{\partial h_0}{\partial y}\right)\right]\eta\\
&\quad-\left\{\frac{D}{Dt}\left[\psi_0\left(\frac{\partial m}{\partial x}+\frac{\partial n}{\partial y}\right)\right]+\left(\bar{u}_T\frac{\partial}{\partial x}+v_T\frac{\partial}{\partial y}\right)\left(h_0\left(\frac{\partial m}{\partial x}+\frac{\partial n}{\partial y}\right)\right)\right\}\xi\\
&\quad+\left\{\frac{D}{Dt}\left[h_0\left(\frac{\partial m}{\partial x}+\frac{\partial n}{\partial y}\right)\right]+\left(\bar{u}_T\frac{\partial}{\partial x}+\bar{v}_T\frac{\partial}{\partial y}\right)\left[\psi_0\left(\frac{\partial m}{\partial x}+\frac{\partial n}{\partial y}\right)\right]\right\}\eta
\end{aligned}
\tag{29}
$$

(C). 根据(22)及(23)有:

(甲) 当 $\xi_1=\eta$ 时:

$$\sigma_1 = m(\bar{u}-\bar{u}_T)+n(\bar{v}-\bar{v}_T)$$

$$\frac{D_g^{(1)}}{Dt}=\frac{\partial}{\partial t}+(\bar{u}-\bar{u}_T)\frac{\partial}{\partial x}+(\bar{v}-\bar{v}_T)\frac{\partial}{\partial y}.$$

代入(29).

$$-i\left\{\frac{D_g^{(1)}}{Dt}\left[(m^2+n^2)\psi_1^{(1)}\right]-\frac{D_g^{(1)}}{Dt}\left[(m^2+n^2)h_1^{(1)}\right]\right\}=2\psi_0^{(1)}\left(m\frac{\partial\Delta\bar{\psi}}{\partial y}-n\frac{\partial\Delta\bar{\psi}}{\partial x}\right)+2h_0^{(1)}\left(m\frac{\partial\Delta\bar{\psi}_T}{\partial y}-n\frac{\partial\Delta\bar{\psi}_T}{\partial x}\right)$$
$$+2\beta^* m\psi_0^{(1)}+2\eta\lambda^* h_0^{(1)}-2\left[\frac{D_g^{(1)}}{Dt}\left(m\frac{\partial\psi_0^{(1)}}{\partial x}+n\frac{\partial\psi_0^{(1)}}{\partial y}\right)-\frac{D_g^{(1)}}{Dt}\left(m\frac{\partial h_0^{(1)}}{\partial x}+n\frac{\partial h_0^{(1)}}{\partial y}\right)\right]$$
$$-\left[\frac{D_g^{(1)}}{Dt}\left(\psi_0^{(1)}\frac{\partial m}{\partial x}+\psi_0^{(1)}\frac{\partial n}{\partial y}\right)-\frac{D_g^{(1)}}{Dt}\left(h_0^{(1)}\frac{\partial m}{\partial x}+h_0^{(1)}\frac{\partial n}{\partial y}\right)\right]$$

$$\Rightarrow\quad \frac{D_g^{(1)}}{Dt}\left[(m^2+n^2)(\psi_1^{(1)}-h_1^{(1)})\right]=2i\left[\psi_0^{(1)}\left(m\frac{\partial\Delta\bar{\psi}}{\partial y}-n\frac{\partial\Delta\bar{\psi}}{\partial x}\right)+h_0^{(1)}\left(m\frac{\partial\Delta\bar{\psi}_T}{\partial y}-n\frac{\partial\Delta\bar{\psi}_T}{\partial x}\right)+\beta^* m\psi_0^{(1)}+\eta\lambda^* h_0^{(1)}\right]$$
$$-2i\frac{D_g^{(1)}}{Dt}\left[m\frac{\partial(\psi_0^{(1)}-h_0^{(1)})}{\partial x}+n\frac{\partial(\psi_0^{(1)}-h_0^{(1)})}{\partial y}\right]$$
$$-i\frac{D_g^{(1)}}{Dt}\left[(\psi_0^{(1)}-h_0^{(1)})\left(\frac{\partial m}{\partial x}+\frac{\partial n}{\partial y}\right)\right]$$

(IV)求扰动能量的变化(扰动发展判据):

3

# 正压大气中长波扰动的演变

卢佩生

1979.8

## (I) 基本方程，无量纲方程：

(一) 直角坐标中的正压准地转涡度方程：

$$\frac{\partial}{\partial t}(\Delta\psi - K\psi) + J(\psi, \Delta\psi) + \beta\frac{\partial\psi}{\partial x} = \mathcal{E} \qquad (1)$$

$x$（向东为正）

$\psi$ 为流函数，$\psi = f_0^{-1}\phi$，$\phi$ 为等压面的位势.

$\beta = \frac{df}{dy}$，科氏参数随 $y$ 方向的变化.（科氏参数随 $x$ 的变化 $\frac{df}{dx}=0$）

$K = \frac{f_0^2}{\bar{\phi}}$，
- $f_0$ 为标准纬度的科氏参数
- $\bar{\phi} \equiv g\bar{z}$ 或 $\phi \equiv gz = \phi' + \bar{\phi}$，$\phi$ 称表面位势，$\bar{\phi}$ 为平均表面位势，
- $\bar{z}$ 为自由表面的平均高度．$\phi'$ 为扰动位势.

$\Delta\psi = \frac{\partial^2\psi}{\partial x^2} + \frac{\partial^2\psi}{\partial y^2} = \frac{\partial v}{\partial x} - \frac{\partial u}{\partial y} = \Omega$ 为涡度

$\Delta\psi - K\psi$ 为地转近似下的位涡度.

$\mathcal{E}$ 为源函数（即考虑外源的作用）

(二) 按基流的性质引入特征量：
$T$（特征时间尺度），$L_1$（特征水平尺度），

$\Psi$（$\Psi = f_0^{-1}\Phi$，$\Phi$ 为特征扰动位势）

$U$（$U = \Psi/L_1$，为特征速度），而 $\Psi = LU$

$T = \frac{L}{U}$（即以水平风速 $U$ 移动 $L_1$ 距离所需时间。对于慢波是适宜的.）

(三) 各项尺度如下：

(1) $\Delta\psi = \frac{\partial^2\psi}{\partial x^2} + \frac{\partial^2\psi}{\partial y^2} \sim \frac{\Psi}{L^2}\left(\frac{\partial^2\psi_1}{\partial x_1^2} + \frac{\partial^2\psi_1}{\partial y_1^2}\right) \sim \frac{\Psi}{L^2}\Delta\psi_1 \sim \frac{LU}{L^2}\Delta\psi_1 \sim \frac{U}{L_1}\Delta\psi_1$

(2) $\frac{\partial\Delta\psi}{\partial t} \sim \frac{U^2}{L^2}\cdot\frac{\partial\Delta\psi_1}{\partial t_1}$

(3) $\frac{\partial}{\partial t}(K\psi)$ $K\frac{\partial\psi}{\partial t} \sim \frac{f_0^2}{\bar\Phi}\cdot\frac{\Psi}{T}\cdot\frac{\partial\psi_1}{\partial x_1} \sim \frac{f_0^2 U^2}{\bar\Phi}\cdot\frac{\partial\psi_1}{\partial t_1}$

(4). $J(\psi,\Delta\psi)=\frac{\partial\psi}{\partial x}\cdot\frac{\partial\Delta\psi}{\partial y}-\frac{\partial\psi}{\partial y}\cdot\frac{\partial\Delta\psi}{\partial x} \sim \frac{U^2}{L^2}\left(\frac{\partial\psi_1}{\partial x_1}\cdot\frac{\partial\Delta\psi_1}{\partial y_1}-\frac{\partial\psi_1}{\partial y_1}\cdot\frac{\partial\Delta\psi_1}{\partial x_1}\right) \sim \frac{U^2}{L^2}J_1(\psi_1,\Delta\psi_1)$

(5) $\beta\frac{\partial\psi}{\partial x}$ 项的尺度如下:

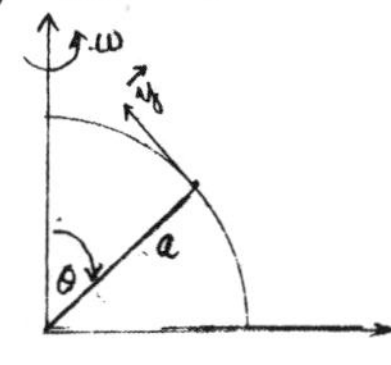


$$f=2\omega\cos\theta \qquad dy=-a\,d\theta \Rightarrow \frac{d\theta}{dy}=-\frac{1}{a}$$

$$\beta=\frac{df}{dy}=\frac{\partial f}{\partial\theta}\cdot\frac{d\theta}{dy}=-2\omega\sin\theta\cdot\left(-\frac{1}{a}\right)=\frac{2\omega}{a}\sin\theta$$

$$=\frac{f_0}{a}\sin\theta=\frac{f_0}{a}\beta_1^*$$

其中: 记 $\sin\theta=\beta_1^*$ (2)

$$\therefore\ \beta\frac{\partial\psi}{\partial x}\sim\frac{f_0}{a}\cdot\frac{LU}{L}\cdot\beta_1\frac{\partial\psi_1}{\partial x_1}\sim\frac{f_0U}{a}\cdot\beta_1^*\frac{\partial\psi_1}{\partial x_1}$$

## (三). 无量纲方程:

将上述各项代入(1), 得:

$$\frac{U^2}{L^2}\cdot\frac{\partial\Delta\psi_1}{\partial t_1}+\frac{U^2}{L^2}J_1(\psi_1,\Delta\psi_1)-\frac{f_0^2U^2}{\bar\Phi}\cdot\frac{\partial\psi_1}{\partial t_1}+\frac{f_0U}{a}\beta_1^*\frac{\partial\psi_1}{\partial x_1}=\mathcal{E}$$

(1) 用 $U^2/L^2$ 除全式, 得:

$$\boxed{\frac{\partial\Delta\psi_1}{\partial t_1}+J_1(\psi_1,\Delta\psi_1)-\frac{f_0^2L^2}{\bar\Phi}\cdot\frac{\partial\psi_1}{\partial t_1}+\frac{f_0L^2}{aU}\beta_1^*\frac{\partial\psi_1}{\partial x}=\frac{L^2}{U^2}\mathcal{E}}$$

(2)、 (a) 记：

$$\mu^{-2}=\left(\frac{L_1}{L_0}\right)^2, \qquad 而\begin{cases}(L_0)^2=\dfrac{\tilde{\Phi}}{f_0^2}\\ L_0=\dfrac{\sqrt{\tilde{\Phi}}}{f_0}=\dfrac{\sqrt{g\tilde{z}}}{f_0}\end{cases} \Rightarrow \mu^{-2}=\left(\frac{L_1}{L_0}\right)^2=\frac{f_0^2L_1^2}{\tilde{\Phi}}$$

$\mu$为一尺度参数。$L_0$的量纲是长度，是一个由外部环境($\tilde{\Phi}$, $f_0$)所决定的特征水平尺度(常称Rossby变形半径)。对于延伸到整个对流层的大气来说，常取$\tilde{z}=10\ \text{Km}=10^6\ \text{cm}$，取中纬度的$f_0\sim10^{-4}\ \text{sec}^{-1}$，由此估标得：

$$L_0\sim\frac{\sqrt{981\times10^6}\ \ \text{cm}\cdot\text{sec}^{-1}}{10^{-4}\ \ \text{sec}^{-1}}\sim3000\ \text{Km}. \tag{3}$$

(b) 记 引入记号：

$$\varepsilon^{-2}=\left(\frac{L_1}{L_0^*}\right)^2, \qquad 而\begin{cases}(L_0^*)^2=\dfrac{aU}{f_0}=\dfrac{a}{f_0}\cdot\dfrac{\Phi}{L_1}=\dfrac{a}{f_0L_1}\cdot f_0^{-1}\Phi=\dfrac{\Phi}{f_0^2}\cdot\dfrac{a}{L_1}\\ L_0^*=\sqrt{\dfrac{a}{L_1}}\cdot\dfrac{\sqrt{\Phi}}{f_0}\end{cases}$$

$$\varepsilon^{-2}=\left(\frac{L_1}{L_0^*}\right)^2=\frac{f_0^2L_1^3}{\Phi a}=\frac{f_0L_1^2}{aU}$$

$L_0^*$大小估计如下：

$a=6.37\times10^8\ \text{cm}$
$=6370\ \text{Km}$

$f_0=10^{-4}\ \text{sec}^{-1}$

$\Phi\sim981\times10^5\ \text{cm}^2\text{sec}^{-2}$ ($\Phi=gh$). 取h为1000米

$g=981\ \text{cm}\cdot\text{sec}^{-2}$

$L_1$与$a$的关系为：

$\frac{a}{L_1} \lessapprox 1$ 即 $L_1 \gtrapprox a$ （超长波）

$\frac{a}{L_1} > 1$ 〃 $L_1 < a$ （长 波）

$\frac{a}{L_1} \gg 1$ 〃 $L_1 \ll a$ （中外波）

故对超长波来说：

$$L_0^* \sim \sqrt{981\times10^5}\times10^4\,\text{cm} \sim \sqrt{10^8}\times10^4\,\text{cm} \lesssim 1000\,\text{Km}$$

$$\varepsilon^{-2} = \left(\frac{L_1}{L_0^*}\right)^2 \gtrapprox (6)^2 \qquad \varepsilon^2 = \left(\frac{L_0^*}{L_1}\right)^2 \sim \left(\frac{1}{6}\right)^2 \tag{4}$$

(3). 将$\mu^{-2}$及$\varepsilon^{-2}$代入，并略去下标“1”，得无量纲方程如下：

$$\frac{\partial\Delta\psi}{\partial t} + J(\psi,\Delta\psi) - \mu^{-2}\frac{\partial\psi}{\partial t} + \varepsilon^{-2}\beta^*\frac{\partial\psi}{\partial x} = T^2\mathcal{E} \tag{5}$$

∵ $\varepsilon^{-2} \geq 6^2$，故对超长波而言，只要不是带状环流（$\partial\psi/\partial x = 0$）或南北风分量很小（$|\partial\psi/\partial x| \ll 1$），必须

$$\varepsilon^{-2}\beta^*\frac{\partial\psi}{\partial x} \approx T^2\mathcal{E},$$

即超长波大槽大脊必定有外源与之相平衡，当忽略了$\mathcal{E}$，将会得到虚假的过快的超长波移动速度。

## (Ⅲ) 线性化方程：

(一) 记：

$$\psi=\bar{\Psi}+\psi' \qquad (6)$$

其中：$\begin{cases}\bar{\Psi}\text{ 为基本气流的流函数}\\ \psi'\text{ 为小扰动的流函数}\end{cases}$

(二). 代入无量纲方程 (5) 中，得：

$$\frac{\partial\Delta(\bar{\Psi}+\psi')}{\partial t}+J[\bar{\Psi}+\psi',\Delta(\bar{\Psi}+\psi')]-\mu^{-2}\frac{\partial(\bar{\Psi}+\psi')}{\partial t}+\varepsilon^{-2}\beta^{*}\frac{\partial(\bar{\Psi}+\psi')}{\partial x}=T^{2}(\bar{\mathcal{E}}+\mathcal{E}') \qquad (7)$$

其实，若用长波的尺度 L，则 $L/L_0^{*}\approx 1$，故 $\partial\Delta\psi/\partial t$ 和 $\varepsilon^{-2}\beta^{*}\partial\psi/\partial x$ 同量级。

(三). 基本气流满足方程：

$$\frac{\partial\Delta\bar{\Psi}}{\partial t}+J(\bar{\Psi},\Delta\bar{\Psi})-\mu^{-2}\frac{\partial\bar{\Psi}}{\partial t}+\varepsilon^{-2}\beta^{*}\frac{\partial\bar{\Psi}}{\partial x}=T^{2}\bar{\mathcal{E}} \qquad (8)$$

(3) 后我们将只讨论迭加在超长波上的长波扰动，故对于这样的扰动，外源作用是可以不考虑的。

(四) 将 (8) 代入 (7) 中，并略去含小扰动量的二次项，不考虑小扰动的外源作用 (即令 $\mathcal{E}'=0$)。就得到关于小扰动演变过程的线性化方程如下：

将 (7) 的各项展开：

(1). $\Delta(\bar{\Psi}+\psi')=\dfrac{\partial^2(\bar{\Psi}+\psi')}{\partial x^2}+\dfrac{\partial^2(\bar{\Psi}+\psi')}{\partial y^2}=\left(\dfrac{\partial^2\bar{\Psi}}{\partial x^2}+\dfrac{\partial^2\bar{\Psi}}{\partial y^2}\right)+\left(\dfrac{\partial^2\psi'}{\partial x^2}+\dfrac{\partial^2\psi'}{\partial y^2}\right)=\Delta\bar{\Psi}+\Delta\psi'$

(2) $\dfrac{\partial\Delta(\bar{\Psi}+\psi')}{\partial t}=\dfrac{\partial\Delta\bar{\Psi}}{\partial t}+\dfrac{\partial\Delta\psi'}{\partial t}$

(3) $J[\bar{\Psi}+\psi', \Delta(\bar{\Psi}+\psi')]$

$$=\frac{\partial(\bar{\Psi}+\psi')}{\partial x}\cdot\frac{\partial\Delta(\bar{\Psi}+\psi')}{\partial y}-\frac{\partial(\bar{\Psi}+\psi')}{\partial y}\cdot\frac{\partial\Delta(\bar{\Psi}+\psi')}{\partial x}$$

$$=\left(\frac{\partial\bar{\Psi}}{\partial x}+\frac{\partial\psi'}{\partial x}\right)\cdot\left(\frac{\partial\Delta\bar{\Psi}}{\partial y}+\frac{\partial\Delta\psi'}{\partial y}\right)-\left(\frac{\partial\bar{\Psi}}{\partial y}+\frac{\partial\psi'}{\partial y}\right)\cdot\left(\frac{\partial\Delta\bar{\Psi}}{\partial x}+\frac{\partial\Delta\psi'}{\partial x}\right)$$

$$=\left(\frac{\partial\bar{\Psi}}{\partial x}\cdot\frac{\partial\Delta\bar{\Psi}}{\partial y}-\frac{\partial\bar{\Psi}}{\partial y}\cdot\frac{\partial\Delta\bar{\Psi}}{\partial x}\right)+\left(\frac{\partial\psi'}{\partial x}\cdot\frac{\partial\Delta\bar{\Psi}}{\partial y}-\frac{\partial\psi'}{\partial y}\cdot\frac{\partial\Delta\bar{\Psi}}{\partial x}\right)+\left(\frac{\partial\bar{\Psi}}{\partial x}\cdot\frac{\partial\Delta\psi'}{\partial y}-\frac{\partial\bar{\Psi}}{\partial y}\cdot\frac{\partial\Delta\psi'}{\partial x}\right)$$
$$+\left(\frac{\partial\psi'}{\partial x}\cdot\frac{\partial\Delta\psi'}{\partial y}-\frac{\partial\psi'}{\partial y}\cdot\frac{\partial\Delta\psi'}{\partial x}\right)$$

$$=J(\bar{\Psi},\Delta\bar{\Psi})+J(\psi',\Delta\bar{\Psi})+J(\bar{\Psi},\Delta\psi')+J(\psi',\Delta\psi')$$

(4) $\mu^{-2}\dfrac{\partial(\bar{\Psi}+\psi')}{\partial t}=\mu^{-2}\dfrac{\partial\bar{\Psi}}{\partial t}+\mu^{-2}\dfrac{\partial\psi'}{\partial t}$

(5) $\varepsilon^{-2}\beta^{*}\dfrac{\partial(\bar{\Psi}+\psi')}{\partial x}=\varepsilon^{-2}\beta^{*}\dfrac{\partial\bar{\Psi}}{\partial x}+\varepsilon^{-2}\beta^{*}\dfrac{\partial\psi'}{\partial x}$

(6) $T^{2}(\bar{\mathcal{E}}+\mathcal{E}')=T^{2}\bar{\mathcal{E}}+T^{2}\mathcal{E}'\approx T^{2}\bar{\mathcal{E}}$

关于小扰动演变过程的线性化方程如下:

$$\frac{\partial\Delta\psi'}{\partial t}+J(\psi',\Delta\bar{\Psi})+J(\bar{\Psi},\Delta\psi')-\mu^{-2}\frac{\partial\psi'}{\partial t}+\varepsilon^{-2}\beta^{*}\frac{\partial\psi'}{\partial x}=0 \qquad (9)$$

或者:

$$\varepsilon^{2}\frac{\partial\Delta\psi'}{\partial t}+\varepsilon^{2}J(\psi',\Delta\bar{\Psi})+\varepsilon^{2}J(\bar{\Psi},\Delta\psi')-(\mu^{*})^{2}\frac{\partial\psi'}{\partial t}+\beta^{*}\frac{\partial\psi'}{\partial x}=0 \qquad (9)'$$

其中: $\begin{cases}\mu^{*}=\sqrt{\varepsilon^{2}\mu^{-2}}=\dfrac{L_{0}^{*}}{L_{0}}=\sqrt{\dfrac{\bar{\Phi}}{\Phi}}\sim\sqrt{\dfrac{1}{10}}\sim\dfrac{1}{3}\\ \varepsilon^{2}=\left(\dfrac{L_{0}^{*}}{L}\right)^{2}\sim\left(\dfrac{1}{6}\right)^{2}\\ \beta^{*}=\sin\theta\end{cases}$

## (Ⅲ)推导迭加于超长波正压大气中的长波扰动演变过程：

(一) 用 $\varepsilon=\frac{Z_0^*}{L}\left(\sim\frac{1}{6}\right)$ 作小参数~~展开~~，并且：

(1) 令：

$$\psi'=\hat{\psi}(x,y,t)e^{i\varepsilon^{-1}\theta(x,y,t)} \qquad (10)$$

(2) 引入记号：

$$\begin{cases}\frac{\partial\theta}{\varepsilon\partial t}\equiv-\varepsilon^{-1}\sigma(x,y,t)\\ \frac{\partial\theta}{\varepsilon\partial x}\equiv\varepsilon^{-1}m(x,y,t)\\ \frac{\partial\theta}{\varepsilon\partial y}\equiv\varepsilon^{-1}n(x,y,t)\end{cases} \qquad (11)$$

并设 $\hat{\psi}$, $\sigma$, $m$, $n$ 等均为其自变量的缓变函数，即它们自身连同它们对自变量的微商的量级均为 $O(1)$，而 $\varepsilon$ 为小参数，$O(\varepsilon)\ll O(1)$.

(3) 再令：

$$\hat{\psi}(x,y,t)=\psi_0(x,y,t)+\varepsilon\psi_1(x,y,t)+\varepsilon^2\psi_2(x,y,t)+\cdots\cdots.$$
$$=\sum_{j=0}^{\infty}\varepsilon^j\psi_j(x,y,t) \qquad (12)$$

(4) 即有：

$$\psi'=e^{i\varepsilon^{-1}\theta(x,y,t)}\cdot\sum_{j=0}^{\infty}\varepsilon^j\psi_j(x,y,t) \qquad (10)'$$

(二) 将(10)′代入方程(9)′，并按 ε 的幂级展开，集项，即可求得关于 $\psi_j$ 的演变过程方程。

(1) $$\varepsilon^2\frac{\partial\Delta\psi'}{\partial t}=e^{i\varepsilon^{-1}\theta}\cdot\Big\{\varepsilon^{-1}i\sigma(m^2+n^2)\psi_0$$
$$+\varepsilon^0\Big[-\frac{\partial(m^2+n^2)\psi_0}{\partial t}+2\sigma\Big(m\frac{\partial\psi_0}{\partial x}+n\frac{\partial\psi_0}{\partial y}\Big)+\sigma\Big(\frac{\partial m}{\partial x}+\frac{\partial n}{\partial y}\Big)\psi_0+i\sigma(m^2+n^2)\psi_1\Big]$$
$$+\varepsilon^1\Big[-\frac{\partial(m^2+n^2)\psi_1}{\partial t}+2\sigma\Big(m\frac{\partial\psi_1}{\partial x}+n\frac{\partial\psi_1}{\partial y}\Big)+\sigma\Big(\frac{\partial m}{\partial x}+\frac{\partial n}{\partial y}\Big)\psi_1+i\sigma(m^2+n^2)\psi_2$$
$$-i\sigma\Delta\psi_0+2i\frac{\partial}{\partial t}\Big(m\frac{\partial\psi_0}{\partial x}+n\frac{\partial\psi_0}{\partial y}\Big)+i\frac{\partial}{\partial t}\Big(\psi_0\Big(\frac{\partial m}{\partial x}+\frac{\partial n}{\partial y}\Big)\Big)\Big]$$
$$+\sum_{j=2}^{\infty}\varepsilon^j\Big[-\frac{\partial(m^2+n^2)\psi_j}{\partial t}+2\sigma\Big(m\frac{\partial\psi_j}{\partial x}+n\frac{\partial\psi_j}{\partial y}\Big)+\sigma\Big(\frac{\partial m}{\partial x}+\frac{\partial n}{\partial y}\Big)\psi_j+i\sigma(m^2+n^2)\psi_{j+1}$$
$$-i\sigma\Delta\psi_{j-1}+2i\frac{\partial}{\partial t}\Big(m\frac{\partial\psi_{j-1}}{\partial x}+n\frac{\partial\psi_{j-1}}{\partial y}\Big)+i\frac{\partial}{\partial t}\Big(\psi_{j-1}\Big(\frac{\partial m}{\partial x}+\frac{\partial n}{\partial y}\Big)\Big)+\frac{\partial\Delta\psi_{j-2}}{\partial t}\Big]\Big\}$$

(2) $$\varepsilon^2J(\psi',\Delta\bar\psi)=e^{i\varepsilon^{-1}\theta}\cdot\Big\{\varepsilon^1 i\psi_0\Big(m\frac{\partial\Delta\bar\psi}{\partial y}-n\frac{\partial\Delta\bar\psi}{\partial x}\Big)+\sum_{j=2}^{\infty}\varepsilon^j\Big[\Big(\frac{\partial\psi_{j-2}}{\partial x}+im\psi_{j-1}\Big)\frac{\partial\Delta\bar\psi}{\partial y}-\Big(\frac{\partial\psi_{j-2}}{\partial y}+in\psi_{j-1}\Big)\frac{\partial\Delta\bar\psi}{\partial x}\Big]\Big\}$$

(3) $$-(\mu^*)^2\frac{\partial\psi'}{\partial t}=e^{i\varepsilon^{-1}\theta}\cdot(\mu^*)^2\cdot\Big[\varepsilon^{-1}i\sigma\psi_0-\sum_{j=0}^{\infty}\varepsilon^j\Big(\frac{\partial\psi_j}{\partial t}-i\sigma\psi_{j+1}\Big)\Big]$$

(4) $$\beta^*\frac{\partial\psi'}{\partial x}=e^{i\varepsilon^{-1}\theta}\cdot\beta^*\cdot\Big[\varepsilon^{-1}im\psi_0+\sum_{j=0}^{\infty}\varepsilon^j\Big(\frac{\partial\psi_j}{\partial x}+im\psi_{j+1}\Big)\Big]$$

(5) $\varepsilon^2J(\bar\psi,\Delta\psi')$
$$=e^{i\varepsilon^{-1}\theta}\cdot\Big\{-\varepsilon^{-1}i(m^2+n^2)\psi_0(m\bar u+n\bar v)$$
$$-\varepsilon^0\Big[\Big(\bar u\frac{\partial(m^2+n^2)\psi_0}{\partial x}+\bar v\frac{\partial(m^2+n^2)\psi_0}{\partial y}\Big)+2(m\bar u+n\bar v)\Big(m\frac{\partial\psi_0}{\partial x}+n\frac{\partial\psi_0}{\partial y}\Big)$$
$$+\Big(\frac{\partial m}{\partial x}+\frac{\partial n}{\partial y}\Big)(m\bar u+n\bar v)\psi_0+i(m^2+n^2)\psi_1(m\bar u+n\bar v)\Big]$$

$-\varepsilon^1$ (在下页)

$$
\begin{aligned}
&-\varepsilon^{1}\Big[\Big(\bar{u}\frac{\partial(m^2+n^2)\psi_1}{\partial x}+\bar{v}\frac{\partial(m^2+n^2)\psi_1}{\partial y}\Big)+2(m\bar{u}+n\bar{v})\Big(m\frac{\partial\psi_1}{\partial x}+n\frac{\partial\psi_1}{\partial y}\Big)\\
&\quad+\Big(\frac{\partial m}{\partial x}+\frac{\partial n}{\partial y}\Big)(m\bar{u}+n\bar{v})\psi_1+i(m^2+n^2)\psi_2(m\bar{u}+n\bar{v})-i(m\bar{u}+n\bar{v})\Delta\psi_0\\
&\quad-2i\Big(\bar{u}\frac{\partial}{\partial x}\Big(m\frac{\partial\psi_0}{\partial x}+n\frac{\partial\psi_0}{\partial y}\Big)+\bar{v}\frac{\partial}{\partial y}\Big(m\frac{\partial\psi_0}{\partial x}+n\frac{\partial\psi_0}{\partial y}\Big)\Big)\\
&\quad-i\Big(\bar{u}\frac{\partial}{\partial x}\psi_0\Big(\frac{\partial m}{\partial x}+\frac{\partial n}{\partial y}\Big)+\bar{v}\frac{\partial}{\partial y}\psi_0\Big(\frac{\partial m}{\partial x}+\frac{\partial n}{\partial y}\Big)\Big)\\
&-\sum_{j=2}^{\infty}\varepsilon^{j}\Big[\Big(\bar{u}\frac{\partial(m^2+n^2)\psi_j}{\partial x}+\bar{v}\frac{\partial(m^2+n^2)\psi_j}{\partial y}\Big)+2(m\bar{u}+n\bar{v})\Big(m\frac{\partial\psi_j}{\partial x}+n\frac{\partial\psi_j}{\partial y}\Big)\\
&\quad+\Big(\frac{\partial m}{\partial x}+\frac{\partial n}{\partial y}\Big)(m\bar{u}+n\bar{v})\psi_j+i(m^2+n^2)\psi_{j+1}(m\bar{u}+n\bar{v})-i(m\bar{u}+n\bar{v})\Delta\psi_{j-1}\\
&\quad-2i\Big(\bar{u}\frac{\partial}{\partial x}\Big(m\frac{\partial\psi_{j-1}}{\partial x}+n\frac{\partial\psi_{j-1}}{\partial y}\Big)+\bar{v}\frac{\partial}{\partial y}\Big(m\frac{\partial\psi_{j-1}}{\partial x}+n\frac{\partial\psi_{j-1}}{\partial y}\Big)\Big)\\
&\quad-i\Big(\bar{u}\frac{\partial}{\partial x}\psi_{j-1}\Big(\frac{\partial m}{\partial x}+\frac{\partial n}{\partial y}\Big)+\bar{v}\frac{\partial}{\partial y}\psi_{j-1}\Big(\frac{\partial m}{\partial x}+\frac{\partial n}{\partial y}\Big)\Big)-i(m\bar{u}+n\bar{v})\Delta\psi_{j-1}\Big]
\end{aligned}
$$

线性化方程(9)′按$\varepsilon$的幂级展开，含$\varepsilon^{-1}$及$\varepsilon^{0}$项如下：

(1) 含$\varepsilon^{-1}$项的方程：

$$i\sigma(m^2+n^2)\psi_0-i(m^2+n^2)\psi_0(m\bar{u}+n\bar{v})+i\mu^{*2}\sigma\psi_0+i\beta^{*}m\psi_0=0.$$

$$\Rightarrow\quad \sigma[(m^2+n^2)+\mu^{*2}]-(m\bar{u}+n\bar{v})(m^2+n^2)+\beta^{*}m=0 \qquad (13)$$

或：

$$\sigma[(m^2+n^2)+\mu^{*2}]=(m\bar{u}+n\bar{v})(m^2+n^2)-\beta^{*}m \qquad (13)'$$

或：

$$[(m^2+n^2)+\mu^{*2}][\sigma-(m\bar{u}+n\bar{v})]=-\mu^{*2}(m\bar{u}+n\bar{v})-\beta^{*}m \qquad (13)''$$

(2) 含 $\varepsilon^0$ 项的方程：

$$-\frac{\partial(m^2+n^2)\psi_0}{\partial t}+2\sigma\left(m\frac{\partial\psi_0}{\partial x}+n\frac{\partial\psi_0}{\partial y}\right)+\sigma\left(\frac{\partial m}{\partial x}+\frac{\partial n}{\partial y}\right)\psi_0+i\sigma(m^2+n^2)\psi_1$$

$$-\left[\bar{u}\frac{\partial(m^2+n^2)\psi_0}{\partial x}+\bar{v}\frac{\partial(m^2+n^2)\psi_0}{\partial y}\right]-2(m\bar{u}+n\bar{v})\left(m\frac{\partial\psi_0}{\partial x}+n\frac{\partial\psi_0}{\partial y}\right)-(m\bar{u}+n\bar{v})\left(\frac{\partial m}{\partial x}+\frac{\partial n}{\partial y}\right)\psi_0$$

$$-i(m^2+n^2)(m\bar{u}+n\bar{v})\psi_1-\mu^{*2}\left(\frac{\partial\psi_0}{\partial t}-i\sigma\psi_1\right)+\beta^*\left(\frac{\partial\psi_0}{\partial x}+im\psi_1\right)=0$$

即：

$$-\left[\frac{\partial(m^2+n^2)\psi_0}{\partial t}+\bar{u}\frac{\partial(m^2+n^2)\psi_0}{\partial x}+\bar{v}\frac{\partial(m^2+n^2)\psi_0}{\partial y}\right]+2\left(m\frac{\partial\psi_0}{\partial x}+n\frac{\partial\psi_0}{\partial y}\right)\left[\sigma-(m\bar{u}+n\bar{v})\right]$$

$$+\left(\frac{\partial m}{\partial x}+\frac{\partial n}{\partial y}\right)\psi_0\left[\sigma-(m\bar{u}+n\bar{v})\right]+i\psi_1\left\{\underbrace{\sigma\left[(m^2+n^2)+\mu^{*2}\right]-(m^2+n^2)(m\bar{u}+n\bar{v})+\beta^*m}_{0\ [\text{根据}(13)]}\right\}$$

$$-\mu^{*2}\frac{\partial\psi_0}{\partial t}+\beta^*\frac{\partial\psi_0}{\partial x}=0$$

即

$$\left[\frac{\partial(m^2+n^2)\psi_0}{\partial t}+\bar{u}\frac{\partial(m^2+n^2)\psi_0}{\partial x}+\bar{v}\frac{\partial(m^2+n^2)\psi_0}{\partial y}\right]+\mu^{*2}\frac{\partial\psi_0}{\partial t}-\beta^*\frac{\partial\psi_0}{\partial x}$$
$$-\left[2\left(m\frac{\partial\psi_0}{\partial x}+n\frac{\partial\psi_0}{\partial y}\right)+\psi_0\left(\frac{\partial m}{\partial x}+\frac{\partial n}{\partial y}\right)\right]\left[\sigma-(m\bar{u}+n\bar{v})\right]=0 \quad (14)$$

或：

$$\frac{\partial(m^2+n^2)\psi_0}{\partial t}+(m^2+n^2)\left(\bar{u}\frac{\partial\psi_0}{\partial x}+\bar{v}\frac{\partial\psi_0}{\partial y}\right)+\psi_0\left[\bar{u}\frac{\partial(m^2+n^2)}{\partial x}+\bar{v}\frac{\partial(m^2+n^2)}{\partial y}\right]$$
$$+\mu^{*2}\frac{\partial\psi_0}{\partial t}-\beta^*\frac{\partial\psi_0}{\partial x}-2\left(m\frac{\partial\psi_0}{\partial x}+n\frac{\partial\psi_0}{\partial y}\right)\left[\sigma-(m\bar{u}+n\bar{v})\right] \quad (14)'$$
$$-\psi_0\left(\frac{\partial m}{\partial x}+\frac{\partial n}{\partial y}\right)\left[\sigma-(m\bar{u}+n\bar{v})\right]=0$$

(三)进一步化简(14):

(甲) 记: $(m^2+n^2)+\mu^{*2}=\eta \quad \Rightarrow \begin{cases} \dfrac{\partial\eta}{\partial m}=2m \\ \dfrac{\partial\eta}{\partial n}=2n \end{cases}$

由(13)′:

$$\sigma\eta=(m\bar{u}+n\bar{v})(m^2+n^2)-\beta^* m$$

$$\eta\frac{\partial\sigma}{\partial m}+\sigma(2m)=(m\bar{u}+n\bar{v})(2m)+(m^2+n^2)\bar{u}-\beta^*$$

$$\Rightarrow \begin{cases} \eta C_{gx}=\eta\dfrac{\partial\sigma}{\partial m}=\underbrace{\eta\bar{u}-\mu^{*2}\bar{u}}_{(m^2+n^2)\bar{u}}-2m\left[\sigma-(m\bar{u}+n\bar{v})\right]-\beta^* \\ \eta C_{gy}=\eta\dfrac{\partial\sigma}{\partial n}=\underbrace{\eta\bar{v}-\mu^{*2}\bar{v}}_{(m^2+n^2)\bar{v}}-2n\left[\sigma-(m\bar{u}+n\bar{v})\right] \end{cases} \qquad (15)$$

(乙)

$$\frac{D_g\eta\psi_0}{Dt}=\frac{\partial\eta\psi_0}{\partial t}+C_{gx}\frac{\partial\eta\psi_0}{\partial x}+C_{gy}\frac{\partial\eta\psi_0}{\partial y}$$

$$=\frac{\partial(m^2+n^2)\psi_0}{\partial t}+\mu^{*2}\frac{\partial\psi_0}{\partial t}+\eta\left(C_{gx}\frac{\partial\psi_0}{\partial x}+C_{gy}\frac{\partial\psi_0}{\partial y}\right)+\psi_0\left(C_{gx}\frac{\partial\eta}{\partial x}+C_{gy}\frac{\partial\eta}{\partial y}\right)$$

$$\begin{cases} (1)\ \eta C_{gx}\dfrac{\partial\psi_0}{\partial x}=\dfrac{\partial\psi_0}{\partial x}\left\{\eta\bar{u}-\mu^{*2}\bar{u}-2m\left[\sigma-(m\bar{u}+n\bar{v})\right]-\beta^*\right\} \\ (2)\ \eta C_{gy}\dfrac{\partial\psi_0}{\partial y}=\dfrac{\partial\psi_0}{\partial y}\left\{\eta\bar{v}-\mu^{*2}\bar{v}-2n\left[\sigma-(m\bar{u}+n\bar{v})\right]\right\} \end{cases}$$

$$\therefore \eta\left(C_{gx}\frac{\partial\psi_0}{\partial x}+C_{gy}\frac{\partial\psi_0}{\partial y}\right)=\eta\left(\bar{u}\frac{\partial\psi_0}{\partial x}+\bar{v}\frac{\partial\psi_0}{\partial y}\right)-\mu^{*2}\left(\bar{u}\frac{\partial\psi_0}{\partial x}+\bar{v}\frac{\partial\psi_0}{\partial y}\right)$$
$$-2\left[\sigma-(m\bar{u}+n\bar{v})\right]\left(m\frac{\partial\psi_0}{\partial x}+n\frac{\partial\psi_0}{\partial y}\right)-\beta^*\frac{\partial\psi_0}{\partial x}$$

$$\therefore \frac{D_g\eta\psi_0}{Dt}=\frac{\partial(m^2+n^2)\psi_0}{\partial t}+u^{*2}\frac{\partial\psi_0}{\partial t}+(m^2+n^2)\left(\bar{u}\frac{\partial\psi_0}{\partial x}+\bar{v}\frac{\partial\psi_0}{\partial y}\right)-2\left[\sigma-(m\bar{u}+n\bar{v})\right]\left(m\frac{\partial\psi_0}{\partial x}+n\frac{\partial\psi_0}{\partial y}\right)$$
$$-\beta^*\frac{\partial\psi_0}{\partial x}+\psi_0\left(C_{gx}\frac{\partial\eta}{\partial x}+C_{gy}\frac{\partial\eta}{\partial y}\right)$$

(丙). 用 $\frac{D_g\eta\psi_0}{Dt}-(14)'$，得：

$$\boxed{\frac{D_g\eta\psi_0}{Dt}}=\psi_0\left\{\left(G_x\frac{\partial\eta}{\partial x}+G_y\frac{\partial\eta}{\partial y}\right)-\left[\bar{u}\frac{\partial(m^2+n^2)}{\partial x}+\bar{v}\frac{\partial(m^2+n^2)}{\partial y}\right]+\left(\frac{\partial m}{\partial x}+\frac{\partial n}{\partial y}\right)\left[\sigma-(m\bar{u}+n\bar{v})\right]\right\}$$

或：

$$\boxed{\eta\frac{D_g\psi_0}{Dt}+\psi_0\left\{\frac{D\eta}{Dt}-\left[\sigma-(m\bar{u}+n\bar{v})\right]\left(\frac{\partial m}{\partial x}+\frac{\partial n}{\partial y}\right)\right\}=0}$$

$$\begin{cases}\eta G_x=\eta\bar{u}-\mu^{*2}\bar{u}-2m\left[\sigma-(m\bar{u}+n\bar{v})\right]-\beta^*\\ \eta G_y=\eta\bar{v}-\mu^{*2}\bar{v}-2n\left[\sigma-(m\bar{u}+n\bar{v})\right]\end{cases}$$

$$\therefore\begin{cases}\eta\frac{\partial G_x}{\partial x}+G_x\frac{\partial\eta}{\partial x}=\eta\frac{\partial\bar{u}}{\partial x}+\bar{u}\frac{\partial\eta}{\partial x}-\mu^{*2}\frac{\partial\bar{u}}{\partial x}-2\left[\sigma-(m\bar{u}+n\bar{v})\right]\frac{\partial m}{\partial x}-2m\left[\frac{\partial\sigma}{\partial x}-\frac{\partial(m\bar{u}+n\bar{v})}{\partial x}\right]\\ \eta\frac{\partial G_y}{\partial y}+G_y\frac{\partial\eta}{\partial y}=\eta\frac{\partial\bar{v}}{\partial y}+\bar{v}\frac{\partial\eta}{\partial y}-\mu^{*2}\frac{\partial\bar{v}}{\partial y}-2\left[\sigma-(m\bar{u}+n\bar{v})\right]\frac{\partial n}{\partial y}-2n\left[\frac{\partial\sigma}{\partial y}-\frac{\partial(m\bar{u}+n\bar{v})}{\partial y}\right]\end{cases}$$

$$\eta\left(\frac{\partial G_x}{\partial x}+\frac{\partial G_y}{\partial y}\right)+\left(G_x\frac{\partial\eta}{\partial x}+G_y\frac{\partial\eta}{\partial y}\right)=\left(\bar{u}\frac{\partial\eta}{\partial x}+\bar{v}\frac{\partial\eta}{\partial y}\right)+(m^2+n^2)\left(\frac{\partial\bar{u}}{\partial x}+\frac{\partial\bar{v}}{\partial y}\right)-2\left[\sigma-(m\bar{u}+n\bar{v})\right]\left(\frac{\partial m}{\partial x}+\frac{\partial n}{\partial y}\right)$$
$$-2\left(m\frac{\partial\sigma}{\partial x}+n\frac{\partial\sigma}{\partial y}\right)+\left[2m\frac{\partial(m\bar{u}+n\bar{v})}{\partial x}+2n\frac{\partial(m\bar{u}+n\bar{v})}{\partial y}\right]$$

(1) $(m^2+n^2)\left(\frac{\partial\bar{u}}{\partial x}+\frac{\partial\bar{v}}{\partial y}\right)=0$ $\quad(\because\ \mathrm{div}\,\vec{V}=0)$

(2) $-2\left(m\frac{\partial\sigma}{\partial x}+n\frac{\partial\sigma}{\partial y}\right)=2m\frac{\partial m}{\partial t}+2n\frac{\partial n}{\partial t}=\frac{\partial m^2}{\partial t}+\frac{\partial n^2}{\partial t}=\frac{\partial\eta}{\partial t}$ $\quad(\because\ \eta=m^2+n^2+\mu^{*2}$，$\mu^*$ 为一常数)

(3) $2m\frac{\partial(m\bar{u}+n\bar{v})}{\partial x}+2n\frac{\partial(m\bar{u}+n\bar{v})}{\partial y}$

$$=2m\left(m\frac{\partial\bar{u}}{\partial x}+\bar{u}\frac{\partial m}{\partial x}+n\frac{\partial\bar{v}}{\partial x}+\bar{v}\frac{\partial n}{\partial x}\right)+2n\left(m\frac{\partial\bar{u}}{\partial y}+\bar{u}\frac{\partial m}{\partial y}+n\frac{\partial\bar{v}}{\partial y}+\bar{v}\frac{\partial n}{\partial y}\right)$$

$$=2\left(m^2\frac{\partial\bar{u}}{\partial x}+mn\frac{\partial\bar{u}}{\partial y}+mn\frac{\partial\bar{v}}{\partial x}+n^2\frac{\partial\bar{v}}{\partial y}\right)+2\left(m\bar{u}\frac{\partial m}{\partial x}+m\bar{v}\frac{\partial n}{\partial x}+n\bar{u}\frac{\partial m}{\partial y}+n\bar{v}\frac{\partial n}{\partial y}\right)$$

(a) $\sigma\eta=(m\bar{u}+n\bar{v})(m^2+n^2)-\beta^* m$

$\eta\dfrac{\partial\sigma}{\partial\bar{u}}=(m^2+n^2)m$ ; $\eta\dfrac{\partial\sigma}{\partial\bar{v}}=(m^2+n^2)n$

$$\therefore\begin{cases}\dfrac{\partial\sigma}{\partial\bar{u}}=\dfrac{m(m^2+n^2)}{\eta}=\left(1-\dfrac{\mu^{*2}}{\eta}\right)m\\[2mm]\dfrac{\partial\sigma}{\partial\bar{v}}=\dfrac{n(m^2+n^2)}{\eta}=\left(1-\dfrac{\mu^{*2}}{\eta}\right)n\end{cases}$$

$$\begin{aligned}\frac{D_g(m^2+n^2)}{Dt}&=-2m\left(1-\frac{\mu^{*2}}{\eta}\right)\left(m\frac{\partial\bar{u}}{\partial x}+n\frac{\partial\bar{u}}{\partial y}\right)-2n\left(1-\frac{\mu^{*2}}{\eta}\right)\left(m\frac{\partial\bar{v}}{\partial x}+n\frac{\partial\bar{v}}{\partial y}\right)\\&=-2\left(1-\frac{\mu^{*2}}{\eta}\right)\left(m^2\frac{\partial\bar{u}}{\partial x}+mn\frac{\partial\bar{u}}{\partial y}+mn\frac{\partial\bar{v}}{\partial x}+n^2\frac{\partial\bar{v}}{\partial y}\right)\\&=-\frac{2(m^2+n^2)}{\eta}\left(m^2\frac{\partial\bar{u}}{\partial x}+mn\frac{\partial\bar{u}}{\partial y}+mn\frac{\partial\bar{v}}{\partial x}+n^2\frac{\partial\bar{v}}{\partial y}\right)\end{aligned}$$

$$2\left(m^2\frac{\partial\bar{u}}{\partial x}+mn\frac{\partial\bar{u}}{\partial y}+mn\frac{\partial\bar{v}}{\partial x}+n^2\frac{\partial\bar{v}}{\partial y}\right)=-\frac{\eta}{(m^2+n^2)}\cdot\frac{D_g\eta}{Dt}$$

(b) $$\begin{aligned}2\left(m\bar{u}\frac{\partial m}{\partial x}+m\bar{v}\frac{\partial n}{\partial x}+n\bar{u}\frac{\partial m}{\partial y}+n\bar{v}\frac{\partial n}{\partial y}\right)&=\bar{u}\left(2m\frac{\partial m}{\partial x}+2n\frac{\partial m}{\partial y}\right)+\bar{v}\left(2m\frac{\partial n}{\partial x}+2n\frac{\partial n}{\partial y}\right)\\&=\bar{u}\left(\frac{\partial m^2}{\partial x}+\frac{\partial n^2}{\partial x}\right)+\bar{v}\left(\frac{\partial m^2}{\partial y}+\frac{\partial n^2}{\partial y}\right)\\&=\bar{u}\frac{\partial(m^2+n^2)}{\partial x}+\bar{v}\frac{\partial(m^2+n^2)}{\partial y}\end{aligned}$$

$$\therefore 2m\frac{\partial(m\bar{u}+n\bar{v})}{\partial x}+2n\frac{\partial(m\bar{u}+n\bar{v})}{\partial y}=-\frac{\eta}{(m^2+n^2)}\cdot\frac{D_g\eta}{Dt}+\left[\bar{u}\frac{\partial(m^2+n^2)}{\partial x}+\bar{v}\frac{\partial(m^2+n^2)}{\partial y}\right]$$

$$\begin{aligned}\therefore\ \eta\left(\frac{\partial C_{gx}}{\partial x}+\frac{\partial C_{gy}}{\partial y}\right)+\left(C_{gx}\frac{\partial\eta}{\partial x}+C_{gy}\frac{\partial\eta}{\partial y}\right)=&\,2\left[\bar{u}\frac{\partial(m^2+n^2)}{\partial x}+\bar{v}\frac{\partial(m^2+n^2)}{\partial y}\right]-2\left[\sigma-(m\bar{u}+n\bar{v})\right]\left(\frac{\partial m}{\partial x}+\frac{\partial n}{\partial y}\right)\\&+\frac{\partial\eta}{\partial t}-\frac{\eta}{(m^2+n^2)}\cdot\frac{D_g\eta}{Dt}\end{aligned}$$

$$\begin{aligned}\Rightarrow -\left[\bar{u}\frac{\partial(m^2+n^2)}{\partial x}+\bar{v}\frac{\partial(m^2+n^2)}{\partial y}\right]+\left[\sigma-(m\bar{u}+n\bar{v})\right]\left(\frac{\partial m}{\partial x}+\frac{\partial n}{\partial y}\right)=&\,\frac{1}{2}\frac{\partial\eta}{\partial t}-\frac{\eta}{2(m^2+n^2)}\cdot\frac{D_g\eta}{Dt}\\&-\frac{1}{2}\left(C_{gx}\frac{\partial\eta}{\partial x}+C_{gy}\frac{\partial\eta}{\partial y}\right)-\frac{\eta}{2}\left(\frac{\partial C_{gx}}{\partial x}+\frac{\partial C_{gy}}{\partial y}\right)\end{aligned}$$

$$\therefore\quad \frac{D_g\eta\psi_0}{Dt}=\psi_0\left\{\frac{1}{2}\left[\frac{\partial\eta}{\partial t}+C_{gx}\frac{\partial\eta}{\partial x}+C_{gy}\frac{\partial\eta}{\partial y}\right)-\frac{\eta}{2(m^2+n^2)}\cdot\frac{D_g\eta}{Dt}-\frac{\eta}{2}\left(\frac{\partial C_{gx}}{\partial x}+\frac{\partial C_{gy}}{\partial y}\right)\right\}$$

$$=\frac{\psi_0}{2}\left[\frac{D_g\eta}{Dt}-\frac{\eta}{(m^2+n^2)}\cdot\frac{D_g\eta}{Dt}-\eta\left(\frac{\partial C_{gx}}{\partial x}+\frac{\partial C_{gy}}{\partial y}\right)\right]$$

$$=\frac{-\mu^{*2}}{2(m^2+n^2)}\psi_0\frac{D_g\eta}{Dt}-\frac{\eta\psi_0}{2}\left(\frac{\partial C_{gx}}{\partial x}+\frac{\partial C_{gy}}{\partial y}\right)$$

$$\Rightarrow\quad \boxed{\frac{D_g\eta\psi_0}{Dt}+\frac{\mu^{*2}\psi_0}{2(m^2+n^2)}\cdot\frac{D_g\eta}{Dt}+\frac{\eta\psi_0}{2}\left(\frac{\partial C_{gx}}{\partial x}+\frac{\partial C_{gy}}{\partial y}\right)=0}\qquad(16)$$

## (四). 扰动能量, 扰动发展的判据:

(甲) 令 $\eta\psi_0=z$ 代入 (16).

$$\left(\frac{\partial z}{\partial t}+C_{gx}\frac{\partial z}{\partial x}+C_{gy}\frac{\partial z}{\partial y}\right)+\frac{z}{2}\left(\frac{\partial C_{gx}}{\partial x}+\frac{\partial C_{gy}}{\partial y}\right)+\frac{\mu^{*2}\psi_0}{2(m^2+n^2)}\cdot\frac{D_g\eta}{Dt}=0$$

$\times z$:

$$\frac{\partial}{\partial t}\left(\frac{z^2}{2}\right)+C_{gx}\frac{\partial}{\partial x}\left(\frac{z^2}{2}\right)+C_{gy}\frac{\partial}{\partial y}\left(\frac{z^2}{2}\right)+\frac{z^2}{2}\left(\frac{\partial C_{gx}}{\partial x}+\frac{\partial C_{gy}}{\partial y}\right)+\frac{\mu^{*2}\psi_0^2\eta}{2(m^2+n^2)}\cdot\frac{D_g\eta}{Dt}=0$$

$$\frac{\partial}{\partial t}\left(\frac{z^2}{2}\right)+\frac{\partial}{\partial x}\left(\frac{C_{gx}z^2}{2}\right)+\frac{\partial}{\partial y}\left(\frac{C_{gy}z^2}{2}\right)+\frac{\mu^{*2}\psi_0^2}{(m^2+n^2)}\cdot\frac{D_g}{Dt}\left(\frac{\eta^2}{2}\right)=0$$

$$\iint_{(S)}\frac{\partial}{\partial t}\left(\frac{z^2}{2}\right)dx\,dy+\iint_{(S)}\frac{\partial}{\partial x}\left(\frac{z^2}{2}C_{gx}\right)dx\,dy+\iint_{(S)}\frac{\partial}{\partial y}\left(\frac{z^2}{2}C_{gy}\right)dx\,dy=-\iint_{(S)}\frac{\mu^{*2}\psi_0^2}{(m^2+n^2)}\cdot\frac{D_g}{Dt}\left(\frac{\eta^2}{2}\right)dx\,dy$$

$\because\ \eta>0$, 当 $\left\{\begin{array}{ll} x\to\pm\infty \text{ 或在波包边沿}, & \psi_0=0 \\ y\to\pm\infty \text{ 〃 〃 〃 〃 〃 〃}, & \psi_0=0\end{array}\right\}\Rightarrow z=0$

故: $\left\{\begin{array}{l}\displaystyle\iint_{(S)}\frac{\partial}{\partial x}\left(\frac{z^2}{2}C_{gx}\right)dx\,dy=\int_{y=-\infty}^{+\infty}dy\int_{x=-\infty}^{+\infty}d\left(\frac{z^2}{2}C_{gx}\right)=\int_{y=-\infty}^{\infty}dy\cdot\left(\frac{z^2}{2}C_{gx}\right)\Bigg|_{x=-\infty}^{\infty}=0\\[2ex] \displaystyle\iint_{(S)}\frac{\partial}{\partial y}\left(\frac{z^2}{2}C_{gy}\right)dx\,dy=\int_{-\infty}^{\infty}dx\int_{-\infty}^{\infty}d\left(\frac{z^2}{2}C_{gy}\right)=\int_{-\infty}^{\infty}dx\cdot\left(\frac{z^2}{2}C_{gy}\right)\Bigg|_{y=-\infty}^{\infty}=0\end{array}\right.$

令：$\psi_0=|\psi_0|e^{i\alpha}$

代入 (16)：

$$\frac{D_g\eta|\psi_0|e^{i\alpha}}{Dt}+\frac{\eta|\psi_0|e^{i\alpha}}{2}div(\vec{C_g})+\frac{\mu^{*-2}|\psi_0|e^{i\alpha}}{2(m^2+n^2)}\cdot\frac{D_g\eta}{Dt}=0$$

$$e^{i\alpha}\cdot\frac{D_g\eta|\psi_0|}{Dt}+\eta|\psi_0|e^{i\alpha}\cdot i\frac{D_g\alpha}{Dt}+\frac{\eta|\psi_0|}{2}e^{i\alpha}div(\vec{C_g})+\frac{\mu^{*-2}|\psi_0|e^{i\alpha}}{2(m^2+n^2)}\cdot\frac{D_g\eta}{Dt}=0$$

约去公因子$e^{i\alpha}$： $\Longrightarrow$ $\dfrac{D_g\eta|\psi_0|}{Dt}+i\eta|\psi_0|\dfrac{D_g\alpha}{Dt}+\dfrac{\eta|\psi_0|}{2}div(\vec{C_g})+\dfrac{\mu^{*-2}|\psi_0|}{2(m^2+n^2)}\cdot\dfrac{D_g\eta}{Dt}=0$

虚部：$\dfrac{D_g\alpha}{Dt}=0$

实部：$\dfrac{D_g\eta|\psi_0|}{Dt}+\dfrac{\eta|\psi_0|}{2}div(\vec{C_g})+\dfrac{\mu^{*-2}|\psi_0|}{2(m^2+n^2)}\cdot\dfrac{D_g\eta}{Dt}=0$ (17)

$$\Rightarrow \quad \iint\limits_{(S)} \frac{\partial}{\partial t}\left(\frac{\eta^2\psi_0^2}{2}\right) dx\,dy = -\iint\limits_{(S)} \frac{\mu^{*2}\psi_0^2}{(m^2+n^2)} \cdot \frac{D_g}{Dt}\left(\frac{\eta^2}{2}\right) dx\,dy$$

即：

$$\boxed{\frac{\partial}{\partial t}\iint\limits_{(S)} \eta^2\psi_0^2\, dx\,dy = -\iint\limits_{(S)} \frac{\mu^{*2}\psi_0^2}{(m^2+n^2)} \cdot \frac{D_g}{Dt}\eta^2\, dx\,dy} \qquad (18)$$

$$\text{或} = -\iint\limits_{(S)} \frac{\mu^{*2}\eta^2\psi_0^2}{(m^2+n^2)} \cdot \frac{D_g \ln\eta}{Dt}\, dx\,dy$$

由(17)可见：

(1) 当 $\frac{D_g}{Dt}\left(\frac{\eta^2}{2}\right) > 0 \quad \eta\uparrow$； $\frac{\partial}{\partial t}\iint\limits_{(S)}\left(\frac{\eta^2\psi_0^2}{2}\right) dx\,dy < 0$，$\Rightarrow \psi_0^2\downarrow$；

(2) 当 $\frac{D_g}{Dt}\left(\frac{\eta^2}{2}\right) < 0 \quad \eta\downarrow$； $\frac{\partial}{\partial t}\iint\limits_{(S)}\left(\frac{\eta^2\psi_0^2}{2}\right) dx\,dy > 0$，$\Rightarrow \psi_0^2\uparrow$。

## 关于群速度的几个关系式:

### (甲) 当 $\frac{\partial\theta}{\partial t}=-\sigma$ 时

(一) 引入记号:

$$\begin{cases}\dfrac{\partial\theta(x,y,t)}{\partial x}=m(x,y,t)\\[2ex]\dfrac{\partial\theta(x,y,t)}{\partial y}=n(x,y,t)\\[2ex]\dfrac{\partial\theta(x,y,t)}{\partial t}=-\sigma(x,y,t)\end{cases}\tag{1}$$

其中 $\sigma, m, n$ 为其自变量的缓变函数,即它们自身连同它们对自变量的微商的量级均为 $O(1)$.

(二) 由(1)可得下列几个关系:

(1).

$$\begin{cases}\dfrac{\partial m}{\partial t}=\dfrac{\partial}{\partial t}\left(\dfrac{\partial\theta}{\partial x}\right)=\dfrac{\partial}{\partial x}\left(\dfrac{\partial\theta}{\partial t}\right)=\dfrac{\partial(-\sigma)}{\partial x}=-\dfrac{\partial\sigma}{\partial x}\\[2ex]\dfrac{\partial n}{\partial t}=\dfrac{\partial}{\partial t}\left(\dfrac{\partial\theta}{\partial y}\right)=\dfrac{\partial}{\partial y}\left(\dfrac{\partial\theta}{\partial t}\right)=\dfrac{\partial(-\sigma)}{\partial y}=-\dfrac{\partial\sigma}{\partial y}\\[2ex]\dfrac{\partial n}{\partial x}=\dfrac{\partial}{\partial x}\left(\dfrac{\partial\theta}{\partial y}\right)=\dfrac{\partial}{\partial y}\left(\dfrac{\partial\theta}{\partial x}\right)=\dfrac{\partial m}{\partial y}\end{cases}\tag{2}$$

(2). 设 $\sigma=\sigma(m,n,\bar{u},\bar{v})$.

$$\begin{cases}\left.\dfrac{\partial\sigma}{\partial m}\right|_{n,\bar{u},\bar{v}}\equiv C_{gx}\\[2ex]\left.\dfrac{\partial\sigma}{\partial n}\right|_{m,\bar{u},\bar{v}}\equiv C_{gy}\\[2ex]C_g=\vec{i}\,C_{gx}+\vec{j}\,C_{gy}.\end{cases}$$

其中: $\begin{cases}m=m(x,y,t)\\n=n(x,y,t)\end{cases}$ $\begin{cases}\bar{u}=\bar{u}(x,y,t)\\\bar{v}=\bar{v}(x,y,t)\end{cases}$

$$\left.\frac{\partial\sigma}{\partial x}\right|_{y,t}=\frac{\partial\sigma}{\partial m}\cdot\frac{\partial m}{\partial x}+\frac{\partial\sigma}{\partial n}\cdot\frac{\partial n}{\partial x}+\frac{\partial\sigma}{\partial\bar u}\cdot\frac{\partial\bar u}{\partial x}+\frac{\partial\sigma}{\partial\bar v}\cdot\frac{\partial\bar v}{\partial x}$$

$$=C_{gx}\frac{\partial m}{\partial x}+C_{gy}\frac{\partial n}{\partial x}+\frac{\partial\sigma}{\partial\bar u}\cdot\frac{\partial\bar u}{\partial x}+\frac{\partial\sigma}{\partial\bar v}\cdot\frac{\partial\bar v}{\partial x}.$$

$$=C_{gx}\frac{\partial m}{\partial x}+C_{gy}\frac{\partial m}{\partial y}+\frac{\partial\sigma}{\partial\bar u}\cdot\frac{\partial\bar u}{\partial x}+\frac{\partial\sigma}{\partial\bar v}\cdot\frac{\partial\bar v}{\partial x}.$$

$$\left.\frac{\partial\sigma}{\partial y}\right|_{x,t}=C_{gx}\frac{\partial m}{\partial y}+C_{gy}\frac{\partial n}{\partial y}+\frac{\partial\sigma}{\partial\bar u}\cdot\frac{\partial\bar u}{\partial y}+\frac{\partial\sigma}{\partial\bar v}\cdot\frac{\partial\bar v}{\partial y}.$$

$$=C_{gx}\frac{\partial n}{\partial x}+C_{gy}\frac{\partial n}{\partial y}+\frac{\partial\sigma}{\partial\bar u}\cdot\frac{\partial\bar u}{\partial y}+\frac{\partial\sigma}{\partial\bar v}\cdot\frac{\partial\bar v}{\partial y}.$$

$$\left.\frac{\partial\sigma}{\partial t}\right|_{x,y}=C_{gx}\cdot\frac{\partial m}{\partial t}+C_{gy}\frac{\partial n}{\partial t}+\frac{\partial\sigma}{\partial\bar u}\cdot\frac{\partial\bar u}{\partial t}+\frac{\partial\sigma}{\partial\bar v}\cdot\frac{\partial\bar v}{\partial t}.$$

$$=-C_{gx}\frac{\partial\sigma}{\partial x}-C_{gy}\frac{\partial\sigma}{\partial y}+\frac{\partial\sigma}{\partial\bar u}\cdot\frac{\partial\bar u}{\partial t}+\frac{\partial\sigma}{\partial\bar v}\cdot\frac{\partial\bar v}{\partial t}.$$

(三).

$$\frac{D_g}{Dt}=\frac{\partial}{\partial t}+C_{gx}\frac{\partial}{\partial x}+C_{gy}\frac{\partial}{\partial y}.$$

$$\frac{D_g m}{Dt}=\frac{\partial m}{\partial t}+C_{gx}\frac{\partial m}{\partial x}+C_{gy}\frac{\partial m}{\partial y}=-\frac{\partial\sigma}{\partial x}+\left(C_{gx}\frac{\partial m}{\partial x}+C_{gy}\frac{\partial m}{\partial y}\right)$$

$$=-\left(C_{gx}\frac{\partial m}{\partial x}+C_{gy}\frac{\partial m}{\partial y}+\frac{\partial\sigma}{\partial\bar u}\cdot\frac{\partial\bar u}{\partial x}+\frac{\partial\sigma}{\partial\bar v}\cdot\frac{\partial\bar v}{\partial x}\right)+\left(C_{gx}\frac{\partial m}{\partial x}+C_{gy}\frac{\partial m}{\partial y}\right)$$

$$\frac{D_g m}{Dt}=-\left(\frac{\partial\sigma}{\partial\bar u}\cdot\frac{\partial\bar u}{\partial x}+\frac{\partial\sigma}{\partial\bar v}\cdot\frac{\partial\bar v}{\partial x}\right)$$

$$\frac{D_g n}{Dt}=-\left(\frac{\partial\sigma}{\partial\bar u}\cdot\frac{\partial\bar u}{\partial y}+\frac{\partial\sigma}{\partial\bar v}\cdot\frac{\partial\bar v}{\partial y}\right)$$

$$\frac{D_g\sigma}{Dt}=\frac{\partial\sigma}{\partial t}+C_{gx}\frac{\partial\sigma}{\partial x}+C_{gy}\frac{\partial\sigma}{\partial y}=-\left(C_{gx}\frac{\partial\sigma}{\partial x}+C_{gy}\frac{\partial\sigma}{\partial y}\right)+\left(\frac{\partial\sigma}{\partial\bar u}\cdot\frac{\partial\bar u}{\partial t}+\frac{\partial\sigma}{\partial\bar v}\cdot\frac{\partial\bar v}{\partial t}\right)$$

$$+\left(C_{gx}\frac{\partial\sigma}{\partial x}+C_{gy}\frac{\partial\sigma}{\partial y}\right).$$

$$=\frac{\partial\sigma}{\partial\bar u}\cdot\frac{\partial\bar u}{\partial t}+\frac{\partial\sigma}{\partial\bar v}\cdot\frac{\partial\bar v}{\partial t}.$$

$$\frac{D_g(m^2+n^2)}{Dt}=2m\frac{D_g m}{Dt}+2n\frac{D_g n}{Dt}=-2m\left(\frac{\partial\sigma}{\partial\bar{u}}\cdot\frac{\partial\bar{u}}{\partial x}+\frac{\partial\sigma}{\partial\bar{v}}\cdot\frac{\partial\bar{v}}{\partial x}\right)-2n\left(\frac{\partial\sigma}{\partial\bar{u}}\cdot\frac{\partial\bar{u}}{\partial y}+\frac{\partial\sigma}{\partial\bar{v}}\cdot\frac{\partial\bar{v}}{\partial y}\right)$$

$$=-2\frac{\partial\sigma}{\partial\bar{u}}\left(m\frac{\partial\bar{u}}{\partial x}+n\frac{\partial\bar{u}}{\partial y}\right)-2\frac{\partial\sigma}{\partial\bar{v}}\left(m\frac{\partial\bar{v}}{\partial x}+n\frac{\partial\bar{v}}{\partial y}\right)$$

∴ (1) $$\frac{D_g m}{Dt}=-\left(\frac{\partial\sigma}{\partial\bar{u}}\cdot\frac{\partial\bar{u}}{\partial x}+\frac{\partial\sigma}{\partial\bar{v}}\cdot\frac{\partial\bar{v}}{\partial x}\right)$$

(2) $$\frac{D_g n}{Dt}=-\left(\frac{\partial\sigma}{\partial\bar{u}}\cdot\frac{\partial\bar{u}}{\partial y}+\frac{\partial\sigma}{\partial\bar{v}}\cdot\frac{\partial\bar{v}}{\partial y}\right)$$

(3) $$\frac{D_g\sigma}{Dt}=+\left(\frac{\partial\sigma}{\partial\bar{u}}\cdot\frac{\partial\bar{u}}{\partial t}+\frac{\partial\sigma}{\partial\bar{v}}\cdot\frac{\partial\bar{v}}{\partial t}\right)$$

(4) $$\frac{D_g(m^2+n^2)}{Dt}=-2\left[\frac{\partial\sigma}{\partial\bar{u}}\left(m\frac{\partial\bar{u}}{\partial x}+n\frac{\partial\bar{u}}{\partial y}\right)+\frac{\partial\sigma}{\partial\bar{v}}\left(m\frac{\partial\bar{v}}{\partial x}+n\frac{\partial\bar{v}}{\partial y}\right)\right]$$

(5) $$\frac{D_g}{Dt}=\frac{\partial}{\partial t}+C_{gx}\frac{\partial}{\partial x}+C_{gy}\frac{\partial}{\partial y}$$

(6) $$C_{gx}\equiv\frac{\partial\sigma}{\partial m},\quad C_{gy}\equiv\frac{\partial\sigma}{\partial n},\quad \vec{C_g}=\vec{i}\,C_{gx}+\vec{j}\,C_{gy}$$

(7) $$\begin{cases}\dfrac{\partial m}{\partial t}=-\dfrac{\partial\sigma}{\partial x}\\[2mm]\dfrac{\partial n}{\partial t}=-\dfrac{\partial\sigma}{\partial y}\\[2mm]\dfrac{\partial n}{\partial x}=\dfrac{\partial m}{\partial y}\end{cases};\qquad\begin{cases}\dfrac{\partial\theta}{\partial t}=-\sigma\\[2mm]\dfrac{\partial\theta}{\partial x}=m\\[2mm]\dfrac{\partial\theta}{\partial y}=n\end{cases}$$

(8) $$\frac{D_g}{Dt}\left(\frac{n}{m}\right)=\frac{1}{m^2}\left[m\frac{D_g n}{Dt}-n\frac{D_g m}{Dt}\right]=-\frac{1}{m^2}\left[m\left(\frac{\partial\sigma}{\partial\bar{u}}\cdot\frac{\partial\bar{u}}{\partial y}+\frac{\partial\sigma}{\partial\bar{v}}\cdot\frac{\partial\bar{v}}{\partial y}\right)-n\left(\frac{\partial\sigma}{\partial\bar{u}}\cdot\frac{\partial\bar{u}}{\partial x}+\frac{\partial\sigma}{\partial\bar{v}}\cdot\frac{\partial\bar{v}}{\partial x}\right)\right]$$

$$=-\frac{1}{m^2}\left[\frac{\partial\sigma}{\partial\bar{u}}\left(m\frac{\partial\bar{u}}{\partial y}-n\frac{\partial\bar{u}}{\partial x}\right)+\frac{\partial\sigma}{\partial\bar{v}}\left(m\frac{\partial\bar{v}}{\partial y}-n\frac{\partial\bar{v}}{\partial x}\right)\right]$$

(乙) 当 $\frac{\partial\theta}{\partial t}=\sigma$ 时.

(一)引入记号:

$$\begin{cases}\frac{\partial\theta(x,y,t)}{\partial x}=m(x,y,t)\\ \frac{\partial\theta(x,y,t)}{\partial y}=n(x,y,t)\\ \frac{\partial\theta(x,y,t)}{\partial t}=\sigma(x,y,t)\end{cases}\tag{1}$$

(二)由(1)可得下列几个关系:

(1).

$$\begin{cases}\frac{\partial m}{\partial t}=\frac{\partial^2\theta}{\partial t\partial x}=\frac{\partial}{\partial x}\left(\frac{\partial\theta}{\partial t}\right)=\frac{\partial\sigma}{\partial x}\\ \frac{\partial n}{\partial t}=\frac{\partial^2\theta}{\partial t\partial y}=\frac{\partial}{\partial y}\left(\frac{\partial\theta}{\partial t}\right)=\frac{\partial\sigma}{\partial y}\\ \frac{\partial n}{\partial x}=\frac{\partial^2\theta}{\partial x\partial y}=\frac{\partial}{\partial y}\left(\frac{\partial\theta}{\partial x}\right)=\frac{\partial m}{\partial y}\end{cases}\tag{2}$$

(2) 设: $\sigma=\sigma(m,n,\bar{u},\bar{v})$,

而: $\begin{cases}m=m(x,y,t)\\ n=n(x,y,t)\end{cases}$ $\begin{cases}\bar{u}=\bar{u}(x,y,t)\\ \bar{v}=\bar{v}(x,y,t)\end{cases}$

$$\begin{cases}\left.\frac{\partial\sigma}{\partial m}\right|_{n,\bar{u},\bar{v}}\equiv -C_{gx}\\ \left.\frac{\partial\sigma}{\partial n}\right|_{n,\bar{u},\bar{v}}\equiv -C_{gy}\end{cases}$$

$$\vec{C_g}=\vec{i}C_{gx}+\vec{j}C_{gy}$$

(a) $$\frac{\partial\sigma}{\partial x}=\frac{\partial\sigma}{\partial m}\cdot\frac{\partial m}{\partial x}+\frac{\partial\sigma}{\partial n}\cdot\frac{\partial n}{\partial x}+\frac{\partial\sigma}{\partial\bar{u}}\cdot\frac{\partial\bar{u}}{\partial x}+\frac{\partial\sigma}{\partial\bar{v}}\cdot\frac{\partial\bar{v}}{\partial x}$$
$$=-C_{gx}\frac{\partial m}{\partial x}-C_{gy}\frac{\partial m}{\partial y}+\frac{\partial\sigma}{\partial\bar{u}}\cdot\frac{\partial\bar{u}}{\partial x}+\frac{\partial\sigma}{\partial\bar{v}}\cdot\frac{\partial\bar{v}}{\partial x}$$

(b) $$\frac{\partial\sigma}{\partial y}=\frac{\partial\sigma}{\partial m}\cdot\frac{\partial m}{\partial y}+\frac{\partial\sigma}{\partial n}\cdot\frac{\partial n}{\partial y}+\frac{\partial\sigma}{\partial\bar{u}}\cdot\frac{\partial\bar{u}}{\partial y}+\frac{\partial\sigma}{\partial\bar{v}}\cdot\frac{\partial\bar{v}}{\partial y}$$
$$=-C_{gx}\frac{\partial n}{\partial x}-C_{gy}\frac{\partial n}{\partial y}+\frac{\partial\sigma}{\partial\bar{u}}\cdot\frac{\partial\bar{u}}{\partial y}+\frac{\partial\sigma}{\partial\bar{v}}\cdot\frac{\partial\bar{v}}{\partial y}$$

(c) $$\frac{\partial\sigma}{\partial t}=\frac{\partial\sigma}{\partial m}\cdot\frac{\partial m}{\partial t}+\frac{\partial\sigma}{\partial n}\cdot\frac{\partial n}{\partial t}+\frac{\partial\sigma}{\partial\bar{u}}\cdot\frac{\partial\bar{u}}{\partial t}+\frac{\partial\sigma}{\partial\bar{v}}\cdot\frac{\partial\bar{v}}{\partial t}$$
$$=-C_{gx}\cdot\frac{\partial\sigma}{\partial x}-C_{gy}\frac{\partial\sigma}{\partial y}+\frac{\partial\sigma}{\partial\bar{u}}\cdot\frac{\partial\bar{u}}{\partial t}+\frac{\partial\sigma}{\partial\bar{v}}\cdot\frac{\partial\bar{v}}{\partial t}$$

(三) 群速度的微商：

$$\frac{D_g}{Dt}=\frac{\partial}{\partial t}+C_{gx}\frac{\partial}{\partial x}+C_{gy}\frac{\partial}{\partial y}$$

(a) $$\frac{D_g m}{Dt}=\frac{\partial m}{\partial t}+C_{gx}\frac{\partial m}{\partial x}+C_{gy}\frac{\partial m}{\partial y}=\frac{\partial\sigma}{\partial x}+\underline{\left(C_{gx}\frac{\partial m}{\partial x}+C_{gy}\frac{\partial m}{\partial y}\right)}$$
$$=\frac{\partial\sigma}{\partial x}-\frac{\partial\sigma}{\partial x}+\frac{\partial\sigma}{\partial\bar{u}}\cdot\frac{\partial\bar{u}}{\partial x}+\frac{\partial\sigma}{\partial\bar{v}}\cdot\frac{\partial\bar{v}}{\partial x}$$
$$=\frac{\partial\sigma}{\partial\bar{u}}\cdot\frac{\partial\bar{u}}{\partial x}+\frac{\partial\sigma}{\partial\bar{v}}\cdot\frac{\partial\bar{v}}{\partial x}$$

(b) $$\frac{D_g n}{Dt}=\frac{\partial n}{\partial t}+C_{gx}\frac{\partial n}{\partial x}+C_{gy}\frac{\partial n}{\partial y}=\frac{\partial\sigma}{\partial y}+\left(C_{gx}\frac{\partial n}{\partial x}+C_{gy}\frac{\partial n}{\partial y}\right)$$
$$=\frac{\partial\sigma}{\partial y}-\frac{\partial\sigma}{\partial y}+\frac{\partial\sigma}{\partial\bar{u}}\cdot\frac{\partial\bar{u}}{\partial y}+\frac{\partial\sigma}{\partial\bar{v}}\cdot\frac{\partial\bar{v}}{\partial y}$$
$$=\frac{\partial\sigma}{\partial\bar{u}}\cdot\frac{\partial\bar{u}}{\partial y}+\frac{\partial\sigma}{\partial\bar{v}}\cdot\frac{\partial\bar{v}}{\partial y}$$

(C) $$\frac{D_g\sigma}{Dt}=\frac{\partial\sigma}{\partial t}+C_{gx}\frac{\partial\sigma}{\partial x}+C_{gy}\frac{\partial\sigma}{\partial y}=\frac{\partial\sigma}{\partial t}-\frac{\partial\sigma}{\partial t}+\frac{\partial\sigma}{\partial\bar{u}}\cdot\frac{\partial\bar{u}}{\partial t}+\frac{\partial\sigma}{\partial\bar{v}}\cdot\frac{\partial\bar{v}}{\partial t}$$

$$=\frac{\partial\sigma}{\partial\bar{u}}\cdot\frac{\partial\bar{u}}{\partial t}+\frac{\partial\sigma}{\partial\bar{v}}\cdot\frac{\partial\bar{v}}{\partial t}$$

(d) $$\frac{D_g}{Dt}\left(\frac{m^2+n^2}{2}\right)=m\frac{D_gm}{Dt}+n\frac{D_gn}{Dt}=m\left(\frac{\partial\sigma}{\partial\bar{u}}\cdot\frac{\partial\bar{u}}{\partial x}+\frac{\partial\sigma}{\partial\bar{v}}\cdot\frac{\partial\bar{v}}{\partial x}\right)+n\left(\frac{\partial\sigma}{\partial\bar{u}}\cdot\frac{\partial\bar{u}}{\partial y}+\frac{\partial\sigma}{\partial\bar{v}}\cdot\frac{\partial\bar{v}}{\partial y}\right)$$

$$=\frac{\partial\sigma}{\partial\bar{u}}\left(m\frac{\partial\bar{u}}{\partial x}+n\frac{\partial\bar{u}}{\partial y}\right)+\frac{\partial\sigma}{\partial\bar{v}}\left(m\frac{\partial\bar{v}}{\partial x}+n\frac{\partial\bar{v}}{\partial y}\right)$$

(e) $$\frac{D_g(m^2+n^2)}{Dt}=2m\frac{D_gm}{Dt}+2n\frac{D_gn}{Dt}=2\frac{\partial\sigma}{\partial\bar{u}}\left(m\frac{\partial\bar{u}}{\partial x}+n\frac{\partial\bar{u}}{\partial y}\right)+2\frac{\partial\sigma}{\partial\bar{v}}\left(m\frac{\partial\bar{v}}{\partial x}+n\frac{\partial\bar{v}}{\partial y}\right).$$

# 4

# "WKBJ"方法和能量分析以及角动量传递过程的比较

卢佩生

1980,1.

目录

(一) 求能量改变公式. p.36~38.

(二) 求小扰动能量改变公式 p.39~45.

(三) 求非线性情况下扰动的发展及其与基本气流的相互作用 p.46~67.

(四) 求基本气流的动量改变方程 p.68~69.

## (一) 求能量改变公式：

由正压准地转模式：

$$\frac{d}{dt}(\Delta\psi-k\psi)+\beta\frac{\partial\psi}{\partial x}=0$$

即：
$$\frac{d\Delta\psi}{dt}-k\frac{d\psi}{dt}+\beta\frac{\partial\psi}{\partial x}=0$$

$\times\psi$：
$$\psi\frac{d\Delta\psi}{dt}-k\psi\frac{d\psi}{dt}+\beta\psi\frac{\partial\psi}{\partial x}=0$$

$$\iint\limits_{(S)}\psi\frac{d\Delta\psi}{dt}dxdy-\iint\limits_{(S)}k\psi\frac{d\psi}{dt}dxdy+\iint\limits_{(S)}\beta\psi\frac{\partial\psi}{\partial x}dxdy=0$$

① 
$$\iint\limits_{(S)}\beta\psi\frac{\partial\psi}{\partial x}dxdy=\iint\limits_{(S)}\frac{1}{2}\beta\frac{\partial\psi^2}{\partial x}dxdy=\int_{y_1}^{y_2}\frac{1}{2}\beta dy\int_{x_1}^{x_2}d\psi^2$$
$$=\int_{y_1}^{y_2}\frac{1}{2}\beta dy\cdot\left[\psi^2(x_2)-\psi^2(x_1)\right]=0$$

设区域S为矩形，$y_1\le y\le y_2$，$x_1\le x\le x_2$。

∵ $\psi^2|_{x=x_1}$ $\psi^2|_{x=x_2}$

沿x为周期函数：
$\psi(x+L)=\psi(x)$，
其中 $L=x_2-x_1$，
沿y为周期函数（周期为 $y_2-y_1$），或者在 $y_1$，$y_2$ 处有刚壁条件：
$v|_{y=y_1}=v|_{y=y_2}=0$。

② 
$$-\iint\limits_{(S)}k\psi\frac{d\psi}{dt}dxdy=-\iint\limits_{(S)}k\psi\left(\frac{\partial\psi}{\partial t}+u\frac{\partial\psi}{\partial x}+v\frac{\partial\psi}{\partial y}\right)dxdy$$

$$\because\begin{cases}u=-\dfrac{\partial\psi}{\partial y},\\ v=\dfrac{\partial\psi}{\partial x}\end{cases}\Rightarrow\quad u\frac{\partial\psi}{\partial x}+v\frac{\partial\psi}{\partial y}=-\frac{\partial\psi}{\partial y}\cdot\frac{\partial\psi}{\partial x}+\frac{\partial\psi}{\partial x}\cdot\frac{\partial\psi}{\partial y}=0$$

好！

$$\therefore -\iint\limits_{(S)}k\psi\frac{d\psi}{dt}dxdy=-\iint\limits_{(S)}k\psi\frac{\partial\psi}{\partial t}dxdy=-\iint\limits_{(S)}\frac{k}{2}\frac{\partial\psi^2}{\partial t}dxdy=-k\frac{\partial}{\partial t}\iint\limits_{(S)}\frac{1}{2}\psi^2dxdy$$

$$\therefore\quad -\iint\limits_{(S)}k\psi\frac{d\psi}{dt}dxdy=-\frac{\partial}{\partial t}\iint\limits_{(S)}k\frac{\psi^2}{2}dxdy$$

③. $\iint\limits_{(S)} \psi \frac{d\Delta\psi}{dt} dx\,dy = ?$

$$\frac{d}{dt}(\Delta\psi) = \frac{\partial}{\partial t}(\Delta\psi) + u\frac{\partial}{\partial x}(\Delta\psi) + v\frac{\partial}{\partial y}(\Delta\psi)$$

$$\psi\frac{d}{dt}(\Delta\psi) = \underbrace{\psi\frac{\partial}{\partial t}(\Delta\psi)}_{(i)} + \underbrace{\psi u\frac{\partial}{\partial x}(\Delta\psi) + \psi v\frac{\partial}{\partial y}(\Delta\psi)}_{(ii)}$$

(i) $$\iint\limits_{(S)} \psi\frac{\partial}{\partial t}(\Delta\psi)\,dx\,dy = \iint\limits_{(S)} \psi\frac{\partial}{\partial t}\left[\frac{\partial^2\psi}{\partial x^2} + \frac{\partial^2\psi}{\partial y^2}\right]dx\,dy$$

$$= \iint\limits_{(S)} \psi\frac{\partial}{\partial t}\left(\frac{\partial^2\psi}{\partial x^2}\right)dx\,dy + \iint \psi\frac{\partial}{\partial t}\left(\frac{\partial^2\psi}{\partial y^2}\right)dx\,dy$$

$$\iint\limits_{(S)} \psi\frac{\partial}{\partial t}\left(\frac{\partial^2\psi}{\partial x^2}\right)dx\,dy = \iint\limits_{(S)} \psi\frac{\partial}{\partial x}\left[\frac{\partial}{\partial t}\left(\frac{\partial\psi}{\partial x}\right)\right]dx\,dy$$

$$= \iint\limits_{(S)} \psi\frac{\partial B}{\partial x}dx\,dy \qquad \boxed{\text{令 } B = \frac{\partial}{\partial t}\left(\frac{\partial\psi}{\partial x}\right)}$$

好!

$$= \iint\limits_{(S)} \frac{\partial\psi B}{\partial x}dx\,dy - \iint\limits_{(S)} B\frac{\partial\psi}{\partial x}dx\,dy$$

$$\iint\limits_{(S)} \frac{\partial\psi B}{\partial x}dx\,dy = \int_{y_1}^{y_2}dy\cdot\int_{x_1}^{x_2}\frac{\partial\psi B}{\partial x}dx = \int_{y_1}^{y_2}dy\cdot\Big\{B[\psi(x_2)]\psi(x_2) - B[\psi(x_1)]\psi(x_1)\Big\}_{x_1}^{x_2}$$

$$= 0$$

利用周期条件性

$$\iint\limits_{(S)} B\frac{\partial\psi}{\partial x}dx\,dy = \iint\limits_{(S)} \frac{\partial\psi}{\partial x}\cdot\frac{\partial}{\partial t}\left(\frac{\partial\psi}{\partial x}\right)dx\,dy$$

$$= \iint\limits_{(S)} \frac{1}{2}\frac{\partial}{\partial t}\left(\frac{\partial\psi}{\partial x}\right)^2 dx\,dy = \frac{1}{2}\frac{\partial}{\partial t}\iint\limits_{(S)}\left(\frac{\partial\psi}{\partial x}\right)^2 dx\,dy$$

$$\therefore \iint\limits_{(S)} \psi\frac{\partial}{\partial t}\left(\frac{\partial^2\psi}{\partial x^2}\right)dx\,dy = -\frac{1}{2}\frac{\partial}{\partial t}\iint\limits_{(S)}\left(\frac{\partial\psi}{\partial x}\right)^2 dx\,dy$$

同理 $$\iint\limits_{(S)} \psi\frac{\partial}{\partial t}\left(\frac{\partial^2\psi}{\partial y^2}\right)dx\,dy = -\frac{1}{2}\frac{\partial}{\partial t}\iint\limits_{(S)}\left(\frac{\partial\psi}{\partial y}\right)^2 dx\,dy$$

$$\boxed{\therefore \iint\limits_{(S)} \psi\frac{\partial}{\partial t}(\Delta\psi)\,dx\,dy = -\frac{1}{2}\frac{\partial}{\partial t}\iint\limits_{(S)}\left[\left(\frac{\partial\psi}{\partial x}\right)^2 + \left(\frac{\partial\psi}{\partial y}\right)^2\right]dx\,dy}$$

(ii) $\iint\psi\left[u\frac{\partial}{\partial x}(\Delta\psi)+v\frac{\partial}{\partial y}(\Delta\psi)\right]dx\,dy=?$

(a) $\because \Delta\psi=\frac{\partial^2\psi}{\partial x^2}+\frac{\partial^2\psi}{\partial y^2}$， $\begin{cases}u=-\frac{\partial\psi}{\partial y}\\ v=\frac{\partial\psi}{\partial x}\end{cases}$

$\frac{\partial u}{\partial x}+\frac{\partial v}{\partial y}=0$

$$\begin{aligned}
\text{上式}&=\iint\psi\left[u\frac{\partial}{\partial x}\left(\frac{\partial^2\psi}{\partial x^2}+\frac{\partial^2\psi}{\partial y^2}\right)+v\frac{\partial}{\partial y}\left(\frac{\partial^2\psi}{\partial x^2}+\frac{\partial^2\psi}{\partial y^2}\right)\right]dx\,dy\\
&=\iint\psi\left[u\frac{\partial}{\partial x}\left(\frac{\partial v}{\partial x}-\frac{\partial u}{\partial y}\right)+v\frac{\partial}{\partial y}\left(\frac{\partial v}{\partial x}-\frac{\partial u}{\partial y}\right)\right]dx\,dy\\
&=\iint\psi\left[u\frac{\partial\Omega_\phi}{\partial x}+v\frac{\partial\Omega_\phi}{\partial y}\right]dx\,dy\\
&=\iint\psi\left[\left(\frac{\partial u\Omega_\phi}{\partial x}+\frac{\partial v\Omega_\phi}{\partial y}\right)-\Omega_\phi\left(\frac{\partial u}{\partial x}+\frac{\partial v}{\partial y}\right)\right]dx\,dy\\
&=\iint\psi\left(\frac{\partial u\Omega_\phi}{\partial x}+\frac{\partial v\Omega_\phi}{\partial y}\right)dx\,dy\\
&=\iint\left[\left(\frac{\partial\psi u\Omega_\phi}{\partial x}+\frac{\partial\psi v\Omega_\phi}{\partial y}\right)-\Omega_\phi\left(u\frac{\partial\psi}{\partial x}+v\frac{\partial\psi}{\partial y}\right)\right]dx\,dy
\end{aligned}$$

令 $\Omega_\phi=\frac{\partial v}{\partial x}-\frac{\partial u}{\partial y}=\Delta\psi$（相对涡度）

$\Delta\psi-\kappa\psi+\beta y$

$\Omega_\phi$（位涡度）

$f$ $1+\beta y$

(b) $\because u\frac{\partial\psi}{\partial x}+v\frac{\partial\psi}{\partial y}=uv-vu=0$.

化成散度形式，

$\therefore \iint\psi\left[u\frac{\partial}{\partial x}(\Delta\psi)+v\frac{\partial}{\partial y}(\Delta\psi)\right]dx\,dy=\iint\left(\frac{\partial\psi u\Omega_\phi}{\partial x}+\frac{\partial\psi v\Omega_\phi}{\partial y}\right)dx\,dy$ 散度型

$$\iint\frac{\partial\psi u\Omega_\phi}{\partial x}dx\,dy=\int_{y_1}^{y_2}dy\cdot\left[\psi u\Omega_\phi\Big|_{x=0}^{x=L}\right]=0$$

$$\iint\frac{\partial\psi v\Omega_\phi}{\partial y}dx\,dy=\int_0^L dx\left[\psi v\Omega_\phi\Big|_{y_1}^{y_2}\right]=0$$

$$\therefore \boxed{\iint\psi\left[u\frac{\partial}{\partial x}(\Delta\psi)+v\frac{\partial}{\partial y}(\Delta\psi)\right]dx\,dy=0}$$

(iii). 把①、②、③的结果代入

$$\iint_{(S)}\psi\frac{d\Delta\psi}{dt}-\iint_{(S)}K\psi\frac{d\psi}{dt}dxdy+\iint_{(S)}\beta\psi\frac{\partial\psi}{\partial x}dxdy=0$$

得：

$$-\frac{\partial}{\partial t}\iint_{(S)}\frac{1}{2}\left[\left(\frac{\partial\psi}{\partial x}\right)^2+\left(\frac{\partial\psi}{\partial y}\right)^2\right]dxdy-\frac{\partial}{\partial t}\iint_{(S)}\frac{1}{2}K\psi^2dxdy=0$$

即：

$$\boxed{\frac{\partial}{\partial t}\iint_{(S)}\frac{1}{2}(u^2+v^2+K\psi^2)dxdy=0.}$$

即孤立系统的总能量守恒. (19)

$\frac{u^2+v^2}{2}$ —动能；$K\frac{\psi^2}{2}$ —位能

## (二)求小扰动能量改变公式：

(1) 记：　$\psi=\bar{\Psi}+\psi'$

其中：$\begin{cases}\bar{\Psi}\text{为基本气流的流函数}\\ \psi'\text{为小扰动的流函数}\end{cases}$

(2). 由小扰动演变过程的线性化方程(9)，有：

$$\frac{\partial\Delta\psi'}{\partial t}+J(\psi',\Delta\bar{\Psi})+J(\bar{\Psi},\Delta\psi')-\mu^{-2}\frac{\partial\psi'}{\partial t}+\varepsilon^{-2}\beta^{*}\frac{\partial\psi'}{\partial x}=0$$

$\times\psi'$：

$$\psi'\frac{\partial\Delta\psi'}{\partial t}+\psi'J(\psi',\Delta\bar{\Psi})+\psi'J(\bar{\Psi},\Delta\psi')-\psi'\mu^{-2}\frac{\partial\psi'}{\partial t}+\psi'\varepsilon^{-2}\beta^{*}\frac{\partial\psi'}{\partial x}=0$$

$$\iint\limits_{(S)}\psi'\frac{\partial\Delta\psi'}{\partial t}dxdy+\iint\limits_{(S)}\psi'J(\psi',\Delta\bar{\Psi})dxdy+\iint\limits_{(S)}\psi'J(\bar{\Psi},\Delta\psi')dxdy$$

$$-\iint\limits_{(S)}\psi'\mu^{-2}\frac{\partial\psi'}{\partial t}dxdy+\iint\limits_{(S)}\psi'\varepsilon^{-2}\beta^{*}\frac{\partial\psi'}{\partial x}dxdy=0 \qquad (19)'$$

---

(3) 求上式结果：

(i) 假定：

(a) 设区域为矩形，即：

$$\begin{cases}y_1\le y\le y_2\\ x_1\le x\le x_2\end{cases}$$

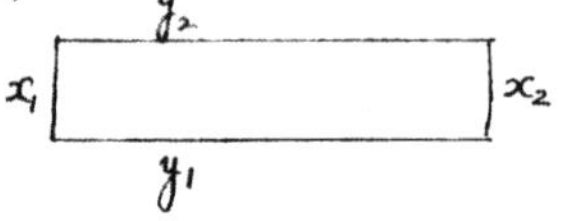


沿 $x$，小扰动为周期函数：

$\psi'(x+L)=\psi'(x)$，　其中　$L=x_2-x_1$

沿 $y$ 亦为周期函数（周期为 $y_2-y_1$）。或者在 $y_1, y_2$ 处有刚壁条件：即　$v'\big|_{y=y_1}=v'\big|_{y=y_2}=0$　（即在这两个边界上小扰动的法向速度为零。）

(b) 基本气流为常定平直西风气流，即：

$\bar{\psi}=\bar{\psi}(y)$ （不依赖于 $x, t$.）

$\bar{u}=-\frac{\partial\bar{\psi}}{\partial y}$ . $\bar{v}=\frac{\partial\bar{\psi}}{\partial x}=0$

(ii) 求 $\iint\limits_{(S)}\psi'\varepsilon^{-2}\beta^*\frac{\partial\psi'}{\partial x}dx\,dy=?$

$$=\iint\limits_{(S)}\frac{1}{2}\varepsilon^{-2}\beta^*\frac{\partial\psi'^2}{\partial x}dx\,dy=\int_{y_2}^{y_1}\frac{1}{2}\varepsilon^{-2}\beta^* dy\int_{x_1}^{x_2}d\psi'^2=0$$

$$\therefore\quad \iint\limits_{(S)}\psi'\varepsilon^{-2}\beta^*\frac{\partial\psi'}{\partial x}dx\,dy=0$$

(iii) 求 $-\iint\limits_{(S)}\psi'\mu^{-2}\frac{\partial\psi'}{\partial t}dx\,dy=?$

$$=-\iint\limits_{(S)}\frac{\mu^{-2}}{2}\frac{\partial\psi'^2}{\partial t}dx\,dy=-\frac{\partial}{\partial t}\iint\limits_{(S)}\mu^{-2}\frac{\psi'^2}{2}dx\,dy.$$

$$\therefore\ -\iint\limits_{(S)}\psi'\mu^{-2}\frac{\partial\psi'}{\partial t}dx\,dy=-\frac{\partial}{\partial t}\iint\limits_{(S)}\mu^{-2}\frac{\psi'^2}{2}dx\,dy.$$

(iv) 求 $\iint\limits_{(S)}\psi'\frac{\partial\Delta\psi'}{\partial t}dx\,dy=?$

$$=\iint\limits_{(S)}\psi'\frac{\partial}{\partial t}\left(\frac{\partial^2\psi'}{\partial x^2}+\frac{\partial^2\psi'}{\partial y^2}\right)dx\,dy=\iint\limits_{(S)}\psi'\frac{\partial}{\partial t}\left(\frac{\partial^2\psi'}{\partial x^2}\right)dx\,dy+\iint\limits_{(S)}\psi'\frac{\partial}{\partial t}\left(\frac{\partial^2\psi'}{\partial y^2}\right)dx\,dy$$

$$\iint\limits_{(S)}\psi'\frac{\partial}{\partial t}\left(\frac{\partial^2\psi'}{\partial x^2}\right)dx\,dy=\iint\limits_{(S)}\psi'\frac{\partial}{\partial x}\left[\frac{\partial}{\partial t}\left(\frac{\partial\psi'}{\partial x}\right)\right]dx\,dy$$

令 $B=\frac{\partial}{\partial t}\left(\frac{\partial\psi'}{\partial x}\right)$

$$=\iint\limits_{(S)}\psi'\frac{\partial B}{\partial x}dx\,dy$$

$$=\iint\limits_{(S)}\frac{\partial\psi' B}{\partial x}dx\,dy-\iint\limits_{(S)}B\frac{\partial\psi'}{\partial x}dx\,dy$$

$$\iint\limits_{(S)} \frac{\partial \psi' B}{\partial x} dx dy = \int_{y_1}^{y_2} dy \int_{x_1}^{x_2} d\psi' B = 0$$ （应用周期性条件）

$$\iint\limits_{(S)} B \frac{\partial \psi'}{\partial x} dx dy = \iint\limits_{(S)} \frac{\partial \psi'}{\partial x} \cdot \frac{\partial}{\partial t}\left(\frac{\partial \psi'}{\partial x}\right) dx dy = \iint\limits_{(S)} \frac{1}{2} \cdot \frac{\partial}{\partial t}\left(\frac{\partial \psi'}{\partial x}\right)^2 dx dy$$

$$\therefore \iint\limits_{(S)} \psi' \frac{\partial}{\partial t}\left(\frac{\partial^2 \psi'}{\partial x^2}\right) dx dy = -\iint\limits_{(S)} \frac{1}{2} \cdot \frac{\partial}{\partial t}\left(\frac{\partial \psi'}{\partial x}\right)^2 dx dy$$

同理：
$$\iint\limits_{(S)} \psi' \frac{\partial}{\partial t}\left(\frac{\partial^2 \psi'}{\partial y^2}\right) dx dy = -\iint\limits_{(S)} \frac{1}{2} \cdot \frac{\partial}{\partial t}\left(\frac{\partial \psi'}{\partial y}\right)^2 dx dy$$

$$\therefore \iint\limits_{(S)} \psi' \frac{\partial \Delta \psi'}{\partial t} dx dy = -\iint\limits_{(S)} \frac{1}{2} \cdot \frac{\partial}{\partial t}\left[\left(\frac{\partial \psi'}{\partial x}\right)^2 + \left(\frac{\partial \psi'}{\partial y}\right)^2\right] dx dy$$

(V) 求 $\iint\limits_{(S)} \psi' J(\psi', \Delta \bar{\psi}) dx dy = ?$

$$= \iint\limits_{(S)} \psi' \left(\frac{\partial \psi'}{\partial x} \cdot \frac{\partial \Delta \bar{\psi}}{\partial y} - \frac{\partial \psi'}{\partial y} \cdot \frac{\partial \Delta \bar{\psi}}{\partial x}\right) dx dy$$

(a) $\because \Delta \bar{\psi} = \frac{\partial^2 \bar{\psi}}{\partial x^2} + \frac{\partial^2 \bar{\psi}}{\partial y^2} = \frac{\partial^2 \bar{\psi}}{\partial y^2} = -\frac{\partial \bar{u}}{\partial y}$ （因假定基本气流为常定平直西风气流：$\bar{u} = -\frac{\partial \bar{\psi}}{\partial y}$，$\bar{v} = \frac{\partial \bar{\psi}}{\partial x} = 0$）

(b) 对于扰动，有：

$$u' = -\frac{\partial \psi'}{\partial y}, \quad v' = \frac{\partial \psi'}{\partial x}, \quad \frac{\partial u'}{\partial x} + \frac{\partial v'}{\partial y} = 0.$$

(c). 上式 $= \iint_{(S)} \psi'\left[v'\left(-\frac{\partial \bar{u}}{\partial y}\right) + u'\left(-\frac{\partial^2 \bar{u}}{\partial x \partial y}\right)\right] dxdy$

$$= -\iint_{(S)} \left(\psi' u' \frac{\partial^2 \bar{u}}{\partial x \partial y} + \psi' v' \frac{\partial^2 \bar{u}}{\partial y^2}\right) dxdy$$

$$= -\iint_{(S)} \left\{\left[\frac{\partial}{\partial x}\left(\psi' u' \frac{\partial \bar{u}}{\partial y}\right) + \frac{\partial}{\partial y}\left(\psi' v' \frac{\partial \bar{u}}{\partial y}\right)\right] - \left[\frac{\partial \bar{u}}{\partial y}\left(\frac{\partial \psi' u'}{\partial x} + \frac{\partial \psi' v'}{\partial y}\right)\right]\right\} dxdy$$

$$\because \frac{\partial \psi' u'}{\partial x} + \frac{\partial \psi' v'}{\partial y} = \psi'\underbrace{\left(\frac{\partial u'}{\partial x} + \frac{\partial v'}{\partial y}\right)}_{=0} + u'\frac{\partial \psi'}{\partial x} + v'\frac{\partial \psi'}{\partial y}$$

$$= u'v' - v'u' = 0.$$

$$\therefore \iint_{(S)} \psi' J(\psi', \Delta\bar{\psi}) dxdy = -\iint_{(S)} \left[\frac{\partial}{\partial x}\left(\psi' u' \frac{\partial \bar{u}}{\partial y}\right) + \frac{\partial}{\partial y}\left(\psi' v' \frac{\partial \bar{u}}{\partial y}\right)\right] dxdy$$

$$= -\int_{y_1}^{y_2} dy \cdot \int_{x_1}^{x_2} d\left(\psi' u' \frac{\partial \bar{u}}{\partial y}\right) - \int_{x_1}^{x_2} dx \int_{y_1}^{y_2} d\left(\psi' v' \frac{\partial \bar{u}}{\partial y}\right)$$

$$= 0.$$

$$\boxed{\therefore \iint_{(S)} \psi' J(\psi', \Delta\bar{\psi}) dxdy = 0}$$

$\psi' J(\psi', \Delta\bar{\psi}) = J\left(\frac{\psi'^2}{2}, \Delta\bar{\psi}\right)$

(vi) 求 $\iint_{(S)} \psi' J(\bar{\psi}, \Delta\psi') dxdy = ?$

$$= \iint_{(S)} \psi'\left(\underbrace{\frac{\partial \bar{\psi}}{\partial x}}_{=0} \cdot \frac{\partial \Delta\psi'}{\partial y} - \frac{\partial \bar{\psi}}{\partial y} \cdot \frac{\partial \Delta\psi'}{\partial x}\right) dxdy$$

$$= -\iint_{(S)} \left(\psi' \frac{\partial \bar{\psi}}{\partial y} \cdot \frac{\partial \Delta\psi'}{\partial x}\right) dxdy$$

$$= \iint_{(S)} \psi' \bar{u} \frac{\partial \Delta\psi'}{\partial x} dxdy$$

$$= \iint_{(S)} \left[\frac{\partial \psi' \bar{u} \Delta\psi'}{\partial x} - \Delta\psi'\left(\frac{\partial \psi' \bar{u}}{\partial x}\right)\right] dxdy$$

$$= \underbrace{\int_{y_1}^{y_2} dy \int_{x_1}^{x_2} d(\psi' \bar{u} \Delta\psi')}_{=0} - \iint_{(S)} \Delta\psi' \frac{\partial \psi' \bar{u}}{\partial x} dxdy$$

(a) 应用周期性条件：

$$\int_{y_1}^{y_2} dy \int_{x_1}^{x_2} d(\psi'\bar{u}\Delta\psi') = 0.$$

(b) 应用边界条件：

$$\bar{\psi} = \bar{\Psi}(y), \quad \bar{u} = -\frac{\partial\bar{\psi}}{\partial y}, \quad \bar{v} = \frac{\partial\bar{\psi}}{\partial x} = 0.$$

$$\iint_{(S)} \Delta\psi' \frac{\partial\psi'\bar{u}}{\partial x} dx\,dy = \iint_{(S)} \Delta\psi' \Big(\psi' \overset{=0}{\frac{\partial\bar{u}}{\partial x}} + \bar{u}\frac{\partial\psi'}{\partial x}\Big) dx\,dy$$

$$= \iint_{(S)} \Delta\psi' \bar{u} \frac{\partial\psi'}{\partial x} dx\,dy$$

$$= \iint_{(S)} \bar{u} \frac{\partial\psi'}{\partial x}\Big(\frac{\partial^2\psi'}{\partial x^2} + \frac{\partial^2\psi'}{\partial y^2}\Big) dx\,dy$$

$$= \iint_{(S)} \Big[\bar{u}\frac{\partial\psi'}{\partial x}\cdot\frac{\partial}{\partial x}\Big(\frac{\partial\psi'}{\partial x}\Big) + \bar{u}\frac{\partial\psi'}{\partial x}\cdot\frac{\partial}{\partial y}\Big(\frac{\partial\psi'}{\partial y}\Big)\Big] dx\,dy$$

$$= \iint_{(S)} \Big(\bar{u}v'\frac{\partial v'}{\partial x} - \bar{u}v'\frac{\partial u'}{\partial y}\Big) dx\,dy$$

$$= \iint_{(S)} \frac{\bar{u}}{2} dv'^2 dy - \iint_{(S)} \Big(\frac{\partial\bar{u}v'u'}{\partial y} - u'\frac{\partial\bar{u}v'}{\partial y}\Big) dx\,dy$$

$$= \underbrace{\int_{y_1}^{y_2} dy\cdot\Big(\frac{\bar{u}}{2}v'^2\Big)\Big|_{x_1}^{x_2}}_{=0} - \underbrace{\int_{x_1}^{x_2} dx\cdot(\bar{u}v'u')\Big|_{y_1}^{y_2}}_{=0} + \iint_{(S)} u'\Big(\bar{u}\frac{\partial v'}{\partial y} + v'\frac{\partial\bar{u}}{\partial y}\Big) dx\,dy$$

$$\because \iint_{(S)} u'\bar{u}\frac{\partial v'}{\partial y} dx\,dy = \iint_{(S)} \bar{u}u'\frac{\partial}{\partial y}\Big(\frac{\partial\psi'}{\partial x}\Big) dx\,dy = \iint_{(S)} \bar{u}u'\frac{\partial}{\partial x}\Big(\frac{\partial\psi'}{\partial y}\Big) dx\,dy$$

$$= \iint_{(S)} \bar{u}u'\frac{\partial}{\partial x}(-u') dx\,dy = -\iint_{(S)} \frac{\bar{u}}{2}\frac{\partial u'^2}{\partial x} dx\,dy$$

$$= -\int_{y_1}^{y_2} dy \int_{x_1}^{x_2} \frac{\bar{u}}{2} du'^2 = -\int_{y_1}^{y_2} dy\cdot\Big(\frac{\bar{u}}{2}u'^2\Big)\Big|_{x_1}^{x_2} = 0.$$

$$\iint\limits_{(S)} u'v' \frac{\partial \bar{u}}{\partial y} dx dy = -\iint\limits_{(S)} u'v' \frac{\partial^2 \bar{\psi}}{\partial y^2} dx dy$$

$$\therefore \iint\limits_{(S)} \Delta\psi' \frac{\partial \psi' \bar{u}}{\partial x} dx dy = -\iint\limits_{(S)} u'v' \frac{\partial^2 \bar{\psi}}{\partial y^2} dx dy$$

$$\boxed{\therefore \quad \iint\limits_{(S)} \psi' J(\bar{\psi}, \Delta\psi') dx dy = \iint\limits_{(S)} u'v' \frac{\partial^2 \bar{\psi}}{\partial y^2} dx dy}$$

(4) 将(ii)、(iii)、(iv)、(v)、(vi)的结果代入(19)式中，得：

$$-\iint\limits_{(S)} \frac{1}{2} \frac{\partial}{\partial t} \left[ \left( \frac{\partial \psi'}{\partial x} \right)^2 + \left( \frac{\partial \psi'}{\partial y} \right)^2 \right] dx dy + \iint\limits_{(S)} u'v' \frac{\partial^2 \bar{\psi}}{\partial y^2} dx dy - \iint\limits_{(S)} \frac{\partial}{\partial t} \left( \mu^{-2} \frac{\psi'^2}{2} \right) dx dy = 0 \quad \left( \because \bar{u} = -\frac{\partial \bar{\psi}}{\partial y} \right)$$

$$\Rightarrow \boxed{\frac{\partial}{\partial t} \iint\limits_{(S)} \frac{1}{2} \left[ \left( \frac{\partial \psi'}{\partial x} \right)^2 + \left( \frac{\partial \psi'}{\partial y} \right)^2 + \mu^{-2} \psi'^2 \right] dx dy = -\iint\limits_{(S)} u'v' \frac{\partial \bar{u}}{\partial y} dx dy \qquad (19)}$$

(5) 设考虑的区域为无限大，基本气流为常定平直西风气流的情况。即：

$$\begin{cases} -\infty \leq y \leq \infty \\ -\infty \leqslant x \leq \infty \end{cases} \qquad 而当 \begin{cases} y \to \pm\infty & \psi' \to 0 \quad u' \to 0 \quad v' \to 0 \\ x \to \pm\infty & \psi' \to 0 \quad u' \to 0 \quad v' \to 0 \end{cases}$$

求：

$$\iint_{-\infty}^{+\infty} \psi' \frac{\partial \Delta\psi'}{\partial t} dxdy + \iint_{-\infty}^{+\infty} \psi' J(\psi', \Delta\bar{\psi}) dxdy + \iint_{-\infty}^{\infty} \psi' J(\bar{\psi}, \Delta\psi') dxdy$$
$$- \iint_{-\infty}^{\infty} \psi' \mu^{-2} \frac{\partial \psi'}{\partial t} dxdy + \iint_{-\infty}^{\infty} \psi' \varepsilon^{-2} \beta^* \frac{\partial \psi'}{\partial x} dxdy = 0. \qquad (20)'$$

---

(i) $$\iint_{-\infty}^{\infty} \psi' \varepsilon^{-2} \beta^* \frac{\partial \psi'}{\partial x} dxdy = \int_{-\infty}^{\infty} \frac{1}{2} \varepsilon^{-2} \beta^* dy \int_{-\infty}^{\infty} d\psi'^2 = \int_{-\infty}^{\infty} \frac{1}{2} \varepsilon^{-2} \beta^* dy \cdot \left[ \psi'^2(x_2) - \psi'^2(x_1) \right]$$

$$= 0 \qquad \left( \because \begin{matrix} x_2 \to \infty & \psi'(x_2) \to 0 \\ x_1 \to -\infty & \psi'(x_1) \to 0 \end{matrix} \right)$$

(ii) $$-\iint_{-\infty}^{\infty} \psi' \mu^{-2} \frac{\partial \psi'}{\partial t} dxdy = -\frac{\partial}{\partial t} \iint_{-\infty}^{\infty} \mu^{-2} \frac{\psi'^2}{2} dxdy$$

(iii) $$\iint_{-\infty}^{\infty} \psi' \frac{\partial \Delta\psi'}{\partial t} dxdy = \iint_{-\infty}^{\infty} \psi' \frac{\partial}{\partial t}\left( \frac{\partial^2 \psi'}{\partial x^2} + \frac{\partial^2 \psi'}{\partial y^2} \right) dxdy = \iint_{-\infty}^{\infty} \psi' \frac{\partial}{\partial t}\left( \frac{\partial^2 \psi'}{\partial x^2} \right) dxdy + \iint_{-\infty}^{\infty} \psi' \frac{\partial}{\partial t}\left( \frac{\partial^2 \psi'}{\partial y^2} \right) dxdy$$

$$= -\iint_{-\infty}^{\infty} \frac{1}{2} \cdot \frac{\partial}{\partial t} \left[ \left( \frac{\partial \psi'}{\partial x} \right)^2 + \left( \frac{\partial \psi'}{\partial y} \right)^2 \right] dxdy$$

(iv) $$\iint_{-\infty}^{\infty} \psi' J(\psi', \Delta\bar{\psi}) dxdy = 0$$

(v) $$\iint_{-\infty}^{\infty} \psi' J(\bar{\psi}, \Delta\psi') dxdy = -\iint_{-\infty}^{\infty} u'v' \frac{\partial \bar{u}}{\partial y} dxdy$$

$$\Rightarrow \quad -\frac{\partial}{\partial t} \iint_{-\infty}^{\infty} \frac{1}{2} \left[ \left( \frac{\partial \psi'}{\partial x} \right)^2 + \left( \frac{\partial \psi'}{\partial y} \right)^2 \right] dxdy - \iint_{-\infty}^{\infty} u'v' \frac{\partial \bar{u}}{\partial y} dxdy - \frac{\partial}{\partial t} \iint_{-\infty}^{\infty} \mu^{-2} \frac{\psi'^2}{2} dxdy = 0$$

$$\therefore \quad \frac{\partial}{\partial t} \iint_{-\infty}^{\infty} \frac{1}{2} \left[ \left( \frac{\partial \psi'}{\partial x} \right)^2 + \left( \frac{\partial \psi'}{\partial y} \right)^2 + \mu^{-2} \psi'^2 \right] dxdy = -\iint_{-\infty}^{\infty} u'v' \frac{\partial \bar{u}}{\partial y} dxdy \qquad (20)$$

## (三)求非线性情况下扰动的发展及其与基本气流的相互作用.

(1). 当扰动发展到一定阶段之后,就不能用线性理论继续计算下去,要考虑它和基本气流的相互作用.

(2) 将气流分解成带状纬圈环流加上非带状扰动部分.

$$\psi(x,y,t)\equiv\bar{\psi}(y,t)+\psi'(x,y,t). \tag{21}$$

(i) 取简化直角坐标。X轴沿纬圈方向,向东为正;Y轴沿经圈方向,向北为正。并假定:

(a). $\bar{\psi}(y,t)$ 及 $\psi'(x,y,t)$ 沿X轴有周期性,其周期长度为L.

(b) 在所考虑的区域中,$y=y_1$ 及 $y=y_2$ 处为刚体边界.因此在这两个边界上的法向速度为零.

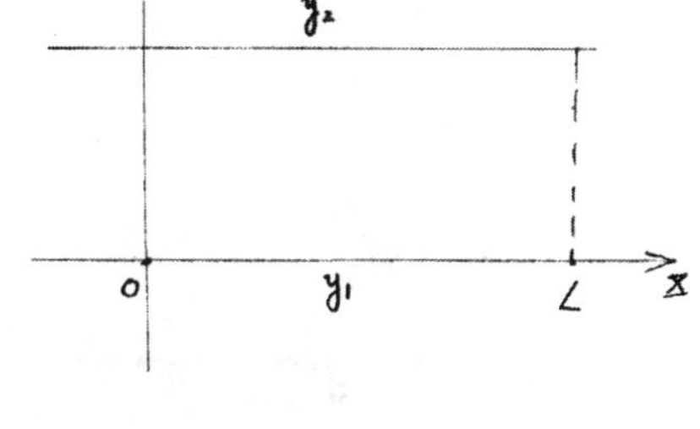


(ii) 在带状环流部分:

记:

$$\begin{cases}\bar{u}(y,t)\equiv\dfrac{1}{L}\displaystyle\int_0^L u(x,y,t)\,dx\\[2ex]\bar{\psi}(y,t)\equiv\dfrac{1}{L}\displaystyle\int_0^L \psi(x,y,t)\,dx\end{cases} \tag{22}$$

又有: $\bar{u}(y,t)=-\dfrac{\partial\bar{\psi}}{\partial y}$ ; $\bar{v}=\dfrac{\partial\bar{\psi}}{\partial x}=0$ ;

(iii). 在非带状扰动部分（或称非带状偏差部分）：

$$\because\ \psi(x,y,t) \equiv \bar{\psi}(y,t) + \psi'(x,y,t)$$

$$\Rightarrow \begin{cases} \psi'(x,y,t) \equiv \psi(x,y,t) - \bar{\psi}(y,t) \\ -\dfrac{\partial \psi'}{\partial y} \equiv -\dfrac{\partial \psi}{\partial y} - \left(-\dfrac{\partial \bar{\psi}}{\partial y}\right) \\ \dfrac{\partial \psi'}{\partial x} \equiv \dfrac{\partial \psi}{\partial x} - \dfrac{\partial \bar{\psi}}{\partial x} = \dfrac{\partial \psi}{\partial x} \end{cases} \qquad \text{即:} \begin{cases} u' = u - \bar{u} \\ v' = v \end{cases} \tag{23}$$

## (3) 求基流的演变方程：

(i) 取直角坐标中的位涡度守恒方程：

$$\frac{d\Omega_\theta}{dt} = 0 \qquad \text{其中 } \Omega_\theta = \Delta\psi - \frac{\varkappa^2}{c^2}\psi + \beta y \quad \text{称位涡度}$$

$$\Rightarrow \quad \frac{\partial \Omega_\theta}{\partial t} + u\frac{\partial \Omega_\theta}{\partial x} + v\frac{\partial \Omega_\theta}{\partial y} = 0 \qquad (\text{沿纬圈求平均值}).$$

$$\frac{1}{L}\int_0^L \left[\frac{\partial \Omega_\theta}{\partial t} + u\frac{\partial \Omega_\theta}{\partial x} + v\frac{\partial \Omega_\theta}{\partial y}\right] dx = 0$$

$$\frac{\partial}{\partial t}\left(\frac{1}{L}\int_0^L \Omega_\theta\, dx\right) + \frac{1}{L}\int_0^L \left(u\frac{\partial \Omega_\theta}{\partial x} + v\frac{\partial \Omega_\theta}{\partial y}\right) dx = 0$$

$$\boxed{\frac{\partial}{\partial t}(\bar{\Omega}_\theta) + \overline{\left(u\frac{\partial \Omega_\theta}{\partial x} + v\frac{\partial \Omega_\theta}{\partial y}\right)} = 0 \qquad \text{其中:}\quad \bar{\Omega}_\theta = \frac{1}{L}\int_0^L \Omega_\theta\, dx} \tag{24}$$

(ii) 求 $\frac{\partial \bar{\Omega}_\theta}{\partial t}=?$

$$\bar{\Omega}_\theta=\frac{1}{L}\int_0^L \Omega_\theta dx=\frac{1}{L}\int_0^L\left(\Delta\psi-\frac{\varkappa}{\mu^2}\psi+\beta y\right)dx$$

$$=\frac{1}{L}\int_0^L \Delta\psi dx-\frac{1}{L}\int_0^L\frac{\varkappa}{\mu^2}\psi dx+\frac{1}{L}\int_0^L\beta y dx$$

(a) $\frac{1}{L}\int_0^L \Delta\psi dx=\frac{1}{L}\int_0^L\left(\frac{\partial^2\psi}{\partial x^2}+\frac{\partial^2\psi}{\partial y^2}\right)dx=\frac{1}{L}\int_0^L d\left(\frac{\partial\psi}{\partial x}\right)+\frac{d^2}{dy^2}\int_0^L\psi dx$

$$\begin{cases}\frac{1}{L}\int_0^L d\left(\frac{\partial\psi}{\partial x}\right)=\frac{1}{L}\left(\frac{\partial\psi}{\partial x}\right)\Big|_{x=0}^{x=L}=0 & \text{(周期性条件)}\\ \frac{d^2}{dy^2}\int_0^L\psi dx=\frac{\partial^2\bar{\psi}}{\partial y^2}\end{cases}$$

$$\therefore\quad \frac{1}{L}\int_0^L\Delta\psi dx=\frac{\partial^2\bar{\psi}}{\partial y^2}=-\frac{\partial}{\partial y}\left(-\frac{\partial\bar{\psi}}{\partial y}\right)=-\frac{\partial\bar{u}(y,t)}{\partial y}$$

(b) $-\frac{1}{L}\int_0^L\frac{\varkappa}{\mu^2}\psi dx=-\frac{\varkappa}{\mu^2}\cdot\frac{1}{L}\int_0^L\psi dx=-\frac{\varkappa}{\mu^2}\bar{\psi}$

(c) $\frac{1}{L}\int_0^L\beta y dx=\frac{1}{L}\cdot(\beta yL)=\beta y$

$\Rightarrow\quad\therefore\quad \boxed{\bar{\Omega}_\theta=\frac{\partial^2\bar{\psi}}{\partial y^2}-\frac{\varkappa}{\mu^2}\bar{\psi}+\beta y}\ (25)\qquad \boxed{\frac{\partial\bar{\Omega}_\theta}{\partial t}=\Delta\frac{\partial\bar{\psi}}{\partial t}-\frac{\varkappa}{\mu^2}\frac{\partial\bar{\psi}}{\partial t}\quad(26)}$

其中：
$$\begin{cases}\bar{\Omega}=\Delta\bar{\psi}=\frac{\partial^2\bar{\psi}}{\partial y^2} & \text{(基本气流涡度或带状环流涡度)}\\ \bar{\Omega}_\theta=\Delta\bar{\psi}-\frac{\varkappa}{\mu^2}\bar{\psi}+\beta y & \text{(基本气流位涡度或带状环流位涡度)}\end{cases}$$

(iii) 求 $\overline{u\frac{\partial\Omega_\theta}{\partial x}+v\frac{\partial\Omega_\theta}{\partial y}}=?$

$$=\frac{1}{L}\int_0^L\left(u\frac{\partial\Omega_\theta}{\partial x}+v\frac{\partial\Omega_\theta}{\partial y}\right)dx=\frac{1}{L}\int_0^L u\frac{\partial\Omega_\theta}{\partial x}dx+\frac{1}{L}\int_0^L v\frac{\partial\Omega_\theta}{\partial y}dx$$

(a) 求 $\frac{1}{L}\int_0^L u\frac{\partial\Omega_\theta}{\partial x}dx=?$

利用(23)及(21)结果：

$$u=\bar{u}(y,t)+u'(x,y,t)\quad;\qquad \psi=\bar{\psi}(y,t)+\psi'(x,y,t)$$

$$\Omega_\theta=\Delta\psi-\frac{\varkappa}{\mu^2}\psi+\beta y=\Delta(\bar{\psi}+\psi')-\frac{\varkappa}{\mu^2}(\bar{\psi}+\psi')+\beta y$$

$$=(\Delta\bar{\psi}+\Delta\psi')-\frac{\varkappa}{\mu^2}(\bar{\psi}+\psi')+\beta y$$

$$=\left(\Delta\bar{\psi}-\frac{\varkappa}{\mu^2}\bar{\psi}+\beta y\right)+\left(\Delta\psi'-\frac{\varkappa}{\mu^2}\psi'\right)$$

$$=\bar{\Omega}_\theta+\left(\Delta\psi'-\frac{\varkappa}{\mu^2}\psi'\right)$$

∴ 令 $\Omega_\theta'=\Delta\psi'-\frac{\varkappa}{\mu^2}\psi'$ （称为非带状扰动位涡度）(27)

则有： $\Omega_\theta=\bar{\Omega}_\theta+\Omega_\theta'$ (28)

$$u\frac{\partial\Omega_\theta}{\partial x}=(\bar{u}+u')\cdot\frac{\partial(\bar{\Omega}_\theta+\Omega_\theta')}{\partial x}=\bar{u}\frac{\partial\bar{\Omega}_\theta}{\partial x}+\bar{u}\frac{\partial\Omega_\theta'}{\partial x}+u'\frac{\partial\bar{\Omega}_\theta}{\partial x}+u'\frac{\partial\Omega_\theta'}{\partial x}$$

利用(25)：

$$\bar{\Omega}_\theta=\frac{\partial^2\bar{\psi}}{\partial y^2}-\frac{\varkappa}{\mu^2}\bar{\psi}+\beta y\ ;\qquad \bar{\psi}=\bar{\psi}(y,t)$$

$$\Rightarrow\frac{\partial\bar{\Omega}_\theta}{\partial x}=0$$

$$\therefore\quad u\frac{\partial\Omega_\theta}{\partial x}=\bar{u}\frac{\partial\Omega_\theta'}{\partial x}+u'\frac{\partial\Omega_\theta'}{\partial x}$$

$$\Rightarrow \frac{1}{L}\int_0^L u\frac{\partial\Omega_\theta}{\partial x}dx = \frac{1}{L}\int_0^L\left(\bar{u}\frac{\partial\Omega_\theta'}{\partial x}+u'\frac{\partial\Omega_\theta'}{\partial x}\right)dx$$

$$=\frac{1}{L}\int_0^L\bar{u}\frac{\partial\Omega_\theta'}{\partial x}dx+\frac{1}{L}\int_0^L u'\frac{\partial\Omega_\theta'}{\partial x}dx$$

又: $\int_0^L\bar{u}\frac{\partial\Omega_\theta'}{\partial x}dx=\bar{u}\int_0^L d\Omega_\theta'=0$ [∵ $\bar{u}=\bar{u}(y,t)$，而且有 $\psi'$ 沿 $x$ 轴有週期性.]

$$\therefore \frac{1}{L}\int_0^L u\frac{\partial\Omega_\theta}{\partial x}dx=\frac{1}{L}\int_0^L u'\frac{\partial\Omega_\theta'}{\partial x}dx=\overline{u'\frac{\partial\Omega_\theta'}{\partial x}}$$

(b) $v\frac{\partial\Omega_\theta}{\partial y}=v'\frac{\partial\Omega_\theta}{\partial y}=v'\frac{\partial(\bar{\Omega}_\theta+\Omega_\theta')}{\partial y}=v'\frac{\partial\bar{\Omega}_\theta}{\partial y}+v'\frac{\partial\Omega_\theta'}{\partial y}$

$$\frac{1}{L}\int_0^L v\frac{\partial\Omega_\theta}{\partial y}dx=\frac{1}{L}\int_0^L v'\frac{\partial\bar{\Omega}_\theta}{\partial y}dx+\frac{1}{L}\int_0^L v'\frac{\partial\Omega_\theta'}{\partial y}dx$$

又: $\int_0^L v'\frac{\partial\bar{\Omega}_\theta}{\partial y}dx=\int_0^L\frac{\partial\psi'}{\partial x}\cdot\frac{\partial\bar{\Omega}_\theta}{\partial y}dx=\frac{\partial\bar{\Omega}_\theta}{\partial y}\int_0^L\frac{\partial\psi'}{\partial x}dx=0$ [∵ $\bar{\Omega}_\theta=\bar{\Omega}_\theta(y,t)$，且 $\psi'$ 沿 $x$ 轴有週期性]

$$\therefore \frac{1}{L}\int_0^L v\frac{\partial\Omega_\theta}{\partial y}dx=\frac{1}{L}\int_0^L v'\frac{\partial\Omega_\theta'}{\partial y}dx=\overline{v'\frac{\partial\Omega_\theta'}{\partial y}}.$$

(c) 故有:

$$\overline{u\frac{\partial\Omega_\theta}{\partial x}+v\frac{\partial\Omega_\theta}{\partial y}}=\overline{u'\frac{\partial\Omega_\theta'}{\partial x}+v'\frac{\partial\Omega_\theta'}{\partial y}} \qquad (29)$$

(iv) 将(26)及(29)代入(24)，得基流的演变方程：

$$\Delta\frac{\partial\bar{\psi}}{\partial t}-\frac{\varkappa}{\mu^2}\cdot\frac{\partial\bar{\psi}}{\partial t}+\overline{u'\frac{\partial\Omega_0'}{\partial x}+v'\frac{\partial\Omega_0'}{\partial y}}=0$$

即：

$$\frac{\partial}{\partial t}\left(\Delta\bar{\psi}-\frac{\varkappa}{\mu^2}\bar{\psi}\right)+\overline{u'\frac{\partial\Omega_0'}{\partial x}+v'\frac{\partial\Omega_0'}{\partial y}}=0$$

或

$$\frac{\partial\bar{\Omega}_0}{\partial t}+\overline{u'\frac{\partial\Omega_0'}{\partial x}+v'\frac{\partial\Omega_0'}{\partial y}}=0 \qquad (30)$$

(4) 求扰动的演变方程:

(i) 将直角坐标中的位涡度守恒方程与基流的演变方程相减.

$$\frac{\partial \Omega_0}{\partial t}+u\frac{\partial \Omega_0}{\partial x}+v\frac{\partial \Omega_0}{\partial y}=0$$

$$\frac{\partial \bar{\Omega}_0}{\partial t}+\overline{u'\frac{\partial \Omega_0'}{\partial x}+v'\frac{\partial \Omega_0'}{\partial y}}=0$$

相减,得:

$$\frac{\partial}{\partial t}(\Omega_0-\bar{\Omega}_0)+(\bar{u}+u')\frac{\partial(\bar{\Omega}_0+\Omega_0')}{\partial x}+(\bar{v}+v')\frac{\partial(\bar{\Omega}_0+\Omega_0')}{\partial y}-\overline{u'\frac{\partial \Omega_0'}{\partial x}+v'\frac{\partial \Omega_0'}{\partial y}}=0$$

$$\because \begin{cases}\Omega_0-\bar{\Omega}_0=\Omega_0' \\ \frac{\partial \bar{\Omega}_0}{\partial x}=0 \\ \bar{v}=0\end{cases} \qquad \begin{aligned}&\Omega_0'=\Delta\psi'-\frac{\varkappa}{\mu^2}\psi' \\ &\bar{\Omega}_0=\Delta\bar{\psi}-\frac{\varkappa}{\mu^2}\bar{\psi}+\beta y\end{aligned}$$

(ii) 得扰动的演变方程如下:

$$\frac{\partial \Omega_0'}{\partial t}+\bar{u}\frac{\partial \Omega_0'}{\partial x}+v'\frac{\partial \bar{\Omega}_0}{\partial y}+u'\frac{\partial \Omega_0'}{\partial x}+v'\frac{\partial \Omega_0'}{\partial y}-\overline{u'\frac{\partial \Omega_0'}{\partial x}+v'\frac{\partial \Omega_0'}{\partial y}}=0$$

或:

$$\frac{\partial}{\partial t}\left(\Delta\psi'-\frac{\varkappa}{\mu^2}\psi'\right)+\left(-\frac{\partial\bar{\psi}}{\partial y}\right)\cdot\frac{\partial}{\partial x}\left(\Delta\psi'-\frac{\varkappa}{\mu^2}\psi'\right)+\frac{\partial\psi'}{\partial x}\cdot\frac{\partial}{\partial y}\left(\Delta\bar{\psi}-\frac{\varkappa}{\mu^2}\bar{\psi}+\beta y\right)$$
$$=\overline{u'\frac{\partial \Omega_0'}{\partial x}+v'\frac{\partial \Omega_0'}{\partial y}}-\left(u'\frac{\partial \Omega_0'}{\partial x}+v'\frac{\partial \Omega_0'}{\partial y}\right)$$

$$\text{左边}=\frac{\partial\Delta\psi'}{\partial t}+\left(-\frac{\partial\bar{\psi}}{\partial y}\cdot\frac{\partial\Delta\psi'}{\partial x}\right)+\frac{\partial\psi'}{\partial x}\cdot\frac{\partial\Delta\bar{\psi}}{\partial y}-\frac{\varkappa}{\mu^2}\frac{\partial\psi'}{\partial t}+\frac{\varkappa}{\mu^2}\frac{\partial\bar{\psi}}{\partial y}\cdot\frac{\partial\psi'}{\partial x}-\frac{\varkappa}{\mu^2}\frac{\partial\psi'}{\partial x}\cdot\frac{\partial\bar{\psi}}{\partial y}+\beta\frac{\partial\psi'}{\partial x}$$

$$\because \begin{cases} J(\psi', \Delta\bar{\psi}) = \dfrac{\partial\psi'}{\partial x}\cdot\dfrac{\partial\Delta\bar{\psi}}{\partial y} - \dfrac{\partial\psi'}{\partial y}\cdot\dfrac{\partial\Delta\bar{\psi}}{\partial x} = \dfrac{\partial\psi'}{\partial x}\cdot\dfrac{\partial\Delta\bar{\psi}}{\partial y} \\ J(\bar{\psi}, \Delta\psi') = \dfrac{\partial\bar{\psi}}{\partial x}\cdot\dfrac{\partial\Delta\psi'}{\partial y} - \dfrac{\partial\bar{\psi}}{\partial y}\cdot\dfrac{\partial\Delta\psi'}{\partial x} = -\dfrac{\partial\bar{\psi}}{\partial y}\cdot\dfrac{\partial\Delta\psi'}{\partial x}. \end{cases} \quad [\because \bar{\psi} = \bar{\psi}(y,t)]$$

$$\therefore \quad 左边 = \frac{\partial\Delta\psi'}{\partial t} + J(\bar{\psi}, \Delta\psi') + J(\psi', \Delta\bar{\psi}) - \frac{\varkappa}{\mu^2}\cdot\frac{\partial\psi'}{\partial t} + \beta\frac{\partial\psi'}{\partial x}$$

故：扰动的演变方程如下：

$$\frac{\partial\Omega_\theta'}{\partial t} + \bar{u}\frac{\partial\Omega_\theta'}{\partial x} + v'\frac{\partial\bar{\Omega}_\theta}{\partial y} = \overline{u'\frac{\partial\Omega_\theta'}{\partial x} + v'\frac{\partial\Omega_\theta'}{\partial y}} - \left(u'\frac{\partial\Omega_\theta'}{\partial x} + v'\frac{\partial\Omega_\theta'}{\partial y}\right)$$

或

$$\frac{\partial\Delta\psi'}{\partial t} + J(\bar{\psi}, \Delta\psi') + J(\psi', \Delta\bar{\psi}) - \frac{\varkappa}{\mu^2}\cdot\frac{\partial\psi'}{\partial t} + \beta\frac{\partial\psi'}{\partial x} = \overline{u'\frac{\partial\Omega_\theta'}{\partial x} + v'\frac{\partial\Omega_\theta'}{\partial y}} - \left(u'\frac{\partial\Omega_\theta'}{\partial x} + v'\frac{\partial\Omega_\theta'}{\partial y}\right) \tag{31}$$

(5)求基流的能量改变公式:

(i).根据基流的演变方程(30),有:

$$\frac{\partial}{\partial t}\left(\Delta\bar{\psi}-\frac{\varkappa}{\mu^2}\bar{\psi}\right)=-\overline{\left(u'\frac{\partial\Omega_0'}{\partial x}+v'\frac{\partial\Omega_0'}{\partial y}\right)}$$

$\times\bar{\psi}$
$$\bar{\psi}\frac{\partial\Delta\bar{\psi}}{\partial t}-\frac{\varkappa}{\mu^2}\bar{\psi}\frac{\partial\bar{\psi}}{\partial t}=-\bar{\psi}\overline{\left(u'\frac{\partial\Omega_0'}{\partial x}+v'\frac{\partial\Omega_0'}{\partial y}\right)}$$

沿$x,y$积分:
$$\iint_{(S)}\bar{\psi}\frac{\partial\Delta\bar{\psi}}{\partial t}dxdy-\iint_{(S)}\frac{\varkappa}{\mu^2}\bar{\psi}\frac{\partial\bar{\psi}}{\partial t}dxdy=-\iint_{(S)}\bar{\psi}\overline{\left(u'\frac{\partial\Omega_0'}{\partial x}+v'\frac{\partial\Omega_0'}{\partial y}\right)}dxdy \quad (32)$$

(ii).求 $\iint_{(S)}\bar{\psi}\frac{\partial\Delta\bar{\psi}}{\partial t}dxdy=?$

$$=\iint_{(S)}\bar{\psi}\frac{\partial}{\partial t}\left(\frac{\partial^2\bar{\psi}}{\partial x^2}+\frac{\partial^2\bar{\psi}}{\partial y^2}\right)dxdy=\iint_{(S)}\bar{\psi}\frac{\partial}{\partial t}\left(\frac{\partial^2\bar{\psi}}{\partial y^2}\right)dxdy \qquad [\because \bar{\psi}=\bar{\psi}(y,t)]$$

$$=\int_{y_1}^{y_2}\bar{\psi}\frac{\partial}{\partial t}\left(\frac{\partial^2\bar{\psi}}{\partial y^2}\right)dy\int_0^L dx=L\int_{y_1}^{y_2}\bar{\psi}\frac{\partial}{\partial t}\left(-\frac{\partial\bar{u}}{\partial y}\right)dy \qquad \left[\because \bar{u}=-\frac{\partial\bar{\psi}}{\partial y}\right]$$

$$=-L\int_{y_1}^{y_2}\bar{\psi}\frac{\partial}{\partial y}\left(\frac{\partial\bar{u}}{\partial t}\right)dy=-L\int_{y_1}^{y_2}\bar{\psi}\frac{\partial B}{\partial y}dy \qquad \left[令\ B=\frac{\partial\bar{u}}{\partial t}\right]$$

$$=-L\int_{y_1}^{y_2}\frac{\partial B\bar{\psi}}{\partial y}dy+L\int_{y_1}^{y_2}B\frac{\partial\bar{\psi}}{\partial y}dy$$

$$=-L\int_{y_1}^{y_2}dB\bar{\psi}+L\int_{y_1}^{y_2}\frac{\partial\bar{\psi}}{\partial y}\cdot\frac{\partial}{\partial t}\left(-\frac{\partial\bar{\psi}}{\partial y}\right)dy$$

$$=-L\int_{y_1}^{y_2}dB\bar{\psi}-L\int_{y_1}^{y_2}\frac{1}{2}\cdot\frac{\partial}{\partial t}\left(\frac{\partial\bar{\psi}}{\partial y}\right)^2dy$$

$$=-L\left[B(y_2,t)\bar{\psi}(y_2,t)-B(y_1,t)\bar{\psi}(y_1,t)\right]-L\frac{\partial}{\partial t}\int_{y_1}^{y_2}\frac{1}{2}\left(\frac{\partial\bar{\psi}}{\partial y}\right)^2dy.$$

(iii). 求 $-\iint\limits_{(S)} \frac{\varkappa}{\mu^2}\bar{\psi}\frac{\partial\bar{\psi}}{\partial t}dxdy = ?$

$$= -\iint\limits_{(S)} \frac{\varkappa}{\mu^2}\cdot\frac{1}{2}\left(\frac{\partial\bar{\psi}^2}{\partial t}\right)dxdy = -L\int_{y_1}^{y_2}\frac{\varkappa}{\mu^2}\cdot\frac{1}{2}\left(\frac{\partial\bar{\psi}^2}{\partial t}\right)dy \qquad [\because \bar{\psi} = \bar{\psi}(y,t)]$$

(iv). 总合(i)和(ii).得：

$$\iint\limits_{(S)} \bar{\psi}\frac{\partial\varsigma\bar{\psi}}{\partial t}dxdy - \iint\limits_{(S)} \frac{\varkappa}{\mu^2}\bar{\psi}\frac{\partial\bar{\psi}}{\partial t}dxdy = -L\left\{[B(y_2,t)\bar{\psi}(y_2,t) - B(y_1,t)\bar{\psi}(y_1,t)] + \frac{\partial}{\partial t}\int_{y_1}^{y_2}\frac{1}{2}\left[\left(\frac{\partial\bar{\psi}}{\partial y}\right)^2 + \frac{\varkappa}{\mu^2}(\bar{\psi})^2\right]dy\right\}$$

(V). 求 $-\iint\limits_{(S)} \bar{\psi}\overline{\left(u'\frac{\partial\Omega_0'}{\partial x} + v'\frac{\partial\Omega_0'}{\partial y}\right)}dxdy = ?$

$$= -\int_{y_1}^{y_2}\bar{\psi}\overline{\left(u'\frac{\partial\Omega_0'}{\partial x} + v'\frac{\partial\Omega_0'}{\partial y}\right)}dy\int_0^L dx$$

$$= -L\int_{y_1}^{y_2}\bar{\psi}\overline{\left(u'\frac{\partial\Omega_0'}{\partial x} + v'\frac{\partial\Omega_0'}{\partial y}\right)}dy$$

(a) $$\overline{u'\frac{\partial\Omega_0'}{\partial x} + v'\frac{\partial\Omega_0'}{\partial y}} = \frac{1}{L}\int_0^L\left(u'\frac{\partial\Omega_0'}{\partial x} + v'\frac{\partial\Omega_0'}{\partial y}\right)dx = \frac{1}{L}\int_0^L\left[\left(\frac{\partial u'\Omega_0'}{\partial x} + \frac{\partial v'\Omega_0'}{\partial y}\right) - \Omega_0'\left(\frac{\partial u'}{\partial x} + \frac{\partial v'}{\partial y}\right)\right]dx$$

$$\because \begin{cases} u = \bar{u} + u' \\ v = \bar{v} + v' \end{cases}$$

正压准地转模式有：

$$\begin{cases} \frac{\partial u}{\partial x} + \frac{\partial v}{\partial y} = 0 \\ \frac{\partial\bar{u}}{\partial x} + \frac{\partial\bar{v}}{\partial y} = 0 \end{cases} \Longrightarrow \frac{\partial u'}{\partial x} + \frac{\partial v'}{\partial y} = 0.$$

$$\therefore \text{上式} = \frac{1}{L}\int_0^L\left(\frac{\partial u'\Omega_0'}{\partial x} + \frac{\partial v'\Omega_0'}{\partial y}\right)dx = \frac{1}{L}\int_0^L\frac{\partial v'\Omega_0'}{\partial y}dx \qquad [\because \psi \text{沿}x\text{轴亦有周期性}]$$

$$= \frac{\partial}{\partial y}\left[\frac{1}{L}\int_0^L v'\Omega_0'dx\right] = \frac{\partial\overline{(v'\Omega_0')}}{\partial y}$$

$$\therefore\ -\iint\limits_{(S)}\bar{\psi}\,\overline{\left(u'\frac{\partial\Omega_0'}{\partial x}+v'\frac{\partial\Omega_0'}{\partial y}\right)}\,dx\,dy=-\iint\limits_{(S)}\bar{\psi}\,\frac{\partial\overline{(v'\Omega_0')}}{\partial y}\,dx\,dy.$$

(b). 求 $-\iint\limits_{(S)}\bar{\psi}\,\frac{\partial\overline{(v'\Omega_0')}}{\partial y}\,dx\,dy=?$

$$=-L\int_{y_1}^{y_2}\bar{\psi}\,\frac{\partial\overline{(v'\Omega_0')}}{\partial y}\,dy\qquad\left[\because\ \bar{\psi}=\bar{\psi}(y,t),\ \ \overline{v'\Omega_0'}=\overline{v'\Omega_0'}(y,t)\right]$$

$$=-L\int_{y_1}^{y_2}\left[\frac{\partial(\bar{\psi}\cdot\overline{v'\Omega_0'})}{\partial y}-\overline{v'\Omega_0'}\cdot\frac{\partial\bar{\psi}}{\partial y}\right]dy$$

$$=-L\int_{y_1}^{y_2}d(\bar{\psi}\cdot\overline{v'\Omega_0'})-L\int_{y_1}^{y_2}(\overline{v'\Omega_0'}\cdot\bar{u})\,dy$$

$$=-L\int_{y_1}^{y_2}(\overline{v'\Omega_0'}\cdot\bar{u})\,dy\qquad(\because\ 刚壁条件,\ y=y_1, y_2 处\ v'=0)$$

$$\therefore\ -\iint\limits_{(S)}\bar{\psi}\,\frac{\partial\overline{(v'\Omega_0')}}{\partial y}\,dx\,dy=-L\int_{y_1}^{y_2}(\overline{v'\Omega_0'}\cdot\bar{u})\,dy.$$

(c). 求 $-L\int_{y_1}^{y_2}(\overline{v'\Omega_0'}\cdot\bar{u})\,dy=?$

$$\because\ \Omega_0'=\Delta\psi'-\frac{\varkappa}{\mu^2}\psi'$$

$$\overline{v'\Omega_0'}=\overline{v'(\Delta\psi'-\frac{\varkappa}{\mu^2}\psi')}=\frac{1}{L}\int_0^L v'(\Delta\psi'-\frac{\varkappa}{\mu^2}\psi')\,dx$$

$$=\frac{1}{L}\int_0^L v'\Delta\psi'\,dx-\frac{1}{L}\int_0^L\frac{\varkappa}{\mu^2}\psi'v'\,dx$$

$$=\frac{1}{L}\int_0^L v'\frac{\partial^2\psi'}{\partial x^2}\,dx+\frac{1}{L}\int_0^L v'\frac{\partial^2\psi'}{\partial y^2}\,dx-\frac{1}{L}\int_0^L\frac{\varkappa}{\mu^2}\psi'\frac{\partial\psi'}{\partial x}\,dx$$

第一项: $\frac{1}{L}\int_0^L v'\frac{\partial^2\psi'}{\partial x^2}dx=\frac{1}{L}\int_0^L\frac{\partial\psi'}{\partial x}\cdot\frac{\partial}{\partial x}\left(\frac{\partial\psi'}{\partial x}\right)dx=\frac{1}{L}\int_0^L\frac{1}{2}\frac{\partial}{\partial x}\left(\frac{\partial\psi'}{\partial x}\right)^2dx$

$$=\frac{1}{L}\cdot\frac{1}{2}\int_0^L d\left(\frac{\partial\psi'}{\partial x}\right)^2=0\qquad(\because\ \psi 沿 x 轴有周期性)$$

第二项：$\frac{1}{L}\int_0^L v'\frac{\partial^2\psi'}{\partial y^2}dx=\frac{1}{L}\int_0^L v'\frac{\partial}{\partial y}(-u')dx=-\frac{1}{L}\int_0^L\left[\frac{\partial u'v'}{\partial y}-u'\frac{\partial v'}{\partial y}\right]dx$

$$=-\frac{\partial}{\partial y}\left(\frac{1}{L}\int_0^L u'v'dx\right)-\frac{1}{L}\int_0^L\left(\frac{\partial\psi'}{\partial y}\right)\frac{\partial}{\partial y}\left(\frac{\partial\psi'}{\partial x}\right)dx$$

$$=-\frac{\partial\overline{u'v'}}{\partial y}+\frac{1}{L}\int_0^L\frac{\partial\psi'}{\partial y}\cdot\frac{\partial}{\partial x}\left(\frac{\partial\psi'}{\partial y}\right)dx$$

$$=-\frac{\partial\overline{u'v'}}{\partial y}+\frac{1}{2L}\int_0^L\frac{\partial}{\partial x}\left(\frac{\partial\psi'}{\partial y}\right)^2dx$$

$$=-\frac{\partial\overline{u'v'}}{\partial y}+\frac{1}{2L}\int_0^L d\left(\frac{\partial\psi'}{\partial y}\right)^2$$ （∵ $\psi'$沿$x$轴有周期性）

$$=-\frac{\partial\overline{u'v'}}{\partial y}$$

第三项：$-\frac{1}{L}\int_0^L\frac{\varkappa}{\mu^2}\psi'\frac{\partial\psi'}{\partial x}dx=-\frac{1}{L}\cdot\frac{\varkappa}{2\mu^2}\int_0^L\frac{\partial\psi'^2}{\partial x}dx=0$

$$\therefore\quad\overline{v'_1\Omega'_0}=-\frac{\partial\overline{u'v'}}{\partial y}$$

故：$-L\int_{y_1}^{y_2}(\overline{v'_1\Omega'_0}\cdot\bar{u})dy=-L\int_{y_1}^{y_2}\left(-\frac{\partial\overline{u'v'}}{\partial y}\right)\bar{u}\,dy=L\int_{y_1}^{y_2}\left[\frac{\partial\,\bar{u}\cdot\overline{u'v'}}{\partial y}-\overline{u'v'}\frac{\partial\bar{u}}{\partial y}\right]dy$

$$=L\int_{y_1}^{y_2}d(\bar{u}\cdot\overline{u'v'})-L\int_{y_1}^{y_2}\overline{u'v'}\frac{\partial\bar{u}}{\partial y}dy$$

$$=-L\int_{y_1}^{y_2}\overline{u'v'}\frac{\partial\bar{u}}{\partial y}dy\qquad\left(\because\ v'\big|_{y=y_1}=v'\big|_{y=y_2}=0\right)$$

$$\therefore\ -\iint_{(S)}\overline{\Psi\left(u'\frac{\partial\Omega'_0}{\partial x}+v'\frac{\partial\Omega'_0}{\partial y}\right)}dx\,dy=-L\int_{y_1}^{y_2}\overline{u'v'}\frac{\partial\bar{u}}{\partial y}dy$$

(vi)、将上述结果代入(i)的(32)式中，得：

$$\frac{\partial}{\partial t}\int_{y_1}^{y_2}\frac{1}{2}\left[\left(\frac{\partial\bar{\psi}}{\partial y}\right)^2+\frac{\varkappa}{\mu^2}(\bar{\psi})^2\right]dy+\left(\frac{\partial\bar{u}}{\partial t}\bar{\psi}\Big|_{y=y_2}-\frac{\partial\bar{u}}{\partial t}\bar{\psi}\Big|_{y=y_1}\right)=\int_{y_1}^{y_2}\overline{u'v'}\,\frac{\partial\bar{u}}{\partial y}dy$$

利用边界条件求：

$$\frac{\partial\bar{u}}{\partial t}\bar{\psi}\Big|_{y=y_2}-\frac{\partial\bar{u}}{\partial t}\bar{\psi}\Big|_{y=y_1}=?$$

取正压大气的无量纲方程(沿 $\vec{i}$ 分量)：

$$\varepsilon\frac{\partial u}{\partial t}+R_o\left(u\frac{\partial u}{\partial x}+v\frac{\partial u}{\partial y}\right)=-\frac{\partial\phi}{\partial x}+fv.$$

对 $x$ 平均：

$$\frac{1}{L}\int_0^L\varepsilon\frac{\partial u}{\partial t}dx+\frac{1}{L}\int_0^L R_o u\frac{\partial u}{\partial x}dx+\frac{1}{L}\int_0^L R_o v\frac{\partial u}{\partial y}dx=-\frac{1}{L}\int_0^L\frac{\partial\phi}{\partial x}dx+\frac{1}{L}\int_0^L fv\,dx$$

$$\Rightarrow\quad \varepsilon\frac{\partial}{\partial t}\left[\frac{1}{L}\int_0^L u\,dx\right]+$$

$\because$ (a) $\int_0^L d\left(\frac{u^2}{2}\right)=0$ ($\because u$ 沿 $x$ 有周期性)

(b) $\frac{R_o}{L}\int_0^L(\bar{v}+v')\frac{\partial(\bar{u}+u')}{\partial y}dx=\frac{R_o}{L}\left[\int_0^L v'\frac{\partial\bar{u}}{\partial y}dx+\int_0^L v'\frac{\partial u'}{\partial y}dx\right]$

(c) $-\frac{1}{L}\int_0^L d\phi=0$

(d) $\frac{f}{L}\int_0^L v\,dx=f\bar{v}=0.$ ($\because\ \bar{v}=\frac{\partial\bar{\psi}}{\partial x}=0$)

$$\Rightarrow\quad \varepsilon\frac{\partial}{\partial t}\left[\frac{1}{L}\int_0^L u\,dx\right]=\varepsilon\frac{\partial\bar{u}}{\partial t}=0$$

$$\therefore \quad \left.\frac{\partial \bar{u}}{\partial t}\right|_{y=y_1} = \left.\frac{\partial \bar{u}}{\partial t}\right|_{y=y_2} = 0$$

故：

$$\left.\frac{\partial \bar{u}}{\partial t}\bar{\psi}\right|_{y=y_1} = \left.\frac{\partial \bar{u}}{\partial t}\psi\right|_{y=y_2} = 0$$

代入上式，求得基流的能量改变公式如下：

$$\frac{\partial}{\partial t}\int_{y_1}^{y_2}\frac{1}{2}\left[\left(\frac{\partial \bar{\psi}}{\partial y}\right)^2 + \frac{\varkappa}{\mu^2}(\bar{\psi})^2\right]dy = \int_{y_1}^{y_2}\overline{u'v'}\,\frac{\partial \bar{u}}{\partial y}\,dy \qquad (33)$$

(6) 求扰动的能量改变公式:

(i) 根据扰动的涡度方程 (31), 有:

$$\frac{\partial \Omega_\theta'}{\partial t}+\bar{u}\frac{\partial \Omega_\theta'}{\partial x}+v'\frac{\partial \bar{\Omega}_\theta}{\partial y}=\overline{u'\frac{\partial \Omega_\theta'}{\partial x}+v'\frac{\partial \Omega_\theta'}{\partial y}}-\left(u'\frac{\partial \Omega_\theta'}{\partial x}+v'\frac{\partial \Omega_\theta'}{\partial y}\right)$$

$$\because \Omega_\theta'=\Delta\psi'-\frac{\varkappa}{\mu^2}\psi' \quad , \quad \bar{\Omega}_\theta=\Delta\bar{\psi}-\frac{\varkappa}{\mu^2}\bar{\psi}+\beta y$$

$$\frac{\partial}{\partial t}\left(\Delta\psi'-\frac{\varkappa}{\mu^2}\psi'\right)+\bar{u}\frac{\partial}{\partial x}\left(\Delta\psi'-\frac{\varkappa}{\mu^2}\psi'\right)+v'\frac{\partial}{\partial y}\left(\Delta\bar{\psi}-\frac{\varkappa}{\mu^2}\bar{\psi}+\beta y\right)$$

$$=\frac{\partial \Delta\psi'}{\partial t}+\left[\bar{u}\frac{\partial \Delta\psi'}{\partial x}+v'\frac{\partial \Delta\bar{\psi}}{\partial y}\right]-\frac{\varkappa}{\mu^2}\frac{\partial \psi'}{\partial t}-\frac{\varkappa}{\mu^2}\bar{u}\frac{\partial \psi'}{\partial x}-\frac{\varkappa}{\mu^2}v'\frac{\partial \bar{\psi}}{\partial y}+\beta v'$$

$$=\frac{\partial \Delta\psi'}{\partial t}+J(\bar{\psi},\Delta\psi')+J(\psi',\Delta\bar{\psi})-\frac{\varkappa}{\mu^2}\cdot\frac{\partial \psi'}{\partial t}+\beta\frac{\partial \psi'}{\partial x}$$

$$\therefore \quad \frac{\partial \Delta\psi'}{\partial t}+J(\bar{\psi},\Delta\psi')+J(\psi',\Delta\bar{\psi})-\frac{\varkappa}{\mu^2}\cdot\frac{\partial \psi'}{\partial t}+\beta\frac{\partial \psi'}{\partial x}$$

$$=\overline{u'\frac{\partial \Omega_\theta'}{\partial x}+v'\frac{\partial \Omega_\theta'}{\partial y}}-\left(u'\frac{\partial \Omega_\theta'}{\partial x}+v'\frac{\partial \Omega_\theta'}{\partial y}\right)$$

$\times\psi'$

$$\psi'\times\frac{\partial \Delta\psi'}{\partial t}+\psi'\times J(\bar{\psi},\Delta\psi')+\psi'\times J(\psi',\Delta\bar{\psi})-\psi'\times\frac{\varkappa}{\mu^2}\cdot\frac{\partial \psi'}{\partial t}+\psi'\times\beta\frac{\partial \psi'}{\partial x}$$

$$=\psi'\times\left(\overline{u'\frac{\partial \Omega_\theta'}{\partial x}+v'\frac{\partial \Omega_\theta'}{\partial y}}\right)-\psi'\times\left(u'\frac{\partial \Omega_\theta'}{\partial x}+v'\frac{\partial \Omega_\theta'}{\partial y}\right)$$

$$\iint_{(S)}\psi'\times\frac{\partial \Delta\psi'}{\partial t}dxdy+\iint_{(S)}\psi'\times J(\bar{\psi},\Delta\psi')dxdy+\iint_{(S)}\psi'\times J(\psi',\Delta\bar{\psi})dxdy-\iint_{(S)}\psi'\times\frac{\varkappa}{\mu^2}\frac{\partial \psi'}{\partial t}dxdy$$

$$+\iint_{(S)}\psi'\times\beta\frac{\partial \psi'}{\partial x}dxdy=\iint_{(S)}\psi'\times\left(\overline{u'\frac{\partial \Omega_\theta'}{\partial x}+v'\frac{\partial \Omega_\theta'}{\partial y}}\right)dxdy$$

$$-\iint_{(S)}\psi'\times\left(u'\frac{\partial \Omega_\theta'}{\partial x}+v'\frac{\partial \Omega_\theta'}{\partial y}\right)dxdy$$

(ii) 求 $\iint\limits_{(S)} \psi' \times \frac{\partial \Delta \psi'}{\partial t} dx dy = ?$

$$= \iint\limits_{(S)} \psi' \times \frac{\partial}{\partial t}\left(\frac{\partial^2 \psi'}{\partial x^2} + \frac{\partial^2 \psi'}{\partial y^2}\right) dx dy = \iint\limits_{(S)} \psi' \times \frac{\partial}{\partial x}\left(\frac{\partial^2 \psi'}{\partial t \partial x}\right) dx dy + \iint\limits_{(S)} \psi' \times \frac{\partial}{\partial y}\left(\frac{\partial^2 \psi'}{\partial t \partial y}\right) dx dy$$

$$= \iint\limits_{(S)} \frac{\partial}{\partial x}\left(\psi' \frac{\partial^2 \psi'}{\partial t \partial x}\right) dx dy - \iint\limits_{(S)} \frac{\partial^2 \psi'}{\partial t \partial x} \cdot \frac{\partial \psi'}{\partial x} dx dy + \iint\limits_{(S)} \frac{\partial}{\partial y}\left(\psi' \frac{\partial^2 \psi'}{\partial t \partial y}\right) dx dy$$

$$- \iint\limits_{(S)} \frac{\partial^2 \psi'}{\partial t \partial y} \cdot \frac{\partial \psi'}{\partial y} dx dy$$

$$= \int_{y_1}^{y_2} dy \int_0^L d\left(\psi' \frac{\partial^2 \psi'}{\partial t \partial x}\right) - \iint\limits_{(S)} \frac{1}{2} \frac{\partial}{\partial t}\left(\frac{\partial \psi'}{\partial x}\right)^2 dx dy + \int_0^L dx \int_{y_1}^{y_2} d\left(\psi' \frac{\partial^2 \psi'}{\partial t \partial y}\right) - \iint\limits_{(S)} \frac{1}{2} \frac{\partial}{\partial t}\left(\frac{\partial \psi'}{\partial y}\right)^2 dx dy$$

(a) $\because \int_0^L d\left(\psi' \frac{\partial^2 \psi'}{\partial t \partial x}\right) = 0$ （$\because \psi'$沿X轴有周期性）

(b) $\int_0^L dx \int_{y_1}^{y_2} d\left(\psi' \frac{\partial^2 \psi'}{\partial t \partial y}\right) = \int_0^L \left[\psi'(x, y_2, t) \frac{\partial u'(x, y_2, t)}{\partial t}\right] dx - \int_0^L \left[\psi'(x, y_1, t) \frac{\partial u'(x, y_1, t)}{\partial t}\right] dx$

$\because \quad v' = \frac{\partial \psi'}{\partial x}$

$y = y_2$ —— $\psi'(x, y_2, t)$

$v'(x, y_2, t) = \frac{\partial \psi'(x, y_2, t)}{\partial x} = 0$ （刚壁条件）

$y = y_1$ —— $\psi'(x, y_1, t)$

$\therefore \psi'(x, y_2, t) = \psi'^{*}(t)$

$$\therefore \int_0^L \left[\psi'(x, y_2, t) \frac{\partial u'(x, y_2, t)}{\partial t}\right] dx = \psi'^{*}(t) \frac{\partial}{\partial t} \int_0^L u'(x, y_2, t) dx$$

$$= L \psi'^{*}(t) \frac{\partial \overline{u'(x, y_2, t)}}{\partial t}$$

又：$u'(x, y_2, t) = u(x, y_2, t) - \bar{u}(x, y_2, t)$

$$\frac{1}{L}\int_0^L u'(x, y_2, t) dx = \frac{1}{L}\int_0^L u(x, y_2, t) dx - \frac{1}{L}\int_0^L \bar{u}(x, y_2, t) dx$$

$$\overline{u'(x, y_2, t)} = \overline{u(x, y_2^{*}, t)} - \bar{u}(x, y_2, t) = 0$$

$$\therefore \int_0^L \psi(x, y_2, t) \frac{\partial u'(x, y_2, t)}{\partial t} dx = 0$$

同理： $\int_0^L \psi'(x,y_1,t)\dfrac{\partial u'(x,y_1,t)}{\partial t}dx=0$

$\therefore \int_0^L dx\int_{y_1}^{y_2} d\left(\psi'\dfrac{\partial^2\psi'}{\partial t\partial y}\right)=0$

---

$$\therefore \iint_{(S)}\psi'\times\frac{\partial\Delta\psi'}{\partial t}dxdy=-\frac{1}{2}\frac{\partial}{\partial t}\iint_{(S)}\left[\left(\frac{\partial\psi'}{\partial x}\right)^2+\left(\frac{\partial\psi'}{\partial y}\right)^2\right]dxdy$$

(iii). 求 $\iint_{(S)}\psi'\times J(\bar{\psi},\Delta\psi')dxdy=?$

$$=\iint_{(S)}\psi'\times\bar{u}\frac{\partial\Delta\psi'}{\partial x}dxdy=\iint_{(S)}\frac{\partial\psi'\bar{u}\Delta\psi'}{\partial x}dxdy-\iint_{(S)}\Delta\psi'\frac{\partial\psi'\bar{u}}{\partial x}dxdy\quad\left(\because \bar{v}=\frac{\partial\bar{\psi}}{\partial x}=0\right)$$

$$=\int_{y_1}^{y_2}dy\int_0^L d(\psi'\bar{u}\Delta\psi')-\iint_{(S)}\Delta\psi'\left(\psi'\frac{\partial\bar{u}}{\partial x}+\bar{u}\frac{\partial\psi'}{\partial x}\right)dxdy$$

(a) 应用周期条件，$\psi'$沿X轴有周期性.

$$\therefore \int_{y_1}^{y_2}dy\int_0^L d(\psi'\bar{u}\Delta\psi')=0$$

(b) $\because \bar{u}=\dfrac{1}{L}\int_0^L u(x,y,t)dx=\bar{u}(y,t)$.

$\therefore \dfrac{\partial\bar{u}}{\partial x}=0$

$\therefore \iint_{(S)}\Delta\psi'\cdot\psi'\dfrac{\partial\bar{u}}{\partial x}=0$

故有：

$$\iint_{(S)}\psi'\times J(\bar{\psi},\Delta\psi')dxdy=-\iint_{(S)}\Delta\psi'\bar{u}\frac{\partial\psi'}{\partial x}dxdy=\iint_{(S)}\bar{u}\frac{\partial\psi'}{\partial x}\left(\frac{\partial^2\psi'}{\partial x^2}+\frac{\partial^2\psi'}{\partial y^2}\right)dxdy$$

$$=-\iint_{(S)}\left[\bar{u}v'\frac{\partial v'}{\partial x}-\bar{u}v'\frac{\partial u'}{\partial y}\right]dxdy=-\int_{y_1}^{y_2}\bar{u}dy\int_0^L\frac{1}{2}d\frac{v'^2}{2}+\iint_{(S)}\bar{u}v'\frac{\partial u'}{\partial y}dxdy$$

$$=\iint_{(S)}\bar{u}v'\frac{\partial u'}{\partial y}dxdy \qquad (\because v'\text{沿}x\text{轴有周期性})$$

$$=\iint_{(S)}\frac{\partial\bar{u}v'u'}{\partial y}dxdy-\iint_{(S)}\bar{u}u'\frac{\partial v'}{\partial y}dxdy-\iint_{(S)}u'v'\frac{\partial\bar{u}}{\partial y}dxdy$$

(c) $$\iint_{(S)}\frac{\partial\bar{u}v'u'}{\partial y}dxdy=\int_0^L dx\int_{y_1}^{y_2}d(\bar{u}v'u')=0$$

[∵根据刚壁条件 $v'(x,y_2,t)=v'(x,y_1,t)=0$]

(d) $$\iint_{(S)}\bar{u}u'\frac{\partial v'}{\partial y}dxdy=-\iint_{(S)}\bar{u}\frac{\partial\psi'}{\partial y}\cdot\frac{\partial}{\partial y}\left(\frac{\partial\psi'}{\partial x}\right)dxdy=-\iint_{(S)}\bar{u}\frac{1}{2}\frac{\partial}{\partial x}\left(\frac{\partial\psi'}{\partial y}\right)^2dxdy$$

$$=\int_{y_1}^{y_2}\frac{\bar{u}}{2}dy\int_0^L du'^2=0 \qquad (\because u'\text{沿}x\text{轴有周期性})$$

(e) $$-\iint_{(S)}u'v'\frac{\partial\bar{u}}{\partial y}dxdy=-\int_{y_1}^{y_2}\frac{\partial\bar{u}}{\partial y}dy\int_0^L u'v'dx=-L\int_{y_1}^{y_2}\overline{u'v'}\frac{\partial\bar{u}}{\partial y}dy$$

$$\therefore\Rightarrow\quad\iint_{(S)}\psi'J(\bar{\psi},\Delta\psi')dxdy=-\iint_{(S)}u'v'\frac{\partial\bar{u}}{\partial y}dxdy=-L\int_{y_1}^{y_2}\overline{u'v'}\frac{\partial\bar{u}}{\partial y}dy$$

(iv). 求 $\iint\limits_{(S)} \psi' J(\psi', \Delta\overline{\Psi}) dx dy = ?$

$$= \iint\limits_{(S)} \psi' \left[\frac{\partial \psi'}{\partial x} \cdot \frac{\partial \Delta\overline{\Psi}}{\partial y} - \frac{\partial \psi'}{\partial y} \cdot \frac{\partial \Delta\overline{\Psi}}{\partial x}\right] dx dy$$

$$= \iint\limits_{(S)} \psi' \cdot \frac{\partial \psi'}{\partial x} \cdot \frac{\partial}{\partial y}\left(\frac{\partial^2 \overline{\Psi}}{\partial y^2}\right) dx dy \quad \left[\because \frac{\partial \Delta\overline{\Psi}}{\partial x} = \frac{\partial}{\partial x}\left(\frac{\partial^2 \overline{\Psi}}{\partial x^2} + \frac{\partial^2 \overline{\Psi}}{\partial y^2}\right) = 0\right]$$

$$= \int_{y_1}^{y_2} \frac{\partial^3 \overline{\Psi}}{\partial y^3} dy \int_0^L \frac{1}{2} \frac{\partial \psi'^2}{\partial x} dx$$

$$= \int_{y_1}^{y_2} \frac{\partial^3 \overline{\Psi}}{\partial y^3} dy \int_0^L d\left(\frac{1}{2} \psi'^2\right) = 0 \qquad [\because \psi' \text{沿}x\text{轴有周期性}]$$

(v) 求 $-\iint\limits_{(S)} \psi' \varkappa \frac{\varkappa}{\mu^2} \frac{\partial \psi'}{\partial t} dx dy = ?$

$$= -\iint\limits_{(S)} \frac{\varkappa}{2\mu^2} \frac{\partial \psi'^2}{\partial t} dx dy = -\frac{\varkappa}{\mu^2} \iint\limits_{(S)} \frac{\partial}{\partial t}\left(\frac{\psi'^2}{2}\right) dx dy$$

(vi) $\iint\limits_{(S)} \psi' \varkappa \beta \frac{\partial \psi'}{\partial x} dx dy = \beta \iint\limits_{(S)} \frac{1}{2} \frac{\partial \psi'^2}{\partial x} dx dy = \frac{\beta}{2} \int_{y_1}^{y_2} dy \int_0^L d\psi'^2 = 0$ ($\because \psi'$沿$x$轴有周期性)

(vii) $\iint\limits_{(S)} \psi' \varkappa \overline{\left(u' \frac{\partial \Omega_0'}{\partial x} + v' \frac{\partial \Omega_0'}{\partial y}\right)} dx dy = ?$

(a) $$\overline{u' \frac{\partial \Omega_0'}{\partial x} + v' \frac{\partial \Omega_0'}{\partial y}} = \frac{1}{L} \int_0^L \left(u' \frac{\partial \Omega_0'}{\partial x} + v' \frac{\partial \Omega_0'}{\partial y}\right) dx$$

$$= \frac{1}{L} \int_0^L \left(\frac{\partial u'\Omega_0'}{\partial x} + \frac{\partial v'\Omega_0'}{\partial y}\right) dx - \frac{1}{L} \int_0^L \left(\Omega_0' \frac{\partial u'}{\partial x} + \Omega_0' \frac{\partial v'}{\partial y}\right) dx$$

$$= \frac{1}{L} \int_0^L d(u'\Omega_0') + \frac{1}{L} \int_0^L \frac{\partial v'\Omega_0'}{\partial y} dx - \frac{1}{L} \int_0^L \Omega_0' \left(\frac{\partial u'}{\partial x} + \frac{\partial v'}{\partial y}\right) dx$$

$$\because \frac{1}{L}\int_0^L d(u'\Omega_0')=0 \qquad (u'沿x轴有周期性)$$

又：根据正压准地转模式有：

$$\begin{cases}\dfrac{\partial u}{\partial x}+\dfrac{\partial v}{\partial y}=0\\ \dfrac{\partial \bar{u}}{\partial x}+\dfrac{\partial \bar{v}}{\partial y}=0\end{cases} \Rightarrow \frac{\partial u'}{\partial x}+\frac{\partial v'}{\partial y}=0$$

$$\begin{cases}u=\bar{u}+u'\\ v=\bar{v}+v'\end{cases}$$

故上式：

$$\overline{\left(u'\frac{\partial\Omega_0'}{\partial x}+v'\frac{\partial\Omega_0'}{\partial y}\right)}=\frac{1}{L}\frac{\partial}{\partial y}\int_0^L v'\Omega_0'\,dx=\frac{\partial}{\partial y}\cdot\frac{1}{L}\int_0^L v'\Omega_0'\,dx=\frac{\partial\overline{v'\Omega_0'}}{\partial y}$$

(b). 
$$\iint_{(S)}\psi'\overline{\left(u'\frac{\partial\Omega_0'}{\partial x}+v'\frac{\partial\Omega_0'}{\partial y}\right)}dx\,dy=\iint_{(S)}\psi'\frac{\partial\overline{v'\Omega_0'}}{\partial y}dx\,dy$$
$$=\iint_{(S)}\frac{\partial}{\partial y}\left(\psi'\overline{v'\Omega_0'}\right)dx\,dy-\iint_{(S)}\overline{v'\Omega_0'}\frac{\partial\psi'}{\partial y}dx\,dy$$
$$=\int_0^L dx\int_{y_1}^{y_2}d\left(\psi'\overline{v'\Omega_0'}\right)-\iint_{(S)}\overline{v'\Omega_0'}\frac{\partial\psi'}{\partial y}dx\,dy.$$

(c). 
$$\int_{y_1}^{y_2}d\left(\psi'\overline{v'\Omega_0'}\right)=\psi'(x,y_2,t)\cdot\frac{1}{L}\int_0^L v'(x,y_2,t)\Omega_0'(x,y_2,t)\,dx-\psi'(x,y_1,t)\cdot\frac{1}{L}\int_0^L v'(x,y_1,t)\Omega_0'(x,y_1,t)\,dx$$
$$=0 \qquad (\because 刚壁条件，在y=y_1及y_2处，v'=0)$$

$$\therefore \int_0^L dx\int_{y_1}^{y_2}d\left(\psi'\overline{v'\Omega_0'}\right)=0$$

(d). $\overline{v'\Omega_0'} = \frac{1}{L}\int_0^L v'\Omega_0' dx = \frac{1}{L}\int_0^L \frac{\partial\psi'}{\partial x}\cdot(\Delta\psi' - \frac{\varkappa}{\mu^2}\psi')dx$

$$= \frac{1}{L}\int_0^L \frac{\partial\psi'}{\partial x}\cdot\frac{\partial^2\psi'}{\partial x^2}dx + \frac{1}{L}\int_0^L \frac{\partial\psi'}{\partial x}\cdot\frac{\partial^2\psi'}{\partial y^2}dx - \frac{1}{L}\int_0^L \frac{\varkappa}{\mu^2}\psi'\frac{\partial\psi'}{\partial x}dx$$

$$= \frac{1}{L}\int_0^L \frac{1}{2}\frac{\partial}{\partial x}\left(\frac{\partial\psi'}{\partial x}\right)^2 dx + \frac{1}{L}\int_0^L v'\left(-\frac{\partial u'}{\partial y}\right)dx - \frac{\varkappa}{L\mu^2}\int_0^L \frac{1}{2}\frac{\partial\psi'^2}{\partial x}dx$$

$$= \frac{1}{L}\int_0^L \frac{1}{2}d\left(\frac{\partial\psi'}{\partial x}\right)^2 - \left[\frac{1}{L}\int_0^L \frac{\partial u'v'}{\partial y}dx - \frac{1}{L}\int_0^L u'\frac{\partial v'}{\partial y}dx\right] - \frac{\varkappa}{2L\mu^2}\int_0^L d(\psi')^2$$

(∵ $\psi'$沿$x$轴有周期性, ∴第1,4项均$=0$)

$$= -\frac{\partial}{\partial y}\left(\frac{1}{L}\int_0^L u'v'dx\right) + \frac{1}{L}\int_0^L\left(-\frac{\partial\psi'}{\partial y}\right)\cdot\frac{\partial}{\partial y}\left(\frac{\partial\psi'}{\partial x}\right)dx$$

$$= -\frac{\partial\overline{u'v'}}{\partial y} - \frac{1}{L}\int_0^L u'\frac{\partial u'}{\partial x}dx$$

$$= -\frac{\partial\overline{u'v'}}{\partial y} - \frac{1}{L}\int_0^L \frac{1}{2}\frac{\partial u'^2}{\partial x}dx \qquad (∵ u'沿x轴有周期性)$$

$$= -\frac{\partial\overline{u'v'}}{\partial y}$$

(e). $\iint\limits_{(S)}\overline{\psi'\left(u'\frac{\partial\Omega_0'}{\partial x} + v'\frac{\partial\Omega_0'}{\partial y}\right)}dx\,dy = \iint\limits_{(S)}\frac{\partial\psi'}{\partial y}\left(-\frac{\partial\overline{u'v'}}{\partial y}\right)dx\,dy = \iint\limits_{(S)}u'\left(\frac{\partial\overline{u'v'}}{\partial y}\right)dx\,dy$

$$= \iint\limits_{(S)}\frac{\partial u'(\overline{u'v'})}{\partial y}dx\,dy - \iint\limits_{(S)}\overline{u'v'}\frac{\partial u'}{\partial y}dx\,dy$$

$$= \int_0^L dx\int_{y_1}^{y_2} d(u'\overline{u'v'}) - \iint\limits_{(S)}\overline{u'v'}\frac{\partial u'}{\partial y}dx\,dy \qquad [∵刚壁条件: v'(x,y_2,t) = v'(x,y_1,t) = 0]$$

$$= -\iint\limits_{(S)}\overline{u'v'}\frac{\partial u'}{\partial y}dx\,dy = -\int_{y_1}^{y_2}\overline{u'v'}dy\int_0^L \frac{\partial u'}{\partial y}dx$$

$$= -\int_{y_1}^{y_2}\overline{u'v'}dy\frac{\partial}{\partial y}\int_0^L u'dx = 0 \qquad \left(∵\int_0^L u'dx = L\overline{u'} = 0\right)$$

$$∴ \Rightarrow \qquad \iint\limits_{(S)}\overline{\psi'\left(u'\frac{\partial\Omega_0'}{\partial x} + v'\frac{\partial\Omega_0'}{\partial y}\right)}dx\,dy = 0$$

(viii) 求 $-\iint\limits_{(S)}\psi'\left(u'\frac{\partial\Omega_0'}{\partial x}+v'\frac{\partial\Omega_0'}{\partial y}\right)dxdy=?$

$$=-\iint\limits_{(S)}\psi'\left[\left(\frac{\partial u'\Omega_0'}{\partial x}+\frac{\partial v'\Omega_0'}{\partial y}\right)-\Omega_0'\left(\frac{\partial u'}{\partial x}+\frac{\partial v'}{\partial y}\right)\right]dxdy$$

$$=-\iint\limits_{(S)}\psi'\left(\frac{\partial u'\Omega_0'}{\partial x}\right)dxdy-\iint\limits_{(S)}\psi'\left(\frac{\partial v'\Omega_0'}{\partial y}\right)dxdy \qquad \left(\because \frac{\partial u'}{\partial x}+\frac{\partial v'}{\partial y}=0\right)$$

$$=-\iint\limits_{(S)}\frac{\partial\psi'u'\Omega_0'}{\partial x}dxdy+\iint\limits_{(S)}u'\Omega_0'\frac{\partial\psi'}{\partial x}dxdy-\iint\limits_{(S)}\frac{\partial\psi'v'\Omega_0'}{\partial y}dxdy+\iint\limits_{(S)}v'\Omega_0'\frac{\partial\psi'}{\partial y}dxdy$$

$$=-\int_{y_1}^{y_2}dy\int_0^L d(\psi'u'\Omega_0')+\iint\limits_{(S)}u'v'\Omega_0'dxdy-\int_0^L dx\int_{y_1}^{y_2}d(\psi'v'\Omega_0')-\iint\limits_{(S)}v'u'\Omega_0'dxdy$$

$=0$

（$\because\ \psi'$沿 $x$ 轴有周期性；

又因刚壁条件，$v'(x,y_2,t)=v'(x,y_1,t)=0$）

$$\Longrightarrow\quad\therefore\quad -\iint\psi'\left(u'\frac{\partial\Omega_0'}{\partial x}+v'\frac{\partial\Omega_0'}{\partial y}\right)dxdy=0$$

(ix) 总合上述结果，代入(i)的公式中，得扰动能量改变公式如下：

$$-\frac{\partial}{\partial t}\iint\frac{1}{2}\left[\left(\frac{\partial\psi'}{\partial x}\right)^2+\left(\frac{\partial\psi'}{\partial y}\right)^2+\frac{\varkappa}{\mu^2}\psi'^2\right]dxdy-\iint\limits_{(S)}u'v'\frac{\partial\bar{u}}{\partial y}dxdy=0$$

$\therefore\Longrightarrow$

$$\frac{\partial}{\partial t}\iint\limits_{(S)}\frac{1}{2}\left[\left(\frac{\partial\psi'}{\partial x}\right)^2+\left(\frac{\partial\psi'}{\partial y}\right)^2+\frac{\varkappa}{\mu^2}\psi'^2\right]dxdy=-\iint\limits_{(S)}u'v'\frac{\partial\bar{u}}{\partial y}dxdy$$

或
$$\frac{1}{L}\frac{\partial}{\partial t}\iint\limits_{(S)}\frac{1}{2}\left[\left(\frac{\partial\psi'}{\partial x}\right)^2+\left(\frac{\partial\psi'}{\partial y}\right)^2+\frac{\varkappa}{\mu^2}\psi'^2\right]dxdy=-\int_{y_1}^{y_2}\overline{u'v'}\frac{\partial\bar{u}}{\partial y}dy \tag{34}$$

## (四)求基本气流的动量改变方程：

$$\varepsilon\frac{\partial u}{\partial t}+R_o\left(u\frac{\partial u}{\partial x}+v\frac{\partial u}{\partial y}\right)=-\frac{\partial\phi}{\partial x}+fv$$

$$u=\bar{u}+u'$$

$$\varepsilon\frac{\partial\bar{u}}{\partial t}+\varepsilon\frac{\partial u'}{\partial t}+R_o\left[(\bar{u}+u')\left(\frac{\partial\bar{u}}{\partial x}+\frac{\partial u'}{\partial x}\right)+(\bar{v}+v')\left(\frac{\partial\bar{u}}{\partial y}+\frac{\partial u'}{\partial y}\right)\right]=-\frac{\partial\phi}{\partial x}+f(\bar{v}+v')$$

$$\varepsilon\frac{\partial\bar{u}}{\partial t}+\varepsilon\frac{\partial u'}{\partial t}+R_o\left[\bar{u}\frac{\partial\bar{u}}{\partial x}+\bar{u}\frac{\partial u'}{\partial x}+u'\frac{\partial\bar{u}}{\partial x}+u'\frac{\partial u'}{\partial x}\right]+R_o\left[\bar{v}\frac{\partial\bar{u}}{\partial y}+v'\frac{\partial\bar{u}}{\partial y}+\bar{v}\frac{\partial u'}{\partial y}+v'\frac{\partial u'}{\partial y}\right]=-\frac{\partial\phi}{\partial x}+f\bar{v}+fv'$$

$$\varepsilon\int_0^L\frac{\partial\bar{u}}{\partial t}dx+\varepsilon\int_0^L\frac{\partial u'}{\partial t}dx+R_o\left[\int_0^L\bar{u}\underbrace{\frac{\partial\bar{u}}{\partial x}}_{=0}dx+\int_0^L\bar{u}\frac{\partial u'}{\partial x}dx+\int_0^L u'\underbrace{\frac{\partial\bar{u}}{\partial x}}_{=0}dx+\int_0^L u'\frac{\partial u'}{\partial x}dx\right]$$

$$+R_o\left[\underbrace{\int_0^L\bar{v}\frac{\partial\bar{u}}{\partial y}dx}_{=0}+\int_0^L v'\frac{\partial\bar{u}}{\partial y}dx+\underbrace{\int_0^L\bar{v}\frac{\partial u'}{\partial y}dx}_{=0}+\int_0^L v'\frac{\partial u'}{\partial y}dx\right]=-\int_0^L\frac{\partial\phi}{\partial x}dx+\underbrace{\int_0^L f\bar{v}dx}_{=0}+\int_0^L fv'dx$$

$$L\varepsilon\frac{\partial\bar{u}}{\partial t}+\varepsilon\frac{\partial}{\partial t}\underbrace{\int_0^L u'dx}_{=0}+R_o\left[\bar{u}\underbrace{\int_0^L du'}_{=0}+\underbrace{\int_0^L d\left(\frac{u'^2}{2}\right)}_{=0}\right]+R_o\left[\frac{\partial\bar{u}}{\partial y}\underbrace{\int_0^L v'dx}_{=0}+\int_0^L v'\frac{\partial u'}{\partial y}dx\right]=-\underbrace{\int_0^L d\phi}_{=0}+f\underbrace{\int_0^L v'dx}_{=0}$$

① $\int_0^L du'=u'(L,y,t)-u'(0,y,t)=\frac{-\partial\psi'(L,y,t)}{\partial y}+\frac{\partial\psi'(0,y,t)}{\partial y}=0$

（∵ $\psi'$沿$x$为周期函数）

(2) $\int_0^L u'\frac{\partial u'}{\partial x}dx=L\left(\overline{u'\frac{\partial u'}{\partial x}}\right)=\frac{L}{2}\left(\overline{\frac{\partial u'^2}{\partial x}}\right)=0$

③ $\int_0^L v'dx=L\overline{v'}=\int_0^L\frac{\partial\psi'}{\partial x}dx=\int_0^L d\psi'=0$

④ $\int_0^L v'\frac{\partial u'}{\partial y}dx=L\left(\overline{v'\frac{\partial u'}{\partial y}}\right)=\int_0^L\frac{\partial v'u'}{\partial y}dx-\int_0^L u'\frac{\partial v'}{\partial y}dx$

∵(a) $\int_0^L u'\frac{\partial v'}{\partial y}dx=\int_0^L\frac{-\partial\psi'}{\partial y}\cdot\frac{\partial}{\partial y}\left(\frac{\partial\psi'}{\partial x}\right)dx=-\int_0^L\frac{\partial\psi'}{\partial y}\cdot\frac{\partial}{\partial x}\left(\frac{\partial\psi'}{\partial y}\right)dx$

$=-\int_0^L\frac{\partial}{\partial x}\left(\frac{1}{2}\frac{\partial\psi'}{\partial y}\right)^2dx=-\int_0^L d\left(\frac{1}{2}\frac{\partial\psi'}{\partial y}\right)^2=0$

$$(b)\ \int_0^L \frac{\partial u'v'}{\partial y}dx = \frac{\partial}{\partial y}\int_0^L u'v'dx = L\frac{\partial}{\partial y}\overline{(u'v')}$$

$$\therefore \int_0^L v'\frac{\partial u'}{\partial y}dx = L\frac{\partial\overline{u'v'}}{\partial y} = L\overline{\frac{\partial u'v'}{\partial y}}$$

$$(5).\ \int_0^L \frac{\partial\phi}{\partial x}dx = \int_0^L d\phi = 0 \qquad [\because \phi(L,y,t) = f_0\psi(L,y,t) = f_0\psi(0,y,t) = 0]$$

$$(6)\ \int_0^L u'dx = L\overline{u'} = \int_0^L (u-\bar{u})dx = \int_0^L u\,dx - \int_0^L \bar{u}\,dx = L\bar{u} - L\bar{u} = 0$$

总合(1)~(6)，得基本气流的动量改变方程如下：

$$L\varepsilon\frac{\partial\bar{u}}{\partial t} + LR_0\left(\overline{v'\frac{\partial u'}{\partial y}}\right) = 0$$

故：

$$\left\{\begin{aligned} \frac{\partial\bar{u}}{\partial t} &= -\frac{R_0}{\varepsilon}\left(\overline{v'\frac{\partial u'}{\partial y}}\right) \\ \frac{\partial\bar{u}}{\partial t} &= -\frac{R_0}{\varepsilon}\left(\frac{\partial\overline{u'v'}}{\partial y}\right) \end{aligned}\right. \tag{35}$$

其中 $\overline{u'v'}$ 即为雷诺应力。

5

# 波包动力学的某些结果及其在天气和气候分析中的应用

卢佩生

(LASG，中国科学院大气物理研究所)

(1) 大气扰动（尤其是像天气系统这样的空间和时间尺度的扰动，例如组成高空槽和脊）可以较好、较形象和简便地用波包（或几个波包的叠加）来表示，用波包动力学方法得出的结论更普遍和更与实际情况吻合。通常用的谱展开方法较复杂，也不直观，因为在天气图或月平均图上我们不能直接看到谱系数。经典标准模方法得到的结果也不尽符合实际，例如当基流满足稳定性判据时，经典标准模方法得到的只有中性波，扰动没有发展和衰减，这显然和天气实际不符合。事实上，不是每天的天气图上都满足不稳定性判据的，可是每天的天气图上的槽、脊是接二连三地发展着、衰减着，真正中性波是极其少见的。为什么？就因为标准模是不完备的，漏掉了一些波包形式的扰动。

波包动力学的核心是应用 WKB 方法将方程式的解答展开，得到描写扰动传播和演变过程的近似方程式。我们处理了正压大气准地转模式，曾庆存等则还对斜压大气准地转模式进行了讨论。得到了一组描写演变过程的方程。

(2) 按照所导出的这组波包动力学方程组，可以推出：在一般情况下，在演变过程中，扰动（即天气系统）除移动外，其形态和各种动力学特征也在变化，即波幅、波长、槽脊线指向等都在变化，且有规律可寻。例如我们得到：(a) 随着远离西风急流轴向西倾斜的槽脊是衰减的；随着远离西风急流轴向东倾斜的槽脊是发展的。(b) 发展型扰动的中心移向急流轴，其槽脊线的南北向倾斜度愈来愈小；而衰减型扰动的中心移离急流轴，其槽脊线的南北向倾斜度则愈来愈大。（图 1，2）

(3) 利用波包表示法还可以很方便地表示出扰动带来的动量或角动量的输送，以及扰动和基流间能量的转换，从而可以方便地给出扰动对基流演变的影响。例如衰减型扰动总是使动量向急流区辐合，导致急流区基流的风速和切变都加强；发展型扰动则带来动量的辐散，导致基流风速及切变的减弱。

(4)在中高层对流层环流的月平均图上，叠加在平均带状环流之上有各种准定常扰动或低频扰动，像槽、脊甚至闭合的低涡和阻塞高压等，它们也常具有波包的形式，即其波形、波幅甚至波长都是随空间而变的，因而也用波包动力学方程组来研究它们的结构和传播特性。这方面的工作很多（如黄荣辉、李崇银等同志的工作）。我们的工作中则主要是用特征线法十分简便和直观地求出波包动力学方程组的解，结果发现：对于常定波包（$\sigma=0$，而且扰源振幅不随时间而变），有(a)若基流切变有一定强度，则常定波包传播路径与大圆相去甚远；(b)在西风急流以南传播时，由低纬发出的向北半球传播的波列的波幅随纬度先是增大，到其临界纬度达到最大，然后才减小；(c)波动正负中心的连线与波射线相交，波长愈长时交角愈大。因此，不要误认为这些连线就是波传播的方向；(d)禁锢型波包由于入射与反射两支相互干涉而使波形复杂化。（图3-5）

(5) 对于热带地区低频扰动向中高纬度地带的传播的研究表明：(a) 当基流为西风且有急流存在时，在热带地区激发出来的低频波只有东传的（$m>0$, $n>0$ 和 $\sigma>0$）和常定的（$\sigma=0$）方能传播到北半球中高纬度地带；西传波（$m>0$, $n<0$, $\sigma<0$）及高频波只局限于扰源邻近地区。(b) 扰动的传播速度主要由群速度决定，故常定波（$\sigma=0$）传播到指定的纬度带甚至比低频波（$\sigma>0$）还要快。(c) 若扰源的振幅不随时间而变，则激发出来的波列是完整的，即从热带到北半球中高纬度带都比较明显，且低频波（$\sigma>0$）具有沿波射线传播的行波性质。(d) 若扰源只持续一段时间，即其振幅也具有低频扰动的性质，则激发出来的波列并不总是完整的，在初始阶段局限于扰源邻近地区，全盛时期可能由热带延续至中高纬，然后逐渐衰减而只在高纬残存，最后全部消散。本人认为，这些工作可以应用来研究中低纬的相互作用，尤其是热带30—60天低频扰动的动力机制。(图6—9)

# 四、附　　录

Appendix

1

# 卢佩生同志生平

（中国科学院大气物理研究所）

卢佩生，女，中国科学院大气物理研究所退休研究员，2011 年 2 月 20 日病逝于北京市，享年 77 岁。

卢佩生同志 1934 年 9 月出生于广东省东莞县。抗日战争时期东莞县是共产党领导的东江纵队主要活动地区之一，卢佩生协助父母在医药方面支援游击队，并积极参加儿童抗日宣传工作，被称为“小冰心”。抗日胜利后卢佩生随父母移居江门市，独自到广州读中学，解放后考入培正中学，是班上数学课代表。1952 年卢佩生考入北京大学物理系，1956 年毕业，被分配到中国科学院生物学地学部，从事研究所情况调查、学科现状和发展布局的调研工作，先后写出关于中科院地球物理所调查、海洋科学研究调研、新丰江水库可能引发的地质和地震问题调研等报告，是有关领导的重要参考。1966 年调到新成立的大气物理研究所工作，后任助理研究员、副研究员、研究员，从事统计天气预报、卫星大气遥感、大气动力学和大气环流及季风研究。最早用红外光谱实验资料算出遥感大气柱中水汽含量的权重函数，在曾庆存先生写的《大气红外遥测原理》中也吸收了她的许多重要建议；在波包动力学研究中卓有建树，最早得出罗斯贝波包发展时波长变长，但重力波发展时波长变短，从而前者维持且显著，后者则极易导致破碎；最早用实例计算出连续谱组成的罗斯贝波包迅速衰减而波长变短；用涡旋表示出夏季风季节内的扰动演变，并计算出热带向中高纬传播的准常定波的路径和特性。获得 1988 年中国科学院科技进步一等奖一项（排名第二）。

卢佩生同志道德品质高尚，为人低调，默默奉献，慷慨助人。在其丈夫曾庆存先生当所长期间，严于律己，在家默默支持和协助其工作。她也默默无闻地参与研究生的品德教育和业务指导工作，我所的一些研究生的成长其实也凝聚了她的心血。她细心关爱后代的教育培养，是一个好同志和贤妻良母型的好人。

2

# 为了轻装的写记

曾庆存　文

1952年夏，卢佩生和我都高中应届毕业，响应国家号召，参加高考，结果都如愿以偿考取了第一志愿：北京大学物理系。11月从广州统一乘火车到北京，进入燕园（北大新校址）。当时物理系新生200人，一半被分配学习国家亟须发展的气象学，佩生和我也在其中。虽然此前我们并不认识，但同是来自广东，讲话彼此听得懂，就容易接近和交流。大概也由于当时我在班中是年纪最小、个子最小者之一，又非常单纯幼稚，女生和这样一个小弟弟接触也毫无顾虑。佩生又是心地善良、天真无瑕，我们都是心底透明的，彼此就不免诉说当初报考北大物理系做的原子梦和而今要学习气象学的苦闷，心里很矛盾。可是，毕竟我们都是爱国的热血青年，觉得应该服从国家安排。经过学校对国情和爱国主义进行教育之后，尤其是动员同学给最可爱的人——抗美援朝中国人民志愿军战士写慰问信时，我们都热血沸腾，觉得应该把自己的一切都交给祖国，热爱所学专业，为祖国将来气象事业的发展做贡献，于是又彼此交流心得。在1953年暮春时节，燕园未名湖畔，绿柳迎风，榆叶梅花艳红簇簇，我们一起漫绕湖堤，互相勉励，这是我们共同进步的开始，此情此景，毕生难忘。

我们班（气象专业1952班）大多数同学大体上也经历过同样的思想转变，由不了解到热爱专业、为国家而努力学习的过程，毕竟大都原是怀着原子梦而来的，大都原是各中学的尖子，只不过程度或深或浅，转变过程有先有后、有长有短而已。我们班思想进步、学习努力和相互友爱是相当突出的，也是校中的模范班。后来我和佩生也先后被吸收为新民主主义青年团（今共青团）团员。佩生来自大城市广州培正中学这样的极高水平的名校，有着被称为数学王、物理王等等的有名老师，她自己又是数学课代表，我则是出自偏僻的小地方，尽管也算是在当地班上前茅之列，但毕竟受到的教育程度不同，尤其是数理化和外语的水平，比她是差一大截的。佩生和我在学习上有了更多相互帮助的机会。佩生常能回答我在数理课程学习中的许多问题；而我则因长于农村，半耕半读，对自然界、对气象及其与农业的关系有亲身的感知，可以回答她在专象学习中的许多问题，可以说是相互促进、共同提高。当时非常强调集体主义精神，不使任何一个同学（学习中的“战士”）掉队。班里学习互助是有组织分工的，佩生和我都参加了学习辅助活动。

有不少无意的偶然，唯其是偶然，所以印象深刻。当时我是木头，佩生却是细微关注我的，尽管确实也是无心无意的，因为直到1960年秋，我俩并未进入恋爱状态，顶多是像青梅竹马、童心无邪罢了。第一件事是：1953年夏天，学校安排我班到581气象台（即当时中央军委气象局，今中国气象局所在地，在五塔寺旁，581即其谐音）和军委气象专科学员一起，进行气象观测实习。我还是习惯于赤脚在泥水地上走，结果被碎玻璃扎入脚板化了脓，是佩生和另一二个同学送我到医务室手术治疗，她细心照顾我，看到我脚的肿痛甚至背身哭了。第二件事是：从 1954 年起，每逢五一、十一，都由我班同学制氢气灌气球，那时制氢要力气大，也有些危险，动作要敏捷，每次总有我的份，节前一日抬缸入城，场地是东黄城根附近的一所学校，连夜制氢，一直工作到次日近午，我们才加入游行队伍，走过天安门前，接受毛主席、周总理等国家领导人检阅。游行毕，到西黄城根附近的一所中学集中休息，等到晚上再到天安门广场参加大联欢。记得有一次我太累了，在中学休息时竟坐着睡着了，等我醒来时，佩生从我肩膀上取下她亲手编织的带花纹的毛衣，我望着她只是笑了笑。大概是她怕我睡着着凉，脱下自己身上穿着的毛衣盖在我身上了。在众多同学眼中，她出于自然地这样做，似乎也不觉得不好意思，因为还是一片童心嘛。还有一件事：每逢星期六晚，在时称东亚第一的大饭厅都在放电影，但我们很少去看。记得佩生约我去看过两场，一场是“智取华山”，一场是“草原牧歌”（或者叫“敖包相会”什么的），虽然在很远的地方站着还要不时踮起脚尖才能看见。正因为很少看电影，而这两场电影内容又生动，我的印象非常深刻，没齿难忘。佩服解放军战士的艰苦卓绝和智勇双全，欣赏那《十五的月亮》的歌声，羡慕那跨上时代的骏马飞驰在草原上的豪迈奔放。

1956 年大学毕业，同学们都被分配了工作，走向社会。佩生被分配到中国科学院院部工作，我被选派参加赴苏联留学的考试并被录取，于 1957 年 11 月到莫斯科当研究生。1958 年是我国建设社会主义探索的重要一年。毛主席提出的饱含哲理的口号，如破除迷信、解放思想、力争上游、又红又专、相互交心、团结一致等；还有毛主席在莫斯科对中国留学生的讲话，令我们受到极大的鼓舞和思想上的极大解放，这些都是无法用言语形容的。如果没有这些思想启迪，在学业上我不可能无畏地研究原始方程和找到半隐式差分方法，在提高思想觉悟和参加组织工作上我也不会热情、积极、踏实地实践。我还给张镡等同学写信交心，谈了自己对班上几乎每一位同学的优缺点和意见，并请他们转达给同学。但穷索枯肠，就是提不出佩生的缺点，因为她是那样善良、单纯，像白纸一样。直到 1960 年秋之前，佩生和我天各一方，在各自的岗位上专心致志，没有音信来往。

1960 年夏，我国分批将留苏学生接回国内学习和休假，我就顺便看望了我班在京的各位同学。我去看佩生时，她正在开会，会议后她的领导——生物学地学部办公室主任陈璧如同志（女，老革命）和佩生一起接见了我。三人之间谈话的时间和内容都不多，但很融洽。结婚后我才得知，也许是那次接触，陈璧如同志对我的印象很好，也许她们俩后来又做过长谈，佩生又经历了下乡一年与农民三同的劳动锻炼，陈璧如同志建议佩生，要找对象就找“他”——曾庆存，简朴、诚恳、踏实，这样的人靠得住。我和佩生得以结合，衷心感谢陈璧如同志这位大恩人、大媒人。不幸的是一年后陈璧如同志就辞世，她看不到佩生和我结婚，我们至今都一直珍藏着她的照片，纪念她。在京学习后，我要回故乡阳江省亲，必经江门（佩生父母工作居住的地方），佩生主动来看我，并托我将一包裹带去她家，包裹中有毛衣一件和鞋一双。我到江门，寻到她家，父亲上班未归，母亲接待了我，我也不知道该怎么称呼和说什么话，交上包裹，谈了一会儿，即匆匆离去。很后来我才意识到，佩生很孝顺，自己的大事要征求父母意见，托我带包裹是让父母相亲，可是我当时并不知道，就那样谈了一会儿就走了。回北京后，佩生又来看我两次，并到火车站送我们这大批留学生上火车往莫斯科。

已是深夜，火车开动，我这才进入了恋爱状态，佩生的身影和一个个往事在脑里不断出现，一幕又一幕，循环往复，脑海里想的全是她，一夜兴奋难眠。车到山海关，旭日初升，关山壮丽，大海无涯，祖国辽阔雄伟。联想到这次留学生回国学习的目的——自强自立、卧薪尝胆，思想一下子将革命者的人生、将跨着时代的骏马、将十五的月亮的歌声、将榆叶梅花簇拥中漫绕未名湖共求进步的初情等等，联系起来，心情兴奋激烈，觉得“许放春心花共发”，应该而且相互促进，“同怀壮志变山河”，于是我懂了佩生的心，领佩生的情。当时心潮涌动，就写出《车过山海关》、《感怀南寄》两首诗(见《华夏钟情》，138～139 页)。到莫斯科，我就写了一封信，连同这两首诗一起，寄给佩生。这既是同学共勉之书信，其实也是情书，自然不需言明而已。佩生接信后，适有我们都很要好的李麦村同学来访，他似有什么苦闷的事，佩生用“变山河”的志向慰勉他，并拿出我的那封信给他看，李麦村突然开怀大笑，说这是庆存写给你的情书呀，怎么就拿给别人看呢。佩生也只是淡淡一笑，答了一句：那又有什么呢？当然，这些是李麦村后来告诉我的。就这件小事，于中也可见佩生心中没有半点尘埃，洁白坦荡。

后来我在莫斯科的大半年时间里非常忙碌，不曾与佩生通过书信。待到 1961 年夏我研究生毕业归来，在魏公村外国语学院集中学习，佩生常在傍晚来看我。有一次，为了安全(佩生近视，戴深度近视眼镜)，我们第一次牵着手小心翼翼地横过西颐路(今中关村大街)，送她到车站上车回城里。后来有一次，她小心地问我：填报分配表了吗？志愿的工作单位呢？填对象了吗？我答填上了，她说放心了，因为这就算是我们正式明确关系了。学习结束，工作分配了。我请假回家探亲，佩生也同时请假回家探亲，一路同行，到江门，在她父母亲家过了一宿，她留下，我前往阳江看望我的父母亲。然后又到江门会合一同回北京，各自在所在单位工作。1962 年 1 月，我们就正式登记结婚，2 月在中关村原地球物理研究所较大的办公室举行了结婚吃喜糖集会，同事到场的很多，很欢欣热烈，大家要佩生和我唱歌，我们唱的就是《敖包相会》中那首《十五的月亮》。此情此景，于今历历在目。明年一二月，本该是我们结婚 50 周年的庆典，何期今年却变成了对佩生的告别会。人世间事，就是这样的无可奈何，天地就是这样无情。

那次在江门，佩生父母和她大概谈了很多。很后来佩生告诉我：父母告诉她，你相中的人朴实无华、为人正派、诚恳、可靠，就是他出身于十分贫困的家庭，也不太懂人情世故，你们在一起生活，将来会是很艰苦的，要有思想准备。佩生爱我，是下定决心的，父母亲对女儿的选择和决心也是完全支持的。实在的，佩生也可算是小家碧玉，父母亲都是济世的良医，父亲在东莞和江门还很有名气，家道经济情况不差，佩生人品又好，在东江抗日纵队影响下受到的爱国革命教育和在名校名师指导下受到的教育程度也是相当高的。而我呢，家里经济情况是朝望晚米、常有断炊，自己则是一脚牛屎、一腿泥水的半读半耕的学童。用时兴的话说，这样的男女般配吗？七仙女不顾一切要下嫁牛郎，人间天上，七仙女对牛郎仰慕之深和同心甘受艰苦的坚贞是多么可歌可颂。我自问，无出众的才华，无处世之历练，不善交际，如不是佩生真心坚定地爱我，如不是老革命陈璧如同志这实质上的媒人，我在青年时代是找不到对象的。

岳父母的分析完全正确，在我们结婚后的生活中得到了验证。我们结婚后，聚少离多，备极艰难困苦。结婚时是暂借同学的房子，很快即搬回各自的集体宿舍，城里城外，各处一方，只有星期日白天可以互访。约一年，分到中关村一间房子，不足十平方米，一小厨房两家共用，一卫生间四家共用，这在当时是普遍情况，没得说的。只是佩生在城里上班，天未明离家，天黑后回家，只有星期日才得以用厨房，以只有此一家的烹调方法做我们共同享用的饭菜。后来，我得了一种怪病，气鼓腹痛，非卧床数小时不可解，如此者半年。1964 年夏，佩生坚决送我回江门让岳父母为我调治，果然妙手回春，约 3 个月后我的症状大体平复。那时，北望京华，想念着工作和佩生；西对圭峰，想念着故乡和我的父母。于是痛下决心，天天坚持锻炼，莫将孱躯作病家，同时也想利用这样安适的条件搞点研究工作。本来离京时，佩生为了使我悉心休养，不让我带任何书籍回江门，这时我只好完全凭记忆默写下我所需要的动力学方程，集中精神分析想象，终于弄清了计算紊乱的物理机理，构造出一种求解原始方程的差分格式。如果不是《气象学报》停刊而未及时发表，那将是世界上第一个瞬时平方守恒格式。这里有岳父母和佩生的功劳。

1965 年初我回京，恢复正常工作。可是很快我受命出差南下，和佩生又过着天南地北各处一方的生活。半年后回京，又参加农村社会主义教育工作队，佩生在河南，我在山西，我是一个大队之长，她要独挡一村。彼此只有通过书信互勉互励、交流经验和探讨解决各自遇到的工作上问题的方法。二十余年后，在与几位好友聊天时才得知，她在农村工作时是多么艰苦，她的行动又是多么让乡村中人感动。她得独自一人在黑夜走一二十里丘陵山间道路来往于工作团部与村中，曾碰到过“鬼打墙”现象，她冷静地爬上山顶，瞭望远处有灯光，即不顾山中的荆棘，朝灯光方向笔直而下，终于经过几处问询而回到自己的队部；她曾因生病高烧，晚间会后，独卧村中生产队队部，歹徒带着凶器乘机闯入，她严不可犯毅然跃起呵斥，歹徒终于慑服而走；她关心孤寡老人，每天早晚为他们挑水生火，从不间断，又用自己的生活费为之买药送药；她惜粒粒皆辛苦，有一次一碗粥打翻落地，她毫不迟疑地将每一颗粒连同一些泥沙拨回碗中，照样食下，村人看到都惊讶和感动得说不出话来。她一个弱女子，一介书生，竟然如此仁慈，如此坚毅，如此有胆有识，若非对社会主义和共产主义有坚定的信念、对党的为人民服务的宗旨和政策自觉自愿、坚定和不折不扣地执行，不可能做到这个份上。我佩服，自愧不如。也许是因吞下了那碗带沙的粥，回京后的第二年即 1967 年犯下了阑尾炎，动手术时用的针刺麻醉，术后卧床，麻醉效过，她痛得头冒冷汗，就是不作呻吟，怕影响病友。我在床边握着她的手，用时兴的诵读毛主席语录的方法鼓励她：“下定决心，排除万难，去争取胜利”，她默默点头，就这样顶了过去。后来我患过几次大病而得以康复，在相当程度上也是学习佩生的坚毅意志。

1966 年夏，我们都从农村回京，佩生担心我当时的处境，彻夜难眠。我哥哥也从农村社教兼劳动 2 年后回京，身染重病，需人照顾，而我又适在生病。1967 年春，佩生毅然动身回到阳江，寻到我家，将我母亲带上北京护理我哥哥。1972 年春，我哥哥大出血要动手术，可到医院时我的腿就是上不了楼梯，又是佩生毅然上楼代我在手术书上签字。有不少这样的大事难事，我自己却做不了，都是佩生顶上去解决。我实在惭愧，只有无限感激这样共患难、勇于替我担当受罪的贤妻。

1969 年 7 月底，我们有了孩子，满月后日托于一邻居阿姨家。其时适值国际风云变幻，阿姨为找地方疏散，一日未归，小孩锁于家中无人照料而得病，幸我们的邻居梁群桂同志仗义，夜里陪同急送到医院，也不知是什么原因，小孩已睁不开小眼，只有微弱的哭声。也许是小孩的命大，大夫和大人尽心速救护理，否则后果不堪设想。佩生内心是何等焦虑难当，只有当上母亲的才能感受。此后，孩子十分孱弱多病，需有人彻夜无眠护理。好在先后有岳母的一位好友谭姨妈(时在北京)和梁群桂同志仗义陪同佩生昼夜不懈护理，小孩才能脱险。可是，一波未平，一波又起。1970 年初，小孩才半岁，尚需母奶。我和佩生又分别被抽调到总参气象局协助工作和到城里中学代课当辅导员，于是我的家就得锁住空门，只星期日可探家，孩子要提前断奶，真难刹了好心肠的梁群桂同志，她单独支撑，昼夜照顾体弱多病又无母奶的婴儿。自然，佩生和我都是全身心投入到新的工作中去的。后来的事实证明，我们，尤其是佩生，连同梁群桂同志也搭了进去，为了应对这样带来的困境，身心都受到了相当大的损伤。我至今仍有一事不明，当时我所(佩生也已调到我所)一次也未接受过“再教育”的中青年知识分子大有人在，为什么抽调偏偏派到已多次接受过再教育而又正带着婴儿的一个喂奶母亲身上。只能认命吧。灾难还在积累过程，真正的难堪难熬还在后头。

1970 年冬，中国科学院就撤销了那个中学代课的决定，佩生得以回研究所，从事她盼望十余年的科研工作，上计算机，计算红外透过率和用实验红外光谱计算遥感大气柱水汽含量的权重函数，并协助我写《大气红外遥测原理》一书。她作了很好的工作，她给我的书提出了许多很好的建议，尤其是在书的结构上，把那些不直接与遥感相关的章节变成附录，这样就使书的主旨鲜明突出。可是由于后面要说的原因，她来不及把她自己的工作总结好，大概至今只能看到她计算出来的一二张图。随着日积月累的劳累，她逐渐感到体力不支，1973 年春到北医三院就诊，林三仁大夫给做了细心的检查：高血压、ST 波倒置，心电图显示大范围而且是严重的心肌劳损。医生给开了全休假条，好心地建议她离开北京到南方休养。佩生很犯难，舍不得与我分开，更何况又怎能忍心让年迈的母亲一起来昼夜照顾孱弱多病的小孩呢。事尚未定，突然飞来横祸。我们的小孩刚出楼门口，就被一个稍大点的孩子突然把一把煤灰塞入鼻子，佩生听到哭声急忙下来把他抱回家。小孩由此得了严重的呼吸道感染，高烧不退，住医院月余，佩生和我轮流昼夜陪住护理。还来不及喘口气，初夏，又有人借故要对我掀起事端，我得硬着头皮顶风。我寻思，一家三口，两个半病人(我也生病，虽不至于要全休)，如果都留在北京，会异常艰难，不如走一步险棋，寄安于危，或可峰回路转，于是力劝佩生听大夫的话回南方，并可使小孩离开一个可能有危险的环境。佩生本极不情愿，还是哭着同意了。后来，我恨我当时怎么想的那么简单，让佩生孤单一个有病的女人还要带弱而多病的小孩到情况不明的地方去，会冒多大的风险和遭遇多大的艰难困苦呀！差点就导致全家覆没。好在佩生以难于想象的坚强意志和毅力坚持下来，也是上天垂佑好人，才得转危为安，于 1978 年春回京团聚。

当 7 月初送佩生母子南归时，本让她暂住广州谭姨妈家中，打听江门消息再说，我却立即被派出差东南，到各基地、工厂联系工作。由于工作和家庭双重心事，又奔波于大暑天时，我爆发了心脏病，被送回北京。我盼呀，等呀，到 8 月下旬才知佩生定于月底离开广州回江门。可是一直到 9 月中又音讯全无。我焦心和悔恨，爆发了第二次心脏病，几至卧床不起，幸赖同志们的帮助，竟然连哥哥也让母亲来照顾我，并找大夫来出诊，才得下床。痛定思痛，逐步下楼下地，我得坚强地站起来。国庆后才接到佩生来信，得知情况有变，也不知她怎样打听到和联系到在阳江的我四姐，到她那里去了。尽管我四姐的屋根本就不像屋，又矮又小又湿，青蛙、鸟雀甚至连蛇与人同居，她的经济条件是需要我周济，不过有了一个落脚点总算可以放心了，于是掉转头来思考自己该如何治病、强身、工作等。在1975年初夏张成梅书记和李兆绪处长关怀下，研究所送我到中国科学院青岛疗养所去疗养，我立即把这消息告诉了佩生。我们通信都是报喜不报忧，以免对方担心。重新团聚后才得知佩生这5年是怎样熬过的，千辛万苦，不堪回首。以一个小家碧玉，来到社会最底层的劳苦贫民之中，很长时间无依无靠、生活无着，还要周济我四姐，并完全置疾病于不顾，帮助四姐劳作，食以最低级的草具，夜眠要中起盛滴漏；要同时照顾和管教四姐的和自己的小孩，自己的小孩又水土不服(实是卫生条件太差)，日日腹泻，皮包骨；还每星期必领着小孩到村中看望我父亲，以慰老父之思。大约1年后，佩生才巧遇住在附近的主管阳江教育局教工招待所平房的曾玉华同志，她出于怜悯，安排佩生母子住进一小间平房，这才有了安身之地。她还感动了毗邻的老中医林圣公先生，得林老在家中密授太极拳的要领和一招一式。于是，佩生乃得专心教子，母子俩挺住了。1977年，转到江门，条件得到改善；1978年春回京。我们的小孩辗转三地上了三个小学。

佩生坚毅、牺牲自我、成全夫婿、精心抚教后代，其行事品德精神，与古之烈女，千里寻夫、三迁教子、代父从军等又有何差别？这是我中华妇女的崇高真诚美德。佩生之诉说，不免凄凉痛楚，但极少怨恨之声。我后悔无及，痛心疾首，而佩生的健康，尤其是心脏病的加重则已无法挽回了。我惭愧，我内疚，此情永留脑际，不能磨减。

如果说佩生所受的苦难，在1978年以前，主要是我们时运不济所至，而此后则主要是此前苦难的后效和我的无能所至。1978年，科学的春天来了，佩生从此过上了几年安定的生活，我们搬到了小三居室的新房，孩子可在附近的学校学习。佩生得以专心于科研，从事大气动力学研究，作出一定成绩，先后被提职为助理研究员和副研究员。1984年起，我被推上研究所所长的岗位，连任两届，共9年。那是一个变革的年代，承前启后，万象要更新，万事也艰难。为了搞好研究所，作为领导者，无论对于我本人，还是家庭，尤其是佩生，都得做一定程度的牺牲，绝不能谋私利，甚至对家人和比较亲近的同事(或者像流俗的说法“嫡系”)还要压；这对他们来说是不公正的，但只有以此小部分人的不公平，换取大部分人的公平，才能为研究所的发展努力工作。中国古来的为民造福的志士仁人、清官廉吏都是如此，老革命先哲先烈也都是如此。古之清官廉吏，身无分文，家里空空如洗，妻儿悲辛，每读书至此，未尝不掩卷长叹。我辈岂可不追遗烈之风，学革命先辈的精神？我对佩生说，要忍受，要谦让，不能出头，甚至在我任内不能提职。佩生能理解，愿作“一头沉”，默默忍受，默默奉献，支持和间接帮助我工作。有家属在我所的所领导，洪钟祥同志、任丽新同志、刘天民同志等也都是自觉如此，他们的亲属在任内都没有提职(佩生仅在我下台后才同时提为研究员和退休)。我很感激大家，也很对不起他们。我们这些所“领导者”在退任后，人们说大气物理研究所的兴旺有亲属一半的功劳，公道自在人心。我至今尚想不明白，我当初应不应该这样做？在资本主义世界，在现今的改革开放国度里，似乎人们都不这样做，我能想到的唯一答案是，那另有原因，另有结果。但当初这样做了，毕竟对这些人不公，事实上伤害了他们。这种忍受和艰难使佩生身心健康都在下降，她心哀伤，也不可能不流露点怨，叹命苦。我退下来后痛心地感到这一点，我痛心当初我的心狠，我无能，不能保护好她——当年我都是早出夜归，不落家。所受这一连串的艰辛、打击和不公，使佩生健康受到了极大的损害，终于导致佩生的过早辞世。

1993 年夏，我不当所长了，本下定决心要和佩生在一起，好好陪伴和照顾她。我们共同出国参加过三次大型国际学术会议，她和我都各在会议上做过二次报告；还参加了几次由中国政协和中国科协组织的学术兼考察和休假的活动，她感受到外界的新鲜活气、山河的壮美和浓浓的友情。可是好景不长，我先是有莫名其妙的忙碌的事，后是连续几次的大病，自顾不暇，还得累她。她痛苦地说：你这个人，不是忙人就是病人。是呀！我们结婚后，情况就是这样，何尝对佩生有过像样的照顾。虽说是共同奋斗，同怀壮志变山河，但实践结果却是使佩生一次次陷入艰难困苦甚至是灾难的深渊。我看到她一天天明显地衰老了，也听到她哀求般的话：没有几年了，让我们陪伴在一起几年吧。2006 年春天，终于看到了希望，我和佩生到国外看望我们的孩子、媳妇和刚周岁的孙子，极力动员孩子回国为祖国人民服务。

探亲三个月回京，佩生盼呀，等呀，想着她平生历尽千辛万苦抚养、凝聚全部心血精力教育、寄托着未来希望的儿子，能早日完成合同任务归来。本来，苦尽甘应来，可是天下事就是不可预料，就是无可奈何。就在孩子即将归来的时候，2007 年 7 月 30 日晚，风雨交加，迅电猛雷，佩生突然语言不清、动作不协调，在好友的协助下送到医院急诊。8 月 2 日转住院治疗，医院已下“病重”通知。幸得大夫护士负责，护工和诸同事协助昼夜护理，衷心感谢各界人士（见《风雨晴明》中“护医日记”篇序），我也几乎一刻不离，全力陪伴，至 10 月 8 日她出院回家。在家中，我和护工江化琴同志日夜守护，我也按步骤教她作康复训练。为了安抚她，我天天拥抱她、亲吻她（我们以前是几乎没有这样的），天天执她的手和她一起唱她最爱的红歌，如《英雄赞歌》、《黄河颂》、《延安颂》、《南泥湾》等等，一则为了使她恢复记忆，二来也振奋精神，她说这是她最幸福的日子，一下子填补了几十年爱情甜蜜的空缺。她出乎意料地异常迅速恢复着。谁知只有两个月。12 月 11 日雪后下午，佩生又突然急病将倒，我及时抱住她，即送到医院留医。这次她的病比前次重多了，她几乎全天都得输液，在床上她抱着我、吻着我，哭着说我们永远在一起。我也情不能禁声音颤抖着说：要坚持，有信心，我们永远在一起战斗，必定胜利。但有医生间接告诉我：预后不良，可能她过不去。我心伤如刀割。所幸孩子已归来，尽管尚未安顿好，他和我可轮流到医院陪伴，护工和同事又仗义，尽心尽力全面帮助，我说不尽对同志们的感激。佩生见到孩子，似乎得到了极大的安慰。我既愧疚，也忍不住悲伤，就将可忧的情况告诉了孩子，并说：你知道吗？“树欲静而风不止”后面还有一句“子欲养而亲不待”，后一句有两种解读，一种是子想（“欲”）反哺（“养”），而老亲却等待不到那天而离去了；另一种是幼小的孩子需要（“欲”）抚养（“养”）成人，但老亲却熬不过（“待”）而被召走了。不管怎样解读，都是悲痛难状的大憾事。我再也说不下去了，父子默默无言低头而坐。可是一个月后，我不无遗憾地不能和她在一起战斗，得了忧郁症，心慌意乱，不可控制，一反平日的冷静镇定，彻夜不能眠，我将要被击倒了。经与洪钟祥和罗明远同志商量，由罗明远代我承担全部医护组织和具体护理工作，他们要我及时治疗休养。我也想好一些后就回到佩生身边。曾经细心护理过佩生的张凤同志也说：你能重回卢老师身边太好了，她必将恢复得很快。可是两个人健康的演变过程却是相反的，她快速恶化，我恢复缓慢，她几经转院，我也没能恢复到可以回到她身边的程度，只能做不见面的谋划调度和后勤保障工作。只有两次，在转院时我须向医生讲述她病情发展过程，和一次高级领导(科技部原部长徐冠华同志)看望她时我得陪同，我才心跳脚软地在她身边。她已不能正常说话，只抱着我呜咽，显然她仍有意识和情感。护理她的同志说，佩生平时好的情况总是抱着人，微笑亲吻人手。我心碎，我知道，这是她留下来的最深刻、最美好甜蜜、最具希望的记忆，她忘不了在家最后两个月和第二次住院抱着我呜咽亲吻的情景。我痛、我恨，恨我无能，不能像张凤同志希望的那样让佩生很快恢复起来。我也只能深深感谢护工和同志们对她的护理照顾，尤其是数年内一直坚持的罗明远、刘淑秋、吴琳、郭种生、曾立诸同志，他们都每周至少照顾三次，远在香河站的李光平、李纯霞、南卫东同志每星期至少看望一次，其他同志也常去看佩生。自然，孩子和家人也尽心尽力。

自然规律不曾随人们的愿望和努力而转换。终于，在 2011 年 1 月 5 日，佩生突发气喘、高烧、心力衰竭，翌日转到重症监护室，医院下了病危通知，只是大家都瞒着，到 9 日晚才告诉我。从此，我们只能一切听医院大夫的，他们在尽一切努力挽救。佩生似已几无意识，但又似乎有知和有无限的情思，为了让亲人过好除夕、元旦和元宵，她顽强地苦苦坚持，虽然除夕前已很危难，元宵当天上午医院已告诉血压在下降，下了第二次病危通知并让准备后事，到元宵后第四天即 2 月 20 日晚佩生才无可奈何地离开人世。大家连同我的孩子，到家来告诉我消息和安慰我。我深知总有这一天，深知并发症的凶险和现代医学水平能维持的最大限度时间——一个半月，但这一刻到来，悲痛是无法抑制的。送走来人后，更深夜寂，独对寒灯，万象毕来，一幕幕的往事，萦回脑际，我不敢怨苍天的不公，只恨自己的无能，悲恨在心，凝成如下几句：

不是忙人即病人，我惭我痛我无能；
如何苦尽甘应至，风不止兮子哭亲。

后来，在 2 月 26 日告别会后，佩生将这悼词带到另一个世界了。承蒙我所以及气象界有关单位的领导，包括徐冠华同志，以各种方式对佩生的逝世表示哀悼，献花圈或发唁电，或参加告别会，或三者都有。老同事、老同学、老朋友、新老学生，连同孩子的老师、研究所的大部分同志，以各种方式哀悼，尤其是前来参加告别会的人数达二百以上，庄严肃穆。这是对佩生的极大尊敬和其人品评价的深情表达。佩生有灵，激动万分，和嫦娥玉兔一起，泪飞顿作漫天雪。时天下雪，天地缟素，一片洁白。郭师傅说：人修行到这个份上，无憾了！我还能说什么呢？佩生，安息吧！

我是个唯物主义者，不知灵魂为何物，也不知超距心灵感应为何事。但事多巧合，我不妨借此再说点事。当佩生住进重症监护室之初，大约就是 1 月 9 日，孩子的手无意中碰上本来因电路接触不良早已不能使用的开关，突然电灯齐亮，大放光明，此后就是这样。许是佩生眷恋着爱子，用尽生命最后的力量，发出光和热，照亮孩子的心灵，照亮孩子生活的环境和前进的道路?！20 日夜，我心里想到这幕，同时凝成了以下几句：

**慈母之光**

慈母油将尽，留光照后人；
孝心儿女辈，奋斗慰慈灵。

有一首传诵不衰的歌，其词是：“母亲的光辉，好比灿烂的太阳，永远照耀在你的心头。

谁关心你的学业？谁照顾你的生活？只有你伟大慈祥的母亲……”。佩生极疼爱孩子，倾尽心力抚养，呵护培育、教导孩子，孩子的健康、学业和品德，无不浓重凝聚着慈母的心血——我因忙，照顾和培养孩子的事主要落在佩生的身心上。佩生最牵挂孩子，病中叫着孩子名字，在有意识时见到孩子就欣慰。孩子，你要永远记住你伟大慈祥的母亲，努力鞭策自己前进！

佩生待双方双亲至孝。她说她的品德和性格来自双亲的仁慈和坚毅，她尤其敬佩她母亲的坚毅，她的行为也大傚其母，克服异乎寻常的困难甚至灾难。佩生少时帮助父母行医配药，为医疗器具消毒，样样细心去做。1983 年，她昼夜护理我岳父一个月，因劳累又悲痛而晕倒在追悼会上。事后带我岳母来京，反哺数年；后得知她母亲病危时，心伤跌倒而骨折。佩生在最后岁月里很思念其母，病中梦见，潸然泪下，几次对看护她的张凤同志说，很想写“我的父母亲”，张凤也很感动并鼓励她写。可是她一病不起，写作今已成为遗愿，我得尽我所知，代她执笔写成，以消遗憾。

佩生十分关心青年和研究生的成长，每每和我讨论研究生的品德教育和学术研究方法甚至是具体解题方法的培养，往往具体到某某人身上。我在和一批批的研究生谈话中，也用了不少她的经验和提供的事例。后来，我们感到为免于一遍遍的复述，不如写一本书，每篇针对一个问题或一个故事，短小精炼，可能更为有用有益。于是我们共同拟了五十多个题目，并于 2006 年着手写，讨论好内容后由我写成初稿，她提修改意见，再讨论后定稿。可惜只写完十篇左右，后来我忙于其他事务，她又重病，而未成书。未完成的部分我得争取时间写成，以酬她的夙愿。

佩生的文笔平易畅晓。她在学部工作期间写的几篇很有分量而作为有关领导的重要参考的调研报告，证明不愧她参加儿童抗日宣传队时的“小冰心”美名，只可惜这些报告连档案带手稿都已湮灭无存。佩生热爱科研，勤于学和问，尹赞勲学部主任和赵九章学部委员都很赞许她、帮助她。赵老曾几次要求学部放她，让她作自己的秘书和带她搞研究，学部不同意，他又建议佩生报考研究生，佩生于工余之夜也在数理方面作了刻苦认真和严格的准备，可是终因工作的不允许，而未能考。不过这些准备在后来她有机会搞科研时充分发挥了作用。虽然她只有十余年时间能安稳地搞科研，但作出了成绩，尤其在大气波包动力学上颇有建树。有她的文章在，可以不必说；她的笔记、手稿、文稿，都是十分工整，条理层次分明，字字端正，一丝不苟。我拟选编出来以问世。她这种认真的态度和扎实的基本功，对今天的青年可能仍是有益的范例。尽管今天大家都唯电脑是用，不手写了。

佩生仁慈心善助人，慷慨大方，她得知有困难有需要帮助的人时，不论是相识的或不曾相识的同志，都毫不犹疑地把自己所有的物和钱相送。至于她自己以至我们小家庭的生活和日用，则是十分简朴的。

佩生既是一个有中华优良传统的女性，又是一个进步新潮的女性。她善良慈祥、孝亲、扶夫、教子，还能编织精致的带有花纹的毛衣，她自己的、我的、孩子的毛衣大都是她亲手所织，至今尚留有数大捆毛线。她既在少年时积极而活跃地参加支援东江抗日纵队的工作和儿童抗日宣传活动，又在就读于教会中学时，敢于蔑视要做礼拜的校规，借故参加校外“补习班”，学习远高深于课本的数学，这在后来她教子的年月中发挥了作用；她还利用时间学会了吹笛、箫、口琴和舞剑。只可惜我只会读简谱而唱歌，不会操任何乐器，没能和她作琴瑟和鸣之好，使她只能过着单调而艰苦的生活。

硬骨头文豪鲁迅先生对反动派杀害自己的同志无比悲愤，而自己还要横眉冷对千夫指，继续战斗，于是写了《为了忘却的纪念》一文，最后说：路正长，不如忘却，将来自有人们纪念他们（这些牺牲者）。佩生辞世，我心头沉重，久不能释。但逝者已矣，生者还得战斗，我还有许多许多任务要做，佩生也有未了的心愿，我得代她偿愿。我得释怀，我得轻装，于是写了此记。我不敢奢望将来会有人纪念佩生，毕竟她无轰轰烈烈的事功，只是一个平凡的好品德好心肠的人，一个淑女贤妻，一个慈祥的母亲。只希望她和我共同的孩子，能够永远记住他伟大慈祥的母亲，不辜负母亲的期望，鞭策前进，努力奋斗，用成绩来报答母亲的辛劳。

曾庆存

2011 年 2 月 28 日至 3 月 7 日